정

旌善方言

선

방언
사전

정선문화원 · 서종원 · 이영수 · 심민기 지음

더메이커

# 정선 방언 사전

2017년 2월 05일 1판 1쇄 발행
2017년 8월 05일 1판 2쇄 발행

지은이 | 정선문화원·서종원·이영수·심민기
펴낸이 | 이병일
펴낸곳 | 더메이커
주　소 | 10518 경기도 고양시 충장로 118-30, 228-401
전　화 | 031-973-8302
팩　스 | 0504-178-8302
이메일 | tmakerpub@hanmail.net
등　록 | 제 2015-000148호(2015년 7월 15일)

ISBN | 979-11-87809-08-1 (91710)
ⓒ 정선문화원, 2017

이 도서의 국립중앙도서관 출판예정도서목록(CIP)은 서지정보유통지원시스템
홈페이지(http://seoji.nl.go.kr)와 국가자료공동목록시스템(http://www.nl.go.kr/kolisnet)에서
이용하실 수 있습니다.(CIP제어번호: CIP2017002377)

# 발 간 사

예로부터 무릉도원이라 불리는 아름다운 자연환경을 간직한 우리고장은 한편으로는 산간 오지로서 첩첩산중에 묻혀 살아 온 선조들의 특수한 문화가 있습니다. 이런 생활환경에서 정선인의 정신적 특성과 문화의 정체성을 정립하고자 정선문화원은 향토문화의 중요성을 인식하고 이에 대한 자료의 수집과 조사 활동에 심혈을 기울이고 있습니다.

현대 문명의 발달과 메스미디어의 영향으로 사라져 가는 정선토속 사투리를 체계적으로 조사, 정리하여 보전하고자 하는 이번 정선 방언 조사 사업도 이런 맥락에서 시작되었으며, 금번 발간되는 『정선 방언 사전』은 그 결과물입니다.

언어는 문화의 근간입니다. 특히 방언은 지역 공동체의 동질성을 갖게 하는 정신적 토대이며, 같은 방언을 사용하는 사람들끼리 친밀감을 느끼게 하고 정서나 감정을 정확하게 전달하게 합니다.

강원남부 산간지형에 위치한 정선은 지형적으로 영동권과 영서권의 언어가 혼재되어 사용되고 있으나 나름의 독특한 억양을 가지고 있습니다. 이번 방언 조사는 정선읍, 여량면, 북평면, 임계면, 화암면, 남면, 신동읍 등의 지역에서 사용되는 언어를 조사하였으며, 시간적 여유가 많지 않고 지역도 넓어 어려운 점이 많았습니다. 같은 동네 이웃끼리도 발음이 서로 달라 이를 기록하기가 쉽지 않았고, 또 정선의 전 지역을 조사하는 과정에서 다루지 못한 단어도 많이 있습니다.

그러나 이번에 발간되는 『정선 방언 사전』이 정선의 문화를 연구하는데 매우 귀중한 자료가 될 것으로 믿어 의심치 않으며, 이 책이 고유문화를 전승시키고, 21세기 정선을 열어 가는 귀중한 자료로 널리 활용되기를 기대합니다.

끝으로, 『정선 방언 사전』이 발간될 수 있도록 지원해주신 정선군과 조사정리 작업을 해주신 서종원 교수를 비롯한 연구위원, 조사활동에 적극적으로 참여해주신 정선군향토사연구소 위원들에게 깊은 감사를 드립니다.

2016. 12.

정선문화원장  윤형중

# 머 리 말

강원도 산간 지역에 속한 정선 지역은 오래 전부터 다양한 문화가 존재해 왔다. 오늘날 우리가 익히 알고 있는 아리랑도 그렇고 웰빙(Well-Being) 시대에 맞춰 인기를 누리고 있는 정선의 옛 음식들 역시 그런 문화 가운데 하나이다. 어쩌면 예전엔 보잘것없는 문화로 치부되었지만 지금은 정선 주민들의 것이 아닌 한국, 더 나아가 세계를 대표하는 문화로 자리매김하고 있다.

흔히 특정 지역의 문화를 이야기할 때 보편성과 특수성이라는 단어를 떠올리는 경우가 많다. 전자는 어느 지역에서나 볼 수 있는 것이고, 후자의 특수성은 용어 그대로 지역에서만 볼 수 있는 것을 말한다. 정선 지역의 다양한 문화 역시 그런 맥락에서 살펴볼 수 있는데, 금번의 연구 작업은 정선 지역에서 쓰였던 언어, 다시 말하면 방언(方言)을 통해 그러한 맥락을 살펴보는 데 목적이 있다.

정선 지역의 방언에 대한 연구는 비교적 산발적으로 이루어져왔다. 군지나 혹은 대학생들의 현장조사 과정에서 채록한 자료를 소개한 경우가 대부분이다. 오랜 기간 머물며 조사한 자료들도 있어, 관심이 있는 사람들은 어느 정도 대강의 실태를 파악하고 있다. 하지만 언어 자체가 방대하고, 시대에 따라 변화가 심한 탓에 전체적인 부분을 통찰하기에는 기존에 소개된 자료들은 많은 한계를 지니고 있었다. 그렇다고 그들의 노고를 폄하하자는 건 아니다. 그만큼 방언을 조사하고 정리하는 과정이 결코 쉽지 않다는 점을 강조하는 것이다. 다른 조사와 달리 제보자 선택도 중요하고, 지역을 어떻게 구분할 것인가도 결코 소홀히 해서는 안 되기 때문이다. 그런 점에서 언어의 가치를 충분히 공감함에도 불구하고 섣불리 접근하지 못했던 숙원 연구 과제 중에 하나가 바로 방언 사전이다. 다만 오랫동안 이 작업을 시도하지 못했던 것은 작업 과정이 결코 만만치 않았던 것도 관련이 있을 것으로 보인다.

언어라는 것은 모든 문화의 기본이다. 교통이 발달되고 통신시설이 좋아져 사람의 왕래가 자유롭지만 그렇지 못한 시절엔 특정 지역의 언어는 지역색이 무척 강하였다. 외부와의 접촉이 없다보니 자연스럽게 그렇게 되었다고 보는 게 타당하다. 그런 점에서 정선 지역의 언어[방언]는 정선 지역의 특성을 고스란히 담고 있다고 보아도 무리가 없을 것이다. 하지만 오늘날까지 전해오는 언어들을 정선 고유의 것으로 보기에는 한계가 있다. 정확한 시점은 알기 어렵지만 외부와의 교류가 잦아지면서 점점 그러한 언어들이 사라졌기 때문이다. 다소 늦은 감이 있지만 정선 지역의 방언을 조사하고 정리하는 일은 반드시 필요하다고 본다. 하루가 다르게 변화하는 세상에서 오늘까지 사용되었던 언어가 내일이면 사라질 수 있다는 점도 또 다른 이유이다. 언어를 사용하던 이들이 세상을 떠나면 자연스레 영영 그러한 언어들이 소멸될 수도 있어 이러한 작업은 보다 일찍 시작되었으면 하는 아쉬움을 떨칠 수가 없다.

금번 발간된『정선 방언 사전』은 그런 점에서 의미가 있다고 본다. 물론 정선 지역의 방언에 관한 학술성과가 분명 있긴 하나, 전 지역을 대상으로 한 총체적인 학술 연구는 찾아보기 어렵다. 대략 10개월에 거쳐 정선읍을 비롯해 여량면 · 북평면 · 남면 · 신동읍 · 화암면 · 임계면 등을 방문하여 정선의 방언을 수집하였다. 조사는 정선 지역에서 활동하는 향토사가들, 정확히 말하면 정선문화원 부설 정선군향토사연구소 위원들과 외부 전문가들이 함께 조사를 하였다. 본 조사를 진행하는 과정에서 결정적으로 도움을 준 분이 있는데, 얼마 전『강릉 방언 대사전』를 출간한 김인기 선생이다. 비록 강릉의 방언을 대상으로 한 성과이긴 하나, 정선 지역의 방언을 조사하는 과정에서 필요한 조사항목과 방법, 그리고 조사한 자료에 대한 정리 등을 자문해주었다. 어려운 작업을 나름대로 진행할 수 있게 토대를 마련해 주었다는 점에서 진심으로 고마움을 표한다.

『정선 방언 사전』이 나오는 과정에서 정선군향토사연구소 위원들의 역할이 정말 중요하였다. 방언의 특성상 시간도 많이 필요하고, 조사 역시 단조로운 작업의 반복이다 보니 결코 쉬운 작업은 아니었다. 이런 가운데 향토사위원들은 더위가 시작될 무렵부터 찬바람이 부는 11월 중순까지 조사를 비롯한 고증 작업에 최선을 다하였다. 무엇보다 해독이 어려운 방언은 정선 지역에 거주하는 토박이들을 만나 직접 풀이하는 과정을 거쳤다.

조사를 진행하는 과정에서 여러 차례 참여 인력들이 모여 회의를 하였다. 본격적인 조사를 하기 전에는 전체적인 방향과 자료집의 성격과 구성, 그리고 조사 지역과 조사 대상을 비롯해 조사를 할 때의 주안점과 주의사항 등에 대해 이야기를 나눴다. 특히 참여 인력의 역할 분담과 조사 자료에 대한 공유 방법 등도 논의하였다. 한 달에 한 번씩 정기적인 모임을 갖고 진행한 내용을 점검하고, 조사하는 과정에서 드러난 문제점 등을 서로 공유하였다. 또한 기존의 유사한 자료집들을 적극 참고하여 정선 지역에 맞는 방언 사전을 만들기 위한 노력 역시 소홀하지 않았다.

끝으로, 『정선 방언 사전』이 발간되는 과정에서 적극적으로 활동해준 정선 군향토사연구소 위원들에게 감사한 마음을 전하고 싶다. 그리고 이 자료집을 토대로 아직까지 관심을 받지 못한 정선의 수많은 향토문화에 관심을 가졌으면 한다. 첫술에 배가 부를 수 없듯이 하나둘씩 채워나가다 보면, 우리가 알지 못했던 정선의 또 다른 모습을 어느 순간 발견하게 될 것이라고 굳게 믿고 싶다.

2016. 12.

서종원

# 일러두기

1. 이 책에 수록된 방언은 정선읍, 신동읍, 화암면, 남면, 여량면, 북평면, 임계면 등의
   조사 자료이다.
2. 표제어는 국어사전의 일반적 순서에 따라 배열하였다.
3. 정선 방언 중에서 다양하게 발음되는 단어와 지역 특색을 잘 나타내는 단어 위주로
   표제어를 선정하였다.
4. 정선 방언과 표준어를 함께 수록하였다. 표준어의 사전적 정의는 국립국어원 표준국
   어대사전을 참고하여 작성하였다.
5. 정선 방언의 쓰임새를 보여줄 수 있는 사례를 조사하여 수록하였다.
6. 표준어의 색인을 작성하여, 이와 관련된 정선 방언을 찾기 용이하게 하였다.
7. 다음처럼 약어로 표기하였다.

   표준어 → 표, 동사 → 동, 명사 → 명, 대명사 → 대, 수사 → 수, 관형사 → 관,
   형용사 → 형, 부사 → 부, 접사 → 접, 감탄사 → 감, 조사 → 조, 어미 → 어,
   의존명사 → 의, 보조동사 → 보동, 보조형용사 → 보형

# ㄱ

**가구쟁이**(여량면, 남면)

[표] 몡 가구장이(家具--) 뜻 가구 만드는 일을 직업으로 하는 사람.

예 농방 즈근 골텡이에서 가구쟁이를 하구 있는데 곧 잘 사능 기데야.

**가그라**(정선읍), **가시우야 · 가시래요**(여량면), **가시유**(남면), **가그레이**(임계면)

[표] 동 가세요 뜻 한 곳에서 다른 곳으로 장소를 이동함.

예 1. 조심해서 잘 가시우야. 2. 츤츤히 살펴 가시래요.

**가그라**(정선읍, 여량면, 북평면), **가라**(여량면), **가우야**(임계면), **가그레이**(남면)

[표] 동 가거라 뜻 한 곳에서 다른 곳으로 장소를 이동함.

예 1. 차 시간 늦는다 얼릉 가그라. 2. 얼른 집에 가라.

**가굿방**(정선읍, 북평면), **송방집 · 전방**(여량면, 남면), **구멍가게**(임계면), **가겟집**(화암면)

[표] 몡 가겟방(--房) 뜻 1. 자그마하게 가게로 차려 쓰는 방. 2. 작은 규모로 물건을 파는 집. 3. 가게 안에 딸린 작은 방.

예 1. 저 아래 전방에 가서 국시 한 그륵 사와요. 2. 가굿방에 가서 뭐 즘 사와라.

**가느하다**(정선읍), **가느다하다**(여량면, 남면), **가느스름하다**(여량면), **실내끈같다**(임계면)

[표] 혱 가느다랗다 뜻 매우 가늚.

예 1. 허리가 가느스름하다. 2. 줄이 참 가느다. 3. 넘 실내끈 같다.

**가는귀먹다**(여량면, 북평면), **먹초**(임계면), **약귀먹다**(남면)

[표] 동 가는귀먹다 뜻 작은 소리를 잘 알아듣지 못할 정도로 귀가 조금 먹음.

예 거 상할뱅이가 가는귀먹었다.

**가는비**(여량면), **이실비**(정선읍, 여량면, 남면, 임계면)

[표] 몡 이슬비 뜻 아주 가늘게 내리는 비. 는개보다 굵고 가랑비보다는 가늚.

예 가는비가 실껑실껑 내린다.

**가다**(여량면, 화암면), **가더거**(남면)

[표] 뿐 가다가 뜻 어떤 일을 계속하는 동안에 어쩌다가 이따금.

예 가더거 심들면 쉬어 개면서 해야지.

**가달무우**(정선읍), **가달무꾸**(여량면, 남면, 화암면)

[표] 몡 가랑무 뜻 제대로 굵게 자라

지 못하고 밑동이 두세 가랑이로 갈라진 무.

  예 밭에 가달무우를 심궜다.

**가두키다**(정선읍, 북평면, 여량면, 남면, 화암면)

  [표] 동 갇히다 뜻 1. '가두다'의 피동사. 2. 어떤 공간이나 상황에 있게 됨.

  예 가가 경찰서 유치장에 가두켰다네.

**가드러들다**(정선읍, 여량면), **쭈구러들다**(임계면, 화암면), **오그러들다**(남면)

  [표] 동 오그라들다 뜻 1. 물체가 안쪽으로 오목하게 휘어져 들어감. 2. 물체의 거죽이 오글쪼글하게 주름이 잡히며 줄어듦. 3. 형세나 형편 따위가 전보다 못하게 됨.

  예 찬물에 담궜더니 베싹 가드러들었다.

**가드러지다**(정선읍, 여량면, 화암면), **오글레지다**(남면)

  [표] 동 오그라지다 뜻 1. 물체가 안쪽으로 오목하게 휘어짐. 2. 물체의 거죽이 오글쪼글하게 주름이 잡히며 줄어짐. 3. 몸이 움츠러져 작게 됨.

  예 날이 추우니 마카 오글레졌어.

**가뜩**(정선읍, 여량면, 임계면), **그뜩**(임계면), **가덕**(남면)

  [표] 부 가득 뜻 1. 분량이나 수효 따위가 어떤 범위나 한도에 꽉 찬 모양. 2. 빈 데가 없을 만큼 사람이나 물건 따위가 많은 모양. 3. 냄새나 빛 따위가 공간에 널리 퍼져 있는 상태.

  예 1. 그륵 생긴 대로 그뜩 담아주세요. 2. 바개지에 물이 그뜩 찼다. 3. 소쿠리에 강냉이가 그뜩하다.

**가라안치다**(정선읍, 북평면), **잔질구다**(여량면, 남면, 화암면)

  [표] 동 가라앉히다 뜻 '가라앉다'의 사동사.

  예 1. 속이 마이 나빠서 앉아서 잔질구다. 2. 두부하재면 콩을 가라안채야 돼.

**가라지**(여량면), **개래지**(남면)

  [표] 명 가라지 뜻 1. 〈식물〉 볏과의 한해살이풀. 줄기와 잎은 조와 비슷하고 이삭은 강아지풀과 비슷함. 2. 독보리의 성서(聖書)에서의 이름.

  예 개래지는 안만 봐도 조와 비싯해.

**가레이**(정선읍, 북평면), **가렝이**(여량면, 남면, 화암면)

  [표] 명 가랑이 뜻 1. 하나의 몸에서 끝이 갈라져 두 갈래로 벌어진 부분. 2. 바지 따위에서 다리가 들어가도록 된 부분.

  예 1. 가아지가 가렝이 새로 빠져 나갔다. 2. 가레이 찢어진다.

**가름배**(정선읍, 여량면, 임계면), **가르매**(남면)

  [표] 명 가르마 뜻 이마에서 정수리까지의 머리카락을 양쪽으로 갈랐을 때 생기는 금.

  예 가름배를 곱게 빗어 넘기다.

**가마이**(정선읍, 북평면, 화암면), **가마이가마이**(여량면), **가망가망**(남면)

  [표] 부 가만가만 뜻 움직임 따위가 드러나지 않도록 조용조용.

  예 1. 애가 깰까봐 가마이가마이 들어갔다. 2. 자 모르게 가마이 가거라.

**가마이**(정선읍, 여량면, 남면, 화암면)

[표] 몡 가마니 뜻 1. 곡식이나 소금 따위를 담기 위하여 짚을 돗자리 치듯이 쳐서 만든 용기. 2. (수량을 나타내는 말 뒤에 쓰여) 곡식이나 소금 따위를 '용기'에 담아 그 분량을 세는 단위.

예 강냉이를 한 가마이 싣고 가다.

**가매**(정선읍, 여량면, 북평면), **수가매**(화암면)

[표] 몡 가마 뜻 예전에, 한 사람이 안에 타고 둘이나 넷이 들거나 메던, 조그만 집 모양의 탈것. 연(輦), 덩, 초헌(軺軒), 남여(籃輿), 사인교(四人轎) 따위가 있음.

예 그 전에는 가매타고 시집 장개 갔지 뭐.

**가매솥**(여량면, 남면, 화암면)

[표] 몡 가마솥 뜻 아주 크고 우묵한 솥.

예 가매솥에 누룽지 박박 긁어서.

**가물치콧구녕**(정선읍, 여량면, 북평면, 화암면), **소식이깡통**(정선읍), **가물치콧구멍**(신동읍)

[표] 몡 무소식(無消息) 뜻 소식이 없음.

예 가는 한번 가믄 가물치콧구녕이야.

**가방끈**(정선읍, 여량면, 북평면, 남면, 임계면), **간판**(남면)

[표] 몡 학력(學歷) 뜻 학교를 다닌 경력.

예 1. 가방끈이 짤버서 취직도 못해.
2. 가방끈이 내무 짧다.

**가붑다**(정선읍, 여량면, 남면, 화암면), **가뿐하다**(여량면)

[표] 혱 가볍다 뜻 1. 무게가 일반적이거나 기준이 되는 대상의 것보다

적음. 2. 비중이나 가치, 책임 따위가 낮거나 적음. 3. 죄과나 실수 따위가 그다지 심하지 않음.

예 1. 등치보다 훨씬 가뿐하다. 2. 참 그 사람 입이 가붑다.

**가뻐린다**(정선읍), **가삐리다 · 가번지다**(여량면), **가뺐다**(임계면), **가삔지다**(남면)

[표] 동 가버리다 뜻 1. 있던 곳에서 다른 곳으로 옮김. 2. 다른 곳이나 사람에게 옮겨 가려고 있던 곳이나 사람들한테서 벗어남.

예 나를 두고 문저 가번졌다.

**가새다리**(여량면), **까새다리**(화암면)

[표] 몡 가위다리 뜻 1. 가위의 손잡이. 2. 길쭉한 두 개의 물건을 어긋나게 맞추어 '×'모양으로 만든 형상.

예 그집 아는 다리가 가새다리여.

**가새질**(정선읍, 여량면, 남면, 화암면), **까새질**(정선읍, 여량면)

[표] 몡 가위질 뜻 1. 가위로 자르거나 오리는 일. 2. 언론 기사나 영화 작품 따위를 검열하여 그 일부분을 삭제하는 일을 비유적으로 이르는 말.

예 아주머이는 까새질을 음청 잘해요.

**가세**(정선읍, 임계면, 화암면), **모텡이**(여량면, 신동읍)

[표] 몡 부근(附近) 뜻 어떤 곳을 중심으로 하여 가까운 곳.

예 거 모텡이 가서 찾아봐.

**가세자리**(임계면), **가장자리**(여량면, 북평면), **가세**(화암면)

[표] 몡 가장자리 뜻 둘레나 끝에 해당되는 부분.

예 밥상머리서는 가세자리 앉지 마.

**가수원**(여량면, 남면, 화암면), **과수밭**(임계면)

[표] 명 과수원(果樹園) 뜻 과실나무를 심은 밭. 흔히 먹을 수 있는 열매를 얻기 위하여 배나무, 감나무, 밤나무, 대추나무 따위를 가꿈.

예 마카 다 과수밭에 사과가 음청나요.

**가쉬기**(정선읍, 여량면, 신동읍), **가수기**(정선읍, 남면, 임계면), **칼국시**(여량면)

[표] 명 칼국수 뜻 밀가루 반죽을 방망이로 얇게 밀어서 칼로 가늘게 썰어 만든 국수. 또는 그것을 익힌 음식.

예 콩가루를 너면 가쉬기고 밀가루만 하므는 칼국시지.

**가슴지느레미**(여량면, 북평면, 화암면)

[표] 명 가슴지느러미 뜻 〈동물〉물고기의 가슴에 붙은 지느러미. 한 쌍이며 몸의 균형을 잡거나 헤엄쳐 다니는 데 씀.

예 물괴기 먹을 땐 가슴지느레미 조심해야 해.

**가실**(남면), **가을**(여량면), **갈**(화암면)

[표] 명 가을 뜻 한 해의 네 철 가운데 셋째 철. 여름과 겨울의 사이이며, 달로는 9~11월, 절기(節氣)로는 입추부터 입동 전까지를 이름.

예 지지바들은 가실을 마이 타.

**가실빛**(남면)

[표] 명 가을빛 뜻 가을을 느낄 수 있는 경치나 분위기.

예 가실빛이 좋으니 기분이 좋구만.

**가심둘레**(정선읍, 여량면, 남면, 임계면, 화암면)

[표] 명 가슴둘레 뜻 가슴의 가장 굵은 부분을 둘러 잰 길이.

예 니는 가심둘레가 얼매나 돼.

**가아지풀**(여량면, 화암면)

[표] 명 강아지풀 뜻 〈식물〉볏과의 한해살이풀. 줄기는 높이가 20~70cm이며 뭉쳐남. 대침 모양이고 여름에 강아지 꼬리 모양의 연한 녹색 또는 자주색 꽃이 줄기 끝에 핌. 열매는 타원형이며 종자는 구황 식물로 식용함. 들, 밭, 길가에 나는데 열대를 제외한 전 세계에 분포함.

예 우리집 가는 질 가세 가아지풀이 많아.

**가에**(여량면, 북평면), **가세**(남면), **가셍이·가우야**(임계면)

[표] 접 가 뜻 1. 경계에 가까운 바깥쪽 부분 2. 어떤 중심되는 곳에서 가까운 부분 3. 그릇 따위의 아가리의 주변.

예 밭가셍에 풀떼기가 무지 많아요.

**가옷**(여량면, 남면)

[표] 접 –가옷 뜻 수량을 나타내는 표현에 사용된 단위의 절반 정도 분량의 뜻을 더하는 접미사.

예 시누야 보리쌀 되 가옷만 꿔주게.

**가위주먹보**(정선읍, 북평면), **까새주먹보**(여량면, 남면), **짱깨이보**(화암면)

[표] 명 가위바위보 뜻 손을 내밀어 그 모양에 따라 순서나 승부를 정하는 방법. 두 개의 손가락만 편 것을 '가위', 주먹을 쥔 것을 '바위', 손가락을 모두 편 것을 '보'라 함. '가위'는 '보'에, '바위'는 '가위'에, '보'는 '바위'에 각각 이김.

예 아덜은 놀 때 짱깨이보를 해서 술

래를 정하더라고.

**가이옳다**(여량면, 북평면, 남면)

　[표] 혱 가없다 뜻 끝이 없음.

　예 가는 한 번 도와주면 가이옳어.

**가자**(정선읍), **가꺼니**(여량면), **갈라우**(남면), **갈깨요**(임계면), **갈끼니**(화암면)

　[표] 동 갈래요 뜻 말하는 이, 또는 말하는 이가 정하는 어떤 기준점에서 멀어지면서 앞말이 뜻하는 행동이나 상태가 계속 진행됨을 나타내는 말.

　예 나 먼저 가꺼니 니는 뒤에 와.

**가재미**(정선읍, 여량면, 남면), **까재미**(여량면, 북평면, 화암면)

　[표] 몡 가자미 뜻 〈동물〉 넙칫과와 붕넙칫과의 넙치가자미, 동백가자미, 참가자미, 목탁가자미, 줄가자미 따위를 통틀어 이르는 말. 몸이 납작하여 타원형에 가깝고, 두 눈은 오른쪽에 몰려 붙어 있으며 넙치보다 몸이 작음.

　예 까재미 눈으로 사람 째래보지 마요.

**가죽데기**(여량면, 남면, 북평면, 화암면)

　[표] 몡 가죽 뜻 1. 동물의 몸을 감싸고 있는 질긴 껍질. 2. 동물의 몸에서 벗겨 낸 껍질을 가공해서 만든 물건. 3. 사람의 피부를 낮잡아 이르는 말.

　예 산토껭이 가죽데기는 씰떼가 많아 조타.

**가지끈**(여량읍, 북평면, 화암면), **그까짓거**(임계면), **가자껀**(남면)

　[표] 몡 뷘 고작 뜻 1. 몡 아무리 좋고 크게 평가하려 하여도 별것 아님. 2. 뷘 기껏 따져 보거나 헤아려 보아야. 아무리 좋고 크게 평가하려 하여도 별것 아니라는 뜻을 나타낼 때 씀.

　예 잇는 가지끈 심을 써서 짐을 지다.

**가차이**(정선읍, 여량면, 남면, 북평면)

　[표] 뷘 가까이 뜻 시간적으로나 공간적으로 사이가 아주 가깝게.

　예 1. 일로 가차이 와서 앉게. 2. 이리 가차이 와봐라.

**가찹다**(정선읍, 여량면, 남면, 임계면)

　[표] 혱 가깝다 뜻 1. 어느 한 곳에서 다른 곳까지의 거리가 짧음. 2. 서로의 사이가 다정하고 친함. 3. 어떤 수치에 근접함.

　예 1. 우리집에서는 핵교가 참 가찹다. 2. 억기네하고 가찹다.

**각배**(정선읍), **따른배**(여량면, 북평면), **짝배**(남면)

　[표] 몡 이복(異腹) 뜻 아버지는 같고 어머니가 다름.

　예 가는 따른배로 난 아여.

**각삽**(정선읍, 여량면, 북평면, 남면, 화암면)

　[표] 몡 평삽(平-) 뜻 끝 날이 직선으로 되어 네모지게 생긴 삽.

　예 모래는 각삽으로 뜨는게 더 쉬워.

**각승바지**(정선읍, 북평면), **타승바지**(여량면, 남면)

　[표] 몡 타성바지(他姓--) 뜻 자기와 다른 성(姓)을 가진 사람.

　예 그 동네는 집성촌이 아이고 각승바지다.

**각자**(여량면, 북평면), **기역자**(남면, 화암면)

　[표] 몡 곱자 뜻 〈건설〉 나무나 쇠를 이용하여 90도 각도로 만든 'ㄱ' 자 모양의 자.

　예 저짝에 있는 각자 쫌 가져와라.

**간그륵**(정선읍, 여량면)

[표] 뗑 찬그릇(饌--) 뜻 반찬을 담는 그릇.

예 밥그릇보다 간그릇이 더 크네요.

**간뎅이**(정선읍, 신동읍), **숫짱**(여량면), **간땡이**(화암면)

[표] 뗑 배짱 뜻 1. 마음속으로 다져 먹은 생각이나 태도. 2. 조금도 굽히지 아니하고 버티어 나가는 성품이나 태도.

예 1. 그 년어새끼 간뎅이 벗다. 2. 숫짱 틀리면 다 집어치워. 3. 간땡이가 부어서 미수운 걸 모른다.

**간시미**(여량면, 남면)

[표] 뗑 통조림(桶--) 뜻 고기나 과일 따위의 식료품을 양철통에 넣고 가열·살균한 뒤 밀봉하여 오래 보존할 수 있도록 한 식품.

예 가겟방에서 산 복상간시미가 음청 맛나네.

**간재미**(여량면, 남면, 북평면, 화암면)

[표] 뗑 간자미 뜻 〈동물〉 가오리의 새끼.

예 아래녁서는 간재미를 마이 먹더라.

**간지룸낭구**(정선읍, 여량면, 화암면)

[표] 뗑 배롱나무 뜻 〈식물〉 부처꽃과의 낙엽 소교목. 잎은 마주나고 긴 타원형으로 윤이 남. 7~9월에 붉은색·흰색 따위의 꽃이 가지 끝에 원추(圓錐) 화서로 피고, 열매는 타원형으로 10월에 익음. 중국이 원산지임.

예 간지룸낭구에 빌써 꽃이 피었네.

**간추하다**(정선읍), **깐추하다**(여량면), **간주하다**(화암면)

[표] 혱 가지런하다 뜻 여럿이 층이

나지 않고 고르게 되어 있음.

예 신발 정리가 아주 깐추하다.

**간판**(정선읍), **졸입장**(여량면, 남면)

[표] 뗑 졸업장(卒業狀) 뜻 졸업한 사항을 적어 졸업생에게 주는 증서.

예 가는 간판은 좋은데 일을 안하고 놀기만 해.

**갈가마구**(정선읍, 여량면, 남면), **갈까마구**(여량면, 임계면, 화암면)

[표] 뗑 갈까마귀 뜻 〈동물〉 까마귓과의 새. 몸의 길이는 33cm 정도로 까마귀보다 약간 작으며, 검은색이고 목 둘레와 배가 흼. 한국, 유럽, 아시아 등지에 분포함.

예 밭두렁서 노는 갈까마구는 참 검기도 하다.

**갈강비**(정선읍, 여량면, 남면), **이실비**(임계면)

[표] 뗑 가랑비 뜻 가늘게 내리는 비. 이슬비보다는 좀 굵음.

예 1. 갈강비에 옷 젖는다. 2. 이실비가 왜 이리 오나?

**갈겅버짐**(정선읍, 여량면, 신동읍, 화암면)

[표] 뗑 마른버짐 뜻 〈한의학〉 얼굴 같은 데에 까슬까슬하게 흰 버짐이 번지는 피부병. 대개 영양 결핍으로 생김.

예 얼굴에 갈겅버짐이 생겼다.

**갈게쓰다**(정선읍), **깔레씨다**(여량면), **갈게싸다**(남면), **휘갈레쓰다**(화암면)

[표] 동 갈겨쓰다 뜻 글씨를 아무렇게나 마구 씀.

예 글씨를 정자로 안 씨고 기렇게 깔레씨면 못 알아본다.

ㄱ

**갈구리**(정선읍, 북평면), **갈고랭이**(여량면), **깔꼬랭이**(여량면, 북평면), **갈쿠리**(남면, 임계면), **갈고래이**(화암면)

[표] 몡 갈고랑이 뜻 1. 끝이 뾰족하고 꼬부라진 물건. 흔히 쇠로 만들어 물건을 걸고 끌어당기는 데 씀. 2. 긴 나무 자루에 갈고랑쇠를 박은 무기.
예 높은 낭구에 열매 딸 때는 갈고래이가 필요해.

**갈그치다**(정선읍, 여량면, 북평면, 화암면), **갈거치다**(남면)

[표] 동 갈개다 뜻 1. 맞서서 옳고 그름을 따지다. 2. 남의 일을 방해하다.
예 1. 강아지가 앞에서 갈그치다. 2. 갈거친다 저리 쫌 비케라.

**갈기다**(정선읍, 여량면, 북평면, 남면, 화암면)

[표] 동 쏘다 뜻 활이나 총, 대포 따위를 일정한 목표를 향하여 발사함.
예 그 때 군인들이 꼰총으로 냅다 갈기면 다 도망치기 바빴어.

**갈러스다**(정선읍, 여량면, 북평면, 남면)

[표] 동 헤어지다 뜻 1. 모여 있던 사람들이 따로따로 흩어짐. 2. 사귐이나 맺은 정을 끊고 갈라섬. 3. 뭉치거나 붙어 있는 물체가 따로따로 흩어지거나 떨어짐.
예 인제는 그 애편네와 영영 갈러슬 수밖에 옰어.

**갈림질**(정선읍, 여량면, 남면, 화암면)

[표] 몡 갈림길 뜻 1. 여러 갈래로 갈린 길. 2. 어느 한쪽을 선택해야 할 상황을 비유적으로 이르는 말.
예 여서 부터가 갈림질이야.

**갈밀**(여량면), **갈개밀**(화암면)

[표] 몡 가을밀 뜻 가을에 씨를 뿌리어 이듬해 초여름에 거두어들이는 밀.
예 밀은 그래도 갈밀이 최고지.

**갈보리**(정선읍, 남면, 화암면)

[표] 몡 가을보리 뜻 가을에 씨를 뿌려 이듬해 초여름에 거두는 보리.
예 올 겨울 잘 나야지 갈보리 수확이 좋지.

**갈비**(정선읍, 북평면, 화암면, 화암면), **솔갈비**(여량면, 남면)

[표] 몡 솔가리 뜻 1. 말라서 땅에 떨어져 쌓인 솔잎. 2. 소나무의 가지를 땔감으로 쓰려고 묶어 놓은 것.
예 솔갈비 마서 불 쑤시게로 써야겠다.

**갈세**(정선읍), **틈세**(남면)

[표] 몡 의 틈 뜻 몡 1. 벌어져 사이가 난 자리. 2. 모여 있는 사람의 속. 의 3. 어떤 일을 하다가 생각 따위를 다른 데로 돌릴 수 있는 시간적인 여유.
예 거 건물 벽에 갈세가 생겼다.

**갈자지**(남면)

[표] 몡 표범새끼(豹---) 뜻 낳은 지 얼마 안 되는 어린 표범.
예 갈자지는 그래두 귀엾다.

**감감하다**(남면, 화암면)

[표] 혱 고요하다 뜻 1. 조용하고 잠잠하다. 2. 움직임이나 흔들림이 없이 잔잔하다. 3. 모습이나 마음 따위가 조용하고 평화롭다.
예 밤에는 쥐새끼 한 매리도 안 보이게 감감하다.

**감낭**(정선읍, 여량면, 화암면), **양배차**(남면)

16

[표] 몡 양배추(洋--) 뜻 십자화과의 두해살이풀. 잎은 두껍고 털이 없으며 푸르고 흼. 5~6월에 엷은 노란색 꽃이 총상(總狀) 화서로 피고 열매는 견과(堅果)임. 고갱이가 뭉쳐 큰 공 모양을 이루며 식용함.

㉠ 감낭짐치가 새콤한기 마싰다.

**감재**(정선읍, 여량면, 남면, 화암면)

[표] 몡 감자 뜻 〈식물〉 가짓과의 여러해살이풀. 높이는 60~100cm이며, 잎은 겹잎이고 어긋남. 초여름에 흰색 또는 자주색의 통꽃이 줄기 끝에 핌. 비교적 찬 기후에서 잘 자라고 성장 기간이 짧음. 남아메리카 칠레가 원산지로 온대, 한대에서 널리 재배됨.

㉠ 올해도 감재 수확이 참 잘 됐어.

**감재간**(정선읍, 여량면, 남면, 화암면), **감자간**(화암면)

[표] 몡 감자반찬 뜻 감자로 만든 반찬.

㉠ 언제 먹어도 감재간은 마싰다.

**감재누룽지**(정선읍, 북평면, 화암면)

[표] 몡 감자누룽지 뜻 감자로 만든 누룽지.

㉠ 감재밥하고 남은 감재누룽지는 맛도 참 좋구나.

**감재떡**(정선읍, 여량면, 북평면, 남면, 화암면)

[표] 몡 감자떡 뜻 감자를 재료로 만든 떡을 통틀어 이르는 말.

㉠ 예전에는 감재떡도 귀해서 먹기 심들었지.

**감재무거리**(정선읍, 남면, 화암면)

[표] 몡 감자무거리 뜻 감자를 빻아 체에 쳐서 가루를 내고 남은 찌꺼기.

㉠ 감재 수확해서는 원 감재무거리 맨들어야 겠네.

**감재바우**(정선읍, 여량면, 북평면, 화암면)

[표] 몡 강원도인(江原道人) 뜻 강원도 사람.

㉠ 군대 갔더니 나부러 감재바우래요.

**감재적**(정선읍, 여량면, 북평면, 남면), **감자적**(화암면)

[표] 몡 감자전(--煎) 뜻 1. 감자를 얇게 썰어서 기름에 부친 음식. 2. 감자를 갈아 물기를 뺀 것에, 녹말과 야채 등을 넣고 기름에 부친 음식.

㉠ 비 오는 날은 막걸리와 감재적이 최고여.

**감체물다**(정선읍, 여량면, 북평면, 남면, 화암면)

[표] 됭 감쳐물다 뜻 아래위 두 입술을 서로 조금 겹치도록 마주 붙이면서 입을 꼭 다묾.

㉠ 그늠 아가 입을 꽉 감체물고 애를 맥이는 구만.

**감투쌈박질**(정선읍, 여량면, 남면, 화암면)

[표] 몡 감투싸움 뜻 벼슬이나 직위를 차지하기 위하여 벌이는 다툼.

㉠ 정치해는 눔들은 날매다 감투쌈박질 해느라 정신이 읎어.

**갑오중애**(정선읍, 북평면), **갑오징애**(여량면, 화암면), **갑이까**(임계면)

[표] 몡 갑오징어(甲---) 뜻 〈동물〉 오징엇과의 연체동물.

㉠ 어릴 때 이짝서 갑오중애 마이 못 봤지.

**갑째기**(정선읍, 여량면), **감짝스레**(화암면)

[표] 튄 갑자기 뜻 미처 생각할 겨를

도 없이 급히.

㉮ 밥 먹다 갑째기 배가 아퍼 벤소를 찾았다.

**갓끄내기 · 갓끄네기**(정선읍, 북평면), **갓끄나풀**(여량면), **갓끄뎅이**(남면)

[표] 몡 갓끈 뜻 갓에 다는 끈. 헝겊을 접거나 나무, 대, 대모(玳瑁), 금패(錦貝), 구슬 따위를 꿰어서 만듦.

㉮ 질 가다가 갑째기 갓끄나풀이 뜨러져서 애먹었어.

**강구**(여량면, 신동읍)

[표] 몡 바퀴벌레 뜻 〈동물〉 바큇과의 바퀴, 산바퀴와 왕바큇과의 먹바퀴, 집바퀴 따위를 통틀어 이르는 말.

㉮ 강구란 늠은 하룻밤에 손주 본데 네요.

**강냉이**(정선읍, 여량면), **강넹이**(정선읍, 남면), **옥시기**(신동읍), **강네이**(화암면)

[표] 몡 옥수수 뜻 1. 볏과의 한해살이풀. 높이는 2~3m이며, 잎은 수숫잎 같이 크고 김. 꽃은 단성화로 웅화수는 줄기 끝에 달리고 자화수는 줄기 중앙의 잎겨드랑이에 달림. 열매는 녹말이 풍부하고 식용하거나 가축 사료로 씀. 멕시코에서 남아메리카 북부에 걸친 지역이 원산지로, 전 세계에서 재배함. 2. '1.'의 열매. 쪄 먹거나 떡, 묵, 밥, 술 따위를 만들어 먹음.

㉮ 옛날에는 강냉이도 먹기 심든 집이 많았어.

**강냉이떡**(정선읍, 여량면, 북평면, 남면, 화암면), **옥시기떡**(정선읍)

[표] 몡 옥수수떡 뜻 옥수수를 맷돌에 타서 까부른 다음, 물에 담갔다가 가

루로 만들어서 만든 떡.

㉮ 강냉이떡은 식으면 딱딱해서 맛대가리 읎어.

**강넹이쌀**(정선읍, 여량면, 남면, 화암면), **옥시기쌀**(신동읍)

[표] 몡 옥수수쌀 뜻 맷돌에 타서 껍질을 벗긴 옥수수의 알.

㉮ 먹을게 읎어 강넹이쌀로 죽을 쑤어 먹었어요.

**강젱이**(정선읍, 여량면, 북평면, 화암면), **광쟁이**(여량면), **줄콩**(임계면)

[표] 몡 덩굴강낭콩 뜻 〈식물〉 콩과의 한해살이풀. 강낭콩과 비슷하게 생겼으나 덩굴지고 흰색 또는 붉은색 꽃이 핌.

㉮ 광쟁이를 까서 밥에 너어 먹어봐 진짜루 마싰어.

**강중백기**(여량면, 북평면), **공중돌기**(남면)

[표] 몡 공중제비(空中--) 뜻 1. 두 손을 땅에 짚고 두 다리를 공중으로 쳐들어서 반대 방향으로 넘는 재주. 2. 사람이나 물건이 공중에서 거꾸로 나가떨어짐.

㉮ 저 아는 강중백기를 무척 잘 한다.

**강중백이**(정선읍, 남면, 화암면), **강둥백이**(정선읍), **곤두박질**(여량면)

[표] 몡 곤두박이 뜻 높은 데서 떨어지는 일. 또는 그런 상태.

㉮ 앞집 아가 밤질을 잘못 들어서 그만 강중백이를 해서 마이 다쳤데.

**강지루**(여량면, 남면, 임계면, 화암면)

[표] 강제로(强制-) 뜻 권력이나 위력(威力)으로 남의 자유의사를 억눌러 원하지 않는 일을 억지로 시킴.

㉝ 하기 싫은 일을 먼 수로 강지루 시키나.

**개**(정선읍, 북평면), **막돼먹은늠**(여량면)

[표] 몡 막된놈 똣 말이나 행실이 버릇없고 난폭한 사람.

㉝ 1. 저런 막돼먹은 늠. 2. 개 같은 놈. 3. 개만도 못한 놈.

**개**(정선읍, 여량면, 신동읍, 화암면)

[표] 몡 벌집 똣 1. 벌이 알을 낳고 먹이와 꿀을 저장하며 생활하는 집. 일벌들이 분비한 밀랍으로 만들며 육각형의 방이 여러 개 모여 층을 이루고 있음. 2. 소의 양(胖)에 붙은 벌집같이 생긴 고기. 3. 여러 개의 작은 방들이 다닥다닥 붙어 이루어진 집을 비유적으로 이르는 말.

㉝ 개안에 꿀이 마이 들었드나?

**개가죽이다**(정선읍, 여량면, 북평면, 남면, 남면), **떡치다**(여량면, 임계면)

[표] 혱 충분하다(充分--) 똣 모자람이 없이 넉넉함.

㉝ 아이고, 이만하면 떡을 치지 뭘 더 바래.

**개곰추**(남면, 화암면)

[표] 몡 곤달비 똣 〈식물〉 국화과의 여러해살이풀. 높이는 60~100cm이며, 근생엽은 잎줄기가 길고 경엽은 작고 여림. 8~9월에 노란 두상화가 줄기 끝에 총상(總狀) 화서로 핌. 어린잎은 식용하고 뿌리는 부인병 치료에 씀. 깊은 산에서 자라는데 한국의 전남, 일본 등지에 분포함.

㉝ 저 산에는 개곰추가 아주 널렸어.

**개괴비**(정선읍, 북평면), **개고비**(여량면)

[표] 몡 음양고비(陰陽--) 똣 고빗과의 여러해살이풀. 뿌리줄기는 짧고 굵으며, 잎은 뿌리줄기 끝에 5~6개씩 뭉쳐남. 어린잎은 붉은 밤색의 솜털이 덮여 있고 잎몸은 긴 타원형인데 깃 모양으로 갈라짐. 한국의 강원, 일본, 중국, 인도 등지에 분포함.

㉝ 개고비가 군락을 이루고 있다.

**개구녕**(정선읍, 남면, 임계면), **개구영**(여량면, 화암면)

[표] 몡 개구멍 똣 담이나 울타리 또는 대문의 밑에 개 따위가 드나들 정도로 터진 작은 구멍.

㉝ 사람이 급하면 개구영으로도 빠져나간다.

**개구장**(정선읍, 화암면), **개굴물**(정선읍), **개우장가**(여량면), **개울창**(남면)

[표] 몡 개울 똣 골짜기나 들에 흐르는 작은 물줄기.

㉝ 1.개구장가에 검은 오리는 먼 죄를 졌는지 큰 애기 손에 칼침을 맞나. 2. 개구장에 가면 도롱뇽도 있고 까재도 있고 깨구리도 있다. 3. 개우장가 놀러가자.

**개구제이 · 개구젱이**(정선읍, 화암면), **개파리**(남면)

[표] 몡 개구쟁이 똣 심하고 짓궂게 장난을 하는 아이.

㉝ 개구제이래도 손주 녀석은 귀엽기 그지없어.

**개굴강아지**(여량면, 화암면)

[표] 몡 살쾡이 똣 고양잇과의 포유류. 고양이와 비슷한데 몸의 길이는 55~90cm이며, 갈색 바탕에 검은 무

늬가 있음. 꼬리는 길고 사지는 짧으며 발톱은 작고 날카로움. 밤에 활동하고 꿩, 다람쥐, 물고기, 닭 따위를 잡아먹음. 5월경 2~4마리의 새끼를 낳고 산림 지대의 계곡과 암석층 가까운 곳에 사는데 한국, 인도, 중국 등지에 분포함.

(예) 밤에 갈려믄 개굴강아지가 달래 들까봐 겁씨 난다.

**개궂다**(정선읍, 남면, 북평면, 임계면), **짖궂다**(여량면)

[표] 형 짓궂다 뜻 장난스럽게 남을 괴롭고 귀찮게 하여 달갑지 아니함.

(예) 저놈은 하도 짖궂어 진짜루 미워.

**개금발**(정선읍, 화암면), **깨김발**(여량면), **돋움발**(남면)

[표] 명 까치발 뜻 발뒤꿈치를 든 발.

(예) 선반에 꿀을 내릴려고 깨김발로 서다.

**개나발**(정선읍, 여량면, 북평면, 남면, 화암면), **씹나발**(정선읍)

[표] 명 허튼소리 뜻 함부로 지껄이는 말.

(예) 거 자꾸 개나발 불지 말고 들어가 있어.

**개당구**(정선읍, 여량면, 북평면, 남면)

[표] 명 지리강활(智異羌活) 뜻 〈식물〉 산형과의 여러해살이풀. 높이는 1미터 이상이며, 뿌리는 통통하고 유즙이 있으며 악취가 남. 잎은 여러 번 갈라지고 잔잎은 달걀 모양 또는 넓은 타원형. 7월에 흰색 꽃이 복산형 화서로 줄기 끝에 피고 타원형의 열매를 맺음. 우리나라 특산종으로 산지에서 자라는데 지리산과 덕유산에 분포함.

(예) 니 같은 얼굴에는 개당구도 아까워.

**개두릅낭구**(정선읍, 여량면, 남면, 임계면, 화암면), **귀신낭구**(정선읍), **음낭구**(정선읍)

[표] 명 엄나무 뜻 두릅나뭇과의 낙엽 교목.

(예) 밭에다 개두릅낭구를 마커 심었잔나.

**개떡같다**(정선읍, 남면), **개코같다**(여량면, 화암면)

[표] 형 같잖다 뜻 1. 하는 짓이나 꼴이 제격에 맞지 않고 눈꼴사나움. 2. 말하거나 생각할 거리도 못 됨.

(예) 1. 아이구 참 개떡같이 노네. 2. 거 개코같은 소릴 하고 자빠졌어.

**개똥**(여량면, 화암면)

[표] 명 개뿔 뜻 별 볼 일 없이 하찮은 것을 경멸하는 태도로 속되게 이르는 말.

(예) 니가 알기는 멀 알어 개똥이라 그래.

**개똥같은소리**(정선읍, 여량면, 북평면), **개떡같은소리**(정선읍), **개소리**(남면)

[표] 명 잡소리(雜--) 뜻 1. 시끄러운 여러 가지 소리. 2. '잡말'을 낮잡아 이르는 말. 3. 잡스러운 노래.

(예) 아무리 그래도 다 알고 있어 개똥같은 소리 하지도 말어.

**개똥낭구**(정선읍, 여량면, 북평면, 신동읍, 화암면)

[표] 명 때죽나무 뜻 〈식물〉 때죽나뭇과의 낙엽 활엽 교목. 높이는 10미터에 이르며, 잎은 어긋나고 긴 타원형이거나 마름모형임. 늦봄에 흰 꽃이 총상(總狀) 화서로 늘어져 피고 열매는

둥근 핵과(核果)를 맺음. 산기슭이나 산 중턱의 양지바른 곳에 나는데 한국, 일본, 중국, 필리핀 등지에 분포함.

㉠ 개똥낭구 울타리.

**개똥불**(정선읍, 여량면, 신동읍, 화암면), **호다리꽁**(정선읍, 여량면)

[표] 명 반딧불 뜻 1. 반딧불이의 꽁무니에서 나오는 빛. 2. 〈동물〉 반딧불잇과의 딱정벌레.

㉠ 한 여름에 강 가세 개똥불이 반짝거린다.

**개룹다**(정선읍, 여량면)

[표] 형 가렵다 뜻 1. 피부에 긁고 싶은 느낌이 있음 2. 못 견딜 정도로 어떤 말을 하거나 어떤 일을 하고 싶은 느낌이 있음.

㉠ 깔따구한테 깨물래서 다리가 개룹다.

**개멋**(정선읍, 화암면), **똥멋**(여량면, 남면)

[표] 명 겉멋 뜻 실속 없이 겉으로만 부리는 멋.

㉠ 그 집 아는 주제 패액도 못하고 똥멋만 부린다.

**개목걸이**(남면, 화암면)

[표] 명 군번줄 (軍番-) 뜻 〈군사〉 군번이 적힌 인식표를 목에 걸 때에 쓰는 줄.

㉠ 제대해도 개목걸이는 버리면 안돼.

**개물고지**(정선읍, 여량면, 북평면), **상사꽃**(정선읍)

[표] 명 상사화(相思花) 뜻 〈식물〉 수선화과의 여러해살이풀. 높이는 50~70cm이며, 잎은 넓은 선 모양임. 8월에 자주색 꽃이 산형(繖形) 화서로 피

고 비늘줄기는 검은 갈색임. 관상용이고 산과 들에 나는데 한국, 일본, 중국 등지에 분포함.

㉠ 허옇게 핀 개물고지는 참 이쁘다.

**개미잔뎅이**(정선읍, 여량면, 남면, 화암면)

[표] 명 개미허리 뜻 1. 매우 가는 허리를 비유적으로 이르는 말. 2. 두 자(字) 이상으로 된 같은 말을 되풀이할 때 사용하는 부호인 '〈'나 '∨'의 이름.

㉠ 우리 동네 순이는 허리가 개미잔뎅이만 하다.

**개미취**(정선읍, 신동읍, 화암면), **개무추**(정선읍)

[표] 명 마타리 뜻 〈식물〉 마타릿과의 여러해살이풀. 줄기는 높이가 1~1.5m이며, 잎은 마주나고 깃 모양으로 갈라짐. 여름에 종 모양의 노란 잔꽃이 가지 끝에 산방(繖房) 화서로 모여 피고 열매는 긴 타원형임. 연한 순은 나물로 먹고 전초는 소염, 어혈에 또는 고름을 빼는 데에 약으로 씀. 산이나 들에 저절로 나는데 한국, 일본, 대만, 중국, 시베리아 동부까지 분포함.

㉠ 개미취는 묵나물로 반찬을 해야 마싰어.

**개바닥**(정선읍, 여량면, 북평면, 신동읍)

[표] 명 밑바닥 뜻 1. 어떤 것의 바닥 또는 아래가 되는 부분. 2. 어떤 현상이나 사건의 바탕에 깔린 근본적인 것을 비유적으로 이르는 말. 3. 아무것도 없는 상태나 최하층을 비유적으로 이르는 말.

㉠ 돌매이를 던지니 개바닥에 뚝 떨어지는 소리가 들려.

**개베루기**(정선읍, 화암면), **개베레기**(여량면, 남면)

[표] 몡 개벼룩 뜻 〈동물〉 벼룩과의 곤충. 사람벼룩과 비슷한데 길이는 1.7~3.4mm임. 벼룩보다 크나 뛰는 힘은 약함. 주로 개의 몸에 붙어 기생함.

예 개랑 맨날 놀면 개베레기 옮는다.

**개병대**(정선읍, 여량면, 북평면, 남면, 화암면)

[표] 몡 해병대(海兵隊) 뜻 〈군사〉 육지나 바다 어디에서도 싸울 수 있도록 조직·훈련된 부대. 특히 상륙 작전에 큰 역할을 수행함.

예 개병대들은 깡이 조타.

**개불알꽃**(정선읍, 화암면), **개부랄꽃**(화암면)

[표] 몡 소경불알 뜻 〈식물〉 초롱꽃과의 여러해살이풀. 덩굴 식물로 덩이뿌리는 둥글고 줄기는 3미터 내외로 엉키면서 자람. 잎은 어긋나는데 곁가지에서는 네 개가 마주나는 것처럼 보임. 꽃은 7~9월에 자주색으로 피는데 끝이 다섯 개로 갈라지고, 열매는 삭과(蒴果)이며 뿌리는 식용함. 산지(山地)에 나는데 한국, 일본, 만주 등지에 분포함.

예 뒷담에 핀 게 개불알꽃이 맞지.

**개새끼**(정선읍, 여량면, 남면)

[표] 몡 개 뜻 1.〈동물〉 갯과의 포유류. 가축으로 사람을 잘 따르고 영리함. 일반적으로 늑대 따위와 비슷하게 생겼으며 날카로운 이빨이 있음. 냄새를 잘 맡으며 귀가 밝아 사냥이나 군용, 맹인 선도와 마약 및 폭약 탐지에

쓰임. 전 세계에 걸쳐 모양, 크기, 색깔이 다양한 300여 품종이 있음. 2. 행실이 형편없는 사람을 비속하게 이르는 말. 3. 다른 사람의 앞잡이 노릇을 하는 사람을 낮잡아 이르는 말.

예 너거 집 개새끼가 날마당 짖어서 잠을 지대루 못자.

**개샘**(정선읍, 여량면, 북평면, 남면, 화암면), **괘샘**(정선읍)

[표] 몡 선샘 뜻 장마철에 땅속으로 스며들었던 빗물이 다시 솟아 나오는 샘.

예 1. 논가에 개샘이 터졌다. 2. 개샘이 확 터졌다.

**개신거리다**(정선읍, 여량면)

[표] 동 지싯거리다 뜻 남이 싫어하는지는 아랑곳하지 아니하고 제가 좋아하는 것만 짓궂게 자꾸 요구함.

예 남의 사정 보지도 안꾸 개신거리고 있어 증말.

**개싯고무**(정선읍, 북평면), **꼬무딲개**(남면)

[표] 몡 지우개 뜻 글씨나 그림 따위를 지우는 물건.

예 글자 틀렜다. 꼬무딲개 가져오너라.

**개쌍눔**(정선읍, 남면), **개쌍늠**(여량면, 북평면)

[표] 몡 판상놈(-常-) 뜻 아주 못된 상놈이라는 뜻으로, 남을 비속하게 이르는 말.

예 저런 짐승만도 못한 개쌍늠의 새끼.

**개장우**(정선읍), **칠성배기**(여량면)

[표] 몡 칠성장어(七星長魚) 뜻 〈동물〉 칠성장어과의 물고기. 몸의 길이는 63cm 정도로 뱀장어와 비슷하게 생겼으며, 등 쪽은 연푸른 갈색에 배는

흰색이고 아가미구멍은 일곱 쌍임. 한국 동남해로 흐르는 강과 일본 홋카이도 서해로 흘러드는 강 등지에 분포함.
⑩ 칠성배기는 먹어도 마시 옳어.

**개재우다**(여량면)
[표] 동 정리하다(整理--) 뜻 1. 흐트러지거나 혼란스러운 상태에 있는 것을 한데 모으거나 치워서 질서 있는 상태가 되게 함. 2. 체계적으로 분류하고 종합함. 3. 문제가 되거나 불필요한 것을 줄이거나 없애서 말끔하게 바로잡음.
⑩ 언제 날 잡아서 창고 개재우 해야 하는데.

**개챙피**(정선읍, 여량면), **챙패**(임계면), **챙피**(남면)
[표] 명 창피(猖披) 뜻 체면이 깎이는 일이나 아니꼬운 일을 당함. 또는 그에 대한 부끄러움.
⑩ 잘난 척 하다가 아주 개챙피 떨었다.

**개터레기**(정선읍, 여량면, 남면, 화암면)
[표] 명 개털 뜻 1. 개의 털. 2. 사람 몸의 가는 털을 낮잡아 이르는 말. 3. 쓸데없는 일이나 행동을 비유적으로 이르는 말.
⑩ 개한테 물리면 개터레기를 태워서 바른다.

**개털벵이**(정선읍, 북평면), **털벵이**(여량면, 남면, 임계면)
[표] 명 털터리 뜻 재산을 다 없애고 아무것도 가진 것이 없는 가난뱅이가 된 사람.
⑩ 그 사람 튀전질하다 돈 다 떨어 먹고 개털벵이 됐데.

**개판**(정선읍, 북평면), **개판오분전**(여량면, 화암면)
[표] 명 난장판(亂場-) 뜻 여러 사람이 어지러이 뒤섞여 떠들어 대거나 뒤엉켜 뒤죽박죽이 된 곳. 또는 그런 상태.
⑩ 앞 말 사람들 노는게 개판오분전 이드구만.

**개헤염**(정선읍, 북평면, 임계면), **개헤미**(여량면, 남면)
[표] 명 접영(蝶泳) 뜻 두 손을 동시에 앞으로 뻗쳐 물을 아래로 끌어내리고 양다리를 모아 상하로 움직이며 발등으로 물을 치면서 나아가는 수영법.
⑩ 나도 첨에는 개헤미 부터 배웠어.

**개화**(정선읍, 여량면, 남면), **개주머니**(임계면), **개와**(화암면)
[표] 명 호주머니(胡---) 뜻 옷의 일정한 곳에 헝겊을 달거나 옷의 한 부분에 헝겊을 덧대어 돈, 소지품 따위를 넣도록 만든 부분.
⑩ 정재 가믄 내 우와끼 개화에 다황 쫌 꺼내와.

**갠시리**(여량면, 남면, 북평면, 화암면)
[표] 부 괜스레 뜻 까닭이나 실속이 없는 데가 있게.
⑩ 내가 매래니까 친구는 갠시리 웃기만 해더라.

**갬추**(정선읍), **개무취**(여량면, 화암면)
[표] 명 개미취 뜻 〈식물〉 국화과의 여러해살이풀. 높이는 1~1.5미터이며, 근생엽은 뭉쳐나고 경엽은 어긋남. 9~10월에 엷은 자주색 두상화가 산방(繖房) 화서로 가지 끝에 모여 피고 어린잎은 식용함. 깊은 산속 습지

에서 자생하나 재배하기도 하며 한국, 일본, 중국, 몽골 등지에 분포함.

⑩ 할애비는 배고픈 시절에는 개무 취를 뜨더다가 먹었다.

**갱물**(신동읍)

[표] 몡 마중물 ⑫ 펌프질을 할 때 물을 끌어올리기 위하여 위에서 붓는 물.

⑩ 물 퍼 올릴려면 갱물을 드리 부어야 물이 나오지.

**갱물**(정선읍, 여량면, 북평면, 남면, 화암면)

[표] 몡 숭냉 ⑫ 제사상에 올리는 물.

⑩ 지사상에 밥두 올렸으니 빨리 갱물도 올려라.

**거개**(정선읍, 여량면, 남면, 화암면), **거**(정선읍)

[표] 때 거기 ⑫ 1. 듣는 이에게 가까운 곳을 가리키는 지시 대명사. 2. 앞에서 이미 이야기한 곳을 가리키는 지시 대명사. 3. 앞에서 이미 이야기한 대상을 가리키는 지시 대명사.

⑩ 거 앞에 가는 늠 거개 서지 못해!

**거냥**(정선읍, 화암면), **그양**(여량면, 남면, 화암면)

[표] 뮈 그냥 ⑫ 1. 더 이상의 변화 없이 그 상태 그대로. 2. 그런 모양으로 줄곧. 3. 아무런 대가나 조건 또는 의미 따위가 없이.

⑩ 내가 주는 거니 암 생각말고 거냥 먹기나 해.

**거드머차다**(정선읍, 남면, 화암면), **거드머멕이다**(여량면)

[표] 통 걷어차다 ⑫ 1. 발을 들어서 세게 참. 2. 저버리어 내침.

⑩ 저 늠의 새끼 발로 한방 거드머멕

여야 버르쟁이를 고치지.

**거두미, 거듬이**(정선읍, 화암면), **거뎀이, 거데미**(여량면), **거딤이**(남면)

[표] 몡 거둠질 ⑫ 1. 거두어들이는 일. 2. 물건을 욕심껏 탐내어 가지는 짓.

⑩ 갈에는 거두미 하느라고 음청 바빠.

**거렝이질**(정선읍, 화암면), **비렁질**(여량면, 신동읍)

[표] 몡 비럭질 ⑫ 남에게 구걸하는 짓을 낮잡아 이르는 말.

⑩ 니에게 부탁할라믄 차라리 비렁질이나 해먹지.

**거무줄**(정선읍, 여량면, 남면, 북평면, 임계면, 화암면)

[표] 몡 거미줄 ⑫ 1. 거미가 뽑아낸 줄. 또는 그 줄로 된 그물. 2. 남을 구속하기 위하여 여러 곳에 마련해 둔 함정 따위의 망을 비유적으로 이르는 말. 3. 〈건설〉 온돌을 놓을 때, 구들장과 구들장 사이의 틈을 진흙으로 바른 줄.

⑩ 밭가 거무줄에 잠자리가 걸렸다.

**거시름돈**(정선읍, 여량면, 남면, 북평면, 임계면, 화암면)

[표] 몡 거스름돈 ⑫ 거슬러 주거나 받는 돈.

⑩ 가굿방에서 거시름돈을 천 원 받았다.

**거시릅다**(정선읍, 화암면), **미식거리다**(여량면), **매식거리다**(신동읍)

[표] 통 매슥거리다 ⑫ 먹은 것이 되넘어 올 것같이 속이 자꾸 울렁거림.

⑩ 1. 멀 먹었는지 속이 무지 거시릅다. 2. 토할라고 속이 미식거리다.

**거장치다**(정선읍, 여량면, 북평면, 남면)

24

ㄱ

[표] 통 설치다 뜻 1. 마구 날뜀. 2. 찬찬하지 못하고 조급하게 행동함.
예 가는 툭하면 지 혼자 거장치고 날리네.

**거적떼기**(정선읍, 여량면, 남면, 화암면), **거저기**(임계면)
[표] 명 거적때기 뜻 헌 거적 조각.
예 날씨가 추워서 감재기 얼까 봐 거적떼기를 덮었다.

**걱정뎅이**(여량면, 남면, 화암면)
[표] 명 걱정덩이 뜻 1. 크게 걱정되는 일. 2. 늘 남에게 걱정을 끼치는 사람을 비유적으로 이르는 말.
예 가는 우들한테 항시 걱정뎅이여.

**건너방**(정선읍), **건넨방**(여량면, 임계면, 화암면), **건낸방**(남면)
[표] 명 건넌방(--房) 뜻 안방에서 대청을 건너 맞은편에 있는 방.
예 오늘은 우리 마카 건넨방에서 자자.

**근네다**(여량면, 화암면)
[표] 통 건네다 뜻 1. 돈이나 물건 따위를 남에게 옮김. 2. 남에게 말을 붙임. 3. '건너다'의 사동사.
예 과일 상자를 친구에게 근네 줘라.

**건네다**(정선읍, 여량면), **근내다**(남면, 화암면), **건내다**(임계면)
[표] 통 건너다 뜻 1. 무엇을 사이에 두고 한편에서 맞은편으로 감. 2. 한쪽에서 다른 쪽으로 옮아감. 3. 끼니, 당번, 차례 따위를 거름.
예 둘이서 건네가며 알아서 청소해라.

**건들매**(정선읍), **건들개**(여량면)
[표] 명 바람 뜻 1. 기압의 변화 또는 사람이나 기계에 의하여 일어나는 공기의 움직임. 2. 공이나 튜브 따위와 같이 속이 빈 곳에 넣는 공기.
예 어데서 건들매가 나왔나 시원하다.

**건추**(정선읍, 여량면, 북평면), **씨레기**(정선읍, 남면, 화암면)
[표] 명 시래기 뜻 무청이나 배추의 잎을 말린 것으로 새끼 따위로 엮어 말려서 보관하다가 볶거나 국을 끓이는 데 씀.
예 1. 무꾸 건추를 잘 말래놨다 겨울에 먹으면 마싰지. 2. 씨레기 삶아야지.

**걸금지개**(정선읍, 여량면, 북평면), **똥지개**(남면)
[표] 명 거름지게 뜻 예전에, 거름을 퍼 나르는 데 쓰던 지게.
예 오랫만에 걸금지개를 졌더니 고배이가 시리구먼.

**걸금테미**(정선읍, 여량면, 남면), **걸금티미**(여량면), **거름더미**(화암면)
[표] 명 퇴비장(堆肥場) 뜻 두엄을 쌓아 모으는 자리.
예 걸금테미에 썩지 않는 건 버리지 마라.

**걸레미**(정선읍, 여량면, 북평면), **걸레짝**(여량면), **걸래**(남면, 화암면)
[표] 명 걸레 뜻 더러운 곳을 닦거나 훔쳐 내는 데 쓰는 헝겊.
예 방청소 할라믄 걸레미를 먼저 빨아야지.

**걸찍하다**(정선읍, 남면, 화암면), **껄쭉하다**(여량면)
[표] 형 걸쭉하다 뜻 1. 액체가 묽지 않고 꽤 걸음. 2. 말 따위가 매우 푸지고 외설스러움. 3. 음식 따위가 매우

25

푸짐함.

[예] 1. 밀가루룰 마이 느니 죽이 껄찍하구나. 2. 매운탕이 매우 껄쭉하다.

**걸처앉다**(정선읍, 북평면), **걸체앉다**(여량면, 남면, 임계면, 화암면)

[표] [동] 걸터앉다 [뜻] 어떤 물체에 온몸의 무게를 실어 걸치고 앉음.

[예] 심이 마이 드니 돌 바우에 걸체앉아 쉐가자.

**걸치다**(정선읍, 북평면, 화암면), **푸다**(여량면), **꺾다**(신동읍)

[표] [동] 마시다 [뜻] 1. 물이나 술 따위의 액체를 목구멍으로 넘김. 2. 공기나 냄새 따위를 입이나 코로 들이쉼.

[예] 친구야 오늘 기분도 겐차느니 한 잔 꺽으러 가자.

**걸피하다**(정선읍, 북평면), **걸피다**(여량면, 임계면), **걸구들리다**(화암면)

[표] [동] 식탐하다(食貪--) [뜻] 음식을 탐냄.

[예] 저 늠은 아무거나 먹을 건만 보면 걸핀다.

**검부제기**(정선읍, 여량면, 화암면), **건물**(남면)

[표] [명] 검불 [뜻] 1. 가느다란 마른 나뭇가지, 마른 풀, 낙엽 따위를 통틀어 이르는 말. 2. [방언] '솔가리'의 방언(강원).

[예] 바람이 몹시 불어 검부제기가 길에 널렸다.

**검은개**(정선읍), **껌댕이**(여량면), **껌뎅이**(임계면), **껌둥개**(화암면)

[표] [명] 검둥개 [뜻] 털빛이 검은 개.

[예] 뒷집 껌댕이가 머이 왔는지 시끄럽게 짖는다.

**검정깨**(정선읍, 여량면, 임계면, 화암면)

[표] [명] 검은깨 [뜻] 빛깔이 검은 참깨.

[예] 검정깨를 늘 마이 먹어야 건강에 좋테.

**겉곡석**(정선읍, 남면, 화암면)

[표] [명] 겉곡식(-穀食) [뜻] 겉껍질을 벗겨 내지 않은 곡식.

[예] 밥 머글려면 겉곡석 낟알 쫌 벗겨라.

**겉껍데기**(정선읍, 화암면), **가죽껍데기**(여량면), **겉꺼더기**(남면), **껍데기**(임계면)

[표] [명] 겉껍질 [뜻] 겉으로 드러난 껍질.

[예] 사과는 겉꺼더기도 같이 먹어야 제맛이지.

**겉치매**(여량면, 북평면, 화암면)

[표] [명] 겉치마 [뜻] 1. 치마를 껴입을 때 맨 겉에 입는 치마. 2. 전통 혼례 때에, 신부가 치마 위에 덧입는 다홍치마.

[예] 거 색시 겉치매 색깔 참 이쁘다.

**게걸**(여량면, 남면), **기걸**(임계면), **걸구**(화암면)

[표] [명] 기갈(飢渴) [뜻] 배고픔과 목마름을 아울러 이르는 말.

[예] 저늠은 게걸이 들려서 처먹기만 한다.

**게누다**(여량면, 화암면), **저누다**(남면), **째려보다**(임계면)

[표] [동] 겨누다 [뜻] 1. 활이나 총 따위를 쏠 때 목표물을 향해 방향과 거리를 잡음. 2. 한 물체의 길이나 넓이 따위를 대중이 될 만한 다른 물체와 견주어 헤아림.

[예] 니가 새총으로 참새를 게눈다고 다 잽피나?

**게따가**(정선읍, 여량면, 북평면, 남면), **에**

**따가**(임계면)

　[표] 𝔹 이따가 𝔼 조금 지난 뒤에.

　𝔼 1. 게따가 따라갈거니 니 먼저가
　　라. 2. 게따가 올게.

**게시무레하다**(정선읍, 북평면)**, 캐시무레
하다**(여량면)**, 게시무리하다**(화암면)

　[표] 𝔹 게슴츠레하다 𝔼 졸리거나 술
　에 취해서 눈이 정기가 풀리고 흐리멍
　덩하며 거의 감길 듯함.

　𝔼 술을 마이 마셔서 눈이 캐시무레
　　하다.

**게엉게셍이**(정선읍)

　[표] 𝔹 지칭개 𝔼 〈식물〉 국화과의
　두해살이풀. 줄기는 높이가 60~90cm
　이며, 잎은 어긋나고 깃 모양으로 갈라
　짐. 5~8월에 붉은 자주색의 두상화(頭
　狀花)가 산방(繖房) 화서로 핌. 어린잎
　은 식용하고 들에서 자라는데 한국, 일
　본, 중국, 인도 등지에 분포함.

　𝔼 할 일 읎으면 게엉게셍이라도 뜯
　　어 와라.

**게우다**(정선읍, 여량면, 화암면)

　[표] 𝔹 토하다(吐--) 𝔼 1. 먹은 것
　을 삭이지 못하고 도로 입 밖으로 내어
　놓음. 2. 밖으로 내뿜음. 3. 느낌이나
　생각을 소리나 말로 힘 있게 드러냄.

　𝔼 술을 마이 마신 날이면 속이 거시
　　르워서 막 게우게 된다.

**겐주다**(여량면, 북평면, 화암면)**, 전주다**
(남면)

　[표] 𝔹 견주다 𝔼 둘 이상의 사물을
　질(質)이나 양(量) 따위에서 어떠한 차이
　가 있는지 알기 위하여 서로 대어 봄.

　𝔼 누구 떡이 더 큰지 둘이서 겐주어

봐라.

**겐찮다**(여량면, 북평면)**, 개안타**(임계면,
화암면)

　[표] 𝔹 괜찮다 𝔼 1. 별로 나쁘지 않
　고 보통 이상이다. 2. 탈이나 문제, 걱
　정이 되거나 꺼릴 것이 없다.

　𝔼 1. 겐찮다 넘 걱정하지 마라. 2. 증말
　　난 개안타.

**겔벡증**(여량면, 북평면)

　[표] 𝔹 결벽증(潔癖症) 𝔼 병적으로
　깨끗한 것에 집착하는 증상.

　𝔼 겔벡증이 심한 사람은 사회생활
　　이 어렵다.

**겡비양기**(여량면, 남면, 화암면)

　[표] 𝔹 경비행기(輕飛行機) 𝔼 〈항
　공〉 단발 또는 쌍발을 가진 프로펠러
　비행기. 2~8명이 앉을 수 있으며, 선
　전·광고·보도 취재·사무 연락용
　따위에 쓰임.

　𝔼 하늘에 겡비양기가 날아가구 있네.

**겡쟁**(여량면, 북평면, 화암면)

　[표] 𝔹 경쟁(競爭) 𝔼 1. 같은 목적에
　대하여 이기거나 앞서려고 서로 겨룸.
　2. 〈생물〉 생물이 환경을 이용하기 위
　하여 다른 개체나 종과 벌이는 상호 작
　용. 생물의 개체 수가 공간이나 먹이
　의 양에 비하여 많아지면 생김.

　𝔼 친구끼리는 선의의 겡쟁을 해야
　　되는 거야.

**겨란노른자우**(여량면, 화암면)**, 겨란노른
자구**(남면)

　[표] 𝔹 달걀노른자 𝔼 1. 달걀 속의
　흰자위가 둘러싸고 있는 노란 부분. 2.
　어떤 사물의 가장 중요한 부분을 비유

적으로 이르는 말.

⑩ 겨란노른자우에 참지름을 무쳐 먹어봐 진짜루 맛있어.

**개씨바리**(남면), **갤막염**(화암면)

[표] 圕 결막염(結膜炎) 쯧 〈의학〉 결막에 생기는 염증. 눈이 충혈되고 부으며 눈곱이 끼고 눈물이 나는데, 세균이나 바이러스의 감염 또는 알레르기나 물리 화학적 자극이 원인임.

⑩ 니 눈에 개씨바리 낫으니 얼릉 병원에 가봐.

**까투리**(남면)

[표] 圕 경기도인 쯧 경기도에 사는 사람.

⑩ 우리 사무님이 까투리다.

**경대**(정선읍, 여량면, 북평면, 남면)

[표] 圕 화장대(化粧臺) 쯧 화장할 때에 쓰는 기구. 보통 서랍과 거울이 달려 있으며 온갖 화장품을 올려놓거나 넣어 둠.

⑩ 경대가 기울어졌으니 똑바루 앞에 세워라.

**경첩**(여량면, 남면), **갱첩**(화암면)

[표] 圕 경칩(驚蟄) 쯧 이십사절기의 하나. 우수(雨水)와 춘분(春分) 사이에 들며, 양력 3월 5일경임. 겨울잠을 자던 벌레, 개구리 따위가 깨어 꿈틀거리기 시작한다는 시기임.

⑩ 추운 겨울이 가고 경첩이 오니 개구락지가 깨났내.

**계타다**(정선읍), **홍제했다**(정선읍, 화암면), **땡잡았다**(임계면)

[표] 圕 수지맞다 쯧 1. 장사나 사업 따위에서 이익이 남음. 2. 뜻하지 않

게 좋은 일이 생김.

⑩ 지가 오늘 홍제했어요, 질에서 만 원짜리 주셨어요

**고간**(정선읍, 여량면, 북평면), **고방구뎅이**(남면)

[표] 圕 곳간(庫間) 쯧 물건을 간직하여 두는 곳.

⑩ 1. 우리집 고간에 곡식이 가득하니 기브이 좋다. 2. 고방구뎅이에 쥐새끼들이 많아.

**고개말랑**(정선읍, 남면, 북평면), **고개말래이**(여량면, 화암면)

[표] 圕 고갯마루 쯧 고개에서 가장 높은 자리.

⑩ 친구야 우리 고개말래이서 만내자.

**고개지다**(정선읍, 남면, 화암면)

[표] 圄 숙이다 쯧 '숙다'의 사동사.

⑩ 넘 고개지며 댕기지 마라.

**고구매등거리**(여량면, 북평면), **고구매**(화암면)

[표] 圕 고구마 쯧 1. 〈식물〉 메꽃과의 여러해살이풀. 줄기는 덩굴이 되어 땅 위로 뻗으며 꽃은 보통 피지 않으나 때로 연한 붉은빛의 꽃이 나팔 모양으로 피기도 함. 땅속뿌리는 식용하거나 공업용으로 쓰고 잎과 줄기도 나물로 식용함. 북아메리카가 원산지로 따뜻한 지방에서 재배됨. 2. '고구마'의 덩이뿌리. 흔히 길쭉한 타원형으로 녹말이 많아 식용하며 공업용으로도 씀.

⑩ 올핸 고구매등거리가 음청 크다.

**고냉이**(정선읍, 여량면)

[표] 圕 육식가(肉食家) 쯧 고기를 즐겨 먹는 사람.

[예] 우리 아버이는 음청난 고냉이여.

**고냉이**(정선읍, 임계면), **고옝이**(정선읍), **고넹이**(여량면, 남면, 화암면)

[표] [명] 고양이 [뜻] 1. 〈동물〉 고양잇과의 하나. 원래 아프리카의 리비아살쾡이를 길들인 것으로, 턱과 송곳니가 특히 발달해서 육식을 주로 함. 발톱은 자유롭게 감추거나 드러낼 수 있으며, 눈은 어두운 곳에서도 잘 볼 수 있음. 애완동물로도 육종하여 여러 품종이 있음.

[예] 요새는 들에도 고넹이가 버글버글한다.

**고넹이풀**(여량면, 북평면, 남면)

[표] [명] 괭이밥 [뜻] 〈식물〉 괭이밥과의 여러해살이풀. 높이는 10~30cm이며, 잎은 어긋나고 세 갈래로 갈라지며, 작은 잎은 거꾸로 된 심장 모양임. 7~8월에 노란 꽃이 산형(繖形) 화서로 꽃줄기 끝에 피고 열매는 삭과(蒴果)를 맺음. 어린잎과 줄기는 식용함. 논밭이나 길가에 나는데 우리나라 각지에 분포함.

[예] 논 가세 고넹이풀이 무성하다.

**고둥애**(여량면, 화암면), **고등아**(남면)

[표] [명] 고등어 [뜻] 〈동물〉 고등엇과의 바닷물고기. 몸은 기름지고 통통하며 등에 녹색을 띤 검은색 물결무늬가 있고 배는 은백색임. 생후 2년이면 몸의 길이가 40cm 정도의 성어가 됨. 한국, 일본, 대만 등지에 분포함.

[예] 1. 장 가서 싱싱한 고둥애를 한손 샀다. 2. 고등아 한 마리 조요.

**고드레미**(정선읍, 북평면), **고드르미**(여량면, 화암면), **고드렘**(임계면)

[표] [명] 고드름 [뜻] 낙숫물 따위가 밑으로 흐르다가 길게 얼어붙은 얼음.

[예] 1. 고드레미가 달렸다. 2. 양철지붕에 고드르미가 음청 마이 달렸다.

**고랑탕**(남면, 북평면), **고랑때**(여량면)

[표] [명] 골탕 [뜻] 한꺼번에 되게 당하는 손해나 곤란.

[예] 오늘 사람이 즉어서 내가 고랑탕을 먹었다.

**고레기**(정선읍, 여량면, 남면, 북평면, 화암면)

[표] [명] 고리 [뜻] 1. 긴 쇠붙이나 줄, 끈 따위를 구부리고 양 끝을 맞붙여 둥글거나 모나게 만든 물건. 2. 어떤 조직이나 현상을 서로 연관되게 하는 하나하나의 구성 부분 또는 그 이음매를 비유적으로 이르는 말.

[예] 고레기를 단다이 맹글어서 묶어라.

**고롭다**(정선읍, 화암면), **괴룹다**(여량면, 남면), **못살게굴다**(임계면)

[표] [형] 괴롭다 [뜻] 몸이나 마음이 편하지 않고 고통스러움.

[예] 오늘은 웬지 맴이 괴룹다.

**고루세낭구**(여량면, 남면), **고로세낭구**(화암면)

[표] [명] 고로쇠나무 [뜻] 〈식물〉 단풍나뭇과의 낙엽 활엽 교목. 높이는 15~20m이며, 4~5월에 잎보다 앞서 흰빛을 띤 누런 꽃이 피고 열매는 시과(翅果)로 9월에 익음. 재목은 장식과 가구재로 쓰고 나무즙은 설탕의 원료로 쓰거나 약용함. 숲 속에 나는데 한국의 각지, 사할린, 일본, 중국 등지에 분포함.

ⓔ 벌써 고루세낭구에 물 받을 때가
됐네.

**고룸주멍이**(여량면, 남면, 화암면)

[표] 몡 고름집 ⓣ〈의학〉 신체 조직의
한 부분에 고름염이 생기어, 그 부분의
세포가 죽고 고름이 몰려 있는 곳.

ⓔ 고룸주멍이가 을매나 큰지 고름
이 한 사발은 나왔어요.

**고르당**(여량면), **골뎅**(남면)

[표] 몡 코르덴옷 ⓣ 누빈 것처럼 골
이 지게 짠, 우단과 비슷한 옷감으로
만든 옷.

ⓔ 오늘 장에 가서 고르당바지 하나
사 입었다.

**고무줄총**(여량면, 남면)

[표] 몡 새총(-銃) ⓣ 1. 새를 잡기 위
하여 만든 공기총. 공기의 압착 작용
을 이용하여 만든 것으로 탄착 거리가
짧고 힘이 약함. 2. 'Y'자 모양으로 생
긴 나뭇가지나 쇠붙이에 고무줄을 맨
뒤 그것에 돌멩이를 끼워 튕기는 물건.

ⓔ 산비둘기 잡으러 가게 고무줄총
맹글자.

**고무질빵**(정선읍, 신동읍), **굼벵이**(여량
면), **거부기걸음**(임계면)

[표] 몡 느림보 ⓣ 행동이 느리거나
게으른 사람을 낮잡아 이르는 말.

ⓔ 자는 얼마나 느린지 꾸물대기가
굼벵이 가듯 한다.

**고물딱지**(여량면, 남면, 화암면)

[표] 몡 고물(古物/故物) ⓣ 1. 옛날
물건. 2. 헐거나 낡은 물건. 3. 쓸모없
이 된 사람을 비유적으로 이르는 말.

ⓔ 옛날 집에는 시시한 고물딱지가

많다.

**고벵이**(정선읍), **다리고벵이**(여량면, 신
동읍), **종지고벵이**(여량면), **오금팽이**(임
계면), **고베이**(화암면)

[표] 몡 무릎 ⓣ〈의학〉 넙다리와 정
강이의 사이에 앞쪽으로 둥글게 튀어
나온 부분.

ⓔ 아이고 종지고벵이가 아파서 난 못
가요.

**고벵이걸음**(정선읍, 신동읍, 화암면), **무
룹걸음**(여량면)

[표] 몡 무릎걸음 ⓣ 다리를 굽혀 무
릎을 꿇고 걷는 걸음.

ⓔ 할머이가 고벵이걸음하니 참 안
타깝다.

**고뿔**(정선읍, 여량면, 화암면), **개좆**(남면)

[표] 몡 감기(感氣) ⓣ〈의학〉 주로 바
이러스로 말미암아 걸리는 호흡 계통
의 병. 보통 코가 막히고 열이 나며 머
리가 아픔.

ⓔ 1. 여름에 고뿔 걸리면 낫지도 않
는다. 2. 고뿔이 들렸다.

**고생간**(정선읍, 북평면), **그새**(여량면), **고
새간**(남면, 화암면), **그사이**(임계면)

[표] 몡 고새 ⓣ '고사이'의 준말.

ⓔ 그새를 못 참아서 가가 문저 갔어.

**고생줄**(정선읍, 남면, 임계면), **고상줄**(여
량면, 화암면)

[표] 몡 고생길(苦生-) ⓣ 어렵고 고된
일이나 생활에서 벗어날 수 없는 형편.

ⓔ 1. 고생줄이 훤하다. 2. 집 떠나면
고상줄이 뻔하다.

**고이중의**(여량면, 화암면), **공이중우**(남면)

[표] 몡 고의 ⓣ 1. 남자의 여름 홑바지.

한자를 빌려 '袴衣'로 적기도 함. 2. 속속곳과 단속곳을 통틀어 이르는 말.

㈎ 여름에는 베 고이중의가 시원해요.

**고자바리**(여량면, 남면, 화암면), **뜨거지**(임계면)

[표] 몡 고주박 ㈜ 땅에 박힌 채 썩은 소나무의 그루터기.

㈎ 고자바리가 불광이 증말 좋다.

**고젱이**(정선읍), **코쟁이**(여량면, 화암면)

[표] 몡 미국인(美國人) ㈜ 미국 국적을 가진 사람.

㈎ 전에는 미국사람을 코쟁이라 불렀다.

**고주망태**(정선읍, 북평면, 화암면), **떡되다**(여량면), **만벵되다**(신동읍)

[표] 동 만취되다(漫醉--/滿醉--) ㈜ 술에 잔뜩 취하게 됨.

㈎ 어제 술을 얼마나 마이 마셨는지 고주망태가 됐다.

**고지**(정선읍, 화암면), **고지박**(여량면, 신동읍)

[표] 몡 박 ㈜ 1. 〈식물〉 박과의 한해살이 덩굴풀. 전체가 잔털로 덮여 있고 줄기가 변한 덩굴손이 있어서 다른 물건을 감고 올라감. 잎은 어긋나고 둥근 심장 모양으로 가장자리가 얕게 손바닥 모양으로 갈라짐. 여름에 흰 꽃이 잎겨드랑이에 한 개씩 피는데 저녁부터 피었다가 아침 햇살이 나면 시듦. 암수한그루이나 암수의 꽃이 따로 핌. 2. '박'의 열매. 원통 또는 둥근 호박이나 배 모양의 커다란 액과(液果)로 긴 타원형의 씨가 있는데, 삶거나 말려서 바가지를 만들고 속은 먹음. 아

프리카, 아시아가 원산지로 밭, 인가의 담이나 지붕에 올리어 재배하는데 한국, 중국, 일본 등지에 분포함.

㈎ 고지 따다 국 끓여 먹자.

**고지녁하다**(여량면, 화암면)

[표] 형 고즈넉하다 ㈜ 1. 고요하고 아늑함. 2. 말없이 다소곳하거나 잠잠함.

㈎ 밤 하늘에 별빛이 고지녁하게 보여.

**고집통머리**(정선읍, 북평면), **고집패기**(여량면, 남면), **꼴통**(임계면)

[표] 몡 고집(固執) ㈜ 1. 자기의 의견을 바꾸거나 고치지 않고 굳게 버팀. 또는 그렇게 버티는 성미. 2. 〈심리〉 마음속에 남아 있는 최초의 심상이 재생되는 일.

㈎ 저슴어 새끼는 고집패기가 얼마나 쎈지.

**고치뿔**(여량면, 북평면, 화암면)

[표] 몡 고추뿔 ㈜ 둘 다 곧게 벋은 소의 뿔.

㈎ 우리집 소는 고치뿔이 잘 생겼어.

**고치장**(정선읍, 여량면, 남면, 임계면), **꼬치장**(임계면, 화암면)

[표] 몡 고추장(--醬) ㈜ 쌀·보리 따위로 질게 지은 밥이나 떡가루 또는 되게 쑨 죽에, 메줏가루·고춧가루·소금을 넣어 섞어서 만든 붉은 빛깔의 매운 장.

㈎ 옆집 가서 고치장 쫌 으더와라. 우리께 떨어졌어.

**고치풀**(정선읍, 여량면, 북평면, 화암면), **고추풀**(남면)

[표] 몡 여뀌 ㈜ 마디풀과의 한해살이

풀. 높이는 40~80cm이며 잎은 어긋
나고 피침 모양임. 6~9월에 꽃잎의 끝
이 붉은색을 띠는 연녹색 꽃이 수상(穗
狀) 화서로 피고 열매는 수과(瘦果)임.
잎과 줄기는 짓이겨 물에 풀어서 고기
를 잡는 데 씀. 잎은 매운맛이 나며 조
미료로 쓰이기도 함. 한국, 일본, 북
미, 유럽 등지에 분포함.

⑩ 금년에 고치풀이 귀하더라.

**고칫가루**(정선읍, 북평면), **꼬치가루**(여
량면, 임계면, 화암면)

　[표] 몡 고춧가루 뜻 붉게 익은 고추
　를 말려서 빻은 가루.

　⑩ 이번에 찐 꼬치가루 색깔이 증말
　곱다.

**곤두벌거지**(정선읍, 여량면)

　[표] 몡 장구벌레 뜻 1. 모기의 애벌
　레. 몸의 길이는 4~7mm이고 머리・
　가슴・배의 세 부분으로 나뉘며, 갈색
　또는 검은색임. 물속에서 삶. 2. 깔따
　구의 애벌레.

　⑩ 곤두벌거지가 많은 걸 보니 올핸
　모개이에 마이 뜯기겠다.

**곤드레**(정선읍, 남면, 임계면, 화암면), **곤
드래**(여량면, 북평면)

　[표] 몡 고려엉겅퀴(高麗---) 뜻 〈식
　물〉 국화과의 여러해살이풀. 높이는
　1~1.2미터이며, 7~10월에 붉은 자줏
　빛 꽃이 가지나 줄기 끝에 두상(頭狀)
　으로 한 송이씩 핌. 수과(瘦果)를 맺으
　며 어린잎은 식용함. 산지(山地)에서
　나는데 우리나라 각지에 분포함.

　⑩ 이 집은 곤드레밥이 유명하다.

**곤줄백이**(여량면, 남면, 화암면)

　[표] 몡 곤줄박이 뜻 〈동물〉 박샛과의
　새. 머리와 목은 검은색, 등・가슴・배
　는 밤색, 날개와 꽁지는 잿빛 청색이며
　뒷머리에 'V' 자 모양의 검은 무늬가
　있음. 텃새로 야산이나 평지에 사는데
　한국, 일본, 사할린 등지에 분포함.

　⑩ 저기 곤줄백이 한 마리가 앉았네.

**곤총**(정선읍), **꼰총**(여량면, 남면, 화암면)

　[표] 몡 권총 뜻 한 손으로 다룰 수 있
　는 짧고 작은 총. 군용 또는 호신용으
　로 널리 쓰임.

　⑩ 짭새가 꼰총을 허리에 차고 댕긴다.

**골**(정선읍, 남면, 화암면), **고래이**(화암면)

　[표] 몡의 고랑 뜻 몡 1. 두둑한 땅과
　땅 사이에 길고 좁게 들어간 곳을 '이
　랑'에 상대하여 이르는 말. 2. 의 밭
　따위를 세는 단위.

　⑩ 고구마 심거야 하니 고래이를 잘
　맹글어라.

**골골이**(정선읍, 화암면), **근**(여량면), **으지
바리**(남면)

　[표] 몡 근종(根腫) 뜻 〈농업〉 한 해에
　같은 땅에서 두 번 농사짓는 일.

　⑩ 이 밭은 보리비고 나서 골골이 조
　이 해도 잘되.

**골련**(여량면, 남면, 화암면)

　[표] 몡 궐련(卷煙) 뜻 1. 얇은 종이로
　가늘고 길게 말아 놓은 담배. 2. 지궐
　련과 엽궐련을 통틀어 이르는 말.

　⑩ 우리 할아버이는 짬만 나면 골련
　을 태우고 있어.

**골르다**(정선읍, 여량면, 남면, 북평면, 화
암면)

　[표] 동 고르다 뜻 여럿 중에서 가려

내거나 뽑음.

㉠ 니가 여서 젤 큰 걸루 골라라.

**골멤하다**(정선읍, 여량면, 북평면, 남면)

[표] 동 포식하다(飽食--) 뜻 배부르게 먹음.

㉠ 1. 오늘은 아주 허출하던 차에 떡을 골멤했네. 2. 잘 으더 먹어서 오늘 골멤했다.

**골미**(정선읍, 여량면, 북평면), **골모**(화암면)

[표] 명 골무 뜻 1. 바느질할 때 바늘귀를 밀기 위하여 손가락에 끼는 도구. 두겁처럼 만든 것은 손가락 끝에 씌워 끼우며 반지처럼 만든 것은 손가락에 끼운다. 헝겊, 가죽, 쇠붙이 따위로 만듦. 2. 〈음악〉 만돌린 따위의 발현 악기에서, 줄을 튀기는 데 쓰는, 나무나 상아 따위로 만든 채.

㉠ 바느질할 때는 골미 안끼면 손 찔린다.

**골방쥐**(정선읍, 여량면, 북평면, 남면, 임계면, 화암면)

[표] 명 생쥐 뜻 1. 〈동물〉 쥣과의 하나. 몸의 길이는 6~10cm, 꼬리의 길이는 5~10cm임. 야생종은 몸 윗면이 잿빛을 띤 갈색임. 인가에서 볼 수 있는 것은 검은 회색, 다색, 검은색 따위이고 몸 아랫면도 희지 않음. 귀가 크고 위턱의 앞니 뒷면에 점각이 있는데 위턱 제1어금니에 두 개의 돌기가 있음. 한 배에 3~8마리의 새끼를 한 해에 네 번 정도 낳음. 유전학, 의학, 생리학 따위 여러 가지 실험용이나 애완용으로 기르며 야생종은 극지방을 제외한 전 세계에 분포함.

㉠ 저런 골방쥐 같은 늠. 얄미워 죽겠네.

**골앙개**(여량면, 남면, 화암면)

[표] 명 골안개 뜻 골짜기에 끼는 안개. 주로 새벽에 낌.

㉠ 니네집 부근에 골앙개가 아침에 자욱하더라.

**골텡이**(정선읍, 북평면), **골목텡이**(여량면), **골목젱이**(남면, 화암면)

[표] 명 골목 뜻 큰길에서 들어가 동네 안을 이리저리 통하는 좁은 길.

㉠ 저쪽 골목텡이는 밤에 어두침침해서 무섭다.

**골텡이**(정선읍, 여량면, 북평면), **꼴짜기**(임계면), **고랑테잉**(임계면), **고라데이**(화암면)

[표] 명 골짜기 뜻 산과 산 사이에 움푹 패어 들어간 곳.

㉠ 그 고라데이에도 사람이 살고 있다.

**골텡이먹이다**(정선읍, 남면, 화암면), **고랑때멕이다**(여량면)

[표] 골탕먹이다 뜻 한꺼번에 큰 손해를 보거나 곤란을 당하는 것이 '골탕'이며, 음식을 삼킨다는 뜻의 '먹다'는 어려움이나 욕 따위를 당한다는 뜻을 나타내기도 함.

㉠ 알면서도 부루 고랑때를 멕인다.

**골텡이바람**(정선읍, 북평면), **고랑뎅이바람**(여량면), **고라테이바람**(화암면)

[표] 명 골바람 뜻 골짜기에서부터 산꼭대기로 부는 바람.

㉠ 그 동네는 고랑뎅이 바람이 장난이 아니여.

**골패기**(남면, 화암면)

[표] 명 골 뜻 비위에 거슬리거나 언짢은 일을 당하여 벌컥 내는 화.

예 밥 먹다말구 왜 갑째기 골패기하고 있나.

**골펜**(여량면)

[표] 명 볼펜 뜻 펜 끝의 작은 강철 알이 펜의 움직임에 따라 돌면서 오일 잉크를 내어 쓰도록 된 필기도구.

예 펜지를 골펜으로 쓰니까 음청 조타.

**곰딸**(정선읍, 화암면), **곰딸구**(여량면, 남면)

[표] 명 고무딸기 뜻 〈식물〉 장미과의 낙엽 관목.

예 곰딸구는 맛이 별루야.

**곰방중우**(정선읍, 남면), **잠벵이**(여량면)

[표] 명 잠방이 뜻 가랑이가 무릎까지 내려오도록 짧게 만든 홑바지.

예 안어울리게 잠벵이 바지를 입었네.

**곰배**(정선읍, 남면, 화암면), **고밀개**(여량면)

[표] 명 고무래 뜻 〈농업〉 곡식을 그러모으고 펴거나, 밭의 흙을 고르거나 아궁이의 재를 긁어모으는 데에 쓰는 '丁' 자 모양의 기구. 장방형이나 반달형 또는 사다리꼴의 널조각에 긴 자루를 박아 만듦.

예 베 심기 전에 얼렁 고밀개로 논을 골고야 되요.

**곰배**(정선읍, 여량면, 북평면, 화암면), **불곰배**(신동읍)

[표] 명 불당그래 뜻 아궁이의 불을 밀어 넣거나 한데 모아 당기어 밖으로 내는 데 쓰는 작은 고무래.

예 사랑방 아궁이에 곰배가 다 타서 새로 멩글어야겠드라.

**곰보돌**(정선읍, 여량면, 북평면)

[표] 명 현무암(玄武巖) 뜻 〈지리〉 염기성 사장석과 휘석, 감람석을 주성분으로 하는 화산암의 하나. 검은색이나 검은 회색을 띠고 기둥 모양인 것이 많으며, 입자가 미세하고 치밀하여 바탕이 단단함. 건축 재료로 쓰임.

예 여량 앞실 맷돌은 곰보돌로 만든다.

**곰살시룹다**(여량면, 화암면), **곰상시룹다**(남면)

[표] 형 곰상스럽다 뜻 1. 성질이나 행동이 싹싹하고 부드러운 데가 있음. 2. 성질이나 행동이 잘고 꼼꼼한 데가 있음.

예 우리 아들은 일하는 게 증말로 곰상시루어.

**곰추**(여량면, 남면, 화암면)

[표] 명 곰취 뜻 〈식물〉 국화과의 여러해살이풀. 높이는 1미터 정도이며, 잎은 큰 심장 모양이고 날카로운 잔톱니가 있음. 7~9월에 노란 두상화가 총상(總狀) 화서로 피고 열매는 수과(瘦果)를 맺음. 어린잎은 식용함. 깊은 산에 나는데 한국, 동부 시베리아, 사할린, 일본, 중국 등지에 분포함.

예 니 나랑 앞산에 곰추 뜯으러 갈꺼야?

**곰치**(여량면, 남면, 북평면, 화암면)

[표] 명 꼼치 뜻 〈동물〉 꼼칫과의 바닷물고기. 몸의 길이는 45cm 정도이며, 회색이고 어두운 점무늬가 있음. 비늘은 거의 없고 등지느러미, 뒷지느러미, 꼬리지느러미는 연속되어 있음. 머리는 세로로 납작한데 몸은 옆으로 납작함. 한국, 일본 등지에 분포함.

예 술 멕은 담날은 곰치국이 해장으

로 좋아.

**곰텡이**(정선읍, 신동읍, 화암면), **미련텡이**(정선읍), **미련곰텡이**(여량면), **곰팅이**(임계면)

[표] 몡 미련퉁이 뜻 몹시 미련한 사람을 낮잡아 이르는 말.

예 1. 저런 미련곰텡이 같은 늠. 2. 야 이눔 곰팅아.

**곰펭이**(정선읍, 임계면, 화암면), **곰파구**(여량면, 남면)

[표] 몡 곰팡이 뜻 〈식물〉 몸의 구조가 간단한 하등 균류를 통틀어 이르는 말. 동물이나 식물에 기생하는데, 어둡고 습기가 찰 때 음식물·옷·기구 따위에도 남. 몸은 균사(菌絲)로 되어 있고, 대개 분열에 의하여 홀씨로 번식하나 유성 생식도 함. 검은곰팡이, 푸른곰팡이, 털곰팡이 따위가 있음.

예 비가 오래 와서 그러나 집 안에 곰펭이가 생겼네.

**곰펭이내**(정선읍, 화암면), **곰파구내**(여량면, 남면)

[표] 몡 곰팡냄새 뜻 1. 곰팡이에서 나는 매캐하고 쾨쾨한 냄새. 2. 시대에 아주 뒤떨어진 사물이나 낡고 고리타분하며 괴벽스러운 행동이나 사상을 비유적으로 이르는 말.

예 장마철에는 방에 곰파구내가 마이 난다.

**곰피**(정선읍, 북평면)

[표] 몡 쇠미역 뜻 다시맛과의 갈조류. 길이가 1~2미터이며, 폭은 5~30cm로 누런 갈색 또는 어두운 갈색이다. 잎은 어려서는 쐐기 모양이고, 자라서는 달걀 모양이다. 한국의 중부 이북, 일본 북부, 사할린, 베링 해 등지에 분포함.

예 곰피 쫌 사와라.

**곱새**(정선읍, 남면, 화암면), **꼽새**(여량면), **꼽쌔둥이**(임계면)

[표] 몡 곱사등이 뜻 '척추 장애인(선천적이거나 후천적인 요인으로 척추에 장애가 있어 등이 굽고 큰 혹 같은 것이 불룩 튀어나온 사람)'을 낮잡아 이르는 말.

예 우리 마을에도 곱새가 한 명 있었지.

**곱패기표, 곱하기표**(남면, 화암면)

[표] 몡 곱셈표(--標) 뜻 〈수학〉 곱셈의 부호 '×'를 이르는 말.

예 문제가 틀리면 옆에다 곱패기표 해야 한다.

**공구놀음**(여량면, 남면), **공기밧자**(임계면), **공기놀음**(화암면)

[표] 몡 공기놀이 뜻 공기를 가지고 노는 아이들 놀이.

예 핵교 끝나고 나랑 같이 공기밧자 놀이 하자.

**공굿돌**(여량면, 남면)

[표] 몡 공깃돌 뜻 공기놀이에 쓰는 밤톨만 한 돌. 예전에는 작고 동그란 돌을 썼는데, 요즘엔 플라스틱 따위로 만든 것을 주로 사용함.

예 내일 우리 집으로 공굿돌 다섯 개 가져와라.

**공기다**(여량면, 북평면), **곰다**(임계면, 화암면), **굉기다**(남면)

[표] 동 곰기다 뜻 곪은 자리에 딴딴한 멍울이 생김.

예 손을 빈 곳이 굉기어 버렸어.

**공동메지**(정선읍, 여량면, 남면, 화암면)

　[표] 명 공동묘지(共同墓地) 뜻 여러 사람이 공동으로 쓸 수 있게 일정한 곳에 마련하여 둔 묘지.

　예 우리동네 뒷산에 공동메지가 있다.

**공미리**(남면)

　[표] 명 학꽁치(鶴--) 뜻 〈동물〉 학꽁칫과의 바닷물고기. 몸의 길이는 40cm 정도이고 가늘고 길며, 등 쪽은 푸른 녹색, 배 쪽은 은빛 흰색. 아래턱이 바늘처럼 길게 나와 있으며 물 위를 나는 듯이 뛰는 습성이 있음. 맛이 좋아 식용하는데 한국, 일본, 대만 등지의 바다에 삶.

　예 겨울엔 공미리를 숯불에 꿔 먹으면 마싯다.

**과재**(정선읍, 여량면, 남면), **까까**(여량면, 화암면)

　[표] 명 과자(菓子) 뜻 밀가루나 쌀가루 등에 설탕, 우유 따위를 섞어 굽거나 기름에 튀겨서 만든 음식. 주로 간식으로 먹음.

　예 아덜은 과재를 좋아한다.

**곽떼기**(정선읍, 여량면, 북평면, 남면)

　[표] 명 판지(板紙) 뜻 두껍고 단단하게 널빤지 모양으로 만든 종이.

　예 그 사람은 곽떼기로 골판지 상자 맹그는 기술이 있어.

**광대뻬**(여량면, 남면, 화암면), **광대뼈**(임계면)

　[표] 명 광대뼈 뜻 〈의학〉 뺨의 튀어나온 부분을 이루는 네모꼴의 뼈. 눈구멍 아래쪽 모서리를 이룸.

　예 내 친구는 얼굴 광대뼈가 푹 튀어나왔다.

**광복둥이**(정선읍, 북평면), **해방뎅이**(여량면), **해방동이**(남면)

　[표] 명 해방둥이(解放--) 뜻 우리나라가 일본 제국주의로부터 해방된 1945년에 태어난 사람을 이르는 말.

　예 저 할아벙이는 광복둥이가 마저.

**광애**(여량면, 북평면, 화암면), **넙데기**(남면)

　[표] 명 넙치 뜻 〈동물〉 넙칫과의 바닷물고기. 몸의 길이는 60cm 정도이고 위아래로 넓적한 긴 타원형이며, 눈이 있는 왼쪽은 어두운 갈색 바탕에 눈 모양의 반점이 있고 눈이 없는 쪽은 흰색임. 중요한 수산 자원 가운데 하나로 맛이 좋음. 한국, 일본, 남중국해 등지에 분포함.

　예 회는 광애회가 최고지.

**광이**(여량면, 남면), **괴이**(여량면, 북평면), **괘이**(화암면)

　[표] 명 괭이 뜻 〈농업〉 땅을 파거나 흙을 고르는 데 쓰는 농기구. 'ㄱ'자 모양으로 생긴 쇠 부분의 한쪽에는 넓적한 날이 있고 다른 한쪽에는 괴구멍이 있는데, 이 괴구멍에 긴 자루를 끼워서 사용함. 자루는 질이 단단한 참나무, 느티나무 따위로 만들며, 길이는 대체로 150cm 안팎임. 날의 모양에 따라 가짓잎괭이, 삽괭이, 수숫잎괭이, 토란잎괭이 따위가 있음.

　예 밭갈로 갈 때 광이는 꼭 챙게가라.

**광이다**(정선읍, 여량면, 남면), **재우다**(정선읍)

　[표] 동 쟁이다 뜻 1. 물건을 차곡차곡 포개어 쌓아 둠. 2. 고기 따위의 음식을 양념하여 그릇에 차곡차곡 담아 둠.

예 올 거두미한 콩을 밭에다 잔뜩 광
이다.
**광이자루**(여량면, 임계면), **괴이자루**(여
량면, 북평면), **괘이자루**(화암면)
　[표] 몡 괭이자루 뜻 괭이의 손잡이
부분.
　예 땅을 파내다가 광이자루를 뿌뎄다.
**광이질**(정선읍, 여량면, 북평면), **굉이질**
(여량면, 남면), **괘이질**(화암면)
　[표] 몡 괭이질 뜻 괭이로 땅을 파는 일.
　예 더운 날 굉이질을 하니 무척 심드네.
**광제이**(정선읍, 화암면), **광쟁이**(정선읍),
**광쟁이콩**(임계면)
　[표] 몡 강낭콩 뜻 〈식물〉 콩과의 한
해살이풀. 줄기가 덩굴을 이루고 여름
에 흰색 또는 자주색 꽃이 총상(總狀)
화서로 핌. 열매는 꼬투리로 맺히는데
그 안의 종자는 식용함. 남아메리카
원산의 재배 식물임.
　예 광제이를 밥 헐 때 너면 건강에 좋지.
**광지리**(정선읍, 여량면, 남면, 북평면, 임
계면, 화암면), **광마리**(정선읍)
　[표] 몡 광주리 뜻 1. 대, 싸리, 버들
따위를 재료로 하여 바닥은 둥글고 촘
촘하게, 전은 성기게 엮어 만든 그릇.
일반적으로 바닥보다 위쪽이 더 벌어
졌음. 2. (수량을 나타내는 말 뒤에 쓰
여) 물건을 '광주리'에 담아 그 분량을
세는 단위.
　예 광지리에 떡을 가득 담아 가꾸 와라.
**괴기**(정선읍, 화암면), **남어살**(여량면), **남
살**(남면)
　[표] 몡 고기 뜻 1. 식용하는 온갖 동
물의 살. 2. 사람의 살을 속되게 이르

는 말. 3. 〈동물〉 통의어 물고기(어류
의 척추동물을 통틀어 이르는 말).
　예 남어살은 대봐도 좋고 만제 봐도
좋고 먹어봐도 좋다.
**괴비**(여량면)
　[표] 몡 고비 뜻 〈식물〉 고빗과의 여
러해살이풀. 줄기는 높이가 1미터 정
도이며, 뿌리줄기는 덩이 모양임. 어
린잎과 줄기는 식용하고, 뿌리와 줄기
는 약용함. 산이나 들에 자라는데 한
국, 일본, 중국, 대만 등지에 분포함.
　예 고사리보다 괴비가 더 마싰다.
**구구새**(정선읍, 신동읍, 화암면), **비둘기**
(여량면)
　[표] 몡 비둘기 뜻 〈동물〉 비둘기목
의 새를 통틀어 이르는 말. 멧비둘기,
염주비둘기, 홍비둘기, 흑비둘기 따
위의 여러 종류가 있음. 야생종과 집
비둘기로 크게 나누는데 야생종은 대
부분 텃새임. 부리가 짧고 다리도 가
늘고 짧으며 날개가 큰 편임. 식도의
큰 모이주머니에 먹이를 저장하고 그
벽에서 암죽을 분비하여 새끼에게 먹
임. 성질이 온순하여 길들이기 쉽고
귀소성을 이용하여 통신에 사용함. 평
화를 상징하는 새임.
　예 새벽마다 구구새 소릴 들으면 처
량한 맴이 든다.
**구녕**(정선읍, 북평면, 화암면), **구영**(여량
면, 남면, 임계면)
　[표] 몡 구멍 뜻 1. 뚫어지거나 파낸
자리. 2. 어려움을 헤쳐 나갈 길을 비
유적으로 이르는 말. 3. 허점이나 약
점을 비유적으로 이르는 말.

ㄱ

예 개구영은 그렇타 치고 쥐구영은 왜 그리 마너.

**구녕가게**(정선읍, 화암면)

[표] 몡 구멍가게 뜻 조그맣게 차린 가게.

예 구녕가게가 문 여런나 봐라.

**구녕치기**(여량면, 화암면), **구녕낚수**(남면)

[표] 몡 구멍치기 뜻 얼어붙은 호수나 강 위에 구멍을 뚫고 낚싯줄을 드리워 물고기를 잡는 일.

예 강이 얼었으니 구녕낚수나 가자.

**구녕탄**(남면, 화암면), **구멍탄**(여량면)

[표] 몡 구공탄(九孔炭) 뜻 1. 구멍이 뚫린 연탄을 통틀어 이르는 말. 2. 열아홉 개의 구멍이 뚫린 연탄.

예 추운 겨울철이 오기 전에 구녕탄을 잔뜩 사다 놔야한다.

**구덩감재**(여량면, 신동읍), **돼지감재**(정선읍, 여량면), **구등감재**(화암면)

[표] 몡 뚱딴지 뜻 〈식물〉 국화과의 여러해살이풀. 줄기는 높이가 1.5~3미터이고 잔털이 있으며, 땅속줄기는 감자 모양임. 잎은 마주나는데 윗부분에서 어긋나고 달걀 모양으로 가장자리에 톱니가 있음. 8~9월에 노란 꽃이 핌. 덩이줄기는 이눌린(inulin) 성분이 들어 있어 알코올의 원료로 쓰며 연하고 단맛이 있어 먹기도 하고 사료로도 씀.

예 구덩감재가 당뇨에 좋다.

**구데기**(정선읍, 여량면, 남면, 임계면, 화암면)

[표] 몡 구더기 뜻 1. 〈동물〉 파리의 애벌레. 차차 자라 꼬리가 생기고 번데기가 되었다가 파리가 됨. 2. 걸러 놓은 술에 뜬 밥알.

예 먹다 남긴 꾸중물에 구데기가 음청 생겼다.

**구두닦개**(여량면, 남면, 화암면)

[표] 몡 구두닦이 뜻 구두를 닦는 일. 또는 그 일을 업으로 하는 사람.

예 버스장 근처 구두닦개 아저씨는 맘도 좋네.

**구두배기**(정선읍, 북평면), **짠돌이**(여량면), **꾸두쇠**(남면, 화암면)

[표] 몡 구두쇠 뜻 돈이나 재물 따위를 쓰는 데에 몹시 인색한 사람.

예 그 자식은 원래 구두배기야.

**구둘**(여량면, 남면, 화암면)

[표] 몡 구들 뜻 〈건설〉 고래를 켜고 구들장을 덮어 흙을 발라서 방바닥을 만들고 불을 때어 난방을 하는 구조물.

예 빨리 벽에 가서 장작 쫌 너어 구둘 뜨시게 해야겠네.

**구둘뻬**(정선읍, 화암면), **구둘삐**(여량면, 남면), **구들뻬**(임계면)

[표] 몡 구들장 뜻 방고래 위에 깔아 방바닥을 만드는 얇고 넓은 돌.

예 오늘은 왠 쟁일 구둘뻬 신세를 졌다.

**구둘장지다**(정선읍, 여량면, 남면), **구둘삐지다**(남면)

[표] 동 잠자다 뜻 1. 자는 상태에 있음. 2. 기계 따위가 작동하거나 이용되지 아니함. 3. 물건이 용도대로 쓰이지 못하고 방치됨.

예 저 놈의 새끼 방에서 구둘장지고 있다.

**구들바닥**(정선읍, 화암면), **구둘바닥**(여

량면, 신동읍)

[표] 몡 방바닥(房--) 뜻 방 밑을 이루는 평평한 부분.

예 구둘바닥이 따뜨하다.

**구렁이알같다**(여량면, 남면), **귀타**(여량면, 화암면)

[표] 혱 귀중하다(貴重--) 뜻 귀하고 중요함.

예 구렁이알같은 돈을 떼이다.

**구렁창**(정선읍, 남면, 화암면), **굴창**(여량면)

[표] 몡 구렁 뜻 1. 움쑥하게 파인 땅. 2. 빠지면 헤어나기 어려운 환경을 비유적으로 이르는 말.

예 비가 마이 내리니 구렁창이 마이 들 생겼네.

**구렁창**(정선읍, 여량면, 북평면, 화암면), **멍구렁텡이**(여량면)

[표] 몡 구렁텅이 뜻 1. 몹시 험하고 깊은 구렁. 2. 빠지면 헤어나기 어려운 환경을 비유적으로 이르는 말.

예 산에 낭구하러 갔다가 구렁창에 쑤셔 박혔다.

**구렁창**(정선읍, 화암면), **시굴창**(남면)

[표] 몡 시궁창 뜻 1. 시궁의 바닥 또는 그 속. 2. 몹시 더럽거나 썩어 빠진 환경 또는 그런 처지를 비유적으로 이르는 말.

예 술췌해서 잘못하면 구렁창에 쑤셔 백힌다.

**구불렝이**(여량면, 남면, 북평면, 화암면)

[표] 몡 구부렁이 뜻 한쪽으로 옥아 들어 굽은 물건.

예 낭구가 마커 구불렝이 뿐이다.

**구석배기**(여량면, 남면, 화암면), **괴케**(임

계면)

[표] 몡 구석 뜻 1. 모퉁이의 안쪽. 2. 마음이나 사물의 한 부분. 3. 잘 드러나지 않는 치우친 곳을 속되게 이르는 말.

예 1. 꼼짝 말고 한쪽 구석배기에 쳐박혀 있어. 2. 괴케에 있어라.

**구성**(정선읍), **구영**(여량면, 북평면), **구영통**(여량면), **쇠구영**(남면)

[표] 몡 구유 뜻 소나 말 따위의 가축들에게 먹이를 담아 주는 그릇. 흔히 큰 나무토막이나 큰 돌을 길쭉하게 파내어 만듦.

예 1. 구성에 여물 줘라. 2. 구영에 여물 쫌 까득 채워라.

**구수**(정선읍, 북평면), **깨꾸**(여량면), **구쑤**(여량면), **빼딱구두**(화암면)

[표] 몡 구두 뜻 주로 가죽을 재료로 하여 만든 서양식 신.

예 깨꾸를 반질반질하게 닦다.

**구술**(정선읍, 여량면, 남면, 화암면)

[표] 몡 구슬 뜻 1. 보석이나 진주 따위로 둥글게 만든 물건. 흔히 장신구로 씀. 2. 유리나 사기 따위로 둥글게 만든 놀이 기구. 3. 아름답거나 귀중한 것을 비유적으로 이르는 말.

예 목거리 구술이 한 개 떨어졌다.

**구실구다**(정선읍, 여량면, 북평면, 화암면), **구술구다**(남면)

[표] 통 구슬리다 뜻 1. 그럴듯한 말로 꾀어 마음을 움직임. 2. 끝난 일을 이리저리 헤아려 자꾸 생각함.

예 제대루 말루 하믄 안되니까 구실 궈라도 봐요.

**국건데기**(정선읍, 여량면, 임계면, 화암

면), **국건지**(남면)

[표] 몡 국건더기 뜻 국에 들어 있는 나물이나 고기 따위를 이르는 말.

예 국건데기는 울매 안되고 맨 국물 치장이다.

**국그륵**(정선읍, 여량면, 남면, 화암면)

[표] 몡 국그릇 뜻 국을 담는 그릇.

예 국그륵 말끔하게 씻어놔라.

**국시**(정선읍, 여량면, 남면, 임계면, 화암면)

[표] 몡 국수 뜻 1. 밀가루·메밀가루·감자 가루 따위를 반죽한 다음, 반죽을 손이나 기계 따위로 가늘고 길게 뽑아낸 식품. 또는 그것을 삶아 만든 음식. 2. 죄수들의 은어로, '포승(捕繩)'을 이르는 말. 3. 은어로, '끈'을 이르는 말.

예 잔차국시는 언제 먹어도 맛있다.

**국시멕이다**(정선읍), **겔혼하다**(남면, 화암면)

[표] 동 결혼하다 (結婚--) 뜻 남녀가 정식으로 부부 관계를 맺음.

예 우리는 어제 겔혼했다.

**국시서낭**(여량면, 화암면), **국시뎅이**(남면)

[표] 몡 국사성황 뜻 유네스코 세계무형문화유산인 강릉단오제의 주신.

예 너 대관령 국시서낭엘 가본 적 있드냐?

**국시풀**(여량면, 남면)

[표] 몡 골풀 뜻 〈식물〉 골풀과의 여러해살이풀. 높이는 1m 정도이고 땅속줄기는 옆으로 뻗으며, 잎은 줄기 아랫부분에 비늘 모양으로 붙어 있음. 5~6월에 녹빛을 띤 노란색 꽃이 취산(聚繖) 화서로 줄기 끝에 피고, 열매는 삭과(蒴果)를 맺음. 말린 줄기는 약재(藥材)나 자리를 만드는 데 씀. 들의 물가나 습한 땅에서 자라는데 한국, 일본, 중국 등지에 분포함.

예 강가 옆으로 국시풀이 많구나.

**국싯집**(정선읍, 여량면, 남면, 북평면, 화암면)

[표] 몡 국숫집 뜻 1. 밀가루 따위로 국수를 빼 주고 삯을 받는 집. 2. 국수를 파는 음식점.

예 출출한데 국싯집 가서 국시 한 그륵 먹자.

**군기집**(여량면, 북평면, 남면)

[표] 몡 군계집 뜻 결혼한 남자가 아내 외에 비도덕적으로 관계를 맺고 있는 여자.

예 저눔 옆에 군기집들이 많아.

**군대놀음**(정선읍, 여량면, 북평면, 화암면), **벵정놀음**(신동읍)

[표] 몡 병정놀이(兵丁--) 뜻 아이들 놀이의 하나. 병정들이 하는 것과 같이 군사 훈련이나 전투 따위를 흉내 내면서 놂.

예 애들땐 진짜루 벵정놀음 마이 했다.

**군더데기**(정선읍, 여량면, 남면, 북평면, 화암면), **군더덕지**(임계면)

[표] 몡 군더더기 뜻 쓸데없이 덧붙은 것.

예 군더데기가 궁뎅이에 디룩디룩하다.

**군들레**(정선읍, 남면), **군드레**(여량면), **쇠구렝이**(남면)

[표] 몡 코뚜레 뜻 소의 코청을 꿰뚫어 끼는 나무 고리.

예 쇠 군드레는 노가지낭구가 젤이다.

**군벅**(정선읍, 여량면, 화암면), **헛벅**(남면)
[표] 명 군불아궁이 뜻 군불을 때는 아궁이.
예 헛벅에 낭구 쫌 더 넣어라.

**군서방**(정선읍), **군사나**(여량면, 남면)
[표] 명 샛서방(-書房) 뜻 남편이 있는 여자가 남편 몰래 관계하는 남자.
예 그 집엔 군사나가 자주 드나들어.

**군짚**(여량면, 화암면), **덧짚**(남면)
[표] 명 군새 뜻 초가지붕의 썩은 곳을 파내고 덧끼워 질러 넣는 짚.
예 집이 오래 되서 그런지 군짚이 마이 필요하겠어.

**굴궂대**(정선읍, 남면)
[표] 명 절굿공이 뜻 절구에 곡식 따위를 빻거나 찧거나 할 때에 쓰는 공이. 나무, 돌, 쇠 따위로 만듦.
예 굴궂대 어데다 두었냐.

**굴다**(정선읍, 화암면), **굴따하다**(여량면)
[표] 형 굵직하다 뜻 1. 길쭉한 물건의 둘레가 꽤 큼. 2. 밤, 대추, 알 따위의 부피가 꽤 큼. 3. 빗방울 따위의 부피가 꽤 큼.
예 낭구토맥이가 음청 굴따하다.

**굴밤딱젱이**(여량면, 신동읍), **꿀밤깍젱이**(화암면)
[표] 명 도토리깍정이 뜻 도토리의 밑을 싸 받치는 깍정이.
예 묵을 맹글라만 굴밤딱젱이를 먼저 떼야해.

**굴피낭구**(정선읍, 여량면, 남면, 화암면)
[표] 명 굴참나무 뜻 〈식물〉 참나뭇과의 낙엽 활엽 교목. 높이는 25미터 정도이며 잎은 어긋나고 타원형임. 5월에 누런 갈색의 잔꽃이 피고 타원형의 열매는 견과(堅果)로 10월에 익음. 열매는 식용하며 나무껍질은 코르크의 원료로 쓰이거나 너와집을 만드는 데 씀. 산기슭이나 산 중턱의 따스한 곳에서 자라는데 한국, 만주, 일본, 대만 등지에 분포함.
예 굴피낭구 껍데기로 지붕을 덮는다.

**굼뱅이**(정선읍, 남면, 임계면, 화암면), **굼배이**(여량면, 북평면)
[표] 명 굼벵이 뜻 1. 〈동물〉 매미, 풍뎅이, 하늘소와 같은 딱정벌레목의 애벌레. 누에와 비슷하게 생겼으나 몸의 길이가 짧고 뚱뚱함. 2. 동작이 굼뜨고 느린 사물이나 사람을 비유적으로 이르는 말.
예 초가지붕엔 굼배이가 드글드글해요.

**궁게다**(정선읍, 북평면), **귕기다**(여량면, 북평면), **궁기다**(남면, 화암면)
[표] 동 굶기다 뜻 '굶다'의 사동사.
예 하두 얄미워서 하루줭일 궁게써.

**궁굴다**(여량면, 남면), **딩굴다**(임계면, 화암면)
[표] 동 구르다 뜻 1. 바퀴처럼 돌면서 옮겨감. 2. 마소나 수레 따위가 걷거나 달리거나 할 때에 출썩거림. 3. 포나 총 따위를 쏠 때, 반동으로 그 자체가 뒤로 되튐.
예 물쌀이 쎄니 자갈들이 막 딩굴어뎅기네

**궁굴대**(정선읍, 여량면, 북평면, 남면)
[표] 명 평미레(平--) 뜻 말이나 되에 곡식을 담고 그 위를 평평하게 밀어 고

르게 하는 데 쓰는 방망이 모양의 기구.
⑩ 궁굴대로 썩 밀어서.

**궁굴대질**(정선읍, 여량면, 북평면, 남면)
[표] 몡 평미레질(平---) 뜻 곡식을
될 때 평미레로 되나 말을 미는 일.
⑩ 궁굴대질 아주 믿지 마라.

**궁글다**(정선읍, 여량면)
[표] 통 뒹굴다 뜻 1. 누워서 이리저
리 구름. 2. 하는 일 없이 빈둥빈둥 놂.
3. 여기저기 어지럽게 널려 구름.
⑩ 배가 아프다고 뚤뚤 궁굴다.

**궁놀겡이**(여량면, 남면, 화암면)
[표] 몡 궁노루 뜻 〈동물〉 사향노룻
과의 포유류.
⑩ 궁놀겡이 새끼가 경중경중 뛰어
간다.

**궁물짠지**(정선읍, 화암면), **국물짐치**(여
량면), **궁물짐치**(신동읍), **백김치**(임계면)
[표] 몡 물김치 뜻 국물의 양이 많고
국물 맛이 좋게 담근 김치.
⑩ 여름에는 시원한 국물짐치가 최
고야!

**궹금대**(정선읍), **간지밋대**(여량면), **장대**
(남면)
[표] 몡 간짓대 뜻 대나무로 된 긴 장대.
⑩ 간지밋대 들고 산으로 밤이나 따
러 가자.

**귀경**(정선읍, 여량면, 화암면), **귀갱**(남면)
[표] 몡 구경 뜻 1. 흥미나 관심을 가
지고 봄. 2. 흥미나 관심을 일으키게
하는 대상. 3. 직접 당거나 맛봄.
⑩ 1. 노인회에서 단체로 서울 귀경
을 간답니다. 2. 요즘 개똥쑥은 인
기가 무지 좋아서 귀갱하기가 어

렵다.

**귀고리**(정선읍, 여량면, 남면, 북평면, 화
암면)
[표] 몡 귀걸이 뜻 1. 귀가 시리지 않
도록 귀를 덮는 물건. 보통 털가죽 따
위로 만듦. 2. 안경다리 대신 실로 꿰
어서 귀에 걸게 되어 있는 안경. 3. 귓
불에 다는 장식품.
⑩ 니 귀고리 참 이쁘다.

**귀까리**(정선읍, 화암면), **귓가리**(정선읍),
**귀깔이**(여량면)
[표] 몡 귀 뜻 1. 사람이나 동물의 머
리 양옆에서 듣는 기능을 하는 감각 기
관. 바깥귀, 가운데귀, 속귀의 세 부분
으로 나뉨. 2. 〈의학〉 귓바퀴(겉귀의
드러난 가장자리 부분). 3. 주전자의
부리같이 그릇의 한쪽에 바깥쪽으로
내밀어 만든 구멍.
⑩ 1. 귀까리가 처먹었나. 2. 저 늙은
이는 귀깔이가 먹어서 잘 못 들어.

**귀꾸녕**(정선읍, 북평면), **귓구영**(여량면,
북평면), **귓구녕**(남면, 화암면)
[표] 몡 귓구멍 뜻 귀의 바깥쪽에서부
터 고막까지 사이의 구멍.
⑩ 귓구영이 근질근질하다.

**귀등으루듣다**(여량면, 북평면, 남면, 화암면)
[표] 통 귀넘어듣다 뜻 주의하지 아니
하고 흘리며 들음.
⑩ 저놈은 내가 뭐라하믄 맨날 귓등
으루 듣고 만다.

**귀뚜레미**(정선읍, 여량면, 남면, 북평면,
화암면)
[표] 몡 귀뚜라미 뜻 1. 〈동물〉 메뚜
기목 귀뚜라밋과의 곤충을 통틀어 이

42

르는 말. 애귀뚜라미, 알락귀뚜라미, 왕귀뚜라미 따위가 있음. 2. 귀뚜라밋과의 곤충. 몸은 진한 갈색에 복잡한 얼룩점이 있으며 8~10월에 나타나 풀밭이나 뜰 안에 살면서 수컷이 가을을 알리듯이 욺. 한국을 비롯한 동남아시아에 널리 분포함.

例 귀뚜레미가 우니 벌써 가을이 왔나.

**귀레날구지**(정선읍, 북평면), **구레날구지**(여량면, 화암면), **구레나루**(남면)

[표] 명 구레나룻 뜻 귀밑에서 턱까지 잇따라 난 수염.

例 머시마 얼굴에 구레날구지가 있으면 더 멋있어 보인다.

**귀먹젱이**(정선읍, 화암면), **귀먹초**(여량면), **귀먹통**(여량면), **먹초**(남면)

[표] 명 귀머거리 뜻 '청각 장애인'을 낮잡아 이르는 말.

例 저 사람은 귀먹초래서 한 개도 못들어.

**귀방멩이**(정선읍), **귀싸데기**(여량면, 남면), **귀쌈바리**(여량면), **볼딱지**(임계면), **귀빵멩이**(화암면)

[표] 명 귀싸대기 뜻 귀와 뺨의 어름을 낮잡아 이르는 말.

例 하도 속이 상해서 그 새끼 귀쌈바리를 가발렸다.

**귀사리**(정선읍)

[표] 명 자리공 뜻 자리공과의 여러해살이풀. 높이는 1미터 정도이며 잎은 어긋나고 피침 모양 또는 넓은 피침 모양으로 잎자루가 짧음. 5~6월에 가지 끝 잎 사이에서 흰 꽃이 총상(總狀) 화서로 피고 열매는 자줏빛으로 8개의

골돌과(蓇葖果)가 서로 인접하여 둥그렇게 배열되며 독성이 있음. 잎은 식용하고 뿌리는 이뇨제로 씀. 중국이 원산지로 우리나라 각지에 분포함.

例 귀사리 뜨더다 쌀마서 무쳐먹으니 좋더라.

**귀새**(여량면, 북평면), **구애**(남면, 화암면)

[표] 명 구새 뜻 1. 속이 썩어서 구멍이 생긴 통나무. 2. 나무로 만든 굴뚝.

例 옆집 구애에서 영기가 나오네.

**귀양가다**(정선읍), **좌천가다**(여량면, 북평면)

[표] 동 좌천되다(左遷--) 뜻 낮은 관직이나 지위로 떨어지거나 외직으로 전근됨. 예전에 중국에서 오른쪽을 숭상하고 왼쪽을 멸시하였던 데서 유래함.

例 서울서 일하다가 시골루 귀양가다.

**귀염동이**(정선읍, 여량면, 남면, 화암면)

[표] 명 귀염둥이 뜻 아주 사랑스러운 아이. 또는 매우 사랑을 받는 아이.

例 우리 막내는 귀염동이다.

**귀쳉이**(정선읍, 여량면, 남면, 화암면)

[표] 명 귀지 뜻 귓구멍 속에 낀 때.

例 귀쳉이가 귓구녕에 까뜩 찼다.

**귀텡이**(정선읍, 여량면, 북평면, 화암면)

[표] 명 귀퉁이 뜻 1. 사물이나 마음의 한구석이나 부분. 2. 물건의 모퉁이나 삐죽 나온 부분. 3. 귀의 언저리.

例 저짝 귀텡이 가서 가마이 서 있어!

**귀파개**(정선읍, 임계면), **귀후비개**(여량면, 남면, 임계면, 화암면)

[표] 명 귀이개 뜻 귀지를 파내는 기구. 나무나 쇠붙이로 숟가락 모양으로 가늘고 작게 만듦.

㉠ 어제 파던 귀파개는 어데다 돈나.

**귓구영말**(여량면, 화암면), **귓구녕말**(남면)

[표] 몡 귀엣말 뜻 남의 귀 가까이에 입을 대고 소곤거리는 말.

㉠ 먼 비밀얘기를 귓구영말로 해는지.

**귓등**(여량면, 남면, 북평면, 화암면)

[표] 몡 귓전 뜻 귓바퀴의 가장자리.

㉠ 자는 맨날 말해도 귓등으로 들어.

**귓밥**(정선읍, 여량면, 남면, 화암면), **귓부리**(임계면)

[표] 몡 귓불 뜻 귓바퀴의 아래쪽에 붙어 있는 살.

㉠ 1. 자는 귓밥이 잘 생긴 걸 보니 부재되겠다. 2. 부처님 귓부리.

**그나마**(정선읍, 화암면), **그나마**(여량면), **그거나마**(남면)

[표] 囝 그것이나마 뜻 좋지 않거나 모자라기는 하지만 그것이라도, 또는 그것마저.

㉠ 그나마 있으면 용꿈 꾼 주 알어야지.

**그내뛰기**(정선읍, 남면, 북평면), **그늘뛰기**(여량면, 화암면)

[표] 몡 그네뛰기 뜻 혼자 또는 둘이서 그네 위에 올라타 두 손으로 두 줄을 각각 잡고 몸을 날려 앞뒤로 왔다 갔다 하는 놀이.

㉠ 단오날은 그늘뛰고 취떡 해먹는 날이다.

**그닥지**(정선읍, 남면, 임계면, 화암면)

[표] 囝 그다지 뜻 1. 그러한 정도로는. 또는 그렇게까지는. 2. 그러한 정도로. 또는 그렇게까지.

㉠ 어제 댕겨온 곳은 그닥지 아름답지 않더라.

**그들다**(정선읍, 여량면, 남면, 북평면, 화암면)

[표] 동 거들다 뜻 1. 남이 하는 일을 함께 하면서 도움. 2. 남의 말이나 행동에 끼어들어 참견함.

㉠ 니도 쫌 같이 그들어라.

**그뜩**(정선읍, 여량면, 남면, 북평면, 화암면), **가뜩**(임계면)

[표] 囝 그득 뜻 1. 분량이나 수효 따위가 어떤 범위나 한도에 아주 꽉 찬 모양. 2. 빈 데가 없을 만큼 사람이나 물건 따위가 아주 많은 모양. 3. 냄새나 빛 따위가 넓은 공간에 널리 퍼져 있는 상태.

㉠ 한그륵 그뜩 담아주시오.

**그래가주구**(정선읍, 남면, 화암면), **그래가주**(여량면), **그래설라므네**(여량면)

[표] 囝 그래서 뜻 앞의 내용이 뒤의 내용의 원인이나 근거, 조건 따위가 될 때 쓰는 접속 부사.

㉠ 1. 그래가주구 뭘 하겠나. 2. 그래 가주 담 부턴 다신 안 갈래

**그래구말구**(정선읍, 남면), **그러구말구**(임계면)

[표] 그러고말고 뜻 1. 앞에서 언급한 행위를 함. 2. 일 따위를 어떤 정도나 범위 이상으로 함.

㉠ 가는 헷말 안해 한번 붙는다 이래문 그래구말구야.

**그래무루**(정선읍, 남면), **그러무루**(여량면, 화암면), **그래**(임계면)

[표] 囝 그러므로 뜻 앞의 내용이 뒤의 내용의 이유나 원인, 근거가 될 때 쓰는 접속 부사.

(예) 그러무루 우리는 최선을 다해야 해.

**그러길래**(정선읍, 여량면), **그래길래**(남면, 화암면)

[표] ㉲ 그러기에 ㈜ '상태, 모양, 성질 따위가 그렇게 되게 하다./그렇게 말하다'의 뜻을 나타내는 동사 '그러다'의 어간 '그러–' 뒤에 원인이나 근거를 나타내는 연결 어미.

(예) 그래길래 내가 하지 말랬잖어.

**그나**(남면, 화암면)

[표] ㉯ 그러나 ㈜ 앞의 내용과 뒤의 내용이 상반될 때 쓰는 접속 부사.

(예) 니가 핸 말을 알겠지만 그나 이해는 못하겠다.

**그러모투다**(정선읍, 북평면), **그러모우다**(여량면, 남면), **글거모우다**(임계면, 화암면)

[표] ㉹ 그러모으다 ㈜ 1. 흩어져 있는 사람이나 사물 따위를 거두어 한곳에 모음. 2. 이러저러한 수단과 방법으로 재물을 모아들임.

(예) 고추를 모두 그러모우다.

**그륵**(여량면, 남면, 북평면, 화암면)

[표] ㉰ 그릇 ㈜ 1. 음식이나 물건 따위를 담는 기구를 통틀어 이르는 말. 세는 단위는 개, 벌, 죽 따위가 있음. 2. 어떤 일을 해 나갈 만한 능력이나 도량 또는 그런 능력이나 도량을 가진 사람을 비유적으로 이르는 말. 3. 음식이나 물건을 '그릇'에 담아 그 분량을 세는 단위.

(예) 맨두국 열두 그륵 배달해 주세요.

**그만침**(정선읍), **그만치**(여량면, 북평면), **그망쿰**(남면, 화암면)

[표] ㉯㉰ 그만큼 ㈜ ㉯ 그만한 정도로. ㉰ 그만한 정도.

(예) 그만치 먹었으면 이제 고만 처먹어.

**그뭄달**(여량면, 남면, 화암면)

[표] ㉰ 그믐달 ㈜ 음력 매달 26~27일경 새벽에 떠서 해 뜨기 직전까지 동쪽 하늘에서 관찰이 가능한 달.

(예) 하늘에 뜨 있는 그뭄달이 처량해 보인다.

**그저먹기다**(정선읍, 여량면, 남면, 화암면), **둔너떡먹기다**(정선읍), **둔너서팟고물먹기다**(여량면), **누어팥떡먹다**(임계면)

[표] ㉹ 거저먹다 ㈜ 힘을 들이지 아니하고 일을 해내거나 어떤 것을 차지함.

(예) 오늘 일은 심들지 않고 그저먹기다.

**그적새**(여량면, 화암면)

[표] ㉯ 비로소 ㈜ 어느 한 시점을 기준으로 그 전까지 이루어지지 아니하였던 사건이나 사태가 이루어지거나 변화하기 시작함을 나타내는 말.

(예) 퉁수바리를 주니 그적새서 깨났네.

**그주음**(정선읍, 남면, 화암면), **그즈막**(여량면)

[표] ㉰ 그즈음 ㈜ 과거의 어느 때부터 어느 때까지의 무렵.

(예) 아마도 그즈막에 본것 같은데.

**그즈깨**(정선읍, 북평면, 화암면), **그저깨**(여량면, 남면), **아래깨**(임계면)

[표] ㉰㉯ 그저께 ㈜ ㉰ 어제의 전날. ㉯ 어제의 전날에.

(예) 어제 그저깨 왔다 갔지.

**그즌**(정선읍, 북평면), **앞전**(여량면), **요전에**(임계면, 화암면)

[표] 명 그전(-前) 뜻 지나간 지 꽤 되는 과거의 어느 시점을 막연하게 이르는 말.

예 니랑 나랑 앞전에 한 번 봤잖아.

**그지**(정선읍, 남면, 화암면), **그치**(여량면)

[표] 감 그렇지 뜻 틀림없이 그렇다는 뜻으로 하는 말.

예 어제 내가 한 말이 맞지, 그치.

**그지**(정선읍, 임계면, 화암면), **걸버시**(정선읍), **거렝이**(정선읍), **거러지**(여량면, 남면, 화암면)

[표] 명 거지 뜻 1. 남에게 빌어먹고 사는 사람. 2. 사람을 욕하여 이르는 말.

예 그지 발싸개 같은 놈!

**그짐말**(정선읍, 북평면, 화암면), **거짓뿔**(여량면, 북평면), **그짓말**(남면), **거짐말**(임계면), **사구라**(임계면)

[표] 명 거짓말 뜻 1. 사실이 아닌 것을 사실인 것처럼 꾸며 대어 말을 함. 또는 그런 말. 2. 전과는 아주 딴판임.

예 1. 넌 지난번에도 그러더니 오늘도 거짓뿔이지? 2. 니 왜 그짐말 하나.

**그짝**(정선읍, 화암면), **저쪽**(정선읍, 북평면), **그째**(여량면, 남면)

[표] 대 그쪽 뜻 1. 듣는 이에게 가까운 곳이나 방향을 가리키는 지시 대명사. 2. 말하는 이와 듣는 이가 이미 알고 있는 곳이나 방향을 가리키는 지시 대명사. 3. 말하는 이와 듣는 이가 이미 알고 있는 사람 또는 그런 사람을 가리키는 삼인칭 대명사.

예 나는 모르니 그짝서 문저 말하시오.

**그투룩**(정선읍, 남면, 화암면), **고토록**(임계면)

[표] 부 그토록 뜻 그러한 정도로까지. 또는 그렇게까지.

예 고토록 기다렸는데 결국 맨내지 못했다.

**근버섯**(정선읍, 남면, 북평면)

[표] 명 검버섯 뜻 1. 주로 노인의 살갗에 생기는 거무스름한 얼룩. 2. 식물의 잎에 생기는 반점 같은 얼룩.

예 얼굴에 근버섯이 핀 걸 보니 얼마 못살겠네.

**근체**(정선읍, 화암면), **가근방**(여량면, 북평면), **가근체**(남면), **가근처**(남면)

[표] 명 근처(近處) 뜻 가까운 곳.

예 애매도 이 가근방에 전방이 있을 꺼여.

**글거리**(정선읍, 북평면), **글겡이**(여량면), **그루테기**(남면, 화암면) **끄루터기**(임계면)

[표] 명 그루터기 뜻 1. 풀이나 나무 따위의 아랫동아리. 또는 그것들을 베고 남은 아랫동아리. 2. 물체의 아랫동아리를 비유적으로 이르는 말. 3. 밑바탕이나 기초를 비유적으로 이르는 말.

예 밤낭구 글겡이가 음청 크다.

**글기**(여량면, 북평면), **글구**(남면, 화암면)

[표] 명 의 그루 뜻 명 1. 풀이나 나무 따위의 아랫동아리. 2. 작물을 심어 기르고 거둔 자리. 의 1. 식물, 특히 나무를 세는 단위. 2. 한 해에 같은 땅에 농사짓는 횟수를 세는 단위.

예 저 산에 소낭구는 몇 글구나 있을까?

**글르다**(정선읍, 여량면, 북평면, 남면), **날**

**새다**(여량면)

　[표] 동 형 틀리다 뜻 1. 셈이나 사실 따위가 그르게 되거나 어긋남. 2. 바라거나 하려는 일이 순조롭게 되지 못함. 3. '다르다'의 잘못.

　예 인제 다시 오기는 글렀다.

**금멕끼하다**(여량면, 화암면), **금물멕이다**(남면)

　[표] 동 금도금하다(金鍍金--) 뜻 〈화학〉고체 재료의 표면에 얇은 금박을 입힘. 전기 도금법을 주로 사용하였으나, 최근에는 무전해 도금도 많이 사용함.

　예 반지가 오래 된 거 같아 어제 금물멕였다.

**금새**(정선읍, 여량면, 남면, 북평면, 화암면), **금방**(여량면), **그새**(임계면)

　[표] 명 금시(今時) 뜻 바로 지금.

　예 짬깐 기대려봐 금방 챙개 올게.

**금싸레기**(정선읍, 여량면, 남면, 화암면)

　[표] 명 금싸라기(金---) 뜻 1. 금의 잔부스러기. 2. 아주 드물고 귀중한 것을 비유적으로 이르는 말.

　예 도로가 나는 바람에 내 땅이 금싸레기가 됐다.

**금전**(정선읍), **쇠푼**(여량면), **똥굴벵이**(신동읍)

　[표] 명 돈 뜻 1. 사물의 가치를 나타내며, 상품의 교환을 매개하고, 재산 축적의 대상으로도 사용하는 물건. 예전에는 조가비, 짐승의 가죽, 보석, 옷감, 농산물 따위를 이용하였으나 요즈음은 금, 은, 동 따위의 금속이나 종이를 이용하여 만들며 그 크기나 모양,

액수 따위는 일정한 법률에 의하여 정함. 2. 물건의 값. 3. 재물이나 재산을 달리 이르는 말.

　예 쇠푼깨나 있다고 거들묵거리다.

**금줄새끼**(정선읍, 북평면), **엔새끼**(남면)

　[표] 명 왼새끼 뜻 왼쪽으로 꼰 새끼.

　예 손주가 태어났으니 엔새끼 꼬아 글어 둬야겠다.

**기가멕히다**(정선읍, 화암면), **입이씨굽다**(여량면), **갓잔타**(임계면), **입씨굽다**(남면)

　[표] 형 어이없다 뜻 일이 너무 뜻밖이어서 기가 막히는 듯함.

　예 내가 입이 씨구워서 말이 안나오네.

**기껀**(정선읍, 여량면, 남면, 북평면, 화암면), **고작**(임계면)

　[표] 부 기껏 뜻 힘이나 정도가 미치는 데까지.

　예 1. 기껀 그거 밖에 못 했어. 2. 기껀 해야 한 시간도 안 됐어.

**기달리다**(정선읍, 남면, 화암면), **지달리다**(여량면)

　[표] 동 기다리다 뜻 어떤 사람이나 때가 오기를 바람.

　예 그이가 올 때까지 지달린다.

**기대세다**(정선읍), **지대서다**(여량면, 화암면), **지대스다**(남면)

　[표] 동 기대서다 뜻 벽 따위에 손을 짚거나 팔을 붙여 몸을 의지하여 비스듬히 섬.

　예 거 옆으로 비스듬히 지대스지 말어.

**기래**(여량면, 화암면)

　[표] 감 그래 뜻 1. 긍정하는 뜻으로 대답할 때 쓰는 말. 해라할 자리에 씀. 2. 상대편의 말에 대한 감탄이나 가벼

운 놀라움을 나타낼 때 쓰는 말. 해라
할 자리에 씀. 3. 다잡아 묻거나 강조
할 때 쓰는 말. 주로 의문문에서 삽입
어로 씀.

㉠ 기래서 담엔 어뗘 할라구.

**기름�젱이**(정선읍, 여량면, 북평면, 남면)
[표] 몡 정비공 (整備工) �뜻 기계나 설
비가 제대로 작동하도록 보살피고 손
질하는 일을 맡아 하는 기술자.

㉠ 지금은 기름쟁이가 벌이가 좋아.

**기시다**(여량면, 남면, 화암면), **기신가요**
(임계면)
[표] 몡 계시다 �뜻 '있다'의 높임말.

㉠ 집에 누구 기신가요.

**기정떡**(정선읍, 여량면, 임계면), **술떡**(정
선읍), **지정떡**(여량면, 북평면), **증펜**(남
면), **바람떡**(남면)
[표] 몡 증편(蒸-/烝-) 㜤 여름에 먹
는 떡의 하나. 멥쌀가루를, 막걸리를
조금 탄 뜨거운 물로 묽게 반죽하여 더
운 방에서 부풀려 밤, 대추, 잣 따위의
고명을 얹고 틀에 넣어 찜.

㉠ 잔차 때 지정떡을 했다.

**기집**(정선읍, 남면), **지집**(여량면), **간나**
(임계면, 화암면), **지지바**(화암면)
[표] 몡 계집 㜤 1. '여자'를 낮잡아
이르는 말. 2. '아내'를 낮잡아 이르
는 말.

㉠ 저년의 지집 꼴도 보기 실타.

**길다**(정선읍), **질다**(여량면, 남면, 화암면)
[표] 몡 긷다 㜤 우물이나 샘 따위에서
두레박이나 바가지 따위로 물을 떠냄.

㉠ 옛날엔 물을 질어 먹었지.

**길르다**(정선읍, 북평면, 화암면)

[표] 몡 기르다 㜤 1. 동식물을 보살
펴 자라게 함. 2. 아이를 보살펴 키움.
3. 사람을 가르쳐 키움.

㉠ 내 동상이 집에서 고양이를 길른다.

**김샌다**(정선읍, 북평면), **짐빠지다**(여량
면, 북평면), **짐새다**(남면, 임계면, 화암면)
[표] 몡 김새다 㜤 (속되게) 흥이 깨지
거나 맥이 빠져 싱겁게 됨.

㉠ 저 친구가 헛소리 해는 바램에 짐
샜다.

**깊푸다**(정선읍, 화암면), **짚우다하다**(여
량면, 남면)
[표] 혱 깊다랗다 㜤 1. 겉에서 속까
지의 거리가 꽤 멂. 2. 정도가 꽤 심함.

㉠ 1. 쏘가 참 깊푸다. 2. 보를 막은
윗쪽은 물이 짚우다하다.

**까가중**(정선읍, 남면), **빡빡중**(정선읍), **돌
중**(정선읍)
[표] 몡 중 㜤 〈불교〉 절에서 살면서
불도를 닦고 실천하며 포교하는 사람.
본래는 그런 단체를 이르던 말. 근래
에는 비하하는 말로 많이 사용되며,
그 대신 '승려'나 '스님'의 호칭이 일반
화되어 있음.

㉠ 어제 알고 지내던 빡빡중하고 차
한잔 했다.

**까까중**(정선읍), **빡빡중**(정선읍), **중머리**
(여량면), **중대가리**(남면)
[표] 몡 중머리 㜤 1. 빡빡 깎은 승려
의 머리. 또는 그런 머리의 승려. 2.
승려의 머리처럼 빡빡 깎은 머리. 또
는 그렇게 머리를 깎은 사람.

㉠ 스님들은 마카 까까중이다.

**까달시룹다**(정선읍, 여량면, 남면, 화암면)

[표] 톙 까다롭다 쯧 1. 조건 따위가 복잡하거나 엄격하여 다루기에 순탄하지 않음. 2. 성미나 취향 따위가 원만하지 않고 별스럽게 까탈이 많음.
옚 그 아주머이는 물건 고를 때 까달시룹다.

**까뒤잡다**(정선읍, 여량면, 남면, 북평면, 화암면), **까두잡다**(정선읍), **까집는다**(정선읍)
[표] 통 까뒤집다 쯧 1. 벗겨 뒤집음. 2. 자신의 속마음 따위를 속속들이 뒤집어서 보이거나 숨김없이 이야기함. 3. (속되게) 눈을 부릅뜸.
옚 주머니를 완저히 까뒤잡아봐.

**까뜩하면**(정선읍, 북평면), **까딱하문**(여량면, 남면, 화암면)
[표] 뷔 까딱하면 쯧 조금이라도 실수하면 또는 자칫하면.
옚 1.까뜩하면 넘어진다. 2. 까딱하문 한짐 더 질뻔 했네.

**까마구**(정선읍, 여량면, 남면, 임계면, 화암면)
[표] 몡 까마귀 쯧 1. 〈동물〉 까마귓과의 새를 통틀어 이르는 말. 몸은 대개 검은색이며, 번식기는 3~5월임. 어미 새에게 먹이를 물어다 준다고 하여 '반포조' 또는 '효조'라고도 함. 잡식성으로 갈까마귀, 떼까마귀, 잣까마귀 따위가 있음. 2. 까마귓과의 새. 몸의 색깔은 광택이 있는 검은색이며 부리가 굵고 날카로움. 나뭇가지에 둥지를 틀고 4~5개의 알을 낳음. 잡식성으로 한국, 중국, 유럽 등지에 분포함.
옚 1. 저눔어 까마구가 왜 이리 짖어 대나. 2. 까마구 새끼.

**까마구고기먹다**(정선읍), **깜빡하다**(여량면, 남면), **까먹다**(여량면, 임계면)
[표] 관용구 잊어먹다 쯧 기억하지 못하거나 기억해 내지 못함.
옚 1. 까마구고기를 쳐 먹었나. 2. 하두 오래돼서 다 까묵었다.

**까무잡하다**(정선읍), **까무스름하다**(여량면, 화암면), **깜초하다**(남면)
[표] 톙 까무잡잡하다 쯧 약간 짙게 까무스름함.
옚 여름에 살이 마이 타서 까무스름하다.

**까물치**(남면, 화암면)
[표] 몡 가물치 쯧 〈동물〉 가물칫과의 민물고기. 숭어와 비슷한데 몸의 길이는 60cm 정도이며, 등 쪽은 어두운 갈색, 배는 잿빛 흰색임. 옆구리에 검은 갈색의 얼룩무늬가 있으며 입은 크고 눈은 작음. 식용하거나 산모(産母)의 보혈 약 따위로 쓰임.
옚 까물치로 몸보신 쫌 하자.

**까물트린다**(정선읍, 북평면), **가물띠리다**(여량면), **까물치다**(남면, 화암면)
[표] 통 가무러치다 쯧 얼마 동안 정신을 잃고 죽은 사람처럼 됨.
옚 1. 넘 놀라서 까물띠리다. 2. 아가 까물트린다.

**까불다**(정선읍, 여량면, 북평면, 남면, 임계면)
[표] 통 키질하다 쯧 치로 곡식 따위를 까부름.
옚 울 어머이는 치로 곡석을 진짜루 잘 까불어.

**까시덤불**(정선읍, 여량면, 남면), **까시덤부사리**(남면)

[표] 명 가시덤불 뜻 1. 가시나무의 넝쿨이 어수선하게 엉클어진 수풀. 2. 가시밭 3. 인생의 험한 처지.

예 찔레낭구 까시덤불 조심해.

**까시방석**(정선읍, 여량면, 북평면, 화암면), **송곳방석**(정선읍), **바눌방석**(신동읍)

[표] 명 바늘방석(--方席) 뜻 1. 〈수공〉 예전에, 부녀자들이 바늘을 꽂아 둘 목적으로 헝겊 속에 솜이나 머리카락을 넣어 만든 수공예품. 2. 앉아 있기에 아주 불안스러운 자리를 비유적으로 이르는 말.

예 해는 일 읎이 방 구석에 안재있는 게 까시방석이여

**까시철망**(정선읍, 여량면, 남면)

[표] 명 철조망(鐵條網) 뜻 철조선을 그물 모양으로 얼기설기 엮어 놓은 물건. 또는 그것을 둘러친 울타리.

예 과수원에 까시철망 처서 못 들어가.

**까실구다**(정선읍, 남면), **끄슬구다**(여량면, 화암면), **끄슬렸다**(임계면)

[표] 동 그을리다 뜻 '그을다'의 피동사.

예 개털을 장작불에 끄슬구다.

**까우치베**(여량면, 남면, 북평면)

[표] 명 까라기벼 뜻 까끄라기가 유난히 긴 벼.

예 까우치베는 밥맛이 별루야.

**까재**(정선읍, 여량면, 화암면)

[표] 명 가재 뜻 가잿과의 하나. 게와 새우의 중간 모양인데 앞의 큰 발에 집게발톱이 있음. 뒷걸음질을 잘하며 폐디스토마를 옮김. 개울 상류의 돌 밑에 사는데 한국, 일본 등지에 분포함.

예 개구장에 까재 잡으로 가자.

**까재미눈깔**(여량면, 화암면)

[표] 명 곁눈 뜻 1. 얼굴은 돌리지 않고 눈알만 옆으로 굴려서 보는 눈. 2. 가까이 있는 사람들이 보내는 관심이나 주의.

예 저 사람은 항상 까재미 눈깔해 가지고 다닌다.

**까재발**(정선읍, 여량면), **가재발**(남면)

[표] 명 육발이(六--) 뜻 1. 발가락이 여섯 개 달린 사람을 낮잡아 이르는 말. 2. 바퀴가 여섯 개 달린 자동차를 낮잡아 이르는 말.

예 나는 까재발이다.

**까재손**(정선읍, 여량면, 북평면), **가재손**(남면)

[표] 명 육손이(六--) 뜻 손가락이 여섯 개 달린 사람을 낮잡아 이르는 말.

예 생긴건 잘 생겼는데 까재손이라서 쫌 그래.

**까쳉이**(정선읍, 여량면, 북평면, 화암면), **까챙이**(임계면)

[표] 명 까치 뜻 〈동물〉 까마귓과의 새. 머리에서 등까지는 검고 윤이 나며 어깨와 배는 흼. 봄에 5~6개의 알을 낳음. 이 새가 울면 반가운 손님이 온다 하여 길조(吉鳥)로 여겨졌으나 최근에는 개체 수가 증가하여 과실나무 농가에 피해를 주기도 함. 사람의 집 근처에 사는데 한국, 일본, 중국, 유럽 등지에 분포함.

예 1. 까쳉이 새끼가 사과 다 파먹었다. 2. 까쳉이가 우네.

**까챙이구녕**(정선읍), **까치구녕**(여량면, 남면, 화암면)

　[표] 몡 까치구멍 뜻 〈건설〉 겹집에서, 용마루 양쪽에 환기구로 뚫어 놓은 구멍.

　예 초가지붕 까치구녕에 달구새끼가 알을 낳았다.

**까치레기**(정선읍), **까오치**(여량면, 북평면), **깔끄래기**(여량면, 화암면), **까끄레미**(남면)

　[표] 몡 까끄라기 뜻 벼, 보리 따위의 낟알 껍질에 붙은 깔끄러운 수염. 또는 그 동강이.

　예 보리까오치는 진짜 깔끄러워.

**까치슬**(여량면, 남면, 화암면)

　[표] 몡 까치설 뜻 어린아이의 말로, 설날의 전날 곧 섣달 그믐날을 이르는 말.

　예 까치슬은 우리 슬이 아이여.

**까칠보리**(정선읍, 화암면), **까우치보리**(여량면)

　[표] 몡 늘보리 뜻 이삭의 모양이 네모진 보리.

　예 까우치보리가 때구워.

**까칠복상**(정선읍, 여량면, 화암면), **개복상**(신동읍)

　[표] 몡 산복사(山--) 뜻 〈식물〉 장미과의 낙엽 소교목. 높이는 5미터 정도이며, 잎은 어긋나고 좁고 둥근 피침 모양임. 4월에 잎보다 먼저 분홍색 꽃이 피고 열매는 복숭아처럼 생긴 작은 핵과임.

　예 까칠복상 따러 산에 간다.

**까토리**(남면)

　[표] 몡 까투리 뜻 꿩의 암컷.

　예 까토리가 날아가 버렸네.

**깍데기**(정선읍, 여량면)

　[표] 몡 깍두기 뜻 1. 무를 작고 네모나게 썰어서 소금에 절인 후 고춧가루 따위의 양념과 함께 버무려 만든 김치. 2. 어느 쪽에도 끼지 못하는 사람이나 그런 신세를 비유적으로 이르는 말.

　예 1.갈비탕 머글땐 깍데기가 제마시여. 2. 깍데기 쫌 해 먹자.

**깍젱이**(정선읍, 여량면, 남면, 화암면), **갈쿠리**(여량면)

　[표] 몡 갈퀴 뜻 검불이나 곡식 따위를 긁어모으는 데 쓰는 기구. 한쪽 끝이 우그러진 대쪽이나 철사를 부챗살 모양으로 엮어 만듦.

　예 깍젱이 들고 검불 끌러 갈래?

**깍젱이**(정선읍, 화암면), **딱젱이**(여량면, 남면, 북평면)

　[표] 몡 깍정이 뜻 〈식물〉 밤나무, 떡갈나무 따위의 열매를 싸고 있는 술잔 모양의 받침.

　예 도토리 딱젱이 잘 떼라.

**깎기다**(정선읍, 북평면), **깎으키다**(여량면, 남면)

　[표] 동 깎이다 뜻 '깎다'의 피동사

　예 녹슨 낫인데도 낭구가 잘 깎기네.

**깎으다**(여량면, 남면, 화암면), **깍꺼**(정선읍)

　[표] 동 깎다 뜻 1. 칼 따위로 물건의 거죽이나 표면을 얇게 벗겨냄. 2. 풀이나 털 따위를 잘라냄. 3. 값이나 금액을 낮추어서 줄임.

　예 사괴 쫌 깍꺼봐.

**깐년어**(정선읍, 화암면), **깐눔어**(여량면,

북평면)

[표] 괜감 까짓 뜻 괜 별것 아닌. 또는 하찮은. 감 별것 아니라는 뜻으로, 무엇을 포기하거나 용기를 낼 때 하는 말.

예 깐눔어 거 달라면 더 주지 뭐.

**깐방 · 징역**(정선읍, 북평면), **철창**(여량면, 남면), **깜방**(화암면)

[표] 명 감방(監房) 뜻 교도소에서, 죄수를 가두어 두는 방. '수용실(收容室)'로 순화.

예 잘못하면 철창 신세진다.

**깐빵**(정선읍), **가막소**(남면, 임계면), **깜방**(화암면)

[표] 명 감옥(監獄) 뜻 1. 죄인을 가두어 두는 곳. 한때 형무소라고 부르다가 현재 '교도소'로 고침. 2. 〈역사〉 대한 제국 때에, 형벌의 집행에 관한 일을 맡아보던 관청. 융희 원년(1907)에 감옥서를 고친 것임.

예 죄를 지으면 당연스럽게 깐방에 처넣어야 해.

**깐직거리다**(정선읍), **깐죽거리다**(여량면, 남면, 화암면)

[표] 동 깐족거리다 뜻 쓸데없는 소리를 밉살스럽고 짓궂게 달라붙어 계속 지껄임.

예 1. 꽤 깐직거리고 데든다. 2. 그 친구는 술만 마시면 아무에게나 깐죽거린다.

**깔개**(여량면, 화암면), **안질깨**(남면)

[표] 명 앉을깨 뜻 걸터앉는 물건을 통틀어 이르는 말.

예 궁뎅이 젖는다 깔개 앉아라.

**깔깡니**(정선읍), **갈강니**(여량면, 남면)

[표] 명 가랑니 뜻 서캐에서 깨어 나온 지 얼마 안 되는 새끼 이.

예 내의에 갈강니가 씨글씨를 하다.

**깔데기**(정선읍, 화암면), **깔때기**(정선읍, 임계면, 신동읍), **깔떡질**(여량면), **떨국질**(임계면)

[표] 명 딸꾹질 뜻 가로막의 경련으로 들이쉬는 숨이 방해를 받아 목구멍에서 이상한 소리가 나는 증세.

예 왜 자꾸 깔데기가 나는지 몰라.

**깔따구**(여량면, 신동읍, 화암면)

[표] 명 모기각다귀 뜻 〈동물〉 각다귓과의 곤충. 몸의 길이는 4mm, 편 날개의 길이는 5~6mm이며, 몸은 검고 회색 털이 빽빽이 나 있음. 날개는 가늘고 긺. 한국, 일본 등지에 분포함.

예 아침엔 깔따구 조심해라.

**깔딱메기**(여량면, 신동읍, 화암면)

[표] 명 미유기 뜻 〈동물〉 메깃과의 민물고기. 몸의 길이는 30~35cm이고, 메기와 비슷하나 더 가늘며 등지느러미가 아주 작고 아래턱은 별로 나와 있지 않음. 진한 남색임. 우리나라 특산종으로 하천에 삶.

예 밤에는 깔딱메기가 잘 잡힌다.

**깔떡거리다**(여량면, 북평면, 신동읍)

[표] 동 딸꾹거리다 뜻 딸꾹질하는 소리가 자꾸 남.

예 깔때기가 깔떡거리다.

**깔떼기**(정선읍, 여량면, 남면, 북평면, 화암면)

[표] 명 깔때기 뜻 병 따위에 꽂아 놓고 액체를 붓는 데 쓰는 나팔 모양의 기구.

⑩ 석유를 병에 넣게 깔떼기 하나 빌려주셔.

**깔아밍기다**(정선읍, 화암면), **깔어뭉개다**(여량면, 남면), **까라뭉기다**(임계면)

[표] 图 깔아뭉개다 ⑨ 1. 무엇을 밑에 두고 짓이겨질 정도로 세게 누름. 2. 어떤 일이나 사실을 숨기고 알리지 않거나 처리하지 않고 질질 끎. 3. 억눌러 버리거나 무시함.

⑩ 언제나 잘난 척하는 놈을 이번에 완전히 깔어뭉갰다.

**깜뎅이**(정선읍, 여량면, 남면, 화암면), **깜상**(여량면), **껌둥이**(임계면), **검둥이**(임계면)

[표] 명 깜둥이 ⑨ 1. 살빛이 까만 사람. 2. '흑인'을 낮잡아 이르는 말. 3. '깜둥개'를 귀엽게 이르는 말.

⑩ 뒷집에는 깜뎅이 똥개가 두 마리 있다.

**깜벅거리다**(정선읍, 화암면), **깜부럭거리다**(여량면), **깜부덕거리다**(남면)

[표] 명 깜박거리다 ⑨ 1. 기억이나 의식 따위가 자꾸 잠깐씩 흐려짐. 2. 불빛이나 별빛 따위가 자꾸 어두워졌다 밝아졌다 함. 또는 그렇게 되게 함. 3. 눈이 자꾸 감겼다 뜨였다 함. 또는 그렇게 되게 함.

⑩ 나이가 먹으니 자꾸 깜벅거리다.

**깜보기**(정선읍, 북평면), **깜베기**(여량면, 북평면)

[표] 명 깜부기 ⑨ 1. 〈식물〉 깜부깃병에 걸려서 까맣게 된 곡식 따위의 이삭. 2. 얼굴빛이 까만 사람. 3. 나뭇가지를 때고 난 뒤에 그것으로 만든 뜬 숯.

⑩ 1. 수수깜보기는 먹을만하다. 2.

보리이삭이 깜베기진다.

**깜부기지다**(정선읍, 여량면, 북평면), **카매지다**(여량면, 화암면)

[표] 图 까매지다 ⑨ 까맣게 됨.

⑩ 아궁이 앞에 오래 있어서 얼골이 카매지다.

**깝짝거리다**(여량면, 남면, 북평면, 화암면)

[표] 图 깝죽거리다 ⑨ 1. 신이 나서 몸이나 몸의 일부를 자꾸 방정맞게 움직임. 2. 자기 분수에 맞지 않게 자꾸 까불거나 잘난 체함.

⑩ 만나면 맨날 나한테 깝짝거린다.

**깝파르다**(정선읍, 북평면), **깡파르다**(여량면, 임계면), **가팔르다**(화암면)

[표] 형 가파르다 ⑨ 산이나 길이 몹시 비탈짐.

⑩ 1. 저 산에 올라갈라니 깝파르다. 2. 길이 참 깝파르다.

**깡다구**(정선읍, 여량면, 북평면, 임계면, 남면, 화암면)

[표] 명 오기(傲氣) ⑨ 1. 능력은 부족하면서도 남에게 지기 싫어하는 마음. 2. 잘난 체하며 방자한 기운.

⑩ 심이 없어 깡다구로 버틴다.

**깡촌**(정선읍, 여량면, 임계면, 화암면), **벡촌**(신동읍)

[표] 명 벽촌(僻村) ⑨ 외따로 떨어져 있는 궁벽한 마을.

⑩ 깡촌에서 살다온 놈.

**깡추우**(여량면, 남면, 화암면)

[표] 명 강추위 ⑨ 눈도 오지 않고 바람도 불지 않으면서 몹시 매운 추위.

⑩ 올해는 깡추우가 일찍 시작되네.

**깡패**(정선읍, 화암면), **어깨**(신동읍)

[표] 몡 불량배(不良輩) 뜻 행실이나 성품이 나쁜 사람들의 무리.

예 아직도 동네에 어깨쓰는 놈들이 있으니.

**깨곰보**(정선읍, 남면)

[표] 몡 주근깨 뜻 얼굴의 군데군데에 생기는 잘고 검은 점.

예 얼굴에 깨곰보가 많아 귀엽다.

**깨구락지**(정선읍, 여량면, 남면, 임계면, 화암면), **깨구리**(정선읍, 북평면), **깨구락쟁이**(여량면)

[표] 몡 개구리 뜻 1. 〈동물〉 양서강 개구리목의 동물을 통틀어 이르는 말. 2. 개구릿과의 하나. 몸의 길이는 5~9cm이며 대개 녹색을 띤 갈색에 어두운 갈색이나 검은 무늬가 있음. 머리는 세모지고 등 쪽에는 주름과 혹 같은 돌기가 많으며 배는 희거나 누런색임. 한국, 몽골, 중국, 일본 등지에 분포함.

예 우리 동네 논에는 깨구락지가 음청 많다.

**깨구리헤미**(여량면, 남면), **개구리헤엄**(남면)

[표] 몡 평영(平泳) 뜻 〈운동〉 개구리처럼 물과 수평을 이루며, 두 발과 양팔을 오므렸다가 펴는 수영법.

예 인제는 깨구리헤미도 잘친다.

**깨금**(정선읍, 여량면, 북평면, 화암면)

[표] 몡 개암 뜻 개암나무의 열매. 모양은 도토리 비슷하며 껍데기는 노르스름하고 속살은 젖빛이며 맛은 밤 맛과 비슷하나 더 고소함.

예 산에 가면 깨금이 많아서 주어와 까먹곤 했지.

**깨금발**(정선읍, 여량면, 북평면, 남면, 화암면)

[표] 몡 앙감질 뜻 한 발은 들고 한 발로만 뛰는 짓.

예 깨금발로 저짝까지 뛰어가자.

**깨끔하다**(정선읍, 북평면), **매끔하다**(여량면, 신동읍), **맬끔하다**(임계면, 화암면)

[표] 혱 말끔하다 뜻 티 없이 맑고 환하게 깨끗함.

예 매끔하게 청소하다.

**깨밀다**(정선읍, 여량면, 화암면), **깨무다**(남면)

[표] 동 깨물다 뜻 1. 아랫니와 윗니가 맞닿을 정도로 세게 묾. 2.밖으로 나타나려는 감정이나 말 따위를 꾹 눌러 참음.

예 실수로 새를 깨밀다.

**깨방정**(정선읍, 임계면), **오두방정**(여량면, 화암면)

[표] 몡 녹두방정(綠豆--) 뜻 버릇없이 까부는 말이나 행동.

예 아이고 오두방정 떨고 있네.

**깨보새이**(정선읍), **깨보세이**(여량면, 화암면)

[표] 몡 깨보숭이 뜻 들깨의 꽃송이에 찹쌀가루를 묻혀서 기름에 튀긴 반찬.

예 깨보세이 한 숫갈 느면 꼬신기 참 조치.

**깨보셍이**(정선읍, 여량면, 북평면, 화암면), **보셍이**(임계면)

[표] 몡 깨소금 뜻 볶은 참깨를 빻은 것. 또는 여기에 소금을 약간 넣은 양념. 고소한 맛과 냄새가 남.

예 꼬소한 깨보셍이를 만두국에 넣

어 먹다.

**깽깽이**(여량면), **깨금싸움**(남면)

[표] 명 닭싸움 뜻 1. 닭을 싸우게 하여 승부를 겨룸. 또는 그런 놀이. 주로 싸움닭을 이용하며 닭들은 주둥이로 쪼고 발로 차면서 싸움. 2. 한쪽 다리를 손으로 잡고 외다리로 뛰면서 상대를 밀어 넘어뜨림. 또는 그런 놀이. 3. 시답지 않은 싸움을 놀림조로 이르는 말.

예 우리 깽깽이 한 번 할래.

**깽깽이**(정선읍, 남면, 임계면), **하와이**(여량면, 남면), **뽕끼**(여량면)

[표] 명 전라도인 뜻 전라도 사람을 일컫는 말.

예 군대가서 깽깽이한테 갈굼 당했다.

**깽맥젱이**(정선읍, 북평면), **깽맥겡이**(신동읍), **깽가리패**(임계면, 화암면)

[표] 명 농악대(農樂隊) 뜻 풍물놀이를 하는 사람들의 조직적인 무리.

예 깽맥젱이 참 잘 논다.

**깽패래다**(정선읍, 여량면, 남면, 북평면), **깡패랫다**(임계면, 화암면)

[표] 형 깡마르다 뜻 1. 물기가 없이 바싹 메마르다. '강마르다'보다 센 느낌을 줌. 2. 살이 없이 몹시 수척하다. '강마르다'보다 센 느낌을 줌.

예 사고가 나서 다쳤다더니 깽패래졌네.

**꺼디기 · 껍떼기**(정선읍), **껍대기**(여량면, 북평면, 화암면)

[표] 명 껍데기 뜻 1. 달걀이나 조개 따위의 겉을 싸고 있는 단단한 물질. 2. 알맹이를 빼내고 겉에 남은 물건. 3. 화투에서, 끗수가 없는 패짝.

예 알맹이는 없고 맨 껍대기 뿐이다.

**꺼디리다**(정선읍, 여량면, 북평면, 화암면), **거들이다**(남면)

[표] 동 끌어들이다 뜻 남을 권하거나 꾀어서 자기편이 되게 함.

예 밖에서 올 때마다 하나씩 꺼디리다.

**꺼뜩**(정선읍, 여량면, 화암면)

[표] 부 끄떡 뜻 고개 따위를 아래위로 거볍게 한 번 움직이는 모양. '끄덕'보다 센 느낌을 줌.

예 말도 않고 머리만 꺼뜩이다.

**꺼무리**(정선읍, 여량면, 북평면, 남면, 남면)

[표] 명 허물 뜻 1. 살갗에서 저절로 일어나는 꺼풀. 2. 파충류, 곤충류 따위가 자라면서 벗는 껍질.

예 까불어치더니 넘어져서 고뱅이 꺼무리가 까졌다.

**꺼무티티하다**(정선읍, 북평면, 남면), **꺼무스름하다**(여량면, 화암면)

[표] 형 거무데데하다 뜻 산뜻하지 못하고 조금 천박하게 거무스름함.

예 얼굴이 꺼무스름하다.

**꺼무하다**(정선읍, 화암면), **껌꺼무리하다**(여량면), **커무하다**(남면)

[표] 형 검다 뜻 1. 숯이나 먹의 빛깔과 같이 어둡고 짙음. 2. 속이 엉큼하고 흉측하거나 정체를 알기 어려움. 3. 침울하고 암담함.

예 밤이 되자 제법 껌꺼무리하다.

**꺼벅꺼벅**(정선읍, 북평면, 화암면), **거불거불**(여량면)

[표] 부 껌벅껌벅 뜻 1. 큰 불빛이나 별빛 따위가 계속 어두워졌다 밝아졌다 하는 모양. 2. 큰 눈이 계속 감겼다

ㄱ

ㄱ

뜨였다 하는 모양.

㉠ 잠이 와서 눈이 거불거불 한다.

**꺼시다**(정선읍, 여량면, 화암면), **억새다**
(임계면)

[표] 휑 거세다 뜻 1. 사물의 기세 따위
가 몹시 거칠고 세참. 2. 성격 따위가
거칠고 억셈. 3. 목소리가 크고 힘참.

㉠ 1. 쪼마한 기 된 통 꺼시네. 2. 참
그년 꺼시다.

**꺼안다**(정선읍, 북평면), **꺼난다**(여량면,
남면, 화암면), **깨안다**(임계면)

[표] 동 껴안다 뜻 1. 두 팔로 감싸서
품에 안음. 2. 혼자서 여러 가지 일을
떠맡음.

㉠ 1. 언나를 꺼안다. 2. 우는 언나를
얼른 꺼난다.

**꺽데기**(여량면, 북평면, 화암면), **꺽젱이**
(남면, 화암면)

[표] 명 꺽지 뜻 〈동물〉 꺽짓과의 민
물고기. 몸의 길이는 20cm 정도이고
모양은 옆으로 납작하며, 옅은 녹갈색
바탕에 7~8개의 검은 가로무늬가 있
음. 입과 주둥이가 크고 아래턱이 위
턱보다 약간 긺. 식욕이 왕성한 육식
어임. 우리나라 특산종으로 맑은 계류
의 바위틈이나 자갈 틈에 삶.

㉠ 철쭉꽃 필 때면 꺽데기 낚으러 가
야지.

**껀데기**(정선읍, 여량면), **국물**(남면)

[표] 명 이득(利得) 뜻 이익을 얻음.
또는 그 이익.

㉠ 니는 국물도 없어.

**껀데기**(정선읍, 여량면, 임계면, 화암면)

[표] 명 건더기 뜻 1. 국이나 찌개 따

위의 국물이 있는 음식 속에 들어 있는
국물 이외의 것. 2. 액체에 섞여 있는,
녹거나 풀리지 않은 덩어리. 3. 내세
울 만한 일의 내용이나 근거를 속되게
이르는 말.

㉠ 국물 말고 껀데기만 껀재조.

**껀지다**(정선읍, 남면, 화암면)

[표] 동 건지다 뜻 1. 물속에 들어 있
거나 떠 있는 것을 집어내거나 끌어냄.
2. 어려운 형편에 처해 있던 상황에서
벗어남. 또는 그리되게 함. 3. 손해 본
것이나 투자한 밑천 따위를 도로 찾음.

㉠ 물에 빠진 사람을 두이서 겨우 껀
지다.

**껄끄룹다**(정선읍, 여량면, 남면, 북평면,
화암면)

[표] 휑 껄끄럽다 뜻 1. 뻣뻣한 털 따
위가 살에 닿아서 뜨끔거리는 느낌이
있음. 2. 미끄럽지 못하고 꺼칠꺼칠
함. 3. 무난하거나 원만하지 못하고
매우 거북한 데가 있음.

㉠ 가시가 몹시 껄끄룹다.

**껌정고무신**(정선읍, 북평면), **까만꼬무신**
(여량면), **깜장고무신**(화암면)

[표] 명 검정고무신 뜻 탄성 고무로
만든 검은 빛깔 나는 신.

㉠ 저기 까만꼬무신 누구거야!

**껍덕거리다**(정선읍, 화암면), **거들먹거리
다**(임계면), **물지게지다**(남면)

[표] 동 꺼떡거리다 뜻 분수없이 잘난
체하며 매우 경망하게 자꾸 행동함.
'꺼덕거리다'보다 센 느낌을 줌.

㉠ 평소에도 저 칭구는 거들먹거려.

**껍데기벗다**(정선읍, 여량면, 북평면, 남면)

56

[표] 휑 세련되다(洗練--/洗鍊--)
뜻 1. 서투르거나 어색한 데가 없이
능숙하게 잘 다듬어져 있음. 2. 모습
따위가 말쑥하고 품위가 있음.
예 저 사람 한껍떼기벗었네.
**껍푸리**(정선읍, 화암면), **껍주리**(여량면,
북평면), **껍지**(남면), **껍줄**(임계면)
[표] 명 껍질 뜻 1. 물체의 겉을 싸고
있는 단단하지 않은 물질. 2. 화투에
서, 끗수가 없는 패짝. 3. 〈물리〉 원자
구조를 나타내는 모델에서, 원자핵 주
변의 거의 같은 에너지를 가지는 전자
궤도의 모임.
예 1. 소낭구 껍주리를 벗기다. 2. 껍
줄을 잘 까라. 3. 감재 껍푸리 벗
거서 붕생이 해먹자.
**께끔하다**(정선읍, 북평면), **께꾸롬하다**(여
량면, 남면), **껠끄름하다**(임계면, 화암면)
[표] 휑 께끄름하다 뜻 께적지근하고
꺼림하여 마음이 내키지 않음.
예 세수를 잘 안해서 같이 다니기가
께꾸롬하다.
**께름직하다**(정선읍, 화암면), **께룸칙하다**
(여량면), **께림칙하다**(남면)
[표] 휑 꺼림칙하다 뜻 매우 꺼림함.
예 웬지 그 사람은 께룸칙하다.
**께림하다**(정선읍, 남면, 화암면), **께꾸롬
하다**(여량면)
[표] 휑 꺼림하다 뜻 마음에 걸려 언
짢은 느낌이 있음.
예 왜 나를 그렇게 께꾸롬하게 생각
하나.
**껴주하다**(정선읍, 화암면), **껠러주하다**
(여량면, 북평면), **꺼지하다**(남면), **꺼주하**

**다**(임계면)
[표] 휑 꺼벙하다 뜻 1. 모양이나 차
림새가 거칠고 터부룩하여 엉성함. 2.
(낮잡는 뜻으로) 성격이 야무지지 못하
고 조금 모자란 듯함.
예 1. 꽤 꺼주하다. 2. 왠래 생겨먹기
를 껠러주하게 생겼다.
**꼬민다**(정선읍), **매다**(여량면), **꼬매다**(남
면, 임계면, 화암면)
[표] 통 꿰매다 뜻 1. 옷 따위의 해지
거나 뚫어진 데를 바늘로 깁거나 얽어
맴. 2. 어지럽게 벌어진 일을 매만져
탈이 없게 함.
예 1. 옷을 꼬민다. 2. 예전에는 고무
신도 꼬매 신었다.
**꼬두머리**(정선읍, 여량면, 남면, 임계면,
화암면), **꼽술머리**(임계면)
[표] 명 곱슬머리 뜻 고불고불하게 말
려 있는 머리털. 또는 그런 머리털을
가진 사람.
예 꼬두머리 옥니배기는 싸무릅다.
**꼬두밥**(정선읍, 여량면, 남면), **꼬들밥**(임
계면, 화암면)
[표] 명 고두밥 뜻 1. 아주 되게 지어
져 고들고들한 밥. 2. '지에밥(찹쌀이
나 멥쌀을 물에 불려서 시루에 찐 밥)'
의 잘못.
예 나이 먹으니 꼬두밥이 싫다.
**꼬들빼기**(정선읍, 여량면, 남면, 북평면,
화암면)
[표] 명 고들빼기 뜻 〈식물〉 국화과
의 두해살이풀. 높이는 60cm 정도이
며, 붉은 자줏빛을 띰. 여름에서 가을
에 걸쳐 노란 두상화가 많이 피고 열매

는 수과(瘦果)를 맺음. 어린잎과 뿌리는 식용함. 산이나 들에서 자라는데 한국, 중국 등지에 분포함.

㉙ 봄에 꼬들빼기 잎사구만 뜨더다가 쌀마 무쳐 먹었지.

**꼬라지**(정선읍, 화암면), **꼬랑셍이**(여량면, 북평면), **꼴라지**(남면)

[표] 몡 꼴 �뜻 1. 겉으로 보이는 사물의 모양. 2. 사람의 모양새나 행태를 낮잡아 이르는 말. 3. 어떤 형편이나 처지 따위를 낮잡아 이르는 말.

㉙ 하는 꼬랑셍이 봐라, 답답하다.

**꼬라지싸무룹다**(여량면, 화암면), **꼴사무룹다**(남면)

[표] 혱 꼴사납다 �뜻 하는 짓이나 겉모습이 아주 흉함.

㉙ 그 놈은 꼬라지싸무룹게 생겨서 놀기 싫어.

**꼬랑지뻬**(정선읍, 화암면), **꼬앙지뼈**(정선읍), **꼬렝이뼈**(여량면)

[표] 몡 꼬리뼈 �뜻 〈의학〉 등뼈의 가장 아랫부분에 있는 뾰족한 뼈. 사람의 경우 대개 4개의 꼬리뼈 분절이 붙어서 이루어져 있음.

㉙ 꼬렝이뼈가 똑 부러져라.

**꼬렝이**(정선읍, 북평면, 화암면), **꼬랑뎅이**(여량면), **꼬랑지**(남면)

[표] 몡 꼬리 �뜻 1. 동물의 꽁무니나 몸뚱이의 뒤 끝에 붙어서 조금 나와 있는 부분. 짐승에 따라 조금씩 모양이 다름. 2. 사물의 한쪽 끝에 길게 내민 부분을 비유적으로 이르는 말. 3. 사람을 찾거나 쫓아갈 수 있을 만한 흔적.

㉙ 장어는 꼬랑뎅이가 젤이야.

**꼬로박다**(여량면, 남면), **꼬라박다**(화암면)

[표] 통 구어박다 �뜻 1. 한곳에서 꼼짝 못 하고 지내다. 혹은 그렇게 함. 2. 쐐기 따위를, 단단히 끼어 있게 하기 위하여 불에 쬐어서 박음. 3. 이자 놓는 돈을 한곳에 잡아 두고 더 이상 늘리지 않음.

㉙ 한방에 옆으로 꼬로박다.

**꼬리페**(여량면, 화암면), **날라리뻬**(남면), **꼬렝이뻬**(남면)

[표] 몡 꼬리표(--票) �뜻 1. 화물을 운송 수단이나 우편으로 부칠 때, 보내는 사람과 받을 사람의 주소·이름 따위를 적어 그 물건에 달아매는 표. 2. 어떤 사람에게 늘 따라다니는 떳떳하지 않은 평판이나 좋지 않은 평가.

㉙ 짐 부칠 때 꼬리페 확인을 잘해 봐.

**꼬맹이**(정선읍, 여량면, 남면, 화암면)

[표] 몡 꼬마 �뜻 1. 어린아이를 귀엽게 이르는 말. 2. 조그마한 사물을 귀엽게 이르는 말. 3. 키가 작은 사람을 놀림조로 이르는 말.

㉙ 어머나 저 어린 꼬맹이가 잘도 뛴다.

**꼬무**(여량면, 화암면), **고모**(임계면), **고무짝**(남면)

[표] 몡 고무 �뜻 1. 고무나무의 껍질에서 분비하는 액체를 응고시켜 만든 생고무를 주원료로 하는 물질. 탄력성이 강하고 신축성이 좋으며 전기나 물, 가스를 통과시키지 않아 공업용품이나 생활용품으로 널리 쓰임. 2. 아라비아고무 따위의 식물 분비액에서 얻어지는 무정형(無定型)의 고분자 다당

류. 아이스크림의 첨가물이나 풀, 잉크 따위에 씀. 3. 고무로 만든 지우개.

㉠ 자는 꼬무처럼 찔기다.

**꼬불땅거리다**(정선읍, 여량면, 남면, 화암면)

[표] 屠 꼬부랑거리다 ㉦ 1. 등이나 허리를 자꾸 고부림. '고부랑거리다'보다 센 느낌을 줌. 2. (속되게) 영어 따위로 말함.

㉠ 미물도 건들면 꼬불땅거린다.

**꼬불랑질**(정선읍, 여량면, 남면, 북평면, 화암면)

[표] 똉 꼬부랑길 ㉦ '고부랑길'의 센말.

㉠ 저기루 가려면 꼬불랑질을 한 참 걸어야 해.

**꼬시네**(정선읍, 여량면, 남면, 북평면, 화암면), **꼬시다**(임계면)

[표] 똉 고수레 ㉦ 〈민속〉 민간 신앙에서, 산이나 들에서 음식을 먹을 때나 무당이 굿을 할 때, 귀신에게 먼저 바친다는 뜻으로 음식을 조금 떼어 던지는 일. 고시(高矢)는 단군 때에 농사와 가축을 관장하던 신장(神將)의 이름으로, 그가 죽은 후에도 음식을 먹을 때는 그에게 먼저 음식을 바친 뒤에 먹게 된 데서 유래함.

㉠ 무당이 굿을 하다가 꼬시네 한다.

**꼬잡다**(정선읍, 여량면, 남면, 화암면)

[표] 屠 꼬집다 ㉦ 1. 주로, 엄지와 검지로 살을 집어서 뜯듯이 당기거나 비틈. 2. 분명하게 집어서 드러냄. 3. 비위가 상하게 비틀어 말함.

㉠ 하두 떠들어서 옆구리를 꼬잡았다.

**꼬젱이**(정선읍, 남면), **꼬장가리**(여량면), **꼬쟁이**(임계면, 화암면)

[표] 똉 꼬챙이 ㉦ 가늘고 길면서 끝이 뾰족한 쇠나 나무 따위의 물건.

㉠ 꼬장가리로 길바닥에 낙서를 하게 긴 꼬쟁이 하나 구해와라.

**꼬치**(정선읍, 여량면, 북평면, 화암면), **꼬추**(임계면), **고치**(남면)

[표] 똉 고추 ㉦ 1. 〈식물〉 가짓과의 한해살이풀. 높이는 60~90cm이며, 잎은 둥글고 끝이 뾰족함. 여름에 흰 꽃이 잎겨드랑이에서 하나씩 피고 열매는 장과(漿果)임. 잎과 열매를 식용함. 남아메리카가 원산지로 온대, 열대에서 널리 재배됨. 2. '「고추」'의 열매. 긴 원뿔 모양으로 처음에는 초록색이나 익을수록 빨갛게 됨. 생식하거나 익혀서 양념이나 반찬으로 씀. 3. 어린아이의 조그맣고 귀여운 자지를 이르는 말.

㉠ 청양 꼬치가 넘 맵다.

**꼬타리**(정선읍, 여량면, 남면, 북평면, 화암면)

[표] 똉 꼬투리 ㉦ 1. 마른 담뱃잎의 단단한 줄기. 2. 어떤 이야기나 사건의 실마리. 3. 남을 해코지하거나 헐뜯을 만한 거리.

㉠ 자꾸만 꼬타리 잡지 말고 끝내.

**꼭껭이**(정선읍, 북평면, 화암면), **곡껭이**(여량면, 남면)

[표] 똉 곡괭이 ㉦ 1. 〈농업〉 쇠로 황새의 부리처럼 양쪽으로 길게 날을 내고 가운데 구멍에 긴 자루를 박은 괭이. 주로 단단한 땅을 파는 데 씀. 2. 보통의

괭이보다 좁고 기름하게 생긴 괭이. 예 곡꼉이자루로 빠따를 맞다.

**꼭다리**(정선읍, 여량면, 북평면, 화암면), **꼭두머리**(남면)

[표] 명 의 꼭지 뜻 명 1. 그릇의 뚜껑이나 기구 따위에 붙은 볼록한 손잡이. 2. 종이 연의 가운데에 붙이는 표. 의 1. 모숨을 지어 잡아맨 물건을 세는 단위. 2. 길이의 단위. 실의 길이를 잴 때 씀. 한 꼭지는 스무 자로 약 6.66미터에 해당함.

예 1. 수도 꼭다리를 오래써서 고장이 났다. 2. 냄비 꼭다리가 고장이 났다.

**꼭데기**(정선읍, 여량면, 화암면), **꼬뎅이**(남면)

[표] 명 꼭대기 뜻 1. 높이가 있는 사물의 맨 위쪽. 2. 단체나 기관 따위의 높은 지위나 그런 지위에 있는 사람을 속되게 이르는 말. 3. 머리 위의 숫구멍이 있는 자리.

예 산꼭데기에 구름이 걸려 있네.

**꼭뎅이**(정선읍, 화암면), **꼭댕이**(정선읍), **된고뎅이**(여량면, 신동읍)

[표] 명 된비탈 뜻 몹시 험한 비탈.

예 우리 밭은 된고뎅이다.

**꼰진이**(여량면, 북평면)

[표] 명 고누 뜻 〈민속〉 땅이나 종이 위에 말밭을 그려 놓고 두 편으로 나누어 말을 많이 따거나 말 길을 막는 것을 다투는 놀이. 우물고누, 네밭고누, 육밭고누, 열두밭고누 따위가 있음.

예 나랑 꼰진이 한판 하자.

**꼰투**(정선읍, 여량면, 남면, 북평면, 화암면)

[표] 명 권투(拳鬪) 뜻 〈운동〉 두 사람이 양손에 글러브를 끼고 상대편 허리 벨트 위의 상체를 쳐서 승부를 겨루는 경기. 가로세로 각각 6m의 공간에 로프를 치고 체급별로 나누어서 경기함.

예 텔레비전서 꼰투하니 빨리 틀어봐라.

**꼴같지않다**(정선읍, 화암면)

[표] 형 꼴같잖다 뜻 생김새나 됨됨이가 자기 수준에 맞지 아니하거나 하는 짓이 제격에 맞지 않고 눈꼴사나움.

예 꼴같지않은 것들을 가만히 내버려 둘 수가 없네.

**꼴떼기**(여량면, 북평면, 화암면)

[표] 명 꼴뚜기 뜻 〈동물〉 꼴뚜깃과의 귀꼴뚜기, 좀귀꼴뚜기, 잘록귀꼴뚜기, 투구귀꼴뚜기를 통틀어 이르는 말.

예 나는 꼴떼기로 만든 저깔를 별루 안좋아 해.

**꼼보딱지**(정선읍, 북평면), **얼끔배기**(여량면), **곰보딱지**(남면, 화암면)

[표] 명 곰보 뜻 얼굴이 얽은 사람을 낮잡아 이르는 말.

예 뒷집 아저씨는 얼끔배기다.

**꼼수대가리**(여량면, 화암면), **홀딱수**(남면)

[표] 명 꼼수 뜻 쩨쩨한 수단이나 방법.

예 눈에 보이는 꼼수대가리 부리면 안 돼.

**꼼짝달싹**(정선읍, 화암면), **옴짝달싹**(여량면, 남면)

[표] 부 옴짝달싹 뜻 몸을 아주 조금 움직이는 모양.

예 1. 니 아무리 뭐라해도 꼼짝달싹 못해. 2. 딱 누워서 옴짝달싹 하지

60

도 않는다.

**꼽배기**(여량면, 북평면, 화암면)

[표] 몡 곱빼기 뜻 1. 음식에서, 두 그릇의 몫을 한 그릇에 담은 분량. 2. 계속하여 두 번 거듭하는 일.

예 짜짱면 꼽배기를 먹었다.

**꼽자구**(여량면, 북평면)

[표] 몡 꼽재기 뜻 1. 때나 먼지 따위와 같은 작고 더러운 물건. 2. 아주 보잘것없고 작은 사물.

예 저기에 있는 꼽자구는 빨리 버려라.

**꼽장대**(정선읍, 화암면), **담붓대**(여량면, 남면)

[표] 몡 담뱃대 뜻 담배를 피우는 데 쓰는 기구. 담배통, 담배설대, 물부리로 이루어져 있음.

예 할애비 담붓대 가져와라.

**꼿집**(여량면, 남면), **고간**(남면)

[표] 몡 곳집(庫-) 뜻 1. 예전에, 곳간으로 쓰려고 지은 집. 2. 상엿집.

예 꼿집 앞을 지날 때면 웬지 무섭다.

**꽁**(정선읍, 여량면, 남면, 화암면)

[표] 몡 꿩 뜻 〈동물〉 꿩과의 새. 닭과 비슷한 크기인데, 알락달락한 검은 점이 많고 꼬리가 긺. 수컷은 목이 푸른색이고 그 위에 흰 줄이 있으며 암컷보다 크게 욺. 암컷은 수컷보다 작고 갈색에 검은색 얼룩무늬가 있음. 수컷은 장끼, 암컷은 까투리라 함. 5~6월에 6~10개의 알을 낳으며 한국, 일본, 중국 동북부 등지에 분포함.

예 마을 앞산에 꽁이 증말 많아.

**꽁당보리밥**(정선읍, 남면, 화암면), **깡보리밥**(여량면)

[표] 몡 꽁보리밥 뜻 보리쌀로만 지은 밥.

예 어렵게 살 때 맨날 깡보리밥만 먹었다.

**꽁돈**(정선읍, 여량면, 남면, 북평면, 화암면)

[표] 몡 공돈(空-) 뜻 노력의 대가로 생긴 것이 아닌, 거저 얻거나 생긴 돈.

예 생각지도 않는 꽁돈이 생겼다.

**꽁어벵아리**(여량면, 화암면), **공새끼**(남면)

[표] 몡 꺼병이 뜻 1. 꿩의 어린 새끼. 2. 옷차림 따위의 겉모습이 잘 어울리지 않고 거칠게 생긴 사람을 비유적으로 이르는 말.

예 꽁어벵아리 빠져나가듯 잘도 내뺀다.

**꽁지**(정선읍), **꼬뚜바리**(정선읍), **꼬찌바리**(여량면, 남면), **꽁찌**(화암면)

[표] 몡 꼴찌 뜻 차례의 맨 끝.

예 1. 니 꼬뚜바리 했나. 2. 언제나 뛰었다 하면 꼬찌바리야.

**꽁짜밥**(정선읍, 여량면, 남면, 화암면)

[표] 몡 공밥(空-) 뜻 제값을 치르지 않거나 일을 하지 아니하고 거저먹는 밥.

예 오늘도 꽁짜밥을 얻어먹었다.

**꽁짜술**(정선읍, 여량면, 남면), **꽁술**(임계면, 화암면)

[표] 몡 공술(空-) 뜻 공짜로 얻어먹는 술.

예 저 새끼는 맨날 꽁짜술만 마신다.

**꽁치다**(정선읍, 남면), **꼬불치다**(여량면, 화암면)

[표] 동 감추다 뜻 1. 남이 보거나 찾

아내지 못하도록 가리거나 숨김. 2.
어떤 사실이나 감정 따위를 남이 모르
게 함. 3. 어떤 사물이나 현상 따위가
없어지거나 사라짐.
예 아무도 모르게 꼬불치다.

**꽂감**(여량면, 화암면), **꼭감**(남면)
[표] 명 곶감 뜻 껍질을 벗기고 꼬챙
이에 꿰어서 말린 감.
예 나는 지사상에 올린 과일 중에서
는 꽂감을 좋아한다.

**꽃망구리**(여량면, 북평면, 화암면)
[표] 명 꽃망울 뜻 아직 피지 아니한
어린 꽃봉오리.
예 꽃망구리를 보니 삼일 후면 피겠네.

**꽃배미**(여량면, 북평면, 화암면)
[표] 명 꽃뱀 뜻 1. 〈동물〉 피부에 알
록달록한 빛깔을 가진 뱀. 2. 남자에
게 의도적으로 접근하여 몸을 맡기고
금품을 우려내는 여자를 속되게 이르
는 말.
예 질가에 꽃배미가 있어서 깜짝 놀
랬잖어.

**꽃봉숭아**(여량면), **봉새**(신동읍)
[표] 명 봉숭아 뜻 〈식물〉 봉선화과
의 한해살이풀.
예 여름이면 막내손녀가 꽃봉숭아를
따다가 물을 온 식구에게 물드래
준는데.

**꽃샘추우**(정선읍, 여량면, 남면, 화암면)
[표] 명 꽃샘 뜻 이른 봄, 꽃이 필 무
렵에 갑자기 날씨가 추워짐. 또는 그
런 추위.
예 올해도 어김없이 꽃샘추우를 하
는구나.

**꽃쉐미**(여량면, 화암면), **꽃쉠지**(남면)
[표] 명 꽃술 뜻 〈식물〉 꽃의 수술과
암술을 아울러 이르는 말. 꽃의 생식
기관으로서 꽃의 중심을 이룸.
예 꽃이 피려면 꽃쉠지가 지 역할을
잘 해야 한다.

**꽃쪽도리**(정선읍, 북평면), **화관쪽도리**
(여량면, 남면)
[표] 명 화관족두리(花冠---) 뜻 칠
보로 꾸민 여자의 관.
예 화관쪽도리 쓰고 시집가야지.

**꽈질**(정선읍, 화암면), **과질**(여량면, 남면)
[표] 명 과줄 뜻 1. 꿀과 기름을 섞은
밀가루 반죽을 판에 박아서 모양을 낸
후 기름에 지진 과자. 속까지 검은빛이
남. 2. 강정, 다식(茶食), 약과(藥果),
정과(正果) 따위를 통틀어 이르는 말.
예 내일 올 할마니가 꽈질 해주신다
고 했다.

**꽈타 · 꼰다**(정선읍, 북평면), **비비다**(화
암면)
[표] 동 꼬다 뜻 1. 가는 줄 따위의 여
러 가닥을 비비면서 엇감아 한 줄로 만
듦. 2. 몸의 일부분을 이리저리 뒤틂.
3. 동의어 비꼬다(남의 마음에 거슬릴
정도로 빈정거리다).
예 우리 할아버이는 새끼를 짤 꼰다.

**꽝**(여량면, 남면, 화암면), **빵**(정선읍, 여
량면)
[표] 명 영(零) 뜻 값이 없는 수. '0'으
로 표기함.
예 이번에는 빵이다.

**꽤**(정선읍, 여량면, 북평면, 남면)
[표] 명 자두 뜻 자두나무의 열매. 살

62

구보다 조금 크고 껍질 표면은 털이 없이 매끈하며 맛은 시큼하며 달콤함.
㉠ 우리집 통꽤는 음청 시구룹다.

**꽹가리**(정선읍, 여량면, 화암면), **캥가리**(임계면)
[표] ㈔ 꽹과리 ㈜〈음악〉풍물놀이와 무악 따위에 사용하는 타악기의 하나. 놋쇠로 만들어 채로 쳐서 소리를 내는 악기로, 징보다 작으며 주로 풍물놀이에서 상쇠가 치고 북과 함께 굿에도 씀.
㉠ 상쇠가 꽹가리를 잘 친다.

**꾀대가리**(정선읍, 여량면, 남면, 화암면)
[표] ㈔ 꾀 ㈜ 일을 잘 꾸며 내거나 해결해 내거나 하는, 묘한 생각이나 수단.
㉠ 니는 꾀대가리 없이 그런 말 쫌 하지 마라.

**꾀리**(정선읍, 화암면)
[표] ㈔ 꽈리 ㈜ 1.〈식물〉가짓과의 여러해살이풀. 높이는 40~90cm이며 잎은 어긋나고 긴 타원형이다. 여름에 노르스름한 꽃이 잎겨드랑이에 하나씩 피고 열매는 둥근 모양의 붉은 장과(漿果)를 맺는다. 어린잎은 식용하고 뿌리는 약용한다. 마을 근처에 심어 가꿈. 2.〈한의학〉'물집'을 한방에서 이르는 말.
㉠ 약으로 쓰게 꾀리 쫌 찾아봐라.

**꾀미**(여량면, 화암면)
[표] ㈔ 꾸미 ㈜ 국이나 찌개에 넣는 고기붙이.
㉠ 국시꾀미 참 마싯다.

**꾀병**(여량면, 화암면), **생벵**(남면)
[표] ㈔ 생병(生病) ㈜ 1. 힘에 겨운 무리한 일을 하여서 생긴 병. 2. 자기 스스로 공연히 앓는 병. 3. 거짓으로 병을 앓는 체하는 짓.
㉠ 딱 보니 꾀병이고만.

**꾀부리다**(정선읍), **꾀대가리나다**(여량면, 남면)
[표] ㈕ 싫증나다 ㈜ 어떤 것이 더 이상 흥미를 끌지 못하거나 귀찮아서 싫어하는 마음이 생김.
㉠ 이제는 꾀대가리가 나서 하기 싫다.

**꾀임**(정선읍, 여량면, 남면, 북평면, 화암면)
[표] ㈔ 꾐 ㈜ 1. 어떠한 일을 할 기분이 생기도록 남을 꾀어 속이거나 부추기는 일. 2.〈물리〉전기장이나 자기장 속에 있는 물체가 그 전기장이나 자기장, 즉 전기·방사선·빛·열 따위의 영향을 받아 전기나 자기를 띠는 것.
㉠ 그 친구 꾀임에 넘어가서 못된 짓을 했다.

**꾀젱이**(정선읍, 북평면, 화암면), **꾀주멩이**(여량면, 남면), **꾀조조**(여량면)
[표] ㈔ 꾀쟁이 ㈜ 꾀가 많은 사람을 낮잡아 이르는 말.
㉠ 꾀조조 같은 늠이 잘도 빠져 나간다.

**꾸구리**(신동읍, 북평면), **뚜구리**(화암면)
[표] ㈔ 둑중개 ㈜〈동물〉둑중갯과의 민물고기. 몸의 길이는 14cm 정도이며, 등은 잿빛을 띤 갈색, 배는 연한 회색임. 몸은 길쭉하고 아래턱이 위턱보다 짧으며 비늘이 없고 등지느러미가 두 개임. 눈 위에 더듬이가 있으며 콧구멍 옆에 작은 가시가 있음. 압록강, 대동강, 한강 등지에 분포함.
㉠ 꾸구리 잡으러 강가루 가자.

ㄱ

**꾸더기술**(정선읍), **구디기술**(신동읍)

[표] 몡 동동주(--酒) 쯧 맑은 술을 떠내거나 걸러 내지 아니하여 밥알이 동동 뜨는 막걸리.

㉮ 꾸더기술에 딱 어울리는 안주네.

**꾸덕살**(정선읍, 여량면, 북평면, 임계면, 화암면), **꾸둑살**(남면)

[표] 몡 굳은살 쯧 1. 잦은 마찰로 손바닥이나 발바닥에 생긴 두껍고 단단한 살. 2. 곪으려고 딴딴하게 된 살. 3.〈의학〉애벌뼈(부러진 뼛조각의 주위에 저절로 생기는 물질).

㉮ 손에 꾸덕살이 잔뜩 배겼다.

**꾸덕하다**(정선읍, 여량면, 북평면, 화암면), **뿌덕하다**(신동읍)

[표] 혱 뿌둑하다 쯧 물기가 있는 물건의 거죽이 거의 말라 약간 뻣뻣함. '부둑하다'보다 센 느낌을 줌.

㉮ 생선이 꾸덕꾸덕하게 잘 말랐다.

**꾸레기**(정선읍, 여량면, 북평면, 화암면)

[표] 졉 –꾸러기 쯧 '그것이 심하거나 많은 사람'의 뜻을 더하는 접미사.

㉮ 미인은 잠꾸레기다.

**꾸루미**(정선읍), **꾸레미**(여량면, 남면, 임계면, 화암면)

[표] 몡 꾸러미 쯧 1. 꾸리어 싼 물건. 2. 꾸리어 싼 물건을 세는 단위. 3. 달걀 열 개를 묶어 세는 단위.

㉮ 1. 닭알 꾸루미. 2. 달걀 한 꾸레미를 장에 가서 팔았다.

**꾸불린다**(정선읍), **꼬불치다**(여량면, 화암면), **꼬불리다**(남면)

[표] 몽 꼬부리다 쯧 한쪽으로 고붓하게 곱힘. '고부리다'보다 센 느낌을 줌.

㉮ 철사를 꾸불린다.

**꾸시러지다**(정선읍, 북평면), **처박히다**(여량면), **꼬시러지다**(남면), **냉개백이다·꾸수러지다**(화암면)

[표] 몽 꼬꾸라지다 쯧 1. 앞으로 고부라져 쓰러짐. '고꾸라지다'보다 센 느낌을 줌. 2. (속되게) 죽다. '고꾸라지다'보다 센 느낌을 줌.

㉮ 밤질을 잘못가다간 고만 개굴창에 쳐박힐수 있어

**꾼다**(정선읍, 화암면), **둘루다**(여량면), **꼬다**(남면)

[표] 몽 꾸다 쯧 뒤에 도로 갚기로 하고 남의 것을 얼마 동안 빌려 씀.

㉮ 장에 갈래면 돈을 쫌 둘루서 가야지.

**꿀꿀이**(정선읍, 북평면, 임계면, 화암면), **똘또리**(여량면)

[표] 몡 돼지 쯧 1.〈동물〉멧돼짓과의 포유류. 몸무게는 200~250kg이며, 다리와 꼬리가 짧고 주둥이가 삐죽함. 잡식성으로 온순하며 건강함. 임신 4개월 만에 8~15마리의 새끼를 낳음. 멧돼지를 길들여 가축으로 만든 것인데, 중요한 축산 동물의 하나로 모양과 색깔이 다른 여러 품종이 있음. 2. 몹시 미련하거나 탐욕스러운 사람을 비유적으로 이르는 말. 3. 몹시 뚱뚱한 사람을 놀림조로 이르는 말. 4.〈민속〉윷놀이에서, '도'를 달리 이르는 말.

㉮ 꿀꿀이죽은 맛이 별루다.

**꿀떡넘는다**(정선읍), **개락이다**(여량면, 남면, 화암면)

[표] 몽 넘쳐나다 쯧 너무 많이 몰리

거나 가득참.

[예] 밖에 물이 개락이다.

**꿀밤**(정선읍, 여량면, 북평면, 화암면), **주먹밤**(남면)

[표] [명] 알밤 [뜻] 주먹으로 머리를 쥐어박는 일.

[예] 우리 꿀밤 내기하자.

**꿀밤**(정선읍, 여량면, 북평면, 임계면, 화암면), **굴밤**(여량면, 신동읍)

[표] [명] 도토리 [뜻] 갈참나무, 졸참나무, 물참나무, 떡갈나무의 열매를 통틀어 이르는 말. 묵을 쑤어 먹기도 함.

[예] 꿀밤 쫌 주워서 밤묵해 먹자.

**꿀밤묵**(정선읍, 여량면, 북평면, 신동읍, 화암면), **밤묵**(임계면)

[표] [명] 도토리묵 [뜻] 도토리로 만든 묵.

[예] 꿀밤묵을 해먹자.

**꿈뻑거리다**(정선읍, 여량면, 남면, 화암면)

[표] [동] 끔뻑거리다 [뜻] 1. 큰 불빛이나 별빛 따위가 자꾸 갑자기 어두워졌다 밝아졌다 함. 또는 그렇게 되게 함. '끔벅거리다'보다 센 느낌을 줌. 2. 큰 눈이 자꾸 잠깐씩 감겼다 뜨였다 함. 또는 그렇게 되게 함. '끔벅거리다'보다 센 느낌을 줌.

[예] 저짝서 불빛이 꿈뻑거린다.

**꿉다**(여량면, 북평면, 임계면, 화암면)

[표] [동] 굽다 [뜻] 1. 불에 익힘. 2. 나무를 태워 숯을 만듦. 3. 벽돌, 도자기, 옹기 따위의 흙으로 빚은 것이 굳도록 열을 가함.

[예] 괴기 잘 꿉고 있나?

**끄나푸리**(정선읍, 화암면), **끄나불**(여량면)

[표] [명] 끄나풀 [뜻] 1. 길지 아니한 끈의 나부랭이. 2. 남의 앞잡이 노릇을 하는 사람을 낮잡아 이르는 말.

[예] 그 놈 할아버이는 쪽발이 끄나불이었어.

**끄나풀**(정선읍), **끄나불**(여량면)

[표] [명] 짝 [뜻] 둘 또는 그 이상이 서로 어울려 한 벌이나 한 쌍을 이루는 것. 또는 그중의 하나.

[예] 그놈들이 마커 한 끄나불이야.

**끄나풀**(정선읍, 남면)

[표] [명] 정보원(情報員) [뜻] 정보에 관한 일을 맡아 처리하는 사람.

[예] 저 늠은 분명 회장 끄나풀이여.

**끄내기**(여량면, 북평면), **끄나풀**(임계면), **끈내기**(화암면)

[표] [명] 끈 [뜻] 1. 물건을 매거나 꿰거나 하는 데 쓰는 가늘고 긴 물건. 노, 줄, 실, 헝겊 오리, 가죽 오리 따위가 있음. 2. 물건에 붙어서 잡아매거나 손잡이로 쓰는 물건. 3. 벌이를 할 수 있는 방도.

[예] 먼 끄내기가 있어야 이걸 묶어 주지.

**끄더기**(정선읍), **끄테기**(정선읍, 북평면), **끄트마리**(여량면), **끄트머리**(화암면)

[표] [명] 끝 [뜻] 1. 시간, 공간, 사물 따위에서 마지막 한계가 되는 곳. 2. 긴 물건에서 가느다란 쪽의 맨 마지막 부분.

[예] 소풍갈 때 맨끄트마리에 서서 갔다.

**끄름**(정선읍, 화암면), **끄스름**(여량면), **끄스레미**(여량면), **끄시름**(남면, 화암면)

[표] [명] 그을음 [뜻] 어떤 물질이 불에 탈 때에 연기에 섞여 나오는 먼지 모양의 검은 가루.

[예] 우리 정지는 천장에 끄스름이 새

까마타.

**끄실다**(정선읍, 여량면, 임계면, 화암면),
**끄슬다**(남면), **까실다**(임계면)

　[표] 동 그을다 뜻 햇볕이나 불, 연기 따위를 오래 쬐어 검게 됨.

　예 불장난 하다가 머리가 홀딱 끄실다.

**끄트맹이**(여량면, 화암면)

　[표] 명 끄트머리 뜻 1. 끝이 되는 부분. 2. 일의 실마리.

　예 니는 저짝에 끄트맹이에 앉아라.

**끈기**(정선읍, 여량면, 남면, 남면)

　[표] 명 찰기(-氣) 뜻 곡식이나 그것으로 만든 음식 따위의 끈기 있는 성질이나 기운

　예 강냉이가 끈기가 엄써서 틀랬다.

**끊침없다**(정선읍), **끄치웁다**(여량면, 화암면)

　[표] 형 끊임없다 뜻 계속하거나 이어져 있던 것이 끊이지 아니함.

　예 이바구가 끄치웁다.

**끌개**(정선읍, 여량면), **삽제기**(남면)

　[표] 명 끙게 뜻 〈농업〉 씨앗을 뿌린 뒤에 씨앗이 흙에 덮이게 하는 농기구. 가마니때기에 두 가닥의 줄을 매고 위에 뗏장을 놓고 끎.

　예 밭에 가야 하니 끌개를 가져와라.

**끌겡이**(정선읍, 북평면, 화암면), **끌개**(여량면, 남면)

　[표] 명 글겅이 뜻 1. 말이나 소 따위의 털을 빗기는 도구. 2. 싸리로 결어 만든 고기잡이 도구의 하나. 3. 남의 재물을 긁어 들이는 사람을 비유적으로 이르는 말.

　예 저게 걸레 있는 끌깨 쫌 가져와라.

**끌방치**(정선읍, 북평면), **끌방멩이**(여량면, 남면, 북평면, 화암면)

　[표] 명 끌방망이 뜻 끌질을 할 때 끌의 머리를 치는 나무 방망이.

　예 좋이 끌방멩이만 하다.

**끌신끈**(여량면, 신동읍)

　[표] 명 베틀신끈 뜻 배틀신대의 끝과 베틀신을 잇는 끈.

　예 묶어야 해는데 끌신끈이라도 가져와라.

**끌어네루다**(정선읍, 북평면, 남면, 화암면), **꺼네루다**(여량면, 화암면)

　[표] 동 끌어내리다 뜻 직위 따위를 박탈함. 또는 높은 지위에서 격하시킴.

　예 무대 위에서 친구를 꺼네루다.

**끌치다**(정선읍, 여량면, 남면, 북평면, 화암면)

　[표] 동 긁히다 뜻 '긁다'의 피동사.

　예 장미가시에 팔뚝을 끌치다.

**끍어모투다**(정선읍, 여량면, 북평면), **끍어모우다**(정선읍, 남면, 화암면), **끄러마타**(여량면)

　[표] 동 긁어모으다 뜻 1. 물건을 긁어서 한데 모음. 2. 수단과 방법을 이리저리 써서 재물을 모아들임.

　예 사방 흩터진 볏집을 끍어모투다 보니 지녁때가 다됐다.

**끼어든다**(정선읍), **찡게들다**(여량면, 남면, 화암면)

　[표] 동 끼어들다 뜻 자기 순서나 자리가 아닌 틈 사이를 비집고 들어섬.

　예 좁아서 못 앉는데도 찡게들다.

ㄴ

**나가**(정선읍), **지가**(여량면. 남면), **저가**
(임계면)

　[표] 제가 ㈜ 말하는 이가 윗사람을
상대할 때나, 다지 가깝지 아니한 사
람을 상대하여 자기를 낮추어 가리킬
때 쓰이는 말.
　㈜ 모든 걸 지가 책임지고 하겠습니다.

**나깨미**(정선읍. 화암면), **노깨미**(여량면.
남면)

　[표] 몡 나깨 ㈜ 메밀을 갈아 가루를
체에 처내고 남은 속껍질.
　㈜ 메밀 나깨미를 반죽해서 김치 쏠
　　어 느코 가시레반데기 해서 먹으
　　면 맛나다.

**나대즙**(여량면. 북평면)

　[표] 몡 나이대접(--待接) ㈜ 나이가
많은 이를 받들거나 체면을 봐줌. 또
는 그런 일.
　㈜ 점잖게 행동해야 나대즙을 받는다.

**나들이옷**(정선읍. 여량면. 신동읍. 화암
면), **출입옷**(정선읍), **바께옷**(임계면)

　[표] 몡 바깥옷 ㈜ 1. 남자 식구의 옷.
2. 바깥에 나갈 때 입는 옷.
　㈜ 어제 바께옷 한 벌 샀다.

**나래**(정선읍. 여량면. 남면. 화암면)

　[표] 몡 날개 ㈜ 1. 새나 곤충의 몸 양
쪽에 붙어서 날아다니는 데 쓰는 기관.
2. 공중에 잘 뜨게 하기 위하여 비행기
의 양쪽 옆에 단 부분. 3. 선풍기 따위
와 같이 바람을 일으키는 물건의 몸통
에 달려 바람을 일으키도록 맹글어 놓
은 부분.
　㈜ 맴 것 니 날개를 페봐라.

**나래비**(여량면. 북평면)

　[표] 뷔 나란히 ㈜ 1. 여럿이 줄지어
늘어선 모양이 가지런한 상태로. 2.
여러 줄이 평행한 상태로. 3. 둘 이상
이 함께.
　㈜ 나래비로 쭉 서 봐.

**나래죽지**(정선읍. 여량면. 남면. 화암면),
**날개미쪽지**(임계면)

　[표] 몡 날갯죽지 ㈜ 1. 날개가 몸에
붙어 있는 부분. 2. '날개'를 속되게 이
르는 말.
　㈜ 1. 심없이 나래죽지를 축 늘어뜨리
　　다. 2. 날개미쪽지를 꽉 잡고 있어라.

**나무래다**(정선읍. 북평면), **나물구다**(여
량면. 남면)

　[표] 동 나무라다 ㈜ 1. 잘못을 꾸짖
어 알아듣도록 말함. 2. 흠을 지적하

여 말함.

(예) 다신 그래지 말라고 나물구다.

**나무장개보내기**(정선읍), **공알박기**(여량면), **공알치기**(남면)

[표] 명 나무시집보내기 뜻 〈민속〉 음력 정월 초하룻날이나 대보름날에 행하는 풍속의 하나. 그해에 과일이 많이 열리기를 기원하는 마음으로 과실나무의 두 가지 틈에 돌을 끼움.

(예) 열매를 마이 맺게 할래면 정초에 나무장개보내기를 하면 된다.

**나물취**(정선읍, 여량면, 남면)

[표] 명 참취 뜻 〈식물〉 국화과의 여러해살이풀. 높이는 1.5m 정도이며, 잎은 어긋나고 심장 모양인데 끝이 뾰족하고 가에 톱니가 있음. 8~10월에 흰 꽃이 산방(繖房) 화서로 피고 열매는 수과(瘦果)를 맺음. 어린잎은 식용하고 성숙한 잎은 약용함. 산과 들에서 자라는데 한국, 일본, 중국 등지에 분포함.

(예) 향 좋은 나물취 암에도 좋다지.

**나박신**(남면, 화암면)

[표] 명 나막신 뜻 신의 하나. 나무를 파서 만든 것으로 앞뒤에 높은 굽이 있어 비가 오는 날이나 땅이 진 곳에서 신었음.

(예) 비가 오면 나박신을 신고 댕겼다.

**나발대다**(정선읍, 남면, 북평면), **나불대다**(여량면, 화암면)

[표] 동 나불거리다 뜻 입을 가볍게 함부로 자꾸 놀리다.

(예) 주둥이를 함부로 나불대다.

**나부**(여량면, 남면, 북평면)

[표] 명 나비 뜻 〈동물〉 나비목의 곤충 가운데 낮에 활동하는 무리를 통틀어 이르는 말. 몸은 가늘고 빛깔이 매우 아름다움. 머리에 한 쌍의 더듬이와 두 개의 겹눈이 있고 가슴에 큰 잎 모양의 두 쌍의 날개가 있음. 긴 대롱처럼 생긴 입으로 꽃의 꿀을 빨아 먹으며, 애벌레는 대개 식물을 먹음. 전 세계에 2만여 종, 우리나라에는 250여 종이 있음.

(예) 봄에 흰 나부를 보면 몽상을 입는다.

**나비쉼지**(여량면, 화암면)

[표] 명 나비수염(--鬚髯) 뜻 양쪽으로 갈라 위로 꼬부라지게 한 콧수염.

(예) 그 사람 나비쉼지 멋지다.

**나세이**(정선읍, 북평면, 화암면), **나셍이**(여량면, 남면, 임계면)

[표] 명 냉이 뜻 〈식물〉 십자화과의 두해살이풀. 높이는 10~50cm 정도이며, 잎은 뭉쳐나고 깃 모양으로 갈라짐. 5~6월에 흰 꽃이 총상(總狀) 화서로 꽃줄기 끝에 피고 거꾸로 된 삼각형의 납작한 각과를 맺음. 어린잎과 뿌리는 식용하며 들이나 밭에 자라는데 전 세계에 널리 분포함.

(예) 나셍이 캐러 갈라우.

**나스다**(정선읍, 여량면), **나세다**(남면, 화암면)

[표] 동 나서다 뜻 1. 앞이나 밖으로 나와 섬. 2. 어떠한 일을 적극적으로 또는 직업적으로 시작함. 3. 어떠한 일을 가로맡거나 간섭함.

(예) 자기랑 관계없는 일에도 툭하면 나스다가 큰 코 다친다.

**나으레**(정선읍, 화암면), **나흐레**(여랑면, 남면, 북평면)

[표] 몡 나흘 뜻 1. 네 날. 2. 매달 초하루부터 헤아려 넷째 되는 날.

예 집을 떠난 지 나흐레 만이네.

**나조**(여랑면, 북평면, 화암면)

[표] 몡 라디오 뜻 1. 방송국에서, 일정한 시간 안에 음악·드라마·뉴스·강연 따위의 음성을 전파로 방송하여 수신 장치를 갖추고 있는 청취자들에게 듣게 하는 일. 또는 그런 방송 내용. 2. 방송국에서 보낸 전파를 수신하여 음성으로 바꿔 주는 기계 장치. 3. 무선 전화나 무선 전신을 이르는 말.

예 나조 쫌 틀어봐라.

**낚수꾼**(남면)

[표] 몡 낚시꾼 뜻 취미로 낚시를 가지고 고기잡이를 하는 사람.

예 밤에는 강가에 낚수꾼이 버글버글하다.

**난늠**(정선읍, 북평면, 화암면), **난놈**(여랑면), **난눔**(임계면), **난사램**(남면)

[표] 몡 난사람 뜻 남보다 두드러지게 잘난 사람.

예 저 사람은 하는 짓을 보면 역시 난늠이야.

**난도**(정선읍, 여랑면, 북평면, 화암면)

[표] 몡 나도 뜻 말하는 이가 자기를 가리키는 말.

예 1. 난도 내일부터 참석할게요. 2. 난도 쫌 줘.

**난젱이**(정선읍, 여랑면, 남면, 화암면)

[표] 몡 난쟁이 뜻 1. 기형적으로 키가 작은 사람을 낮잡아 이르는 말. 2.

보통의 높이나 키보다 아주 작은 사물을 비유적으로 이르는 말.

예 난젱이 사는데 가면 키 큰 늠이 병신이다.

**난젱이좆대가리마하다**(정선읍), **난젱이조마하다**(정선읍), **조막데이마하다**(정선읍, 여랑면), **쥐방구리마하다**(여랑면, 남면), **쥐방울만하다**(임계면)

[표] 혱 조그마하다 뜻 1. 조금 작거나 적음. 2. 그리 대단하지 아니함.

예 저런 쥐방구리마한 늠이 어른들 얘기하는데 챙견이야.

**난치낭구**(여랑면, 북평면)

[표] 몡 난티나무 뜻 〈식물〉 느릅나뭇과의 낙엽 활엽 교목. 높이는 20~30m이며, 잎은 어긋나고 둥근 모양으로 톱니가 있고, 보통 끝에 세 개의 결각이 있음. 봄에 누르스름한 꽃이 피고 열매는 시과(翅果)로 5~6월에 맺음. 나무는 땔감과 가구재로 쓰고 나무껍질은 약재와 섬유용으로 씀. 산 중턱 아래의 골짜기에 자라는데 한국, 일본, 중국 등지에 분포함.

예 산에 난치낭구가 많다.

**날가망이**(여랑면)

[표] 몡 싸개가마니 뜻 짐을 싸는 데 쓰는 가마니.

예 날가망이가 있어야 싸매지.

**날개터리**(정선읍, 화암면), **나래짓**(여랑면)

[표] 몡 날개깃 뜻 새의 날개를 이루고 있는 깃털.

예 날가터리가 참 포근하다.

**날개틀**(정선읍, 여랑면, 북평면, 남면)

[표] 몡 자리틀 뜻 자리를 짜는 장치.

양쪽 기둥에 나무를 건너지르고, 건너지른 나무에 일정한 간격으로 홈을 파서, 날을 감은 고드랫돌을 앞뒤로 걸쳐 놓고 왕골·부들·짚 따위를 엮음.
例 옆집 가서 날개틀 있나 물어봐라.

**날다람이**(여량면, 남면), **날다람쥐**(남면)
[표] 몡 하늘다람쥐 뜻 〈동물〉 다람쥣과의 하나. 몸의 길이는 15~20cm이고 옆구리에 비막을 가지고 있음. 등은 회색 또는 갈색, 배는 흰색. 야행성으로 나무에서 나무로 날아다니며 나는 거리는 8m 정도. 곤충, 나무열매 따위를 먹음. 인도 북부, 시베리아에서 한국, 일본 등지에 걸친 산지의 산림에 분포함.
例 뒷산 잣밭에 날다림쥐가 많다.

**날닭알**(정선읍, 화암면), **날계란**(여량면)
[표] 몡 날달걀 뜻 익히지 아니한 달걀.
例 날계란에 참기름 동동 띄워 먹다.

**날롱거리다**(정선읍, 남면, 북평면), **낼름거리다**(여량면, 화암면)
[표] 동 날름거리다 뜻 1. 불길이 밖으로 자꾸 날쌔게 나왔다 들어갔다 함. 2. 혀, 손 따위를 자꾸 날쌔게 내밀었다 들였다 함. 3. 남의 것을 탐내어 자꾸 고개를 좀 내밀고 엿봄.
例 저느머 개새끼는 툭하면 낼름거린다.

**날마두**(정선읍, 남면, 화암면), **날매둥**(여량면)
[표] 뮌 날마다 뜻 하루도 빠짐없이.
例 날매둥 오늘만 같아라.

**날번개**(정선읍, 북평면, 화암면), **마른벙캐**(여량면, 신동읍)

[표] 몡 마른번개 뜻 맑게 갠 하늘에서 치는 번개.
例 하늘에 마른벙캐가 친다.

**날베락**(정선읍, 여량면, 화암면)
[표] 몡 날벼락 뜻 1. 느닷없이 치는 벼락. 2. 뜻밖에 당하는 불행이나 재앙 따위를 비유적으로 이르는 말. 3. 호된 꾸지람이나 나무람.
例 세상에 이게 날베락이지 뭐야.

**날짐성**(정선읍, 여량면, 화암면), **개짐성**(남면)
[표] 몡 날짐승 뜻 날아다니는 짐승을 통틀어 이르는 말.
例 날짐성이 과일 해꼬지를 마이 하네.

**날체뛰다**(여량면, 북평면), **날구뛰다**(남면, 화암면)
[표] 동 날고뛰다 뜻 (비유적으로) 갖은 재주를 다 부리다. 또는 비상한 재주를 지님.
例 별거 아닌 일로 날체뛰며 지랄한다.

**날파리**(정선읍, 여량면, 북평면, 남면, 임계면)
[표] 몡 하루살이 뜻 〈동물〉 하루살이목의 굽은꼬리하루살이, 무늬하루살이, 밀알락하루살이, 별꼬리하루살이, 병꼬리하루살이 따위를 통틀어 이르는 말. 애벌레는 2~3년 걸려 성충이 되는데 성충의 수명은 한 시간에서 며칠 정도.
例 가로등 밑에 날파리가 음청나다.

**남남북여**(여량면, 북평면)
[표] 몡 남남북녀(南男北女) 뜻 우리나라에서, 남자는 남쪽 지방 사람이 잘나고 여자는 북쪽 지방 사람이 고움

을 이르는 말.

⑩ 남남북여라는데 나는 왜 그리 잘 생겼나.

**남동상**(정선읍, 여량면, 남면, 화암면)

[표] 명 남동생(男--) 뜻 남자 동생.

⑩ 저 아이가 내 남동상이여.

**남사시룹다**(정선읍, 남면, 임계면, 화암면), **남새시룹다**(여량면)

[표] 형 남세스럽다 뜻 남에게 놀림과 비웃음을 받을 듯함.

⑩ 그 차림새가 뭐야 남보기 남새시룹구만.

**남새**(정선읍, 여량면, 화암면), **남사**(남면, 화암면)

[표] 명 남세 뜻 남에게 비웃음과 놀림을 받게 됨.

⑩ 내원 남새 시루워서 못살겠네.

**남어나다**(정선읍, 여량면, 북평면), **냉기다**(임계면, 화암면)

[표] 동 남다 뜻 1. 다 쓰지 않거나 정해진 수준에 이르지 않아 나머지가 있게 됨. 2. 들인 밑천이나 제 값어치보다 얻는 것이 많다. 또는 이익을 봄. 3. 나눗셈에서, 나누어 떨어지지 않고 나머지가 얼마 있게 됨.

⑩ 얼매나 욕심을 내서 가져왔으면 다 못 쓰고 남어난다.

**남은**(남면)

[표] 의 남짓 뜻 크기, 수효, 부피 따위가 어느 한도에 차고 조금 남는 정도임을 나타내는 말.

⑩ 쓰다가 남은 거 읊나.

**납딱거리다**(정선읍), **납적거리다**(여량면)

[표] 동 납작거리다 뜻 1. 말대답을

하거나 무엇을 받아먹으려고 입을 냉큼냉큼 벌렸다 닫았다 함. 2. 몸을 바닥에 바짝 대고 냉큼냉큼 엎드림.

⑩ 머라하든 그저 납적거린다.

**납딱보리**(정선읍, 화암면), **납떡보리**(여량면)

[표] 명 납작보리 뜻 기계로 납작하게 누른 보리쌀.

⑩ 요세는 납떡보리 보기가 심들어.

**납딱코**(정선읍, 화암면), **납떡코**(여량면)

[표] 명 납작코 뜻 콧날이 서지 않고 납작하게 가로퍼진 코. 또는 그런 코를 가진 사람.

⑩ 저늠아는 코가 납떡코야.

**납작콩이되다**(정선읍, 화암면), **납떡보리알겡이되다**(여량면), **납떡보리**(남면)

[표] 관용구 납작해지다 뜻 몹시 무안을 당하거나 기가 죽어 위신이 뚝 떨어짐.

⑩ 잘난 체 하다가 납작콩이되다.

**낫가락**(정선읍, 여량면)

[표] 명 낫 뜻 곡식, 나무, 풀 따위를 베는 데 쓰는 농기구. 시우쇠로 'ㄱ' 자 모양으로 만들어 안쪽으로 날을 내고, 뒤 끝 슴베에 나무 자루를 박아 만듦.

⑩ 대장간에서 낫가락을 벼리다.

**낫꽃기**(여량면, 북평면)

[표] 명 낫치기 뜻 〈운동〉 낫을 땅바닥에 던져 꽂는 횟수를 겨루는 놀이.

⑩ 오늘도 우리는 낫꽃기 놀이를 하였다.

**낭구**(정선읍, 여량면, 남면, 북평면, 임계면, 화암면)

[표] 명 나무 뜻 1. 줄기나 가지가 목질

로 된 여러해살이 식물. 2. 집을 짓거나 가구, 그릇 따위를 만들 때 재료로 사용하는 재목. 3. 땔감이 되는 나무.

예 산에는 낭구가 개락이다.

**낭구공이**(정선읍, 여량면, 남면, 북평면)

[표] 명 나무공이 뜻 절구통이나 돌확에 들어 있는 곡식을 찧는 기구.

예 쌀 빻게 저짝에 있는 낭구공이를 일루 가져와.

**낭구꾼**(정선읍, 여량면, 북평면, 화암면)

[표] 명 나무꾼 뜻 땔나무를 하는 사람.

예 낭구꾼이 짐풀을 한짐 지고 오네.

**낭구떼기**(정선읍, 여량면, 남면, 화암면)

[표] 명 나무때기 뜻 조금 길고 가느다란 나뭇조각.

예 낭구 할 땐 낭구떼기는 별두루 모아 둬.

**낭구잎사구**(정선읍, 여량면, 화암면), **낭구잎파리**(남면)

[표] 명 나뭇잎 뜻 나무의 잎.

예 오동 낭구잎사구는 음청 크다.

**낭구절가지**(정선읍, 남면, 화암면), **낭구절가락**(여량면, 임계면), **나무절**(임계면)

[표] 명 나무젓가락 뜻 나무로 만든 젓가락.

예 산에 가면 낭구절가락을 맹글어 밥을 먹는다.

**낭구쪼가리**(정선읍, 여량면, 북평면, 임계면, 화암면)

[표] 명 나무쪽 뜻 나무의 조각.

예 질에 떨어진 낭구쪼가리를 쮜라.

**낭구토매**(정선읍, 북평면, 남면), **낭구토맥이**(여량면, 화암면)

[표] 명 나무토막 뜻 1. 잘라지거나 부러져 생긴 나무의 동강이. 2. 생명이 없는 것처럼 보이는 생명체를 비유적으로 이르는 말.

예 낭구토맥이 하나만 가져와 봐.

**낭굿가치**(정선읍, 북평면, 여량면), **낭구가지**(화암면)

[표] 명 나뭇개비 뜻 가늘고 길게 쪼개진 나뭇조각.

예 마당가에 낭굿가치 쫌 치워라.

**낭굿동치미**(정선읍, 남면, 화암면), **낭구둥치미**(여량면)

[표] 명 나뭇동 뜻 나무를 큼직하게 묶어 놓은 덩이.

예 한때는 나도 낭구둥치미를 몇 개씩 지게에 졌다.

**낭굿쪼가리**(정선읍, 여량면, 남면, 북평면), **낭구쪼가리**(화암면)

[표] 명 나무조각 (--彫刻) 뜻 〈미술〉 나무를 재료로 하는 조각.

예 먼 낭구쪼가리가 이래 많나.

**낭궈준다**(정선읍, 화암면), **농구다**(여량면, 남면, 임계면)

[표] 동 나누다 뜻 1. 하나를 둘 이상으로 가름. 2. 여러 가지가 섞인 것을 구분하여 분류함. 3. 〈수학〉 나눗셈을 함.

예 1. 똑같이 낭궈준다. 2. 돈을 똑같이 농구다. 3. 시양가면 떡을 똑같이 낭궈준다.

**낮또깨비**(정선읍, 여량면, 남면, 북평면, 화암면), **날또깨비**(임계면)

[표] 명 낮도깨비 뜻 1. 낮에 나타난 도깨비. 2. 체면 없이 마구 행동하는 사람을 비유적으로 이르는 말.

예 동에 번쩍 서에 번쩍 낮또깨비 같다.

**낯가래다**(정선읍, 남면, 화암면), **낯반데기가래다**(여량면)

　[표] 됨 낯가리다 뜻 1. 갓난아이가 낯선 사람을 대하기 싫어함. 2. 친하고 친하지 아니함에 따라 달리 대우함. 3. 체면을 겨우 세움.

　예 다 큰 늠이 아직도 낯반데기가래냐.

**낯반데기뚜굽다**(정선읍, 여량면), **낯짝뚜굽다**(정선읍, 남면, 화암면)

　[표] 관용구 낯두껍다 뜻 얼굴이 두꺼움.

　예 참 낯반데기뚜굽다.

**낯반데기읎다**(정선읍, 화암면), **낯없다**(여량면)

　[표] 형 낯없다 뜻 마음에 너무 미안하고 부끄러워 남을 대하기에 떳떳하지 않음.

　예 니를 볼라니 낯반데기읎다.

**낯빤데기**(정선읍, 북평면), **낯짠배기**(여량면), **낯짜배기**(여량면), **낯반데기**(남면)

　[표] 명 낯 뜻 1. 눈, 코, 입 따위가 있는 얼굴의 바닥. 2. 남을 대할 만한 체면.

　예 1. 어이구 낯빤데기가 두껍다. 2. 저늠은 낯짠배기가 반반하다.

**낯빤데기씻다**(정선읍, 여량면, 화암면), **낯짝싯다**(남면)

　[표] 됨 세수하다(洗手--) 뜻 손이나 얼굴을 씻음.

　예 잠깐만 기데려라 낯빤데기씻고 나갈게.

**낱가치**(정선읍, 남면, 화암면), **낱개피**(여량면), **낱가챙이**(여량면)

　[표] 명 낱개비 뜻 담배, 성냥, 장작

따위의 따로따로인 한 개비 한 개비.

　예 성냥 낱가치로 몇 개만 가져와.

**내구리**(정선읍, 여량면, 북평면), **영개**(남면, 임계면)

　[표] 명 연기(煙氣) 뜻 무엇이 불에 탈 때에 생겨나는 흐릿한 기체나 기운.

　예 아이구 내구리가 울매나 나는지.

**내군두러지다**(정선읍, 남면, 화암면)

　[표] 됨 나가곤드라지다 뜻 1. 저만치 나아가 곤두박질하여 쓰러짐. 2. 아무렇게나 쓰러져 정신없이 잠듦.

　예 술을 먹고 질바닥에 내군두러지다.

**내금새**(정선읍, 여량면, 남면, 북평면), **쿤네**(화암면)

　[표] 명 냄새 뜻 1. 코로 맡을 수 있는 온갖 기운. 2. 어떤 사물이나 분위기 따위에서 느껴지는 특이한 성질이나 낌새.

　예 1. 먼 내금새가 난다. 2. 아이구 쿤내야.

**내다보키다**(정선읍, 여량면, 화암면), **내더뵈키다**(남면)

　[표] 됨 내다보이다 뜻 '내다보다'의 피동사.

　예 여서는 저짝이 빤히 내다보킨다.

**내달구다**(정선읍), **내달구키다**(여량면), **내빠달구키다**(남면)

　[표] 됨 내쫓다 뜻 1. 밖으로 몰아냄. 2. 있던 자리에서 강제로 나가게 함.

　예 1. 저년어간나 내달궈라. 2. 넘 떠들다가 내달구키다.

**내더우사**(정선읍, 여량면, 신동읍, 화암면), **내더위사우**(임계면)

　[표] 명 더위팔기 뜻 〈민속〉 음력 정

월 대보름날 하는 풍속의 하나. 이날 오전에는 남을 만나 이름을 부르더라도 대답을 하지 않는데, 만약 대답을 하면 '내 더위.', '내 덕새.' 또는 '내 더위 사 가게.' 라고 말하여 대답한 사람에게 더위를 팜. 이렇게 하면 그해 여름에 더위를 먹지 않는다고 함.

⑩ 내더우사라.

**내따**(정선읍, 화암면), **대뜨방**(여량면)

[표] 뭽 냅다 뜻 몹시 빠르고 세찬 모양.

⑩ 1. 내따 뛴다. 2. 대뜨방에 한방 맞았다.

**내따미다**(정선읍, 화암면), **내문대다**(여량면, 남면)

[표] 뭉 내밀다 뜻 1. 신체나 물체의 일부분이 밖이나 앞으로 나가게 함. 2. 힘껏 밀어서 어떤 공간에서 밖으로 나가게 함. 3. 돈이나 물건을 받으라고 내어 줌.

⑩ 큰 질로 막 내문대다.

**내레갈리다**(정선읍, 화암면), **네리가불리다**(여량면), **네레가불리다**(남면), **내려쌔리다**(임계면)

[표] 뭉 내리갈기다 뜻 1. 사람이 어떤 대상을 위에서 아래로 힘차게 침. 2. 물체가 어떤 대상을 위에서 아래로 힘차게 침. 3. 마구 말하거나 씀.

⑩ 몽데이로 네리가불리다.

**내레**(여량면)

[표] 뭽 내리 뜻 1. 위에서 아래로. 2. 잇따라 계속. 3. 사정없이 마구.

⑩ 내레기민서 마커 우리거다.

**내몰리키다**(정선읍, 북평면), **내몰구키다**(여량면, 남면), **내빠달구키다**(화암면)

[표] 뭉 내몰리다 뜻 '내몰다'의 피동사.

⑩ 방에서 마커 내몰구키다.

**내문닥거리다**(정선읍, 북평면), **내문대다**(여량면, 화암면), **다름질치다**(임계면)

[표] 뭉 내달리다 뜻 힘차게 달림.

⑩ 앞뒤 안보고 막 내문대다.

**내번지다**(정선읍, 북평면), **내재다**(여량면, 남면, 화암면), **내걸리다**(여량면), **줄행랑치다**(임계면)

[표] 뭉 내달아나다 뜻 빨리 내달아 도망침.

⑩ 사괴 서리하다 껄레서 신질로 내재다.

**내베레두다**(정선읍, 여량면, 화암면), **처내베레두다**(남면)

[표] 뭉 내버려두다 뜻 1. 건드리거나 상관하지 않고 그대로 둠. 2. 돌보거나 보살피지 않음.

⑩ 가만히 내베레두다.

**내뻐리다**(정선읍, 임계면, 화암면), **내꼰지다**(여량면, 남면), **팽개치다**(임계면)

[표] 뭉 내버리다 뜻 1. 더 이상 쓰지 아니하는 물건이나 못 쓰게 된 물건 따위를 아주 버림. 2. 관심을 가지지 아니하고 돌보지 아니함.

⑩ 1. 멀리 내꼰지다. 2. 몽당연필도 내뻐리지 말고 수구대공에 께써라.

**내뻐레**(정선읍, 북평면, 화암면), **내떤지다**(여량면), **떠내군지다**(임계면)

[표] 뭉 내던지다 뜻 1. 아무렇게나 힘차게 던짐. 2. 아무렇게나 말함. 3. 관계를 끊고 돌보지 아니함.

⑩ 썩은 거는 저짝으로 내뻐레라.

**내셍기다**(정선읍), **떠버리다**(여량면, 신

74

동읍)

[표] 동 떠들다 뜻 1. 시끄럽게 큰 소리로 말함. 2. 매우 술렁거림. 3. 이야기나 말 따위를 큰 소리로 함.

예 저 미친년이 혼자 떠버리고 댕긴다.

**낵이다**(정선읍, 북평면), **낚이키다**(여량면, 화암면)

[표] 동 낚이다 뜻 '낚다'의 피동사.

예 강에서 물괴기가 음청 큰게 낚이킨다.

**냉거지**(여량면, 남면), **낭거지**(화암면)

[표] 명 나머지 뜻 1. 어떤 한도에 차고 남은 부분. 2. 어떤 일을 하다가 마치지 못한 부분. 3. 어떤 일의 결과.

예 니가 마이 가져가 냉거지는 내가 가질게.

**냉게뿌스다**(정선읍, 화암면), **네레뿌수다**(여량면), **때려뿌시다**(임계면)

[표] 동 내리부수다 뜻 위에서 아래로 힘껏 쳐서 부숨.

예 마커 네레뿌수다.

**냉구둘**(정선읍, 여량면, 남면, 화암면)

[표] 명 냉골(冷−) 뜻 찬 방고래.

예 불을 안 땠더니 냉구둘이다.

**냉중**(정선읍, 여량면, 남면, 화암면)

[표] 명 나중 뜻 1. 얼마의 시간이 지난 뒤. 2. 다른 일을 먼저 한 뒤의 차례. 3. 순서상이나 시간상의 맨 끝.

예 오늘 잘 먹었네 냉중에 내가 한 잔 살게.

**너덜겅거리다**(정선읍, 남면, 화암면), **너덜렁거리다**(여량면)

[표] 동 너덜거리다 뜻 1. 여러 가닥이 어지럽게 늘어져 자꾸 흔들림. 2. 주제

넘게 입을 너불거리며 자꾸 까불음.

예 가마이새끼가 풀래서 자꾸 너덜렁거린다.

**너덧댓**(정선읍, 여량면, 화암면), **네다서**(여량면)

[표] 수 관 네다섯 뜻 넷이나 다섯쯤 되는 수 또는 그런 수의.

예 너덧댓 늠이 모이다.

**너들**(정선읍), **느**(여량면, 남면), **니**(여량면, 화암면)

[표] 대 너희 뜻 1. 듣는 이가 친구나 아랫사람들일 때, 그 사람들을 가리키는 이인칭 대명사. 2. 듣는 이가 친구나 아랫사람일 때, 그 듣는 이를 포함한 여러 사람들을 이르는 이인칭 대명사.

예 니가 뭘 알아?

**너들**(정선읍), **느들**(여량면, 임계면, 화암면), **느덜**(남면)

[표] 대 너희들 뜻 손아랫사람들이나 친구들을 마주 대하여 가리키는 말.

예 느들 이제 어쩔거야!

**너래반석**(정선읍, 여량면, 북평면), **너래바우**(남면, 화암면)

[표] 명 너럭바위 뜻 넓고 평평한 큰 돌.

예 너래반석은 앉아 놀기 좋다.

**너버시**(정선읍, 여량면, 남면, 화암면)

[표] 분 넉없이 뜻 아무런 의식이 없이 멍하니.

예 말 한마디에 너버시 넘어간다.

**너불떡거리다**(정선읍, 북평면), **너불럭거리다**(여량면, 화암면)

[표] 동 너불거리다 뜻 입을 함부로 자꾸 놀림.

예 저거는 주둥아리를 함부로 너불

럭거린다.

**너불메기**(정선읍, 여량면, 북평면), **꽃뱀**(남면), **너불레기**(남면)

[표] 똉 유혈목이 똣 1. 뱀과의 대륙유혈목이, 유혈목이 따위를 통틀어 이르는 말. 2. 뱀과의 하나. 몸의 길이는 70~90cm이고 비늘은 가늘고 길며, 광택이 없음. 등은 푸른빛이 도는 어두운 잿빛이거나 어두운 감람색이고 넉 줄의 크고 검은 얼룩점이 있음. 옆구리는 누런 바탕에 불규칙한 붉은 무늬가 있음. 한국, 일본, 중국 등지에 분포함.

ⓔ 걸어가다 너불레기 조심해라.

**너시래**(여량면, 남면, 화암면)

[표] 똉 너스레 똣 수다스럽게 떠벌려 늘어 놓는 말이나 짓.

ⓔ 그년 참 너시래 잘 떠내.

**넋빠지다**(정선읍, 화암면), **열빠지다**(여량면), **열쩍다**(여량면), **골빈사람**(임계면)

[표] 똥 얼빠지다 똣 정신이 없어짐.

ⓔ 저런 열쩍은 늠 봐라.

**널기건이**(정선읍, 북평면), **널지가이**(여량면, 남면, 화암면)

[표] 똉 넓게 똣 면이나 바닥의 면적이 큼.

ⓔ 좁게 앉지 말고 널지가이 앉어.

**널널하다**(정선읍, 남면, 북평면, 화암면), **늘늘하다**(여량면)

[표] 똉 늘비하다 똣 질서 없이 여기저기 많이 늘어서 있거나 놓여 있음.

ⓔ 어물전에 고기가 늘늘하다.

**널찍하다**(정선읍, 임계면, 화암면), **널따**(여량면, 남면)

[표] 똉 넓다 똣 1. 면이나 바다 따위의 면적이 큼. 2. 너비가 큼. 3. 마음 쓰는 것이 크고 너그러움.

ⓔ 1. 널찍하게 앉아놀기 좋다. 2. 마당이 참 널따. 3. 방이 널찍하네.

**널판데기**(정선읍, 여량면, 남면, 화암면)

[표] 똉 널빤지 똣 판판하고 넓게 켠 나뭇조각.

ⓔ 널판데기 참 크고 좋다.

**넙뚝다리**(정선읍), **허벅셍이**(여량면), **허북지**(남면)

[표] 똉 허벅지 똣 허벅다리 안쪽의 살이 깊은 곳.

ⓔ 넙뚝다리가 참 굴네.

**넙뚝다리**(정선읍, 남면), **허벅달구지**(여량면), **사태기콩**(임계면)

[표] 똉 허벅다리 똣 넓적다리의 위쪽 부분.

ⓔ 허벅달구지가 실한 걸보니 심께나 쓰겠다.

**넙저구리하다**(정선읍), **넙더데하다**(여량면, 화암면)

[표] 똉 너부데데하다 똣 얼굴이 둥그스름하고 너부죽함.

ⓔ 1. 얼굴이 넙저구리하다. 2. 얼굴이 넙더데하게 크다.

**넙죽이**(정선읍, 화암면)

[표] 똉 납죽이 똣 머리나 코가 걀쭉하게 넓은 사람을 놀림조로 이르는 말.

ⓔ 생개먹은 게 넙죽이 같다.

**네까진**(정선읍, 북평면), **니까지**(여량면), **니까지끼**(임계면, 화암면)

[표] 똅 네까짓 똣 '네깟'을 구어적으로 이르는 말.

(예) 오늘은 니까지 속을 쎅이나.

**네레가다**(정선읍, 여량면, 화암면)

　[표] 图 내려가다 (뜻) 1. 높은 곳에서 낮은 곳으로 또는 위에서 아래로 감. 2.지방으로 감. 3. 중앙 부서에서 지방 부서로 또는 상급 기관에서 하급 기관으로 자리를 옮김.

　(예) 계단으로 네레가라.

**네레긋다**(정선읍, 여량면, 북평면, 화암면)

　[표] 图 내리긋다 (뜻) 줄 따위를 위에서 아래로 그음.

　(예) 연필로 금을 네레긋다.

**네레뀌다**(여량면, 남면, 화암면)

　[표] 图 알다 (뜻) 1. 교육이나 경험, 사고 행위를 통하여 사물이나 상황에 대한 정보나 지식을 갖춤. 2. 어떤 사실이나 존재, 상태에 대해 의식이나 감각으로 깨닫거나 느낌. 3. 심리적 상태를 마음속으로 느끼거나 깨달음.

　(예) 그 집 내력은 내가 다 네레뀌고 있지.

**네레달구다**(정선읍, 화암면), **네레바달구다**(여량면), **내달구다**(여량면)

　[표] 图 내려쫓다 (뜻) 있는 자리에서 떠나도록 몰아냄.

　(예) 말을 안들어서 내달궜다.

**네레바탕길**(정선읍, 화암면), **네레막질**(여량면, 남면)

　[표] 图 내리막길 (뜻) 1. 높은 곳에서 낮은 곳으로 이어지는 비탈진 길. 2. 기운이나 기세가 한창때를 지나 약해지는 시기나 단계.

　(예) 1. 네레바탕길에서 조심해라. 2. 오르막이 있으면 네레막질도 있다.

**네레사랑**(정선읍, 여량면, 북평면, 화암면)

　[표] 图 내리사랑 (뜻) 손윗사람이 손아랫사람을 사랑함. 또는 그런 사랑. 특히 자식에 대한 부모의 사랑을 이름.

　(예) 아이들 사랑은 네레사랑이지.

**네레스다**(정선읍, 여량면, 화암면)

　[표] 图 내려서다 (뜻) 1. 높은 곳에서 낮은 곳으로 옮아서 섬. 2. 등급이나 지위 따위가 높은 곳에서 낮은 곳으로 옮아감. 3. 낮은 곳으로 옮아가기 위하여 높은 곳을 벗어남.

　(예) 한발 네레스다.

**네루다**(정선읍, 여량면, 남면, 화암면), **네로**(정선읍, 화암면)

　[표] 图 내리다 (뜻) 1. 눈, 비, 서리, 이슬 따위가 옴. 2. 어둠, 안개 따위가 짙어지거나 덮여 옴. 3. 쪘거나 부었던 살이 빠짐.

　(예) 1. 지게에서 짐짝 쫌 네루와. 2. 저것 쫌 네로.

**네림바탕**(정선읍, 여량면, 북평면, 화암면), **네레다지**(여량면), **네레바탕**(남면, 화암면)

　[표] 图 내리막 (뜻) 1. 높은 곳에서 낮은 곳으로 이어지는 비탈진 곳. 2. 기운이나 기세가 한창때가 지나서 약해지는 상황.

　(예) 여서부터는 네림바탕이니 조심해.

**네모잽이**(여량면, 남면, 북평면, 화암면)

　[표] 图 네모꼴 (뜻) 1. 네모가 진 모양. 2. 〈수학〉 图의어 사각형(네 개의 선분으로 둘러싸인 평면 도형).

　(예) 종이를 네모잽이로 접는다.

**네발또지고기**(정선읍, 여량면, 북평면)

[표] 몡 살코기 뜻 기름기나 힘줄, 뼈 따위를 발라낸, 순 살로만 된 고기.
예 우리 아부지는 꼭 네발또지고기만 드신다.

**네발짐성**(정선읍, 북평면, 화암면), **네발또지**(여량면)
[표] 몡 네발짐승 뜻 발이 넷인 짐승을 통틀어 이르는 말.
예 괴기는 네발또지가 마싰다.

**넹게받다**(여량면, 화암면), **넴게받다**(남면)
[표] 동 넘겨받다 뜻 물건, 권리, 책임, 일 따위를 남으로부터 받아 맡음.
예 빌레준 물건을 어제 넹게받았다.

**넹게보다**(정선읍, 여량면, 화암면), **넹게다보다**(정선읍), **건내보다**(남면), **넘어보다**(임계면)
[표] 동 건너보다 뜻 건너편에 있는 것을 쳐다봄.
예 왜 자꾸만 내 것을 넹게다보는 거야.

**넹게쏘다**(정선읍, 남면, 북평면), **네레쏘다**(여량면, 화암면)
[표] 동 내리쏘다 뜻 활이나 총 따위를 위에서 아래로 쏨.
예 비행기서 빤히 보면서 네레쏘는데 지들이 버티나 마카 죽지.

**넹게지르다**(정선읍, 화암면), **내지르다**(여량면, 북평면), **네레지르다**(남면)
[표] 동 내리지르다 뜻 1. 물이나 바람 따위가 높은 곳에서 낮은 곳으로 세차게 흐르거나 불음. 2. 주먹이나 발 따위로 위에서 아래로 힘껏 지름.
예 하도 까불어서 발로 내지르다.

**넹게짚다**(여량면, 남면, 화암면)
[표] 동 넘겨짚다 뜻 남의 생각이나 행동에 대하여 뚜렷한 근거 없이 짐작으로 판단함.
예 모르면서 넹게짚고 말을 한다.

**넹기다**(정선읍, 여량면, 남면, 북평면, 화암면), **냉기다**(임계면)
[표] 동 넘기다 뜻 '넘다'의 사동사.
예 책장을 넹기다.

**노가리까다**(정선읍, 여량면, 남면, 임계면), **노가리치다**(정선읍)
[표] 동 잡담하다(雜談--) 뜻 쓸데없이 지껄임.
예 일은 안하고 앉아서 노가리만깐다.

**노가지낭구**(정선읍, 여량면, 북평면, 화암면)
[표] 몡 노간주나무 뜻 〈식물〉 측백나뭇과의 상록 침엽 교목. 높이는 8~10미터이며, 잎은 세 개씩 돌려나고 실 모양임. 봄에 녹색을 띤 갈색 꽃이 피고 열매는 구과(毬果)로 다음 해 10월에 검은 자주색으로 익음. 건축 재료나 기구를 만드는 데 쓴다. 한국, 몽골, 일본, 중국 등지에 분포함.
예 지게는 노가지낭구가 최고지.

**노고지리**(정선읍, 남면), **종달새**(여량면)
[표] 몡 종다리 뜻 〈동물〉 종다릿과의 새. 몸은 참새보다 조금 크며 붉은 갈색이고 검은색 가로무늬가 있음. 뒷머리의 깃은 길어서 뿔처럼 보임. 봄에 공중으로 높이 날아오르면서 잘 울며 한국, 일본, 중국 등지에 분포함.
예 노고지리 우는 소리가 끝이 없네.

**노동지**(정선읍, 여량면, 북평면), **애동지**(정선읍, 여량면)
[표] 몡 동지(冬至) 뜻 이십사절기의 하나. 대설(大雪)과 소한(小寒) 사이에

들며 태양이 동지점을 통과하는 때인 12월 22일이나 23일경임. 북반구에서는 일 년 중 낮이 가장 짧고 밤이 가장 깊. 동지에는 음기가 극성한 가운데 양기가 새로 생겨나는 때이므로 일 년의 시작으로 간주함. 이날 각 가정에서는 팥죽을 쑤어 먹으며 관상감에서는 달력을 만들어 벼슬아치들에게 나누어 주었다고 함.

@ 노동지에 팥죽 쒀 먹는다.

**노랑내**(정선읍, 북평면), **뇌린내**(여량면, 남면, 화암면)

[표] 몡 노린내 뜻 노린 냄새.

@ 뇌린내가 음청나다.

**노랑태**(신동읍)

[표] 몡 더덕북어(--北魚) 뜻 얼부풀어 더덕처럼 마른 북어.

@ 내일 아츰에 노랑태로 북애꾹 끓여 먹자.

**노랗타**(정선읍), **노래**(여량면, 임계면, 화암면)

[표] 노랗게 뜻 1. (사물이나 그 빛이)활짝 핀 개나리꽃이나 병아리처럼 노르다. 2. (얼굴이)핏기가 없고 노르께함.

@ 벵아리가 노랗타.

**노래하다**(정선읍), **녹작지근하다**(여량면, 남면, 화암면)

[표] 혱 노곤하다 뜻 나른하고 피로함.

@ 하루쟁일 녹작지근하다.

**노랭이**(정선읍, 여량면, 남면, 북평면, 화암면)

[표] 몡 노랑이 뜻 1. 속이 좁고 마음 씀씀이가 아주 인색한 사람을 낮잡아 이르는 말. 2. 털빛이 노란 개. 3. 노란

빛깔의 물건.

@ 술 한 잔 안사는 노랭이.

**노렝이다**(정선읍, 여량면, 남면), **바눌루 찔러피한방구리안나오다**(정선읍, 여량면), **베룩간을빼먹다**(정선읍), **짠돌이다**(정선읍)

[표] 혱 인색하다(吝嗇--) 뜻 1. 재물을 아끼는 태도가 몹시 지나침. 2. 어떤 일을 하는 데 대하여 지나치게 박함.

@ 1. 아이고 그놈은 바눌루 찔러도 피 한방구리 안 나올 놈이여. 2. 아유 짠돌이같네.

**노무젱이**(정선읍, 북평면), **화토꾼**(여량면), **놀음꾼**(남면, 임계면)

[표] 몡 화투꾼(花鬪-) 뜻 화투 놀이를 즐겨 하는 사람을 낮잡아 이르는 말.

@ 노무젱이들은 눈빛이 달라.

**노뭉테기**(여량면, 남면, 화암면), **노끈뭉치**(임계면)

[표] 몡 노뭉치 뜻 실, 삼, 종이 따위로 가늘게 비비거나 꼰 줄을 뭉뚱그린 뭉치.

@ 노뭉테기가 음청크다.

**노박**(정선읍, 여량면, 북평면), **노다지**(임계면, 남면, 화암면)

[표] 閉 노상 뜻 언제나 변함없이 한 모양으로 줄곧.

@ 노박 밭에서 일만한다.

**노오레기**(남면, 화암면)

[표] 몡 노오라기 뜻 짧게 동강이 난 노끈 가닥.

@ 노오레기도 쓸떼가 있다.

**노지근하다**(정선읍), **노작지그네하다**(여량면), **녹작지근하다**(여량면, 화암면)

[표] 혱 노작지근하다 뜻 몸에 힘이 없고 맥이 풀려 나른함.

예 온몸이 녹작지근하다.

**노치**(정선읍, 여량면, 화암면), **쉬끼적**(정선읍, 남면), **수수뽁곰이**(임계면), **수수전변**(임계면)

[표] 몡 수수전 뜻 수수로 만든 전.

예 노치 맛이 좋다.

**녹는다**(정선읍, 북평면), **뇍이다**(여량면, 신동읍, 화암면), **뇌기다**(임계면)

[표] 동 녹이다 뜻 '녹다'의 사동사.

예 1. 언 짐치 쫌 뇍여라. 2. 동치미는 뇍이면 맛이 읇어. 얼음이 동동 떠야 맛나지.

**녹매가루**(정선읍, 화암면), **녹매갈구**(여량면)

[표] 몡 녹말가루(綠末--) 뜻 1. 감자, 고구마, 물에 불린 녹두 따위를 갈아서 가라앉힌 앙금을 말린 가루. 2. 〈화학〉 녹색 식물의 엽록체 안에서 광합성으로 만들어져 뿌리, 줄기, 씨앗 따위에 저장되는 탄수화물.

예 감재 녹매갈구 가지고 봉굴죽 쒀 먹자.

**논골벵이**(정선읍, 여량면, 북평면), **골벵이**(정선읍, 남면, 임계면, 화암면)

[표] 몡 우렁이 뜻 우렁잇과의 고둥을 통틀어 이르는 말. 껍데기는 원뿔형이며 어두운 녹색임. 무논, 웅덩이 등지에 삶.

예 우리 논에는 논골벵이가 버글버글해.

**논깨구리**(정선읍, 화암면), **꺽무거리**(정선읍), **논깨구락지**(여량면), **엉머구리**(남면)

[표] 몡 악머구리 뜻 잘 우는 개구리라는 뜻으로, '참개구리'를 이르는 말.

예 밤이면 논깨구락지 우는 소리에 잠 못 든다.

**논꼬**(정선읍, 화암면, 여량면), **물아구**(여량면, 신동읍), **물머구**(임계면)

[표] 몡 물꼬 뜻 1. 논에 물이 넘어 들어오거나 나가게 하기 위하여 만든 좁은 통로. 2. 어떤 일의 시작을 비유적으로 이르는 말.

예 1. 저눔어 자슥 까불믄 논꼬에 콱 처박는다. 2. 니 까불면 물머구에다 확 처박는다.

**논내끈**(정선읍, 여량면, 남면, 북평면, 화암면)

[표] 몡 노끈 뜻 실, 삼, 종이 따위를 가늘게 비비거나 꼬아서 만든 끈.

예 논내끈 찾어다가 꼭 묶어.

**논다렝이**(정선읍, 여량면, 남면, 북평면, 화암면)

[표] 몡 다랑이 뜻 1. 산골짜기의 비탈진 곳 따위에 있는 계단식으로 된 좁고 긴 논배미. 2. '1.'을 세는 단위.

예 천수답엔 논다렝이가 올망졸망.

**논버덩**(정선읍, 화암면), **논버당**(여량면)

[표] 몡 논벌 뜻 주로 논으로 이루어진 넓고 평평한 땅.

예 그 동네는 논버당이 음청 크다.

**논빼미**(여량면, 화암면)

[표] 몡 논배미 뜻 논두렁으로 둘러싸인 논의 하나하나의 구역.

예 논빼미가 손바닥만 하다.

**논짐**(신동읍, 화암면)

[표] 몡 논김 뜻 논에 난 잡풀.

⑩ 논바닥에서 논짐을 맨다.

**놀**(정선읍, 여량면, 북평면), **노울**(여량면, 남면)

　[표] 명 노을 ⊕ 해가 뜨거나 질 무렵에, 하늘이 햇빛에 물들어 벌겋게 보이는 현상.

　⑩ 1. 노울이 벌겋게 물들다. 2. 아침놀이 있으면 쇠도 메지 마라.

**놀거리치다**(정선읍, 북평면, 화암면), **놀라리치다**(여량면, 신동읍)

　[표] 동 놀다 ⊕ 1. 놀이나 재미있는 일을 하며 즐겁게 지냄. 2. 직업이나 일정히 하는 일이 없이 지냄. 3. 어떤 일을 하다가 일정한 동안을 쉼.

　⑩ 일은 안해고 놀라리치다.

**놀건다리패**(여량면, 화암면), **놀거리패**(남면)

　[표] 명 건달패(乾達牌) ⊕ 건달들의 무리.

　⑩ 저런 놀건다리패 같으니라고.

**놀겡이**(정선읍, 여량면, 남면, 북평면, 화암면)

　[표] 명 노루 ⊕ 〈동물〉 사슴과의 포유류. 몸은 1~1.2미터, 어깨의 높이는 65~86cm임. 여름에는 누런 갈색이고 겨울에는 누런 흙색으로 꽁무니에 흰 반점이 나타남. 수컷은 세 갈래로 돋은 뿔이 있는데 겨울에 빠지고 봄에 새로 나며, 꼬리는 흔적만 남아 있음. 삼림 지대에서 풀이나 열매 따위를 먹고 사는데 4~5월에 1~3마리의 새끼를 낳음. 한국, 아무르, 중국, 유럽 등지에 분포함.

　⑩ 놀겡이가 콩밭을 다 조진다.

**놀겡이오짐**(여량면, 남면, 북평면, 화암면)

　[표] 명 노루오줌 ⊕ 〈식물〉 범의귓과의 여러해살이풀. 줄기는 높이가 30~70cm이고 긴 갈색 털이 있으며, 잎은 어긋나고 2~5회 세 갈래로 갈라짐. 7~8월에 분홍색의 잔꽃이 원추(圓錐) 화서로 줄기 끝에 피고 열매는 삭과(蒴果)를 맺음. 어린순은 식용하고 식물 전체는 약용함. 산에 자라는데 우리나라 각지와 일본, 중국 등지에 분포.

　⑩ 놀겡이오짐은 찌린내가 심하다.

**놀고먹다**(정선읍, 여량면, 북평면, 화암면), **골고먹다**(신동읍)

　[표] 동 놀려먹다 ⊕ 재미 삼아 함부로 놀림.

　⑩ 여럿이서 하나를 놀고먹다.

**놀구있다**(정선읍), **깨춤추다**(여량면, 남면), **까불어치다**(화암면)

　[표] 동 까불다 ⊕ 1. 위아래로 흔들림. 또는 그렇게 함. 2. 가볍고 조심성 없이 함부로 행동함. 3. 건방지고 주제넘게 굶.

　⑩ 나이값도 못하고 깨춤을 추고 있네.

**놀래다**(여량면, 화암면), **까무라치다**(임계면), **놀래노자다**(신동읍)

　[표] 동 놀라다 ⊕ 1. 뜻밖의 일이나 무서움에 가슴이 두근거림. 2. 뛰어나거나 신기한 것을 보고 매우 감동함. 3. 어처구니가 없거나 기가 막힘.

　⑩ 지렁이를 보고 깜짝 놀랬다.

**놀래미**(여량면, 신동읍, 화암면), **놀갱**(남면)

　[표] 명 놀래기 ⊕ 〈동물〉 놀래깃과의 바닷물고기. 몸의 길이는 20cm 정도로 새끼와 암컷의 가슴지느러미에

는 검은 얼룩무늬가 있고, 수컷의 등 지느러미에는 어두운 갈색의 얼룩무늬가 있음. 모래 속에서 잠을 자며 겨울에는 동면함. 한국, 일본, 필리핀 등지에 분포함.

㉠ 놀래미 낚시하러 가자.

**놀부보**(정선읍), **놀부심보**(남면, 화암면)

[표] 圐 욕심(欲心/慾心) 㴭 분수에 넘치게 무엇을 탐내거나 누리고자 하는 마음.

㉠ 그눔 참 놀부심보 같다.

**놋그륵**(정선읍, 여량면, 북평면, 임계면, 화암면), **놋글씨**(임계면)

[표] 圐 놋그릇 㴭 놋쇠로 만든 그릇.

㉠ 놋그륵이 비싸다.

**놋날같이**(여량면, 남면)

[표] 몀 노드리듯 㴭 노끈을 드리운 듯 빗발이 굵고 곧게 뻗치며 죽죽 내리 쏟아지는 모양.

㉠ 쏘내기가 놋날같이 드리 퍼붓는다.

**놋남비**(정선읍), **놋식기**(신동읍)

[표] 圐 놋냄비 㴭 놋쇠로 만든 냄비.

㉠ 라면을 끓일려면 놋남비에다 끄려라.

**놋절가지**(정선읍, 여량면, 북평면, 신동읍, 화암면)

[표] 圐 놋젓가락 㴭 놋쇠로 만든 젓가락.

㉠ 1. 놋절가지가 방짜다. 2. 놋절가지 하나만 가지고 와라.

**농**(여량면, 남면)

[표] 圐 장롱(欌籠) 㴭 1. 옷 따위를 넣어 두는 장과 농을 아울러 이르는 말. 2. 자그마하게 만든, 옷 넣는 장.

㉠ 농은 오둥낭구농이 젤이다.

**농고주다**(정선읍, 여량면, 북평면, 임계면), **농가주다**(임계면), **노노주다**(남면), **논궈주다**(임계면), **낭궈주다**(화암면)

[표] 圐 나누어주다 㴭 (어떤 사람이 사물을 다른 사람에게)몫을 지어서 갈라 줌.

㉠ 떡을 참석한 사람들에게 농고주다.

**농깃대**(신동읍)

[표] 圐 농기(農旗) 㴭 〈민속〉 농촌에서 한 마을을 대표하고 상징하는 기. 흰 천에 먹으로 '신농유업'(神農遺業), '농자천하지대본(農者天下之大本)' 따위의 글자를 쓰고, 두렛일을 할 때 풍물을 치며 이 기를 앞세우고 나옴.

㉠ 논에 나갈 때 니가 농깃대 들고 가야 해.

**놓다**(정선읍, 여량면, 남면, 북평면), **까다**(여량면, 화암면)

[표] 圐 낳다 㴭 1. 배 속의 아이, 새끼, 알을 몸 밖으로 내놓음. 2. 어떤 결과를 이루거나 가져옴. 3. 어떤 환경이나 상황의 영향으로 어떤 인물이 나타나도록 함.

㉠ 개가 새끼를 놓다.

**놓쳤다**(정선읍, 북평면), **허치다**(신동읍), **농체다**(화암면)

[표] 圐 놓치다 㴭 1. 잡거나 쥐고 있던 것을 떨어뜨리거나 빠뜨림. 2. 얻거나 가졌던 것을 도로 잃음. 3. 목적하였던 것이나 할 수 있었던 일을 잘못하여 이루지 못함.

㉠ 고기를 잡았다가 놓쳤다.

**뇌두**(여량면, 화암면), **요두**(남면)

[표] 몡 노두 뜻 인삼, 사삼(沙蔘), 도라지, 더덕 따위의 뿌리에서 싹이 나오는 대가리 부분.

예 뇌두를 보니 오래 묵었구만.

**누님**(정선읍, 북평면), **누우**(여량면, 신동읍, 임계면, 화암면)

[표] 몡 누나 뜻 1. 같은 부모에게서 태어난 사이거나 일가친척 가운데 항렬이 같은 사이에서, 남자가 손위 여자를 이르거나 부르는 말. 2. 남남끼리 나이가 적은 남자가 손위 여자를 정답게 이르거나 부르는 말.

예 누우야 잘 가그라.

**누다락**(정선읍)

[표] 몡 다락 뜻 1. 주로 부엌 위에 이층처럼 만들어서 물건을 넣어 두는 곳. 보통 출입구는 방 쪽에 있음. 2. 마룻바닥이 지면보다 높거나, 이 층으로 지은 집.

예 누다락에서 이불 꺼내라.

**누래**(정선읍, 여량면, 북평면, 화암면)

[표] 혱 누렇게 뜻 1. (사물이나 그 빛이)익은 벼나 마른 나뭇잎처럼 약간 탁하고 어둡게 누름. 2. (얼굴이)핏기가 없고 누르께함.

예 얼굴이 떠서 누래.

**눌루다**(정선읍), **누루다**(여량면, 신동읍, 화암면)

[표] 동 누르다 뜻 1. 물체의 전체 면이나 부분에 대하여 힘이나 무게를 가함. 2. 마음대로 행동하지 못하도록 힘이나 규제를 가함. 3. 자신의 감정이나 생각을 밖으로 드러내지 않고 참음.

예 두부를 넘 눌루면 메헤너.

**누루대**(정선읍, 북평면), **누리대**(여량면, 신동읍, 화암면)

[표] 몡 누룩치 뜻 〈식물〉 산형과의 여러해살이풀. 높이는 50~100cm이며, 잎은 깃 모양으로 갈라지고 잎자루가 깊. 여름에 흰 꽃이 복산형 화서로 가지 끝에 피고 열매는 둥근 모양으로 익음. 연한 줄기는 식용함. 깊은 산에 자라는데 우리나라 각지에 분포함.

예 산에 가서 누리대를 잔뜩 뜯었다.

**누루므리하다**(정선읍, 북평면), **누루스룸하다**(여량면, 신동읍, 화암면), **누리꼬리하다**(임계면), **누리끼리하다**(화암면)

[표] 혱 누르스름하다 뜻 조금 누름.

예 1. 보리가 누루므리하다. 2. 베이삭이 누루스룸하다.

**누룽기**(여량면, 북평면, 신동읍), **누렁지**(임계면)

[표] 몡 누룽지 뜻 1. 솥 바닥에 눌어붙은 밥. 2. '눌은밥(솥 바닥에 눌어붙은 밥에 물을 부어 불려서 긁은 밥'의 잘못.

예 가매솥에 누룽기 벅벅 긁어서 맛나게 먹자.

**누룽밥**(정선읍, 여량면, 신동읍, 화암면), **누룽지**(여량면)

[표] 몡 눌은밥 뜻 솥 바닥에 눌어붙은 밥에 물을 부어 불려서 긁은 밥.

예 가매솥에 누룽지 벅벅 긁어서 미숫가루 해먹자.

**누에고치농사**(정선읍, 북평면, 화암면), **누애농사**(여량면, 신동읍), **고치농새**(신동읍), **누애치기**(임계면)

[표] 몡 누에농사(--農事) 뜻 〈농업〉 누에를 치는 일.

**예** 그 전에는 누애농사가 잘 됐다.

**누에상서리**(정선읍, 북평면, 화암면), **상서리대**(여량면), **누왜실겅**(신동읍)

[표] 명 누에시렁 뜻 〈농업〉 누에 채반을 꽂는 시렁 모양의 틀.

**예** 상서리대 구하기 심들다.

**누왜섶**(정선읍, 신동읍, 화암면)

[표] 명 누에섶 뜻 〈농업〉 누에가 올라 고치를 짓게 하려고 차려 주는 물건. 수지 섶, 판지 섶, 새끼 섶, 나무 섶, 발 섶 따위가 있음.

**예** 누왜섶 쫌 찍어와라.

**누키다**(정선읍, 여량면, 신동읍, 화암면), **뉘키다**(임계면)

[표] 동 누이다 뜻 '누다'의 사동사

**예** 언나 똥을 누키다.

**눈가세**(여량면, 화암면), **눈가셍이**(신동읍, 임계면)

[표] 명 눈가 뜻 눈의 가장자리나 주변.

**예** 눈가세 주름살이 드럽게 만네.

**눈구영**(여량면, 신동읍, 화암면)

[표] 명 눈구멍 뜻 1. 눈알이 박혀 있는 구멍. 2. '눈'을 속되게 이르는 말.

**예** 눈구영으로 보면 안다.

**눈까리**(정선읍, 북평면, 화암면), **눈깔이**(정선읍, 신동읍), **눈구영**(여량면)

[표] 명 눈 뜻 1. 빛의 자극을 받아 물체를 볼 수 있는 감각 기관. 척추동물의 경우 안구·시각 신경 따위로 되어 있어, 외계에서 들어온 빛은 각막·눈동자·수정체를 지나 유리체를 거쳐 망막에 이르는데, 그 사이에 굴광체(屈光體)에 의하여 굴절되어 망막에 상을 맺음. 2. 물체의 존재나 형상을 인식하는 눈의 능력. 3. 사물을 보고 판단하는 힘.

**예** 눈구영 풀렜쓰면 똑바로 봐.

**눈까재비**(정선읍, 화암면), **외눈백이**(여량면)

[표] 명 애꾸 뜻 1. 한쪽이 먼 눈. 2. 한쪽 눈이 먼 사람을 낮잡아 이르는 말.

**예** 외눈백이래도 볼 건 다본다.

**눈깔이**(여량면, 북평면), **눈싹**(신동읍)

[표] 명 눈 뜻 〈식물〉 새로 막 터져 돋아나려는 초목의 싹. 꽃눈, 잎눈 따위임.

**예** 묘목에 눈깔이 뾰름하게 튄다.

**눈깔이새빨개지다**(정선읍, 여량면, 북평면, 남면, 화암면)

[표] 명 욕심내다(欲心--) 뜻 '욕심나다(분수에 넘치게 무엇을 탐내거나 누리고자 하는 마음이 생김)'의 사동사.

**예** 한 개래도 더 가질래고 눈깔이새빨개지다.

**눈꺼푸리**(정선읍, 여량면, 북평면, 신동읍, 화암면), **눈까풀**(임계면)

[표] 명 눈꺼풀 뜻 눈알을 덮는, 위아래로 움직이는 살갗.

**예** 눈꺼푸리가 거불거린다.

**눈꼬리사무룹다**(정선읍), **눈꼴사납다**(여량면, 화암면), **눈허리시다**(신동읍)

[표] 형 눈꼴시다 뜻 하는 짓이 거슬리어 보기에 아니꼬움.

**예** 해는 짓거리가 눈꼴사납다.

**눈꾀비**(정선읍, 여량면), **눈꼬비**(정선읍, 신동읍, 화암면), **눈껍지**(정선읍), **눈곱자기**(임계면)

[표] 명 눈곱 뜻 1. 눈에서 나오는 진

득진득한 액. 또는 그것이 말라붙은 것. 2. 아주 적거나 작은 것을 비유적으로 이르는 말.
[예] 자고 일어나니 눈꾀비가 나왔다.

**눈동자구**(신동읍)
[표] [명] 눈동자(-瞳子) [뜻] 눈알의 한 가운데에 있는, 빛이 들어가는 부분. 검게 보이며, 빛의 세기에 따라 그 주위를 둘러싸고 있는 홍채로 크기가 조절됨.
[예] 눈동자구가 쌔까맣다.

**눈뜬쇠경**(정선읍, 여량면, 북평면, 화암면), **눈뜬장님**(신동읍)
[표] [명] 당달봉사 [뜻] 겉으로 보기에는 눈이 멀쩡하나 앞을 보지 못하는 눈.
[예] 나는 눈뜬쇠경이나 다름읎다.

**눈뜬쇠경**(정선읍, 여량면, 화암면), **눈뜬봉사**(남면)
[표] [명] 까막눈 [뜻] 1. 글을 읽을 줄 모르는 무식한 사람의 눈. 2. 글을 읽을 줄 모르는 무식한 사람. 3. 어떤 일에 대하여 아무것도 모르는 사람의 눈 또는 그런 사람을 비유적으로 이르는 말.
[예] 나는 눈뜬쇠경이래서 글짜를 못 읽어.

**눈물바다**(정선읍, 화암면)
[표] [명] 울음바다 [뜻] 한자리에 있는 많은 사람이 한꺼번에 울음을 터뜨리어 온통 울음소리로 뒤덮인 상태.
[예] 이산가족 상봉하는 거 보고 눈물바다가 되버렸다.

**눈자우**(여량면, 화암면), **눈자구**(신동읍)
[표] [명] 눈자위 [뜻] 눈알의 언저리.
[예] 눈자우가 왜 그리 허였나.

**눈쭈구룸살**(여량면, 북평면, 신동읍)
[표] [명] 눈살 [뜻] 두 눈썹 사이에 잡히는 주름.
[예] 우리 누는 눈쭈구룸살이 진해.

**눈치코치**(여량면, 신동읍, 화암면)
[표] [명] 눈치 [뜻] 1. 남의 마음을 그때그때 상황으로 미루어 알아내는 것. 2. 속으로 생각하는 바가 겉으로 드러나는 어떤 태도.
[예] 아무데서나 눈치코치 없이 대든다.

**눈텡이**(정선읍, 여량면, 북평면, 신동읍, 화암면)
[표] [명] 눈퉁이 [뜻] 눈두덩의 불룩한 곳을 속되게 이르는 말.
[예] 눈텡이가 밤텡이 됐다.

**눈텡이**(정선읍, 화암면), **눈두뎅이**(여량면, 임계면), **눈두벵이**(신동읍)
[표] [명] 눈두덩 [뜻] 눈언저리의 두두룩한 곳.
[예] 얼매나 울었는지 눈두뎅이가 부었다.

**눌러**(여량면, 남면, 북평면, 화암면)
[표] [부] 내처 [뜻] 1. 어떤 일 끝에 더 나아가. 2. 줄곧 한결같이.
[예] 눌러 하나 더 맹글었다.

**눌러**(정선읍, 여량면, 남면)
[표] [부] 이어 [뜻] 앞의 말이나 행동 따위에 잇대어. 또는 계속하여.
[예] 니도 나간다는데 난도 눌러 따라 갈래.

**눌룸줄**(여량면)
[표] [명] 눌림줄 [뜻] 〈수공〉 베틀에서, 눌림대에 걸어 베틀다리에 매는 끈.
[예] 눌룸줄 잘 매라.

**눌리키다**(여량면, 신동읍, 북평면, 화암면)
[표] 图 눌리다 图 '누르다'의 피동사.
예 자 한테도 눌리키고 한심하다.

**뉘**(정선읍, 여량면, 화암면), **누기**(신동읍),
**누**(임계면)
[표] 때 누구 图 1. 잘 모르는 사람을
가리키는 인칭 대명사. 2. 특정한 사람
이 아닌 막연한 사람을 가리키는 인칭
대명사. 3. 가리키는 대상을 군이 밝혀
서 말하지 않을 때 쓰는 인칭 대명사.
예 거기 뉘시오.

**느**(여량면, 화암면)
[표] 图 는 图 1. 어떤 대상이 다른 것
과 대조됨을 나타내는 보조사. 2. 문
장 속에서 어떤 대상이 화제임을 나타
내는 보조사. 3. 강조의 뜻을 나타내
는 보조사.
예 느집에는 차 읎지?

**느낌페**(여량면, 북평면)
[표] 图 느낌표(--標) 图 〈언어〉 문장
부호의 하나. '!'의 이름. 감탄문이나
감탄사의 끝에 쓰거나, 어구, 평서문,
명령문, 청유문에 특별히 강한 느낌을
나타낼 때, 물음의 말로 놀람이나 항의
의 뜻을 나타낼 때, 감정을 넣어 대답하
거나 다른 사람을 부를 때 씀.
예 느낌페를 마지막에 찍어라.

**느라구**(정선읍, 여량면, 북평면, 화암면)
[표] 图 느라고 图 1. 앞 절의 사태가
뒤 절의 사태에 목적이나 원인이 됨을
나타내는 연결 어미. 2. '-노라고'의
잘못.
예 밭에서 과수원에서 일 해느라구 늦
었나?

**느라문**(정선읍, 북평면)
[표] 图 노라면 图 '하다가 보면'의 뜻
을 나타내는 연결 어미.
예 가치 걸어가느라문 음청 어색해.

**느레터지다**(여량면, 신동읍, 임계면, 화암면)
[표] 图 느리다 图 1. 어떤 동작을 하
는 데 걸리는 시간이 긺. 2. 어떤 일이
이루어지는 과정이나 기간이 긺. 3.
기세나 형세가 약하거나 밋밋함.
예 빠릿빠릿 못하고 천성이 느레터
지다.

**느룻망아지**(정선읍), **겔러터지다**(여량면,
화암면), **길러터지다**(남면), **게을러터졌
다**(임계면), **게을러빠지다**(임계면)
[표] 图 게으르다 图 행동이 느리고
움직이거나 일하기를 싫어하는 성미
나 버릇이 있음.
예 1. 저놈의 인간은 겔러터져서 입
에 풀칠이라도 하겠니? 2. 증말
게을러터졌다.

**느릉국**(정선읍), **막국시**(여량면, 신동읍,
화암면)
[표] 图 막국수 图 겉껍질만 벗겨 낸
거친 메밀가루로 굵게 뽑아 만든 거무
스름한 빛깔의 국수.
예 막국시 한 그륵 시원하게 먹었다.

**느물떡거리다**(여량면, 북평면)
[표] 图 느물거리다 图 말이나 행동을
자꾸 능글맞게 함.
예 저 사람은 해는 짓이 느물떡거리다.

**느이**(여량면, 화암면), **너이**(여량면, 북평면)
[표] 쾐 네 图 그 수량이 넷임을 나타
내는 말.
예 사람이 너이서 걸어간다.

**느즉**(정선읍, 화암면), **는정는정**(남면)

[표] 🔢 는적는적 🌀 물체가 힘없이 자꾸 축 처지거나 물러지는 모양.

예 도토리묵이 느즉하다.

**느티낭구**(정선읍, 여량면, 화암면), **괴목**(임계면)

[표] 🅟 느티나무 🌀 〈식물〉 느릅나뭇과의 낙엽 활엽 교목. 높이는 20~30m이며, 잎은 어긋나고 타원형 또는 달걀꼴이며, 가장자리에 톱니가 있음. 굵은 가지가 갈라지고 회갈색의 나무 껍질이 비늘처럼 갈라짐. 5월에 푸른색을 띤 누런 꽃이 피고 열매는 작고 동글납작한 핵과(核果)로 10월에 익음. 어린잎은 식용하고 나무는 건축재, 가구재, 선박용으로 씀. 촌락 부근의 산기슭이나 골짜기에 자라는데 한국, 시베리아, 일본 등지에 분포함.

예 느티낭구 아래서 쉬자.

**늑대꼬리**(정선읍, 북평면, 화암면), **늑대꼬렝이**(정선읍)

[표] 🅟 수크령 🌀 〈식물〉 볏과의 여러해살이풀. 높이는 30~80cm이며, 잎은 빳빳하고 좁은 선 모양임. 9월에 검은 자주색 이삭이 잎 사이에서 나오는데 가시랭이와 털이 빽빽함. 들이나 양지바른 곳에서 저절로 나는데 아시아 온대에서 열대까지 널리 분포함.

예 이 풀이 늑대꼬렝이인가 모르겠네.

**늑동내기**(정선읍, 여량면, 남면, 북평면, 화암면)

[표] 🅟 넉동내기 🌀 〈민속〉 넉동을 내도록 정한 윷놀이.

예 이번 판에 우리가 늑동 먼저 났다.

**는다문서**(정선읍, 북평면, 신동읍, 화암면), **는다민서**(여량면)

[표] 🅔 –는다면서 🌀 해할 자리에 쓰여, 들어서 아는 사실을 확인하여 물을 때 쓰는 종결 어미. 흔히 다짐을 받거나 빈정거리는 뜻이 섞여 있음.

예 술을 잘 먹는다민서.

**는카니**(정선읍, 북평면), **는커니**(여량면)

[표] 🔣 는커녕 🌀 앞말을 지정하여 어떤 사실을 부정하는 뜻을 강조하는 보조사. 보조사 '는'에 보조사 '커녕'이 결합한 말임.

예 주기는커니 되레 빼앗겼다.

**늘근이**(정선읍, 북평면, 화암면), **늘거바리**(여량면), **늘꺽대기**(여량면), **늘꺽다리**(여량면), **꼰대**(남면)

[표] 🅟 늙은이 🌀 나이가 많아 중년이 지난 사람.

예 저 늘꺽다리가 또 온다.

**늘배**(신동읍)

[표] 🅟 배 🌀 배나무의 열매.

예 늘배는 과일 중 젤 물이 많다.

**늘상**(정선읍, 남면, 북평면, 화암면), **장근**(여량면)

[표] 🅟 늘 🌀 계속하여 언제나.

예 그 사람은 장근 놀러간다.

**늘코먹다**(정선읍, 여량면, 남면, 북평면, 화암면)

[표] 🅟 늘려먹다 🌀 늘려서 먹음.

예 사람이 많아 물을 마이 부어 늘코먹었다.

**늘쿠다**(정선읍, 여량면, 북평면, 임계면, 화암면), **늘구다**(남면)

[표] 🅟 늘리다 🌀 1. 물체의 넓이, 부

피 따위를 본디보다 커지게 함. 2. '늘
다'의 사동사.

(예) 엿가락을 질게 늘쿠니까 끈게지
잔아.

**늘크네하다**(정선읍, 북평면, 신동읍)

[표] 형 느른하다 뜻 1. 맥이 풀리거
나 고단하여 몹시 기운이 없음. 2. 힘
이 없이 부드러움.

(예) 심을 썼드니 인재 늘크네하다.

**늙으수레하다**(여량면, 화암면), **늘스레하
다**(남면)

[표] 형 늙수그레하다 뜻 꽤 늙어 보임.

(예) 젊은 사람이 늙으수레하게 보인다.

**늠어스다**(여량면, 화암면)

[표] 동 넘어서다 뜻 1. 높은 부분의
위를 넘어서 지남. 2. 경계가 되는 일
정한 장소를 넘어서 지남. 3. 일정한
기준이나 한계 따위를 넘어서 벗어남.

(예) 목표를 늠어스다.

**능개비**(정선읍, 여량면), **이슬비**(정선읍),
**능개**(신동읍)

[표] 명 는개 뜻 안개비보다는 조금
굵고 이슬비보다는 가는 비.

(예) 능개비가 치적치적 온다.

**능쇄**(임계면)

[표] 명 능소니 뜻 곰의 새끼.

(예) 능쇄 한마리라도 니는 잡아 봤어.

**능젱이**(정선읍, 여량면, 신동읍, 화암면)

[표] 명 명아주 뜻 1. 〈식물〉 명아줏
과(科)에 속한 한해살이풀. 2. 명아
줏과(科)에 속한 식물을 통틀어 이르
는 말.

(예) 밭에 능젱이 쫌 매라.

**늦가실**(여량면, 남면)

[표] 명 늦가을 뜻 늦은 가을. 주로 음
력 9월을 이름.

(예) 올 늦가실에 장게간다네.

**늦뎅이**(정선읍, 여량면, 북평면), **늦동이**
(남면)

[표] 명 늦둥이 뜻 1. 나이가 많이 들
어서 낳은 자식. 2. 당찬 기운이 없이
어리석은 사람.

(예) 나이 오십에 늦뎅이를 봤다.

**늦저울**(여량면, 남면)

[표] 명 늦겨울 뜻 늦은 겨울. 주로 음
력 12월을 이름.

(예) 늦저울 추우가 음청나다.

**늦처녀**(정선읍, 북평면, 화암면)

[표] 명 노처녀(老處女) 뜻 혼인할 시
기를 넘긴 나이 많은 여자.

(예) 늦처녀가 시집 못가 안달이 난다.

**늫다**(정선읍, 북평면, 화암면)

[표] 동 넣다 뜻 1. 한정된 공간 속으
로 들게 함. 2. 다른 것에 섞거나 탐.
3. 어떤 범위 안에 들어 있게 함.

(예) 이번에는 자를 우리 편에 늫기 어때.

**니나놀이판**(정선읍), **니나노판**(여량면, 신
동읍, 화암면)

[표] 명 놀이판 뜻 놀음놀이를 하고
있는 자리.

(예) 니나노판 놀기 좋다.

**니나돌이**(정선읍, 여량면, 화암면), **니나
노끈**(신동읍)

[표] 명 놀이꾼 뜻 1. 놀음놀이를 하
는 사람. 2. 놀러 다니는 사람.

(예) 여는 마커 니나돌이지 뭐.

**니년**(여량면, 남면, 북평면, 화암면)

[표] 대 네년 뜻 듣는 이가 여자일 때,

그 사람을 낮잡아 이르는 이인칭 대명
사. 주로 맞대해서 욕할 때 씀.
(예) 니년이 문저 살재고 옆구리 콕콕
찔렀지.

**니늠**(정선읍, 남면), **너눔**(정선읍), **니눔**
(여량면, 화암면)

[표] 데 네놈 (뜻) 듣는 이가 남자일 때,
그 사람을 낮잡아 이르는 이인칭 대명
사. 주로 맞대해서 욕할 때 씀.
(예) 니눔이 가면 어데를 가나.

**니도**(정선읍, 여량면, 남면, 북평면, 화암면)

[표] 데 너도 (뜻) 듣는 이가 손아랫사
람이나 친한 사람일 때, 그 사람을 가
리키는 말.
(예) 니도 이제부터 내하고 놀자.

**니도나도**(정선읍, 남면, 화암면), **니도내
도**(여량면)

[표] 데 너도나도 (뜻) 서로 뒤지거나
빠지지 않으려고 모두.
(예) 니도내도 우린 한펜이야.

**니맛도내맛도없다**(정선읍, 화암면), **니맛
두내맛두읎다**(여량면), **니맛두내마두없
다.**(신동읍)

[표] 형 맛없다 (뜻) 1. 음식의 맛이 나
지 아니하거나 좋지 아니함. 2. 재미
나 흥미가 없음. 3. 하는 짓이 싱거움.
(예) 니맛도내맛도 읎으니 무맛이다.

**니미**(정선읍, 여량면, 화암면), **니기미**(정
선읍, 여량면, 남면)

[표] 감 네미 (뜻) 어떤 일에 대하여 몹
시 못마땅할 때 욕으로 하는 말.
(예) 니기미 씨부랄 확 돌겠네.

**니팔뚝굴따**(정선읍, 여량면, 북평면), **깨
꼴나다**(정선읍), **니똥굴따**(정선읍, 남면)

[표] 형 잘나다 (뜻) 1. 얼굴이 잘생기
거나 예쁨. 2. 똑똑하고 뛰어남. 3. (반
어적으로) 변변치 못하거나 대수롭지
아니함.
(예) 그래 알았어 니 팔뚝 굴따.

**닉겝지**(정선읍, 북평면), **티겁지**(여량면,
화암면), **니게비**(남면)

[표] 명 너겁 (뜻) 1. 괴어 있는 물에 함
께 몰려서 떠 있는 지푸라기, 티끌 따
위의 검불. 또는 덕지덕지 앉은 때. 2.
물가에 흙이 패어서 드러난 풀이나 나
무뿌리.
(예) 물에 티겁지가 많다.

# ㄷ

**다다한거**(정선읍, 여량면, 화암면), **달콩한거**(정선읍, 북평면), **달달한그**(남면)

　[표] 몡 단것 뜻 설탕류, 과자류 따위의 맛이 단 음식물.

　옝 뭐 다다한거 없나?

**다뎀이돌**(여량면, 화암면), **빨랫돌**(남면)

　[표] 몡 다듬잇돌 뜻 다듬이질을 할 때 밑에 받치는 돌.

　옝 다뎀이돌 소리가 경쾌하다.

**다라붙다**(정선읍, 북평면), **달러붙다**(여량면, 남면, 화암면)

　[표] 동 달라붙다 뜻 1. 끈기 있게 찰싹 붙음. 2. 한곳에 머물러 자리를 뜨지 않음. 3. 어떤 일에 매우 열중함.

　옝 여자가 달러붙으니까 마이 조타.

**다람낭구**(여량면, 남면)

　[표] 몡 다릅나무 뜻 〈식물〉 콩과의 낙엽 활엽 교목. 높이는 15미터 정도이며, 잎은 어긋나고 우상 복엽임. 여름에 나비 모양의 흰 꽃이 원추(圓錐)화서 또는 총상(總狀) 화서로 피고 열매는 협과(莢果)로 10월에 익음. 목재는 기구, 농구, 땔감으로 쓰고 껍질은 물감의 원료와 섬유용으로 씀. 야산이나 높은 산에서 자라는데 한국, 중국,

일본 등지에 분포함.

　옝 다람낭구가 귀하다.

**다레끼**(정선읍, 여량면, 남면, 화암면)

　[표] 몡 다래끼 뜻 1. 아가리가 좁고 바닥이 넓은 바구니. 대, 싸리, 칡덩굴 따위로 만듦. 2. 물건을 '1.'에 담아 그 분량을 세는 단위.

　옝 홍시를 다레끼에 담을 때는 조심해야 돼.

**다렘이**(여량면, 북평면), **다람주**(남면)

　[표] 몡 다람쥐 뜻 1. 쥐목의 다람쥐류를 통틀어 이르는 말. 2. 다람쥣과의 포유류. 몸의 길이는 12~15cm임. 몸은 붉은 갈색이고 아래쪽은 흰색, 배는 담색이며 등에 다섯 개의 검은 줄이 있음. 꼬리가 굵고 입에는 볼주머니가 있으며 나무를 잘 탐. 겨울에는 나무 구멍이나 땅속에 굴을 파고 동면하는데 한국, 중국, 일본, 시베리아 등지에 분포함.

　옝 다렘이 새끼가 재주부린다.

**다를바없다**(정선읍), **진배없다**(여량면, 남면), **진배엄따**(여량면)

　[표] 혱 진배없다 뜻 그보다 못하거나 다를 것이 없음.

예 먹은거나 진배엄따.

**다리깨이**(정선읍, 북평면), **달구라지통**(여량면, 남면), **달구통**(임계면)
[표] 몡 다리통 뜻 다리의 둘레. 주로 아랫다리에서 정강이와 장딴지 부분의 둘레를 이름.
예 달구라지통이 크다.

**다리뻬**(정선읍, 여량면, 남면, 화암면), **달구리뻬**(여량면), **다리뻬**(임계면)
[표] 몡 다리뼈 뜻 〈의학〉 다리를 이루는 뼈. 넙다리뼈, 정강이뼈, 종아리뼈가 있음.
예 다리뻬가 뚝 부러지다.

**다리싸움**(정선읍, 북평면), **달구싸움**(여량면), **다리껭이싸움**(남면)
[표] 몡 다리씨름 뜻 놀이의 하나. 두 사람이 마주 앉아서 같은 쪽 다리의 정강이 안쪽을 서로 걸어 대고 상대편을 옆으로 넘김.
예 자들은 모이면 달구싸움만 한다.

**다문**(정선읍, 남면, 화암면), **담은**(여량면, 북평면)
[표] 뷔 다만 뜻 1. 다른 것이 아니라 오로지. 2. 그 이상은 아니지만 그 정도는. 3. 앞의 말을 받아 예외적인 사항이나 조건을 덧붙일 때 그 말머리에 쓰는 말.
예 이번에 담은 얼마라도 갚아라.

**다민**(정선읍), **다문서**(화암면)
[표] 어 -다면 뜻 어떠한 사실을 가정하여 조건으로 삼는 뜻을 나타내는 연결 어미.
예 술 안 먹구 공부 열심히 한다문서.

**다부룩하다**(정선읍, 여량면, 남면)
[표] 혱 다보록하다 뜻 1. 풀이나 작은 나무 따위가 탐스럽게 소복함. 2. 수염이나 머리털 따위가 짧고 촘촘하게 많이 나서 소담함.
예 소낭구가 다부룩하다.

**다북솔**(정선읍, 여량면, 남면, 북평면, 화암면)
[표] 몡 다복솔 뜻 〈식물〉 가지가 탐스럽고 소복하게 많이 퍼진 어린 소나무.
예 다북솔이 실하다.

**다서**(여량면, 남면, 북평면, 화암면)
[표] 쥐 관 다섯 뜻 넷에 하나를 더한 수. 또는 그런 수의.
예 우리는 아가 다서시오.

**다시미역**(정선읍)
[표] 몡 쇠미역 뜻 〈식물〉 '쇠미역사촌'의 전 용어.
예 다시미역 쫌 사와 쌈 싸먹게.

**다홍초마**(정선읍, 화암면), **다홍치매**(여량면, 남면, 임계면)
[표] 몡 다홍치마(-紅--) 뜻 1. 짙고 산뜻한 붉은빛 치마. 2. 위의 절반은 희고, 아래의 절반은 붉게 칠한 연.
예 기왕이면 다홍치매.

**단낭구**(여량면, 남면, 북평면, 화암면)
[표] 몡 단나무 뜻 단으로 묶은 땔나무.
예 단낭구 한짐 해왔다.

**단배차**(정선읍, 화암면), **곰보배차**(여량면)
[표] 몡 뱀차즈기 뜻 〈식물〉 꿀풀과의 두해살이풀. 높이는 80cm이고, 줄기는 네모지며 잔털이 많음. 겨울에 근생엽이 많이 뭉쳐나는데 꽃이 필 때 없어지고 경엽은 마주남. 5~7월에 연

한 자주색 꽃이 총상(總狀) 화서로 피고, 열매는 수과(瘦果)임. 관상용으로 재배함.

⑩ 곰보배차는 약용으로 심는다.

**단오볌**(남면)

[표] 圐 단오빔(端午-) 뜻 〈민속〉 단오에 나쁜 귀신을 없앤다는 뜻에서 행하던 여자들의 치장. 창포물로 머리를 감고 얼굴을 씻으며 푸른 새 옷을 입고 창포 뿌리로 만든 비녀를 꽂았음.

⑩ 예전에 단옷날이면 단오볌을 입곤 했다.

**단촐하다**(정선읍, 여량면, 남면, 임계면, 화암면)

[표] 혱 단출하다 뜻 1. 식구나 구성원이 많지 않아서 홀가분함. 2. 일이나 차림차림이 간편함.

⑩ 식구가 단출하다.

**단추구녕**(정선읍, 여량면, 화암면)

[표] 圐 단춧구멍 뜻 1. 단추를 끼우기 위해 옷 따위에 뚫은 구멍. 2. 옷 따위에 실을 꿰어 달기 위하여 단추에 뚫은 구멍.

⑩ 단추구녕이 잘 안보인다.

**단판내기**(정선읍, 여량면, 북평면), **한판내기**(남면)

[표] 圐 단판걸이(單---) 뜻 단 한 판에 승부를 내는 일.

⑩ 단판내기 장기를 두다.

**단풍낭구**(정선읍, 여량면, 북평면, 화암면)

[표] 圐 단풍나무(丹楓--) 뜻 1. 단풍나뭇과의 나무를 통틀어 이르는 말. 2. 단풍나뭇과의 낙엽 활엽 교목. 높이는 10미터 정도이며, 잎은 손바닥 모양으로 깊이 갈라짐. 4~5월에 작고 검붉은 꽃이 산방(織房) 화서로 가지 끝에 피고 열매는 시과(翅果)로 10월에 맺음. 땔감으로 쓰고 관상용으로 재배함. 골짜기에서 자라는데 경기, 경상, 전라, 제주 등지에 분포함.

⑩ 단풍낭구가 벌겋게 물들다.

**닫기다**(정선읍, 여량면, 남면)

[표] 圐 닫히다 뜻 '닫다'의 피동사.

⑩ 바람이 불어서 문이 닫기다.

**달게들다**(정선읍, 화암면), **달개들다**(여량면, 신동읍, 임계면), **대들다**(여량면)

[표] 圐 달려들다 뜻 1. 사나운 기세로 무섭게 다가듦. 2. 갑자기 달려와 안기거나 매달림. 3. 어떠한 일에 적극적으로 다가가 임함.

⑩ 개새끼가 자꾸만 달게들어서 못 들어 갔어.

**달게새끼**(정선읍, 북평면), **달구새끼**(여량면, 남면, 화암면), **달구**(임계면), **마당새**(임계면)

[표] 圐 닭 뜻 〈동물〉 꿩과의 새. 머리에 붉은 볏이 있고 날개는 퇴화하여 잘 날지 못하며 다리는 튼튼함. 육용과 난용으로 육종된 수많은 품종이 있으며, 가금으로 가장 많이 사육함. 원종은 인도, 말레이시아 등지의 들꿩임.

⑩ 달구새끼가 땅을 파뒤진다.

**달구다**(정선읍, 여량면, 북평면, 남면), **빠달구다**(정선읍, 남면)

[표] 圐 쫓다 뜻 1. 어떤 대상을 잡거나 만나기 위하여 뒤를 급히 따름. 2. 어떤 자리에서 떠나도록 몰음. 3. 밀려드는 졸음이나 잡념 따위를 물리침.

⑩ 저 사람을 달구어 잡아라.

**달구라지**(여량면, 북평면), **다리껭이**(여량면, 남면), **다리몽뎅이**(여량면, 화암면), **달구빼기**(임계면)

[표] 몡 다리 ㈜ 1. 사람이나 동물의 몸통 아래 붙어 있는 신체의 부분. 서고 걷고 뛰는 일 따위를 맡아 함. 2. 물체의 아래쪽에 붙어서 그 물체를 받치거나 직접 땅에 닿지 아니하게 하거나 높이 있도록 버티어 놓은 부분. 3. 오징어나 문어 따위의 동물의 머리에 여러 개 달려 있어, 헤엄을 치거나 먹이를 잡거나 촉각을 가지는 기관. 4. 안경의 테에 붙어서 귀에 걸게 된 부분.

⑩ 잘못하면 다리몽뎅이 뿌러진다.

**달구우리**(정선읍, 화암면), **달구장**(정선읍), **달구장**(여량면, 남면, 임계면)

[표] 몡 닭장(-欌) ㈜ 닭을 가두어 두는 장.

⑩ 달구장에 달구새끼가 많다.

**달구키다**(정선읍, 여량면, 북평면), **쫓기키다**(정선읍)

[표] 동 쫓기다 ㈜ 1. '쫓다'의 피동사. 2. 일에 몹시 몰려 지냄. 3. 어떤 두려움으로 마음이 불안한 상태에 놓임.

⑩ 사괴 따먹다 쥔한테 껄래서 달구키다.

**달그고집**(정선읍, 북평면), **달구고집패기**(여량면), **달구고집**(남면, 화암면)

[표] 몡 닭고집(-固執) ㈜ 고집이 센 사람을 놀림조로 이르는 말.

⑩ 가는 여간 달구고집이 아니다.

**달그똥풀**(정선읍, 화암면), **해던나똥풀**(여량면)

[표] 몡 애기똥풀 ㈜ 양귀비과의 두해살이풀. 높이는 30~80cm이며, 자르면 노란색의 유액이 나옴. 잎은 어긋나고 무 잎과 비슷하며 아랫면은 분처럼 흼. 5~8월에 노란 꽃이 산형(繖形)화서로 잎겨드랑이에서 피고 열매는 삭과(蒴果)임. 마취와 진정 작용이 있어 약용함. 들이나 길가에서 흔히 자라는데 동아시아 지역에 널리 분포함.

⑩ 앞밭에 달그똥풀이 많아 큰일이야.

**달그므리하다**(정선읍, 화암면), **들쯔그니하다**(정선읍), **달그무레하다**(여량면), **탈크루레하다**(남면)

[표] 형 달큼하다 ㈜ 감칠맛이 있게 꽤 닮.

⑩ 무꾸가 달그무레하다.

**달달하다**(정선읍, 임계면), **다다하다**(여량면, 남면)

[표] 형 달다 ㈜ 1. 꿀이나 설탕의 맛과 같음. 2. 입맛이 당기도록 맛이 있음. 3. 흡족하여 기분이 좋음.

⑩ 사탕이 다다하다.

**달뎅이**(여량면, 화암면), **달등거리**(남면)

[표] 몡 달 ㈜ 1. 〈천문〉 지구의 위성(衛星). 햇빛을 반사하여 밤에 밝은 빛을 냄. 표면에 많은 분화구가 있으며 대기는 없음. 공전 주기는 27.32일, 반지름은 1,738km임. 2. 달에서 비쳐 오는 빛. 3. 한 해를 열둘로 나눈 것 가운데 하나의 기간. 한 달은 양력으로는 30일 또는 31일이고, 음력으로는 29일 또는 30일임.

⑩ 보름이라 달뎅이가 음청 크다.

**달동네**(정선읍, 여량면, 북평면, 신동읍,

ㄷ

화암면)

[표] 명 빈촌(貧村) 뜻 가난한 사람들이 사는 마을.

예 말도 마시오, 이제는 이 동네가 달동네가 다 됐다우.

**달롱**(정선읍, 여량면, 화암면)

[표] 명 달래 뜻 〈식물〉 백합과의 여러해살이풀. 높이는 20~50cm이고 땅속에 둥근 모양의 흰 비늘줄기가 있으며, 잎은 긴 대롱 모양임. 4월에 잎보다 짧은 꽃줄기 끝에 자주색 꽃이 한두 송이 피고 열매는 수과(瘦果)로 7월에 익음. 파와 같은 냄새가 나고 매운맛이 있으며 식용함. 숲 속이나 들에서 자라는데 한국, 일본, 중국 동북부 등지에 분포함.

예 봄이면 달롱 캐러 들에 간다.

**달머리**(정선읍, 북평면, 신동읍), **달집**(여량면)

[표] 명 달무리 뜻 달 언저리에 둥그렇게 생기는 구름 같은 허연 테.

예 달머리 스면 비온다.

**달벵**(정선읍), **달병**(정선읍), **노랑병**(여량면, 남면)

[표] 명 황달(黃疸) 뜻 〈한의학〉 담즙이 원활하게 흐르지 못하여 온몸과 눈 따위가 누렇게 되는 병. 온몸이 노곤하고 입맛이 없으며 몸이 여위게 됨.

예 옆집 아가 달벵으로 며칠 고생하네.

**달지그네하다**(정선읍), **달지근하다**(여량면, 남면)

[표] 형 달착지근하다 뜻 약간 달콤한 맛이 있음. '달짝지근하다'보다 거센 느낌을 줌.

예 딸기가 달지근하다.

**달펭이**(정선읍, 여량면, 남면, 북평면)

[표] 명 달팽이 뜻 1. 연체동물문 달팽잇과의 동물을 통틀어 이르는 말. 2. 달팽잇과의 하나. 우렁이와 비슷한데 네 개의 가로무늬가 있고 등에는 나선형의 껍데기가 있으며, 두 더듬이와 눈이 있음. 살에는 점액이 있고 난생이며 암수한몸임. 논밭의 돌 밑, 풀숲에 사는데 가장 흔한 종으로 한국, 일본 등지에 분포함.

예 달펭이가 집을 이고 간다.

**닭살**(정선읍, 화암면), **소룸**(여량면, 남면)

[표] 명 소름 뜻 춥거나 무섭거나 징그러울 때 살갗이 오그라들며 겉에 좁쌀 같은 것이 도톨도톨하게 돋는 것.

예 팔둑에 소룸이 꽉 끼치네.

**닭알**(정선읍, 임계면), **겨란**(여량면, 북평면, 화암면), **달기알**(남면)

[표] 명 달걀 뜻 닭이 낳은 알. 알껍데기, 노른자, 흰자 따위로 이루어져 있음.

예 달구가 겨란을 낳았다.

**담박**(정선읍, 여량면, 임계면, 화암면), **대벅**(정선읍), **댐박**(남면)

[표] 명 단박 뜻 그 자리에서 바로를 이르는 말.

예 1. 담박 가서 결판을 내. 2. 댐박에 끝내줘.

**담배값**(남면, 화암면)

[표] 명 급행요금(急行料金) 뜻 1. 급행열차에 부가하는 일반 요금 외의 부가 요금. 2. 일을 빨리 처리해 달라는 뜻에서 비공식적으로 담당자에게 건네주는 돈.

⑨ 담배값이라도 줄테니 빨리 가주시오.

**담배쌤지**(여량면, 남면)

[표] 몡 담배쌈지 뜻 살담배나 잎담배를 넣고 다니는 주머니. 종이, 헝겊, 가죽 따위로 만듦.

⑨ 담배쌤지가 멋있다.

**담베름빡**(정선읍, 화암면), **담베락**(여량면), **담베락빡**(남면)

[표] 몡 담벼락 뜻 1. 담이나 벽의 표면. 2. 담이나 벽 따위를 통틀어 이르는 말. 3. 아주 미련하여 어떤 사물에 대하여 전혀 이해하지 못하는 사람을 비유적으로 이르는 말.

⑨ 담베락에 베짝 붙어 서다.

**당구**(정선읍, 북평면, 신동읍, 화암면), **참당구**(여량면)

[표] 몡 당귀(當歸) 뜻 〈한의학〉 신감채의 뿌리를 한방에서 이르는 말. 보혈 작용이 뛰어나 부인병에 씀.

⑨ 참당구 캐로 가자.

**당구다**(여량면, 화암면)

[표] 동 담그다 뜻 1. 액체 속에 넣음. 2. 김치·술·장·젓갈 따위를 만드는 재료를 버무리거나 물을 부어서, 익거나 삭도록 그릇에 넣어 둠.

⑨ 장딴지에 마늘장아찌를 당구다.

**당구풀**(정선읍, 화암면), **참당구풀**(정선읍)

[표] 몡 승검초(--草) 뜻 산형과의 여러해살이풀.

⑨ 참당구풀을 퇴끼에게 줘도 되나요.

**당나구**(정선읍, 여량면, 신동읍, 화암면), **나구**(임계면)

[표] 몡 당나귀(唐--) 뜻 〈동물〉 말

과의 포유류. 말과 비슷한데 몸은 작고 앞머리의 긴 털이 없으며 귀가 긺. 털빛은 대부분 누런 갈색·잿빛 황색·잿빛 흑색이며, 어깨·다리에 짙은 줄무늬가 있고 허리뼈가 다섯 개임. 병에 대한 저항력이 강하여 부리기에 적당함. 아프리카의 야생종을 가축화한 것으로 전 세계에 분포함.

⑨ 당나구 등에 짐을 실고 간다.

**대가리**(정선읍, 여량면, 화암면), **대갈통**(정선읍), **대가빠리**(여량면, 임계면)

[표] 몡 머리 뜻 1. 사람이나 동물의 목 위의 부분. 눈, 코, 입 따위가 있는 얼굴을 포함하며 머리털이 있는 부분을 이름. 뇌와 중추 신경 따위가 들어 있음. 2. 생각하고 판단하는 능력. 3. 머리에 난 털.

⑨ 대가빠리에 든게 있어야 뭘 알지.

**대가리박치기**(정선읍, 북평면, 화암면), **골방치기**(여량면)

[표] 몡 머리받기 뜻 〈운동〉 '축구에서, 공중으로 떠오른 공을 머리로 받음'의 북한어.

⑨ 내가 골방치기를 한대해니 쭉 뻗드라고.

**대가리치장**(정선읍, 여량면, 신동읍, 화암면), **대가빠리치장**(임계면)

[표] 몡 머리치장(--治粧) 뜻 머리를 곱게 꾸미는 일.

⑨ 맨 대가리치장이네.

**대고갈이**(정선읍, 북평면), **담배꼬갈이**(여량면, 남면)

[표] 몡 담배통(--桶) 뜻 1. 담배설대 아래에 맞추어 담배를 담는 통. 2. 살

담배를 넣어 두는 통.

(예) 담배꼬갈이 쫌 치워라.

**대단하다**(여량면, 화암면), **음청나다**(임계면)

[표] [형] 굉장하다(宏壯--) (뜻) 1. 아주 크고 훌륭하다. 2. 보통 이상으로 대단하다.

(예) 인기가 음청나다.

**대뜨방치기**(여량면, 북평면)

[표] [명] 단방치기(單放--) (뜻) 1. 결말을 내는 마지막의 한 번. 2. 어떤 일을 단 한 번에 해치움.

(예) 대뜨방에 한방치고 나왔다.

**대레미질**(여량면, 임계면), **대림질**(임계면), **대리미질**(남면, 화암면)

[표] [명] 다리미질 (뜻) 다리미로 옷이나 천 따위를 다리는 일.

(예) 바지 대레미질 잘해라.

**대레비나다**(정선읍, 북평면), **씨닥거리다**(여량면), **대리미나다**(남면)

[표] [동] 쓸리다 (뜻) 풀 먹인 옷 따위에 살이 문질려 살갗이 벗어짐.

(예) 살이 씨닥거리니 마이 아프다.

**대룹다**(정선읍, 여량면, 북평면, 신동읍), **대릅다**(정선읍)

[표] [동] 뉘엿거리다 (뜻) 1. 해가 곧 지려고 산이나 지평선 너머로 조금씩 넘어감. 2. 속이 메스꺼워 자꾸 토할 듯함.

(예) 술을 마이 먹어 대룹다.

**대리미**(정선읍, 남면, 북평면, 임계면, 화암면), **대리비**(여량면)

[표] [명] 다리미 (뜻) 옷이나 천 따위의 주름이나 구김을 펴고 줄을 세우는 데 쓰는 도구. 쇠붙이로 만들며 바닥이 판판하고 매끄럽게 되어 있는데, 숯불이나 전기 따위로 바닥을 뜨겁게 달구어 씀.

(예) 대리비로 옷 쫌 대래라.

**대마초**(정선읍, 화암면), **들삼**(여량면)

[표] [명] 돌삼 (뜻) 더덕, 모싯대 따위를 달리 이르는 말.

(예) 저개 들삼이 쌨다.

**대박나다**(정선읍, 남면), **노다지캐다**(여량면)

[표] [동] 횡재하다(橫在--) (뜻) 뜻밖에 재물을 얻음.

(예) 산에 갔다가 산삼 캐서 대박났다.

**대벤**(정선읍, 북평면, 신동읍, 화암면), **응가**(정선읍)

[표] [명] 똥 (뜻) 1. 사람이나 동물이 먹은 음식물을 소화하여 항문으로 내보내는 찌꺼기. 2. 먹물이 말라붙은 찌꺼기. 3. 쇠붙이가 녹았을 때 나오는 찌꺼기.

(예) 바지에 응가 쌌다.

**대장젱이**(정선읍, 여량면, 화암면), **베름젱이**(신동읍)

[표] [명] 대장장이 (뜻) 대장일을 하는 기술직 노동자.

(예) 대장젱이가 베름을 잘한다.

**대접감**(남면)

[표] [명] 고종시(高宗柹) (뜻) 보통 감보다 잘고 씨가 없으며 맛이 단 감.

(예) 우리 할망구는 대접감을 좋아했지.

**대초**(신동읍)

[표] [명] 대추 (뜻) 대추나무의 열매. 모양이 새알 같으며 속에 단단한 씨가 들어 있음. 익으면 껍질이 붉어지며 맛이 닮.

㉕ 대초 고목낭구가 베락을 맞어 죽었다.

**대추방멩이**(정선읍, 여량면, 북평면, 화암면), **대초방멩이**(신동읍)

[표] 몡 대추방망이 뜻 1. 대추나무로 만든 방망이. 2. 단단하고 야무지거나 표독스럽게 생긴 사람을 비유적으로 이르는 말.

㉕ 꼭 대추방멩이 같은 늠이야.

**대포**(정선읍, 북평면, 화암면), **탁배기**(여량면, 신동읍), **또깨비장물**(임계면)

[표] 몡 막걸리 뜻 우리나라 고유한 술의 하나. 맑은술을 떠내지 아니하고 그대로 걸러 짠 술로 빛깔이 흐리고 맛이 텁텁함.

㉕ 주모 탁배기 한잔 주소.

**댄님**(여량면, 북평면)

[표] 몡 대님 뜻 한복에서, 남자들이 바지를 입은 뒤에 그 가랑이의 끝 쪽을 접어서 발목을 졸라매는 끈.

㉕ 한복에 댄님을 잘매야지.

**댄문**(정선읍, 여량면, 북평면)

[표] 몡 대문(大門) 뜻 큰 문. 주로, 한 집의 주가 되는 출입문을 이름.

㉕ 멀리 갈 적에 댄문 꽉꽉 닫고 가거라.

**댕게오다**(정선읍, 여량면, 남면, 임계면, 화암면)

[표] 통 다녀오다 뜻 어느 곳에 갔다가 돌아옴.

㉕ 어데 댕게 오시오?

**더덕짱아찌**(여량면, 화암면), **더덕장쩽이**(신동읍)

[표] 몡 더덕장아찌 뜻 더덕과 쇠고기를 한 조각씩 맞붙여 양념하여 구운 뒤에 간장에 담근 반찬.

㉕ 오늘은 더덕짱아찌 쫌 꺼내 와라.

**더데기**(정선읍, 북평면), **터더바리**(정선읍), **더덕지**(여량면, 신동읍, 임계면)

[표] 몡 더뎅이 뜻 부스럼 딱지나 때 따위가 거듭 붙어서 된 조각.

㉕ 흔데이 터더바리.

**더듬하다**(여량면, 신동읍)

[표] 혱 데퉁하다 뜻 말과 행동이 거칠고 미련함.

㉕ 생긴 것이 더듬하다.

**덕대**(정선읍, 북평면), **대**(여량면), **떡대**(남면, 화암면)

[표] 몡 억대우(-大牛) 뜻 덩치가 매우 크고 힘이 센 소.

㉕ 등치가 떡대 같아.

**덜구**(정선읍, 북평면, 화암면), **달구지**(여량면), **덜구지**(남면)

[표] 몡 달구 뜻 〈건설〉 땅을 단단히 다지는 데 쓰는 기구.

㉕ 주춧돌 놓는데 달구지가 필요하다.

**덤불싸움**(여량면, 남면), **덤불쌈**(여량면)

[표] 몡 패싸움(牌--) 뜻 패를 지어 싸우는 일.

㉕ 아랫동네 웃동네 덤불쌈이 붙었다.

**덤불이**(정선읍, 북평면), **덤부사리**(여량면, 신동읍, 화암면), **덩쿨**(남면)

[표] 몡 덤불 뜻 어수선하게 엉클어진 수풀.

㉕ 덤부사리에는 산새가 마이 있다.

**덤블**(정선읍, 북평면, 화암면), **덩쿨**(여량면)

[표] 몡 덩굴 뜻 〈식물〉 길게 뻗어 나가면서 다른 물건을 감기도 하고 땅바닥에 퍼지기도 하는 식물의 줄기.

**예** 가시덤블 조심해라 자빠진다.

**덧밥**(정선읍, 북평면), **술밥**(여량면, 남면)

[표] 명 지에밥 뜻 찹쌀이나 멥쌀을 물에 불려서 시루에 찐 밥. 약밥이나 인절미를 만들거나 술밑으로 쓰임.

**예** 덧밥 쪄서 질금갈하고 누룩하고 섞어서 단지에 너어라.

**데끼**(정선읍, 여량면, 북평면, 화암면), **대끼**(남면)

[표] 감 예끼 뜻 때릴 듯한 기세로 나무라거나 화가 났을 때 내는 소리. 주로 나이가 비슷한 사람이나 아랫사람에게 씀.

**예** 데끼 이놈 어른들 말씀하시는데 버릇읎이.

**데다보다**(정선읍, 화암면), **디다보다**(여량면), **데더보다**(신동읍)

[표] 동 들여다보다 뜻 1. 밖에서 안을 봄. 2. 가까이서 자세히 살핌. 3. 어디에 들러서 봄.

**예** 유리창으로 집 안을 디다보다.

**데렌님**(정선읍, 화암면), **되렌님**(여량면, 신동읍), **데린님**(임계면)

[표] 명 도련님 뜻 1. '도령'의 높임말. 2. 결혼하지 않은 시동생을 높여 이르거나 부르는 말.

**예** 되렌님 이짝에 와 보세요.

**데루**(여량면, 신동읍, 화암면), **데레**(임계면)

[표] 분 도리어 뜻 예상이나 기대 또는 일반적인 생각과는 반대되거나 다르게.

**예** 데루 날보고 뭐라 그래.

**데루**(정선읍, 여량면, 화암면), **도루**(신동읍, 임계면)

[표] 분 도로 뜻 1. 향하던 쪽에서 되돌아서. 2. 먼저와 다름없이. 또는 본래의 상태대로.

**예** 왜 내한테 데루 물어봐.

**데릴사우**(정선읍, 여량면, 신동읍, 화암면), **데리사위**(임계면)

[표] 명 데릴사위 뜻 처가에서 데리고 사는 사위.

**예** 요세는 데릴사우랑 사는 집이 드물어.

**데야**(정선읍, 여량면, 신동읍)

[표] 어 -데 뜻 해할 자리에 쓰여, 과거 어느 때에 직접 경험하여 알게 된 사실을 현재의 말하는 장면에 그대로 옮겨 와서 말함을 나타내는 종결 어미.

**예** 한다는 데야 우쨀래.

**뎁이다**(정선읍), **뜨수다**(여량면), **데피다**(임계면, 화암면)

[표] 동 데우다 뜻 식었거나 찬 것을 덥게 함.

**예** 1. 물을 뜨수다. 2. 국이 넘 차구워 좀 데페와라.

**뎅이**(정선읍, 여량면, 북평면)

[표] 접 -둥이 뜻 그러한 성질이 있거나 그와 긴밀한 관련이 있는 사람의 뜻을 더하는 접미사.

**예** 바람뎅이는 원래 그렇다.

**뎊이다**(정선읍, 여량면, 신동읍)

[표] 동 덮이다 뜻 '덮다'의 피동사.

**예** 퍼대기를 뎊이다.

**도구도랑**(정선읍, 화암면), **물또랑**(여량면)

[표] 명 물고랑 뜻 두두룩한 두 땅 사이에 물이 괴거나 흐르는 곳.

**예** 가뭄이 심해서 물또랑이 말랐다.

**도까비불**(정선읍, 북평면)

[표] 명 담뱃불 뜻 1. 피우고 있는 담배에 붙은 불. 2. 담배에 붙일 불.

예 도까비불 쫌 꺼라.

**도꾸**(정선읍, 여량면, 북평면, 화암면)

[표] 명 도끼 뜻 나무를 찍거나 패는 연장의 하나. 쐐기 모양의 큰 쇠 날의 머리 부분에 구멍을 뚫어 단단한 나무 자루를 박아 만듦.

예 도꾸로 장작을 팬다.

**도꾸눈**(정선읍, 신동읍, 임계면, 화암면), **도꾸눈깔이**(여량면)

[표] 명 도끼눈 뜻 분하거나 미워서 매섭게 쏘아 노려보는 눈을 비유적으로 이르는 말.

예 어데다가 도꾸눈깔이를 뜨고 있나.

**도꾸대가리**(정선읍), **짱구대가리**(여량면, 남면, 화암면)

[표] 명 짱구 뜻 이마나 뒤통수가 남달리 크게 튀어나온 머리통. 또는 그런 머리통을 가진 사람.

예 어릴 때는 모르겠더니 커가니 짱구대가리다.

**도꾸불**(정선읍, 신동읍, 화암면), **도꾸몽셍이**(여량면)

[표] 명 도끼뿔 뜻 도끼날의 반대쪽.

예 도꾸몽셍이로 확 자들어 버려.

**도꿋자루**(정선읍, 화암면), **도꿋잘그**(여량면), **도꾸자루**(임계면)

[표] 명 도낏자루 뜻 도끼의 자루.

예 도꿋잘그 부러진다.

**도두룩하다**(정선읍, 여량면, 신동읍, 화암면)

[표] 형 도도록하다 뜻 가운데가 조금 솟아서 볼록함.

예 가심이 도두룩하다.

**도둑고넹이**(정선읍, 여량면, 신동읍, 화암면), **밤고양이**(임계면)

[표] 명 도둑고양이 뜻 사람이 기르거나 돌보지 않는 고양이.

예 밤에만 댕기는 도둑고넹이.

**도둑놈**(정선읍, 여량면, 북평면, 화암면), **도독눔**(신동읍, 임계면)

[표] 명 도둑 뜻 남의 물건을 훔치거나 빼앗는 따위의 나쁜 짓. 또는 그런 짓을 하는 사람.

예 저런 도둑놈 같으니.

**도둑버르장머리**(여량면, 신동읍)

[표] 명 도둑때 뜻 도둑이라는 누명.

예 잘못하다가 도둑버르장머리로 몰리겠네.

**도라무깡**(정선읍, 화암면), **뚱뗑이**(여량면, 신동읍)

[표] 명 뚱뚱이 뜻 살이 쪄서 뚱뚱한 사람을 놀림조로 이르는 말.

예 아이고 저 뚱뗑이 쫌 봐.

**도레**(정선읍, 화암면), **얼래**(여량면, 남면)

[표] 명 얼레 뜻 연줄, 낚싯줄 따위를 감는 데 쓰는 기구. 나무 기둥의 설주를 두 개나 네 개 또는 여섯 개로 짜서 맞추고 가운데에 자루를 박아 만듦.

예 연을 맨들었으니 이제 도레 하나 준비하자.

**도렝이**(정선읍, 여량면, 신동읍, 북평면), **우장**(임계면)

[표] 명 도롱이 뜻 짚, 띠 따위로 엮어 허리나 어깨에 걸쳐 두르는 비옷. 예전에 주로 농촌에서 일할 때 비가 오면 사용하던 것으로 안쪽은 엮고 겉은 줄거

리로 드리워 끝이 너털너털하게 만듦.
예 비 오는날에는 도렝이 쓰고 나가라.

**도루깨**(정선읍, 여량면, 북평면, 신동읍, 임계면, 화암면)

[표] 명 도리깨 뜻 1. 〈농업〉 곡식의 낟알을 떠는 데 쓰는 농구. 긴 막대기 한끝에 가로로 구멍을 뚫어 나무로 된 비녀못을 끼우고, 비녀못 한끝에 도리깻열을 맴. 도리깻열은 곧고 가느다란 나뭇가지 두세 개로 만들며, 이 부분으로 곡식을 두드려 낟알을 떪. 2. 〈역사〉 쇠로 도리깨처럼 만든 병장기(兵仗器).
예 도루깨로 콩을 떤다.

**도루깨비내**(정선읍, 신동읍, 화암면), **도루깨좆**(여량면)

[표] 명 도리깨꼭지 뜻 도리깨 자루 끝의 구멍에 끼워 도리깻열을 매는 데 쓰는 나무로 된 비녀못. 도리깻열을 위아래로 돌릴 때 축의 구실을 함.
예 도루깨좆이 뚝 부러지다.

**도루깨장치**(정선읍, 신동읍, 화암면), **도리깨장치**(여량면)

[표] 명 도리깻장부 뜻 도리깨의 자루로 쓰는 긴 막대기.
예 도루깨장치 거 바꿔야 되는거 아이여.

**도루깨춤**(정선읍, 여량면, 북평면, 신동읍, 화암면)

[표] 명 도리깨침 뜻 도리깨가 꼬부라져 넘어가는 모양으로 침이 삼켜진다는 뜻으로, 너무 먹고 싶거나 탐이 나서 저절로 삼켜지는 침을 이르는 말.
예 냄시만 마타도 두루깨춤이 넘어간다.

**도리깨놀이**(정선읍), **도루깨놀이**(여량면, 신동읍)

[표] 명 도리깻열 뜻 〈농업〉 도리깨의 한 부분. 곧고 가느다란 나뭇가지 두세 개로 만들며, 이 부분을 위아래로 돌리어 곡식을 두드려 낟알을 떪.
예 도리깨질 허다가 도리깨놀이가 떨거졌다.

**도망젱이**(정선읍, 화암면), **오입쟁이**(신동읍)

[표] 명 도망꾼(逃亡-) 뜻 피하거나 쫓기어 몰래 달아나는 사람.
예 메칠 동안 도망젱이 신세구만.

**도무지**(임계면), **도지**(신동읍)

[표] 부 도저히(到底-) 뜻 아무리 하여도.
예 저 칭구의 속내는 도무지 알지 못하겠다.

**도장낭그**(정선읍, 남면), **도장낭구**(여량면, 남면)

[표] 명 회양목(-楊木) 뜻 〈식물〉 회양목과의 상록 활엽 관목. 높이는 7미터 정도이며, 잎은 마주나고 타원형인데 두꺼움. 4~5월에 노란색 꽃이 잎겨드랑이에 피고 열매는 삭과(蒴果)로 6~7월에 갈색으로 익음. 정원수로 가꾸기도 하고 재목은 도장·지팡이·조각재로 쓰며, 가지와 잎은 약용함. 전북, 평북, 함북을 제외한 한국 각지와 일본에 분포함.
예 오래 묵은 도장낭구로 도장을 맨들었다.

**도적만내다**(여량면, 신동읍)
[표] 동 도둑맞다 뜻 무엇을 잃어버리

거나 빼앗김.

㉠ 밤중에 도적만냈다.

**도적질**(정선읍, 여량면, 신동읍, 화암면),
**훔친다**(정선읍), **손버릇**(임계면)

[표] 명 도둑질 뜻 남의 물건을 훔치
거나 빼앗는 짓.

㉠ 할짓이 옰어서 도적질이냐.

**독벌거지**(정선읍, 여량면, 신동읍, 화암면)

[표] 명 독벌레(毒--) 뜻 독을 가진
벌레.

㉠ 독벌거지는 절대루 맨지지 마.

**독사리**(정선읍, 여량면, 화암면), **독새풀**
(신동읍)

[표] 명 뚝새풀 뜻 〈식물〉 볏과의 한
해살이풀 또는 두해살이풀. 줄기는 높
이가 20~40cm이고 뭉쳐나며, 원기
둥 모양이고 녹색임. 잎은 어긋나고
선 모양임. 늦봄에 엷은 녹색 꽃이 줄
기 끝에 핌. 녹비(綠肥)나 소, 말 따위
의 사료로 씀. 논이나 밭의 습지에 나
는데 한국을 비롯한 온대 북부에 널리
분포함.

㉠ 논바닥에 독사리가 개락이야.

**돈내기**(여량면), **돗내기**(신동읍)

[표] 명 도급(都給) 뜻 1. 일정한 기간
이나 시간 안에 끝내야 할 일의 양을
도거리로 맡거나 맡김. 또는 그렇게
맡거나 맡긴 일. 2. 〈법률〉 당사자 가
운데 한쪽이 어떤 일을 완성할 것을 약
속하고, 상대편이 그 일의 결과에 대
하여 보수를 지급할 것을 약속함으로
써 성립하는 계약.

㉠ 오늘은 돈내기 해기로 했다.

**돈무데기**(정선읍, 북평면, 화암면), **돈데**

미(여량면, 신동읍)

[표] 명 돈더미 뜻 돈을 쌓아 놓은 더
미라는 뜻으로, 매우 많은 돈을 이르
는 말.

㉠ 돈데미에 깔래 봤으면.

**돈벌거지**(여량면, 남면, 화암면)

[표] 명 그리마 뜻 〈동물〉 절지동물
문 그리맛과의 동물을 통틀어 이르는
말. 지네와 가까운 종류로 다리가 여
러 쌍이며 머리에 긴 더듬이가 있음.
어둡고 습한 곳에서 작은 벌레를 잡아
먹음. 전 세계에 분포함.

㉠ 자는 돈만 보믄 못배기는 돈벌거
지야.

**돈주정**(정선읍, 북평면), **돈쥐정**(여량면,
화암면)

[표] 명 돈지랄 뜻 분수에 맞지 아니
하게 아무 데나 돈을 함부로 쓰는 짓을
속되게 이르는 말.

㉠ 고거는 돈쥐정이지.

**돋배기**(정선읍, 신동읍, 임계면, 화암면),
**돋베기**(여량면, 북평면)

[표] 명 돋보기 뜻 1. 작은 것을 크게
보이도록 알의 배를 볼록하게 만든 안
경. 흔히 노인들이 씀. 2. 작은 것을
크게 보이도록 하는 볼록 렌즈. 빛을
한곳으로 모으는 특성이 있음.

㉠ 돋베기 안쓰면 안보캐.

**돌개비행기**(정선읍, 여량면, 북평면), **팔락**
**비행기**(정선읍), **소곰젱이비양기**(남면)

[표] 명 잠자리비행기(---飛行機) 뜻
'헬리콥터'를 속되게 이르는 말.

㉠ 오늘 돌개비행기가 개걸스럽게
날아가네.

**돌개지**(정선읍, 여량면, 화암면), **돌껏**(정선읍), **돌개**(신동읍)

[표] 명 돌껏 뜻 실을 감거나 푸는 데 쓰는 기구. 굴대의 꼭대기에 '+' 자 모양의 나무를 대고 그 끝에 짧은 기둥을 박아 만드는데, 굴대가 돌아감에 따라 이 기둥에 실이 감기거나 풀림.

예 돌개지 돌리는데 오지마라.

**돌림빵**(여량면)

[표] 명 윤간(輪姦) 뜻 한 여자를 여러 남자가 돌려 가며 강간함.

예 얘기 들어보니 돌림빵으로 싹 조 재놨대미.

**돌림재**(여량면, 화암면)

[표] 명 돌림자(--字) 뜻 항렬을 나타내기 위하여 이름자 속에 넣어 쓰는 글자. 성의 본관, 파에 따라 일정함.

예 돌림재가 먼 재요.

**돌맹이**(정선읍, 여량면, 신동읍), **돌메이**(정선읍, 화암면)

[표] 명 돌멩이 뜻 돌덩이보다 작은 돌.

예 돌맹이가 많다.

**돌무데기**(정선읍, 여량면, 북평면, 신동읍, 화암면)

[표] 명 돌무더기 뜻 돌덩이가 모여 쌓인 무더기.

예 자네 바까텐 돌무데기가 마너.

**돌비개**(정선읍, 여량면, 신동읍, 화암면)

[표] 명 돌베개 뜻 베개 삼아 베는 돌.

예 돌비개 비면 주디이 돌아 간다.

**돌뿌리**(정선읍, 여량면, 북평면, 신동읍, 화암면)

[표] 명 돌부리 뜻 땅 위로 내민 돌멩이의 뾰족한 부분.

예 돌뿌리를 냅다 차다 다리몽뎅이가 뿌라졌다.

**돌성담**(여량면, 북평면)

[표] 명 돌담불 뜻 산이나 들에 모여 있는 돌무더기.

예 돌성담 걸러갈 때 조심해.

**돌았다**(여량면, 화암면), **열빠지다**(신동읍)

[표] 동 미치다 뜻 1. 정신에 이상이 생겨 말과 행동이 보통 사람과 다르게 됨. 2. (낮잡는 뜻으로) 상식에서 벗어나는 행동을 함. 3. 정신이 나갈 정도로 매우 괴로워함.

예 자가 완저히 돌았다.

**돌어스다**(정선읍, 여량면, 북평면, 화암면), **돌어세다**(신동읍)

[표] 동 돌아서다 뜻 1. 향하고 있던 쪽에서 반대 방향으로 방향을 바꾸어 섬. 2. 생각이나 태도가 다른 쪽으로 바뀜. 3. 일이나 형편이 다른 상태로 바뀜.

예 기척 말고 돌어스다.

**돌잔차**(정선읍, 여량면, 화암면)

[표] 명 돌잔치 뜻 첫돌이 되는 날에 베푸는 잔치.

예 손녜딸 돌잔차가 내일이여.

**돌주목**(여량면), **쇠주먹**(임계면), **공알주먹**(신동읍)

[표] 명 돌주먹 뜻 돌처럼 단단한 주먹.

예 자는 돌주목처럼 빡새.

**돌지와**(정선읍, 여량면, 북평면, 신동읍, 화암면)

[표] 명 돌기와 뜻 〈건설〉 지붕을 일 때 기와처럼 쓰는 얇고 넓적한 돌 조각.

예 돌지와집이 비가 샌다.

**돌집**(정선읍, 여량면, 남면, 화암면)

　[표] 명 청석집(靑石-) 뜻 청석으로 지붕을 올린 집. 너새집의 일종.

　예 생탄은 마커 돌집이었다.

**돌짜구**(정선읍, 여량면, 북평면, 신동읍, 화암면)

　[표] 명 돌쩌귀 뜻 〈건설〉 문짝을 문설주에 달아 여닫는 데 쓰는 두 개의 쇠붙이. 암짝은 문설주에, 수짝은 문짝에 박아 맞추어 꽂음.

　예 안방문 돌짜구가 빠져삐랬다.

**동가리**(정선읍, 여량면, 북평면, 신동읍, 화암면), **똥가리**(임계면), **쪼가리**(임계면)

　[표] 명 동강이 뜻 일정한 부피를 가진 긴 물건의, 짤막하게 잘라진 부분이나 쓰고 남아 짤막하게 된 부분.

　예 낭구가 두 동가리 났다.

**동갭이**(여량면, 신동읍), **동갭내기**(임계면, 화암면), **갑장**(임계면)

　[표] 명 동갑(同甲) 뜻 1. 육십갑자가 같다는 뜻으로, 같은 나이를 이르는 말. 또는 나이가 같은 사람. 2. 나이가 같은 사람끼리 친목을 꾀하기 위하여 맺는 계.

　예 자는 내하고 동갭이다.

**동내**(정선읍, 여량면, 신동읍, 화암면)

　[표] 명 동네(洞-) 뜻 자기가 사는 집의 근처.

　예 우리 집께는 시나미 한참 더 가야해.

**동뎅이치다**(정선읍, 여량면, 북평면, 임계면), **내팽개치다**(임계면), **동댕가리치다**(신동읍)

　[표] 동 동댕이치다 뜻 1. 들어서 힘껏 내던짐. 2. 하던 일을 딱 잘라 그만둠.

　예 보따리를 질바닥에 패대기치다.

**동백낭구**(정선읍, 여량면, 북평면, 남면, 화암면)

　[표] 명 생강나무(生薑--) 뜻 〈식물〉 녹나뭇과의 작은 낙엽 활엽 교목. 높이는 3미터 정도이며, 잎은 어긋나고 넓은 달걀 모양에 세 갈래로 얕게 갈라짐. 2월에 노란색 꽃이 산형(繖形) 화서로 잎겨드랑이에서 피고 열매는 작고 둥근데 9월에 붉게 익음. 향기가 좋아 꽃은 생화(生花)로 쓰고 가지는 약용하며 열매는 기름을 짜는 데 쓰고 어린싹은 작설차로 쓰임. 한국, 중국 등지에 분포함.

　예 동백낭구 잎싸구는 약으로 쓰지.

**둥구리**(여량면), **얼떵부리**(신동읍)

　[표] 명 동부레기 뜻 뿔이 날 만한 나이의 송아지.

　예 동구리 화쇠는 비싸다.

**동상**(정선읍, 여량면, 신동읍, 임계면, 화암면)

　[표] 명 동생 뜻 1. 같은 부모에게서 태어난 사이거나 일가친척 가운데 항렬이 같은 사이에서 손윗사람이 손아랫사람을 이르거나 부르는 말. 2. 항렬이 같은 사이에서, 손윗사람이 혼인한 손아랫사람을 이름 대신 부르는 말.

　예 동상 어데 가는가?

**동시루**(정선읍, 북평면, 남면)

　[표] 명 옹달시루 뜻 떡이나 쌀 따위를 찌는 데 쓰는 작고 오목한 질그릇.

　예 동시루에 떡을 안치다.

**동우**(정선읍, 여량면, 신동읍)

　[표] 명 동이 뜻 1. 질그릇의 하나. 흔

히 물 긷는 데 쓰는 것으로 보통 둥글
고 배가 부르고 아가리가 넓으며 양옆
으로 손잡이가 달려 있음. 2. 물 따위
를 '동이'에 담아 그 분량을 세는 단위.
예 물 동우로 물 이로 가자.

**동이나물**(여량면, 북평면)
[표] 몡 동의나물 뜻 〈식물〉 미나리
아재빗과의 여러해살이풀.
예 동이나물 무채묵자.

**동태눈깔**(여량면, 신동읍, 임계면, 화암면)
[표] 몡 동태눈(凍太-) 뜻 흐릿하고
생기가 없어 보이는, 사람의 눈을 속
되게 이르는 말.
예 넌 왜 동태눈깔로 빼히 치다봐.

**돼내**(여량면, 화암면)
[표] 몡 뒷마당 뜻 집채의 뒤에 있는 뜰.
예 야 거 돼내가서 갠노 가와.

**돼지대가리**(정선읍, 여량면, 신동읍)
[표] 몡 돼지머리 뜻 잡은 돼지의 대
가리 부분. 머리 모양 그대로 삶아 굿
이나 고사를 지내는 상에 올림.
예 돼지대가리로 고사지내다.

**되가옷**(여량면, 신동읍, 화암면)
[표] 몡 되가웃 뜻 한 되 반쯤의 분량.
예 쌀 되가옷만 주시오.

**되넹기다**(여량면, 신동읍, 화암면)
[표] 동 되넘기다 뜻 1. 물건을 사서
곧바로 다른 곳으로 넘겨 팖. 2. 넘어
온 것을 도로 넘김.
예 한번 사서 되넹기다.

**되돌이푀**(여량면, 북평면)
[표] 몡 도돌이표(---標) 뜻 〈음악〉
악보에서, 악곡의 어느 부분을 되풀
이하여 연주하거나 노래하도록 지시

하는 기호. 'D.C.', 'D.S.' 따위로 표
시함.
예 되돌이푀에서 돌아가야 돼

**되박**(여량면, 북평면), **퇴전**(화암면)
[표] 몡 도박(賭博) 뜻 1. 돈이나 재물
따위를 걸고 주사위, 골패, 마작, 화
투, 트럼프 따위를 써서 서로 내기를
하는 일. 2. 요행수를 바라고 불가능
하거나 위험한 일에 손을 댐.
예 되박은 안 좋은 거니 해지마라.

**되배지**(정선읍, 여량면, 북평면, 신동읍,
화암면)
[표] 몡 도배지(塗褙紙) 뜻 도배하는
데 쓰는 종이.
예 되배지 사와서 되배를 하자.

**되잡아**(여량면, 신동읍)
[표] 閉 되곱쳐 뜻 도로. 또는 다시.
예 되잡아 날보고 뭐라 해.

**되지게**(정선읍, 여량면, 신동읍)
[표] 閉 되우 뜻 아주 몹시.
예 성질 아주 메했네.

**뒹여매다**(정선읍, 북평면, 화암면), **뒹게
매다**(여량면), **동고매다**(신동읍, 임계면),
**댕개매다**(임계면), **땡개매다**(임계면)
[표] 동 동여매다 뜻 끈이나 새끼, 실
따위로 두르거나 감거나 하여 묶음.
예 1. 낭구를 된통 뒹게매다. 2. 장에
갈 물건을 동고매고 가라.

**뒹이다**(정선읍, 여량면, 북평면), **동치다**
(신동읍)
[표] 동 동이다 뜻 끈이나 실 따위로
감거나 둘러 묶음.
예 강냉이 섶을 된통 뒹이다.

**두겐새**(여량면, 신동읍), **두우새**(임계면),

**두견새**(화암면)

[표] 몡 두견이(杜鵑-) 뜻 〈동물〉 두견과의 새.

엥 두겐새 우는 밤.

**두내우**(정선읍, 여량면, 북평면, 남면, 화암면), **예펜사나**(정선읍), **두예펜사나**(여량면)

[표] 몡 안팎 뜻 1. 사물이나 영역의 안과 밖. 2. 마음속의 생각과 겉으로 드러나는 행동. 3. 남편과 아내를 아울러 이르는 말.

엥 두내우가 장에 왔잖소.

**두데기**(정선읍), **두데지**(여량면, 신동읍), **두지기**(임계면), **쥐더지**(임계면)

[표] 몡 두더지 뜻 1. 〈동물〉 두더짓과의 포유류를 통틀어 이르는 말. 2. 두더짓과의 포유류. 몸의 길이는 9~18cm, 꼬리의 길이는 1~3cm이며 몸은 어두운 갈색 내지 검은 갈색임. 앞뒤 다리는 짧으나 발바닥이 넓고 커서 삽 모양이며 발가락은 다섯 개씩임. 귀와 코는 예민하나 눈은 퇴화하여 매우 작음. 땅속에 굴을 파고 살며 지렁이, 곤충의 애벌레 따위를 잡아먹음.

엥 요새 두지기가 귀해.

**두두레기**(여량면, 신동읍, 화암면)

[표] 몡 두드러기 뜻 약이나 음식을 잘못 먹거나 또는 환경의 변화로 인해 생기는 피부병의 하나. 피부가 붉게 부르트며 몹시 가려움.

엥 낮짝에 두두레기가 났다.

**두래웅굴**(여량면, 북평면, 신동읍)

[표] 몡 두레우물 뜻 두레박으로 물을 긷는 깊은 우물.

엥 두래웅굴이 물이 깊다.

**두레**(여량면, 화암면)

[표] 몡 둘레 뜻 1. 사물의 테두리나 바깥 언저리. 2. 사물의 가를 한 바퀴 돈 길이

엥 두레가 꽤 질다.

**두레미**(정선읍, 여량면, 북평면)

[표] 몡 두루미 뜻 〈동물〉 1. 두루밋과의 새를 통틀어 이르는 말. 2. 두루밋과의 새. 몸의 길이는 1.4미터, 편 날개의 길이는 2.4미터, 부리는 15~17cm이며, 몸은 흰색이고 이마·목·다리와 날개 끝은 검은색임. 머리 위에 살이 붉게 드러나 있으며 부리는 녹색임. 풀밭에 주로 살며 겨울 철새로 한국, 일본, 중국 등지에서 겨울을 보내고 시베리아에서 번식함. 천연기념물 제202호임.

엥 두레미 다리몽세이가 참 질다.

**두렘**(정선읍, 신동읍), **두룸**(여량면)

[표] 몡 읩 두름 뜻 몡 1. 조기 따위의 물고기를 짚으로 한 줄에 열 마리씩 두 줄로 엮은 것. 2. 고사리 따위의 산나물을 열 모숨 정도로 엮은 것. 읩 1. 조기 따위의 물고기를 짚으로 한 줄에 열 마리씩 두 줄로 엮은 것을 세는 단위. 2. 고사리 따위의 산나물을 열 모숨 정도로 엮은 것을 세는 단위.

엥 굴비 한 두룸이 몇 마리래요?

**두렙다**(여량면, 북평면)

[표] 혱 두렵다 뜻 1. 어떤 대상을 무서워하여 마음이 불안함. 2. 마음에 꺼리거나 염려스러움.

엥 그 사람 눈까리 띠면 두렙다.

**두루매**(정선읍, 북평면), **두루매기**(여량면, 신동읍, 화암면)

　[표] 몡 두루마기 뜻 우리나라 고유의 옷옷. 주로 외출할 때 입음. 옷자락이 무릎까지 내려오며, 소매·무·섶·깃 따위로 이루어져 있음.

　예 외할아부지는 두루매기를 입고 댕기신다.

**두룩**(여량면, 북평면, 신동읍, 화암면)

　[표] 어 –도록 뜻 1. 앞의 내용이 뒤에서 가리키는 사태의 목적이나 결과, 방식, 정도 따위가 됨을 나타내는 연결 어미. 뒤에 '은', '도', '까지' 따위의 보조사가 올 수 있음. 2. 해라할 자리에 쓰여, 명령의 뜻을 나타내는 종결 어미. '–어라'보다는 덜 단호한 어감이 있음.

　예 거냥 하두룩 냅둬.

**두리반**(정선읍, 화암면), **도리반**(여량면, 남면), **두룽반**(여량면)

　[표] 몡 소반(小盤) 뜻 자그마한 밥상.

　예 1. 사람이 많으니 두룽반을 펴라. 2. 야, 밥 먹자 두리반 펴라.

**두메산꼴자구니**(여량면, 신동읍)

　[표] 몡 두메산골(--山-) 뜻 도회에서 멀리 떨어져 사람이 많이 살지 않는 변두리나 깊은 곳.

　예 우리가 사는 곳은 두메산꼴자구니다.

**두벌자슥**(정선읍, 여량면), **두벌새끼**(남면)

　[표] 몡 두벌자식(--子息) 뜻 1. 두 번째 결혼으로 얻은 자식. 2. '손자(孫子)'의 북한어.

　예 저 놈이 우리집 두벌자슥이요.

**두치레**(여량면), **두치래**(신동읍)

　[표] 몡 두이레 뜻 아이가 태어난 지 14일이 되는 날.

　예 언나가 하마 두치레가 됐다.

**둔너먹다**(정선읍, 여량면, 북평면, 화암면), **둔노먹다**(신동읍)

　[표] 동 누워먹다 뜻 일도 하지 않고 편안하게 놀고먹음.

　예 일나서 무라 둔너먹다 체할라.

**둔덜배기**(정선읍, 신동읍), **둔들배기**(여량면, 화암면)

　[표] 몡 둔덕 뜻 1. 가운데가 솟아서 불룩하게 언덕이 진 곳. 2. '언덕'의 방언(함남, 황해).

　예 둔둘배기가 음청 고바우여.

**둔장**(정선읍), **등장**(여량면), **든장**(여량면)

　[표] 몡 지렛대 뜻 1. 무거운 물건을 움직이는 데에 쓰는 막대기. 2. 어떤 목적을 실현할 수 있도록 하는 수단이나 힘을 비유적으로 이르는 말.

　예 저걸 위루 올릴라면 둔장이 필요해.

**둘러빼다**(여량면, 북평면)

　[표] 동 두려빼다 뜻 1. 어느 한 부분을 뭉떵 뺌. 2. 성(城)이나 적진 따위를 공격하여 차지함.

　예 한쪽 귀탱이를 확 둘러빼다.

**둘러스다**(정선읍, 여량면, 북평면, 신동읍, 화암면)

　[표] 동 둘러서다 뜻 여럿이 둥글게 늘어섬.

　예 쭉 둘러스다.

**둥구다**(남면, 화암면)

　[표] 동 암구다 뜻 교미를 붙임.

　예 우리 개와 옆집 개가 옹글찌게 둥

구다.

**뒈져지내다**(정선읍, 남면)

[표] 图 죽어지내다 ⑧ 1. 남에게 몹시 놀리어 기를 펴지 못하고 지냄. 2. 죽을 고생을 하며 살아감.

⑩ 그느므 일로 일년 넘게 뒈져지냈다.

**뒈지는소리**(정선읍, 남면), **세빠지는소리**(정선읍)

[표] 图 죽는소리 ⑧ 변변찮은 고통이나 곤란에 대하여 엄살을 부리는 말.

⑩ 일은 쫌 하고 심들다고 쇠가 빠지는소리만 하네.

**뒈지는시늉**(정선읍, 북평면, 남면), **세빠지는시늉**(정선읍), **죽는시늉**(여량면)

[표] 图 죽는시늉 ⑧ 변변찮은 고통이나 곤란에 대하여 엄살을 부리며 하는 몸짓.

⑩ 수운 일을 심들다고 쇠가 빠지는 시늉하네.

**뒈지다**(정선읍, 여량면, 남면), **깩하다**(정선읍), **꼴까닥하다**(정선읍), **밥숟가락놓다**(정선읍)

[표] 图 죽다 ⑧ 생명이 없어지거나 끊어짐.

⑩ 외양간 쇠가 어제 뒈졌다.

**뒈질상**(정선읍, 남면)

[표] 图 죽을상(--相) ⑧ 거의 죽을 것처럼 괴로워 하는 표정.

⑩ 간만에 봤는데 뒈질상 하고 있냐.

**뒈질죄**(정선읍, 남면)

[표] 图 죽을죄(--罪) ⑧ 죽어 마땅한 큰 죄.

⑩ 뒈질죄를 짓지 않은 이상 펜하게 생각해.

**뒤끄뎅이**(여량면, 신동읍)

[표] 图 뒤끝 ⑧ 1. 일의 맨 나중이나 끝. 2. 어떤 일이 있은 바로 뒤. 3. 좋지 않은 감정이 있은 다음에도 여전히 남아 있는 감정.

⑩ 사람은 뒤끄뎅이가 깨끗해야 돼.

**뒤룽박**(여량면, 신동읍), **디울박**(여량면)

[표] 图 뒤웅박 ⑧ 박을 쪼개지 않고 꼭지 근처에 구멍만 뚫어 속을 파낸 바가지. 마른 그릇으로 씀.

⑩ 뒤룽박에 담긴 물 한 움큼 마세라.

**뒤바라지**(여량면, 북평면)

[표] 图 뒷바라지 ⑧ 뒤에서 보살피며 도와주는 일.

⑩ 뒤바래지 잘 해줘서 고마워.

**뒤뷔**(정선읍, 화암면), **뒤비**(정선읍), **콩두부**(여량면)

[표] 图 두부(豆腐) ⑧ 콩으로 만든 식품의 하나. 물에 불린 콩을 갈아서 짜낸 콩 물을 끓인 다음 간수를 넣어 엉기게 하여 만듦.

⑩ 콩가지고 뒤뷔 해먹자.

**뒤우**(정선읍, 화암면), **두우**(여량면), **후미**(임계면)

[표] 图 뒤 ⑧ 1. 향하고 있는 방향과 반대되는 쪽이나 곳. 2. 시간이나 순서상으로 다음이나 나중. 3. 보이지 않는 배후나 겉으로 드러나지 않는 부분.

⑩ 뒤우가 새까맣다.

**뒤비다**(임계면), **두집다**(임계면), **뒤잡다.**(정선읍)

[표] 图 뒤집다 ⑧ 1. 안과 겉을 뒤바꿈. 2. 위가 밑으로 되고 밑이 위로 되게 함. 3. 일 따위의 차례나 승부를 바꿈.

㉠ 1. 아기 혼재 뒤잡다. 2. 부치기 탄다 부치기쫌 뒤잡어라.

**뒤잡아쓰다**(정선읍, 신동읍, 화암면), **뒈씨다**(여량면)

[표] 동 부릅뜨다 뜻 무섭고 사납게 눈을 크게 뜸.

예 1. 그 년이 눈깔을 뒤잡아쓰고 델겨들었다. 2. 눈을 뒈씨다.

**뒤잡어엎다**(정선읍, 여량면, 신동읍, 화암면)

[표] 동 뒤집어엎다 뜻 1. 물건의 위와 아래가 뒤집히도록 엎어 놓음. 2. 물건을 엎어서 안에 담긴 것을 엎지름. 3. 일이나 상태를 전혀 딴 것으로 바꾸어 놓거나 틀어지게 함.

예 설거지 하고 식기들을 뒤잡어엎다.

**뒤적거리다**(정선읍, 북평면, 화암면), **뒤실럭거리다**(여량면, 신동읍)

[표] 동 뒤스럭거리다 뜻 1. 부산하게 이리저리 자꾸 뒤적임. 2. 변덕을 부리며 부산하게 굶.

예 행굽찌 않게 자꾸만 뒤실럭거리다.

**뒤지**(여량면, 북평면, 화암면)

[표] 명 뒤주 뜻 쌀 따위의 곡식을 담아 두는 세간의 하나. 나무로 궤짝같이 만드는데, 네 기둥과 짧은 발이 있으며 뚜껑의 절반 앞쪽이 문이 됨.

예 고간에 뒤지가 마카 벳다.

**뒤짝**(정선읍, 여량면, 화암면)

[표] 명 뒤쪽 뜻 향하고 있는 방향과 반대되는 쪽.

예 뒤짝에 숨케 놔라.

**뒤청거리다**(정선읍, 북평면), **뒤뚜박거리다**(여량면), **뒤떡거리다**(신동읍)

[표] 동 뒤뚝거리다 뜻 큰 물체나 몸이 중심을 잃고 자꾸 이리저리 기울어지다. 또는 그것을 자꾸 이리저리 기울임.

예 낭구짐이 자꾸만 뒤뚜박거린다.

**뒤통생이**(정선읍, 여량면, 북평면, 신동읍, 임계면, 화암면), **뒷골**(정선읍)

[표] 명 뒤통수 뜻 머리의 뒷부분.

예 뒤통생이 생긴 꼬락서니하곤. 뒤통생이를 한대 갈개 삐린다.

**뒤통생이치다**(여량면, 신동읍, 화암면)

[표] 동 뒤통수치다 뜻 1. 바라던 일이 이루어지지 아니하여 매우 낙심함. 2. 믿음이나 의리를 저버리고 돌아섬.

예 방심할 때 뒤통생이치고 내뺀다.

**뒤통수**(정선읍, 화암면), **뒷대가리**(여량면, 신동읍)

[표] 명 뒷머리 뜻 1. 머리의 뒷부분. 2. 머리의 뒤쪽에 난 머리털. 3. 물체나 행렬의 뒤쪽.

예 그놈 뒷대가리 잘 생갰다.

**뒤펜**(여량면, 북평면, 신동읍)

[표] 명 뒤편(–便) 뜻 1. 뒤로 있는 쪽. 2. 나중의 인편(人便)이나 차편(車便).

예 맨 뒤펜에 일나서 구경하다.

**뒤펜짝**(신동읍)

[표] 명 뒤편짝(–便–) 뜻 뒤로 있는 쪽.

예 니 잠깐 뒤펜짝으로 와라.

**뒷골목텡이**(여량면, 북평면, 신동읍)

[표] 명 뒷골목 뜻 1. 큰길 뒤에 있는 좁은 골목. 2. 폭력이나 매춘 따위의 사건이 많이 일어나는 범죄 세계를 비유적으로 이르는 말.

예 뒷골목텡이로 댕길 때는 조심해라.

**뒷꾸멍**(정선읍, 북평면, 화암면), **뒷구영**

(여량면), **뒷구녕**(신동읍)

[표] 몡 뒷구멍 뜻 1. 뒤쪽에 있는 구멍. 2. 드러내지 않고 넌지시 행동할 만한 방법.

예 1. 뒷꾸멍으로 댕기며 욕한다. 2. 뒷구영으로 호박씨 깐다.

**뒷나래**(여량면, 신동읍)

[표] 몡 뒷날개 뜻 1. 〈동물〉 곤충의 뒷가슴등에 달린 날개. 2. 〈항공〉 비행기의 안정을 유지하고 방향을 바꾸는 구실을 하는 비행기의 꼬리 부분.

예 뒷나래를 펴다.

**뒷달구라지**(여량면, 북평면, 신동읍), **뒷달구락지**(화암면)

[표] 몡 뒷다리 뜻 1. 네발짐승이나 곤충의 뒤쪽 두 다리. 2. 두 다리를 앞뒤로 벌렸을 때 뒤쪽 다리. 3. 책상이나 의자 따위의 뒤쪽에 달린 다리.

예 돼지 뒷달구락지 살은 맛이 들해.

**뒷바라지**(정선읍, 화암면)

[표] 몡 바라지 뜻 음식이나 옷을 대어 주거나 온갖 일을 돌보아 주는 일.

예 아들 갈그치느라 허리가 쇠빠진다.

**뒷바쿠하다**(정선읍), **빠쿠하다**(여량면, 남면), **뒤빠꾸하다**(남면, 임계면)

[표] 동 후진하다(後進--) 뜻 1. 어떤 발전 수준에 뒤지거나 뒤떨어짐. 2. 뒤쪽으로 나아감.

예 차를 슬그머이 뒤빠꾸해요.

**뒷발질**(정선읍, 여량면, 북평면, 남면, 화암면)

[표] 몡 외알제기 뜻 나귀나 말 따위가 못마땅할 때 한쪽 발로 걷어차는 짓.

예 쇠가 뒷발질하다 쥐잡았다.

**뒷베름빡**(정선읍, 여량면, 화암면), **뒷베름싹**(여량면)

[표] 몡 뒷벽(-壁) 뜻 뒤쪽에 있는 벽.

예 뒷베름빡에 거미줄 떼라.

**뒷질**(여량면, 화암면)

[표] 몡 뒤안길 뜻 1. 늘어선 집들의 뒤쪽으로 나 있는 길. 2. 다른 것에 가려서 관심을 끌지 못하는 쓸쓸한 생활이나 처지.

예 뒷질로 내달린다.

**뒷태**(여량면, 신동읍)

[표] 몡 뒷모양(-模樣) 뜻 1. 뒤로 드러난 모양. 2. 일이 끝난 뒤의 모양

예 아가씨 뒷태가 얄굽다.

**드갔다나갔다**(정선읍, 북평면, 화암면), **들라닥날라닥**(여량면), **들라당날라당**(신동읍)

[표] 閈 들락날락 뜻 1. 자꾸 들어왔다 나갔다 하는 모양. 2. 정신 따위가 있다가 없다가 하는 모양.

예 1. 니 왜 남에 집에 드갔다나갔다 하나. 2. 맨날 들라닥날라닥한다.

**드래두**(여량면, 신동읍), **드래도**(화암면)

[표] 어 -더라도 뜻 가정이나 양보의 뜻을 나타내는 연결 어미. '-어도'보다 그 뜻이 강함.

예 가드래도 혼저서 가.

**드러박해다**(정선읍), **틀어백히다**(여량면, 신동읍), **드러백히다**(북평면)

[표] 동 들어박히다 뜻 1. 들나지 않게 속으로 박힘. 2. 빈틈없이 촘촘히 박힘. 3. 한군데만 꼭 붙어 있음.

예 나는 왜 맨날 집에만 드러백해 인나.

**드렁**(정선읍, 화암면), **두럭**(여량면)

[표] 몡 두렁 뜻 논이나 밭 가장자리에 경계를 이룰 수 있도록 두두룩하게 만든 것.

예 밭 한두덕에 한마지기다.

**드릅다**(정선읍, 여량면, 신동읍, 화암면), **드릅다**(정선읍), **디릅다**(임계면)

[표] 혱 더럽다 뜻 1. 때나 찌꺼기 따위가 있어 지저분함. 2. 언행이 순수하지 못하거나 인색함. 3. 마땅하거나 불쾌함.

예 승질 드릅다.

**드릅**(정선읍, 여량면, 신동읍, 화암면)

[표] 몡 두릅 뜻 두릅나무의 어린순. 살짝 데쳐서 무쳐 먹거나 초고추장에 찍어 먹음.

예 봄에 드릅 따러 가자.

**드시다**(정선읍, 여량면, 북평면, 화암면), **억세다**(임계면), **쎄무르다**(신동읍)

[표] 혱 드세다 뜻 1. 힘이나 기세가 몹시 강하고 사나움. 2. 어떤 일 따위가 견디기에 힘들 정도로 거칠고 세참. 3. 집터를 지키는 귀신이 사나움.

예 저년 참 마이 드시네.

**든**(정선읍, 여량면, 북평면, 신동읍, 화암면)

[표] 에 던 뜻 앞말이 관형어 구실을 하게 하고 어떤 일이 과거에 완료되지 않고 중단되었다는 미완(未完)의 의미를 나타내는 어미.

예 1. 잠을 자든 말든. 2. 남이사 하든 말든 개코도 알지도 못하고.

**든내놓다**(정선읍, 여량면, 신동읍, 화암면)

[표] 됭 드러내다 뜻 1. '드러나다'의 사동사. 2. '드러나다'의 사동사.

예 든내놓고 싫다하네.

들(정선읍, 여량면, 북평면, 화암면), **덜**(남면)

[표] 젭 설- 뜻 '충분하지 못하게'의 뜻을 더하는 접두사.

예 1. 아직 들익어서 못 먹어. 2. 고구마가 덜 익었다.

**들고치다**(정선읍, 화암면), **들구조지다**(정선읍), **들구패다**(여량면, 신동읍)

[표] 됭 들고패다 뜻 마구 팸.

예 한 놈을 들구패다.

**들구뛰다**(정선읍, 여량면, 화암면), **뛰라**(정선읍), **뛰다**(신동읍), **내삐다**(임계면), **줄행랑치다**(임계면)

[표] 됭 달아나다 뜻 1. 빨리 내닫음. 2. 위험을 피하여 도망감. 3. 있던 것이 없어지거나 붙어 있던 것이 떨어져 나감.

예 1. 무스워서 들구뛰었다. 2. 새가 나올까바 내빼다.

**들구인나다**(정선읍, 여량면, 신동읍, 화암면)

[표] 됭 들고일어나다 뜻 1. 세차게 일어남. 2. 어떤 일에 반대하거나 항의하여 나섬.

예 이우지 마커 들구인났다.

**들꽁**(정선읍, 여량면, 북평면, 신동읍, 화암면)

[표] 몡 들꿩 뜻 〈동물〉 꿩과의 새. 편 날개의 길이는 16cm, 꽁지의 길이는 13cm, 부리의 길이는 2cm 정도이며, 몸에는 회색을 띤 갈색 바탕에 짙은 반점과 가로무늬가 있음. 날개가 짧고 둥글며 발가락이 큼. 나무순이나 열매를 먹고 삶. 평지로부터 높은 산에 이르는 삼림에서 무리를 지어 사는데 한국, 일본의 홋카이도, 중국의 만주, 러

시아의 시베리아 등지에 분포함.

[예] 야산에 들꽁이 쌔빠졌어.

**들돌멩이**(정선읍, 여량면, 북평면, 화암면), **들방구**(신동읍)

[표] [명] 들돌 [뜻] 〈운동〉 몸의 단련을 위하여 들었다 놓았다 하는, 돌이나 쇠로 만든 운동 기구.

[예] 들돌멩이가 음청 무거워

**들떨어지다**(정선읍, 여량면, 북평면, 신동읍, 임계면, 화암면), **칠부팔부**(정선읍)

[표] [형] 덜떨어지다 [뜻] 쇠딱지가 아직 채 떨어지지 않았다는 뜻으로, 어린아이의 수준을 벗어나지 못하여 나이에 비하여 어리고 미련함을 이르는 말.

[예] 쟈는 들떨어져 보인다.

**들미낭구**(정선읍, 여량면, 북평면, 신동읍, 화암면)

[표] [명] 들메나무 [뜻] 〈식물〉 물푸레나뭇과의 낙엽 활엽 교목. 높이는 30미터 정도이며, 잎은 마주나고 겹잎임. 꽃은 단성화(單性花)로 노란색의 잔꽃이 원추(圓錐) 화서로 한 해 묵은 가지의 잎겨드랑이에서 피고, 열매는 시과(翅果)로 9월에 익음. 조림(造林)에 적당하고 목재는 건축재, 기구재, 선박재 따위로 쓰임. 산의 습지에 나는데 한국, 일본, 사할린, 중국 등지에 분포함.

[예] 들미낭구가 참 여물다.

**들뿎이키다**(여량면, 화암면), **달달볶이다**(임계면), **들뿎개다**(신동읍)

[표] [동] 들볶이다 [뜻] '들볶다'의 피동사.

[예] 맨날 들뿎이키다.

**들뿌수다**(정선읍, 여량면, 신동읍, 화암면), **들고뿌수다**(여량면, 북평면)

[표] [동] 들부수다 [뜻] '들이부수다(마구 부수다)'의 준말.

[예] 밥상을 들고뿌수다.

**들썩하다**(정선읍, 여량면, 북평면, 남면)

[표] [동] 진동하다(震動--) [뜻] 물체가 몹시 울리어 흔들림. 또는 물체 따위를 흔듦.

[예] 총각색시 바람났다고 온 이우지 들썩하네.

**들어**(여량면, 화암면), **넹게**(신동읍)

[표] [접] -들이 [뜻] '몹시', '마구', '갑자기'의 뜻을 더하는 접두사.

[예] 들어대 떨지말고.

**들어닥치다**(정선읍, 여량면, 신동읍, 화암면), **마구닥치다**(임계면)

[표] [동] 들이닥치다 [뜻] 갑자기 바싹 다다름.

[예] 널름쯔리 경찰이 들어닥쳤다.

**들어대다**(여량면, 신동읍), **마구들이대다**(임계면)

[표] [동] 들이대다 [뜻] 1. 바싹 가져다 댐. 2. 물을 끌어 댐. 3. 돈이나 물건 따위를 대어 줌.

[예] 때도 읎이 들어대지마.

**들어뎀비다**(정선읍, 여량면, 신동읍, 화암면)

[표] [동] 들이덤비다 [뜻] 함부로 덤빔.

[예] 함부로 들어뎀비지마.

**들어몰다**(여량면, 신동읍)

[표] [동] 들이몰다 [뜻] 마구 몲.

[예] 소를 마구에 들어몰다.

**들어빈추다**(정선읍, 여량면, 북평면, 신동읍)

[표] [동] 들이비추다 [뜻] 안쪽으로 비춤.

[예] 달이 창문으로 들어빈추다.

**들어뿌꾸대다**(여량면, 신동읍, 화암면)
　[표] 图 들이부수다 뜻 마구 부숨.
　예 겐노로 들어뿌꾸대다.

**들어소다**(여량면, 신동읍, 화암면)
　[표] 图 들이쏘다 뜻 마구 쏨.
　예 땡삐들이 막 대들어 쏘다.

**들어스다**(정선읍, 여량면, 신동읍, 화암면)
　[표] 图 들어서다 뜻 1. 밖에서 안쪽
　으로 옮겨 섬. 2. 어떤 상태나 시기가
　시작됨. 3. 어떤 곳에 자리 잡고 섬.
　예 집에 들어스니 맴이 팬하다.

**들어질르다**(여량면, 북평면, 신동읍)
　[표] 图 들이지르다 뜻 1. 들이닥치며
　세게 지름. 2. 닥치는 대로 흉하게 많
　이 먹음. 3. 큰 소리를 마구 냄.
　예 되도안케 들어질르다.

**들어찡구다**(정선읍, 여량면, 북평면, 신동
읍, 화암면)
　[표] 图 들이끼우다 뜻 '들이끼다'의
　사동사.
　예 한 개 더 들어찡구니 잘 맞네.

**들익다**(정선읍, 여량면, 북평면, 남면, 화
암면)
　[표] 图 설익다 뜻 1. 충분하지 아니
　하게 익힘. 2. 완성되지 못함.
　예 사괴가 아직 들익었다.

**들죽다**(여량면, 남면, 화암면), **맛이들갔
다**(여량면), **반죽었다**(임계면)
　[표] 图 설죽다 뜻 완전히 죽지 아니함.
　예 저놈의 개새끼 슴이 있는 걸 보니
　아직 들죽었다.

**들짐성**(정선읍, 여량면, 북평면, 신동읍,
화암면)
　[표] 图 들짐승 뜻 들에 사는 짐승.

　예 들짐성이 사무릅게 돌아댕기다.

**들참**(정선읍), **전노리**(여량면), **샛밥**(남
면), **잰노리**(임계면, 화암면)
　[표] 图 새참 뜻 일을 하다가 잠깐 쉬
　면서 먹는 음식.
　예 전노리 먹고 쫌 쇳다 합시다.

**들치다**(정선읍), **까발리다**(임계면)
　[표] 图 헤치다 뜻 1. 속에 든 물건을
　드러나게 하려고 덮인 것을 파거나 젖
　힘. 2. 모인 것을 제각기 흩어지게 함.
　3. 앞에 걸리는 것을 좌우로 물리침.
　예 그 비밀을 까발리면 안돼.

**들크무레하다**(정선읍, 신동읍, 화암면),
**들크네하다**(여량면), **달그래하다**(임계면)
　[표] 图 들큼하다 뜻 맛깔스럽지 아니
　하게 조금 닮.
　예 맛이 틀크네하네.

**등가**(정선읍, 여량면, 신동읍), **덩가**(화암면)
　[표] 에 -던가 뜻 1. 하게할 자리에
　쓰여, 과거의 사실에 대한 물음을 나
　타내는 종결 어미.2. 과거의 사실에
　대하여 자기 스스로에게 묻는 물음이
　나 추측을 나타내는 종결 어미.
　예 하등가 말등가.

**등강**(여량면, 신동읍), **잔등**(임계면)
　[표] 图 등성이 뜻 1. 사람이나 동물의
　등마루가 되는 부분. 2. 산의 등줄기.
　예 등강에 바람이 선뜻하게 분다.

**등거리**(여량면, 화암면), **뜨거지**(임계면),
**등거지**(신동읍)
　[표] 图 등걸 뜻 줄기를 잘라 낸 나무
　의 밑동.
　예 낭구 등거리가 실하지 않네.

**등거리**(정선읍, 여량면, 신동읍, 화암면)

[표] 명 덩어리 뜻 1. 크게 뭉쳐서 이루어진 것. 2. 부피가 큰 것이나 크게 뭉쳐서 이루어진 것을 세는 단위. 3. 그러한 성질을 가지거나 그런 일을 일으키는 사람이나 사물을 나타내는 말.
예 수박 한 등거리 사 와라.

**등게**(정선읍, 여량면, 화암면), **등개**(신동읍)
[표] 명 등겨 뜻 벗겨 놓은 벼의 껍질.
예 베방아 찧으니 등게가 마이 나온다.

**등낭구**(정선읍, 여량면, 북평면, 신동읍, 화암면)
[표] 명 등나무(藤--) 뜻 〈식물〉 콩과의 낙엽 덩굴성 식물.
예 등낭구 아래서 쉐쉐가라.

**등딱젱이**(정선읍, 여량면, 화암면), **등따젱이**(신동읍)
[표] 명 등딱지 뜻 게나 거북 따위의 등을 이룬 단단한 껍데기.
예 등딱젱이 떨어진다.

**등때뻬**(정선읍, 여량면, 화암면), **사등뻬**(신동읍)
[표] 명 등골뼈 뜻 〈의학〉 머리뼈 아래에서 엉덩이 부위까지 33개의 뼈가 이어져 척주를 이룰 때, 그중 하나하나의 뼈를 가리키는 말.
예 등때뻬가 쑤신다.

**등떼기**(정선읍, 북평면, 화암면), **두더수기**(여량면), **등싸대기**(여량면), **등더수기**(신동읍)
[표] 명 등덜미 뜻 등의 윗부분.
예 일을 마이해서 등더수기 담이 들었다.

**등떼기**(정선읍, 여량면, 북평면, 신동읍, 임계면, 화암면), **등사뎅이**(정선읍), **등어리**(임계면)
[표] 명 등 뜻 1. 사람이나 동물의 몸통에서 가슴과 배의 반대쪽 부분. 2. 물체의 위쪽이나 바깥쪽에 볼록하게 내민 부분.
예 1. 등떼기 때 쫌 밀어봐. 2. 등떼기 쫌 끌거 봐라.

**등말랑**(정선읍, 여량면, 북평면, 신동읍, 화암면)
[표] 명 마루 뜻 1. 등성이를 이루는 지붕이나 산 따위의 꼭대기. 2. 파도가 일 때 치솟은 물결의 꼭대기. 3. 일이 한창인 고비.
예 우리 집은 등말랑에 있다.

**등받이**(정선읍, 여량면, 북평면, 신동읍, 화암면)
[표] 명 등거리 뜻 등만 덮을 만하게 걸쳐 입는 홑옷. 베나 무명으로 깃이 없고 소매가 짧거나 없게 만듦.
예 등받이가 따스하다.

**등빨**(정선읍, 화암면), **등발**(여량면), **등치**(신동읍, 임계면)
[표] 명 덩치 뜻 몸의 부피.
예 1. 등발 음청 실하다. 2. 저 놈 참 등빨 실하다.

**등잔받침**(정선읍, 화암면), **등잔바탕**(여량면, 북평면, 신동읍)
[표] 명 등잔걸이(燈盞--) 뜻 등잔을 걸어 놓는 기구.
예 등잔바탕 아래가 어둡다.

**등지나레미**(여량면), **등나래미**(신동읍)
[표] 명 등지느러미 뜻 〈동물〉 물고기의 등에 있는 지느러미.
예 등지나레미가 너불거린다.

**등짐장사**(정선읍, 여량면, 북평면, 화암
면), **바지게**(정선읍)

[표] 몡 등짐장수 뜻 물건을 등에 지
고 다니며 파는 사람.

예 등짐장사 한지가 퍽 됐다.

**딘다**(정선읍, 여량면, 북평면, 화암면)

[표] 동 데다 뜻 1. 불이나 뜨거운 기
운으로 말미암아 살이 상함. 또는 그
렇게 함. 2. 몹시 놀라거나 심한 괴로
움을 겪어 진저리가 남.

예 1. 뜨신물에 손을 디다. 2. 끌른물
에 손 딘다 조심해라.

**디레샇다**(정선읍, 북평면, 신동읍, 화암면),
**디레무지다**(여량면)

[표] 동 들여쌓다 뜻 안쪽으로 쌓음.

예 낭구를 디레무지다.

**따구**(정선읍, 여량면, 북평면, 신동읍, 화
암면)

[표] 의 따위 뜻 1. 앞에 나온 것과 같은
종류의 것들이 더 있음을 나타내는 말.
2. 앞에 나온 종류의 것들이 나열되었음
을 나타내는 말. 3. 앞에 나온 대상을
낮잡거나 부정적으로 이르는 말.

예 지 따구가 멀 안다고 그래.

**따까리**(여량면, 화암면), **따꺼리**(신동읍)

[표] 몡 비서(秘書) 뜻 1. 일부 중요한
직위에 있는 사람에게 직속되어 있으
면서 기밀문서나 사무를 맡아보는 직
위. 또는 그 직위에 있는 사람. 2. 소중
히 간직해 둔 책. 3. 남에게 보이지 않
기 위하여 은밀히 소장하고 있는 책.

예 자는 사장 따까리다.

**따까리**(정선읍, 여량면, 남면), **다갱**(여량면)

[표] 몡 잔(盞) 뜻 1. 차나 커피 따위의

음료를 따라 마시는 데 쓰는 작은 그
릇. 손잡이와 받침이 있음. 2. 술을 따
라 마시는 그릇. 3. 음료나 술을 '1.'이
나 '2.'에 담아 그 분량을 세는 단위.

예 오늘 같이 실한 날 술 한따까리 하세.

**따다**(정선읍, 여량면, 북평면), **찔르다**(정
선읍, 남면)

[표] 동 찌르다 뜻 1. 끝이 뾰족하거나
날카로운 것으로 물체의 겉면이 뚫어지
거나 쑥 들어가도록 세차게 들이밀음.
2. 틈이나 사이에 무엇을 꽂아 넣음.

예 체하면 바늘로 손구락을 따다.

**따듬다**(정선읍, 여량면, 남면, 북평면, 화
암면), **가우다**(임계면)

[표] 동 다듬다 뜻 1. 맵시를 내거나
고르게 손질하여 매만짐. 2. 필요 없
는 부분을 떼고 깎아 쓸모 있게 만듦.
3. 거친 바닥이나 거죽 따위를 고르고
곱게 함.

예 1. 짐장할라믄 배차를 따듬어야
지. 2. 칼자루를 곱게 따듬다.

**따듬질**(정선읍, 남면, 화암면), **다뎀이질**
(여량면)

[표] 몡 다듬이질 뜻 옷이나 옷감 따위
를 방망이로 두드려 반드럽게 하는 일.

예 다뎀이질 방맹이소리가 또닥또닥
난다.

**따뜨하다**(정선읍, 북평면), **따땃하다**(여량
면), **따스하다**(임계면), **땃따하다**(화암면)

[표] 형 따뜻하다 뜻 1. 덥지 않을 정
도로 온도가 알맞게 높음. 2. 감정, 태
도, 분위기 따위가 정답고 포근함.

예 1. 이불 밑이 따뜨하다. 2. 아랫목
이 따땃하다.

**따루세다**(정선읍, 여량면, 북평면, 화암면),
**딸루스다**(신동읍), **따루서다**(정선읍)

[표] 图 따로서다 图 어린아이가 처음으로 딴 것에 의지하지 않고 혼자 섬.
㉖ 혼자 따루서서 뭐하나?

**따르마**(정선읍, 여량면)

[표] 图 따로따로 图 한데 섞이거나 함께 있지 않고 여럿이 다 각각 떨어져서.
㉖ 혼자 따르마 잘하네.

**따바리총**(정선읍, 여량면, 북평면, 화암면),
**또바리총**(신동읍)

[표] 图 따발총(--銃) 图 1. 탄창이 따리 모양으로 둥글납작한 소련제 기관 단총을 속되게 이르는 말. 2. 말이 많거나 빠른 사람을 비유적으로 이르는 말.
㉖ 따바리총 쌈한다.

**따시다**(정선읍, 여량면, 화암면), **따시하다**(신동읍)

[표] 图 따스하다 图 조금 다스움. '다스하다'보다 센 느낌을 줌.
㉖ 낯이 따시다.

**딱낭구**(정선읍, 여량면, 남면, 화암면), **당나무**(정선읍), **딲나무**(임계면)

[표] 图 닥나무 图 〈식물〉 뽕나뭇과의 낙엽 활엽 관목. 높이는 3미터 정도임. 잎은 어긋나고 달걀 모양이며 대개 2~3개의 결각이 있음. 암수한그루로 봄에 단성화가 이삭 모양으로 잎겨드랑이에서 피고 열매는 9월에 붉은색의 핵과(核果)를 맺음. 열매는 '저실(楮實)' 또는 '구수자(構樹子)'라 하여 약용함. 어린잎은 식용하며 껍질은 한지를 만드는 데 씀. 산기슭의 양지바른

곳이나 밭둑에서 자라는데 한국, 일본, 중국, 대만 등지에 분포함.
㉖ 딱낭구 한짐 해왔다.

**딱자구리**(신동읍)

[표] 图 딱따구리 图 〈동물〉 딱따구릿과의 새를 통틀어 이르는 말. 삼림에 살며 날카롭고 단단한 부리로 나무에 구멍을 내어 그 속의 벌레를 잡아먹음. 까막딱따구리, 쇠딱따구리, 오색딱따구리, 청딱따구리, 크낙새 따위가 있음.
㉖ 딱자구리가 구영도 잘 패낸다.

**짱방구리**(여량면)

[표] 图 딱부리 图 크고 툭 불거진 눈.
㉖ 눈가리가 짱방구리네.

**딱장벌거지**(정선읍, 여량면, 신동읍), **무당벌레**(임계면), **딱정벌게이**(화암면)

[표] 图 딱정벌레 图 〈동물〉 1. 딱정벌레목의 곤충을 통틀어 이르는 말. 2. 딱정벌렛과의 곤충을 통틀어 이르는 말.
㉖ 딱장벌거지가 개냉긴다.

**딱장벌레**(정선읍, 화암면)

[표] 图 승용차(乘用車) 图 사람이 타고 다니는 데 쓰는 자동차.
㉖ 서울 가니 희한한 딱장벌레가 많더라.

**딱쩽이**(정선읍, 여량면, 신동읍, 화암면), **딱쩽이**(임계면)

[표] 图 딱지 图 1. 헌데나 상처에서 피, 고름, 진물 따위가 나와 말라붙어 생긴 껍질. 2. 게, 소라, 거북 따위의 몸을 싸고 있는 단단한 껍데기. 3. 만들 때부터 종이에 박혀 있는 티.

⑩ 세수하다가 딱젱이가 떨어졌다.

**딱주기**(정선읍, 여량면, 북평면)

[표] 🅝 잔대 🅢 1. 초롱꽃과의 나리잔대, 넓은잔대, 둥근잔대, 두메잔대, 수원잔대, 왕잔대, 털잔대 따위를 통틀어 이르는 말. 2. 초롱꽃과의 여러해살이풀. 높이는 60~120cm이며, 근생엽은 잎자루가 길고 거의 원형이고 경엽은 마주나거나 돌려나고 또는 어긋남. 7~9월에 종 모양의 보라색 꽃이 원추(圓錐) 화서로 아래로 드리워져 핌. 뿌리는 해독과 거담제로 쓰고 어린잎은 식용한다. 한국, 일본, 중국 등지에 분포함.

⑩ 한치 뒷산에 곤드레 딱주기.

**딲캐다**(정선읍), **딲이키다**(여량면, 화암면)

[표] 🅓 닦이다 🅢 '닦다'의 사동사.

⑩ 구두를 역부로 딲이키다.

**딴거**(정선읍, 여량면, 북평면, 신동읍, 화암면)

[표] 🅝 딴것 🅢 해당하는 것이 아닌 다른 것.

⑩ 이거 말고 딴거 옳소.

**딴청부리다**(정선읍, 여량면, 화암면), **헛소리하다**(여량면), **딴즌부리다**(신동읍)

[표] 🅓 딴전부리다 🅢 엉뚱한 짓을 함.

⑩ 자꾸만 헷소리한다.

**딸**(정선읍, 북평면, 화암면), **딸구**(여량면, 신동읍, 임계면, 화암면)

[표] 🅝 딸기 🅢 〈식물〉 1. 장미과 딸기속, 거문딸기속, 뱀딸기속 및 나무딸기속의 일부를 포함하는 식물을 통틀어 이르는 말. 보통은 딸기속 식물을 가리키며 열매는 식용하는 것이 많음. 2. 장미과의 여러해살이풀. 줄기

는 땅 위로 뻗으며, 잎은 세 개씩 붙은 겹잎임. 봄에 흰색 꽃이 취산(聚纖) 화서로 피고 열매는 공 모양 또는 달걀 모양의 장과(漿果)로 붉게 익는데, 날로 먹거나 잼을 만들어 먹음. 남미가 원산지임. 3. '2'의 열매.

⑩ 산에 가서 딸 따먹자.

**딸기코**(정선읍, 북평면), **코빨겡이**(여량면, 남면)

[표] 🅝 주독코 🅢 〈한의학〉 술에 중독이 되어 코가 붉게 변하는 증상. 또는 그 코.

⑩ 저 사람은 맨날 딸기코다.

**딸딸이**(정선읍, 여량면, 남면, 임계면, 화암면)

[표] 🅝 경운기(耕耘機) 🅢 1. 동력을 이용하여, 논밭을 갈아 일구어 흙덩이를 부수는 기계. 2. 땅을 갈아엎는 데 쓰는 쟁기, 가래 따위의 농기구를 통틀어 이르는 말.

⑩ 딸딸이에 짐을 봉두로 싣고 간다.

**딸랑무꾸**(정선읍, 남면, 임계면), **총각무꾸**(여량면, 남면)

[표] 🅝 총각무(總角-) 🅢 〈식물〉 무 청째로 김치를 담그는, 뿌리가 잔 무.

⑩ 총각무꾸 짐치가 먹음직스럽다.

**딸래미**(정선읍, 신동읍, 화암면), **딸레미**(여량면)

[표] 🅝 딸 🅢 1. 여자로 태어난 자식. 2. 어떤 조직이나 사회, 국가에 속한 여자들을 비유적으로 이르는 말.

⑩ 우리 딸레미가 시집간다네.

**딸리다**(정선읍, 여량면, 북평면, 화암면), **쪼달리다**(임계면), **질지다**(임계면)

[표] 图 달리다 뜻 재물이나 기술, 힘 따위가 모자람.

예 심이 딸린다.

**딸코내다**(정선읍, 여량면, 북평면, 신동읍, 화암면), **찌러내다**(여량면)

[표] 图 따라내다 뜻 그릇을 기울여 안에 들어 있는 액체를 밖으로 조금씩 흐르게 함.

예 궁물을 찌러내다.

**딸쿠다**(정선읍, 여량면, 신동읍, 화암면)

[표] 图 따르다 뜻 1. 다른 사람이나 동물의 뒤에서, 그가 가는 대로 같이 감. 2. 앞선 것을 좇아 같은 수준에 이름. 3. 좋아하거나 존경하여 가까이 좇음.

예 한잔 가득 딸쿠다.

**땅강아지**(정선읍, 화암면), **당가아지**(신동읍)

[표] 图 발바리 뜻 1. 〈동물〉몸이 작고 다리가 짧은 애완견을 통틀어 이르는 말. 성질이 온순하고 모양이 예쁨. 2. 별로 중요한 볼일도 없이 경망스럽게 여기저기 잘 돌아다니는 사람을 비유적으로 이르는 말.

예 땅강아지처럼 쌀쌀거린다.

**땅꼬멩이**(정선읍, 신동읍, 임계면), **땅꼬마**(여량면)

[표] 图 당꼬마(唐--) 뜻 키가 몹시 작은 사람.

예 생게먹은 게 땅꼬마 같다.

**땅떼기**(여량면, 신동읍, 화암면)

[표] 图 땅 뜻 1. 강이나 바다와 같이 물이 있는 곳을 제외한 지구의 겉면. 2. 영토(領土) 또는 영지(領地). 3. 그

지방. 또는 그곳.

예 땅떼기를 다 팔고 떠난다.

**때개다**(정선읍, 여량면, 신동읍, 화암면)

[표] 图 따다 뜻 1. 붙어 있는 것을 잡아 뗌. 2. 글이나 말 따위에서 필요한 부분을 뽑아 취함. 3. 노름, 내기, 경기 따위에서 이겨 돈이나 상품 따위를 얻음.

예 배창지를 때개다.

**때굽다**(정선읍, 여량면, 신동읍, 화암면), **따겁다**(임계면)

[표] 图 따갑다 뜻 1. 살갗이 따끔거릴 만큼 열이 썩 높음. 2. 눈길이나 충고 따위가 매섭고 날카로움. 3. 살을 찌르는 듯이 아픈 느낌이 있음.

예 1. 등때기가 때굽다. 2. 눈이 따겁다.

**때기**(정선읍, 북평면, 신동읍, 화암면), **떼기**(여량면)

[표] 图 뜨기 뜻 '부정적 속성을 가진 사람'의 뜻을 더하는 접미사.

예 시골떼기는 촌시룹다.

**때기**(정선읍, 신동읍, 화암면), **떼기**(여량면)

[표] 图 떼기 뜻 1. 경계를 지어 놓은 논밭의 구획. 2. 일정하게 경계를 지은 논밭의 구획을 세는 단위.

예 배차밭을 밭때기로 냉갰다.

**때꿈하다**(여량면, 화암면), **때끔하다**(신동읍)

[표] 图 따끔하다 뜻 1. 따가울 정도로 매우 더움. 2. 마음에 큰 자극을 받아 따가움. 3. 찔리거나 꼬집히는 것처럼 아픔.

예 까시에 찔래서 때꿈하다.

**때때옷**(정선읍, 화암면), **베미**(신동읍)

[표] 图 빔 뜻 명절이나 잔치 때에 새

117

옷을 차려입음. 또는 그 옷의 뜻을 나타내는 말.

예 손자가 마이 자라 설 베미를 새로 장만해야 하는데.

**때레눕히다**(정선읍, 여량면, 북평면, 신동읍)

[표] 동 때려눕히다 뜻 1. 주먹이나 몽둥이 따위로 쳐서 쓰러지게 함. 2. 싸움에서 상대를 완전히 이김.

예 개새끼를 때레눕히다.

**때마춤**(정선읍, 여량면, 북평면, 신동읍, 화암면)

[표] 부 때마침 뜻 제때에 알맞게. 또는 바로 때맞춰.

예 때마춤 잘 왔다.

**때메**(정선읍, 여량면, 신동읍, 화암면)

[표] 명 때문 뜻 명사나 대명사 또는 어미 '-기', '-은', '-는', '-던' 뒤에서 주로 '에' 따위의 조사와 함께 쓰여, 앞에 오는 말이 뒤에 오는 일의 까닭이나 원인임을 나타내는 말.

예 1. 니 때메 들켰잖아 2. 니 때메 못살어.

**땔낭구**(정선읍, 여량면, 신동읍, 화암면)

[표] 명 땔나무 뜻 땔감이 되는 나무.

예 아궁지에 넣을 땔낭구 하러간다.

**땜빵**(정선읍, 여량면, 남면, 북평면), **땜질**(임계면, 화암면)

[표] 명 납땜 뜻 금이 가거나 뚫어진 쇠붙이를 땜납으로 때움. 때울 자리에 염산을 바르고 구리로 만든 인두를 불에 달구어서 염산을 찍고 땜납을 묻혀서 문질러 붙임.

예 양재기가 깨져서 땜빵을 했다.

**땜빵통**(정선읍, 여량면, 북평면, 화암면),

**땜질통**(신동읍)

[표] 명 땜통 뜻 머리에 생긴 흠집을 속되게 이르는 말.

예 대가리에 땜빵통자국이 있네.

**땜빵하다**(여량면, 신동읍, 화암면), **땜방질**(임계면)

[표] 동 때우다 뜻 뚫어지거나 깨지거나 해어진 곳에 조각을 대어 막음.

예 냄비가 구녕이 나면 땜쟁이한테 땜빵했다.

**땜쟁이**(정선읍, 여량면, 신동읍, 화암면)

[표] 명 땜장이 뜻 땜질을 직업으로 하는 사람.

예 에미말 안들으면 땜쟁이 딸래 보낸다.

**땟구정물**(정선읍), **뗏구정물**(화암면)

[표] 명 간국 뜻 1. 짠맛이 우러난 국물. 2. 때와 땀이 섞여 더럽게 옷에 밴 것.

예 땟구정물이 덕지덕지 하네.

**땡게지다**(정선읍), **땡기키다**(여량면, 화암면), **댕게지다**(남면)

[표] 동 당겨지다 뜻 (마음이나 입맛이)성(盛)하게 됨.

예 오늘따라 술이 땡기키네.

**땡길심**(여량면, 북평면), **댈길심**(남면)

[표] 명 당길힘(--心) 뜻 자기에게로만 끌어당기려는 욕심.

예 땡길심이 음청나다.

**땡땡이**(정선읍, 남면)

[표] 명 종(鐘) 뜻 1. 어떤 시간 또는 시각을 알리거나 신호를 하기 위하여 치거나 흔들어 소리를 내는 금속 기구. 매달고 때려 울리는 범종(梵鐘)과 안에 추가 달려 있어 그 안의 벽을 때려 소

리를 내는 탁(鐸), 그리고 소형으로 된 방울 따위가 있음. 2. 자명종(미리 정하여 놓은 시각이 되면 저절로 소리가 나도록 장치가 되어 있는 시계). 3. 〈음악〉 국악에서, 놋쇠로 만든 타악기의 하나.

㉠ 학교 땡땡이 쳤으니 널름쪼리 가자.

**땡땡이**(정선읍, 북평면), **농뗑이**(여량면, 신동읍, 화암면)

[표] 몡 농땡이 뜻 일을 하지 않으려고 꾀를 부리며 게으름을 피우는 짓. 또는 그런 사람을 속되게 이르는 말.

㉠ 하루죙일 농뗑이치다.

**땡땡이소리**(정선읍, 남면)

[표] 몡 종소리(鐘--) 뜻 종을 칠 때 울리는 소리.

㉠ 땡땡이소리 들으니 핵교 댕길 때가 그립다.

**땡삐**(정선읍, 여량면, 신동읍, 임계면, 화암면)

[표] 몡 땅벌 뜻 〈동물〉 1. 땅속에 집을 짓고 사는 벌. 2. 말벌과의 벌. 몸의 길이는 암컷이 1.6cm, 일벌이 1.2cm 정도이며, 검은색이고 등 쪽에 각각 누런색을 띤 백색의 얼룩무늬와 줄무늬가 있음. 애벌레는 식용하며 땅속에 집을 짓고 사는데 한국, 일본, 중국 등지에 분포함.

㉠ 독하기가 땡삐 같은 년.

**땡중**(정선읍, 여량면, 북평면, 신동읍, 임계면, 화암면)

[표] 몡 땡추 뜻 〈불교〉 파계하여 중답지 못한 중을 낮잡아 이르는 말.

㉠ 땡중이 염불한다.

**떠냉기다**(정선읍, 신동읍, 화암면), **떠넴**

기다(여량면)

[표] 동 떠넘기다 뜻 자기가 할 일이나 책임을 남에게 미룸.

㉠ 나한테 떠넴기지마.

**떠드레하다**(여량면)

[표] 동 떠들썩하다 뜻 여러 사람이 큰 소리로 시끄럽게 마구 떠듦.

㉠ 장바닥이 떠드레하다.

**떠레기**(정선읍, 북평면, 신동읍, 화암면), **떼레미**(여량면)

[표] 몡 떨이 뜻 팔다 조금 남은 물건을 다 떨어서 싸게 파는 일. 또는 그렇게 파는 물건.

㉠ 떠레기니 쫌 잘해줘.

**떠미다**(정선읍, 여량면, 북평면, 화암면)

[표] 동 떠메다 뜻 1. 무거운 짐 따위를 쳐들어서 어깨에 걸치거나 올려놓음. 2. 어떤 일이나 책임을 떠맡음.

㉠ 가마이를 떠미다가 허리를 삐끗했다.

**떠오르다**(정선읍, 남면), **나지다**(여량면), **뜨다**(화암면)

[표] 동 나타나다 뜻 1. 보이지 아니하던 어떤 대상의 모습이 드러남. 2. 어떤 일의 결과나 징후가 겉으로 드러남. 3. 생각이나 느낌 따위가 글, 그림, 음악 따위로 드러남.

㉠ 짭새가 떴다

**떡메판**(정선읍, 화암면), **안반짝**(여량면, 남면)

[표] 몡 안반 뜻 떡을 칠 때에 쓰는 두껍고 넓은 나무 판.

㉠ 궁뎅이가 꼭 안반짝만하다.

**떡부헝이**(정선읍, 화암면), **떡부헹이**(여

량면, 신동읍)

　[표] 뗑 떡부엉이 뜻 촌스럽고 상스러운 사람을 낮잡아 이르는 말.

　예 저런 떡부헹이 같은놈이라구.

**떡실구**(여량면, 신동읍)

　[표] 뗑 떡시루 뜻 떡을 찌는 데 쓰는 둥근 질그릇. 자배기 모양인데 바닥에 구멍이 여러 개 뚫려 있음.

　예 떡실구 쫌 빌레줘.

**떡잎사구**(정선읍, 화암면), **떡잎파리**(여량면)

　[표] 뗑 떡잎 뜻 〈식물〉 씨앗에서 움이 트면서 최초로 나오는 잎. 보통의 잎과 형태가 다르고 양분을 저장하고 있는 것이 있음. 겉씨식물에서는 여러 장, 속씨식물의 외떡잎식물에서는 한 장, 쌍떡잎식물에서는 보통 두 장임.

　예 떡잎파리가 누렇다.

**떡지**(정선읍), **뚜껍기**(여량면, 북평면, 화암면), **두깨**(임계면), **떡개**(임계면)

　[표] 뗑 두께 뜻 1. 두꺼운 정도. 2. 〈수학〉 한 면과 그에 평행한 맞은 면 사이의 너비.

　예 두껍기가 음청 두껍다.

**떡취**(정선읍, 여량면, 북평면, 남면, 화암면), **개취**(임계면)

　[표] 뗑 수리취 뜻 〈식물〉 국화과의 여러해살이풀. 높이는 80~100cm이며, 잎은 어긋나고 타원형임. 9~10월에 흰색 또는 자주색 꽃이 가지 끝에 피고 어린잎은 식용함. 산이나 들에서 나는데 한국, 일본, 만주, 시베리아 등지에 분포함.

　예 떡 해먹게 떡취쫌 뜯어라.

**떤지다**(정선읍, 여량면, 북평면, 신동읍, 화암면)

　[표] 됭 던지다 뜻 1. 손에 든 물건을 다른 곳에 떨어지게 팔과 손목을 움직여 공중으로 내보냄. 2. 자기 몸을 떨어지게 하거나 뛰어듦. 3. 어떤 행동을 상대편에게 함.

　예 멀리 내떤져라.

**떨다**(정선읍, 여량면, 남면)

　[표] 됭 털다 뜻 1. 달려 있는 것, 붙어 있는 것 따위가 떨어지게 흔들거나 치거나 함. 2. 자기가 가지고 있는 것을 남김없이 냄. 3. 남이 가진 재물을 몽땅 빼앗거나 그것이 보관된 장소를 모조리 뒤지어 훔침.

　예 보리를 탯돌에 떨었다.

**떨레나다**(정선읍, 여량면), **쫓게나다**(정선읍, 남면)

　[표] 됭 쫓겨나다 뜻 어떤 장소나 직위에서 내쫓김을 당함.

　예 술 먹고 지랄하다 마누라한테 떨레나다.

**떨어띠리다**(정선읍, 여량면, 화암면), **떨구다**(신동읍)

　[표] 됭 떨어뜨리다 뜻 1. 위에 있던 것을 아래로 내려가게 함. 2. 가지고 있던 물건을 빠뜨려 흘림. 3. 뒤에 처지게 하거나 남게 함.

　예 떨어띠리지 말고 조심해.

**떨어먹다**(정선읍, 여량면, 남면)

　[표] 됭 털어먹다 뜻 재산이나 돈을 함부로 써서 몽땅 없앰.

　예 그 좋던 재산을 다 떨어먹었다.

**떰불새**(정선읍, 북평면, 화암면)

[표] 명 뜸부기 뜻 〈동물〉 1. 뜸부깃
과의 새를 통틀어 이르는 말. 2. 뜸부
깃과의 여름새. 몸의 길이는 35cm 정
도이며, 색깔은 암수가 약간 다른데
부리는 누런색이고 등은 검누런 갈색
임. 날개는 검은색으로 넓은 아롱무늬
가 있고 다리는 녹색임. 부리와 다리
가 길며 호수나 하천 등지의 갈대숲이
나 논에서 살며 '뜸북뜸북' 하고 욺. 동
북아시아에서 번식하고, 동남아시아
에서 겨울을 보냄.
예 떰불새 떼가리가 난다.

**떼**(정선읍, 여량면, 북평면, 남면, 화암면,
임계면), **짠디**(임계면)

[표] 명 잔디 뜻 1. 볏과의 잔디, 물잔
디, 금잔디, 비로드잔디, 갯잔디 따위
를 통틀어 이르는 말. 2. 볏과의 여러
해살이풀. 높이는 5~10cm이며, 잎은
어긋나며 갸름하고 뾰족함. 5월에 다
갈색의 수상화가 총상(總狀) 화서로 줄
기 끝에 피고 열매는 영과(潁果)를 맺
음. 무덤, 언덕, 정원, 제방 따위에 심
어서 흙이 무너지지 않도록 함. 산과
들에서 자라는데 한국, 중국, 일본 등
지에 분포함.
예 한식날 할아부지 묘에 가서 떼를
    입했다.

**떼가리**(정선읍, 여량면, 화암면), **떼거리**
(신동읍)

[표] 명 떼 뜻 목적이나 행동을 같이
하는 무리.
예 공짜라 하니 떼거리고 몰래든다.

**떼거러지**(정선읍, 여량면, 북평면, 화암면),
**떼거렝이**(신동읍)

[표] 명 떼거지 뜻 1. 떼를 지어 다니
는 거지. 2. 천재지변 따위로 졸지에
헐벗게 된 많은 사람을 비유적으로 이
르는 말.
예 떼거러지가 댕긴다.

**떼거지**(정선읍, 여량면, 임계면, 화암면)

[표] 명 떼 뜻 부당한 요구나 청을 들
어 달라고 고집하는 짓.
예 떼거지로 달개 든다.

**떼기**(정선읍, 여량면, 남면), **탯치기**(정선읍)

[표] 명 개상질 뜻 〈농업〉 볏단이나
보릿단 따위를 개상에 메어쳐서 이삭
을 떠는 일.
예 탯치기는 씨게 두들겨야 잘 떨어
    진다.

**떼꾸레기**(정선읍, 신동읍), **떼보**(여량면,
북평면)

[표] 명 떼꾸러기 뜻 늘 떼를 쓰는 버
릇이 있는 사람을 낮잡아 이르는 말.
예 야 떼보야 뚝 그쳐.

**떼보**(여량면, 신동읍, 화암면)

[표] 명 떼쟁이 뜻 떼를 잘 쓰는 사람.
예 가는 떼만 쓰는 떼보다.

**떼주다**(여량면, 북평면, 화암면), **돗내기
주다**(남면)

[표] 동 도급주다 뜻 (어떤 회사나 기
관이 다른 회사나 기관에게 일거리를)
일정한 기간이나 시간 내에 끝내야 할
일의 양을 한데 줌.
예 다른 사람에게 돗내기주다.

**또깨비**(여량면, 북평면, 신동읍)

[표] 명 도깨비 뜻 1. 동물이나 사람
의 형상을 한 잡된 귀신의 하나. 비상
한 힘과 재주를 가지고 있어 사람을 홀

리기도 하고 짓궂은 장난이나 심술궂은 짓을 많이 한다고 함. 2. 주책없이 망나니짓을 하는 사람을 비유적으로 이르는 말.

㈎ 하는 짓이 또깨비 같다.

**또랑**(정선읍, 여량면, 북평면, 신동읍, 화암면)

[표] 몡 도랑 뜻 매우 좁고 작은 개울.

㈎ 보 또랑에는 개구리가 많다.

**또바리**(정선읍, 여량면, 북평면, 신동읍, 화암면)

[표] 몡 따리 뜻 1. 짐을 머리에 일 때 머리에 받치는 고리 모양의 물건. 짚이나 천을 틀어서 만듦. 2. 둥글게 빙빙 틀어 놓은 것. 또는 그런 모양.

㈎ 물동이 밑에 또바리 바쳐 줘.

**똑대기**(정선읍), **자서히**(여량면, 남면)

[표] 뿐 자세히(仔細-/子細-) 뜻 사소한 부분까지 아주 구체적이고 분명히.

㈎ 1. 이제부터 자서히 말씀드리겠습니다. 2. 그거 똑대기 봐.

**똑때기**(여량면), **톡텍이**(남면)

[표] 뿐 톡톡히 뜻 1. 구실이나 역할 따위에 충실히. 2. 비판이나 대가의 정도가 심하게. 3. 재산이나 살림살이가 실속 있고 넉넉히.

㈎ 멀 하드래도 손 안가게끔 똑때기 해라.

**똑떼기**(정선읍, 여량면, 신동읍, 화암면)

[표] 뿐 똑똑히 뜻 1. 또렷하고 분명하게. 2. 사리에 밝고 총명하게. 3. 셈 따위가 정확하게.

㈎ 똑떼기 디레다 봐.

**똑부러지니**(정선읍, 여량면), **똑소리나니**(정선읍, 남면)

[표] 뿐 확실하게(確實--) 뜻 틀림없이 그러하게.

㈎ 일은 똑부러지니 해야 대접받아.

**똑부러지다**(정선읍, 여량면, 북평면, 남면, 임계면), **똑소리나다**(정선읍, 남면)

[표] 동 확실하다(確實--) 뜻 틀림없이 그러함.

㈎ 그 사람은 뭘 시켜도 똑부러지게 한다.

**똘빵**(정선읍), **꽝**(여량면, 화암면), **돌치기**(신동읍)

[표] 몡 돌땅 뜻 돌이나 망치 따위로 고기가 숨어 있을 만한 물속의 큰 돌을 세게 쳐서 그 충격으로 고기를 잡는 일. 또는 그렇게 치는 돌.

㈎ 강에서 꽝 놔서 고기 잡으러 가자.

**똥갈보**(정선읍), **똥치**(여량면), **똥간나**(남면)

[표] 몡 창녀(娼女) 뜻 돈을 받고 몸을 파는 일을 직업으로 하는 여자.

㈎ 저게 당기는 여자 똥갈보 맞지.

**똥개훈련시키다**(정선읍, 남면), **질들이다**(여량면, 화암면)

[표] 혱 길들이다 뜻 어떤 일에 익숙하게 함.

㈎ 첨부터 개 고생시켜가며 심하게 질들여나야 말 잘 듣지.

**똥그랗다**(정선읍, 북평면, 화암면), **둥굴다**(여량면, 신동읍)

[표] 동 둥글다 뜻 원이나 공과 모양이 같거나 비슷하게 됨.

㈎ 저게 똥그랗게 생긴게 뭐요?

**똥끄뎅이**(정선읍, 여량면, 신동읍, 화암면)

[표] 몡 뒤끝 뜻 대변을 달리 이르는 말.

**예** 질 옆에 거 똥끄뎅이가 디룹다.

**똥더펄이**(여량면, 북평면, 신동읍)

[표] 몡 더펄이 뜻 1. 성미가 침착하지 못하고 덜렁대는 사람. 2. 성미가 스스럼이 없고 붙임성이 있어 꽁하지 않은 사람.

**예** 먼지 아무것도 모르는 똥더펄이.

**똥따하다**(정선읍, 여량면, 신동읍)

[표] 혱 똥똥하다 뜻 1. 키가 작고 살이 쪄 몸이 옆으로 퍼진 듯함. 2. 물체의 한 부분이 붓거나 부풀어서 도드라져 있음.

**예** 자는 간난애 때부터 체격이 똥따한게 귀여웠어.

**똥뚜깐**(정선읍), **정낭**(여량면, 신동읍), **벤소간**(여량면, 화암면), **칙소**(임계면)

[표] 몡 뒷간(-間) 뜻 '변소'(便所)를 완곡하게 이르는 말.

**예** 아이구! 나 빨랑 정낭에 당개 올께.

**똥뚝깐**(여량면), **벤소칸**(화암면)

[표] 몡 변소(便所) 뜻 대소변을 보도록 만들어 놓은 곳.

**예** 거 똥뚝깐 문 쫌 닫고 댕개라.

**똥바람**(정선읍, 북평면), **헛바람**(여량면, 남면, 임계면)

[표] 몡 헛바람 뜻 1. 쓸데없이 부는 바람. 2. 공기가 드나들지 아니하여야 하는 물체의 속에 쓸데없이 드나드는 공기. 3. 허황된 일에 공연하게 들뜬 마음을 비유적으로 이르는 말.

**예** 거 핸게 실속도 읇이 헛바람만 찼짠아.

**똥방우**(정선읍, 여량면, 화암면), **방우병**(여량면), **똠방위**(임계면), **방우벵**(신동읍)

[표] 몡 방위병(防衛兵) 뜻 〈법률〉 향토방위나 후방 근무 지원을 수행하기 위해 소집된 병역 근무자.

**예** 방우병 출신들이 군대 갔다 온 늠보다 더 마이 안다.

**똥배**(정선읍, 남면), **헛배**(여량면)

[표] 몡 헛배 뜻 음식을 먹지 아니하고도 부른 배. 흔히 소화 불량으로 배에 가스가 차거나 하여 더부룩하게 느껴지는 것을 이름.

**예** 멀 잘못 먹었는지 헛배가 차서 음청 더부룩하네.

**똥뱃짱**(정선읍, 여량면, 북평면, 신동읍, 화암면)

[표] 몡 뱃심 뜻 1. 염치나 두려움이 없이 제 고집대로 버티는 힘. 2. 마음속에 다지는 속셈.

**예** 니 뭐 잘난 것도 읇으면서 똥뱃짱이나 쓰고 그리나.

**똥베락**(정선읍, 여량면, 화암면), **똥벼락**(신동읍)

[표] 몡 똥감태기 뜻 1. 온몸에 흠뻑 뒤집어쓴 똥. 또는 그것을 뒤집어쓴 모습. 2. 명예 따위를 더럽히는 나쁜 평판. 또는 그 평판을 받는 사람을 비유적으로 이르는 말.

**예** 에이! 이 나쁜 똥베락 맞을 늠.

**똥살**(남면)

[표] 몡 군살 뜻 1. 영양 과잉이나 운동 부족 따위 때문에 찐 군더더기 살. 2. 헌데에 두드러지게 내민 군더더기 살.

**예** 배때기에 똥살이 많다.

**똥술**(여량면)

[표] 몡 강술 뜻 안주 없이 마시는 술.

**똥쇠**(여량면)

　[표] 똉 퉁쇠 ㉢ 품질이 낮은 놋쇠.

　㉠ 똥쇠 그륵이 벌써 녹이 쓸었다.

**똥심**(정선읍), **헛심**(여량면, 남면)

　[표] 똉 헛심 ㉢ 보람 없이 쓰는 힘.

　㉠ 얼매나 열심히 일했는데 똥심만
　썼네.

**똥싸다**(정선읍, 여량면, 북평면, 화암면),
**똥누다**(정선읍, 신동읍, 임계면)

　[표] 똉 변보다 ㉢ 똥을 가누지 못하
　고 함부로 눔.

　㉠ 가는 쫌 모재라는지 바지에 뚝하
　면 똥누다.

**똥씹**(여량면), **삐약**(신동읍)

　[표] 똉 비역 ㉢ 사내끼리 성교하듯이
　하는 짓.

　㉠ 아무래도 저늠들은 지네끼리 삐
　약 하는 것 같테.

**똥잘그**(정선읍, 여량면, 북평면, 신동읍,
화암면)

　[표] 똉 땅딸보 ㉢ 키가 매우 작은 사
　람, 또는 키가 작고 옆으로 딱 바라진
　사람을 놀림조로 이르는 말.

　㉠ 크기가 똥잘그만한게 까불기는
　돼게 까불어.

**똥조**(여량면, 화암면), **똥조우**(남면)

　[표] 똉 선화지(仙花紙) ㉢ 종이의 하나.
　닥나무로 만들어 두껍고 질기며 빛이 누
　르스름하다. 봉투나 포장지로 쓰임.

　㉠ 똥조우 하나 가꾸 와라. 집 주소
　적어 줄게.

**똥조우**(정선읍, 북평면), **미징개**(정선읍),
**똥딱개**(여량면, 남면), **미꿈닭개**(여량면,

북평면), **미싱개**(여량면), **똥조이**(남면)

　[표] 똉 화장지 ㉢ 1. 화장할 때 쓰는
　부드러운 종이. 2. '휴지'(休紙)를 달리
　이르는 말.

　㉠ 화장을 읎애야 하는데 미싱개쫌
　빌려줘.

**똥줄**(정선읍, 여량면, 남면, 화암면)

　[표] 똉 애 ㉢ 초조한 마음속.

　㉠ 1. 저늠어 인간 인제 똥줄이 탄나
　봐. 2. 생각해 보면 똥줄이 탈꺼야.

**똥질**(정선읍, 여량면, 화암면), **설새**(남면)

　[표] 똉 설사(泄瀉) ㉢ 〈의학〉 변에 포
　함된 수분의 양이 많아져서 변이 액상
　(液狀)으로 된 경우. 또는 그 변. 소화
　불량이나 세균 감염으로 인해 장에서
　물과 염분 따위가 충분히 흡수되지 않
　을 때나 소장이나 대장으로부터의 분
　비액이 늘어나거나 장관(腸管)의 꿈틀
　운동이 활발해졌을 때 일어남.

　㉠ 하루 종일 똥질을 해뎄더니 심이
　없어.

**똥칠하다**(정선읍, 화암면), **먹칠하다**(여
량면, 신동읍)

　[표] 똉 망신하다(亡身--) ㉢ 말이나
　행동을 잘못하여 자기의 지위, 명예,
　체면 따위가 손상됨.

　㉠ 괜히 나섰다가 얼굴에 먹칠하지
　말고 가마이 있어.

**똥침**(정선읍, 여량면, 북평면, 신동읍, 화암면)

　[표] 똉 똥구멍치기 ㉢ 양손의 집게손
　가락을 하나로 모아 세운 후, 타인의
　항문을 겨냥하여 찌르는 놀이.

　㉠ 아들끼리 똥구영에 똥침 놓는 거
　하믄 못써.

**똥털보**(정선읍), **개털보**(여량면, 남면, 화암면)

　[표] 몡 털보 뜻 수염이 많거나 몸에 털이 많은 사람을 낮잡아 이르는 말.

　예 개털보는 심깨나 쓰는 늠이 많아.

**똥파리**(정선읍), **헹사**(여량면, 남면)

　[표] 몡 형사(刑事) 뜻 1. 형법의 적용을 받는 사건. 2. 범죄의 수사 및 범인의 체포를 직무로 하는 사복(私服) 경찰관을 통틀어 이르는 말.

　예 똥파리가 왔다가니 재수 옴 부텄내.

**뙤눔**(정선읍), **뙤늠**(여량면, 북평면), **뙤놈**(남면)

　[표] 몡 중국인(中國人) 뜻 1. 중국 국적을 가진 한족, 몽골 족, 터키 족, 티베트 족, 그리고 만주족 따위를 통틀어 이르는 말. 2. 한족에 속하는 사람.

　예 뙤눔들은 월래 잘 안 씻더라구.

**뙤눔나라**(정선읍, 남면), **뙤늠나라**(여량면)

　[표] 몡 중국(中國) 뜻 〈지명〉 아시아 동부에 있는 나라.

　예 뙤눔나라서 온 사람들은 돈을 참 마이 써.

**뙤눔말**(정선읍, 남면), **뙤늠말**(여량면)

　[표] 몡 중국어(中國語) 뜻 중국인이 쓰는 말.

　예 미국말보다 뙤눔말이 더 쉬워.

**뙹그렇다**(정선읍, 여량면, 북평면, 신동읍, 화암면)

　[표] 혱 동그랗다 뜻 또렷하게 동글.

　예 가는 낯이 뙹그렇게 생겼어.

**뚜가리**(정선읍, 여량면, 화암면), **장뚜가리**(신동읍)

　[표] 몡 뚝배기 뜻 찌개 따위를 끓이거나 설렁탕 따위를 담을 때 쓰는 오지그릇.

　예 뚜가리보다 장맛이 좋아야지.

**뚜구리**(정선읍, 여량면, 화암면), **뚝쟁이**(정선읍), **꾹저구**(신동읍)

　[표] 몡 동사리 뜻 〈동물〉 동사릿과의 민물고기. 몸의 길이는 15cm 정도이며, 대개 갈색임. 각 지느러미는 짧고 배지느러미는 합쳐져 있지는 않으나 빨판을 이룬다. 비늘은 빗비늘로 크며 머리 뒷부분과 볼에 작은 비늘이 있음. 우리나라 특산종으로 전국에 분포함.

　예 뚜구리 잡아서 매운탕 해먹자.

**뚜께비**(정선읍, 여량면, 북평면, 신동읍)

　[표] 몡 두꺼비 뜻 〈동물〉 두꺼빗과의 양서류. 모양은 개구리와 비슷하나 크기는 그보다 크며 몸은 어두운 갈색 또는 황갈색에 짙은 얼룩무늬가 있음. 등에는 많은 융기가 있으며 적을 만나면 흰색의 독액을 분비함. 한국, 일본, 중국, 러시아 등지에 분포함.

　예 뚜께비가 개구리보다 음청 큰거 맞아.

**뚜껑**(정선읍, 여량면, 신동읍, 화암면), **따가리**(임계면)

　[표] 몡 뚜껑 뜻 1. 그릇이나 상자 따위의 아가리를 덮는 물건. 2. 만년필이나 펜 따위의 촉을 보호하기 위하여 겉에 씌우는 물건. 3. '모자'(帽子)를 속되게 이르는 말.

　예 병뚜껑이 어덴는지 찾아봐라.

**뚜꿉다**(정선읍, 여량면, 북평면, 화암면), **뚜껍다**(신동읍)

　[표] 혱 두껍다 뜻 1. 두께가 보통의 정도보다 큼. 2. 층을 이루는 사물의 높

ㄷ

이나 집단의 규모가 보통의 정도보다 큰. 3. 어둠이나 안개, 그늘 따위가 짙음.

⑩ 강에 얼음이 음청 뚜꿉게 얼었어.

**뚜드리다**(정선읍, 화암면), **짜들다**(정선읍), **뛰딜기다**(정선읍, 여량면, 신동읍)

[표] 동 두들기다 뜻 1. 소리가 나도록 잇따라 세게 치거나 때림. 2. (속되게) 마구 때리거나 큰 타격을 줌. 3. 크게 감동을 주거나 격동시킴.

⑩ 빨리 들어오지 거 왜 문을 자꾸 뛰딜기고 그래.

**뚜레박**(정선읍, 화암면), **드레박**(여량면)

[표] 명 두레박 뜻 줄을 길게 달아 우물물을 퍼 올리는 데 쓰는 도구. 바가지나 판자 또는 양철 따위로 만듦.

⑩ 우물가 드레박이 깨져서 바꿔야 댔데.

**뚝**(정선읍, 여량면, 북평면, 신동읍)

[표] 명 둑 뜻 1. 높은 길을 내려고 쌓은 언덕. 2. 하천이나 호수의 물, 바닷물의 범람을 막기 위하여 설치하는, 흙이나 콘크리트 따위로 만든 구축물. 3. 보를 만들거나 논밭을 보호할 목적으로 쌓은 언덕.

⑩ 뚝에 나가서 풀 쫌 마이 베와라.

**뚝방**(정선읍, 여량면, 북평면, 화암면), **천방둑**(남면)

[표] 명 냇둑 뜻 냇물과 닿아 있는 기슭에 쌓은 둑.

⑩ 1. 오늘 지역에 뚝방으로 나와라. 2. 뚝방에 가서 잘못 놀면 크게 다채.

**뚱단지다**(정선읍, 여량면, 북평면, **임게면**, 화암면), **엉뚱같다**(남면)

[표] 형 엉뚱하다 뜻 1. 상식적으로 생각하는 것과 전혀 다름. 2. 말이나 행동이 분수에 맞지 아니하게 지나침. 3. 사람, 물건, 일 따위가 현재 일과 관계가 없음.

⑩ 거 먼 뚱딴지 같은 소리하고 있나.

**뚱땅하다**(정선읍, 신동읍, 화암면), **뚱따하다**(여량면)

[표] 형 뚱뚱하다 뜻 1. 살이 쪄서 몸이 옆으로 퍼진 듯함. 2. 물체의 한 부분이 붓거나 부풀어서 두드러져 있음.

⑩ 그 늠 참 뚱땅한게 음청나게 잘 떼.

**뚱뗑하다**(정선읍), **퉁탕하다**(여량면, 남면)

[표] 형 퉁퉁하다 뜻 '뚱뚱하다' 보다 거센 말.

⑩ 빼빼 마른 것보다 뚱뗑한 여자가 난 더 좋다.

**뜀박질**(정선읍, **여량면**, 북평면, 화암면)

[표] 명 달리기 뜻 달음질하는 일.

⑩ 저늠아는 어릴 때부터 뜀박질 하난 음청 잘했어.

**뜨굽다**(정선읍, 여량면, 북평면, 신동읍, 화암면), **딱굽다**(임계면)

[표] 형 뜨겁다 뜻 1. 손이나 몸에 상당한 자극을 느낄 정도로 온도가 높음. 2. 사람의 몸이 정상보다 열이 높음. 3. 무안하거나 부끄러워 얼굴이 몹시 화끈함.

⑩ 1. 물을 넘 뜨굽게 해서 마시면 입 댈수 있어, 조심해라. 2. 언나 마빡이 음청 뜨굽다.

**뜨네기**(정선읍, 여량면, 신동읍, 화암면)

[표] 명 뜨내기 뜻 1. 일정한 거처가 없이 떠돌아다니는 사람. 2. 어쩌다가 간혹 하는 일.

⑩ 그 사람은 우째다가 뜨네기가 됐니?

**뜨뜨미지근하다**(정선읍, 여량면, 신동읍, 화암면)

[표] 휑 뜨뜻미지근하다 ㉭ 1. 온도가 아주 뜨겁지도 않고 차지도 않음. 2. 하는 일이나 성격이 분명하지 못함.

㉡ 가는 하는 행동거지가 뜨뜨미지근한게 믿을 수가 읎어.

**뜨젱이**(정선읍, 여량면, 신동읍, 화암면)

[표] 명 부사리 ㉭ 머리로 잘 받는 버릇이 있는 황소.

㉡ 저늠의 소새끼는 뚝하면 뜨젱이질을 하니 조심해라.

**뜬물**(정선읍, 여량면, 북평면, 화암면), **뜸물**(신동읍)

[표] 명 뜨물 ㉭ 곡식을 씻어 내 부엿게 된 물.

㉡ 쌀 뜬물로 된장국 끓이면 맛이 좋다 하데.

**뜬짐**(정선읍, 여량면, 신동읍, 화암면)

[표] 명 뜬김 ㉭ 서려 오르는 뜨거운 김.

㉡ 정제서 뜬짐이 확 오르니 뭐이 밥이 다 되가나 봐요.

**뜸물**(정선읍, 남면), **뜸**(여량면), **뜬물**(남면)

[표] 명 진딧물 ㉭ 〈동물〉 진딧물과의 곤충을 통틀어 이르는 말. 풀이나 나무의 잎 또는 가지에 붙어서 진을 빨아 먹음.

㉡ 고추밭에 뜸이 잔뜩 끼었다.

**뚱글베이**(정선읍), **동그래미**(여량면, 신동읍), **동글벵이**(임계면), **똥글배이**(화암면)

[표] 명 동그라미 ㉭ 1. 동그랗게 생긴 모양. 2. 동그랗게 생긴 물체. 3. '돈'을 속되게 이르는 말.

㉡ 뚱글베이 잘 그리믄 니가 저걸 다 맡아서 그려

**띠동갭**(정선읍, 여량면, 북평면, 화암면), **띠동갑내기**(신동읍)

[표] 명 띠동갑(-同甲) ㉭ 1. 띠가 같은 사람. 주로 12살 차이가 나는 경우를 이름. 2. '자치동갑(한 살 차이가 나는 동갑)'의 잘못.

㉡ 저 집 할아버이는 나랑 띠동갭이여.

**띠리하다**(여량면)

[표] 휑 멍청하다 ㉭ 1. 자극에 대한 반응이 무디고 어리벙벙함. 2. 어리석고 정신이 흐릿하여, 일을 제대로 판단하고 처리하는 능력이 없음.

㉡ 자는 하는 짓이 띠리하게 제대루 하는게 읎어.

**띠키다**(정선읍, 여량면, 신동읍, 임계면, 화암면)

[표] 통 떼이다 ㉭ '떼다'의 피동사.

㉡ 어젯밤에 도망친 그늠 한테 빌려준 돈 마카 띠켰어.

**라나**(정선읍, 여랑면, 북평면, 신동읍, 화
암면)

　[표] 어 -려나 뜻 해할 자리나 혼잣
말에 쓰여, 추측을 가볍게 묻는 데 쓰
이는 종결 어미.

　예 1. 갈라나 말라나. 2. 가들이 갈
　　라나.

**록**(여랑면), **토룩**(남면)

　[표] 조 -토록 뜻 앞말이 나타내는 정
도나 수량에 다 차기까지라는 뜻을 나
타내는 보조사.

　예 그토룩 그 사람이 무서운가?

**루**(정선읍, 신동읍, 화암면), **로다**(여랑면)

　[표] 조 로 뜻 1. 움직임의 방향을 나
타내는 격조사. 2. 움직임의 경로를
나타내는 격조사. 3. 변화의 결과를
나타내는 격조사.

　예 1. 내 심으루 다 할 수 있어요.

　　2. 내 손으루 다 맹글 수 있어요.

**마구간**(정선읍, 여량면, 남면, 화암면), **쇠
마구간**(여량면)

[표] 명 외양간(--間) 뜻 마소를 기르
는 곳.

예 큰 아야 쇠마구간에 마구짚 쫌 너라.

**마구다지**(정선읍, 여량면, 북평면, 화암
면), **마구잽이**(신동읍)

[표] 명 마구잡이 뜻 이것저것 생각하
지 아니하고 닥치는 대로 마구 하는 짓

예 옛날 일본늠들이 즐믄아들은 마
구다지로 잡아 갔어.

**마구락지**(정선읍, 신동읍), **미꾸락지**(여
량면, 화암면), **지름쟁이**(여량면), **미꾸리**
(임계면)

[표] 명 미꾸라지 뜻 1. 〈동물〉 미꾸릿과
의 민물고기. 몸의 길이는 10~20cm이
고 등은 푸른빛을 띤 검은색이며, 배는
흰색이고 검은 점이 많음. 몸은 가늘고
길며 몹시 미끄럽고 수염이 긺. 논, 개천,
못 따위의 흙 속에 사는데 가끔 수면에
떠올라 공기 호흡을 함. 한국, 대만, 중국
등지에 분포함. 2. 자기 자신에게 이롭지
않으면 요리조리 살살 피하거나 잘 빠져
나가는 사람을 비유적으로 이르는 말.

예 1. 지름쟁이처럼 잘도 빠져나간다.

2. 야들아 미꾸리가 증말 많네.

**마구햄미**(정선읍, 화암면), **마구할멈**(여
량면)

[표] 명 마귀할멈(魔鬼--) 뜻 옛날이
야기에 나오는 늙고 요사스럽고 못된
귀신.

예 빨리 울음 그쳐라 마구할멈인데
맞는다.

**마누래쟁이**(정선읍, 북평면, 화암면), **마
누래**(여량면, 신동읍)

[표] 명 마누라 뜻 1. 중년이 넘은 아
내를 허물없이 이르는 말. 2. 중년이
넘은 여자를 속되게 이르는 말.

예 마누래 눈치보느라 일찍 드가야 돼.

**마눌**(정선읍, 여량면, 신동읍, 화암면)

[표] 명 마늘 뜻 〈식물〉 백합과의 여러
해살이풀. 높이는 60~100cm이고 속
이 빈 원기둥꼴이며, 잎은 가늘고 긺.
여름에 꽃줄기 끝에 담자색의 두상화
(頭狀花)가 산형(織形) 화서로 피고 땅
속에 굵은 비늘줄기가 있음. 열매를 맺
지 않으므로 비늘줄기를 캐어 두었다가
봄이나 가을에 논밭에 재배함. 예로부
터 강장제로 널리 쓰였는데 잎, 꽃줄기,
비늘줄기에 독특한 냄새가 있어 양념과

129

반찬에 널리 씀. 서부 아시아가 원산지로 한국, 일본, 인도, 열대 아시아 전역, 남유럽 등지에 분포함.

㉠ 마눌은 담들면 꿔서 묵으면 된데.

**마눌장쩽이**(정선읍, 북평면), **마눌짱아찌**(여량면)

　[표] 圈 마늘장아찌 뜻 마늘이나 마늘종, 마늘잎을 식초와 설탕에 절여 진간장에 넣어 두었다가 간이 밴 다음에 먹는 반찬.

㉠ 마눌짱아찌 쫌 마이 당궈 울집하고 낭고 먹자.

**마늘장다리**(정선읍, 여량면, 신동읍), **마늘쫑**(임계면)

　[표] 圈 마늘종 뜻 마늘의 꽃줄기. 연한 것은 쪄 먹거나 장아찌로 만들어 먹음.

㉠ 올해는 넘 가물어 마늘장다리가 별루야.

**마둥**(정선읍, 여량면, 북평면, 화암면), **매둥**(정선읍), **마두**(신동읍)

　[표] 图 마다 뜻 '낱낱이 모두'의 뜻을 나타내는 보조사.

㉠ 요샌 날마둥 비가 온다.

**마들가지**(정선읍, 여량면, 북평면, 화암면), **마들겡이**(신동읍)

　[표] 圈 마들가리 뜻 1. 나무의 가지가 없는 줄기. 2. 잔가지나 줄거리의 토막으로 된 땔나무. 3. 해어진 옷의 솔기.

㉠ 숲이 넘 마이 우거져 마들가지가 옳다.

**마딱뜨리다**(정선읍, 신동읍, 화암면), **맞중이하다**(여량면)

　[표] 图 마주치다 뜻 1. 서로 똑바로 부딪침. 2. 우연히 서로 만남. 3. 눈길

이 서로 닿음.

㉠ 가들 왠수찌리 질에서 마딱뜨려서 머이 어떻게 됐데?

**마롱바닥**(여량면, 북평면, 화암면), **마롱바닷**(신동읍)

　[표] 圈 마룻바닥 뜻 마루의 바닥.

㉠ 옛날에 핵교 마롱바닥에 초칠 증말 마이 했다.

**마른국시**(여량면, 신동읍, 임계면, 화암면)

　[표] 圈 마른국수 뜻 1. 뽑은 그대로 말려 놓은 국수. 2. 국에 말거나 비비지 아니하고 삶아 놓은 그대로의 국수.

㉠ 옛날에는 국시집에서 마른국시를 짤라가꾸 팔았다.

**마른맥이**(여량면, 화암면), **쇠꼬직**(신동읍)

　[표] 圈 마른먹이 뜻 가축에게 주는, 물을 섞지 않은 먹이.

㉠ 밭 갈 때 풀이 없으니까 쇄한테 마른맥이 밖에 줄게 옳어.

**마른멩태**(여량면, 화암면)

　[표] 圈 건명태(乾明太) 뜻 말린 명태.

㉠ 야야, 마른멩태 즘 갖다 줘라.

**마른칼이**(여량면, 북평면, 신동읍)

　[표] 圈 마른갈이 뜻 〈농업〉 마른논에 물을 넣지 않고 논을 가는 일.

㉠ 마른칼이 할 때는 쇄도 사람도 심이 참 마이 들어.

**마빠구**(정선읍, 임계면, 남면), **마빡**(정선읍), **이마빠구**(정선읍), **이마빡**(여량면), **이마빼기**(여량면)

　[표] 圈 이마 뜻 1. 얼굴의 눈썹 위로부터 머리털이 난 아래까지의 부분. 2. '앞머리'를 전문적으로 이르는 말. 3. 어떤 물체 꼭대기의 앞쪽이 되는 부분.

예 1. 마빡이 홀랑 까졌내. 2. 이마빼기 피도 안 마른 게 까불어.

**마시다**(정선읍), **마숩다**(여량면, 화암면), **마십다**(신동읍)

[표] 혱 맛있다 뜻 음식의 맛이 좋음.
예 쌀믄 감재가 넘 마숩다.

**마아지**(정선읍, **여량면**, 북평면, 화암면)

[표] 명 망아지 뜻 말의 새끼.
예 마아지 날 뛰듯 한다.

**마울**(정선읍, 북평면), **똥걸금**(여량면)

[표] 명 똥거름 뜻 똥으로 만든 거름.
예 똥걸금 냄새가 온 동네에 진동해 댕길 수가 윲다.

**마작쟁이**(여량면, 북평면, 화암면), **마짱꾼**(신동읍)

[표] 명 마작꾼(麻雀-) 뜻 마작을 잘 하거나 즐기는 사람.
예 마작쟁이 질 하다가 패가망신한 늠이 아직도 쟁신을 못차리니 사니, 참!

**마주막**(정선읍, 신동읍, 화암면), **마즈막**(여량면)

[표] 명 마지막 뜻 시간상이나 순서상의 맨 끝.
예 마주막으로 니인데 알코주는 거야.

**마춤**(정선읍, 여량면, 신동읍)

[표] 뷔 마침 뜻 어떤 경우나 기회에 알맞게. 또는 공교롭게.
예 니 마춤 잘 왔다. 가굿방에 가서 담배 쫌 사와라.

**마치맞다**(정선읍, 여량면, 북평면, 신동읍, 화암면)

[표] 혱 마침맞다 뜻 어떤 경우나 기회에 꼭 알맞음.
예 그 옷이 니에게 참 마치맞다.

**마커**(정선읍, 여량면, 북평면, 신동읍, 화암면), **마카**(임계면)

[표] 명 뷔 모두 뜻 명 일정한 수효나 양을 기준으로 하여 빠짐이나 넘침이 없는 전체. 뷔 일정한 수효나 양을 빠짐없이 다.
예 선상님이 여게 다 마커 모이래.

**막과재**(여량면, 신동읍, 화암면, 화암면)

[표] 명 막과자(-菓子) 뜻 마구 만들어 질이 좋지 않은 과자.
예 옛날에는 막과재도 귀했다.

**막넹이**(정선읍, 여량면, 신동읍, 화암면), **끝내미**(정선읍), **끝둥이**(임계면)

[표] 명 막내 뜻 여러 형제, 자매 중에서 맨 나중에 난 사람.
예 막넹이가 젤 귀엽다.

**막넹이딸**(정선읍, 신동읍, 화암면), **막냉이딸래미**(여량면)

[표] 명 막내딸 뜻 맨 나중에 낳은 딸.
예 서울 시집 간 막냉이 딸래미가 왔다.

**막넹이아들**(정선읍, 신동읍, 화암면), **막냉이아덜래미**(여량면)

[표] 명 막내아들 뜻 맨 나중에 낳은 아들.
예 자가 우리 막냉이 아덜래미야.

**막밀어**(정선읍), **몰밀어**(여량면, 남면)

[표] 뷔 통밀어 뜻 이것저것 가릴 것 없이 전부 평균으로 쳐서.
예 마커 다 몰밀어서 얼마주면 되겠소.

**막빠루**(정선읍, 북평면, 화암면), **막바루**(여량면)

[표] 뷔 곧바로 뜻 1. 바로 그 즉시에. 2. 굽거나 기울지 아니하고 곧은 방향으로. 3. 다른 곳을 거치거나 들르지

아니하고.

㉠ 집에 가믄 막바루 전화 드릴께요.

**막삽**(여량면), **삽가래**(남면), **사까래**(임계면)

  [표] 몡 삽 ㈜ 1. 땅을 파고 흙을 뜨는 데 쓰는 연장. 2. 흙이나 모래 따위를 '삽'에 퍼 담아 그 분량을 세는 단위.

  ㉠ 낭구 심그게 창고가서 사까래 쫌 가져다 줘라.

**막쐬주**(여량면, 북평면, 신동읍, 화암면)

  [표] 몡 막소주(-燒酒) ㈜ 품질이 낮은 소주.

  ㉠ 아주머이 막쐬주 한병 줘요.

**막판**(여량면, 북평면), **끝말**(남면)

  [표] 몡 끝판 ㈜ 1. 사태나 일의 경과에서 마지막 판이나 기간. 2. 바둑이나 운동 경기 따위에서, 결판이 나는 마지막 판.

  ㉠ 이번이 막판이니 한번 제대루 해보자.

**만내다**(정선읍, 여량면, 북평면, 화암면)

  [표] 동 만나다 ㈜ 1. 선이나 길, 강 따위가 서로 마주 닿음. 2. 누군가 가거나 와서 둘이 서로 마주 봄. 3. 어떤 사실이나 사물을 눈앞에 대함.

  ㉠ 오랫만에 고향 친구를 만냈다.

**만두산천**(정선읍, 화암면), **망두산**(신동읍)

  [표] 몡 북망산(北邙山) ㈜ 1. 무덤이 많은 곳이나 사람이 죽어서 묻히는 곳을 이르는 말. 중국의 베이망 산에 무덤이 많았다는 데서 유래함. 2. 〈지명〉 '베이망 산'을 우리 한자음으로 읽은 이름.

  ㉠ 나는 어제 밤 꿈에 망두산에 올라가는 꿈을 꾸었는데 그 꿈이 어때?

**만지키다**(정선읍, 화암면), **맨지키다**(여량면), **맨제지다**(신동읍)

  [표] 동 만져지다 ㈜ 손을 대어 이리저리 더듬거나 쥐거나 주무름.

  ㉠ 뭔가 물컹물컹한기 맨지킨다.

**맏누님**(정선읍, 북평면), **맏누우**(여량면, 신동읍, 화암면)

  [표] 몡 맏누이 ㈜ 둘 이상의 누이 가운데 맏이가 되는 누이를 이르는 말.

  ㉠ 우리 맏누우는 음청 고생 마이 했어.

**맏동세**(정선읍, 여량면, 북평면, 신동읍, 임계면, 화암면), **큰동세**(임계면)

  [표] 몡 맏동서(-同壻) ㈜ 1. 큰아주버니의 아내를 이르는 말. 2. 큰처형의 남편을 이르는 말.

  ㉠ 맏동세가 내일 놀러가자네.

**맏메누리**(정선읍, 여량면, 신동읍, 화암면), **큰며누리**(임계면)

  [표] 몡 맏며느리 ㈜ 맏아들의 아내를 이르는 말.

  ㉠ 서울 사는 맏메누리가 왔다.

**맏성이**(정선읍, 여량면, 신동읍, 화암면), **맏성**(임계면)

  [표] 몡 맏언니 ㈜ 둘 이상의 언니 가운데 맏이인 언니를 이르는 말.

  ㉠ 맏성이가 서울가서 돈 마이 벌어서 우리 가르쳤어.

**말거웃**(정선읍, 화암면), **말반**(여량면)

  [표] 몡 말가웃 ㈜ 한 말 반쯤의 분량.

  ㉠ 말거웃 쌀도 심에 겨웠다.

**말구**(신동읍, 화암면)

  [표] 조 말고 ㈜ 체언의 뒤에 붙어, 앞말의 대상을 부정하는 뜻을 나타내는 보조사.

@ 알갱이 굵은 그따구 말구 쫌 작은
   걸러 고라봐.

**말광냉이**(여량면, 북평면, 신동읍)
   [표] 몡 말괄량이 뜻 말이나 행동이
   얌전하지 못하고 덜렁거리는 여자.
   @ 말광냉이 처녀가 시집을 잘 간다
   더라.

**말광대**(여량면, 북평면, 남면), **광대**(임계면)
   [표] 몡 곡마단(曲馬團) 뜻 곡마와 기술
   (奇術), 요술 따위를 보이는 흥행 단체.
   @ 내일 말광대들이 공연을 하니 같
   이 보러 갈래.

**말그레하다**(여량면, 북평면)
   [표] 혱 말그스름하다 뜻 조금 맑은
   듯함.
   @ 하늘이 말그레해오니 금방 비가
   그치삐겠지.

**말근하늘**(정선읍, 북평면, 화암면), **청천**
**하눌**(여량면, 신동읍), **청하늘**(임계면)
   [표] 몡 마른하늘 뜻 비나 눈이 오지
   아니하는 맑게 갠 하늘.
   @ 말근하늘에 벼락 쳤다는 게 말이
   되나?

**말기**(여량면, 북평면), **마루테기**(신동읍,
화암면)
   [표] 몡 마루터기 뜻 산마루나 용마루
   따위의 두드러진 턱.
   @ 산 말기에는 바램이 시원하게 분다.

**말꼬탈**(정선읍, 화암면), **말꼬타리**(여량면,
북평면, 신동읍, 화암면), **말꼬렝이**(여량면,
신동읍)
   [표] 몡 말고투리 뜻 남을 해코지하거
   나 헐뜯을 만한 말거리.
   @ 니 말꼬랭이 물고 늘어지지 마라.

**말꽂이**(여량면, 신동읍, 화암면)
   [표] 몡 말뚝 뜻 1. 땅에 두드려 박는
   기둥이나 몽둥이. 아래쪽 끝이 뾰족
   함. 2. 금붙이로 만든 비녀의 하나.
   @ 고치 자빠진다, 고치밭에 말꽂이
   빠리 박고 줄매라.

**말대추벌**(정선읍, 북평면), **장수벌**(여량
면, 남면)
   [표] 몡 장수말벌(將帥--) 뜻 말벌과
   의 곤충. 대형의 벌로 몸의 길이는 암
   컷은 3cm, 수컷은 4cm 정도이며, 머
   리는 누런 적갈색, 가슴은 대체로 검
   은 갈색에 어두운 적갈색의 무늬가 있
   음. 배의 각 마디 뒤쪽에는 누런 갈색
   의 넓은 띠무늬가 있음. 한국, 일본,
   중국, 인도 등지에 분포함.
   @ 벌초 할 때에 말대추벌에 쏘이지
   않게 조심해야 되네.

**말두못하다**(정선읍, 여량면, 남면, 화암면)
   [표] 혱 엄청나다 뜻 짐작이나 생각보
   다 정도가 아주 심함.
   @ 산에 얼매나 딸구가 많은지 말두
   못한다.

**말따나**(정선읍, 화암면), **말마따나**(여량
면, 신동읍)
   [표] 조 마따나 뜻 '말한 대로, 말한
   바와 같이' 따위의 뜻을 나타내는 격
   조사.
   @ 1. 자네 말마따나. 2. 자내 말따나
   홧짐에.

**말뚝박기**(여량면, 화암면), **말타기**(신동읍)
   [표] 몡 말놀음 뜻 1. 막대기나 친구
   들의 등을 말로 삼아 타고 노는 아이들
   의 놀이. 2. 말을 훈련시켜 재주를 부

133

리게 하는 일. 또는 기마수(騎馬手)가 갖가지로 재주를 부리는 일.

㉠ 쪼마할 때 말뚝박기 진짜루 재미 있었다.

**말른행주**(여량면, 신동읍, 화암면)

[표] 명 마른행주 뜻 물에 적시지 아니한 행주.

㉠ 말른행주로 물을 닦아라.

**말루다**(여량면, 신동읍, 화암면)

[표] 통 말리다 뜻 '마르다'의 사동사.

㉠ 지붕케다가 뭐 말루고 있나?

**말멕이**(여량면, 북평면, 신동읍, 화암면)

[표] 명 말먹이 뜻 말을 먹이는 꼴이나 곡식.

㉠ 말멕이는 콩이 젤 나.

**말방아**(정선읍), **입바아**(여량면), **말바아**(남면)

[표] 명 입방아 뜻 어떤 사실을 화제로 삼아 이러쿵저러쿵 쓸데없이 입을 놀리는 일.

㉠ 거 좋은 사람 말방아 찍지 말게.

**말버르장머리**(정선읍, 여량면, 신동읍, 화암면)

[표] 명 말버릇 뜻 여러 번 거듭하는 사이에 몸에 배어 굳어 버린 말의 투.

㉠ 어데 어른한테 거 먼 말버르장머리 야.

**말병**(정선읍, 남면)

[표] 명 급병(急病) 뜻 1. 갑자기 앓는 병. 2. 병세가 위급한 병.

㉠ 육실한 놈 말병에 걸려 돼져라.

**말뽄때가리**(여량면, 화암면), **말뽄때**(신동읍)

[표] 명 말본새(-本-) 뜻 말하는 태도나 모양새.

㉠ 거 말하는 말뽄때가리 하고는.

**말썽젱이**(정선읍, 북평면, 신동읍, 화암면), **마새꾼**(여량면)

[표] 명 말썽꾸러기 뜻 '말썽꾼(자주 트집이나 시비를 일으키는 사람을 낮잡아 이르는 말)'을 낮잡아 이르는 말.

㉠ 그 늠은 속만 쎄기는 마새꾼이야.

**말씹조개**(여량면, 신동읍, 화암면)

[표] 명 말조개 뜻 〈동물〉 석패과의 조개. 껍데기의 길이는 30cm 정도이며, 표면은 검은색에 광택이 나고 안쪽은 진주 광택이 남. 등의 가장자리는 지느러미 모양으로 돌출하였고, 공예 재료로 사용함. 민물에서 사는데 한국, 일본, 중국 등지에 분포함.

㉠ 민물에 사는 말씹조개는 몽게 속에만 산다.

**말어먹다**(정선읍, 여량면, 남면)

[표] 통 말아먹다 뜻 재물 따위를 송두리째 날려 버리다.

㉠ 그 많턴 재산을 한 번에 다 말어먹었어.

**말주벤머리**(여량면, 화암면), **말주벤**(신동읍)

[표] 명 말주변 뜻 말을 이리저리 척척 잘 둘러대는 슬기나 능력.

㉠ 닌 그렇게 말주벤머리가 읎나.

**말죽거리**(정선읍, 남면, 화암면), **역전**(여량면), **역마을**(임계면)

[표] 명 역촌(驛村) 뜻 역이 있는 마을.

㉠ 기차타러 빨리 역전으로 가자.

**말판**(정선읍, 여량면)

[표] 명 윷판 뜻 1. 윷놀이할 때에 말을 쓰기 위하여 종이 따위에 윷밭을 그

린 판. 2. 윷을 놓고 있는 자리.

ⓔ 윷놀이 할땐 말판 짤 써야 이기지.

**말하자문**(정선읍, 여량면, 북평면, 신동읍, 화암면)

[표] 🔁 말하자면 ⓨ 다른 말로 바꾸어 나타내면.

ⓔ 그게 말하자문 그렇다는 얘기야.

**맘결**(여량면, 북평면)

[표] 🅜 마음결 ⓨ 마음의 바탕.

ⓔ 맘결이 고와야 복을 받는다.

**맘껏**(정선읍, 화암면), **마음껏**(여량면, 신동읍), **맘껀**(여량면)

[표] 🔁 마음껏 ⓨ 마음에 흡족하도록.

ⓔ 여 있는거 니 맘껀 가져가라.

**맛대가리디리다**(정선읍, 화암면), **맛디리다**(여량면)

[표] 관용구 맛들이다 ⓨ 좋아하거나 즐김.

ⓔ 튀전에 맛디리면 금방 망해.

**맛뵈기**(정선읍, 화암면), **입다심**(여량면, 신동읍)

[표] 🅜 맛보기 ⓨ 1. 맛을 보도록 조금 내놓은 음식. 2. 어떤 일을 본격적으로 하기 전에 시험 삼아 해 보는 것을 비유적으로 이르는 말.

ⓔ 맛뵈기로 주었더니 자꾸만 달랜다.

**맛소곰**(정선읍, 여량면, 북평면, 신동읍, 화암면)

[표] 🅜 맛소금 ⓨ 화학조미료를 첨가한 조리용 소금.

ⓔ 싱거울 땐 맛소곰을 쫌 너야 제 맛이여.

**망고잡늠**(신동읍)

[표] 🅜 만고잡놈(萬古雜-) ⓨ 세상에

비길 데 없이 정도가 심한 잡놈.

ⓔ 저늠은 애미 애비도 모르는 망고잡늠이여.

**망금**(정선읍, 여량면), **금방**(여량면, 임계면, 화암면), **시방**(여량면, 임계면), **맹금**(신동읍)

[표] 🅜🔁 방금(方今) ⓨ 🅜 1. 말하고 있는 시점(時點)보다 바로 조금 전. 2. 말하고 있는 시점과 같은 때. 🔁 1. 말하고 있는 시점보다 바로 조금 전에. 2. 말하고 있는 시점과 같은 때에.

ⓔ 1. 금방 보이던 게 거 뭐지. 2. 망금 머라고 내한테 말했어요.

**망우다 · 망거뜨리다**(여량면, 화암면), **망후다**(남면)

[표] 🅓 망구다 ⓨ 1. 망하게 함. 2. 파괴하여 못 쓰게 함.

ⓔ 나는 왜 멀쩡한 걸 망거뜨리고 그래.

**망촛대**(정선읍, 여량면, 북평면, 신동읍, 화암면)

[표] 🅜 망초 ⓨ 〈식물〉 국화과의 두해살이풀. 높이는 1.5m 정도이고 온몸에 털이 있으며, 잎은 어긋나고 피침 모양임. 여름에 흰색의 두상화(頭狀花)가 원추(圓錐) 화서로 피고 열매는 수과(瘦果)를 맺음. 북아메리카가 원산지로 길이나 들에 나는데 우리나라 각지에 분포함.

ⓔ 우리 밭에 망촛대가 넘 마너 골치 아퍼요.

**마이**(정선읍, 여량면, 신동읍, 화암면)

[표] 🔁 많이 ⓨ 수효나 분량, 정도 따위가 일정한 기준보다 넘게.

ⓔ 어지깨 꼬치장을 니내집에 가서 달래니 아주 마이 주데야.

**망쿰**(정선읍, 여량면, 북평면, 신동읍, 화암면), **만쿰**(정선읍, 신동읍), **맨치**(정선읍)

[표] 의조 만큼 뜻 의 1. 앞의 내용에 상당한 수량이나 정도임을 나타내는 말. 2. 뒤에 나오는 내용의 원인이나 근거가 됨을 나타내는 말. 조 앞말과 비슷한 정도나 한도임을 나타내는 격 조사.

예 죄는 지은 망쿰 벌루 간다.

**맞개붙다**(여량면, 신동읍)

[표] 동 맞대들다 뜻 반항하거나 대항하느라고 맞서서 달려듦.

예 가는 상대도 안되는게 되게 맞개붙어.

**맞대배기**(여량면, 북평면, 신동읍)

[표] 명 맞수(-手) 뜻 1. 장기나 바둑 따위에서, 상대편의 수에 맞서 두는 수. 2. 힘, 재주, 기량 따위가 서로 비슷하여 우열을 가리기 어려운 상대.

예 저늠은 내하고 장기 맞대배기야.

**맞배기**(정선읍, 여량면, 신동읍, 화암면)

[표] 명 맛보기 뜻 1. 맛을 보도록 조금 내놓은 음식. 2. 어떤 일을 본격적으로 하기 전에 시험 삼아 해 보는 것을 비유적으로 이르는 말.

예 니 이거 맞배기 쫌 볼래?

**맞버팅기다**(여량면, 북평면, 화암면), **맞버태다**(신동읍)

[표] 동 맞버티다 뜻 상대편의 힘이나 세력, 의견, 제안 따위를 받아들이지 아니하고 서로 맞서서 대항함.

예 시방 서로 끝까지 맞버태어 봐도 별거 읎어.

**맞베름빡**(정선읍, 여량면, 북평면, 신동읍, 화암면)

[표] 명 맞벽(-壁) 뜻 〈건설〉 흙으로 벽을 바를 때에, 안쪽에서 먼저 초벽(初壁)을 하고 마른 뒤에 겉에서 마주 붙이는 벽.

예 맞베름빡을 잘 부쳐야 집이 오래 가지.

**맞스다**(여량면, 신동읍, 화암면)

[표] 동 맞서다 뜻 1. 서로 마주 섬. 2. 서로 굽히지 아니하고 마주 겨루어 버팀. 3. 어떤 상황에 부닥치거나 직면함.

예 둘이서 맞스면 누가 이기나 봐라.

**맞은짝**(여량면, 신동읍, 화암면)

[표] 명 맞은쪽 뜻 서로 마주 보이는 방향.

예 맞은짝에 있는 애가 우리 큰애야.

**맞춤내**(여량면, 신동읍, 화암면), **마참내**(임계면)

[표] 부 마침내 뜻 드디어 마지막에는.

예 가 맨날 빈둥거리고 놀더니 마참내 취직을 했데.

**맞혼**(신동읍)

[표] 명 누이바꿈 뜻 두 남자가 서로 상대편의 여자 형제와 결혼하는 일.

예 우리는 맞혼한 사이지.

**매가리**(여량면, 화암면), **맥사가리**(정선읍, 여량면, 신동읍, 화암면)

[표] 명 맥(脈) 뜻 1. 기운이나 힘. 2. 사물 따위가 서로 이어져 있는 관계나 연관. 3. 〈광업〉 암석의 갈라진 틈에 유용 광물이 많이 묻혀 있는 부분.

예 1. 오늘 왜 맥사가리가 읎나. 2. 저래 큰기 맥사가리 한개도 없이 넘어가네.

**매가리없다**(여량면, 신동읍, 화암면), **맥싸가리없다**(임계면)

[표] 혱 맥없다(脈--) 뜻 기운이 없음.

예 팔에 매가리가 하나두 없다.

**매굽다**(정선읍, 여량면, 북평면, 신동읍, 화암면)

[표] 혱 맵다 뜻 1. 고추나 겨자와 같이 맛이 알알함. 2. 성미가 사납고 독함. 3. 날씨가 몹시 추움.

예 1. 넘 매굽어서 이건 못먹겠어. 2. 굴뚝에 연기가 음청 매굽다.

**매가리**(여량면)

[표] 몡 매끼 뜻 1. 곡식 섬이나 곡식 단 따위를 묶을 때 쓰는 새끼나 끈. 2. 곡식 섬이나 곡식 단 따위를 묶을 때 쓰는 새끼나 끈을 세는 단위.

예 1. 매가리가 옰어서 동가리를 이어야 하잖아. 2. 이 매가리가 왜서 이러 짜르라하나.

**매끼다**(정선읍, 북평면), **맥기다**(여량면)

[표] 图 맡기다 뜻 '맡다'의 사동사.

예 1. 전빵에 가서 쐬주를 한짝 사서 니네 집에 맥께놔라.

**매두**(정선읍, 여량면, 북평면, 화암면), **매디**(임계면), **마두**(신동읍)

[표] 몡 마디 뜻 1. 대, 갈대, 나무 따위의 줄기에서 가지나 잎이 나는 부분. 잘룩하거나 도드라져 있음. 2. 뼈와 뼈가 맞닿은 부분. 3. 실, 새끼, 줄 따위가 엉키거나 맺힌 부분.

예 뼈매두가 쑤셔서 마이 아퍼.

**매두**(정선읍, 여량면, 북평면, 화암면)

[표] 몡 매듭 뜻 1. 노, 실, 끈 따위를 잡아매어 마디를 이룬 것. 2. 어떤 일에서 순조롭지 못하게 맺히거나 막힌 부분. 3. 일의 순서에 따른 결말.

예 모든 일은 매두를 잘 해는 게 중요해요.

**매련없다**(정선읍, 남면), **매련읎다**(여량면)

[표] 혱 형편없다(形便--) 뜻 1. 결과나 상태, 내용이나 질 따위가 매우 좋지 못함. 2. 실망스러우리만큼 정도가 심함.

예 숙제를 내존는데 핸걸 보니 아주 매련없이 해왔어 .

**매룹다**(정선읍, 여량면, 신동읍, 화암면)

[표] 혱 마렵다 뜻 대소변을 누고 싶은 느낌이 있음.

예 1. 똥매룹다. 2. 오줌매룹다.

**매맨지다**(신동읍)

[표] 图 매만지다 뜻 1. 잘 가다듬어 손질함. 2. 부드럽게 어루만짐.

예 손을 가마이가마이 매맨지면 음청 간지루워.

**매부채**(신동읍)

[표] 몡 매미채 뜻 매미나 그 밖의 곤충을 잡는 데 쓰는 도구. 긴 막대 끝에 그물주머니를 매달아 쓰거나 자루가 달린 테에 거미줄을 걷어서 씀.

예 매부채로 잠자리 잡던 추억이 있다.

**매양**(정선읍, 여량면, 신동읍)

[표] 閉 마냥 뜻 1. 언제까지나 줄곧. 2. 부족함이 없이 실컷. 3. 보통의 정도를 넘어 몹시.

예 니는 남들이 그럴 때 매양 이러고 있었나?

**매우하다**(정선읍, 북평면, 화암면), **매오하다**(여량면, 신동읍)

[표] 혱 매옴하다 뜻 혀가 조금 알알

할 정도로 매움.

ⓔ 꼬치가 약이 올라 음청 매오하다.

**매우하다**(정선읍, 화암면), **얼콰하다**(여량면, 남면, 화암면), **얼크네하다**(여량면)

[표] 혱 얼큰하다 뜻 1. 매워서 입 안이 조금 얼얼함. '얼근하다'보다 거센 느낌을 줌. 2. 술에 취하여 정신이 조금 어렴풋함. '얼근하다'보다 거센 느낌을 줌.

ⓔ 1. 매운탕이 매우하다. 2. 짬뽕 국물이 얼크네하다.

**매자낭구**(여량면, 신동읍), **들배낭구**(화암면)

[표] 명 들배나무 뜻 〈식물〉 1. 장미과의 낙엽 관목인 아그배나무, 야광나무 따위를 통틀어 이르는 말. 2. 장미과의 낙엽 활엽 소관목.

ⓔ 저게 있는 매자낭구가 음청 크다.

**매주**(정선읍, 신동읍, 화암면)

[표] 명 메주 뜻 콩을 삶아서 찧은 다음, 덩이를 지어서 띄워 말린 것. 간장, 된장, 고추장 따위를 담그는 원료로 쓰임.

ⓔ 1. 집집마다 매주를 담구던 시절이 있었다. 2. 니 재주는 매주여.

**매주뎅이코**(신동읍)

[표] 명 매부리코 뜻 매부리와 같이 코끝이 아래로 삐죽하게 숙은 코. 또는 그런 코를 가진 사람.

ⓔ 그 사람 코는 메주뎅이코다.

**매주콩**(정선읍, 신동읍, 화암면)

[표] 명 메주콩 뜻 메주를 쑤는 데에 쓰는 콩.

ⓔ 매주콩을 마이 먹으면 설사해서 호랭이하고 씨름한다.

**매지그네하다**(여량면, 북평면), **매지근하다**(신동읍, 화암면), **미지근하다**(임계면)

[표] 혱 매작지근하다 뜻 찬기가 가시지 아니한 채 더운 기운이 있는 듯 만듯함.

ⓔ 구들바닥이 인제 매지그네하다.

**매촐하다**(여량면, 신동읍, 화암면)

[표] 혱 매초롬하다 뜻 젊고 건강하여 아름다운 태가 있음.

ⓔ 가는 매촐하게 생긴게 참 이쁘게 생겼어.

**매키다**(정선읍, **여량면**, 북평면) **맥키다**(화암면)

[표] 동 막히다 뜻 '막다'의 피동사.

ⓔ 1. 논에 물구영이 매키다. 2. 하수구가 맥켰다, 굼방 뚜룰 수 있어?

**매한가지다**(여량면, 남면, 화암면)

[표] 혱 같다 뜻 1. 서로 다르지 않고 하나임. 2. 다른 것과 비교하여 그것과 다르지 않음. 3. 그런 부류에 속한다는 뜻을 나타내는 말.

ⓔ 이러나저러나 매한가지다.

**맥고재**(신동읍), **매꼬자**(임계면, 화암면)

[표] 명 맥고자(麥藁子) 뜻 맥고로 만든 모자.

ⓔ 니가 지금 쓰고 있는기 매꼬자나?

**맥나다**(여량면, 북평면, 신동읍, 화암면)

[표] 동 맥빠지다 뜻 의욕이 떨어지거나 실망하여 기운이 없어짐.

ⓔ 인제는 맥나서 더는 못하겠다.

**맥땀**(정선읍, 북평면), **찬땀**(남면)

[표] 명 식은땀 뜻 1. 몸이 쇠약하여 덥지 아니하여도 병적으로 나는 땀. 2. 몹시 긴장하거나 놀랐을 때 흐르는 땀.

예 면접 보는 데 맥땀이 주루루 흐르데.

**맨달구라지**(여량면, 북평면, 화암면), **맨달구리**(신동읍)

[표] 명 맨다리 뜻 살이 드러난 다리.

예 맨달구라지로 논에 들어간다.

**맨대가리**(여량면, 신동읍, 화암면)

[표] 명 맨머리 뜻 1. 아무것도 쓰지 아니한 머리. 2. 낭자를 하지 아니하고 그대로 쪽 찐 머리.

예 맨대가리로 낭구에 들이받았다.

**맨드래미**(정선읍, 여량면, 신동읍, 화암면), **맨드레미**(정선읍), **민드라미**(임계면)

[표] 명 맨드라미 뜻 〈식물〉 비름과의 한해살이풀. 줄기는 높이가 90cm 정도이고 곧고 붉은색을 띠며, 잎은 어긋나고 달걀 모양 또는 달걀꼴의 피침 모양임. 7~8월에 닭의 볏 모양의 꽃줄기에 붉은색, 노란색, 흰색 따위의 아름다운 꽃이 피고 열매는 개과(蓋果)임. 꽃은 지사제로 쓰고 관상용으로 재배함. 열대 아시아가 원산지로 전 세계에 분포함.

예 맨드래미 줄봉숭아는 왜 심어났나.

**맨든다**(정선읍, 북평면), **맨들다**(여량면), **맹글다**(신동읍, 화암면)

[표] 동 만들다 뜻 1. 노력이나 기술 따위를 들여 목적하는 사물을 이룸. 2. 책을 저술하거나 편찬함. 3. 새로운 상태를 이루어 냄.

예 박달낭구로 칼도매를 맹글었다.

**맨땅**(정선읍, 여량면, 북평면, 화암면), **맨봉당**(여량면), **맨빠닥**(임계면)

[표] 명 맨바닥 뜻 아무것도 깔지 아니한 바닥.

예 1. 니 왜 맨땅에 앉았나. 2. 가는 맨봉당에 앉아서 놀고 있어.

**맨몸뗑이**(여량면, 신동읍, 화암면)

[표] 명 맨몸 뜻 1. 아무것도 입지 않은 몸. 2. 아무것도 지니지 아니한 상태나 형편을 비유적으로 이르는 말.

예 맨날 사고만 치더니 맨몸뗑이로 떨래났데.

**맨속**(정선읍, 여량면, 신동읍, 화암면)

[표] 명 빈속 뜻 먹은 것이 없어 시장한 배 속.

예 맨속에 술을 마셨드니 속이 싸르르하네.

**맨손**(정선읍, 여량면, 북평면, 신동읍, 화암면)

[표] 명 빈손 뜻 1. 아무것도 가진 것이 없는 손. 2. 돈이나 물건 따위를 아무것도 가진 것이 없는 상태를 비유적으로 이르는 말.

예 그래 모처럼 왔는데 맨손으로 왔어.

**맨제기**(정선읍, 화암면), **맨지기**(여량면, 신동읍)

[표] 명 맹추 뜻 똑똑하지 못하고 흐리멍덩한 사람을 낮잡아 이르는 말.

예 1. 이런 맨제기 같은 기. 2. 거 맨지기 같은 소리 하지도 말어.

**맨주머니**(정선읍), **맨주멍이**(여량면, 신동읍), **멘주머이**(화암면)

[표] 명 빈주머니 뜻 비어 있는 주머니.

예 난 주멍에 아무것도 음써 맨주멍이야.

**맨지다**(여량면, 북평면, 신동읍, 임계면, 화암면)

[표] 동 만지다 뜻 1. 손을 대어 여기저기 주무르거나 쥠. 2. 어떤 물건이나

돈 따위를 가짐. 3. 물건을 다루어 씀.

(예) 야들아 저건 위험하니깐 맨지지 마.

**맴**(정선읍, 화암면), **맘**(여량면), **건사**(임계면), **맴이**(임계면)

　[표] 명 마음 뜻 1. 사람이 본래부터 지닌 성격이나 품성. 2. 사람이 다른 사람이나 사물에 대하여 감정이나 의지, 생각 따위를 느끼거나 일으키는 작용이나 태도. 3. 사람의 생각, 감정, 기억 따위가 생기거나 자리 잡는 공간이나 위치.

　(예) 흥부는 천성적으로 맴이 아주 착했고 놀부는 맴이 나쁘데요.

**맴매하다**(여량면, 북평면), **조터지다**(여량면, 화암면), **터지다**(신동읍)

　[표] 동 맞다 뜻 1. 외부로부터 어떤 힘이 가해져 몸에 해를 입음. 2. 침, 주사 따위로 치료를 받음. 3. 쏘거나 던지거나 한 물체가 어떤 물체에 닿다. 또는 그런 물체에 닿음을 입음.

　(예) 1. 말 안들으면 맴매한다. 2. 가가 까불다가 옆집 아한테 신나게 조터졌데.

**맷돌질**(남면, 화암면)

　[표] 명 요분질 뜻 성교할 때에, 여자가 남자에게 쾌감을 주려고 아랫도리를 요리조리 놀리는 행위.

　(예) 얼굴이 불근걸 보 어제 맷돌질 했나봐.

**맹건자구**(여량면, 신동읍)

　[표] 명 망건자국 뜻 이마에 망건을 썼던 자국.

　(예) 할아버이 이마에 맹건자국 났다.

**맹꽁이**(정선읍, 여량면, 북평면, 신동읍, 화암면), **팔부**(정선읍), **석두**(임계면)

　[표] 명 둔재(鈍才) 뜻 둔한 재주. 또는 재주가 둔한 사람.

　(예) 저런 맹꽁이 같은 놈.

**맹물**(정선읍, 여량면, 북평면, 신동읍, 화암면)

　[표] 명 민물 뜻 강이나 호수 따위와 같이 염분이 없는 물.

　(예) 맹물에다 소금 쫌 타 와라.

**맹숭맹숭**(여량면, 화암면), **맨숭맨숭**(신동읍)

　[표] 부 맨송맨송 뜻 1. 몸에 털이 있어야 할 곳에 털이 없어 반반한 모양. 2. 산 따위에 나무나 풀이 우거지지 아니하여 반반한 모양. 3. 술을 마시고도 취하지 아니하여 정신이 말짱한 모양.

　(예) 맹숭맹숭하여 쇄주 한 잔하고 싶다.

**맹이**(신동읍, 북평면, 화암면)

　[표] 명 망상어(望--) 뜻 〈동물〉 망상엇과의 바닷물고기. 몸의 길이는 25cm 정도이며, 대개 붉은 갈색을 띠는 청색인데 사는 곳에 따라 다름. 몸은 납작하고 머리와 입이 작으며 난태생임. 한국 남부, 일본 등지에 분포함.

　(예) 바다에서 사는 맹이는 생긴 게 이상하다.

**맹탕이다**(정선읍, 여량면, 북평면, 남면, 임계면, 화암면), **싱굽다**(임계면)

　[표] 형 싱겁다 뜻 음식의 간이 보통 정도에 이르지 못하고 약함.

　(예) 1. 아침에 먹은 국물이 맹탕이다. 2. 왜 이리 반챈이 싱굽나.

**머슴꾼**(정선읍, 여량면, 북평면, 신동읍, 화암면), **일꾼**(정선읍)

　[표] 명 머슴 뜻 주로 농가에 고용되어 그 집의 농사일과 잡일을 해 주고

대가를 받는 사내.

⑩ 그전엔 우리도 머슴꾼 두고 살았어.

**머슴살이**(정선읍, 여량면, 신동읍, 화암면)

[표] 똉 머슴살이 ⑨ 남의 머슴 노릇을 하는 일.

⑩ 머슴살이 해는 사람 옛날에는 마이 있었어.

**머시기**(정선읍, 여량면, 신동읍, 임계면, 화암면)

[표] 때 머시 ⑨ '무엇이'가 줄어든 말.

⑩ 1. 머시기 거 왜 있잖아. 2. 잘하문 머시기가 튀나오겠소.

**머심아**(여량면), **머숨아**(신동읍)

[표] 똉 사내아이 ⑨ 1. '남자아이'를 친근하게 이르는 말. 2. 남에게 자기 아들을 이르는 말.

⑩ 가들 노는게 머심아들이라 지지바들하곤 노는게 달라.

**머하다**(정선읍, 여량면, 신동읍, 화암면)

[표] 똉 무엇하다 ⑨ 어떤 일 따위에 이용하거나 목적으로 하다.

⑩ 그 어제 그 늠하고 머했나?

**먹구대학생**(정선읍, 북평면, 남면, 화암면), **먹구대학상**(여량면)

[표] 똉 실업자(失業者) ⑨ 경제 활동에 참여할 연령의 사람 가운데 직업이 없는 사람.

⑩ 어버이, 나도 이젠 먹구대학상이여.

**먹구렝이**(여량면, 북평면, 신동읍, 화암면)

[표] 똉 먹구렁이 ⑨ 〈동물〉 뱀과의 구렁이.

⑩ 1. 욕심이 먹구렝이 같다. 2. 어무룩한기 먹구렝이 같다.

**먹물먹다**(정선읍, 여량면, 북평면, 화암면)

[표] 똉 배우다 ⑨ 1. 새로운 지식이나 교양을 얻음. 2. 새로운 기술을 익힘. 3. 남의 행동, 태도를 본받아 따름.

⑩ 그 사람은 아는 게 많은 걸보니 먹물먹었나봐.

**먹새**(정선읍, 신동읍, 여량면, 화암면)

[표] 똉 먹성(-性) ⑨ 1. 음식의 종류에 따라 좋아하거나 싫어하는 성미. 2. 음식을 먹는 분량.

⑩ 그눔 먹새 한 번 좋아.

**먹새**(남면)

[표] 똉 굴뚝새 ⑨ 〈동물〉 나무발발잇과의 새. 몸의 길이는 6~7cm이며, 진한 갈색에 검은 갈색의 가로무늬가 있음. 거미, 곤충이 주식이고 5~6월에 4~5개의 알을 낳음. 우리나라에서 번식하는 텃새로, 여름에는 산지에서, 겨울에는 평지에서 사는데 아시아, 유럽 등지에 분포함.

⑩ 저기 날아가는 게 먹새가 틀림없다.

**먹어조지다**(정선읍, 신동읍, 화암면), **씹어돌리다**(여량면)

[표] 똉 먹다 ⑨ 1. 음식 따위를 입을 통하여 배 속에 들여보냄. 2. 담배나 아편 따위를 피움.

⑩ 그 뜨구운 걸 참 잘도 씹어돌린다.

**먹투루바리**(정선읍, 북평면, 신동읍, 화암면), **먹투셍이**(여량면)

[표] 똉 먹투성이 ⑨ 온몸에 먹물이 묻어서 더러워진 상태. 또는 그런 물건.

⑩ 붓글씨 쫌 씬다구 깝적대는 기 옷에 저래 먹투셍이르 맹기니.

**먼산배기**(정선읍, 여량면, 신동읍, 화암면)

[표] 똉 먼산바라기(-山---) ⑨ 보

아야 할 곳을 바라보지 않고 다른 곳을 바라보는 짓.

㉠ 눈이 우뻐 치뜨능기 먼산배기든데요.

**먼족**(여량면), **먼척**(신동읍)

[표] ⑲ 먼촌(-寸) ㉜ 촌수가 먼 일가. 또는 먼 친척.

㉠ 이기 머이 같은 문중이라도 먼족 이장가.

**먼지털개**(정선읍, 신동읍), **문지털개**(여량면), **문지털이**(임계면, 화암면)

[표] ⑲ 먼지떨이 ㉜ 먼지를 떠는 기구. 말총이나 새털, 헝겊 조각 따위를 묶고 가는 자루를 대어서 만듦.

㉠ 방을 청소할 땐 먼처 문지털개로 털은 담에 해라.

**먼처**(정선읍), **먼첨**(신동읍, 화암면)

[표] ⑲ ⑭ 먼저 ㉜ ⑲ 시간적으로나 순서상으로 앞선 때. ⑭ 시간적으로나 순서상으로 앞서서.

㉠ 차례는 먼처 온 순서대로 서거라.

**멀구**(여량면, 신동읍, 임계면, 화암면)

[표] ⑲ 머루 ㉜ 1. 〈식물〉 포도과의 왕머루, 까마귀머루, 새머루, 개머루, 털개머루 따위를 통틀어 이르는 말. 2. 〈식물〉 포도과의 낙엽 덩굴나무. 왕머루와 비슷하나 잎 뒷면에 붉은색을 띤 갈색 털이 있으며, 흑자색 열매가 달린다. 울릉도에 분포함. 3. 머루의 열매.

㉠ 1. 멀구 덩굴이 음청 실하다야. 2. 멀구 다래 따 먹으미 놀던 때가 생각나네.

**멀끄뎅이**(정선읍, 화암면), **자박솅이**(여량면, 신동읍, 화암면)

[표] ⑲ 머리채 ㉜ 길게 늘어뜨린 머

리털.

㉠ 지즈바들이 자박솅이를 끄들어 들고 돌아가더라고.

**멀대**(여량면, 북평면), **멍충이**(여량면, 신동읍, 화암면), **천치**(임계면), **얼간이**(임계면)

[표] ⑲ 멍청이 ㉜ 아둔하고 어리석은 사람을 놀림조로 이르는 말.

㉠ 저런 멍충이 같은 늠.

**멀찌거니**(정선읍, 북평면, 신동읍), **멀찌거이**(여량면), **멀찌가니**(임계면, 화암면), **멀찌감치**(임계면)

[표] ⑭ 멀찍이 ㉜ 사이가 꽤 떨어지게.

㉠ 1. 이렇게 멀찌거이 세서 내더봐.
2. 니는 쫌 멀찌거이 떨어져 앉아라. 멀찌가니 서봐.

**멈치다**(정선읍, 여량면, 신동읍, 화암면)

[표] ⑧ 멈추다 ㉜ 1. 사물의 움직임이나 동작이 그침. 2. 비나 눈 따위가 그침. 3. 사물의 움직임이나 동작을 그치게 함.

㉠ 소낙비가 이제 멈칠라나 봐.

**멋대가리읎다**(정선읍, 여량면, 신동읍, 화암면), **니멋도내멋도없다**(임계면)

[표] ⑲ 멋없다 ㉜ 격에 어울리지 않아 싱거움.

㉠ 거 노는 게 참 멋대가리읎이 논다.

**멍**(정선읍, 북평면), **양수겹장**(여량면, 남면)

[표] ⑲ 장(將) ㉜ 장기에서 장을 부름.

㉠ 차멍 포멍 양수겹장 받아라.

**멍덕딸구**(신동읍)

[표] ⑲ 멍석딸기 ㉜ 〈식물〉 장미과의 낙엽 활엽 관목. 줄기는 길이가 1.5 미터 정도이며, 옆으로 기어서 뻗고 갈고리 모양의 가시가 있음. 초여름에 장밋빛의 오판화가 취산(聚繖) 화서로

가지 끝에 피고, 열매는 7월에 붉게 익는데 크고 맛이 달아 식용함. 산기슭이나 밭둑에 나며 한국, 일본, 대만, 중국 등지에 분포함.

(예) 멍덕딸구가 딸구 중 젤 크다.

**멍석말개**(여량면, 북평면, 화암면), **멍석말기**(신동읍)

[표] 명 멍석말이 뜻 1. 장례를 치를 형편이 못 되는 시체를 멍석에 말아서 산골짜기에 내다 버리는 일. 2. 예전에, 권세 있는 집안에서 사사로이 사람을 멍석에 말아 놓고 뭇매를 가하던 일. 또는 그런 형벌.

(예) 예전엔 죄 지은 늠은 멍석말개 해기도 했다.

**멍이**(정선읍, 여량면, 신동읍, 화암면), **산마눌**(신동읍)

[표] 명 산마늘(山--) 뜻 〈식물〉 백합과의 여러해살이풀. 높이는 30~60cm이며, 잎은 2~3개가 나는데 타원형임. 5~6월에 흰색 또는 연한 자주색 꽃이 산형(繖形) 화서로 피고 열매는 삭과(蒴果)를 맺음. 전체를 식용함. 깊은 산의 숲 속에 나는데 한국, 중국 동북부에 분포함.

(예) 그 당신 멍이를 뜯느라고 온 산을 해치고 댕겠지.

**멍장구**(정선읍, 화암면), **심거무**(여량면). **싱거무**(여량면, 신동읍)

[표] 명 멍 뜻 심하게 맞거나 부딪쳐서 살갗 속에 퍼렇게 맺힌 피.

(예) 1. 다리에 싱거무가 퍼렇게 들었다. 2. 멍장구가 퍼렇게 들었다.

**멍청도**(정선읍, 여량면, 남면, 남면), **양반도**(정선읍)

[표] 명 충청도(忠淸道) 뜻 1. 〈지명〉 충청남도와 충청북도를 통틀어 이르는 말. 충주와 청주에서 따온 말임. 2. 〈역사〉 전국 8도 가운데 지금의 충청남도와 충청북도 지역에 둔 행정 구역. 조선 고종 33년(1896)에 나누어졌음.

(예) 누린 거 보니 영락없는 멍청도 사람이다.

**메**(정선읍), **메싹**(여량면, 북평면, 신동읍, 화암면)

[표] 명 메꽃 뜻 〈식물〉 메꽃과의 여러해살이 덩굴풀. 줄기는 가늘고 길며 다른 것에 감겨 올라감. 잎은 어긋나고 타원형 피침 모양이며 양쪽 밑에 귀 같은 돌기가 있음. 여름에 나팔꽃 모양의 큰 꽃이 낮에만 엷은 붉은색으로 피고 저녁에 시듦. 뿌리줄기는 '메' 또는 '속근근'이라 하여 약용하거나 어린잎과 함께 식용함. 들에 저절로 나며 한국, 일본, 중국 등지에 분포함.

(예) 1. 메싹도 케다 먹는다. 2. 메에 갈근 무쳐 쪄서 먹으면 달짜그니 하니 마싰다.

**메기**(여량면), **메기**(신동읍)

[표] 명 모이 뜻 닭이나 날짐승의 먹이.

(예) 예전 닭은 마당에 풀어 키워 메기는 별로 주지 않았다.

**메기주뎅이**(정선읍, 여량면, 신동읍, 화암면)

[표] 명 메기입 뜻 입아귀가 길게 째져 넓게 생긴 입을 놀림조로 이르는 말.

(예) 그 사람은 입이 넙죽한 기 꼭 메기주뎅이처럼 생겼다.

**메끼**(여량면, 신동읍), **꼬내기**(여량면)

[표] 명 미끼 뜻 1. 낚시 끝에 꿰는 물

143

고기의 먹이. 주로 지렁이, 새우, 밥알 따위를 사용함. 2. 사람이나 동물을 꾀어내기 위한 물건이나 수단을 비유적으로 이르는 말.

㉠ 강가가서 꼬내기 잡아서 낚수 하러 가자.

**메내**(여량면, 신동읍, 화암면)

[표] 몡 면회(面會) 뜻 일반인의 출입이 제한되는 어떤 기관이나 집단생활을 하는 곳에 찾아가서 사람을 만나 봄.

㉠ 예전엔 군에 메내도 별로 읎었다.

**메내소**(여량면, 신동읍, 화암면)

[표] 몡 면회소(面會所) 뜻 1. 면회하는 장소나 건물. 2. 면회하는 사람들을 위하여 따로 마련해 놓은 방.

㉠ 논산훈련소 정문 앞에 메내소가 따루 있었어.

**메내증**(정선읍, 북평면, 화암면), **메내정**(여량면, 신동읍)

[표] 몡 면허증(免許證) 뜻 〈법률〉 면허의 내용과 사실을 기재한 증서.

㉠ 메내증은 아마 자동차 메내증이 젤 많을 거야.

**메누리주멍이꽃**(정선읍, 여량면, 남면, 화암면)

[표] 몡 금낭화(錦囊花) 뜻 〈식물〉 현호색과의 여러해살이풀. 줄기는 높이가 40~50cm 정도이고, 온몸이 흰색이 도는 녹색이며 잎은 어긋나고 깃 모양으로 갈라짐. 5~6월에 불그스름한 꽃이 줄기 끝에 총상(總狀) 화서로 피고 열매는 삭과(蒴果)를 맺음. 관상용이고 중국이 원산지로 마을 근처에 자라는데 우리나라 전역에 분포함.

㉠ 메누리주멍이꽃이 우리집에 음청 마이 피니 보기가 좋아.

**메등**(정선읍, 여량면, 신동읍, 화암면)

[표] 몡 봉분(封墳) 뜻 흙을 둥글게 쌓아 올려서 무덤을 만듦. 또는 그 무덤.

㉠ 메등에 올라가지 마라조상이 성낸다.

**메레치젓**(여량면, 신동읍, 화암면), **메루치젓**(정선읍, 여량면)

[표] 몡 멸치젓 뜻 멸치로 담근 젓.

㉠ 짭짤한 메루치젓으로 당구야 김치가 지맛이 나.

**메르치**(정선읍, 화암면), **메루치**(여량면, 신동읍, 임계면)

[표] 몡 멸치 뜻 〈동물〉 멸칫과의 바닷물고기. 몸의 길이는 13cm 정도이며, 등은 검푸르고 배는 은빛을 띤 백색임. 몸은 길고 원통 모양이며 비늘은 둥글둥글함. 연안 회유성 물고기로 플랑크톤을 주로 먹고 삶. 한국, 일본, 중국 등지에 분포함.

㉠ 메루치 반찬이 우리 핵교 다닐땐 귀했어.

**메물**(여량면, 북평면, 신동읍, 화암면)

[표] 몡 메밀 뜻 1. 〈식물〉 마디풀과의 한해살이풀. 줄기는 높이가 40~70cm이고 대가 비어 있으며 곧고 흔히 붉은색을 띰. 잎은 어긋나고 세모꼴의 심장 모양으로 어긋나 있음. 7~10월에 흰꽃이 총상(總狀) 화서로 모여 피고 열매는 수과(瘦果)로 검은빛의 세모진 모양이며, 줄기는 가축의 먹이로 쓰임. 아시아 북중부가 원산지로 동부 아시아, 만주, 시베리아 등지에 분포하는데, 밭에

많이 심고 가물 때에는 논에 심기도 함.
2. '메밀'의 열매. 전분이 많아 가루를
내어 국수나 묵 따위를 만들어 먹음.
⑩ 장날가서 메물적하고 메물전병
사먹고 왔잖소.

**메물갈그**(정선읍, 여량면, 북평면, 화암면)
[표] 몡 메밀가루 뜻 메밀의 열매를
찧어서 낸 가루.
⑩ 1. 메물갈글 가지고 부치기를 꾸
어. 2. 메물 노치레 갈글 가지고
채맨두도 해먹고 가시레 반데기
도 해먹고.

**메물국시**(여량면, 신동읍, 화암면), **콧등**
**치기**(여량면, 임계면)
[표] 몡 메밀국수 뜻 메밀가루로 만든
국수.
⑩ 애미가 해준 메물국시가 씨원한
게 좋다.

**메주등거리**(정선읍, 여량면, 북평면, 신동
읍, 화암면)
[표] 몡 메주덩어리 뜻 매주를 뭉쳐서
만든 덩어리.
⑩ 메주등거리 깨가지고 김치궁물에
담갔다가 먹으면 마싰다.

**메줏장**(정선읍, 여량면), **매주뎅이**(신동
읍, 화암면)
[표] 몡 메주덩이 뜻 1. '메줏덩이'의
북한어. 2. 복스럽고 큰 것을 비유적
으로 이르는 말.
⑩ 친장에 장태를 해놓고 메주뎅이
를 달어놓는다.

**메추래기**(정선읍, 여량면, 신동읍, 화암면)
[표] 몡 메추라기 뜻 〈동물〉 꿩과의
겨울 철새. 몸의 길이는 18cm 정도이

며 누런 갈색과 검은색의 가는 세로무
늬가 있음. 목 부분이 수컷은 붉은 밤
색이고 암컷은 갈색을 띤 누런 흰색임.
몸은 병아리와 비슷하나 꽁지가 짧음.
길들여 가금으로 기르기도 함. 유럽,
아프리카, 인도, 동부 아시아 등지에
분포함.
⑩ 매추래기 구어먹으면 마싰다.

**메흙**(정선읍, 화암면), **보멩개**(여량면, 신
동읍)
[표] 몡 명개 뜻 갯가나 흙탕물이 지
나간 자리에 앉은 검고 고운 흙.
⑩ 1. 베름빡에 메흙을 씩씩 문질른
다. 2. 흙탕물이 한 번썩 질 저마
둥 보드레한 보멩개가 복새맨치
들어달리거덩.

**멕**(정선읍, 신동읍, 화암면), **목**(여량면)
[표] 몡 멱 뜻 목의 앞쪽.
⑩ 그사람 목소리는 돼지 멕 따는 소
리여.

**멕살**(정선읍, 여량면, 신동읍, 화암면)
[표] 몡 멱살 뜻 1. 사람의 멱 부분의
살. 또는 그 부분. 2. 사람의 멱이 닿는
부분의 옷깃.
⑩ 행사인데 멕살잡패서 가는기 불
쌍하데.

**멕살잽이**(정선읍, 여량면, 화암면), **멕살**
**잡이**(신동읍)
[표] 몡 멱씨름 뜻 서로 멱살을 잡고
싸우는 짓.
⑩ 서로 멕살잽이 하지 말고 말로 해라.

**멕이**(정선읍, 여량면, 신동읍, 화암면)
[표] 몡 먹이 뜻 동물이 살아가기 위
하여 먹어야 할 거리. 또는 사육하는

가축에게 주는 먹을거리.

㉖ 야야 쇄 멕이 제 때 줘라.

**멕통따다**(정선읍, 북평면, 화암면), **목따다**(여량면, 신동읍)

[표] 툉 멱따다 뜻 칼 따위로 짐승의 멱을 찌르거나 자름.

㉖ 돼지 멕통따야 직방이지.

**멘도**(정선읍, 화암면, 여량면, 신동읍, 임계면)

[표] 몡 면도(面刀) 뜻 1. 얼굴이나 몸에 난 수염이나 잔털을 깎음. 2. 면도하는 데에 쓰는 칼.

㉖ 멘도를 깨끗하게 하다.

**멘바구**(정선읍, 화암면), **멘박**(정선읍), **면바구**(여량면, 신동읍)

[표] 몡 면박(面縛) 뜻 두 손을 등 뒤로 돌려 묶고 얼굴을 사람들에게 보이도록 앞으로 쳐듦.

㉖ 닌 꼭 사람 많은데서 그렇게 면바구를 주나.

**멘사무소**(정선읍, 여량면, 화암면), **멘소**(신동읍), **면소**(임계면)

[표] 몡 면사무소(面事務所) 뜻 면의 행정 사무를 맡아보는 기관.

㉖ 우리 동낸 멘사무소 가기도 멀어서 힘들어.

**멘양말**(정선읍, 여량면, 신동읍, 화암면), **목양말**(임계면)

[표] 몡 면양말(綿洋襪) 뜻 면실로 짠 양말.

㉖ 예전엔 멘양말도 귀했어.

**멤태덕**(신동읍), **멤태덕장**(임계면)

[표] 몡 명태덕(明太-) 뜻 명태를 말리는 덕.

㉖ 멤태덕장은 인제 용대리가 최고여.

**멧누왜**(정선읍, 화암면), **산누왜**(신동읍)

[표] 몡 산누에(山--) 뜻 〈동물〉 산누에나방과의 나방의 애벌레. 집누에와 비슷하나 몸이 더 크고 무게는 네 배 정도 무거움. 한 해에 두 번 발생하나 세 번 발생할 때도 있음. 상수리나무, 참나무, 떡갈나무 따위의 잎을 먹고 넉잠을 잔 후에 엷은 갈색의 고치를 지어 번데기로 됨.

㉖ 그 당신 멧누왜를 마오느라 온 산을 헤매고 다녔지.

**멧돌**(정선읍), **멧돌짝**(여량면, 신동읍)

[표] 몡 맷돌 뜻 곡식을 가는 데 쓰는 기구. 둥글넓적한 돌 두 짝을 포개고 윗돌 아가리에 갈 곡식을 넣으면서 손잡이를 돌려서 감.

㉖ 옛날 여량엔 멧돌쟁이가 있었다.

**멩**(정선읍), **멩줄**(여량면, 신동읍, 화암면)

[표] 몡 목숨 뜻 사람이나 동물이 숨을 쉬며 살아 있는 힘.

㉖ 1. 멩도 참 갈다. 2. 멩줄이 참 찔기다.

**멩지**(정선읍, 신동읍), **멩주**(여량면)

[표] 몡 명주(明紬) 뜻 명주실로 무늬 없이 짠 피륙.

㉖ 쇠장날에 쥔이 멩지 바지를 빼입구 갔대.

**멫**(정선읍, 여량면, 신동읍, 화암면)

[표] 囹 팬 몇 뜻 囹 1. 그리 많지 않은 얼마만큼의 수를 막연하게 이르는 말. 2. 잘 모르는 수를 물을 때 쓰는 말. 팬 1. 뒤에 오는 말과 관련된, 그리 많지 않은 얼마만큼의 수를 막연하게 이르는 말. 2. 뒤에 오는 말과 관련된 수를 물을 때 쓰는 말.

ⓔ 멫은 저우루 엥게서 일을 하구 여
게 멫이 남어 일해요.

**며누리**(정선읍, 북평면), **메누리**(여량면,
신동읍, 화암면)

[표] 몡 며느리 ⓢ 아들의 아내를 이
르는 말.

ⓔ 메누리 흉보면 집안 망신이다.

**모가지**(정선읍, 여량면, 북평면, 신동읍,
화암면), **목젱이**(정선읍)

[표] 몡 목 ⓢ 1. 척추동물의 머리와
몸통을 잇는 잘록한 부분. 2. 식도와
기도로 통하는 입안의 깊숙한 곳. 3.
목을 통해 나오는 소리.

ⓔ 니는 모가지 뻣뻣해서 욕먹어.

**모개**(정선읍, 북평면), **못나이**(여량면, 신
동읍), **메주등거리**(여량면)

[표] 몡 못난이 ⓢ 못나고 어리석은
사람.

ⓔ 아이고 생긴건 꼭 메주등거리같은
기 설치는 거 보면 속이 거시룹다.

**모개**(정선읍, 여량면, 북평면, 신동읍, 화암면)

[표] 몡 모과(木瓜) ⓢ 〈식물〉 모과나
무의 열매. 모양은 길둥글고 큰 배와
비슷하나 거죽이 좀 울퉁불퉁함. 처음
에는 푸르스름하다가 익으면서 누렇
게 되며 맛은 몹시 시고 향기가 있음.
말린 것은 한방에서 '목과(木果)'라 하
여 약재로 씀.

ⓔ 생김새가 모개 같다.

**모겡이떼**(여량면, 신동읍, 화암면)

[표] 몡 모기떼 ⓢ 모여서 날아다니는
모기의 무리.

ⓔ 여름 밤엔 모겡이떼가 앵앵거린다.

**모겡이불**(여량면, 북평면, 화암면), **모굿
불**(신동읍)

[표] 몡 모깃불 ⓢ 모기를 쫓기 위하
여 풀 따위를 태워 연기를 내는 불.

ⓔ 화로에 모겡이불 쫌 떼라.

**모겡이소리**(여량면, 신동읍, 화암면)

[표] 몡 모깃소리 ⓢ 1. 모기가 날아
다닐 때 내는 소리. 2. 아주 가냘픈 소
리를 비유적으로 이르는 말.

ⓔ 자는 말하는기 모겡이소리 같다.

**모구**(정선읍, 화암면), **모게이**(정선읍, 화
암면), **모겡이**(여량면, 신동읍, 임계면)

[표] 몡 모기 ⓢ 〈동물〉 모깃과의 곤
충을 통틀어 이르는 말.

ⓔ 1. 밤이면 모겡이가 대든다. 2. 모
게이가 많아서 쑥불을 해놔도 모
겡이 한테 물렸어.

**모굼**(정선읍, 여량면, 북평면, 신동읍, 화암면)

[표] 의 모금 ⓢ 액체나 기체를 입 안
에 한 번 머금는 분량을 세는 단위.

ⓔ 목이 넘 마르다. 물 한 모굼 먹자.

**모꾼**(여량면, 신동읍, 화암면)

[표] 몡 모잡이 ⓢ 모를 낼 때, 모를
심는 사람.

ⓔ 모꾼들은 서로 품앗이를 마이 한다.

**모냥**(여량면, 신동읍, 화암면), **꼴**(임계면)

[표] 몡 모양(模樣) ⓢ 1. 겉으로 나타나
는 생김새나 모습. 2. 외모에 부리는 멋.

ⓔ 할 일 옶쓰니 그냥 가는 모냥이지.

**모뎅이불**(신동읍)

[표] 몡 모닥불 ⓢ 잎나무나 검불 따
위를 모아 놓고 피우는 불.

ⓔ 모뎅이불 피워서 마당에 멍석 깔
아놓고 놀아요.

**모둘매**(여량면, 화암면)

[표] 몡 몰매 뜻 여러 사람이 한꺼번에 덤비어 때리는 매.
예 그렇게 나쁜짓만 하니 모둘매를 맞아도 싸지.

**모래지물**(임계면, 여량면, 화암면)
[표] 몡 모래집물 뜻 〈의학〉 양막 안의 액체.
예 인재 모래지물이 터졌으니 쫌 있으문 언나가 나올기다.

**모래판**(여량면, 남면, 화암면)
[표] 몡 씨름판 뜻 1. 씨름을 하는 자리. 2. 씨름을 하는 판.
예 동네 아들이 강가 모래판에서 씨름한데 마카 가보자.

**모르네**(신동읍)
[표] 몡 모르쇠 뜻 아는 것이나 모르는 것이나 다 모른다고 잡아떼는 것.
예 지가 불라하니 모르네로 일관하고 있어.

**모소리**(정선읍, 여량면, 북평면, 화암면), **귀탱이**(정선읍), **몰소기**(신동읍)
[표] 몡 모서리 뜻 1. 물체의 모가 진 가장자리. 2. 〈수학〉 다면체에서 각 면의 경계를 이루고 있는 선분들.
예 야들아 부다치니 상모소리 조심해라.

**모시나물**(정선읍, 화암면), **무시대**(여량면), **참나물**(신동읍)
[표] 몡 모싯대 뜻 〈식물〉 초롱꽃과의 여러해살이풀. 줄기는 높이가 1미터 정도이고 뿌리는 굵으며, 잎은 어긋나고 심장 모양 또는 넓은 피침 모양으로 톱니가 있음. 8~9월에 종 모양의 자주색 꽃이 원추(圓錐) 화서로 핌. 뿌리는 해독제, 거담제로 쓰고 어린잎과

함께 식용함. 그늘진 산지에 자라는데 우리나라 각지에 분포함.
예 모시나물은 높은 산에 마이 있다.

**모욕**(정선읍, 여량면, 신동읍, 남면, 화암면), **멱**(정선읍), **미역**(임계면)
[표] 몡 목욕(沐浴) 뜻 머리를 감으며 온몸을 씻는 일.
예 음청 땀이 마이 나니 야들아 강에 모욕하러 가자.

**모욕재개**(정선읍, 여량면, 신동읍, 화암면)
[표] 몡 목욕재계(沐浴齋戒) 뜻 부정(不淨)을 타지 않도록 깨끗이 목욕하고 몸가짐을 가다듬는 일.
예 예전에 제사나 기도 할 땐 반드시 모욕재개를 했다.

**모잠**(정선읍, 여량면)
[표] 몡 칼잠 뜻 충분하지 아니한 공간에서 여럿이 잘 때 바로 눕지 못하고 몸의 옆 부분을 바닥에 댄 채로 불편하게 자는 잠.
예 육이오 때는 피난가서 마카 모잠을 잤어.

**모재**(여량면, 신동읍)
[표] 몡 모자(帽子) 뜻 1. 머리에 쓰는 물건의 하나. 예의를 차리거나 추위, 더위, 먼지 따위를 막기 위한 것임. 2. 갓양태 위로 우뚝 솟은 원통 모양의 부분.
예 아부지, 모재를 씨니 참말루 멋있어요.

**모지렝이숟깔**(정선읍, 화암면), **애지렝이숟깔**(정선읍), **모지렝이숟가락**(신동읍)
[표] 몡 몽당숟가락 뜻 끝이 거의 다 닳아서 없어진 숟가락.
예 하두 감재를 끌거데서 모지렝이

순깔이 됐다.

**모질어지다**(정선읍, 화암면), **무들다**(여량면, 신동읍)

[표] 형 무디다 뜻 1. 칼이나 송곳 따위의 끝이나 날이 날카롭지 못함. 2. 느끼고 깨닫는 힘이나 표현하는 힘이 부족하고 둔함. 3. 세련된 맛이 없고 투박함.

예 1. 호맹이, 괭이를 하두 써서 모질어지다. 2. 칼날이 무들어지다.

**모텡이**(여량면, 신동읍, 화암면)

[표] 명 모퉁이 뜻 1. 구부러지거나 꺾어져 돌아간 자리. 2. 변두리나 구석진 곳. 3. 일정한 범위의 어느 부분.

예 거 모텡이 돌아서 가믄 큰 낭구 있어. 그 앞에서 맨내.

**목강통**(여량면, 신동읍, 화암면), **목간탕**(임계면)

[표] 명 목욕탕 뜻 목욕을 할 수 있도록 마련해 놓은 시설.

예 설전에 목간탕에 다녀와야 다른 일도 할 수 있어.

**목구**(여량면, 화암면)

[표] 명 목기(木器) 뜻 1. 나무로 만든 그릇. 2. 떡이나 두부 따위를 '1.'에 담아 그 분량을 세는 단위.

예 제사지낼 때 목구에다 담아 놔야 돼.

**목구녕풀칠하다**(정선읍, 여량면, 화암면), **목구멍풀칠하다**(신동읍)

[표] 동 먹고살다 뜻 생계를 유지함.

예 이제 지와 목구녕풀칠하고 살아요.

**목낫**(정선읍, 여량면, 북평면, 남면, 화암면)

[표] 명 조선낫(朝鮮-) 뜻 날이 두껍고 손잡이 속에 박히는 뾰족한 부분이 비교적 긴 재래식의 낫. 나무를 베는 데 편리함.

예 산에 낭구하러 갈 댄 풀베는 낫 말고 목낫 갔구 가야돼.

**목더시기**(정선읍, 북평면), **더수기**(여량면, 신동읍)

[표] 명 목덜미 뜻 목의 뒤쪽 부분과 그 아래 근처.

예 하두 일을 마이 했더니 더수기가 쑤셔.

**목로집**(여량면, 신동읍)

[표] 명 목로술집(木爐--) 뜻 목로를 차려 놓고 술을 파는 집.

예 목로집에서 쐐주 한잔하자.

**목매달이**(정선읍, 여량면, 화암면), **목다리**(신동읍)

[표] 명 목매기 뜻 아직 코뚜레를 꿰지 않고 목에 고삐를 맨 송아지.

예 우리집에 목매달이 소아지 한 마리 있소.

**목멕히다**(정선읍, 화암면), **목메이다**(여량면, 신동읍)

[표] 동 목메다 뜻 기쁨이나 설움 따위의 감정이 북받쳐 솟아올라 그 기운이 목에 엉기어 막힘.

예 얼매나 빨리 왔는지 물 먹을라니 목멕히다.

**목발**(정선읍, 여량면, 신동읍, 화암면)

[표] 명 목다리(木--) 뜻 다리가 불편한 사람이 겨드랑이에 끼고 걷는 지팡이.

예 목발집고 댕기니 진짜루 고생이네.

**목수젱이**(정선읍, 신동읍, 화암면), **대목젱이**(여량면), **톱쟁이**(임계면)

[표] 명 목수(木手) 뜻 나무를 다루어 집을 짓거나 가구, 기구 따위를 만드는 일을 업으로 하는 사람.

ⓔ 배 맹그는데 목수쟁이가 마이 있어야 돼요

**목줄때**(여량면, 북평면, 신동읍)
　[표] 몡 목줄띠 ⊗ 1. 목에 있는 힘줄. 2. 삶을 살아가는 중요한 수단이나 형편을 비유적으로 이르는 말.
　ⓔ 지가 목줄때에 심을 줘봐야 별꺼 있어.

**목청껀**(여량면), **목청끈**(신동읍)
　[표] 뮈 목청껏 ⊗ 있는 힘을 다하여 소리를 질러.
　ⓔ 한번 목청껀 소래기를 질러봐라.

**목카**(정선읍, 북평면, 화암면), **목캐**(신동읍)
　[표] 몡 목화(木花) ⊗ 〈식물〉 1. 아욱과 목화속의 한해살이풀이나 여러해살이풀을 통틀어 이르는 말. 재배 지역에 따라 여러 품종이 있는데 북아메리카의 육지면(陸地綿), 남아메리카의 해도면, 아시아의 재래면 따위가 있음. 2. 아욱과의 한해살이풀. 원줄기는 높이가 60cm 정도이고 잔털이 있고 곧게 자라면서 가지가 갈라짐. 잎은 어긋나고 가을에 흰색 또는 누런색의 오판화(五瓣花)가 잎겨드랑이에서 핌. 열매는 삭과(蒴果)를 맺으며 씨는 검은색이고 겉껍질 세포가 흰색의 털모양 섬유로 변함. 솜털을 모아서 솜을 만들고 씨는 기름을 짬.
　ⓔ 목카로 솜 맹글고 무명옷 맹글어 입으면 따시한게 음청 좋다.

**목카송이**(정선읍, 화암면), **목캐송이**(신동읍)
　[표] 몡 목화송이(木花--) ⊗ 목화가 익어 피어난 송이.

ⓔ 목카송이가 눈같이 하얗게 핀게 되게 멋있다.

**몬재리다**(정선읍, 여량면, 북평면, 화암면), **모재리다**(신동읍)
　[표] 동 모자라다 ⊗ 1. 기준이 되는 양이나 정도에 미치지 못함. 2. 지능이 정상적인 사람에 미치지 못함.
　ⓔ 가는 쬐끔 몬재린게 맞아.

**몰개무치**(정선읍), **모래무치**(여량면, 북평면)
　[표] 몡 모래무지 ⊗ 〈동물〉 잉엇과의 민물고기. 몸의 길이는 15cm 정도이며, 은백색임. 등과 옆구리에 엷은 황갈색의 반점이 있으며 배는 흼. 머리가 크고 입가에 한 쌍의 수염이 있음. 강의 모랫바닥에 사는데 한국, 일본, 중국 등지에 분포함.
　ⓔ 모래무치가 강에 가믄 무지 마이 있었어.

**몰개불**(여량면, 신동읍), **몽개부리**(여량면), **몽개불**(여량면)
　[표] 몡 모래톱 ⊗ 강가나 바닷가에 있는 넓고 큰 모래벌판.
　ⓔ 강에서 모욕하구 나서 몽개불에서 놀기도 했어.

**몰개찜**(여량면, 신동읍, 화암면)
　[표] 몡 모래찜 ⊗ 병의 치료나 건강 등을 위하여 여름에 뜨거운 모래에 몸을 묻고 땀을 냄.
　ⓔ 더운 여름에 백사장 가서 몰개찜 마이 했다.

**몰구다**(정선읍, 여량면, 신동읍, 화암면)
　[표] 동 몰다 ⊗ 1. 어떤 대상을 바라는 처지나 방향으로 움직여 가게 함.

2. 기계나 탈것을 부리거나 운전함. 3.
한곳으로 모으거나 합침.
　㉠ 토깽이는 한쪼로 몰궈서 잡기 진
　　짜루 심들어.
**몰르다**(정선읍, 여량면, 북평면, 화암면)
　[표] 동 모르다 뜻 1. 사람이나 사물
　따위를 알거나 이해하지 못함. 2. 사
　실을 알지 못함. 3. 어떤 지식이나 기
　능을 가지고 있지 못함.
　㉠ 지는 기계치라 기계는 잘 몰르니
　　까 씨키지 마러요.
**몸뚱아리**(정선읍, 화암면), **몸뗑이**(여량
면, 신동읍)
　[표] 명 몸 뜻 1. 사람이나 동물의 형상
　을 이루는 전체. 또는 그것의 활동 기능
　이나 상태. 2. 물건의 기본을 이루는 동
　체(胴體). 3. 그러한 신분이나 사람임.
　㉠ 어데가든지 몸뗑이 조심하고 댕
　　겨라.
**몸무개**(여량면, 북평면, 화암면), **몽무개**
(신동읍)
　[표] 명 몸무게 뜻 몸의 무게.
　㉠ 몸무개가 접때보다 마이 나간다.
**몸살**(정선읍, 여량면, 남면, 화암면)
　[표] 명 안달 뜻 속을 태우며 조급하
　게 구는 일.
　㉠ 니 도맹가지 못해 몸살이 났지.
**몸썰머리**(정선읍, 여량면, 신동읍, 화암면)
　[표] 명 몸서리 뜻 몹시 싫거나 무서
　워서 몸이 떨리는 일.
　㉠ 인젠 그 늠하고 사는게 몸썰머리 나.
**몹씰**(정선읍, 여량면, 북평면, 신동읍, 화암면)
　[표] 관 몹쓸 뜻 악독하고 고약한.
　㉠ 이 몹씰 늠어 시상, 머이 되는게

읎어.
**못빼기**(정선읍, 북평면), **노루발**(남면), **이
뽑개**(신동읍)
　[표] 명 장도리 뜻 한쪽은 뭉뚝하여 못을
　박는 데 쓰고, 다른 한쪽은 넓적하고 둘로
　갈라져 있어 못을 빼는 데 쓰는 연장
　㉠ 1. 낭구에 백힌 못 빼게 이뽑개 쯤
　　가져와라. 2. 판자에 백힌 못을 못
　　빼기로 빼다.
**못잡어먹다**(여량면, 남면, 화암면)
　[표] 동 괴롭히다 뜻 '괴롭다'의 사동사.
　㉠ 저놈은 맨날 나를 못잡아먹어서
　　지랄발광이야.
**몽뗑이건사**(정선읍), **몸뗑이간수**(여량면,
신동읍), **몸뗑이건사**(화암면)
　[표] 명 몸단속(-團束) 뜻 1. 위험에
　처하거나 병에 걸리지 않도록 미리 조
　심함. 2. 옷차림을 제대로 함.
　㉠ 처녀는 몸뗑이간수 잘해야 돼.
**몽울**(여량면, 북평면, 신동읍, 화암면)
　[표] 명 멍울 뜻 1. 우유나 풀 따위 속
　에 작고 둥글게 엉겨 굳은 덩이. 2. 어
　떤 충격으로 인해서 생긴 마음의 상처
　나 고충을 비유적으로 이르는 말. 3.
　〈의학〉림프샘이나 몸 안의 조직에 병
　적으로 생기는 둥글둥글한 덩이.
　㉠ 젖에 몽울이 져서 아 젖 주는게 마
　　이 아프지?
**몽지리**(정선읍, 여량면, 신동읍, 화암면),
**마커**(정선읍), **몽조리**(임계면)
　[표] 부 모조리 뜻 하나도 빠짐없이
　모두.
　㉠ 저 시끼들 몽지리 마커 잡아와.
**몽창**(정선읍, 북평면, 임계면, 화암면), **오부**

뎅이(여량면, 신동읍), **오부다지**(여량면)

　[표] 🔖 몽땅 🏵 있는 대로 죄다.

　㉠ 이왕 가꾸 갈라면 오부뎅이로 마
　　카 가져 가.

**몽칭기**(정선읍, 신동읍, 화암면), **몽치미**
(여량면)

　[표] 🅟 목침(木枕) 🏵 나무토막으로
　만든 베개.

　㉠ 여름에 몽치미를 비고 둔너봐 증
　　말 씨원해.

**뭉다**(정선읍, 화암면), **모두다**(여량면), **모
투다**(신동읍)

　[표] 🔖 모으다 🏵 1. 한데 합침. 2.
　특별한 물건을 구하여 갖추어 가짐. 3.
　돈이나 재물을 써 버리지 않고 쌓아 둠.

　㉠ 씨던 삽은 한군데 모두고 집에 가자.

**뫼**(정선읍, 화암면), **메**(여량면, 신동읍),
**만년집**(임계면)

　[표] 🅟 묘(墓) 🏵 사람의 무덤.

　㉠ 우리 동네 공동메지에 메가 음청
　　많어.

**뫼자리**(정선읍, 화암면), **메자리**(여량면),
**뫼둔지**(신동읍)

　[표] 🅟 묘지(墓地) 🏵 1. 송장이나 유
　골을 땅에 묻어 놓은 곳. 2. 무덤이 있
　는 땅. 또는 무덤을 만들기 위해 국가
　의 허가를 받은 구역.

　㉠ 지관한테 조상 메자리 쫌 바달라
　　는데 좋은 자리가 별루 옶데.

**무구장다리**(정선읍, 북평면), **무꾸종다리**
(여량면, 화암면), **무꾸장다리**(신동읍)

　[표] 🅟 무종 🏵 무의 장다리.

　㉠ 무꾸종다리를 가꾸 멀 맹글어야
　　맛있어?.

**무굽다**(정선읍, 여량면, 신동읍, 임계면,
화암면), **천근돌이다**(정선읍), **무찔하다**
(임계면)

　[표] 🔖 무겁다 🏵 1. 무게가 나가는
　정도가 큼. 2. 비중이나 책임 따위가
　크거나 중대함. 3. 죄과 따위가 심하
　거나 큼.

　㉠ 쇠꼽이 음청나게 무굽다.

**무꾸**(정선읍, 여량면, 북평면, 신동읍, 임
계면, 화암면)

　[표] 🅟 무 🏵 1. 〈식물〉십자화과의
　한해살이풀 또는 두해살이풀. 줄기는
　높이가 60~100cm이며, 잎은 깃 모양
　으로 뿌리에서 뭉쳐나고 뿌리는 둥글
　고 깊. 뿌리는 잎과 함께 식용하며 비
　타민, 단백질의 함유량이 많아 약용하
　기도 함. 중앙아시아가 원산지로 아시
　아, 유럽 등지의 온대에서 많은 품종
　이 재배됨. 2. '무'의 뿌리.

　㉠ 무꾸를 뚝뚝 썰어서 나박짠지를
　　해서 겨울내내 먹자.

**무꾸말레이**(정선읍, 여량면, 북평면, 임계
면, 화암면), **무구말랭이**(정선읍), **무꾸말
렝이**(여량면), **무말렝이**(신동읍)

　[표] 🅟 무말랭이 🏵 1. 무를 반찬거
　리로 쓰려고 썰어 말린 것. 2. 아주 볼
　품없이 된 것을 비유적으로 이르는 말.

　㉠ 겨울에는 무꾸말레이를 뽂아서
　　먹으면 참 마싰지.

**무꾸장아찌**(정선읍, 여량면, 북평면, 화암
면), **무꾸장쩽이**(신동읍)

　[표] 🅟 무장아찌 🏵 간장에 불린 무
　말랭이나 썰어 절여서 물을 뺀 무를 기
　름에 뽂아서 고명을 한 반찬.

例 니네집 무꾸장아찌는 짭쪼롬한게 되게 마싯어.

**무꾸짐치**(정선읍, 여량면, 북평면, 신동읍, 화암면)

[표] 명 무김치 뜻 무로 담근 김치.

例 겨울 밤 질쌈하던 어머이들이 무꾸짐치 가꾸 반찬삼아 야식을 했지.

**무꾸채밥**(정선읍, 여량면, 신동읍, 화암면)

[표] 명 무밥 뜻 무를 채 썰어 쌀에 섞어서 지은 밥. 주로 양념장에 비비어 먹음.

例 무꾸채밥에 장물을 너서 비베서 먹 어봐 진말루 좃테.

**무넴이**(여량면, 신동읍, 화암면)

[표] 명 무넘기 뜻 1. 논에 물이 알맞게 고이고 남은 물이 흘러넘쳐 빠질 수 있도록 만든 둑. 2. 봇물을 대기 위하여 만든 둑.

例 베 농사 할댄 무넴이를 잘 맹글어야 한다.

**무닥떼기**(여량면, 신동읍, 화암면)

[표] 명 무지막지(無知莫知) 뜻 '무지막지하다'의 어근.

例 기렇게 무닥떼기로 달래들면 미서워서 마카 피하지.

**무당벌거지**(정선읍, 여량면, 북평면, 신동읍), **감자벌게이**(정선읍), **딱장벌레**(임계면), **무당벌게이**(화암면)

[표] 명 무당벌레 뜻 〈동물〉1. 무당벌렛과의 곤충을 통틀어 이르는 말. 2. 무당벌렛과의 곤충. 몸의 길이는 7mm 정도이고 달걀 모양으로 약간 도도록하며 아래쪽은 편평함. 겉날개는 붉은 바탕에 검은 점무늬가 있음. 진딧물을 잡아먹으며 한국, 일본, 중국, 대만 등지에 분포함.

例 무당벌거지는 감자 밭에 젤루 마내.

**무당젱이**(여량면, 화암면), **굿젱이**(신동읍)

[표] 명 무당(巫堂) 뜻 〈민속〉 귀신을 섬겨 길흉을 점치고 굿을 하는 것을 업으로 하는 사람. 주로 여자를 이름.

例 머이 잘 안되면 그전에는 굿젱이만 찾았는데….

**무데기**(정선읍, 여량면, 신동읍, 화암면)

[표] 명 무더기 뜻 1. 한데 수북이 쌓였거나 뭉쳐 있는 더미나 무리. 2. 한데 수북이 쌓였거나 뭉쳐 있는 더미나 무리를 세는 단위.

例 한꺼번에 무데기로 막 대드니 쟁신을 채릴수가 읎네.

**무등**(여량면, 신동읍, 화암면)

[표] 명 목말 뜻 남의 어깨 위에 두 다리를 벌리고 올라타는 일.

例 이 외삼춘만 보문 그저 무등 해달라구 매달래서.

**무태서리**(신동읍)

[표] 명 무서리 뜻 늦가을에 처음 내리는 묽은 서리.

例 무태서리 내리기 전에 꼬치를 따야 한다.

**무설미**(정선읍, 여량면, 북평면, 화암면), **쉬끼떡**(여량면, 남면), **수꾸떡**(임계면)

[표] 명 수수떡 뜻 찰수수 가루로 만든 떡.

例 1. 우리아는 열살까지 무설미를 해줬어. 2. 수꾸떡을 요새 아들이 알어?

**무식젱이**(여량면, 신동읍, 화암면)

[표] 명 무식쟁이(無識--) 뜻 보고 들은 바가 없거나 제대로 배우지 못하여 아는

것이 없는 사람을 얕잡아 이르는 말.

**예** 야! 이느무 무식젱이야.

**무자슥**(정선읍, 여량면, 화암면), **무자석**(신동읍)

[표] 몡 무자식(無子息) 뜻 아들도 딸도 없음.

**예** 시상 돌아가는 꼬락서니 보니 무자슥이 상팔재야.

**무접**(정선읍, 화암면), **무렵**(여량면, 신동읍)

[표] 의 무렵 뜻 대략 어떤 시기와 일치하는 즈음.

**예** 1. 3월 무접이면 제비가 온다. 2. 아마 그 무렵에 순자도 떠났어.

**무지**(정선읍, 여량면, 북평면, 신동읍, 화암면)

[표] 뮈 무척 뜻 다른 것과 견줄 수 없이.

**예** 국민핵교 동창들이 요새 무지 보고 싶다.

**뭇대놓구**(신동읍)

[표] 뮈 무턱대고 뜻 잘 헤아려 보지도 아니하고 마구.

**예** 뭇대놓구 일을 하면 제대로 되는 기 읎다.

**묵간장**(정선읍), **진강장**(여량면)

[표] 몡 진간장(津-醬) 뜻 1. 오래 묵어서 아주 진하게 된 간장. 2. 기름을 뺀 콩을 쪄서 볶은 밀가루와 섞고, 곰팡이씨를 뿌려 메주를 띄운 후, 소금물을 부어 6개월 가량 발효시켜 짜낸 간장.

**예** 야야! 진강장 가꾸 오너라.

**묵뫼**(정선읍, 여량면, 북평면, 화암면), **묵메**(신동읍)

[표] 몡 무후총(無後冢) 뜻 후손이 끊겨 돌보는 사람이 없는 무덤.

**예** 요새 산에 가믄 묵뫼가 점점 늘어간다.

**묵채**(신동읍)

[표] 몡 묵나물 뜻 뜯어 두었다가 이듬해 봄에 먹는 산나물.

**예** 묵채는 겨울철이 별미여.

**문구녕**(정선읍, 여량면, 북평면, 신동읍, 임계면, 화암면)

[표] 몡 문구멍(門--) 뜻 문에 뚫린 구멍.

**예** 바깥에 누가 왔나 문구녕으로 내다봐라.

**문닥거리다**(정선읍), **새레달리다**(여량면, 신동읍), **쌔레달리다**(여량면, 화암면)

[표] 동 달리다 뜻 1. '닫다'의 사동사. 2. 달음질쳐 빨리 가거나 옴. 3. 차, 배 따위가 빨리 움직임.

**예** 그래 빨리 과속으로 막 쌔레달리면 큰 사고난다.

**문대다**(여량면, 신동읍, 화암면)

[표] 동 밀다 뜻 1. 일정한 방향으로 움직이도록 반대쪽에서 힘을 가함. 2. 바닥이나 거죽의 지저분한 것을 문질러서 깎거나 닦아 냄. 3. 허물어 옮기거나 깎아 없앰.

**예** 이근 바닥에 깔 낭기니까 정성스래 문대라.

**문뎅이벵**(정선읍, 여량면, 신동읍, 화암면)

[표] 몡 문둥병(--病) 뜻 '나병'을 낮잡아 이르는 말.

**예** 문뎅이벵 걸리면 이웃도 안 간다.

**문짱**(정선읍, 신동읍, 화암면)

[표] 몡 빗장 뜻 문을 닫고 가로질러 잠그는 막대기 쇠장대.

**예** 전에는 도독이 많아 문짱을 꼭 댄

고 지냈지.

**문지**(정선읍, 여량면, 신동읍, 화암면), **문주**(정선읍)

　[표] 몡 먼지 뜻 가늘고 보드라운 티끌.

　예 털어서 문지 안 나는 사람 나와봐라 그래.

**문지두리**(남면)

　[표] 몡 지도리 뜻 〈건설〉 돌쩌귀, 문장부 따위를 통틀어 이르는 말.

　예 하도 집이 오래되어 문지두리가 다 닳아버렸다.

**문질르다**(여량면, 신동읍, 화암면)

　[표] 동 문지르다 뜻 무엇을 서로 눌러 대고 이리저리 밀거나 비빔.

　예 야야 여와서 팔대리 즘 문질러 봐라.

**문쭈방**(정선읍, 여량면, 북평면, 화암면)

　[표] 몡 문지방(門地枋) 뜻 〈건설〉 출입문 밑의, 두 문설주 사이에 마루보다 조금 높게 가로로 댄 나무.

　예 문쭈방 넝거갈 때 조심해거라.

**문틈새간**(여량면, 화암면), **문틈새이**(신동읍)

　[표] 몡 문틈(門-) 뜻 닫힌 문이 벌어져 사이가 난 자리.

　예 문 잘 닫으라, 문틈새간으로 바람 들어온다.

**물가재미**(여량면, 북평면, 신동읍, 화암면)

　[표] 몡 물가자미 뜻 〈동물〉 가자밋과의 바닷물고기. 몸의 길이는 60cm 정도이며, 두 눈이 있는 쪽은 연한 어두운 갈색 바탕에 무늬가 있고 반대편은 흰색임. 몸은 납작하고 타원형이며, 두 눈이 오른쪽에 있고 뒷지느러미의 아래에 아주 작은 가시가 하나 있

음. 한국, 일본, 대만 등지에 분포함.

　예 오늘 물가재미회를 먹었다.

**물거물**(정선읍, 화암면), **물고물**(여량면)

　[표] 몡 물알 뜻 아직 덜 여물어서 물기가 많고 말랑한 곡식알.

　예 강냉이가 이제 물거물이 들었다.

**물견**(여량면, 남면), **재깐꾼**(임계면)

　[표] 몡 재주꾼 뜻 재주가 많거나 뛰어난 사람.

　예 자 해는 걸 보면 진짜 물견은 물견이야.

**물견**(정선읍, 여량면, 북평면, 신동읍, 화암면)

　[표] 몡 물건(物件) 뜻 1. 일정한 형체를 갖춘 모든 물질적 대상. 2. 제법 어떠한 구실을 하는 존재를 비유적으로 이르는 말. 주로 특이한 존재를 이름. 3. 남자의 성기를 완곡하게 이르는 말.

　예 보기는 꼴같은기 물견은 쓸만하다.

**물구낭구스기**(여량면, 북평면, 화암면), **물구낭구세기**(신동읍)

　[표] 몡 물구나무서기 뜻 〈운동〉 체조에서, 손으로 바닥을 짚고 발로 땅을 차서 거꾸로 서는 동작.

　예 물구낭구스기는 쉬운게 아니다.

**물꼬첨지**(정선읍, 화암면), **물꼬지킴이**(임계면), **논물첨지**(신동읍)

　[표] 몡 논물지킴이 뜻 논물을 간수함.

　예 장마가 시작되니 돌아가며 물꼬첨지를 해야 해

**물노리치다**(정선읍, 화암면)

　[표] 동 수침하다(水沈--) 뜻 물에 가라앉다.

　예 가는 개헤엄도 못치나? 물에만 들

155

어가면 물노리치니 거 참.

**물다**(여량면, 화암면), **물기하다**(신동읍)

[표] 휑 묽다 뜻 1. 죽이나 반죽 따위가 보통 정도에 비하여 물기가 많음. 2. 물감이나 약 따위에 섞여야 할 물의 비중이 지나치게 많음. 3. 사람이 야무지거나 맺힌 데가 없이 무름.

㉠ 죽이 너매 물기해서 맹물 먹는거 가테.

**물떼기**(정선읍, 여량면, 화암면), **물막기**(신동읍)

[표] 몡 물막이 뜻 물이 흘러들거나 넘쳐 나지 않도록 막는 일.

㉠ 물떼기할 댄 마커 다 와야 해.

**물래스다**(정선읍, 신동읍, 화암면)

[표] 통 물러서다 뜻 1. 있던 자리에서 뒷걸음으로 피하여 옮겨 섬. 2. 지위나 하던 일을 내놓음. 3. 맞서서 버티던 일을 그만둠.

㉠ 지가 상대가 안 되니 물래스는거야.

**물렁살**(여량면, 신동읍, 화암면)

[표] 몡 무살 뜻 단단하지 못하고 물렁물렁하게 찐 살.

㉠ 아들 같이 물렁살이 그래 만은기 면 심을 쓰겠냐.

**물르다**(정선읍, 여량면, 북평면, 신동읍, 화암면)

[표] 휑 무르다 뜻 1. 여리고 단단하지 않음. 2. 물기가 많아서 단단하지 않음. 3. 마음이 여리거나 힘이 약함.

㉠ 넘 물르니 시상살기 심들지.

**물멕이다**(정선읍, 여량면, 북평면, 화암면), **물입히다**(신동읍)

[표] 통 도금하다(鍍金--) 뜻 〈공업〉 금속이나 비금속의 겉에 금이나 은 따위의 금속을 얇게 입힘. 썩거나 닳는 것을 방지하거나 장식의 효과를 내기 위하여 함.

㉠ 쇠꼽에 금 물멕인다고 진짜루 금 안돼.

**물바아**(정선읍, 신동읍, 화암면), **물래바아**(여량면)

[표] 몡 물레방아 뜻 떨어지는 물의 힘으로 바퀴를 돌려 곡식을 찧거나 빻는 기구. 큰 나무 바퀴와 굴대에 공이를 장치하여, 바퀴가 돌 때마다 공이가 오르내리며 곡식을 찧거나 빻음.

㉠ 1. 물래바아는 물살을 안고 뱅글뱅글돈다. 2. 순자야 달 뜨면 물바아 깐으로 나와.

**물밤송이**(여량면)

[표] 몡 성게 뜻 〈동물〉 극피동물문 성게강의 동물을 통틀어 이르는 말. 대부분 둥근 몸에 석회질의 가시가 빽빽하게 박혀 있음. 가시 사이에 실 같은 대롱 모양의 발이 나와 쉽게 움직임. 대개 배의 중앙에 입이 있고 등 한복판에 항문이 있음. 발생학, 세포학의 실험에 많이 쓰고 알로 젓을 담그기도 함. 보라성게, 분지성게, 말똥성게 따위가 있으며 우리나라 동해에 널리 분포함.

㉠ 주문진서 먹은 물방송이는 잊을 수가 없어.

**물방개**(여량면, 신동읍, 화암면)

[표] 몡 물수제비 뜻 둥글고 얄팍한 돌을 물 위로 튀기어 가게 던졌을 때에, 그 튀기는 자리마다 생기는 물결 모양.

㉠ 니 내랑 물방개 마이 생기는 내기

할래.

**물방구리**(여량면, 화암면), **물방굴**(신동읍)
[표] 명 물방울 뜻 작고 동글동글한 물의 덩이.
㉠ 물방구리 막 튀서 옥가지 다 젖었어.

**물방멩이낭구**(여량면, 북평면)
[표] 명 팥배나무 뜻 〈식물〉 장미과의 낙엽 활엽 교목. 높이는 10미터 정도이며, 잎은 어긋나고 달걀 모양 또는 타원형임. 4~5월에 흰 꽃이 방상(房狀) 화서로 피고 열매는 타원형의 이과(梨果)로 10월에 익음. 목재는 기구재나 땔나무로 쓰고 열매는 식용함. 한국, 일본, 만주 등지에 분포함.
㉠ 빨래방망이 부러뜨렸으니 산에 가서 물방멩이낭구 비어와라.

**물버들**(여량면, 북평면, 남면, 화암면)
[표] 명 갯버들 뜻 〈식물〉 버드나뭇과의 낙엽 활엽 관목. 높이는 1~2미터 정도이며, 잎은 피침 모양이고 톱니가 있음. 꽃은 이른 봄에 잎보다 먼저 미상(尾狀) 화서로 핌. 열매는 달걀 모양의 삭과(蒴果)로 흰 털이 빽빽이 나 있는데 4~5월에 익음. 냇가에서 자라는데 한국, 일본, 중국 등지에 분포함.
㉠ 물버들 가지 짤러서 회띠기 맹글어 불면 소리가 잘 난다.

**물베레기**(여량면, 신동읍), **물베루기**(화암면)
[표] 명 물벼룩 뜻 〈동물〉 물벼룩과의 절지동물. 몸의 길이는 1.2~3.5mm이며, 무색이거나 엷은 황색임. 제이 촉각으로 뛰듯이 헤엄쳐 다님. 물고기의 먹이로 적당하여 인공 배양도 함. 민물에

사는데 전 세계에 분포함.
㉠ 물 속에 물베레기는 헤미도 증말 질 친다.

**물비눌**(여량면, 신동읍, 화암면)
[표] 명 물비늘 뜻 잔잔한 물결이 햇살 따위에 비치는 모양을 이르는 말.
㉠ 햇빛에 반짝이는 물비눌이 엄청 머싯다.

**물빵개**(정선읍, 북평면, 화암면), **물매미**(여량면, 신동읍)
[표] 명 물맴이 뜻 〈동물〉 물맴잇과의 곤충. 몸의 길이는 6~7.5mm이며, 광택이 나는 검은색이고 수염과 다리는 붉은 갈색임. 물방개와 비슷하게 생겼고 겹눈이 등과 배에 두 쌍으로 나뉘어 있어 공중과 물속을 따로따로 봄. 물 위를 뱅뱅 도는 습성이 있고 연못, 도랑 따위에 사는데 한국, 일본, 대만 등지에 분포함.
㉠ 물매미는 지금 보기 심들어.

**물샐틈바구없다**(정선읍, 화암면), **물샐틈바구읎다**(여량면), **물샐틈바구없다**(화암면)
[표] 형 물샐틈없다 뜻 물을 부어도 샐 틈이 없다는 뜻으로, 조금도 빈틈이 없음을 비유적으로 이르는 말.
㉠ 거 들어갈라므는 경비가 심해 물샐틈바구 읎다.

**물소굼젱이**(여량면, 신동읍, 화암면)
[표] 명 명주잠자리(明紬---) 뜻 〈동물〉 1. 명주잠자릿과의 곤충을 통틀어 이르는 말. 2. 명주잠자릿과의 곤충. 몸의 길이는 3.5cm 정도이며, 어두운 갈색임. 입술은 희고 날개는 투명함. 머리끝에서 등, 가슴의 가운데로 노르스름한 옅은 회색의 세로줄이 있으며

다리는 누런색에 검은 털이 있음. 애벌레는 개미귀신이라고도 부름. 한국, 일본, 중국, 대만 등지에 분포함.

㉠ 물소금쟁이 애벌래가 개미 귀신이라네.

**물소굼젱이**(정선읍, 여량면, 북평면, 신동읍, 화암면)

[표] 명 물잠자리 ㈜ 〈동물〉1. 물잠자릿과의 곤충을 통틀어 이르는 말. 2. 물잠자릿과의 곤충. 몸의 길이는 4.5cm, 편 뒷날개의 길이는 3.7~4cm이며, 몸빛은 금빛을 띤 녹색임. 수컷은 날개가 푸른빛을 띤 녹색으로 반사하며 암컷은 연한 갈색으로 구릿빛을 반사함. 한 쌍의 더듬이가 있고 암컷에만 날개 가장자리에 흰무늬가 있음. 여름에 야산의 개울에서 볼 수 있는데 유럽에서 극동에 걸쳐 분포함.

㉠ 물소금쟁이 냇가에서 니 봤냐?

**물앵도**(남면)

[표] 명 물앵두 ㈜ 1. 물앵두나무의 열매. 2. 무르익은 앵두.

㉠ 한번 먹어 봐 물앵도 진짜루 마싰다.

**물자래**(여량면, 신동읍, 화암면)

[표] 명 물자라 ㈜ 〈동물〉 물장군과의 곤충. 몸의 길이는 1.7~2cm이고 타원형에 머리는 짧으며, 누런 갈색 또는 흐린 갈색임. 앞다리는 벌레를 잡아먹기에 알맞고 두 개의 발톱이 있으며, 뒷다리는 노 비슷하여 헤엄치기에 알맞음. 수컷은 알을 등에 지고 다님. 논, 못 따위에 사는데 한국, 일본, 중국 등지에 분포함.

㉠ 논에서 물자래를 바짜나.

**물지개꾼**(정선읍, 여량면, 신동읍, 화암면)

[표] 명 물지게꾼 ㈜ 예전에, 물지게로 물을 져 나르는 사람을 이르던 말.

㉠ 드레박물을 물지개꾼이 져다 팔었다.

**물질병**(남면)

[표] 명 잠수병 ㈜ 혈액 속에 들어 있던 질소가 기포화함으로써 일어나는 가스 색전증. 잠수부와 같이 바닷속 따위의 고압 환경에 있던 사람이 물 위나 땅 위로 갑자기 되돌아왔을 때에 생김. 관절통, 근육통, 내출혈, 운동 지각 장애 따위의 증상이 나타남.

㉠ 오랫동안 물질을 마이 해서 물질병이 있어.

**물차**(정선읍, 여량면, 남면, 화암면)

[표] 명 살수차(撒水車) ㈜ 도로나 운동장 같은 데에 먼지가 나지 않도록 물을 뿌리는 차.

㉠ 아 마을질을 딲을 때 물차 때문에 문지가 들 나써.

**물청때**(정선읍, 여량면, 북평면, 신동읍, 화암면)

[표] 명 물이끼 ㈜ '물때'의 잘못.

㉠ 강바닥에 물청때가 시퍼렇게 깔랬어.

**물커덩하다**(정선읍, 여량면, 신동읍, 화암면), **밀커덩하다**(임계면)

[표] 형 물컹하다 ㈜ 너무 익거나 곯아서 물크러질 정도로 물렁함.

㉠ 거 속에 머이 물커덩한게 맨지키는게 머여.

**물키다**(여량면, 화암면), **물케다**(신동읍)

[표] 동 물켜다 ㈜ 물을 한꺼번에 많

이 마심.

⠀⠀예 얼매나 더운지 찬물을 한 사발 물 켰다니까.

**물페딱지**(여량면, 신동읍)

⠀⠀[표] 명 물표(物標/物票) 뜻 물건을 보내거나 맡긴 것에 대하여 증거로 삼는 표지.

⠀⠀예 딴 건 몰라도 물페딱지는 꼭 챙개야 된다.

**뭉테기**(정선읍, 여량면, 북평면, 화암면), **뭉치미**(신동읍)

⠀⠀[표] 명 뭉치 뜻 1. 한데 뭉치거나 말리거나 감은 덩이. 2. 한데 뭉치거나 말거나 감은 덩이를 세는 단위. 3. 소의 볼기 아래에 붙어 있는 고기.

⠀⠀예 쇠장사가 돈따발 한 뭉테기를 들고 왔다.

**뭉테기밥**(정선읍), **주먹밥**(여량면), **뭉치밥**(남면)

⠀⠀[표] 명 주먹밥 뜻 1. 주먹처럼 둥글게 뭉친 밥덩이. 2. 맨손으로 집어 먹는 밥.

⠀⠀예 전쟁 때 뭉치밥 마이 먹었지.

**뭔**(정선읍, 화암면), **먼**(여량면), **무신**(임계면), **무시기**(신동읍)

⠀⠀[표] 관 무슨 뜻 1. 무엇인지 모르는 일이나 대상, 물건 따위를 물을 때 쓰는 말. 2. 사물을 특별히 정하여 지목하지 않고 이를 때 쓰는 말. 3. 예상 밖의 못마땅한 일을 강조할 때 쓰는 말.

⠀⠀예 1. 먼 말을 하는지 항개도 모르겠네. 2. 무신 소리 핸거야?

**미기**(여량면, 신동읍, 화암면)

⠀⠀[표] 명 메기 뜻 〈동물〉 메깃과의 민물고기. 몸의 길이는 25~30cm가 보

통이나 간혹 1미터가 넘는 것도 있음. 어두운 갈색이고 불규칙한 얼룩무늬가 있으며, 비늘이 없고 미끈거림. 머리는 넓적하고 입은 매우 크며 네 개의 긴 수염이 있음. 한국, 일본, 중국, 대만 등지에 분포함.

⠀⠀예 밤 낚시 가서 미기를 마이 낚았는데 니 머글래?

**미끄룹다**(정선읍, 화암면), **미끼룹다**(여량면, 신동읍, 임계면), **매끄룹다**(임계면)

⠀⠀[표] 형 미끄럽다 뜻 거침없이 저절로 밀려 나갈 정도로 번드러움.

⠀⠀예 어제깨 질이 얼매나 미끄르운지 너머졌어.

**미뚜끼**(정선읍), **미떼기**(여량면), **메띠기**(신동읍)

⠀⠀[표] 명 메뚜기 뜻 〈동물〉 1. 메뚯과의 곤충을 통틀어 이르는 말. 겹눈과 세 개의 홑눈이 있고 뒷다리가 발달하여 잘 뜀. 불완전 변태를 하며 알로 겨울을 남. 2. 메뚯과의 곤충.

⠀⠀예 논바닥에 미떼기가 개락이다.

**밀구다**(여량면, 신동읍)

⠀⠀[표] 동 미루다 뜻 1. 정한 시간이나 기일을 나중으로 넘기거나 늘임. 2. 일을 남에게 넘김. 3. 이미 알려진 것으로써 다른 것을 비추어 헤아림.

⠀⠀예 오늘 핼일을 낼로 밀구지 마라.

**미류낭구**(정선읍, 여량면, 북평면, 신동읍, 화암면), **미루낭구**(임계면)

⠀⠀[표] 명 미루나무(美柳--) 뜻 〈식물〉 버드나뭇과의 낙엽 활엽 교목. 줄기는 높이 30미터 정도로 곧게 자라며, 잎은 광택이 남. 양버들과는 잎의 길이가 나

비보다 길고 가지가 옆으로 퍼지는 것이 다르며, 이태리포플러와는 구별하기 어려움. 3~4월에 꽃이 피고 열매는 5월에 익으며 종자에 털이 많음. 강변, 촌락 부근에 풍치목으로 많이 심으며 목재는 젓가락, 성냥개비 따위의 재료로 씀. 북아메리카가 원산지임.

[예] 미류낭구 꼭대기에 매미가 붙어 잡을 수가 읎어.

**미미하다**(정선읍, 여량면, 북평면, 신동읍), **디덤덤하다**(정선읍), **맹맹하다**(임계면), **밍미하다**(화암면)

[표] [형] 밍밍하다 [뜻] 1. 음식 따위가 제맛이 나지 않고 몹시 싱거움. 2. 술이나 담배의 맛이 독하지 않고 몹시 싱거움. 3. 마음이 몹시 허전하고 싱거움.

[예] 거 궁물 맛이 미미하네.

**미습끕다**(정선읍, 북평면), **느끈하다**(여량면, 신동읍), **니끼하다**(임계면)

[표] [형] 느끼하다 [뜻] 1. 비위에 맞지 아니할 만큼 음식에 기름기가 많음. 2. 기름기 많은 음식을 많이 먹어서 비위에 거슬리는 느낌이 있음. 3. 맛이나 냄새 따위가 비위에 맞지 아니함.

[예] 고기를 마이 머구떠니 속이 느끈하다.

**미시껍다**(여량면), **매시꿉다**(신동읍, 화암면), **미스꼽다**(임계면)

[표] [형] 매스껍다 [뜻] 1. 먹은 것이 되넘어 올 것같이 속이 울렁거리는 느낌이 있음. 2. 태도나 행동 따위가 비위에 거슬리게 아니꼬움.

[예] 오늘은 우째 속이 마이 미시껍다.

**미안시룹다**(정선읍, 여량면, 신동읍, 화암면), **미앤시룹다**(여량면, 북평면)

[표] [형] 미안스럽다(未安---) [뜻] 보기에 남에게 대하여 마음이 편치 못하고 부끄러운 데가 있음.

[예] 내가 머이 제대루 핸게 읎어 어머이 보기 미안시루워요.

**미영실**(정선읍, 북평면), **무멩실**(여량면, 신동읍, 화암면)

[표] [명] 무명실 [뜻] 솜을 자아 만든 실.

[예] 미영실 옷이 따뜨하고 푹신해요.

**미재이**(정선읍, 화암면), **미쟁이**(**여량면**)

[표] [명] 미장이 [뜻] 건축 공사에서 벽이나 천장, 바닥 따위에 흙, 회, 시멘트 따위를 바르는 일을 직업으로 하는 사람.

[예] 미쟁이도 기술이 있어야 지대로 찌거 바르지.

**미주바리**(여량면, 임계면, 화암면), **미주와리**(신동읍)

[표] [명] 미주알 [뜻] 항문을 이루는 창자의 끝부분.

[예] 니 얼매나 웃기는지 미주바리 빠질 것 가트다.

**미친늠**(여량면, 신동읍, 화암면)

[표] [명] 미친놈 [뜻] '미치광이'를 욕하여 이르는 말.

[예] 지런 미친늠 봤나 해는 꼬라지가.

**민메누리**(정선읍, 여량면, 신동읍, 화암면)

[표] [명] 민며느리 [뜻] 장래에 며느리로 삼으려고 관례를 하기 전에 데려다 기르는 계집아이.

[예] 가는 장가가기 심들어 민메누리를 두었어.

**민서**(정선읍, 여량면, 북평면, 화암면), **문서**(신동읍)

**[표]** 에 -면서 뜻 1. 두 가지 이상의 움직임이나 사태 따위가 동시에 겸하여 있음을 나타내는 연결 어미. 2. 두 가지 이상의 움직임이나 사태가 서로 맞서는 관계에 있음을 나타내는 연결 어미.

예 뽕 따러 간다민서 왜사 낮바닥에 화장질이야.

**민화토**(정선읍, 화암면), **늘화토**(여량면), **늘화투**(신동읍)

**[표]** 명 민화투(-花鬪) 뜻 화투 놀이의 하나. 2~4명이 치는데, 비약·초약·풍약, 청단·홍단·초단 따위가 있음.

예 민화토는 투전이 아니야 기냥 노는거지.

**밀갈기**(정선읍, 화암면)

**[표]** 명 밀가루 뜻 밀을 빻아 만든 가루.

예 밀갈기로 해먹던 국시가 마싰어

**밀구렝이**(여량면, 화암면), **물뱀**(신동읍)

**[표]** 명 누룩뱀 뜻 〈동물〉 뱀과의 구렁이. 몸의 길이는 90cm 정도이며, 몸빛은 밤색 바탕에 어두운 갈색의 가로무늬가 있고 배의 각 비늘에는 검은 무늬가 있음. 동양 각지에 분포함.

예 밀구렝이는 진짜루 음청 크다.

**밀뚜구리**(여량면)

**[표]** 명 밀어(密魚) 뜻 〈동물〉 망둑엇과의 민물고기. 몸의 길이는 4~12cm이고 길며 옆으로 납작함. 머리와 몸통의 높이가 거의 같고 머리의 폭이 넓음. 엷은 갈색 또는 검은빛을 띤 갈색이고 옆구리에 연한 갈색 무늬가 있음. 한국, 일본, 대만, 중국 동부 등지에 분포함.

예 밀뚜구리가 강에 씨가 졌어.

**밀례**(여량면, 신동읍, 화암면), **밀레장사**(임계면)

**[표]** 명 면례(緬禮) 뜻 〈민속〉 무덤을 옮겨서 다시 장사를 지냄. 또는 그런 일.

예 고조부 산소를 밀례하구서는 알 부재가 됐어.

**밀창문**(정선읍, 화암면), **밀장문**(여량면), **쌍닫이문**(신동읍)

**[표]** 명 미닫이 뜻 문이나 창 따위를 옆으로 밀어서 열고 닫는 방식. 또는 그런 방식의 문이나 창을 통틀어 이르는 말.

예 밀창문이 있는 집이 아주 부재래요.

**밍기적거리다**(정선읍, 여량면, 북평면, 화암면), **등기적거리다**(신동읍)

**[표]** 동 뭉그적거리다 뜻 1. 나아가지 못하고 제자리에서 조금 큰 동작으로 자꾸 게으르게 행동함. 2. 나아가지 못하고 제자리에서 몸이나 몸의 일부를 조금 큰 동작으로 자꾸 느리게 비비댐.

예 자는 와 생전 가지도 않고 앉아서 밍기적거리기는 돼게 밍기적거리네.

**밑두바리**(정선읍), **똥짜바리**(여량면, 화암면), **밑둥**(신동읍), **밑뚱바리**(임계면)

**[표]** 명 밑동 뜻 1. 긴 물건의 맨 아랫동아리. 2. 나무줄기에서 뿌리에 가까운 부분. 3. 채소 따위 식물의 굵게 살진 뿌리 부분.

예 1. 단지 밑두바리가 퍽 깨졌다. 2. 소낭구 똥짜바리가 드릅게 무겁다.

**밑모솔기**(여량면, 화암면), **밑모소리**(신동읍)

**[표]** 명 밑모서리 뜻 〈수학〉 옆면과 밑면이 만나서 이루는 모서리.

예 밑모솔기에 고뱅 바치면 음청 아퍼.

# ㅂ

**바가찌**(정선읍, 북평면), **바각지**(여량면, 신동읍)

[표] 몡 바가지 뜻 1. 박을 두 쪽으로 쪼개거나 또는 나무나 플라스틱으로 그와 비슷하게 만들어 물을 푸거나 물건을 담는 데 쓰는 그릇. 2. 물 따위의 액체나 곡식을 '바가지'에 담아 그 분량을 세는 단위. 3. 군인들의 은어로, '헌병'(憲兵)을 이르는 말.

예 물 한 바각지만 주시우야

**바게미**(여량면, 북평면, 신동읍, 화암면)

[표] 몡 바구미 뜻 〈동물〉 바구밋과의 곤충을 통틀어 이르는 말.

예 쌀에 바게미가 드글거린다.

**바구미**(정선읍, 여량면, 신동읍, 임계면, 화암면), **광지리**(임계면)

[표] 몡 바구니 뜻 1. 대나 싸리 따위를 쪼개어 둥글게 결어 속이 깊숙하게 만든 그릇. 테두리에 대나무를 서너 겹 둘러 손잡이가 달린 형태로도 쓸 수 있음. 2. (수량을 나타내는 말 뒤에 쓰여) 작은 물건을 '바구니'에 담아 그 분량을 세는 단위.

예 꽃바구미 옆에 찌고댕기는기 니 누구줄라 그래?

**바께**(정선읍), **한데**(여량면), **바껠**(신동읍)

[표] 몡 바깥 뜻 1. 밖이 되는 곳. 2. 사방, 상하를 덮거나 가리지 아니한 곳. 3. '바깥주인'을 구어적으로 이르는 말.

예 1. 바께 나가봐라. 2. 추운데 한데 나가지 말구 방구석에 박해 이써.

**바껠문**(정선읍, 여량면, 북평면, 신동읍, 화암면)

[표] 몡 바깥문(--門) 뜻 1. 대문 밖에 또 있는 문. 2. 겹 문의 바깥쪽에 있는 문.

예 바램 마이 부니 바껠문도 잘 닫으라.

**바껠사둔**(정선읍, 여량면, 북평면, 신동읍, 화암면), **사둔밖깔**(정선읍)

[표] 몡 바깥사돈(--査頓) 뜻 딸의 시아버지나 며느리의 친정아버지를 양쪽 사돈집에서 서로 이르거나 부르는 말.

예 바껠사둔 질에서 만나 대포 한잔 했소.

**바껠어른**(여량면, 화암면), **바껠으른**(신동읍)

[표] 몡 바깥어른 뜻 1. '바깥양반(집안의 남자 주인을 높이거나 스스럼없이 이르는 말)'의 높임말. 2. '바깥양반(아내가 남편을 이르는 말)'의 높임말.

ⓔ 바껠으른이 한다하믄 머이 해야
지 머.

**바껠일**(정선읍, 여량면, 북평면, 신동읍,
화암면)

　[표] 몡 바깥일 ⓣ 1. 집 밖에서 하는
경제적·사회적 활동. 2. 집 밖에서
일어나는 일. 3. 집 밖에서 하는 일.
　ⓔ 남재가 주로 바껠일을 본다.

**바껠짝**(정선읍, 여량면, 화암면), **바껠쪽**
(신동읍)

　[표] 몡 바깥쪽 ⓣ 1. 바깥으로 향하
는 쪽. 2. 바깥에 있거나 보이는 부분.
　ⓔ 그 거 바껠짝에 찾아보믄 있어.

**바늘쌤**(정선읍, 화암면), **바늘쌈지**(여량
면), **바눌쌈지**(신동읍)

　[표] 몡 바늘겨레 ⓣ 〈수공〉 예전에,
부녀자들이 바늘을 꽂아 둘 목적으로
헝겊 속에 솜이나 머리카락을 넣어 만
든 수공예품. 형태에 따라 원형, 거북
형, 안경집형, 장방형, 호리병형 따위
가 있는데, 안경집형·호리병형은 바
늘을 속에 넣게 만들었고, 거북형·장
방형은 양쪽에 바늘을 꽂게 만들었음.
　ⓔ 바늘쌈지는 여자들 필수품이자나.

**바다낚수**(여량면, 신동읍)

　[표] 몡 바다낚시 ⓣ 바다에서 물고기
를 낚는 일.
　ⓔ 우리 동낸 바다낚수는 멀어서 엄
　　두도 못내.

**바드래**(정선읍, 여량면, 남면, 화암면)

　[표] 몡 쌍살벌(雙--) ⓣ '꼬마쌍살벌
(말벌과의 벌)'의 잘못.
　ⓔ 바드래한테 한방 쏘키니까 음청
　　아프다.

**바들코**(정선읍), **발쿠다**(여량면, 화암면),
**바들쿠다**(신동읍)

　[표] 통 바루다 ⓣ 비뚤어지거나 구부
러지지 않도록 바르게 함.
　ⓔ 1. 꾸부러진 것을 똑바루 발쿠는
거 심들어. 2. 거 쫌 바들코 봐.

**바람꽃**(정선읍, 북평면)

　[표] 몡 황사(黃砂) ⓣ 1. 누런 모래. 2.
〈지리〉 중국 대륙의 사막이나 황토 지대
에 있는 가는 모래가 강한 바람으로 인하
여 날아올랐다가 점차 내려오는 현상.
　ⓔ 하눌이 뿌연걸 보니 바람꽃 때문
　　이구만.

**바람떡**(정선읍, 북평면, 임계면, 화암면),
**고무신떡**(임계면)

　[표] 몡 개피떡 ⓣ 흰떡, 쑥떡, 송기떡
을 얇게 밀어 콩가루나 팥으로 소를 넣
고 오목한 그릇 같은 것으로 반달 모양
으로 찍어 만든 떡. 만든 뒤에 서로 붙
지 않도록 참기름을 바름.
　ⓔ 바람떡 찐 담엔 참지름을 발라서
　　밴질밴질 해야 더 마싰어 보인다.

**바람잽이**(정선읍, 여량면, 북평면, 신동읍,
화암면)

　[표] 몡 바람잡이 ⓣ 야바위꾼이나 치
기배 따위와 짜고, 옆에서 바람을 넣거
나 남의 얼을 빼는 구실을 하는 사람.
　ⓔ 바람잽이가 앞에서 바람을 잡아
　　야 머이 되지.

**바람젱이**(정선읍, 북평면, 화암면), **바람
뎅이**(여량면), **바람됭이**(신동읍)

　[표] 몡 바람둥이 ⓣ 1. 괜한 장담이
나 하며 허황된 짓을 하고 다니는 실없
는 사람. 2. 곧잘 바람을 피우는 사람.

예 저늠은 얼매나 바람뎅인질 몰러.

**바람코셍이**(여량면, 화암면), **바람불이**(신동읍)

　[표] 뗑 바람받이 뜻 바람을 몹시 받는 곳.

　예 바람코셍이에 앉아 더우를 식힌다.

**바래보키다**(정선읍, 여량면, 화암면), **바래보이다**(신동읍)

　[표] 통 바라보이다 뜻 '바라보다'의 피동사.

　예 저 바우에 올래가면 멀리 바래보킨다.

**바램**(남면, 화암면)

　[표] 뗑 바람 뜻 뒷말의 근거나 원인을 나타내는 말.

　예 니가 잘못하는 바램에 난 망했다.

**바램피우다**(여량면, 화암면)

　[표] 통 바람피우다 뜻 한 이성에만 만족하지 아니하고, 몰래 다른 이성과 관계를 가짐.

　예 가는 바램피우다가 걸래가지고 마눌애와 맨날 싸운데.

**바로**(여량면, 북평면), **고대**(여량면, 남면, 화암면), **곰방**(남면)

　[표] 뿐 곧 뜻 1. 때를 넘기지 아니하고 지체 없이. 2. 시간적으로 머지않아. 3. 바꾸어 말하면.

　예 1. 고대 달려갈게. 2. 기다려 곰방 갈게.

**바성거리다**(여량면, 신동읍), **바상거리다**(임계면)

　[표] 통 바스대다 뜻 1. 가만히 있지 못하고 군짓을 하며 몸을 자꾸 조금 움직임. 2. 마음이 설렘.

예 야 바상거리지 쫌 마.

**바아다리**(신동읍)

　[표] 뗑 방아깨비 뜻 〈동물〉 메뚜깃과의 곤충. 몸의 길이는 수컷이 4~5cm, 암컷이 7.5cm 정도이며 초록색 또는 회색에 머리 끝이 뾰족함. 뒷다리가 매우 크고 길어서 끝을 손으로 쥐면 방아처럼 끄덕거림. 여름철 풀밭에 많은데 한국, 일본, 중국, 유럽 등지에 분포함.

　예 바아다리가 증말루 잘 뛰네.

**바우**(정선읍, 여량면, 북평면, 신동읍, 임계면, 화암면)

　[표] 뗑 바위 뜻 1. 부피가 매우 큰 돌. 2. 가위바위보에서, 주먹을 쥐어 내미는 동작. 또는 그런 손.

　예 뚱들배기에 거 큰 바우가 굴러 떨어질 것 가태.

**바우버섯**(정선읍, 화암면), **섹이버섶**(여량면)

　[표] 뗑 석이버섯(石耳--) 뜻 〈식물〉 지의류 석이과의 버섯. 몸은 평평한 지름이 3~10cm이고 원반형이며, 겉은 번들번들하고 잿빛인데 안쪽은 검고 거칠거칠함. 부드러우나 말리면 가죽처럼 되며 식용함. 깊은 산에서 나는데 한국, 일본 등지에 분포함.

　예 바우버섯이 몸에 증말 좋다는데 우리 따러 갈래?

**바우손**(정선읍, 여량면, 북평면, 화암면), **부체손**(신동읍)

　[표] 뗑 부처손 뜻 〈식물〉 부처손과의 여러해살이풀. 줄기는 높이가 30cm 정도이고 많은 가지가 뻗으며, 잎은 짙은 녹색으로 잔비늘 모양임. 건조할 때에는

가지가 안으로 오그라지다가 습한 기운을 만나면 다시 벌어지는 성질이 있음. 관상용이고 큰 산의 바위에 붙어 나는데 한국, 일본, 중국, 필리핀 등지에 분포함.

🔘 그래도 저 건 부체손이라 해서 희귀한 거여 약용으로도 마이 쓰캐.

**바웃돌**(여량면, 임계면, 화암면), **방굿돌**(신동읍)

[표] 몡 바윗돌 🔄 바위를 돌로 이르는 말. 또는 바위처럼 큰 돌.

🔘 거 널따라한 바웃돌이 동내 쉼터다.

**바지저고리**(정선읍, 여량면, 북평면, 화암면), **바지저구리**(신동읍)

[표] 몡 무능력자(無能力者) 🔄 1. 일을 감당하거나 해결할 만한 능력이 없는 사람. 2. 〈법률〉 단독으로 유효한 법률 행위를 할 수 없는 사람. 미성년자, 금치산자, 한정 치산자 등이며, 이들의 행위를 대리하고 보충하기 위하여 각각 친권자, 후견인, 보좌인을 둠.

🔘 내가 머이 니인데 바지저고리인 줄 아나.

**바짝**(정선읍, 여량면, 북평면, 화암면), **배싹**(신동읍, 임계면)

[표] 튀 바싹 🔄 1. 물기가 다 말라 버리거나 타들어 가는 모양. 2. 아주 가까이 달라붙거나 죄는 모양. 3. 갑자기 늘거나 주는 모양.

🔘 이 짝으로 바짝 대들어 바.

**바초레기**(정선읍, 여량면, 북평면, 신동읍, 화암면)

[표] 몡 밧줄 🔄 삼 따위로 세 가닥을 지어 굵다랗게 꼰 줄.

🔘 1. 바초레기로 단다이 묶어라.

2. 바초레기로 꽁꽁 뎅겨매라.

**박달낭구**(여량면, 북평면, 화암면)

[표] 몡 박달나무 🔄 〈식물〉 자작나뭇과의 낙엽 활엽 교목. 높이는 30미터 정도이며, 잎은 어긋나고 끝이 뾰족한 달걀 모양으로 가장자리에는 작은 톱니가 있음. 5~6월에 갈색의 단성화(單性花)가 수상(穗狀) 화서로 피고 열매는 작은 견과(堅果)로 9월에 익음. 나무질이 단단하여 건축재나 가구재로 쓰임. 산 중턱 이하의 깊은 숲 속에 나는데 한국 전역과 일본, 만주, 우수리 강 등지에 분포함.

🔘 앞산엔 박달낭구가 증말 만타.

**박산**(정선읍, 여량면, 북평면, 남면), **꽝밥**(신동읍)

[표] 몡 튀밥 🔄 1. 찰벼를 볶아 튀긴 것. 유밀과(油蜜菓)에 붙이기도 함. 2. 튀긴 쌀. 3. 튀긴 옥수수.

🔘 장에 가서 강냉이 박산 한방 튕겨 와라.

**박죽**(정선읍), **주벅**(남면)

[표] 몡 주걱 🔄 1. 밥을 푸는 도구. 2. 구두를 신을 때, 발이 잘 들어가도록 뒤축에 대는 도구. 3. 음식을 저어 섞는 데 쓰는 도구를 통틀어 이르는 말.

🔘 놀부마누라가 박죽으로 흥부 뺨따구를 때래갈랬다.

**박죽**(정선읍, 화암면), **밥죽**(여량면, 신동읍)

[표] 몡 밥주걱 🔄 밥을 푸는 도구. 나무, 놋쇠, 스테인리스강, 플라스틱 따위로 만들며 숟가락과 모양이 비슷하나 더 큼.

🔘 어머이가 박죽으로 밥 푸는 걸 보니 배때기가 고프다.

**배기다**(여량면, 화암면), **백히다**(신동읍, 임계면)

　[표] 图 박히다 뜻 '박다'의 피동사
　예 낭구하다 까시가 손에 백히다.

**밖깠출입**(정선읍, 화암면), **밖겟출입**(여량면, 북평면, 신동읍)

　[표] 图 문밖출입(門-出入) 뜻 집의 안팎을 드나드는 일.
　예 잔넹이가 마이 아퍼서 밖겟출입 증말루 못해.

**반데기**(정선읍, 여량면, 북평면, 남면), **보리개떡**(화암면)

　[표] 图 개떡 뜻 1. 노깨, 나깨, 보릿겨 따위를 반죽하여 아무렇게나 반대기를 지어 찐 떡. 2. 못생기거나 나쁘거나 마음에 들지 않는 것을 비유적으로 이르는 말.
　예 1. 오늘은 새참으로 반데기 떡 한 개 씩 먹었다. 2. 보리 반데기.

**반데기**(정선읍, 여량면, 북평면, 신동읍, 화암면, 화암면)

　[표] 图 반대기 뜻 가루를 반죽한 것이나 삶은 푸성귀 따위를 평평하고 둥글넓적하게 만든 조각.
　예 밀가루 반데기를 맹글어야 만두도 해 먹구 국시도 해서 먹지

**반버버리**(정선읍, 여량면, 신동읍, 화암면)

　[표] 图 반벙어리(半---) 뜻 발음 기관에 이상이 있어 남이 잘 알아듣지 못하게 말을 하는 사람.
　예 반버버리는 귀가 먹어서 그래는 거야.

**반빙신**(정선읍), **반벵신**(여량면, 신동읍)

　[표] 图 반병신(半病身) 뜻 1. 몸이 완전하지 못하여 제대로 움직일 수 없는 사람. 2. 지능이 보통 사람보다 모자라는 사람을 낮잡아 이르는 말.
　예 그 사람 반벵신처럼 산다.

**반제기쇠**(정선읍, 북평면, 화암면), **그루쇠**(정선읍), **반지기쇠**(여량면), **병작**(여량면), **반지기소**(신동읍)

　[표] 图 배내 뜻 〈농업〉 남의 가축을 길러서 가축이 다 자라거나 새끼를 낸 뒤에 주인과 나누어 가지는 제도.
　예 그 양반 얼매나 열심히 사는지 반지기쇠로 부자가 됐데.

**반지기**(정선읍, 여량면, 북평면, 신동읍, 화암면)

　[표] 图 반반(半半) 뜻 1. 무엇을 절반으로 나누어서 가른 각각의 몫. 2. 절반의 절반.
　예 니 이거 똑떼기 반지기로 농거라.

**반지꽃**(정선읍, 북평면), **가락지꽃**(정선읍)

　[표] 图 제비꽃 뜻 1. 〈식물〉 제비꽃과의 여러해살이풀. 높이는 12cm 정도이며 잎은 뿌리에서 뭉쳐나고 피침 모양임. 4~5월에 자주색의 꽃이 잎 사이에서 나온 꽃줄기 끝에 한 개씩 옆을 향하여 피고 열매는 삭과(蒴果)임. 어린잎은 식용함. 한국, 일본, 중국, 시베리아 동부 등지에 분포함. 2. 제비꽃과의 식물을 통틀어 이르는 말.
　예 산에 갔더니 가락지꽃이 머시께 피었더라고.

**반짇그륵**(정선읍, 여량면, 화암면), **반지고리**(신동읍)

　[표] 图 반짇고리 뜻 바늘, 실, 골무, 헝겊 따위의 바느질 도구를 담는 그릇.
　예 앞집 지지바는 반짇그륵도 참 애쁘게 만든다.

**반짜가리**(정선읍, 북평면, 화암면), **반잔뎅이**(정선읍), **반쪼가리**(여량면, 신동읍)

[표] 몡 반쪽(半-) 뜻 1. 하나를 둘로 쪼갠 것 가운데 하나. 2. 평소에 비해 살이 많이 빠져서 몹시 여윈 모습을 비유적으로 이르는 말. 3. 매우 위축된 모습을 비유적으로 이르는 말.

예 콩알 반쪼가리도 농궈 먹어야 돼.

**반평상**(여량면, 신동읍, 화암면)

[표] 몡 반평생(半平生) 뜻 평생의 절반쯤 되는 기간.

예 내 반평상 살았지만 그런거 츠음 바써.

**받아닝기다**(정선읍, 화암면), **받어넹기다**(여량면, 신동읍)

[표] 동 받아넘기다 뜻 1. 넘어온 공을 다시 쳐서 상대편 쪽으로 보냄. 2. 도매로 물건을 받아서 다른 사람에게 넘겨줌. 3. 주고받는 말이나 노래를 받아서 척척 처리함.

예 물갠을 잘 받어넹기면 돈 마이 벌어.

**디딤**(신동읍)

[표] 몡 발 뜻 1. 사람이나 동물의 다리 맨 끝부분. 2. 가구 따위의 밑을 받쳐 균형을 잡고 있는, 짧게 도드라진 부분. 3. '걸음'을 비유적으로 이르는 말.

예 그 사람 디딤이 넓어 모르는 사람이 읎어.

**발가뎅이**(여량면, 북평면), **빨그뎅이**(정선읍, 여량면, 화암면), **발가둥이**(신동읍), **발가댕이**(임계면), **벌거숭이**(임계면)

[표] 몡 발가숭이 뜻 1. 옷을 모두 벗은 알몸뚱이. 2. 흙이 드러나 보일 정도로 나무나 풀이 거의 없는 산을 비유

적으로 이르는 말. 3. 잎이 다 떨어져 가지가 드러나 보이는 나무를 비유적으로 이르는 말.

예 옷도 안 입고 추운데 빨그뎅이로 나왔네.

**발뒤꾸머리**(정선읍, 화암면), **발뒤꿈머리**(여량면, 북평면), **발뒤끔치**(임계면), **발꿈머리**(신동읍)

[표] 몡 발뒤축 뜻 1. 발 뒤쪽의 둥그런 부분 가운데 맨 뒤쪽의 두둑하게 나온 부분. 2. 어떤 사람이 가진 능력이나 자질의 가장 낮은 수준을 비유적으로 이르는 말.

예 거 봐 맨둥발로 댕기니까 발뒤꾸머리가 트지.

**발라당거리다**(여량면, 신동읍, 화암면), **벌름거리다**(임계면)

[표] 동 발랑거리다 뜻 1. 아주 가볍고도 재빠르게 자꾸 행동함. 2. 아주 가볍고도 재빠르게 자꾸 움직임.

예 저 늠 아는 남이 할 새도 읎이 발라당거려.

**발락까지다**(정선읍, 여량면, 북평면, 남면, 화암면), **발랑까지다**(정선읍, 화암면)

[표] 형 약다 뜻 1. 자신에게만 이롭게 꾀를 부리는 성질이 있음. 2. 어려운 일이나 난처한 일을 잘 피하는 꾀가 많고 눈치가 빠름.

예 1. 요새 아들은 얼매나 발락까진 줄 알아? 2. 고고참 발랑까졌네.

**발래낭구**(정선읍, 화암면), **사시낭구**(여량면, 화암면)

[표] 몡 사시나무 뜻 〈식물〉 버드나뭇과의 낙엽 활엽 교목. 잎은 어긋나

고 둥근 달걀 모양으로 물결 모양의 톱
니가 있음. 암수딴그루로 4월에 잎보
다 앞서 꽃이 피는데 웅화수는 원뿔 모
양이고 자화수는 좁은 원기둥 모양임.
열매는 삭과(蒴果)로 5월에 익는다. 상
자, 성냥개비, 제지용 따위에 쓰임. 산
중턱 밑의 화전 터에 많이 나는데 한
국, 만주, 시베리아 등지에 분포함.
ⓔ 그늠아가 울매나 추운지 사시낭
구 떨 듯 하데.

**발목젱이**(정선읍, 화암면), **발목각지**(정
선읍), **발모가지**(여량면, 신동읍, 임계면)
[표] ⓜ 발목 ⓣ 다리와 발이 잇닿는
부분.
ⓔ 니 말안들으면 발모가지 뿐들어
질줄 알어.

**발버뎅이질치다**(정선읍, 여량면, 북평면,
신동읍, 화암면)
[표] ⓓ 버둥질치다 ⓣ 안거나 누워서
두 다리를 번갈아 내뻗었다 오므렸다
하며 몸부림을 함.
ⓔ 옆집 아 하두 울어 발버뎅이질치
는데 증신을 못 차리겠데.

**발뿌리**(정선읍, 여량면, 북평면), **발뿌럭
지**(신동읍)
[표] ⓜ 발부리 ⓣ 1. 발끝의 뾰족한
부분. 2. 어떤 물체의 기초나 아랫부
분을 비유적으로 이르는 말.
ⓔ 조심하지 발뿌럭지에 걸래가지고
아주 마이 다쳤다매.

**발짜국**(정선읍, 북평면), **발자구**(여량면,
신동읍, 화암면)
[표] ⓜ 발자국 ⓣ 1. 발로 밟은 자리
에 남은 모양. 2. 발을 한 번 떼어 놓는

걸음을 세는 단위.
ⓔ 허연 눈우에 걸으니 발자구 소리
가크게 들리네.

**발판찝개**(여량면, 화암면), **찝개**(신동읍)
[표] ⓜ 밑신개 ⓣ 두 발을 디디거나
앉을 수 있게 그넷줄의 맨 아래에 걸쳐
있는 물건.
ⓔ 그네 탈 땐 발판찝개를 단단히 해라.

**밤꼬셍이**(정선읍, 여량면, 북평면, 화암
면), **밤셍이**(신동읍)
[표] ⓜ 밤송이 ⓣ 밤알을 싸고 있는
두꺼운 겉껍데기. 가시가 많이 돋쳐
있고 밤이 여물면 네 갈래로 벌어져 밤
알이 떨어짐.
ⓔ 까시가 있으니까 밤꼬셍이 까기
가 심드네.

**밤버버리**(정선읍, 화암면), **버벅거리다**
(여량면)
[표] ⓓ 벅벅거리다 ⓣ 1. 여무지게 긁거
나 문대는 소리를 자꾸 냄. 2. 엷고 질긴
종이나 천 따위를 찢는 소리를 자꾸 냄.
3. 억지를 부리며 자꾸 기를 쓰거나 우김.
ⓔ 니 버벅거리는 소리 그만 쫌 내라.

**밤새**(여량면, 화암면), **밤새간**(신동읍)
[표] ⓜ 밤사이 ⓣ 밤이 지나는 동안.
ⓔ 밤새 안녕하셨써요.

**밤싸레기**(정선읍, 여량면), **밤아레기**(남면)
[표] ⓜ 알밤 ⓣ 밤송이에서 빠지거나
떨어진 밤톨.
ⓔ 바램이 황 불면 밤싸레기 막 뜰어
질거야.

**밥그륵**(여량면, 신동읍, 화암면)
[표] ⓜ 밥그릇 ⓣ 1. 밥을 담는 그릇.
2. 밥벌이를 위한 일자리를 속되게 이

르는 말.

(예) 우리집 일꾼들 밥그륵은 음청 컸다.

**밥그륵**(여량면, 신동읍, 화암면)

[표] 몡 몫 뜻 1. 여럿으로 나누어 가지는 각 부분. 2. 〈수학〉 나눗셈에서 피제수를 제수로 나누어 얻는 수.

(예) 밥그륵 쌈 쫌 언가니 해라.

**밥숟가락**(정선읍, 여량면, 북평면, 남면, 화암면)

[표] 몡 숟가락 뜻 1. 밥이나 국물 따위를 떠먹는 기구. 은·백통·놋쇠 따위로 만들며, 생김새는 우먹하고 길둥근 바닥에 자루가 달려 있음. 2. 밥 따위의 음식물을 '1.'로 떠 그 분량을 세는 단위.

(예) 저래 심이 읎어 밥숟가락이나 뜰지 모르겠어.

**밥통**(정선읍, 여량면, 북평면, 남면), **똥집** (여량면, 화암면)

[표] 몡 위(胃) 뜻 식도와 샘창자 사이의 위창자관이 부풀어 커져 주머니처럼 생긴 부분. 조류에서는 2실, 포유류의 반추류는 4실로 나뉘어 있음.

(예) 1. 밥통이 워낙 크니 먹기도 마이 먹는다. 2. 저거는 밥통도 돼지게 크네.

**밧질**(정선읍, 화암면), **발질**(여량면, 신동읍)

[표] 몡 발길 뜻 1. 앞으로 움직여 걸어 나가는 발. 2. 사람들의 왕래. 3. 앞으로 세차게 뻗는 발.

(예) 요새는 아들도 지내찌리 발질을 잘 안한다.

**방공이**(정선읍, 여량면, 북평면, 신동읍, 화암면)

[표] 몡 방앗공이 뜻 방아확 속에 든 물건을 찧는 데 쓰도록 만든 길쭉한 몽둥이.

(예) 쌀을 빻아야 하는데 어떠가서 빤나 우리꺼는 방공이가 망가졌어요.

**방공이**(정선읍, 화암면), **외손주**(여량면, 남면)

[표] 몡 외손자(外孫子) 뜻 딸이 낳은 아들.

(예) 이 녀석이 우리 방공이 잔나.

**방구**(정선읍, 여량면, 신동읍, 임계면, 화암면)

[표] 몡 방귀 뜻 음식물이 배 속에서 발효되는 과정에서 생기어 항문으로 나오는 구린내 나는 무색의 기체.

(예) 아이구 방구 냄시 무지 지독하네.

**방구다**(여량면, 신동읍, 화암면)

[표] 동 방이다 뜻 1. 윷놀이에서, 말을 방에 놓음. 2. 어떤 부분을 힘 있게 후려침.

(예) 우리는 석동을 한꺼번에 방구다.

**방구다**(여량면, 화암면)

[표] 관용구 받혀놓다 뜻 물건 밑에 놓아두다.

(예) 저게다 낭구지개를 방구어 놓다.

**방구리**(정선읍, 여량면, 북평면, 화암면), **방우리**(정선읍), **방굴**(신동읍)

[표] 몡 방울 뜻 1. 얇은 쇠붙이를 속이 비도록 동그랗게 만들어 그 속에 단단한 물건을 넣어서 흔들면 소리가 나는 물건. 2. 경(經)을 읽을 때 치는, 놋쇠나 구리로 만든 물건.

(예) 물방굴 뜨러지는 소래기가 드럽게 시끄럽네.

**방구리낚수**(여량면), **방굴낚수**(신동읍)

[표] 몡 방울낚시 뜻 〈운동〉 낚싯줄에 연결한 방울의 울림을 듣고 낚시질을 하게 만든 도구. 주로 밤에 쓰임.

㉠ 방굴낚수는 재미가 쏠쏠하다.

**방구워하다**(정선읍, 여량면, 북평면, 신동
읍, 화암면), **방갑소**(정선읍)

  [표] 동 반가워하다 뜻 반가움을 느낌.

  ㉠ 오랜만에 친구를 만났더니 음청
    방구워하데.

**방구젱이**(정선읍, 여량면, 북평면, 신동읍,
화암면)

  [표] 명 방귀쟁이 뜻 방귀를 자주 뀌
  는 사람을 놀림조로 이르는 말.

  ㉠ 그 사람 참말로 지독한 방구젱이야.

**방구젱이비행기**(정선읍)

  [표] 명 정찰기(偵察機) 뜻 정찰하는
  데에 쓰는 군용기.

  ㉠ 뭔 날인지 방구젱이비행기가 떴네.

**방굴벌레**(남면)

  [표] 명 폭탄먼지벌레(爆彈----) 뜻
  〈동물〉 폭탄먼지벌렛과의 곤충. 몸의
  길이는 1.4~1.9cm이며, 검은색에 머
  리와 등의 앞쪽은 누런색. 등의 앞쪽
  에 검은 'I'자 무늬가 있고 날개 끝과
  바깥쪽 가장자리에 가로띠가 있음. 위
  험을 느끼면 배 끝에서 소리와 악취를
  냄. 한국, 일본 등지에 분포함.

  ㉠ 방굴벌레가 기어 간다.

**방굽다**(여량면, 신동읍, 화암면, 화암면)

  [표] 형 반갑다 뜻 그리워하던 사람을
  만나거나 원하는 일이 이루어져서 마
  음이 즐겁고 기쁨.

  ㉠ 니 오랜만에 만나니 참말로 방굽다.

**방멩이**(정선읍, 여량면, 북평면, 신동읍,
임계면, 화암면)

  [표] 명 방망이 뜻 1. 무엇을 치거나
  두드리거나 다듬는 데 쓰기 위하여 둥그

스름하고 길게 깎아 만든 도구. 2. 야구
에서, '타격'을 비유적으로 이르는 말.

  ㉠ 우물가에 아주머이들이 방멩이로
    빨래를 뚜들긴다.

**방비짜리**(정선읍, 북평면, 화암면), **구둘
비짜루**(여량면), **구둘비**(신동읍)

  [표] 명 방비(房-) 뜻 방을 쓸기 위한 비.

  ㉠ 구둘비짜루는 수꾸대로 맹글어야
    제대루 맹기는 거야.

**방셍이**(정선읍, 화암면), **똥자바리**(여량
면), **똥방셍이**(남면) **궁덩짜바리**(임계면)

  [표] 명 궁둥이 뜻 1. 볼기의 아랫부
  분. 앉으면 바닥에 닿는, 근육이 많은
  부분임. 2. 옷에서 엉덩이의 아래가
  닿는 부분.

  ㉠ 1. 방셍이 참 크다. 2. 저늠의 새
    끼 똥자바리를 확 거드머 차라.

**방우리방우리**(정선읍, 화암면), **방구리방
구리**(여량면), **방굴방굴**(신동읍)

  [표] 명 방울방울 뜻 한 방울 한 방울.

  ㉠ 빗물이 베람박에 방우리방우리
    뜨러진다.

**밭곡석**(정선읍, 여량면, 북평면, 신동읍,
화암면)

  [표] 명 밭곡식(-穀食) 뜻 밭에서 나
  는 온갖 곡식.

  ㉠ 밭곡석에 많아야 개울나기가 십
    고 배가 불러.

**밭농새**(여량면, 신동읍, 화암면)

  [표] 명 밭농사(-農事) 뜻 밭에서 짓
  는 농사.

  ㉠ 올해는 밭농새가 숭년일세.

**밭떼기**(정선읍, 여량면, 북평면, 신동읍,
화암면)

[표] 몡 밭떼기 뜻 얼마 안 되는 자그마한 밭.

㉠ 우리 집 옆에 밭떼기에 배추나 싱고야지.

**배**(정선읍, 화암면), **벼**(정선읍), **논곡석**(여량면), **논곡**(남면)

[표] 몡 쌀 뜻 1. 벼에서 껍질을 벗겨낸 알맹이. 2. 멥쌀을 보리쌀 따위의 잡곡이나 찹쌀에 상대하여 이르는 말. 3. 볏과에 속한 곡식의 껍질을 벗긴 알을 통틀어 이르는 말로 쌀, 보리쌀, 좁쌀 따위가 있음.

㉠ 논에 배가 잘 자라야 풍년이 들린데.

**배겟마구리**(정선읍, 화암면), **비갯마구리**(여량면, 신동읍)

[표] 몡 배갯모 뜻 베개의 양쪽 마구리에 대는 꾸밈새. 조그마한 널조각에 수를 놓은 헝겊으로 덮어 끼우는데, 남자의 것은 네모지고 여자의 것은 둥긂.

㉠ 비갯마구리에 이쁜 수를 놓다.

**배꼽수술**(정선읍, 여량면, 남면, 임계면, 화암면)

[표] 몡 소파수술(搔爬手術) 뜻 〈의학〉 '긁어냄술'의 전 용어.

㉠ 내 친구 어제께 배꼽수술 했다네.

**배꼽**(정선읍, 신동읍, 임계면, 화암면)

[표] 몡 배꼽 뜻 1. 〈의학〉 탯줄이 떨어지면서 배의 한가운데에 생긴 자리. 2. 〈식물〉 열매의 꽃받침이 붙었던 자리. 3. 소의 양지머리에 붙은 고기.

㉠ 옆집 아는 배꼽이 쑥 튀어 나왔어.

**배냇빙신**(정선읍, 여량면, 신동읍, 화암면)

[표] 몡 배냇병신(--病身) 뜻 '선천 기형'을 낮잡아 이르는 말.

㉠ 간 태어날 때부터 배냇빙신이어.

**배냇저구리**(정선읍, 여량면, 신동읍, 화암면)

[표] 몡 배냇저고리 뜻 깃과 섶을 달지 않은, 갓난아이의 옷.

㉠ 어머이들은 배냇저구리를 농짱안에 잘 보관한다.

**배냇짓하다**(정선읍, 화암면), **배냇버르젱이**(여량면), **배냇버리젱이**(신동읍)

[표] 몡 배냇버릇 뜻 태어날 때부터 가지고 있는 버릇 또는 고치기 힘들게 굳어진 나쁜 버릇을 비유적으로 이르는 말.

㉠ 언나가 배냇짓을 하네요.

**배떼기**(정선읍, 여량면, 신동읍, 임계면, 화암면)

[표] 몡 배 뜻 1. 〈의학〉 사람이나 동물의 몸에서 위장, 창자, 콩팥 따위의 내장이 들어 있는 곳으로 가슴과 엉덩이 사이의 부위. 2. 〈동물〉 절족동물, 특히 곤충에서 머리와 가슴이 아닌 부분. 여러 마디로 되어 있으며 숨구멍, 항문 따위가 있음. 3. 긴 물건 가운데의 볼록한 부분.

㉠ 멀 처먹었는지 배떼기가 볼록하다.

**배뚱뗑이**(정선읍, 화암면), **배불떼기**(여량면, 신동읍)

[표] 몡 배불뚝이 뜻 1. 배가 불뚝하게 나온 사람을 낮잡아 이르는 말. 2. 배가 불룩하게 나온 사물을 비유적으로 이르는 말.

㉠ 음청 처먹더니 배불떼기가 됐네.

**배레**(정선읍, 여량면, 북평면, 화암면)

[표] 몡 배래기 뜻 1. 물고기의 배 부분. 2. 한복 소매 아래쪽에 물고기의 배처럼 불룩하게 둥글린 부분.

㉠ 물괴기는 배레가 마싯다.

**배미술**(정선읍, 여량면, 신동읍, 화암면)
　[표] 몡 뱀술 뜻 소주 따위의 독한 술
　에 뱀을 넣어 우려낸 술.
　예 배미술이 몸에 음청 좋다네.
**배지느레미**(여량면, 신동읍, 화암면)
　[표] 몡 배지느러미 뜻 〈동물〉 물고
　기의 배에 달린 지느러미. 좌우에 한
　쌍이 있으며 몸의 균형을 잡고 몸을 나
　아가게 하는 역할을 함.
　예 배지느레미는 먹지 마라.
**배짝**(정선읍, 화암면)
　[표] 몡 배포(排布/排鋪) 뜻 1. 머리를
　써서 일을 조리 있게 계획함. 또는 그런
　속마음. 2. 일정한 차례나 간격에 따라
　벌여 놓음. 3. 살림을 꾸리거나 차림.
　예 그늠아는 애때부터 배짝이 음청 컸어.
**배차꼬겡이**(정선읍, 화암면), **배추꼬겡이**
(여량면, 신동읍)
　[표] 몡 배추속대 뜻 배추 잎 가운데
　에서 올라오는 잎. 빛깔이 노릇노릇하
　고 맛이 고소함.
　예 배추꼬겡이가 맛이 꼬소하다.
**배차짠지**(정선읍, 여량면, 북평면, 화암면),
**배추짐치**(신동읍), **배추짠지**(임계면)
　[표] 몡 배추김치 뜻 배추로 담근 김치.
　예 배차짠지 한 사라 더 주우야.
**배차통**(정선읍, 여량면, 북평면, 임계면,
화암면), **배차단지**(신동읍)
　[표] 몡 배추통 뜻 1. 통째로 있는 하나
　하나의 배추. 2. 배추 포기 둘레의 크기.
　예 가네 밭에 배차는 배차통이 음청
　　크다.
**배텡이질랬다**(정선읍, 화암면), **배뎅바지**
(여량면)

**배동바지** 뜻 벼, 보리 따위의
　[표] 몡 배동바지 뜻 벼, 보리 따위의
　이삭이 나오려고 대가 불룩해질 무렵.
　예 베도 이젠 논에서 배뎅바지 시작하네.
**백목**(정선읍, 여량면, 신동읍, 화암면)
　[표] 몡 백묵(白墨) 뜻 칠판에 글씨를
　쓰는 필기구.
　예 백목가루가 허옇게 날린다.
**백보지**(여량면, 신동읍, 화암면)
　[표] 몡 밴대보지 뜻 음모(陰毛)가 나
　지 않은 어른의 보지.
　예 백보지는 재수 읎다는 말이 있다.
**백새**(정선읍, 신동읍, 화암면), **백밭**(여량
면), **서리밭**(임계면)
　[표] 몡 백발(白髮) 뜻 하얗게 센 머리털.
　예 니 나이가 되면 머리에 서리밭 내
　　릴때가 되거야.
**백수놀거리**(정선읍, 신동읍)
　[표] 몡 백수건달(白手乾達) 뜻 돈 한
　푼 없이 빈둥거리며 놀고먹는 건달.
　예 옆집아저씨 백수놀거리에 그 아
　　주머니만 고상하네.
**백수문**(정선읍, 북평면), **천재문**(여량면,
남면)
　[표] 몡 천자문(千字文) 뜻 〈책명〉 중국
　양나라 주흥사(周興嗣)가 지은 책. 사언
　(四言) 고시(古詩) 250구로 모두 1,000자
　(字)로 되어 있으며, 자연 현상으로부터
　인륜 도덕에 이르는 지식 용어를 수록하
　였고, 한문 학습의 입문서로 널리 쓰였음.
　예 서당에 가서 천재문부터 배워라.
**백여껭이**(여량면, 신동읍, 화암면), **백여
시**(화암면)
　[표] 몡 백여우(白--) 뜻 1. 털빛이
　흰 여우. 2. 요사스러운 여자를 속되

게 욕하여 이르는 말.

㉣ 생긴 게 백여껭이처럼 생겼네.

**백호야하다**(정선읍, 여량면, 북평면), **할랑하다**(남면)

[표] 휑 한가하다(閑暇--) 뜻 겨를이 생겨 여유가 있음.

㉣ 할일 읆고 배때기부르니 백호야하고 둔넜다.

**백호야하다**(정선읍, 여량면, 화암면)

[표] 툉 늘어지다 뜻 1. 물체가 당기는 힘으로 길어짐. 2. 물체의 끝이 아래로 처짐.

㉣ 배때기 부르다고 백호야한다.

**백호치다**(정선읍, 여량면)

[표] 툉 삭발하다(削髮--) 뜻 1. 머리털을 깎음. 2. 출가(出家)하여 승려가 됨. 3. (비유적으로) 나무나 푸성귀 따위를 함부로 베고 깎아 냄.

㉣ 맨날 시험에 뜨러지더니 큰 결심하고 백호쳤다.

**뱀꾼**(여량면, 북평면, 신동읍, 화암면)

[표] 몡 땅꾼 뜻 뱀을 잡아 파는 것을 직업으로 하는 사람.

㉣ 뱀꾼이 뱀 부뜰로 간다.

**뱀딸**(정선읍, 화암면), **배미딸구**(여량면, 신동읍)

[표] 몡 뱀딸기 뜻 〈식물〉 장미과의 여러해살이풀. 줄기는 땅 위로 뻗으며 거친 털이 있고 마디마다 뿌리를 내림. 잎은 어긋나고 세 쪽의 달걀 모양의 잔잎으로 되어 있으며 잎자루가 깊. 열매는 딸기와 비슷한 삭과(蒴果)로 붉게 익으며 식용하지 않음. 들이나 길가에서 나는데 한국, 일본, 중국, 인도 등지에 분포함.

㉣ 배미딸구는 맛 대가리가 읆어 잘 안먹는다.

**뱀장우**(정선읍, 여량면, 북평면, 신동읍, 화암면)

[표] 몡 뱀장어(-長魚) 뜻 〈동물〉 뱀장어과의 민물고기. 몸의 길이는 60cm 정도이고 가늘며, 누런색 또는 검은색이고 배는 은백색임. 배지느러미가 없고 잔비늘이 피부에 묻혀 있어 보이지 않음. 민물에서 살다가 바다에서 산란함. 한국, 일본, 중국 등지에 분포함.

㉣ 민물 뱀장우는 심이 음청 쎄.

**뱁뎅이**(정선읍, 화암면), **배빗대**(여량면, 신동읍)

[표] 몡 뱁댕이 뜻 베틀로 베를 짤 때 쓰는 연장의 하나. 나뭇가지로 만들며, 도투마리에 날실을 감을 때 날실끼리 엉기는 것을 막기 위하여 날실 사이사이에 끼움.

㉣ 배빗대는 똑바라야 한다.

**뱃까죽**(정선읍, 화암면), **뱃가죽**(여량면, 신동읍), **뱃거죽**(임계면)

[표] 몡 뱃살 뜻 배를 싸고 있는 살이나 가죽.

㉣ 뱃가죽이 무지 뚜꿉다.

**뱃나들이**(정선읍, 화암면), **배나들이**(여량면, 남면, 북평면)

[표] 몡 나루 뜻 강이나 내, 또는 좁은 바닷목에서 배가 건너다니는 일정한 곳.

㉣ 배나들이에 물괴기 잡으러 가자.

**뱃놈**(정선읍, 여량면, 북평면, 신동읍, 화암면), **뱃늠**(정선읍)

[표] 몡 뱃사람 뜻 배를 부리거나 배에서 일을 하는 사람.

[예] 그래두 동네 뱃사공을 뱃놈이라 하믄 되나?

**뱃텃거리**(여량면)

[표] [명] 나루터 [뜻] 나룻배가 닿고 떠나는 일정한 곳.

[예] 뱃텃거리 나가봐라 어머이 올 때 됐다.

**버강지**(정선읍, 여량면, 북평면, 남면, 화암면), **아궁지**(정선읍), **버강재이**(정선읍)

[표] [명] 아궁이 [뜻] 방이나 솥 따위에 불을 때기 위하여 만든 구멍.

[예] 1. 오늘은 버강지에 낭구 쫌 때라. 2. 버강재이에 불 쫌 때라.

**버덩**(여량면, 북평면, 화암면), **버뎅이**(신동읍)

[표] [명] 들판 [뜻] 들을 이룬 벌판.

[예] 야 거 우리 정지 뒤에 버덩이 널따하다.

**버들가젱이**(정선읍, 여량면, 신동읍, 화암면)

[표] [명] 버들가지 [뜻] 버드나무의 가지.

[예] 버들가젱이로 횟대기 맹글어 봐.

**버들강아지**(정선읍, 여량면, 북평면, 신동읍, 화암면), **버들겡이**(임계면)

[표] [명] 버들개지 [뜻] 〈식물〉 버드나무의 꽃.

[예] 버들강아지가 봄을 알코준다.

**버레기**(정선읍), **자박**(여량면)

[표] [명] 자배기 [뜻] '쪼가리'의 잘못.

[예] 하도 가물어서 논바닥에 자박이 일어난다.

**버레기**(정선읍, 북평면), **옹카지**(정선읍), **옹구그륵**(여량면, 남면)

[표] [명] 질그릇 [뜻] 잿물을 덮지 아니한, 진흙만으로 구워 만든 그릇. 겉면에 윤기가 없음.

[예] 1. 국 한 버레기. 2. 국 한 옹카지.

**버르젱이읎다**(정선읍, 여량면, 북평면, 화암면), **버르장머리읎다**(정선읍), **버르젱이읎다**(신동읍)

[표] [형] 버릇없다 [뜻] 어른이나 남 앞에서 마땅히 지켜야 할 예의가 없음.

[예] 그느무 자식 버르젱이 진짜루 읎다.

**버리장머리**(정선읍, 여량면, 북평면, 화암면), **버르젱이**(정선읍, 신동읍)

[표] [명] 버릇 [뜻] 여러 번 되풀이함으로써 저절로 익고 굳어진 행동이나 성질.

[예] 저런 으른 앞에서 버리장머리 봐라.

**버무레기**(여량면, 신동읍, 화암면)

[표] [명] 버무리 [뜻] 1. 여러 가지를 한데에 뒤섞어서 만든 음식. 2. 쌀가루에 콩이나 팥 따위를 한데 버무려 찐 떡.

[예] 버무레기 떡이 더 마싰다.

**버버리**(여량면, 신동읍, 화암면)

[표] [명] 벙어리 [뜻] 1. '언어 장애인'을 낮잡아 이르는 말. 2. 범죄 집단의 은어로, '자물쇠'를 이르는 말.

[예] 말 못하는 버버리가 그래두 착하긴 착해.

**버버리장갑**(정선읍, 여량면, 신동읍, 화암면), **벙치장갑**(정선읍)

[표] [명] 벙어리장갑(---掌匣) [뜻] 엄지손가락만 따로 가르고 나머지 네 손가락은 함께 끼게 되어 있는 장갑.

[예] 손 시릴 땐 벙치장갑이 최고다.

**버섭**(남면)

[표] [명] 버섯 [뜻] 〈식물〉 담자균류와 자낭균류의 고등 균류를 통틀어 이르는 말. 주로 그늘진 땅이나 썩은 나무에서 자라며, 홀씨로 번식함. 송이처럼 독이

없는 것은 식용하나 독이 있는 것도 많음.
[예] 버섭은 송이 버섭이 최고다.

**버주라렝이**(여량면)
[표] [명] 물추리막대 [뜻] 〈농업〉 쟁기의 성에 앞 끝에 가로로 박은 막대기.
[예] 쟁기질 하다 버주라렝이를 뿐질렀다.

**버텀**(정선읍, 화암면), **부텀**(여량면, 신동읍)
[표] [조] 부터 [뜻] 어떤 일이나 상태 따위에 관련된 범위의 시작임을 나타내는 보조사. 흔히 뒤에는 끝을 나타내는 '까지'가 와서 짝을 이룸.
[예] 지금부텀 내가 알아서 할께.

**버팅개**(정선읍, 여량면, 북평면, 신동읍, 화암면)
[표] [명] 버팀나무 [뜻] 물건이 쓰러지지 않게 받치어 세우는 나무.
[예] 바램불면 늠어질까봐 버팅개 세워둬라.

**벅구멍을치다**(정선읍), **버꾸녕치다**(여량면), **지랄하다**(임계면, 화암면)
[표] [동] 발광하다(發狂--) [뜻] 1. 미친 병의 증세가 밖으로 드러나 비정상적이고 격하게 행동함. 2. (낮잡는 뜻으로) 어떤 일에 몰두하거나 어떤 행동을 격하게 함.
[예] 지랄 버꾸녕치고 있네.

**번덕질**(여량면)
[표] [명] 매대기 [뜻] 1. 반죽이나 진흙 따위를 아무 데나 함부로 뒤바름. 2. 정신을 잃고 아무렇게나 하는 몸짓.
[예] 베름빡에 번덕질을 해는 구만.

**번지름하다**(정선읍, 북평면), **자르르하다**(여량면), **지지르하다**(여량면), **지룸하다**(남면)
[표] [형] 지르르하다 [뜻] 물기나 기름기, 윤기 따위가 많이 흘러서 번지르르함.
[예] 얼굴에 지름이 번지름한게 머이 잘 처먹었나봐.

**번캐**(여량면, 화암면)
[표] [명] 번개 [뜻] 1. 구름과 구름, 구름과 대지 사이에서 공중 전기의 방전이 일어나 번쩍이는 불꽃. 2. 동작이 아주 빠르고 날랜 사람이나 사물을 비유적으로 이르는 말.
[예] 맨 하늘에 번캐가 번쩍친다.

**벌거지**(정선읍, 여량면, 북평면, 신동읍), **버러지**(정선읍), **벌게이**(화암면)
[표] [명] 벌레 [뜻] 1. 곤충을 비롯하여 기생충과 같은 하등 동물을 통틀어 이르는 말. 2. 어떤 일에 열중하는 사람을 비유적으로 이르는 말.
[예] 마당에 벌거지가 게 간다.

**벌거지집**(정선읍, 여량면, 북평면, 신동읍), **벌게이집**(화암면)
[표] [명] 벌레집 [뜻] 고치 따위의 벌레가 들어 있는 집.
[예] 야 거 베름빡에 벌거지집이 있는지 잘 봐라.

**벌글거리다**(정선읍), **불굴거리다**(신동읍)
[표] [동] 부글거리다 [뜻] 1. 많은 양의 액체가 잇따라 야단스럽게 끓음. 2. 큰 거품이 잇따라 일어남. 3. 착잡하거나 언짢은 생각이 뒤섞여 마음이 자꾸 들볶임.
[예] 앞집 여편네가 아침부터 남의 속을 건드려 마음 속이 불굴거려 못 배기겠네.

**벌럭거리다**(정선읍, 화암면), **벌러덩거리**

다,(여량면, 신동읍)

[표] 통 벌렁거리다 뜻 1. 아주 가볍고도 재빠르고 크게 행동함. 2. 몸의 일부가 아주 가볍고도 재빠르고 크게 자꾸 움직임.

예 여자만 보믄 가슴이 벌러덩거린다.

**벌스다**(정선읍, 여량면, 북평면, 신동읍, 화암면)

[표] 통 벌서다(罰--) 뜻 잘못을 하여 일정한 곳에서 벌을 받음.

예 운동장에 핵생들이 벌스다.

**벌젱이**(정선읍, 여량면, 남면, 화암면)

[표] 명 양봉가(養蜂家) 뜻 꿀을 얻기 위하여 벌을 기르는 사람.

예 옆집 아저씨는 꿀을 마이 뜨는 벌젱이야.

**범터레기**(정선읍, 여량면, 북평면, 신동읍, 화암면)

[표] 명 범털 뜻 1. 호랑이의 털. 2. 돈 많은 사람.

예 범터레기만 봐도 똥 싼다.

**범터레기방**(정선읍, 여량면, 북평면, 화암면)

[표] 명 범털방(--房) 뜻 죄수들의 은어로, 돈 많고 지적 수준이 높은 죄수를 수용한 감방을 이르는 말.

예 벨 볼일 읎는게 범터레기방에 가서 드럽게 의시댄다.

**법세기**(정선읍, 신동읍, 화암면)

[표] 명 법석 뜻 소란스럽게 떠드는 모양.

예 그 새끼는 술만 먹으면 법세기 떨고 지랄이야.

**벙치매미**(정선읍, 북평면), **벙어리매미**(정선읍), **보리매미**(여량면), **범치매미**(남면)

[표] 명 털매미 뜻 〈동물〉 매밋과의 곤충. 몸의 길이는 2~2.5cm이며, 머리와 앞가슴은 녹색을 띤 누런 갈색, 배의 등 쪽은 어두운 갈색임. 앞날개의 3분의 2는 구름무늬가 있고 뒷날개는 어두운 갈색임. 한국, 말레이시아, 일본, 쿠릴 열도 등지에 분포함.

예 벙어리매미는 울지 못한다.

**벅떼기**(정선읍, 여량면, 북평면, 남면, 임계면)

[표] 명 식모(食母) 뜻 1. 남의 집에 고용되어 주로 부엌일을 맡아 하는 여자. 2. 관아에 속하여 부엌일을 맡아 하던 여자 종.

예 내가 이집구석에 벅떼기야?

**벅띠기**(정선읍), **소두벵이운정수**(정선읍), **솥따가리운정수**(정선읍), **밥젱이**(여량면), **벅떼기**(남면)

[표] 명 주부(主婦) 뜻 1. 한 가정의 살림살이를 맡아 꾸려 가는 안주인. 2. 한 집안의 제사를 맡아 받드는 사람의 아내.

예 울 마누래는 벅띠기다.

**벅살림**(정선읍, 화암면), **정지살림**(여량면, 신동읍, 화암면)

[표] 명 부엌살림 뜻 1. 부엌에서 사용하는 온갖 살림살이. 2. 음식을 만들거나 설거지를 하는 등 부엌을 꾸리는 것과 관련된 일.

예 정지살림을 남들처럼 가추지 못해서 남새시룹다.

**벅칼**(정선읍, 화암면), **정지칼**(여량면, 신동읍, 화암면)

[표] 명 부엌칼 뜻 부엌에서 쓰는 칼.

예 야야, 벅칼 쫌 갈어라.

**베농사**(정선읍, 신동읍, 화암면), **논농사** (임계면)

[표] 몡 벼농사(-農事) 뜻 〈농업〉 벼를 심어 가꾸고 거두는 일.

옝 베농사를 지어야 쌀밥을 먹지.

**베락공부**(정선읍, 여량면, 북평면, 신동읍, 임계면, 화암면)

[표] 몡 벼락공부(--工夫) 뜻 평소에는 하지 않고 있다가 시험 때가 닥쳐서야 갑자기 서둘러 하는 공부.

옝 우리집 아는 베락공부해서 시험친다.

**베레기간내먹다**(정선읍, 여량면, 북평면, 남면), **언나보지에밥알을떼먹다**(여량면), **아짐지에밥알때먹지**(남면)

[표] 혱 좀스럽다 뜻 1. 사물의 규모가 보잘것없이 작음. 2. 도량이 좁고 옹졸한 데가 있음.

옝 차라리 언나보지에밥알을떼먹지거에 셋바닥을 내나 이늠아.

**베루**(정선읍, 여량면, 신동읍, 화암면)

[표] 몡 벼루 뜻 먹을 가는 데 쓰는 문방구. 대개 돌로 만들며 네모난 것과 둥근 것이 있음.

옝 베루에 먹을 하루쬉일 갈었다.

**베르기**(정선읍), **베레기**(여량면), **베룩**(신동읍), **베루기**(화암면)

[표] 몡 벼룩 뜻 〈동물〉 벼룩목에 속하는 곤충을 통틀어 이르는 말. 개벼룩, 괭이벼룩, 꽃벼룩, 일본쥐벼룩 따위가 있음.

옝 베레기 간을 빼 먹어라. 이늠아.

**베르기시장**(정선읍, 북평면), **베룩시장** (여량면, 신동읍), **베루기시장**(화암면)

(우측 상단 ㅂ 탭)

[표] 몡 벼룩시장(--市場) 뜻 온갖 중고품을 팔고 사는 만물 시장.

옝 베룩시장에는 물건이 음청 싸다.

**베르다**(정선읍, 여량면, 화암면), **벨르다** (신동읍)

[표] 동 벼르다 뜻 어떤 일을 이루려고 마음속으로 준비를 단단히 하고 기회를 엿봄.

옝 내 가 한번 혼낼려고 베르고 있다.

**베름빡**(정선읍, 여량면, 북평면, 화암면), **베림빡**(신동읍)

[표] 몡 벽(壁) 뜻 1. 집이나 방 따위의 둘레를 막은 수직 건조물. 2. 극복하기 어려운 한계나 장애를 비유적으로 이르는 말. 3. 관계나 교류의 단절을 비유적으로 이르는 말.

옝 베름빡에 낙서하지 마라.

**베모자리**(정선읍, 화암면), **물모자리**(여량면, 신동읍)

[표] 몡 물못자리 뜻 〈농업〉 물을 대어 모를 키우는 못자리.

옝 그전에는 건주 물모자리였다.

**베슬**(정선읍, 여량면, 신동읍, 화암면)

[표] 몡 벼슬 뜻 1. 관아에 나가서 나랏일을 맡아 다스리는 자리. 또는 그런 일. 구실보다 높은 직임. 2. 어떤 기관이나 직장 따위에서 일정한 직위를 속되게 이르는 말.

옝 즉은 베슬도 해면 건방떤다.

**베슬아치**(정선읍, 여량면, 북평면, 신동읍, 화암면)

[표] 몡 벼슬아치 뜻 관청에 나가서 나랏일을 맡아보는 사람.

옝 베슬아치들 등살에 죽을 맛이다.

**베실**(정선읍, 화암면), **베슬**(여량면, 신동읍) [표] 몡 볏 뜻 닭이나 새 따위의 이마 위에 세로로 붙은 살 조각. 빛깔이 붉고 시울이 톱니처럼 생겼음.

㉠ 베슬이 붉은 장닭이 대장이여.

**베씨**(정선읍, 화암면), **볍씨**(여량면, 신동읍) [표] 몡 볍씨 뜻 〈농업〉 못자리에 뿌리는 벼의 씨.

㉠ 볍씨를 빠닥질에서 말리믄 쌀이 좋다.

**베쨍이**(여량면, 신동읍, 화암면) [표] 몡 베짱이 뜻 〈동물〉 여칫과의 하나. 몸의 길이는 3~3.6cm이며 옅은 녹색이나 드물게 갈색도 있음. 머리는 삼각형이고 빛깔은 누런 갈색이며, 앞가슴의 등 쪽에는 갈색의 굵은 줄무늬가 있음. 산란관은 길고 칼 모양이며 더듬이는 갈색이고 몸보다 긺. 인가 근처의 풀숲 속에 사는데 한국, 일본, 중국, 대만 등지에 분포함.

㉠ 베쨍이처럼 놀고 먹고 자빠졌네.

**벡걸이**(정선읍, 여량면, 신동읍, 화암면) [표] 몡 벽걸이(壁--) 뜻 벽이나 기둥에 걸어 두는 장식품을 통틀어 이르는 말.

㉠ 벡걸이 가족사진 어데다 걸어두나.

**벡오동**(정선읍, 신동읍, 화암면) [표] 몡 벽오동(碧梧桐) 뜻 〈식물〉 벽오동과의 낙엽 활엽 교목. 높이는 15미터 정도이고 껍질은 녹색이며, 잎은 넓고 크며 끝은 손바닥 모양으로 세 갈래 또는 다섯 갈래로 갈라졌음. 잎자루는 길고 잎 뒷면에 잔털이 있음. 암수한그루로 여름철에 누런 녹색의 오판화(五瓣花)가 원추(圓錐) 화서로 피고 열매

는 골돌과(蓇葖果)로 10월에 익음. 재목은 단단하고 결이 곧으므로 악기·나막신 따위의 재료가 되고, 껍질에서는 올실을 뽑아내며, 나뭇진은 종이를 만드는 풀로 쓰임. 열매는 식용함. 중국, 대만 등지가 원산지로 우리나라의 전라·경상 등지에서 재배함.

㉠ 벡오동 낭구 심어 딸 시집 보낼 때 장롱 짠다.

**벡창우**(여량면, 임계면, 화암면), **골통**(남면) [표] 몡 고집불통(固執不通) 뜻 조금도 융통성이 없이 자기주장만 계속 내세우는 일. 또는 그런 사람.

㉠ 가는 벡이 문이라고 내미는 벡창우다.

**벤덕젱이**(정선읍, 여량면, 북평면, 신동읍, 화암면), **뒤죽쟁이**(임계면) [표] 몡 변덕쟁이(變德--) 뜻 이랬다저랬다 하는, 변하기 쉬운 태도나 성질이 있는 사람을 낮잡아 이르는 말.

㉠ 그늠아는 조석으로 벤하는 벤덕젱이야.

**벤명**(여량면, 신동읍, 화암면) [표] 몡 변명(辨明) 뜻 1. 어떤 잘못이나 실수에 대하여 구실을 대며 그 까닭을 말함. 2. 옳고 그름을 가려 사리를 밝힘.

㉠ 니 어떤 벤명도 하지마라.

**벨꼬라지**(정선읍, 화암면), **벨꼴**(여량면, 신동읍), **꼴불견**(임계면) [표] 몡 별꼴(別-) 뜻 별나게 이상하거나 아니꼬워 눈에 거슬리는 꼬락서니.

㉠ 아이고 진짜 벨꼴이야.

**벨똥벨**(신동읍, 화암면) [표] 몡 별똥별 뜻 '유성(流星)'을 일

상적으로 이르는 말.

㉖ 여름에 강가 가믄 별똥벨이 막 떨어진다.

**벨루**(정선읍, 여량면, 신동읍, 화암면), **벨루다**(정선읍)

[표] ㊂ 별로(別-) ㉨ 이렇다 하게 따로. 또는 그다지 다르게.

㉖ 알기루는 가거 품행이 벨루다. 안좋아.

**벨명**(정선읍, 여량면, 신동읍, 화암면)

[표] ㊂ 별명(別名) ㉨ 1. 사람의 외모나 성격 따위의 특징을 바탕으로 남들이 지어 부르는 이름. 2. 본명이나 자이외에 쓰는 이름.

㉖ 니 벨명이 뭐이냐.

**벨빛**(여량면, 신동읍, 화암면)

[표] ㊂ 별빛 ㉨ 별의 반짝이는 빛.

㉖ 오늘밤에는 벨빛이 음청 마이 비춘다.

**벨사람**(정선읍, 여량면, 신동읍, 화암면), **벨눔**(정선읍)

[표] ㊂ 별사람(別--) ㉨ 1. 생김새나 하는 짓, 말 따위가 보통 사람과 다른 이상스러운 사람. 2. 별의별 사람. 3. 특별한 사람.

㉖ 1. 살다보니 벨사람 다 보겠네. 2. 벨눔 다 보겠네.

**벨진잘숙하다**(정선읍, 여량면, 북평면, 남면), **잘숙거리다**(여량면)

[표] ㊌ 절다 ㉨ 한쪽 다리가 짧거나 다쳐서 걸을 때에 몸을 한쪽으로 기우뚱거림.

㉖ 걸음걸이가 잘숙거리다.

**벳섬**(정선읍, 여량면, 신동읍, 화암면)

[표] ㊂ 볏섬 ㉨ 벼를 담은 섬.

㉖ 벳섬 마이 싸둔 걸 보니 풍작이구려.

**벵나발**(정선읍, 여량면, 북평면, 신동읍, 화암면)

[표] ㊂ 병나발(瓶喇叭) ㉨ 나발을 부는 것처럼 병을 거꾸로 입에 대고 그속의 액체를 병째로 들이켜는 일.

㉖ 그래 맨날 쐬주를 벵나발로 불어대니 뱅에 걸리지.

**벵뭉테기**(정선읍, 여량면, 화암면), **벵주머니**(신동읍)

[표] ㊂ 병주머니(病---) ㉨ 온갖 병이 많은 사람을 비유적으로 이르는 말.

㉖ 아이고 말은 마시우 우리집 양반은 벵뭉테기가 돌아댕개요.

**벵신**(정선읍, 신동읍), **빙신**(여량면, 화암면)

[표] ㊂ 병신(病身) ㉨ 1. 신체의 어느 부분이 온전하지 못한 기형이거나 그 기능을 잃어버린 상태. 또는 그런 사람. 2. 모자라는 행동을 하는 사람을 낮잡아 이르는 말. 주로 남을 욕할 때에 쓰임. 3. 어느 부분을 갖추지 못한 물건.

㉖ 저렁 빙신 같은 놈.

**벵아리**(정선읍, 여량면, 신동읍, 화암면), **빙아리**(정선읍), **삐아리**(임계면)

[표] ㊂ 병아리 ㉨ 1. 아직 다 자라지 아니한 어린 닭. 닭의 새끼를 이름. 2. 신체나 재능, 학문, 기술 따위가 충분히 발달하지 못한 사람을 비유적으로 이르는 말.

㉖ 벵아리 오짐만큼도 못먹나.

**벵풍**(정선읍, 여량면, 북평면, 신동읍, 화암면)

[표] ㊂ 병풍(屏風) ㉨ 바람을 막거나 무엇을 가리거나 또는 장식용으로 방

안에 치는 물건. 직사각형으로 짠 나무 틀에 종이를 바르고 그림이나 글씨를 붙이기도 하며 소(素)로 꾸미기도 함. 두 폭으로부터 짝수로 열두 폭까지 한데 잇따라 접었다 폈다 하게 되어 있음.
⑩ 제사 지낼 땐 벵풍을 친다.

**볕**(정선읍, 여랑면, 북평면, 화암면)
[표] 몡 볕 ㉭ 해가 내리쬐는 뜨거운 기운.
⑩ 1. 오늘은 볕이 별로래서 낼 빨래 해야지. 2. 볕이 따굽다.

**벼농사**(정선읍, 북평면), **논농새**(여랑면), **베농사**(화암면)
[표] 몡 논농사(-農事) ㉭ 논에 짓는 농사.
⑩ 올해는 논농새가 참 잘 됐다.

**벽시개**(여랑면, 남면), **불랄시계**(임계면), **부랄시계**(화암면)
[표] 몡 괘종시계(卦鐘時計) ㉭ 시간마다 종이 울리는 시계. 보통 추가 있으며 벽에 걸어 둠.
⑩ 벽시개가 종을 친다.

**별**(정선읍, 여랑면), **별딱지**(정선읍), **전꽈**(임계면), **벨딱지**(남면)
[표] 몡 전과(前科) ㉭ 이전에 죄를 범하여 재판에 의하여 확정된 형벌의 전력. 일정한 조건이 갖추어지면 말소될 수 있음.
⑩ 저늠아는 하매 벨딱지가 세 개 붙었어.

**벨**(신동읍)
[표] 몡 별 ㉭ 1. 〈천문〉 빛을 관측할 수 있는 천체 가운데 성운처럼 퍼지는 모양을 가진 천체를 제외한 모든 천체.

천문학적으로는 태양이 포함되나 일상적으로는 포함되지 않음. 밝기는 등급으로 표시함. 2. 장성급 군인의 계급장. 또는 장성급 군인. 3. 은어로, 전과의 범행 수를 이르는 말.
⑩ 하늘을 봐야 벨을 따지.

**별기**(정선읍, 화암면), **벨거**(여랑면, 신동읍)
[표] 몡 별것(別-) ㉭ 1. 드물고 이상스러운 것. 2. 여러 가지 것.
⑩ 1. 벨거 아닌 걸 가지고 귀찮게 해. 2. 그 집에 가니 별기 다 있더라.

**별소리**(정선읍, 북평면), **벨느므소리**(여랑면, 화암면), **벨소리**(남면, 화암면), **별의별소리**(임계면)
[표] 몡 갖은소리 ㉭ 1. 쓸데없는 여러 가지 말. 2. 가진 것도 없으면서 가진 체하며 뻐기는 듯이 하는 말.
⑩ 이 사람이, 벨느므소릴 다하네.

**별짜리**(정선읍, 북평면), **별판**(남면)
[표] 몡 전과자(前科者) ㉭ 전에 죄를 지어서 형벌을 받은 일이 있는 사람.
⑩ 비록 별판이지만 그늠아는 원래 참 착해.

**벳밥**(신동읍, 화암면)
[표] 몡 볏밥 ㉭ 〈농업〉 논밭을 갈 때에 보습의 볏으로 받아 뒤집어 놓은 흙덩이.
⑩ 만장 같은 논을 갈어치우문 말이야, 둘둘 말레 척척 엎어 늘어가는 벳밥이 흡사 토룡이 꿈틀거리는 거 같애.

**병따가리**(정선읍, 신동읍, 화암면), **병따껑**(여랑면), **병따강**(임계면)
[표] 몡 병마개(瓶--) ㉭ 병의 아가리를 막는 마개.
⑩ 병따껑 따다가 이빨 싹 조쟀어.

**병모**(정선읍, 여량면, 신동읍, 화암면)

[표] 똉 빙모(聘母) 똣 다른 사람의 장모를 이르는 말.

똉 병모님 오시면 마신는 거 해드래요.

**보개**(정선읍, 여량면, 신동읍, 화암면)

[표] 똉 보게 똣 1. 어떤 행동을 시험 삼아 함을 나타내는 말. 2. 어떤 일을 경험함을 나타내는 말.

똉 이것 쫌 보게 어떤능가.

**보금자리친다**(정선읍, 북평면), **흙모욕**(여량면, 화암면), **흙목욕**(신동읍)

[표] 똉 땅까불 똣 암탉이 혼자서 몸을 땅바닥에 대고 비비적거림. 또는 그렇게 하는 짓.

똉 달구새끼가 흙모욕하네.

**보덤**(여량면)

[표] 조 보다 똣 서로 차이가 있는 것을 비교하는 경우, 비교의 대상이 되는 말에 붙어 '~에 비해서'의 뜻을 나타내는 격 조사.

똉 니 꺼 보덤 내 깨 더 크지.

**보데기**(정선읍, 여량면, 북평면, 신동읍, 화암면)

[표] 똉 보드기 똣 크게 자라지 못하고 마디가 많은 어린 나무.

똉 째제한 보데기는 잘 키워야지.

**보데기솔**(정선읍, 여량면, 북평면, 신동읍, 화암면), **보독솔**(임계면)

[표] 똉 보득솔 똣 키가 작고 가지가 많은 어린 소나무.

똉 보데기솔이 다북한기 잘 생겠다.

**보드룹다**(정선읍, 화암면), **연하다**(여량면)

[표] 혱 연하다(軟--) 똣 1. 재질이 무르고 부드러움. 2. 빛깔이 옅고 산

뜻함. 3. 액체의 농도가 흐림.

똉 동동구루모 발랐더니 얼굴이 보르룹다.

**보리개떡**(정선읍, 여량면, 북평면, 신동읍, 임계면, 화암면)

[표] 똉 보리떡 똣 1. 보리의 고운 겨나 보릿가루로 만든 떡. 2. 〈기독교〉 유대 인들이 보리로 만들어 먹던 떡. 예수가 이 떡 다섯 개와 물고기 두 마리로 많은 사람을 먹이고 남기는 이적(異跡)을 행하였다고 함.

똉 숭년에는 보리개떡 밖에 문 먹어.

**보리문뎅이**(여량면, 남면, 화암면)

[표] 똉 경상도인 똣 경상도에 사는 사람.

똉 저 보리문뎅이 같은 눔.

**보리알갱이**(정선읍, 여량면, 북평면, 화암면), **날보리**(신동읍)

[표] 똉 보리알 똣 보리의 날알.

똉 보리알겡이도 아깨 먹어라 .

**보리장낭구**(정선읍, 여량면, 북평면, 신동읍, 화암면)

[표] 똉 보리수나무(菩提樹--) 똣 〈식물〉 보리수나뭇과의 낙엽 관목. 높이는 3~4미터이며, 잎은 어긋나고 끝이 뾰족한 타원형에 톱니가 없음. 꽃은 5~6월에 1~3개씩 잎겨드랑이에서 누런 흰색으로 피고 열매는 팥알만 한 동글동글한 장과(漿果)로 초가을에 붉게 익음. 열매는 식용하고 산울타리용으로 재배하기도 함. 산과 들에 나는데 한국의 중부 이남, 일본, 중국, 인도 등지에 분포함.

똉 보리장낭구에 보리장이 음청 달랬다.

**보선발**(정선읍, 여량면, 북평면, 신동읍, 화암면)

　[표] 몡 버선발 뜻 버선만 신고 신을 신지 않은 발.

　예 울매나 방구운지 보선발로 뛰어나갔자나.

**보섭**(정선읍, 여량면, 신동읍, 화암면)

　[표] 몡 보습 뜻 〈농업〉 쟁기, 극젱이, 가래 따위 농기구의 술바닥에 끼우는, 넓적한 삽 모양의 쇳조각. 농기구에 따라 모양이 조금씩 다름.

　예 보섭이 있어야 밭을 갈지.

**보신탕**(정선읍, 여량면, 남면, 임계면), **멍멍탕**(정선읍), **개보신탕**(화암면)

　[표] 몡 개장국 뜻 개고기를 여러 가지 양념, 채소와 함께 고아 끓인 국. 옛날부터 삼복(三伏) 때 또는 병자의 보신을 위하여 이를 먹는 풍습이 있었음.

　예 더위가 무더분 여름에는 멍멍탕 한 그륵 치어야 심이 난다.

**보양기**(정선읍), **보앵기**(여량면, 신동읍, 화암면)

　[표] 몡 보행기(步行器) 뜻 젖먹이에게 걸음을 익히게 하려고 태우는, 바퀴가 달린 기구.

　예 언나를 보앵기에 태우고 장보로 간다.

**보역시**(여량면, 화암면), **보역세**(신동읍)

　[표] 몡 보막이(洑--) 뜻 〈농업〉 보(洑)를 막기 위하여 둑을 쌓거나 고치는 일.

　예 비가 와서 마카 보역시 간다.

**보재기**(정선읍, 여량면, 북평면, 신동읍, 화암면)

　[표] 몡 보자기(褓--) 뜻 물건을 싸서 들고 다닐 수 있도록 네모지게 만든 작은 천.

　예 거죽에 보재기를 이쁘게 잘 싸조요.

**보키다**(정선읍, 화암면), **뵈키다**(여량면, 신동읍), **베키다**(임계면)

　[표] 동 보이다 뜻 '보다'의 피동사.

　예 치마가 짤브니 넓적다리가 뵈키네요.

**보푸레기**(정선읍, 여량면, 북평면, 신동읍, 화암면)

　[표] 몡 보풀 뜻 종이나 헝겊 따위의 거죽에 부풀어 일어나는 몹시 가는 털.

　예 오래된 옷이래서 보푸레기가 마이 난다.

**복구름**(정선읍), **뭉개구룸**(여량면, 신동읍)

　[표] 몡 뭉게구름 뜻 〈지리〉 수직운의 하나.

　예 하늘에 뭉개구룸이 뜨 다닌다.

**복등거리**(정선읍, 여량면, 북평면, 화암면), **복뎅이**(신동읍, 임계면)

　[표] 몡 복덩이(福--) 뜻 매우 귀중한 사람이나 물건을 비유적으로 이르는 말.

　예 자가 우리집 복등거리 잔나.

**복상뻬**(정선읍, 여량면, 북평면, 신동읍, 화암면), **복쌍씨뻬**(정선읍)

　[표] 몡 복사뼈 뜻 발목 부근에 안팎으로 둥글게 나온 뼈.

　예 질가다 구뎅이에 빠져 복상뻬가 뿌러졌데.

**복조렝이**(정선읍, 신동읍, 화암면), **복조랭이**(여량면)

　[표] 몡 복조리(福笊籬) 뜻 〈민속〉 음력 정월 초하룻날 새벽에 부엌이나 안방, 마루 따위의 벽에 걸어 놓는 조리.

조리는 쌀을 이는 도구이므로 그해의
복을 조리로 일어 얻는다는 뜻에서 걸
어 놓는다고 함.
⑩ 정초에 복조랭이 사서 배름빡에
   걸어라.

**복주멍이풀**(여량면, 북평면), **개불랄꽃**
(화암면)
[표] 圐 개불알꽃 뜻 〈식물〉 난초과
의 여러해살이풀. 높이는 25~40cm
이며, 잎은 어긋나고 긴 타원형임.
5~6월에 붉은 보라색 꽃이 개의 불알
모양으로 줄기 끝에 한 개씩 핌. 관상
용으로 재배하며 산이나 들에 자라는
데 한국, 일본, 중국 등지에 분포함.
⑩ 복중멍이풀은 보라색 꽃이래서
   이뿌다.

**복짓개**(정선읍)
[표] 圐 하늘말나리 뜻 〈식물〉 백합
과의 여러해살이풀. 높이는 1미터 정
도이며, 잎은 어긋나거나 돌려나고 피
침 모양 또는 구둣주걱 모양. 7~8월에
노란색을 띤 붉은색 꽃이 줄기 끝에 위
를 향하여 피고 열매는 삭과(蒴果)를
맺음. 관상용이고 비늘줄기는 약용함.
한국과 중국 등지에 분포함.
⑩ 거실에 있는 게 복짓개냐.

**복짓개**(정선읍, 여량면, 남면), **합식기따**
**까리**(정선읍), **복개**(여량면, 남면)
[표] 圐 주발뚜껑 뜻 주발의 뚜껑.
⑩ 밥그륵 복짓개 잘 덮어라 파랭이
   들어간다.

**복판발꾸락**(정선읍, 북평면, 화암면), **복**
**판발가락**(여량), **복장발꼬락**(남면)
[표] 圐 가운뎃발가락 뜻 다섯 발가락

가운데 셋째 발가락.
⑩ 자낸 복판 발꾸락이 참 기네.

**볶어치다**(정선읍, 여량면, 북평면), **볶아**
**치다**(임계면, 화암면), **들볶다**(임계면)
[표] 图 닦달하다 뜻 1. 남을 단단히
옥박질러서 혼을 냄. 2. 물건을 손질
하고 매만짐. 3. 음식물로 쓸 것을 요
리하기 좋게 다듬음.
⑩ 맨날 못살게 볶어치다. 볶아치지
   마소.

**본댁내**(정선읍, 여량면, 신동읍, 화암면)
[표] 圐 본댁(本宅) 뜻 '본가'의 높임말.
⑩ 저개가 내 본댁내요.

**본매미**(정선읍, 신동읍, 화암면), **원래마**
**음**(여량면)
[표] 圐 본마음(本--) 뜻 1. 본디부터
변함없이 그대로 가지고 있는 마음. 2.
꾸밈이나 거짓이 없는 참마음.
⑩ 본매미 착했던 사람이 넘 마이 변
   했다.

**본멩**(정선읍, 신동읍, 화암면)
[표] 圐 본명(本名) 뜻 1. 가명이나 별
명이 아닌 본디 이름. 2. 〈가톨릭〉 세
례 때에 붙는 이름.
⑩ 본멩과 호가 따로 있다.

**본박**(여량면, 남면), **본바닥**(여량면)
[표] 圐 판돈 뜻 노름판에서, 그 판에
건 돈. 또는 그 판에 나온 돈의 총액.
⑩ 본바닥이 든든해야 돈을 따지.

**본사나**(정선읍, 여량면, 화암면), **본남펜**
(신동읍)
[표] 圐 본남편(本男便) 뜻 이혼하거
나 개가하기 전의 본디 남편.
⑩ 저 냥반이 내 본사나요.

**본새**(정선읍, 여량면, 북평면, 신동읍, 화암면), **본대**(임계면),

　[표] 몡 뭐 본디(本-) 뜻 몡 사물이 전하여 내려온 그 처음. 뭐 처음부터 또는 근본부터.

　예 그늠아는 본새 인사하는 법이 읎어.

**본청만청하다**(정선읍, 여량면, 신동읍, 화암면)

　[표] 휑 본체만체하다 뜻 보고도 아니 본 듯이 함.

　예 날 봐도 본청만청한다.

**본토백이**(여량면, 신동읍, 화암면)

　[표] 몡 본토박이(本土--) 뜻 대대로 그 땅에서 나서 오래도록 살아 내려오는 사람.

　예 내가 원래 여개 본토백이요.

**볼움물**(신동읍)

　[표] 몡 보조개 뜻 말하거나 웃을 때에 두 볼에 움푹 들어가는 자국.

　예 저 여자는 볼움물이 있으니가 귀여워.

**볼테기**(정선읍, 여량면, 북평면, 신동읍, 화암면)

　[표] 몡 볼 뜻 1. 뺨의 한복판. 2. 뺨의 가운데를 이루고 있는 살집. 3. 처마 끝에 나온 서까래 끄트머리의 단면.

　예 볼테기 터저라 하고 아가리에 처넣는다.

**봄가실**(여량면, 북평면, 화암면)

　[표] 몡 봄가을 뜻 봄과 가을을 아울러 이르는 말.

　예 봄가실에는 고뿔 조심해야 돼.

**봄누왜**(정선읍, 신동읍, 화암면), **봄누에**(여량면)

　[표] 몡 봄누에 뜻 〈농업〉 봄에 치는 누에.

　예 봄누왜를 잘 처서 아들 등록금 보보테야지.

**봄장제기**(정선읍, 여량면, 북평면, 신동읍, 화암면)

　[표] 몡 봄장작(-長斫) 뜻 봄철에 벤 나무를 패어서 마련한 장작. 나무에 진이 오르기 전에 베므로 불땀이 좋지 못함.

　예 봄장제기는 해가 조아 빨리 마르지.

**봇또랑**(정선읍, 북평면), **봇질**(신동읍)

　[표] 몡 봇도랑(洑--) 뜻 봇물을 대거나 빼게 만든 도랑.

　예 올가을엔 일찍 봇또랑 막아서 미꾸리를잡아 추어탕을 해 몸보신 쫌 해야겠다.

**봉그레기**(정선읍, 여량면, 남면, 화암면), **봉글죽**(정선읍)

　[표] 몡 수제비 뜻 밀가루를 반죽하여 맑은장국이나 미역국 따위에 적당한 크기로 떼어 넣어 익힌 음식.

　예 감재를 강판에 갈아 꽉 짜서 봉그레기 맹글어 감재 봉글죽 해먹자.

**봉담배**(정선읍, 여량면, 화암면)

　[표] 몡 봉초(封草) 뜻 담뱃대에 넣어서 피울 수 있도록 잘게 썰어 봉지로 포장한 담배.

　예 옛날에는 봉담배를 말어서 피웠어.

**봉당**(정선읍, 여량면, 북평면, 신동읍, 임계면, 화암면)

　[표] 몡 바닥 뜻 1. 평평하게 넓이를 이룬 부분. 2. 물체의 밑부분. 3. 지역이나 장소.

　예 맨 봉당에 앉아서 논다.

**봉두**(정선읍, 여량면, 북평면, 화암면), **봉

**두잽이**(남면)

　[표] 몡 고봉(高捧) 뜻 곡식을 되질하
　거나 그릇에 밥 등을 담을 때에, 그릇
　의 전 위로 수북하게 담는 방법.
　예 쌀밥을 봉두 한 그륵 먹었다.

**봉우리**(정선읍, 여량면, 신동읍, 화암면)

　[표] 몡 봉오리 뜻 〈식물〉 망울만 맺
　히고 아직 피지 아니한 꽃.
　예 꽃봉우리 참 이쁘다.

**봉토**(정선읍, 여량면, 신동읍, 화암면), **봉
토지**(여량면)

　[표] 몡 봉투(封套) 뜻 편지나 서류 따
　위를 넣기 위하여 종이로 만든 주머니.
　예 부주하게 봉토지 하나만 빌래조.

**부꾸**(임계면, 남면)

　[표] 몡 포기 뜻 뿌리를 단위로 한 초
　목의 낱개를 세는 단위.
　예 강넹이 한 부꾸에 한 대중씩.

**부꾸룸**(정선읍, 여량면, 신동읍, 화암면)

　[표] 몡 부끄러움 뜻 부끄러워하는 느
　낌이나 마음.
　예 자는 아직도 부꾸룸을 마이 타네.

**부닺히다**(정선읍, 여량면, 신동읍, 화암면)

　[표] 동 부딪히다 뜻 '부딪다'의 피동사.
　예 들구 뛰다 둘이 부닺쳐서 머리통
　이 퍽 깨졌데.

**부두탑**(정선읍, 신동읍, 화암면)

　[표] 몡 부도(浮屠/浮圖) 뜻 〈불교〉 1.
　'석가모니'의 다른 이름. 2. 부처의 사
　리를 안치한 탑. 3. 절에서 살면서 불
　도를 닦고 실천하며 포교하는 사람.
　예 정암사 주변엔 옛스님들 사리가
　묻힌 부두탑이 여러개 있었데.

**부둘방멩이**(정선읍, 여량면, 북평면, 화암

면), **부둘방치**(신동읍)

　[표] 몡 부들꽃 뜻 〈식물〉 부들과의
　여러해살이풀. 뿌리줄기는 높이가 1~
　1.5m이며, 옆으로 뻗으면서 퍼지고
　원기둥 모양임. 잎은 가늘고 긺. 여름
　에 잎 사이에서 꽃줄기가 나와 노란 이
　삭 모양의 꽃이 육수(肉穗) 화서로 피
　는데 위쪽에 수꽃, 아래쪽에 암꽃이
　달림. 열매 이삭은 긴 타원형이며 붉
　은 갈색임. 꽃가루는 지혈제로 쓰고,
　잎과 줄기는 자리·부채 따위를 만드
　는 재료로 쓰임. 개울가나 연못가에서
　저절로 나는데 유럽과 아시아의 온대
　와 난대, 지중해 연안에 분포함.
　예 야 저기 부들방치를 마서 올 여름
　자리를 매서 한여름 보낼볼까요.

**부딩케안다**(정선읍, 화암면), **부둥케안다**
(여량면, 신동읍)

　[표] 동 부둥켜안다 뜻 두 팔로 꼭 끌
　어안음.
　예 방구워서 서로 부둥케 안다.

**부랄친구**(여량면, 화암면), **삐약친구**(남면)

　[표] 몡 살친구(-親舊) 뜻 비역질의
　상대가 될 정도로 친한 친구.
　예 누가 머라해도 우리는 부랄친구야.

**부랴부랴**(정선읍, 화암면)

　[표] 몡 부라부라 뜻 어린아이가 어른
　들의 부라질에 따라 두 다리를 번갈아
　오르내리는 동작.
　예 두 손으로 잡구 걸음마 시키민서
　부랴부랴 부랴야.

**부루**(정선읍, 화암면), **불기**(여량면). **상치**
(여량면), **생추**(남면, 임계면)

　[표] 몡 상추 뜻 〈식물〉 국화과의 한해

살이풀 또는 두해살이풀. 높이는 1미터 정도이며, 경엽은 어긋나고 근생엽은 큰 타원형임. 초여름에 연누런빛 꽃이 원추(圓錐) 화서로 피고 열매는 작은 수과(瘦果)를 맺음. 잎은 쌈을 싸서 먹음. 유럽이 원산지로 전 세계에 분포함.

예 텃밭의 부루가 하루밤 사이에 무진장 컸다.

**부삽**(정선읍), **불삽**(정선읍), **불비뎅이**(여량면)

[표] 몡 부삽 뜻 아궁이나 화로의 재를 치거나, 숯불이나 불을 담아 옮기는 데 쓰는 조그마한 삽. 쇠붙이 따위로 네모가 지거나 둥글게 만들었는데, 바닥이 좀 우긋하고 자루가 달려 있음.

예 불비뎅이로 화로에 불을 퍼담는다.

**부숫돌**(정선읍, 화암면), **부시**(여량면), **부쇠**(신동읍)

[표] 몡 부시 뜻 부싯돌을 쳐서 불이 일어나게 하는 쇳조각.

예 우리가 어렸을 때는 성냥이 뭐야 부숫돌로 불을 피웠지.

**부숫돌**(정선읍, 화암면), **부시깃**(정선읍), **부시뎅이**(여량면, 신동읍)

[표] 몡 부싯돌 뜻 부시로 쳐서 불을 일으키는 데 쓰는 석영(石英)의 하나. 아주 단단하고 회색, 갈색, 검은색 따위를 띰.

예 야 이 차돌은 부시뎅이로 씨면 안성맞춤이겠다.

**부시럭거리다**(정선읍, 화암면), **바시럭거리다**(여량면), **부스럭거리다**(임계면)

[표] 동 바스락거리다 뜻 마른 잎이나 검불, 종이 따위를 가볍게 밟거나 뒤

적이는 소리가 자꾸 나다. 또는 그런 소리를 자꾸 냄.

예 바람이 씨개 부니 가랑잎이 바시럭거리다.

**부시쌈지주멍이**(정선읍, 여량면, 북평면, 신동읍, 화암면)

[표] 몡 부시쌈지 뜻 부시, 부싯깃, 부싯돌 따위를 넣어서 주머니 속에 넣어 가지고 다니는 작은 쌈지.

예 부시쌈지주멍이가 어데 있는지 좀 차자바라.

**부시쑥**(정선읍, 화암면), **부시솜**(여량면)

[표] 몡 부싯깃 뜻 부시를 칠 때 불똥이 박혀서 불이 붙도록 부싯돌에 대는 물건. 수리취, 쑥 잎 따위를 불에 볶아 곱게 비벼서 만들기도 하고, 흰 종이나 솜 따위에 잿물을 여러 번 묻혀서 만들기도 함.

예 이 무성한 쑥을 잘 말랬다가 부시쑥으로 사용하면 딱 적격인데.

**부절가지**(정선읍, 여량면, 북평면, 화암면), **부절가락**(신동읍)

[표] 몡 부젓가락 뜻 화로에 꽂아 두고 불덩이를 집거나 불을 헤치는 데 쓰는 쇠로 만든 젓가락.

예 부절가지가 달아서 뜨굽다.

**부지껭이**(정선읍, 여량면, 북평면, 신동읍, 화암면)

[표] 몡 부지깽이 뜻 아궁이 따위에 불을 땔 때에, 불을 헤치거나 끌어내거나 거두어 넣거나 하는 데 쓰는 가느스름한 막대기.

예 부지껭이로 불장난하믄 바지에 오짐 싼다.

**부질가지**(정선읍, 화암면)

[표] 몡 부손 뜻 화로에 꽂아 두고 쓰는 작은 부삽. 모양이 숟가락 비슷하나 좀 더 크고 납작함.

예 언님아 저 화로에 있는 부질가지 좀 갖고 와라.

**부채조개**(여량면, 북평면) **참가리비**(남면)

[표] 몡 큰가리비 뜻 〈동물〉큰집가리빗과의 조개. 껍데기는 부채 모양으로 둥글넓적하고 25~26개의 부챗살마루가 있음. 살은 식용하고, 껍데기는 세공용(細工用)으로 쓰임. 40미터 정도 깊이의 바다 밑 모래 또는 자갈밭에 사는데 한국, 일본 등지에 분포함.

예 부채조개 살을 무진장 좋아한다.

**부처꽃**(정선읍)

[표] 몡 연꽃(蓮-) 뜻 1. 수련과의 여러해살이 수초. 연못에서 자라거나 논밭에서 재배하며 뿌리줄기가 굵고 옆으로 뻗어 감. 잎은 뿌리줄기에서 나와 잎자루 끝에 달리며, 꽃은 7~8월에 붉은색 또는 흰색으로 핌. 잎과 열매는 약용하고, 뿌리는 식용함. 인도, 중국, 오스트레일리아가 원산지. 2. '1.'의 꽃.

예 연못에 부처꽃이 이쁘게 피었네.

**부체꽃**(여량면, 신동읍, 화암면)

[표] 몡 부처꽃 뜻 〈식물〉부처꽃과의 여러해살이풀. 줄기는 높이가 80~100cm이며, 잎은 마주나고 피침 모양임. 5~8월에 붉은 자주색 꽃이 줄기 끝에 피고 열매는 삭과(蒴果)를 맺음. 밭둑이나 습지에서 자라는데 한국, 일본 등지에 분포함.

예 저 있는 자주색 꽃이 부체꽃이다.

**부해**(정선읍, 화암면)

[표] 몡 부아 뜻 1. 노엽거나 분한 마음. 2. 〈의학〉가슴안의 양쪽에 있는, 원뿔을 반 자른 것과 비슷한 모양의 호흡을 하는 기관.

예 남편이랑게 맨날 술을 먹고 와서 멀쩡한 사람 부해를 건디르는지 속이 상해서.

**부헹이방구**(정선읍, 여량면, 북평면), **솔방치**(남면)

[표] 몡 옹두리 뜻 나뭇가지가 부러지거나 상한 자리에 결이 맺혀 혹처럼 불퉁해진 것.

예 부헹이방구는 소낭구에 마이 생긴다.

**북두갈구리**(여량면, 신동읍)

[표] 몡 북두갈고리 뜻 북두 끝에 달린 갈고리. 북두로 마소의 등에 짐을 얼러 맬 때에 한 끝을 얽어서 매게 된 것으로, 나뭇가지나 쇠뿔로 만들기도 하고 혹은 쇠고리를 사용하기도 함.

예 북두갈구리가 뿌대졌다.

**북새**(정선읍, 화암면), **북세통**(여량면, 신동읍)

[표] 몡 북새통 뜻 많은 사람이 야단스럽게 부산을 떨며 법석이는 상황.

예 장바닥에 사람이 올매나 많은지 북세통이여.

**북애**(정선읍, 신동읍), **부게**(임계면)

[표] 몡 북어(北魚) 뜻 말린 명태.

예 올 때 부게 한 마리 사 오너라.

**북애포**(정선읍, 신동읍)

[표] 몡 북어포(北魚脯) 뜻 북어를 얇게 저며 양념을 하여 말린 것.

예 아이고 속이 씨린데 북애포나 푹

고아 해장 한 번 했으면 좋겠다.

**분가루**(정선읍, 화암면), **분갈그**(여량면)
[표] 閔 번가루 쁏 곡식의 가루를 반죽
할 때에 물손을 맞추어 가며 덧치는 가루.
웽 가쉬기 다러 분는다, 분가루를 쫌
처라.

**분갈그**(정선읍, 화암면)
[표] 閔 분가루(粉--) 쁏 1. 화장품으
로 쓰는 분의 가루. 2. 분처럼 하얀 가루.
웽 얼굴에 뭔 분갈그를 쳐 발랐냐?

**분벨읎다**(정선읍, 여량면, 신동읍, 화암면)
[표] 혱 분별없다(分別--) 쁏 1. 세상
물정에 대하여 옳고 그른 것을 판단할
만한 능력이 없음. 2. 막되고 가림이 없음.
웽 갸는 분벨읎이 떠들어 방치고 지
랄이여.

**분수대가리**(정선읍, 여량면, 북평면, 화암
면), **분수머리**(여량면)
[표] 閔 분수(分數) 쁏 1. 사물을 분별
하는 지혜. 2. 자기 신분에 맞는 한도.
3. 사람으로서 일정하게 이를 수 있는
한계.
웽 하는 말이 분수대가리 읎이 쥐끼고.

**분수떼기**(정선읍, 여량면, 북평면), **분수**
(남면)
[표] 閔 푼수 쁏 1. 얼마에 상당한 정도.
2. 상태나 형편. 3. 생각이 모자라고
어리석은 사람을 놀림조로 이르는 말.
웽 저집 딸래미는 하는 꼬라지가 분
수떼기다.

**분테끈**(정선읍, 여량면, 북평면, 화암면)
[표] 閔 부티끈 쁏 베틀의 말코 두 끝
과 부티 사이에 맨 끈.
웽 저기 베틀에 분테끈이 다 떨어져

가는데 다시 메어라.

**불**(정선읍, 여량면, 북평면, 화암면), **개똥
불**(신동읍)
[표] 閔 별꽃 쁏 '별'의 북한어.
웽 밤 하늘에 불이 번쩍번쩍 난다.

**불그수름하다**(정선읍, 화암면), **블그딩딩
하다**(여량면)
[표] 혱 불그뎅뎅하다 쁏 고르지 아니
하게 불그스름함.
웽 사괘밭에 사괘가 불그딩딩하다.

**불꼴**(정선읍, 화암면)
[표] 閔 불꽃 쁏 1. 물질이 산소와 화
합하여 높은 온도로 빛과 열을 내면서
타는 것. 2. '화재'(火災)를 이르는 말.
3. 빛을 내어 어둠을 밝히는 물체.
웽 어제밤 축제 때 불꼴놀이가 장관
이더라.

**불나뱅**(정선읍), **부나부**(여량면, 신동읍),
**불나방**(화암면)
[표] 閔 불나비 쁏 〈동물〉 나비목 불나
방과에 속한 곤충을 통틀어 이르는 말.
웽 밤만 되면 불나뱅이 떼거지로 몰
래든다.

**불돋우개**(정선읍, 여량면, 북평면, 남면,
화암면)
[표] 閔 심돋우개(心---) 쁏 등잔의
심지를 돋우는 쇠꼬챙이.
웽 불이 약하니 불돋우개 쫌 가져와
심지를 빼라.

**불베레기**(신동읍)
[표] 閔 불똥 쁏 1. 심지의 끝이 다 타서
엉기어 붙은 찌꺼기. 2. 불에 타고 있는
물건에서 튀어나오는 아주 작은 불덩이.
웽 야 산불 날라 불베레기 조심해라.

**불뚱가지**(정선읍, 북평면), **심술단지**(여량면, 화암면), **심술머리**(남면)

[표] 몡 심술(心術) 똣 1. 온당하지 아니하게 고집을 부리는 마음. 2. 남을 골리기 좋아하거나 남이 잘못되는 것을 좋아하는 마음보.

例 1. 막둥이라 불뚱가지 대단하네. 2. 저런 심술단지 봐라 맨날 저런다.

**불루다**(정선읍, 여량면, 북평면, 화암면), **부루다**(신동읍)

[표] 똥 부르다 똣 1. 말이나 행동 따위로 다른 사람의 주의를 끌거나 오라고 함. 2. 이름이나 명단을 소리 내어 읽으며 대상을 확인함. 3. 남이 자신의 말을 받아 적을 수 있게 또박또박 읽음.

例 내 이름 함부루 불루지마.

**불머리**(정선읍, 여량면, 북평면, 남면), **불러미**(여량면), **골머리**(여량면), **불머리**(화암면)

[표] 몡 숯머리 똣 숯내를 맡아서 아픈 머리.

例 불머리가 나서 동치미 국물을 마셨다.

**불머숨아**(정선읍, 남면, 화암면), **불머심아**(여량면)

[표] 몡 선머슴 똣 차분하지 못하고 매우 거칠게 덜렁거리는 사내아이.

例 자는 노는게 불머심아 가튼기 우단스러워.

**불멘증**(정선읍, 여량면, 북평면, 신동읍, 화암면)

[표] 몡 불면증(不眠症) 똣 〈의학〉 밤에 잠을 자지 못하는 증상. 신경증, 우울증, 분열병 따위의 경우에 나타나며

그 외에도 몸의 상태가 나쁘거나 흥분하였을 때에 생김.

例 요새 불멘증이 걸래서 잠을 못자.

**불벹더우**(정선읍, 여량면, 북평면, 신동읍, 화암면)

[표] 몡 불더위 똣 햇볕이 몹시 뜨겁게 내리쬘 때의 더위.

例 올매나 뜨군지 불벹더우가 대단하네.

**불살개**(정선읍, 신동읍, 임계면, 화암면), **부살개**(여량면)

[표] 몡 불쏘시개 똣 1. 불을 때거나 피울 적에 불이 쉽게 옮겨붙게 하기 위하여 먼저 태우는 물건. 잎나무, 관솔, 종이 따위임. 2. 중요한 일이 잘 될 수 있도록 하는 데에 먼저 필요한 것을 비유적으로 이르는 말.

例 1. 불살개는 소깽이가 최고지. 2. 불살게거 있나?

**불싸나다**(정선읍, 화암면), **불싸지르다**(여량면, 신동읍, 임계면)

[표] 똥 불지르다 똣 1. 쓰레기나 필요 없는 물건 따위를 태우기 위하여 한데 모아 불을 지핌. 2. 남의 재산 따위에 손해를 끼치기 위하여 불을 붙임. 3. 다른 사람의 가슴이 닳도록 화를 돋움.

例 누가 논두렁에 불싸질렀나?

**불쌍년**(정선읍, 신동읍, 화암면), **불쌍년어간나**(여량면)

[표] 몡 불상년(-常-) 똣 아주 몹쓸 여자를 비속하게 이르는 말.

例 1. 그 년은 세상에 못볼 불쌍년이니 상대도 말아. 2. 저 불쌍년어간나 상대를 해지 말어.

**불쌍눔**(정선읍, 신동읍, 화암면), **불상늠**
(여량면)

　[표] 몡 불상놈(-常-) 뜻 아주 천한
　사람을 낮잡아 이르는 말.
　예 그눔은 위아래도 모르는 천하에
　　불쌍눔이다.

**불알시개**(정선읍, 여량면, 남면), **쾌종시
개**(정선읍)

　[표] 몡 추시계(錘時計) 뜻 조정 장치
　로 추를 사용한 시계.
　예 우리 집에 불알시개 하나 있다.

**불알칭구**(정선읍, 여량면, 북평면, 남면)

　[표] 몡 죽마고우(竹馬故友) 뜻 대말
　을 타고 놀던 벗이라는 뜻으로, 어릴
　때부터 같이 놀며 자란 벗.
　예 그늠아는 나하고 불알칭구여.

**불여깽이**(정선읍, 여량면, 북평면, 신동읍,
화암면)

　[표] 몡 불여우 뜻 몹시 변덕스럽고
　못된, 꾀가 많은 여자를 비유적으로
　이르는 말.
　예 저년은 하는 짓이 꼭 불여깽이 가태.

**불옷낭구**(정선읍, 북평면), **개옷낭구**(여
량면, 화암면)

　[표] 몡 개옻나무 뜻 〈식물〉 옻나뭇과의
　낙엽 활엽 소교목. 높이는 3~5m이며,
　잎은 우상 복엽이고 어긋남. 6~7월에
　누런 녹색 꽃이 원뿔 화서로 피고 10월에
　억센 털이 빽빽이 난 핵과(核果)를 맺음.
　즙액(汁液)은 약용함. 산이나 들에 자라
　는데 한국, 일본, 중국 등지에 분포함.
　예 닭 쌈을 때 개옷낭구를 꼭 넣어야
　　마시 조타.

**불접시**(여량면, 북평면), **불접세기**(신동읍)

　[표] 몡 등명접시(燈明--) 뜻 심지를
　놓고 기름을 부어서 불을 켜는 데에 쓰
　는 접시.
　예 불접시가 널쩍하니 참 조타야.

**불질**(정선읍, 여량면, 북평면, 화암면), **불
구뎅이**(신동읍, 화암면)

　[표] 몡 불길 뜻 1. 세차게 타오르는
　불꽃. 2. 세차게 일어나는 감정이나
　정열을 비유적으로 이르는 말. 3. 세
　찬 기세로 전개되는 어떤 사회적인 현
　상을 비유적으로 이르는 말.
　예 불질이 울매나 씬지 옆집에도 붙
　　었어.

**불짐**(정선읍, 여량면, 북평면, 신동읍, 화암면)

　[표] 몡 불김 뜻 불의 뜨거운 기운.
　예 아이 추워 나도 불짐 쫌 쪼이자.

**불침성**(정선읍, 화암면), **붙임새**(여량면,
신동읍)

　[표] 몡 붙임성(--性) 뜻 남과 잘 사
　귀는 성질이나 수단.
　예 여자가 붙임새가 좋아야지 팅 하
　　기는.

**붓뚜껑**(정선읍, 여량면, 북평면, 신동읍,
화암면), **붓따까리**(정선읍)

　[표] 몡 붓두껍 뜻 '붓촉에 끼워 두는
　뚜껑'의 옛말.
　예 서예 연습을 하였으면 붓뚜껑을
　　꽉 끼워 나라.

**붓자루**(여량면, 신동읍, 화암면)

　[표] 몡 붓대 뜻 붓촉을 박는 가는 대.
　글씨를 쓰거나 그림을 그릴 때 손으로
　잡는 부분임.
　예 우리 손자는 백일 때부터 붓자루를
　　쥐었어. 커서 명필가가 될거야.

**붕알**(정선읍), **부랄**(화암면)

[표] 명 불알 뜻 '고환'(睾丸)을 일상적으로 이르는 말.

예 니는 어째서 개붕알 처지듯이 니굿 하냐?

**붕애과재**(신동읍)

[표] 명 붕어과자(--菓子) 뜻 1. 붕어 모양으로 만든 과자. 곡식 가루로 만드는데 속이 텅 비고 가벼움. 2. 가진 것이 없거나 또는 속이 텅 빈 사람을 비유적으로 이르는 말.

예 빈둥거리고 놀지 말고 붕애과재 장사라도 할꺼야?

**붙다**(여량면, 화암면), **쌉질하다**(남면)

[표] 동 씹하다 뜻 '성교하다'를 비속하게 이르는 말.

예 밤은 한번 붙으면 떨어질 줄 모른다 하드라.

**붙전지**(여량면, 화암면)

[표] 명 붙접 뜻 1. 가까이하거나 붙따라 기대는 일. 2. 남과 잘 사귀는 성질이나 수단.

예 그늠아는 어델 가나 항상 붙전지다.

**비개**(정선읍, 여량면, 북평면, 신동읍, 화암면)

[표] 명 베개 뜻 잠을 자거나 누울 때에 머리를 괴는 물건.

예 마누라 읎는 눔 비개 꺼낭고 잔다.

**비갯살**(여량면, 화암면), **배개**(신동읍), **벼개**(임계면)

[표] 명 비계 뜻 1. 짐승, 특히 돼지의 가죽 안쪽에 두껍게 붙은 허연 기름 조각. 2. 몹시 살이 쪄서 뚱뚱한 사람을 놀림조로 이르는 말.

예 돼지 비갯살은 적 꾸울 때 쓰면 참

조치.

**비갯속**(정선읍, 여량면, 신동읍, 화암면), **베겟속**(정선읍)

[표] 명 배갯속 뜻 헝겊으로 만든 베개를 퉁퉁하게 만들기 위하여 속에 넣는 재료. 왕겨, 메밀 겉껍질, 조, 새털 따위를 주로 많이 쓰임.

예 비갯속은 메물 달갱이를 너야 좋다.

**비게미**(정선읍, 여량면, 북평면, 신동읍, 화암면)

[표] 명 비경이 뜻 베틀에 딸린 제구의 하나. 잉아의 뒤와 사침대 앞 사이에 날실을 걸치도록, 가는 나무 세 개를 얼레 비슷하게 벌려서 만든 것임.

예 저게 놓인 비게미 쫌 가꾸와라.

**비네**(정선읍, 여량면, 북평면, 화암면)

[표] 명 비녀 뜻 여자의 쪽 찐 머리가 풀어지지 않도록 꽂는 장신구.

예 어멍이 비네 못봤나?

**비녀지르다**(정선읍), **비녀질르다**(정선읍), **비내공치다**(여량면, 남면)

[표] 동 쪽지다 뜻 〈옛말〉 쪽을 찜.

예 비녀질르니 참 이쁘내.

**비눌**(여량면, 신동읍, 화암면)

[표] 명 미늘 뜻 1. 낚시 끝의 안쪽에 있는, 거스러미처럼 되어 고기가 물면 빠지지 않게 만든 작은 갈고리. 2. 갑옷에 단 바늘 모양의 가죽 조각이나 쇳조각.

예 비눌 읎는 낚수는 괴기가 잘 빠진다.

**비눌**(정선읍, 신동읍)

[표] 명 비듬 뜻 살가죽에 생기는 회백색의 잔비늘. 특히 머리에 있는 것을 이름.

예 머리를 자주 안감으니 머리에 비

191

눌이 막 떨어지지.

**비눌곽**(정선읍, 신동읍, 임계면, 화암면),
**비늘곽**(여량면)

[표] 몡 비눗갑(--匣) 뜻 비누를 담아 두고 쓰는 조그만 갑.

예 비눌 다 쓰고 비눌곽에 잘 너나라.

**비눌돌**(신동읍)

[표] 몡 백운모(白雲母) 뜻 〈광업〉 칼륨, 알루미늄 따위를 함유한 규산염 광물. 단사 정계에 속하며, 색이 없거나 아주 연하되 진주나 비단 광택이 있음. 페그마타이트나 변성암 따위에서 나며, 전기 절연체나 내열 보온 재료로 쓰임.

예 비눌돌로 발에 떼를 벗기면 잘 삐깨진다.

**비눌칠**(정선읍, 화암면), **비누칠**(여량면, 신동읍)

[표] 몡 비누질 뜻 때를 빼거나 씻기 위하여 비누로 문지르는 일.

예 며칠 안 닦은 거 같으니 비눌칠 빡빡해라.

**비니리봉다리**(정선읍), **비닐봉다리**(여량면), **비니루봉다리**(여량면, 화암면)

[표] 몡 비닐 뜻 〈화학〉 비닐 수지나 비닐 섬유를 이용하여 만든 제품을 통틀어 이르는 말. 내수성, 기밀성(氣密性), 가소성 따위를 이용하여 유리, 옷감, 가죽 따위의 대용품으로 쓰임.

예 야 비니루봉다리에 있는 거 꺼내와.

**비다**(정선읍, 여량면, 신동읍, 임계면, 화암면)

[표] 동 베다 뜻 1. 날이 있는 연장 따위로 무엇을 끊거나 자르거나 가름. 2. 날이 있는 물건으로 상처를 냄.

예 낫으로 낭구를 비다가 손 대칠뻔 했어.

**비뚜룸하다**(정선읍, 여량면, 북평면), **비뚤렁하다**(여량면, 신동읍, 화암면)

[표] 혱 비뚜름하다 뜻 조금 비뚦.

예 왜 비석이 비뚤렁하나?

**비말이**(여량면, 신동읍, 화암면)

[표] 몡 비말(飛沫) 뜻 날아 흩어지거나 튀어 오르는 물방울.

예 분수대 옆에 갔다가 비말이에 옷이 폭 저졌다.

**부비다**(여량면, 신동읍)

[표] 동 비비다 뜻 1. 두 물체를 맞대어 문지름. 2. 어떤 재료에 다른 재료를 넣어 한데 버무림. 3. 어떤 물건이나 재료를 두 손바닥 사이에 놓고 움직여서 뭉치거나 꼬이는 상태가 되게 함.

예 1. 낯짝을 부비다. 2. 넘 부비지마다 깨져.

**비비덩거리다**(정선읍, 화암면), **비비적대다**(여량면), **비베대다**(신동읍)

[표] 동 비비대다 뜻 1. 두 물체를 맞대어 잇따라 마구 문지름. 2. 어떤 사람이나 집단에 자꾸 들러붙어 의지함. 3. 어려운 상황을 이겨 내기 위하여 억척스럽게 자꾸 버팀.

예 아직도 남의 떡으로 먹고살래고 비베대고 있나.

**비빔냉멘**(정선읍, 북평면), **함흥냉멘**(여량면, 남면)

[표] 몡 함흥냉면(咸興冷麵) 뜻 국물 없이 생선회를 곁들여 맵게 비벼 먹는 함흥식 냉면.

예 함흥냉멘이 펭양냉멘보다 더 마씬는 것 같다.

**비상이다**(남면)

　[표] 图 싫어하다 뜻 싫게 여김.

　예 그 친구가 나를 비상하는 게 확실해.

**비스가니**(정선읍, 여량면, 신동읍, 화암면)

　[표] 분 비스듬히 뜻 수평이나 수직이

　되지 아니하고 한쪽으로 기운 듯하게.

　예 낭구가 한짝으로 비스가니 서있네.

**비알**(정선읍, 신동읍, 화암면), **빈달**(여량

면), **비탈배기**(여량면)

　[표] 명 비탈 뜻 산이나 언덕 따위가

　기울어진 상태나 정도. 또는 그렇게

　기울어진 곳.

　예 산아래 비탈배기 밭에서는 일하

　　는게 시러.

**비알질**(정선읍, 신동읍, 화암면), **비탈질**

(여량면), **짜들배기질**(여량면, 신동읍)

　[표] 명 비탈길 뜻 비탈진 언덕의 길.

　예 짜들배기질로 핸 참 올가믄 비담

　　이 나와.

**비양기**(정선읍, 여량면, 북평면, 임계면,

신동읍, 화암면)

　[표] 명 비행기(飛行機) 뜻 동력으로

　프로펠러를 돌리거나 연소 가스를 내

　뿜는 힘에 의하여 생기는 양력(揚力)을

　이용하여 공중으로 떠서 날아다니는

　항공기. 1903년에 미국의 라이트 형제

　가 육상 비행을 한 것이 동력 비행의

　맨 처음이며, 추진의 종류에 따라 프

　로펠러식과 분사식으로 나눔.

　예 하늘에 비양기가 날아간다.

**비양장**(정선읍, 여량면, 북평면, 신동읍,

화암면)

　[표] 명 비행장(飛行場) 뜻 비행기들

　이 뜨고 내리고 머물 수 있도록 여러

가지 시설을 갖추어 놓은 곳.

　예 야 인천 국제 비양장이 참 크기도

　　크더라.

**비우**(정선읍, 화암면), **비유살**(여량면, 신

동읍)

　[표] 명 비위(脾胃) 뜻 1. 〈의학〉지라와

　위를 통틀어 이르는 말. 2. 어떤 음식물

　이나 일에 대하여 먹고 싶거나 하고 싶

　은 마음. 3. 음식물을 삭여 내거나 아니

　꼽고 싫은 것을 견디어 내는 성미.

　예 저 녀석은 비유살이 참 조아.

**비우내**(정선읍, 신동읍)

　[표] 명 비안개 뜻 1. 비가 내리듯이

　자욱하게 낀 안개. 2. 비가 쏟아질 때

　안개가 낀 것처럼 흐려 보이는 현상.

　예 내일 비가 올래나 지녁 연기가 비

　　우내처럼 깔리네

**비잡다**(정선읍, 여량면, 북평면, 화암면),

**소잡다**(정선읍, 여량면, 신동읍)

　[표] 형 비좁다 뜻 1. 자리가 몹시 좁음.

　2. 생각이나 마음 따위가 넓지 못함.

　예 방이 넘 비잡아서 마커 못 안져.

**비젓하게**(정선읍, 신동읍, 화암면), **비스**

**무레하게**(여량면), **건주같아**(임계면)

　[표] 명 비슷하게 뜻 생김새나 성질이

　아주 똑같지는 않지만 닮은 점이 많음.

　예 우리는 서로 비스무레하게 생겼다.

**비젓하다**(정선읍, 화암면), **엇버젓하다**

(여량면), **엇비젓하다**(여량면)

　[표] 형 엇비슷하다 뜻 1. 어지간히

　거의 비슷함. 2. 약간 비스듬함.

　예 둘 다 인물이 엇비젓하다.

**비지떡이다**(정선읍, 남면), **놀놀하다**(여

량면)

**[표]** 혱 헐하다(歇--) 픗 1. 값이 쌈.
2. 일 따위가 힘들지 아니하고 수월함.
3.. 대수롭지 아니 하거나 만만함.
예 1. 요정도면 심안들고 놀놀하다.
  2. 싼기 비지떡이지.

**비치키다**(정선읍, 화암면), **비치키다**(여
량면), **빈치키다**(신동읍)
**[표]** 동 비추이다 픗 '비추다'의 피동사.
예 창문이 커서 달빛에 방안이 다 비
  치킨다.

**비캐서다**(정선읍, 화암면), **비게스다**(여량
면), **비캐스다**(신동읍)
**[표]** 동 비켜서다 픗 한쪽으로 피하여
옮겨 섬.
예 질이 좁아서 차가 오면 옆으로 비
  캐서야 해.

**비캐다**(임계면), **피캐다**(신동읍)
**[표]** 동 비키다 픗 1. 무엇을 피하여
있던 곳에서 한쪽으로 자리를 조금 옮
김. 2. 방해가 되는 것을 한쪽으로 조금
옮겨 놓음. 3. 무엇을 피하여 방향을
조금 바꿈.
예 거 마카 한군데로 쫌 비캐서주세요.

**비키다**(정선읍, 여량면, 북평면, 화암면),
**피애다**(남면)
**[표]** 동 피하다(避--) 픗 1. 원치 않
은 일을 당하거나 어려운 처지에 놓이
지 않도록 함. 2. 행사에 불길한 날을
택하지 않음. 3. 비, 눈 따위를 맞지
않게 몸을 옮김.
예 나를 찾아온다기에 내가 슬쩍 비키다
  가 되로 껄랬다.

**비행기태우다**(정선읍, 남면), **비양기태
우다**(정선읍), **추게세우다**(여량면)

**[표]** 동 치켜세우다 픗 1. 옷깃이나
눈썹 따위를 위쪽으로 올림. 2. 정도
이상으로 크게 칭찬하다.
예 그만 비행기태워라 쑥시룹다.

**빈벵**(정선읍, 신동읍, 화암면), **공병**(여량면)
**[표]** 몡 빈병 픗 비어 있는 병.
예 우리 마을은 빈벵을 팔아서 불우
  이웃 돕기도 했어.

**빈사괘**(신동읍)
**[표]** 몡 빈사과(--果) 픗 유밀과의 하
나. 강정을 만들 때 나오는 부스러기를
기름에 지져 조청으로 버무려 뭉쳐서
육면체로 썰거나 틀에 넣어 육면체가
되게 한 후, 여러 가지 색깔로 물을 들임.
예 할머이가 맨들어준 빈 사괘는 맛
  이 히얀하다.

**빈주다**(정선읍, 여량면, 북평면, 신동읍,
화암면), **맞대보다**(임계면)
**[표]** 동 비교하다(比較--) 픗 1. 둘
이상의 사물을 견주어 서로 간의 유사
점, 차이점, 일반 법칙 따위를 고찰함.
2. 〈논리〉 둘 또는 그 이상의 사물이나
현상을 견주어 서로 간의 유사점과 공
통점, 차이점 따위를 밝힘.
예 둘이 엇비슷한지 빈주어 봐라.

**빈주뎅이**(여량면, 화암면), **빈조뎅이**(신
동읍), **빈주둥이**(임계면)
**[표]** 몡 맨입 픗 1. 아무것도 먹지 아
니한 입. 2. 아무런 대가도 치르지 아
니한 상태를 비유적으로 이르는 말.
예 저 사람은 맨날 빈주뎅이로 와서
  젤 마이 먹고 께간다.

**빈털베기**(정선읍, 화암면), **빈털벵이**(여
량면, 신동읍)

[표] 명 빈털터리 뜻 1. 재산을 다 없애고 아무것도 가진 것이 없는 가난뱅이가 된 사람. 2. 실속이 없이 떠벌리는 사람을 낮잡아 이르는 말.

예 밤새 돈을 다 잃고 빈털뱅이가 됐네.

**빈틈바구**(정선읍, 여량면, 신동읍, 화암면)

[표] 명 빈틈 뜻 1. 비어 있는 사이. 2. 허술하거나 부족한 점.

예 어쩌면 빈틈바구 하나 읎이 해놨나.

**빌어먹다**(정선읍, 화암면), **베레기먹다**(신동읍)

[표] 동 비루먹다 뜻 개, 말, 나귀 따위의 피부가 헐어서 털이 빠지고, 이런 현상이 차차 온몸에 번지는 병에 걸림.

예 털이 푹푹 빠져 베레기먹은 것 같다.

**빗방올**(정선읍, 화암면), **빗방굴**(여량면, 신동읍)

[표] 명 빗방울 뜻 비가 되어 점점이 떨어지는 물방울.

예 빗방굴이 음청 굵은 비가 온다.

**빗장뻬**(여량면, 신동읍, 화암면)

[표] 명 빗장뼈 뜻 〈의학〉 가슴 위쪽 좌우에 있는 한 쌍의 뼈. 'S' 자 모양으로 안쪽은 복장뼈에, 바깥쪽은 어깨뼈와 관절을 이룸.

예 씨름하다 빗장뻬가 뿌러졌다.

**빗짜루**(정선읍, 화암면), **빗자루**(여량면), **빗자락**(신동읍)

[표] 명 비 뜻 먼지나 쓰레기를 쓸어내는 기구. 쓰임에 따라 마당비, 방비 따위가 있는데, 짚·띠·싸리와 짐승의 털 따위로 만듦.

예 누우는 방 쓰는 방 빗자루로 방을 쓸고, 형이는 마당 씨는 빗자루로 마당을 씰었다.

**빙기다**(여량면, 신동읍)

[표] 동 비기다 뜻 1. 서로 비금비금하여 승부를 가리지 못함. 2. 줄 것과 받을 것을 서로 없는 것으로 침.

예 이번에 내가 이겨서 우리 둘이 빙기다.

**빚잔차**(정선읍, 여량면, 북평면, 신동읍, 화암면)

[표] 명 빚잔치 뜻 1. 부도나 파산 따위로 빚을 갚을 능력이 없을 때, 돈을 받을 사람에게 남아 있는 재산을 빚돈 대신 내놓고 빚을 청산하는 일. 2. 갚을 형편이 되지 못함에도 과도하게 빚을 끌어다 쓰는 일을 비유적으로 이르는 말.

예 논 한 마지기 팔아서 빚잔차하고 말았네.

**빠가사리**(정선읍, 여량면, 신동읍, 임계면, 화암면)

[표] 명 동자개 뜻 〈동물〉 동자갯과의 민물고기. 몸의 길이는 25cm 정도이며, 잿빛 갈색 바탕에 반점이 있음. 가슴지느러미와 등지느러미에 가시가 있고, 입가에 네 쌍의 수염이 있으며 비늘은 없음. 한국, 일본, 중국 등지에 분포함.

예 빠가사리 매운탕 먹으러 가자.

**빠달고내다**(정선읍, 여량면, 남면), **달고내다**(정선읍, 화암면)

[표] 동 쫓아내다 뜻 1. 강제로 어떤 곳에서 밖으로 내몰음. 2. 직장이나 학교 따위를 그만두게 함. 3. 밀려드는 졸음이나 잡념 따위를 아주 물리침.

예 일도 안하고 말썽만 부래서 빠달고냈다.

**빠수다**(정선읍, 여량면, 북평면, 임계면, 신동읍, 화암면)

[표] 图 빻다 뜻 짓찧어서 가루로 만듦.

예 맷돌에 강냉이를 빠서서 범벅해 먹자.

**빠찌**(여량면, 북평면)

[표] 명 딱지(-紙) 뜻 1. 우표, 증지, 상표 따위처럼 그림이나 글을 써넣어 어떤 표로 쓰는 종잇조각. 2. 아이들이 가지고 노는 장난감의 하나. 종이를 네모나게 접어 만들거나, 두꺼운 종이쪽에 그림을 그리거나 글을 쓴 것으로, 종류와 노는 법이 여러 가지가 있음. 3. 궐련갑에 든 여러 가지 그림 딱지.

예 자는 나하고 빠찌 동패다.

**빠추다**(정선읍, 여량면, 화암면), **빠주다**(신동읍)

[표] 图 빠뜨리다 뜻 1. 물이나 허방이나 또는 어떤 깊숙한 곳에 빠지게 함. 2. 어려운 지경에 놓이게 함. 3. 부주의로 물건을 흘리어 잃어버림.

예 그 귀하게 여기던 노리개를 어제 어데다 빠추었는지.

**빡빡**(정선읍, 여량면, 북평면, 화암면), **박박**(여량면)

[표] 퇴 바락바락 뜻 1. 성이 나서 잇따라 기를 쓰거나 소리를 지르는 모양. 2. 빨래 따위를 가볍게 조금씩 주무르는 모양.

예 어델 그렇게 빡빡 대드나 이늠어 새끼야.

**빡빡머리**(정선읍, 남면, 화암면), **빡빡대가리**(여량면)

[표] 명 까까머리 뜻 빡빡 깎은 머리. 또는 그런 머리 모양을 한 사람.

예 우리가 중핵교 때는 빡빡대가리였다.

**빡시다**(여량면, 남면, 화암면), **억시다**(정선읍, 여량면)

[표] 톙 억세다 뜻 1. 마음먹은 바를 이루려는 뜻이나 행동이 억척스럽고 세참. 2. 생선의 뼈나 식물의 줄기·잎, 풀 먹인 천 따위가 아주 딱딱하고 뻣뻣함. 3. 팔, 다리, 골격 따위가 매우 우락부락하고 거칠어 힘이 셈.

예 1. 쪼마한 게 음청 억시다. 2. 수수대공이 참 억시다.

**빤이**(여량면, 화암면), **반이**(신동읍)

[표] 퇴 번연히 뜻 어떤 일의 결과나 상태 따위가 훤하게 들여다보이듯이 분명하게.

예 내가 안한 것을 빤이 알면서 자꾸 말하라니 기가 차서 원.

**빨간무**(정선읍)

[표] 명 당근 뜻 〈식물〉 산형과의 두해살이풀. 높이는 1미터 정도이며, 잎은 뿌리에서 나고 우상 복엽임. 여름에 흰 꽃이 줄기 끝에 복산형 화서로 피고, 원뿔 모양의 불그레한 뿌리는 식용함. 아시아, 유럽, 북아프리카 등지에 분포함.

예 말은 빨간무를 잘 먹는다.

**빨겡이**(정선읍, 신동읍, 화암면), **공비**(정선읍), **빨젱이**(여량면)

[표] 명 빨갱이 뜻 '공산주의자'를 속되게 이르는 말.

예 사변때 빨젱이들이 우리동네에 와서 쇠를 끌고 내뺐어.

**빨근벡돌**(정선읍, 화암면), **적벡돌**(여량면), **붉은벡돌**(신동읍)

[표] 몡 불벽돌(-甓-) 뜻 〈건설〉 내화 점토를 구워서 만든 벽돌.

예 나도 낭중에 집 질 땐 빨근벡돌로 지을 챔이야.

**빨끈뒈씨다**(여량면), **개발땀나다**(신동읍)

[표] 혱 바쁘다 뜻 1. 일이 많거나 또는 서둘러서 해야 할 일로 인하여 딴 겨를이 없음. 2. 몹시 급함. 3. 한 가지 일에만 매달려 딴 겨를이 없음.

예 개발 땀나도록 일했는데 이모양 이꼴이네.

**빨래가지**(정선읍, 여량면, 북평면, 신동읍, 화암면)

[표] 몡 빨래 뜻 1. 더러운 옷이나 피륙 따위를 물에 빠는 일. 2. 더러운 옷이나 피륙 따위. 또는 빨아진 옷이나 피륙 따위.

예 오늘은 빨래가지 가주고 샘물에 빨로 가야지.

**빨래방멩이**(정선읍, 여량면, 신동읍, 화암면)

[표] 몡 빨랫방망이 뜻 빨랫감을 두드려서 빠는 데 쓰는 방망이. 넓적하고 기름한 나무로 만듦.

예 저 빨래방멩이는 할머이 때부터 쓰던 물건이라오.

**빨래장대**(여량면, 신동읍, 화암면)

[표] 몡 바지랑대 뜻 빨랫줄을 받치는 긴 막대기.

예 빨래장대가 진기 참 조타야.

**빨랫비눌**(정선읍, 여량면, 북평면, 신동읍, 화암면)

[표] 몡 빨랫비누 뜻 빨래할 때 쓰는 비누.

예 지금은 빨랫비눌이 있어서좋지만

옛날에는 잿물로 옷을 빨았지.

**빨르다**(정선읍, 여량면, 신동읍, 화암면)

[표] 혱 빠르다 뜻 1. 어떤 동작을 하는 데 걸리는 시간이 짧음. 2. 어떤 일이 이루어지는 과정이나 기간이 짧음. 3. 어떤 것이 기준이나 비교 대상보다 시간 순서상으로 앞선 상태에 있음.

예 쟈는 걸음걸이가 음청 빨르다.

**빨빨거리다**(정선읍, 화암면), **쌀쌀거리다**(여량면, 남면)

[표] 동 싸다니다 뜻 여기저기를 채신없이 분주히 돌아다님.

예 어데를 그렇게 쌀쌀거리고 댕기나.

**빨빨리**(정선읍), **날래날래**(임계면), **빠발리**(신동읍), **허벌라게**(화암면)

[표] 뮈 빨리빨리 뜻 걸리는 시간이 아주 짧게.

예 시간이 읎으니 날래날래 움지개라.

**빨쥐**(정선읍, 신동읍, 화암면)

[표] 몡 박쥐 뜻 〈동물〉 1. 박쥐목의 동물을 통틀어 이르는 말. 쥐와 비슷하나 귀가 크고 앞다리가 날개처럼 변형되어 날아다님. 시각은 좋지 않으나 성대로부터 초음파를 내어 그 반사음을 귀에서 받아들여 거리와 방향을 앎. 주로 밤에 활동하는데 동굴이나 나무 속 또는 삼림 등지에 삶. 전 세계에 18과 1000여 종이 분포함. 2. 애기박쥣과의 하나.

예 산에 갔다가 빨쥐를 봤잔나.

**빵떡모재**(정선읍, 화암면), **빵떡모자**(여량면), **호떡모자**(임계면), **빵모재**(신동읍)

[표] 몡 빵모자(-帽子) 뜻 차양이 없이 동글납작하게 생긴 모자.

예 지난 당시에는 빵모재를 쓰고 멋

197

을 부리고 댕겼지.

**빼기표**(정선읍, 여량면, 북평면, 신동읍)
[표] 몡 뺄셈표(--標) 뜻 〈수학〉 뺄셈의 부호 '-'를 이르는 말.
예 산수공부 할 때 더하기표인지 빼기표인지 잘 살펴바라.

**빼끼다**(정선읍, 화암면), **뻿기다**(여량면, 신동읍, 임계면)
[표] 동 벗기다 뜻 '벗다'의 사동사.
예 아 옷을 뻿기다가 단추가 떨어졌다.

**빼닫이**(정선읍, 여량면, 북평면, 화암면), **빼랍**(남면), **빼다지**(임계면)
[표] 몡 서랍 뜻 책상, 장롱, 화장대, 문갑 따위에 끼웠다 빼었다 하게 만든 뚜껑이 없는 상자.
예 1. 궤짝 빼닫이에 땅문서가 있다. 2. 빼닫이 열어봐라. 3. 빼다지 안에 수건 꺼내와라.

**빼마리**(정선읍, 여량면, 북평면, 신동읍), **뽈태기**(임계면, 화암면)
[표] 몡 뺨 뜻 1. 얼굴의 양쪽 관자놀이에서 턱 위까지의 살이 많은 부분. 2. 좁고 기름한 물건의 폭.
예 잘못하면 빼마리 맞어 조심해.

**빼마리치다**(정선읍, 여량면, 북평면, 신동읍), **뺌다구치다**(여량면), **볼때기치다**(임계면), **뽈라리치다**(임계면)
[표] 동 뺨치다 뜻 비교 대상을 능가함.
예 속이 펄떡상해서 뺌다구를 가불렸다.

**빼시다**(정선읍), **삐지다**(여량면, 신동읍, 화암면), **뻬지다**(여량면), **뼈지다**(임계면)
[표] 동 삐치다 뜻 성나거나 못마땅해서 마음이 토라짐.

예 니는 툭하믄 그리 뻬지나.

**뺌장우**(정선읍, 여량면, 남면), **질게이**(정선읍), **찔겡이**(정선읍), **질갱이**(임계면), **빼장구**(화암면)
[표] 몡 질경이 뜻 〈식물〉 질경잇과의 여러해살이풀. 높이는 90cm 정도이며, 잎은 뿌리에서 뭉쳐나고 긴 타원형임. 6~8월에 깔때기 모양의 흰 꽃이 수상(穗狀) 화서로 피고 열매는 삭과(蒴果)를 맺음. 어린잎은 식용하며 씨는 이뇨제로 사용. 들이나 길가에서 자라는데 한국, 일본, 사할린, 대만, 중국, 시베리아 동부, 말레이시아 등지에 분포함.
예 또랑가에 가믄 뺌장우가 쌨어.

**뺏가루**(정선읍, 화암면), **뻬가루**(여량면)
[표] 몡 뼛가루 뜻 1. 사람을 화장한 후 그 남은 뼈를 갈아 만든 가루. 2. 동물의 뼈를 쪄서 아교질을 뺀 다음 갈아서 만든 가루.
예 돌아가신 분 뻬가루를 잘 건사해 드랬나.

**뻐덕다리**(정선읍, 여량면, 신동읍, 화암면)
[표] 몡 벋정다리 뜻 1. 구부렸다 폈다 하지 못하고 늘 벋어 있는 다리. 또는 그런 다리를 가진 사람. 2. 뻣뻣해져서 자유롭게 굽힐 수가 없게 된 물건.
예 저 사람은 왜서 뻐덕다리를 해가지고 댕기나.

**뻐들껑거리다**(여량면, 북평면, 화암면), **버디정거리다**(신동읍)
[표] 동 버르적거리다 뜻 고통스러운 일이나 어려운 고비에서 벗어나려고 팔다리를 내저으며 큰 몸을 자꾸 움직임.
예 업은 아가 자꾸 버디정거려서 자

꾸 내래 온다.

**뻑꾹새**(정선읍, 화암면), **뻐꾸기**(여량면)
[표] 명 뻐꾸기 뜻 〈동물〉두견과의 새. 두견과 비슷한데 훨씬 커서 몸의 길이는 33cm, 편 날개의 길이는 20~22cm이며, 등 쪽과 멱은 잿빛을 띤 청색, 배 쪽은 흰 바탕에 어두운 적색의 촘촘한 가로줄 무늬가 있음. 때까치, 지빠귀 따위의 둥지에 알을 낳아 까게 함. 초여름에 남쪽에서 날아오는 여름새로 '뻐꾹뻐꾹' 하고 구슬프게 움. 산이나 숲 속에 사는데 유럽과 아시아 전 지역에 걸쳐 아열대에서 북극까지 번식하고 겨울에는 아프리카 남부와 동남아시아로 남하하여 겨울을 보냄.
예 뻐꾹새가 우니 오라버이가 생각 나네.

**뻔다리**(정선읍), **뽄따리**(여량면)
[표] 명 본새(本-) 뜻 1. 어떤 물건의 본디의 생김새. 2. 어떠한 동작이나 버릇의 됨됨이.
예 생개먹은 뽄따리 하고는.

**뻔데기**(정선읍, 여량면, 신동읍, 화암면)
[표] 명 번데기 뜻 1. 〈동물〉완전 변태를 하는 곤충의 애벌레가 성충으로 되는 과정 중에 한동안 아무것도 먹지 아니하고 고치 같은 것의 속에 가만히 들어 있는 몸. 겉보기에는 휴식 상태 같지만 애벌레의 기관과 조직이 성충의 구조로 바뀌는 중요한 시기임. 2. 〈농업〉누에가 고치를 틀고 변하여 된 몸. 모양은 실북 모양이고 색깔은 연한 밤색에서 진한 밤색으로 변하며 검은 것도 있음.
예 명주실 뽑으면 뻔데기는 내차지다.

**뻔하다**(정선읍, 여량면, 화암면)
[표] 형 뻔하다 뜻 (내용 따위가) 굳이 확인해 보거나 경험해 보지 않아도 알 수 있을 만큼 명확하다.
예 말해 봐야 안되는기 뻔하다.

**뻘쩍거리고**(정선읍), **펄쩍나게**(신동읍, 화암면)
[표] 부 뻔질나게 뜻 드나드는 것이 매우 잦음.
예 저 사람은 고자 처갓집 드날듯이 펄쩍나게 드나들어.

**뻥치다**(정선읍, 북평면), **뻥때리다**(여량면), **노가리까다**(여량면, 남면), **공갈차다**(임계면), **거짓부렁하다**(화암면)
[표] 동 거짓말하다 뜻 사실이 아닌 것을 사실인 것처럼 꾸며 대어 말함.
예 내 앞에서 뻥때리지 마라.

**뻬**(정선읍, 여량면, 북평면, 신동읍, 화암면)
[표] 명 뼈 뜻 1. 〈의학〉척추동물의 살 속에서 그 몸을 지탱하는 단단한 물질. 표면은 뼈막으로 덮여 있고, 속에는 혈구를 만드는 골수로 채워져 있음. 2. 건물 따위와 같은 구조물의 얼거리. 3. 이야기의 기본 줄거리나 핵심.
예 뻬 뿌러지게 일해 봐야 심든 줄 안다.

**뻬다구**(정선읍, 화암면), **뻭다구**(여량면, 신동읍)
[표] 명 뼈다귀 뜻 1. 뼈의 낱개. 2. '뼈'를 낮잡아 이르는 말.
예 패래서 뻭다구만 앙크렇게 남았다.

**뻬매두**(정선읍, 여량면, 북평면, 화암면), **뻬마두**(신동읍)
[표] 명 뼈마디 뜻 〈의학〉뼈와 뼈가 서로 맞닿아 연결되어 있는 곳.

⑩ 일을 마이해서 뻬매두가 사방 쑤
신다.

**뻬빠지다**(정선읍, 여량면, 북평면, 신동읍,
화암면), **세빠지다**(임계면)

[표] 图 뼈빠지다 図 오래도록 고통을
참으며 있는 힘을 다함.

⑩ 팽생 뻬빠지게 일만 했다.

**뻬족구두**(여량면, 화암면), **뻬딱구두**(정선
읍, 여량면, 임계면, 신동읍, 화암면), **빼둑구
두**(임계면)

[표] 图 뾰족구두 図 뒷굽이 높고 뾰
족한 여자 구두.

⑩ 우리 누는 신뻬이 뻬딱구두 신고
외출했다.

**뻬족집**(신동읍, 화암면)

[표] 图 뾰족집 図 1. 지붕의 끝이 뾰
족하게 생긴 서양식 집. 2. '교회당'을
속되게 이르는 말.

⑩ 새로 젠 뒷집은 뻬족집으로 이 동
네에는 한 집 빼끼 읎어.

**뻬족하다**(정선읍, 여량면, 북평면, 신동읍),
**빼족하다**(임계면), **삐쭉하다**(임계면), **삐
족하다**(화암면)

[표] 图 뾰족하다 図 1. 물체의 끝이
점차 가늘어져서 날카로움. 2. 계책이
나 생각, 성능 따위가 신통함.

⑩ 1. 송곳 끝이 뻬족하다. 2. 여길
나갈 뻬족한 수가 읎네.

**뻰드리하다**(정선읍, 화암면), **반지르하다**
(여량면), **벤지르하다**(신동읍)

[표] 图 반지르르하다 図 1. 거죽에
기름기나 물기 따위가 묻어서 윤이 나
고 매끄러움. 2. 말이나 행동 따위가
실속은 없이 겉만 그럴듯함.

⑩ 잘 먹어서 낯짝배기가 반지르하네.

**뻰치놓다**(정선읍), **뻰찌시키다**(여량면, 남
면), **뺀치놓다**(임계면)

[표] 图 제외하다(除外--) 図 따로 떼
어 내어 한데 헤아리지 아니함.

⑩ 이번에는 한 사람만 뻰찌시키자.

**뻠**(정선읍, 여량면, 북평면, 신동읍, 화암면)

[표] 图 뼘 図 1. 엄지손가락과 다른
손가락을 완전히 펴서 벌렸을 때에 두
끝 사이의 거리. 2. 엄지손가락과 가
운뎃손가락을 힘껏 벌린 길이.

⑩ 간난아 우리 뻠재먹기 놀이 하자.

**뻠으다**(여량면, 신동읍)

[표] 图 뼘다 図 뼘으로 물건의 길이
를 잼.

⑩ 저서 여까지 뻠으로 하믄 한 자는
넘을 끼다.

**뻿조각**(정선읍, 여량면, 화암면), **뻿쪼가
리**(여량면, 신동읍)

[표] 图 뼛조각 図 〈의학〉 뼈의 조각.

⑩ 쇠 뻿조각이 댄댄하네.

**뻥끼젱이**(정선읍, 여량면, 남면), **뻥끼쟁
이**(임계면)

[표] 图 칠장이(漆--) 図 칠하는 일을
업으로 삼는 사람.

⑩ 아부지는 오랫동안 뻥끼젱이로
사셨다.

**뻥끼칠하다**(정선읍, 여량면, 북평면, 남면,
화암면, 임계면), **떡칠하다**(여량면)

[표] 图 화장하다(化粧--) 図 1. 화장
품을 바르거나 문질러 얼굴을 곱게 꾸
밈. 2. 머리나 옷의 매무새를 매만져
맵시를 냄.

⑩ 뻥끼칠 드릅게 해고 댕기네.

**뺑낭구**(정선읍, 여량면, 북평면), **뽕낭구**(신동읍, 화암면)

[표] 명 뽕나무 뜻 〈식물〉 1. 뽕나뭇과 뽕나무속의 낙엽 교목. 또는 관목을 통틀어 이르는 말. 돌뽕나무, 몽고뽕나무, 뽕나무, 산뽕나무 따위가 있음. 2. 뽕나뭇과의 낙엽 활엽 교목. 높이는 3~4미터이며, 잎은 어긋나고 달걀 모양의 원형 또는 긴 타원형으로 가장자리에 톱니가 있고 3~5 갈래로 갈라짐. 가지는 회백색 또는 회갈색임. 암수딴그루로 봄에 잎겨드랑이에 누런 초록색의 꽃이삭이 달리고, 열매는 '오디'라고 하여 식용·약용하는데 6~7월에 검게 익음. 잎은 누에의 사료로 쓰고 나무껍질은 노란색 염료, 목재는 가구 재로 쓰임. 북반구의 온대, 난대에 약 35종이 분포하는데 우리나라에는 산상(山桑), 노상(魯桑), 백상(白桑)의 세 종이 재배됨.

예 뺑낭구에 오두가 참 마이 달렸다.

**뺑때**(정선읍, 여량면, 북평면, 신동읍, 화암면), **병창**(여량면), **뺑대**(임계면), **어낭**(임계면)

[표] 명 벼랑 뜻 낭떠러지의 험하고 가파른 언덕.

예 앞산 뺑때가 음청 높다.

**뺑잎사구**(정선읍, 화암면), **뺑잎파리**(여량면), **뽕잎사구**(신동읍)

[표] 명 뽕잎 뜻 〈식물〉 뽕나무의 잎. 누에의 먹이로 쓰임.

예 누에가 막잠을 잘 때는 뺑잎사구를 얼매나 마이 먹는지.

**뽀쓰**(여량면)

[표] 명 버스 뜻 많은 사람이 함께 타는 대형 자동차. 보통은 운임을 받고 정해진 길을 따라 운행하며, 시내버스, 시외버스, 관광버스, 고속버스 따위가 있음.

예 인재는 촌에도 뽀스가 댕긴다.

**뽂다**(정선읍, 여량면, 신동읍, 화암면)

[표] 동 볶다 뜻 1. 음식이나 음식의 재료를 물기가 거의 없거나 적은 상태로 열을 가하여 이리저리 자주 저으면서 익힘. 2. 성가시게 굴어 사람을 괴롭힘. 3. (속되게) 머리를 곱슬곱슬하게 파마함.

예 미장원에 머리 뽂으러 가자.

**뽂은밥**(정선읍, 여량면, 북평면, 화암면), **뽂움밥**(신동읍)

[표] 명 볶음밥 뜻 쌀밥에 당근, 쇠고기, 감자 따위를 잘게 썰어 넣고 기름에 볶아 만든 음식.

예 배차짠지를 쏠어 넣고 뽂은밥을 해서 한 그륵씩 농궈먹자.

**뽂이키다**(여량면, 화암면), **뽂애다**(신동읍)

[표] 동 볶이다 뜻 '볶다'의 피동사.

예 자는 마누라한테 맨날 볶이키네.

**뽄때**(정선읍, 여량면, 북평면, 신동읍, 화암면)

[표] 명 본때(本-) 뜻 1. 본보기가 되거나 내세울 만한 것. 2. 맵시나 모양새.

예 이번에는 뽄때를 한번 보여줄게.

**뽀들가지**(정선읍, 신동읍), **뽀드락지**(여량면, 임계면)

[표] 명 뾰루지 뜻 뾰족하게 부어오른 작은 부스럼.

예 얼굴에 뽀드락지가 났다.

**뽀루퉁하다**(여량면, 신동읍), **주뎅이닷발 빠지다**(정선읍, 여량면)

[표] 형 뿌루퉁하다 뜻 1. 붓거나 부

풀어 올라서 불룩함. '부루퉁하다'보다 센 느낌을 줌. 2. 불만스럽거나 못마땅하여 성난 빛이 얼굴에 나타나 있음. '부루퉁하다'보다 센 느낌을 줌.

圖 왜 또 주뎅이닷발빠지고 그래.

**뽕오두**(정선읍, 북평면), **오두**(여량면,남면), **호두**(여량면)

[표] 圓 오디 쯧 뽕나무의 열매.

圖 뻥낭구에 오두 따먹으러 가자.

**뿌끄레기**(정선읍, 화암면), **뿌스레기**(여량면), **부게미**(신동읍)

[표] 圓 부검지 쯧 짚의 잔부스러기.

圖 왜 뿌스레기가 이렇게 많지.

**뿌데다**(정선읍, 화암면), **구부레띠리다**(여량면, 남면), **꾸부러뜨리다**(임계면)

[표] 圖 구부러뜨리다 쯧 구부러지게 함.

圖 쐬꼽을 손으로 구부레띠리다.

**뿌러지다**(정선읍, 여량면, 북평면, 신동읍, 화암면), **분질러지다**(임계면)

[표] 圖 부러지다 쯧 1. 단단한 물체가 꺾여서 둘로 겹쳐지거나 동강이 남. 2. 말이나 행동 따위를 확실하고 단호하게 함.

圖 똑 뿌러지게 말도 잘하네.

**뿌레기**(정선읍, 여량면, 북평면, 신동읍, 화암면)

[표] 圓 뿌리 쯧 1. 〈식물〉 식물의 밑동으로서 보통 땅속에 묻히거나 다른 물체에 박혀 수분과 양분을 빨아올리고 줄기를 지탱하는 작용을 하는 기관. 양치류 이상의 고등 식물에 있는데 주근(主根)과 측근(側根)의 구별이 있으며 땅위뿌리, 물뿌리, 저장뿌리, 공기뿌리, 기생뿌리, 호흡뿌리 따위의 여러 종류가 있음. 2. 다른 물건에 깊숙

이 박힌 물건의 밑동. 3. 사물이나 현상을 이루는 근본을 비유적으로 이르는 말.

圖 이 참에 아주 뿌레기를 뽑아야해.

**뿌리**(여량면, 신동읍, 화암면)

[표] 圓 부리 쯧 어떤 물건의 끝이 뾰족한 부분.

圖 수짱 좋은 눔두 총뿌리를 가심패기에 전주니 벌벌 떨드라.

**뿌스레기**(정선읍, 여량면, 북평면, 화암면)

[표] 圓 부스러기 쯧 1. 잘게 부스러진 물건. 2. 쓸 만한 것을 골라내고 남은 물건. 3. 하찮은 사람이나 물건을 비유적으로 이르는 말.

圖 오부데이는 지들이 다 먹고 뿌스레기만 남았잖아.

**뿌질구다**(정선읍, 여량면, 신동읍, 화암면)

[표] 圖 부러뜨리다 쯧 단단한 물체를 꺾어서 부러지게 함.

圖 낭구가지를 뿌질궈서 버강제이에 넣어라.

**뿔구다**(정선읍, 여량면, 북평면, 신동읍, 화암면)

[표] 圖 불리다 쯧 '붇다'의 사동사.

圖 쌀을 물에 뿔궈야 떡을 하지.

**뿔다**(정선읍, 여량면, 신동읍, 임계면, 화암면)

[표] 圖 붇다 쯧 분량이나 수효가 많아짐.

圖 국시가 잔뜩 뿔었다.

**뿔둑이**(정선읍, 화암면), **뿔룩이**(여량면, 신동읍)

[표] 圓 불룩이 쯧 물체의 거죽이 크게 두드러지거나 쑥 내밀린 모양.

圖 배가 뿔룩이 나왔다.

**뿔딱지**(정선읍, 북평면, 남면), **뿔대**(정선읍), **열불통**(정선읍), **화딱지**(여량면, 남면, 화암면, 임계면), **열**(여량면, 북평면), **열통**(여량면)

[표] 몡 화(火) 뜻 몹시 못마땅하거나 언짢아서 나는 성.

옝 얼매나 화딱지가 나는지 억지루 참았네.

**삐뚝바리**(신동읍)

[표] 몡 눈개승마(--升麻) 뜻 〈식물〉 장미과의 여러해살이풀. 높이는 30~100cm이며, 잎은 어긋나고 겹잎임. 5~6월에 누르스름한 꽃이 원추(圓錐)화서로 피고 열매는 골돌과(蓇葖果)를 맺음.

옝 저기 핀 것이 삐뚝바리가 아니나?

**삐리다**(정선읍, 여량면, 화암면), **베리다**(신동읍), **내삐리다**(임계면, 화암면)

[표] 동 보동 버리다 뜻 동 1. 가지거나 지니고 있을 필요가 없는 물건을 내던지거나 쏟거나 함. 2. 못된 성격이나 버릇 따위를 떼어 없앰. 보동 앞말이 나타내는 행동이 이미 끝났음을 나타내는 말. 그 행동이 이루어진 결과, 말하는 이가 아쉬운 감정을 갖게 되었거나 또는 반대로 부담을 덜게 되었음을 나타낼 때 쓰임.

옝 못 쓰는 건 내삐려라.

**삐지기**(여량면, 신동읍, 화암면)

[표] 몡 삐치기 뜻 노여움에 마음이 토라짐.

옝 이제 삐지기 옳다.

**뻿게내다**(정선읍, 여량면, 북평면, 화암면), **빼게내다**(정선읍), **뱃게내다**(신동읍), **뻿겨내다**(임계면)

[표] 몡 벗겨내다 동 뜻 사람 또는 사물의 몸에서 떼어 내어짐.

옝 먹은 페인트를 뻿게내고 다시 칠해라.

# ㅅ

**사골탕**(여량면), **뼈다구국**(정선읍, 여량면, 신동읍, 화암면)

　[표] 몡 뼈다귓국 뜻 짐승의 뼈를 푹 삶아 곤 국.

　예 쇠뼈다구국이 구수하네.

**사괘**(정선읍, 여량면, 북평면, 신동읍, 화암면), **사개**(임계면)

　[표] 몡 사과(沙果/砂果) 뜻 사과나무의 열매.

　예 추석 때 사괘 한 상자 보냈으니 마있게 먹어라.

**사괘술**(정선읍, 신동읍, 화암면)

　[표] 몡 사과술(沙果-) 뜻 사과즙을 발효시켜 만든 술.

　예 어제 김서방네 집에서 먹은 사괘술이 참 맛있던데.

**사구다**(정선읍, 여량면, 신동읍, 화암면)

　[표] 통 사귀다 뜻 서로 얼굴을 익히고 친하게 지냄.

　예 우리는 서로 사구는 사이다.

**사구뭉치**(정선읍, 화암면), **사고뭉테기**(여량면, 신동읍)

　[표] 몡 사고뭉치(事故--) 뜻 늘 사고나 말썽을 일으키는 사람을 낮잡아 이르는 말.

　예 쟈는 우리집에 사고뭉테기야.

**사그그륵**(정선읍, 여량면, 북평면, 신동읍, 화암면)

　[표] 몡 사기그릇(沙器--) 뜻 고령토, 장석, 석영 따위의 가루를 빚어서 구워 만든, 희고 매끄러운 그릇.

　예 옛날에는 사그그륵만 썼지.

**사그병**(정선읍, 여량면, 북평면, 신동읍, 화암면)

　[표] 몡 사기병(沙器瓶) 뜻 사기로 만든 병.

　예 술이 담긴 사그병은 조심히 다뤄라.

**사나눔**(정선읍, 여량면, 북평면, 신동읍), **머슴아**(임계면)

　[표] 몡 사내놈 뜻 '사내'를 속되게 이르는 말.

　예 사내눔 잘 맨내야 펜하지.

**사나자슥**(정선읍, 화암면), **사나새끼**(여량면), **사나**(임계면), **머슴아**(임계면), **사나자석**(신동읍)

　[표] 몡 사내 뜻 1. '사나이'의 준말. 2. '남자'나 '남편'을 이르는 말.

　예 사나새끼가 이랬다저랬다 줏대가 읎나.

**사나질**(정선읍, 여량면, 북평면, 남면, 화

암면)

[표] 똉 서방질(書房-) 뜻 자기 남편이 아닌 남자와 정을 통하는 짓.

엥 저 애편내 날마다 사나질을 한다.

**사낭뎅이**(정선읍, 여량면, 화암면), **서왕당**(남면)

[표] 똉 서낭당(--堂) 뜻 〈민속〉 서낭신을 모신 집.

엥 동네 어구에 서낭뎅이가 있는데 그 앞을 가믄 무스워.

**사둔댁**(정선읍, 여량면, 북평면, 임계면, 신동읍, 화암면), **사안댁**(여량면)

[표] 똉 사돈댁(查頓宅) 뜻 1. '사돈집'의 높임말. 2. 딸의 시어머니나 며느리의 친정어머니를 양편 사돈집에서 서로 이르거나 부르는 말.

엥 사안댁 장에 오셌소?

**사람몰미**(신동읍, 여량면, 화암면)

[표] 똉 사람멀미 뜻 1. 많은 사람이 있는 곳에서 느끼는, 머리가 아프고 어지러운 증세. 2. 여러 사람에게 부대끼고 시달려서 머리가 아프고 어지러운 증세.

엥 이젠 하도 부딧끼어 사람몰미가 난다.

**사루다**(정선읍), **사래다**(여량면, 신동읍)

[표] 똉 사리다 뜻 1. 국수, 새끼, 실 따위를 동그랗게 포개어 감음. 2. 뱀 따위가 몸을 똬리처럼 동그랗게 감음. 3. 짐승이 겁을 먹고 꼬리를 다리 사이에 구부려 낌.

엥 낫시줄을 잘 사루어 두었다가 써야지.

**사마구**(정선읍, 여량면, 북평면, 화암면),

**물사마구**(신동읍)

[표] 똉 사마귀 뜻 〈의학〉 피부 위에 낟알만 하게 도도록하고 납작하게 돋은 반질반질한 군살.

엥 니도 성인이 되면 물사무구가 자연히 옰어진다.

**사마구**(정선읍, 여량면, 신동읍, 화암면)

[표] 똉 사마귀 뜻 〈동물〉 1. 사마귓과의 곤충을 통틀어 이르는 말. 2. 사마귓과의 곤충. 몸의 길이는 7~8cm이며, 누런 갈색 또는 초록색임. 뒷날개는 반투명이고 검은 갈색의 얼룩무늬가 있음. 앞다리가 낫처럼 구부러져 먹이를 잡기에 편리함. 8~9월에 나타나서 풀밭에 사는데 한국, 일본, 중국 등지에 분포함.

엥 저 사람은 매사 사마구모양 매섭게 굴어.

**사마구풀**(정선읍, 화암면), **비단풀**(여량면)

[표] 똉 비단풀(緋緞-) 뜻 〈식물〉 홍조류 비단풀과의 해조류. 식물체는 크기가 5~50cm이며, 원기둥 모양의 가느다란 사상체(絲狀體)를 이루는데 서너 가닥으로 가지가 나뉨. 빛은 붉은색 또는 어두운 자주색임. 식품 또는 풀을 쑤는 재료로 쓰며, 우리나라 전 연안에서 흔히 볼 수 있음.

엥 바닷가에 가보이 사마구풀 천지더라.

**사발꼰진이**(여량면, 신동읍)

[표] 똉 사발고누 뜻 〈민속〉 고누의 하나. 아래위 두 줄 사이의 동그라미를 '十' 자 모양으로 연결한 말밭에서 각각 3개씩의 말을 놓고 놂.

⑩ 그 당시는 사발꼰진이 놀이로 시간을 보냈지.

**사방천지**(정선읍, 화암면), **천지사방**(여량면, 신동읍), **온천지**(임계면)
　[표] 몡 사방팔방(四方八方) 뜻 여기저기 모든 방향이나 방면.
　⑩ 우리집 개새끼는 천지사방 돌아댕긴다.

**사생절단**(정선읍, 여량면, 북평면, 화암면), **사생겔단**(신동읍)
　[표] 몡 사생결단(死生決斷) 뜻 죽고 사는 것을 돌보지 않고 끝장을 내려고 함.
　⑩ 이번에는 사생절단내야지.

**사우**(정선읍, 화암면), **싸우**(여량면, 임계면, 신동읍, 화암면)
　[표] 몡 사위 뜻 딸의 남편을 이르는 말.
　⑩ 큰싸우, 작은 싸우 마카 왔네.

**사웃감**(정선읍, 화암면), **싸웃감**(여량면, 신동읍)
　[표] 몡 사윗감 뜻 사위로 삼을 만한 사람.
　⑩ 싸웃감으로는 그 사람이 최고지.

**사을**(정선읍, 신동읍, 화암면), **사흐레**(여량면)
　[표] 몡 사흘 뜻 1. 세 날. 2. 매달 초하룻날부터 헤아려 셋째 되는 날.
　⑩ 감기가 사흐레 만에 나았다.

**사재성어**(남면, 화암면)
　[표] 몡 고사성어(故事成語) 뜻 옛이야기에서 유래한, 한자로 이루어진 말.
　⑩ 니는 사재성어 마이 아나?

**사죽**(정선읍, 화암면), **사족**(여량면, 신동읍), **네족**(임계면)
　[표] 몡 사지(四肢) 뜻 1. 사람의 두 팔

과 두 다리를 통틀어 이르는 말. 2. 〈동물〉척추동물의 몸에서 뻗어 나온 두 쌍의 다리 부분. 보통 전지(前肢)와 후지(後肢)로 나눔.
　⑩ 자는 와 사족이 멀끔한기 놀구있나 일을 하재.

**사진가큐**(여량면)
　[표] 몡 액자(額子) 뜻 그림, 글씨, 사진 따위를 끼우는 틀.
　⑩ 베름빡에 사진가큐 떼내라.

**사진쟁이**(정선읍, 여량면, 북평면, 신동읍, 화암면)
　[표] 몡 사진사(寫眞師) 뜻 사진 찍는 일을 직업으로 하는 사람.
　⑩ 저 사람 전엔 사진쟁이 였어

**사채**(남면)
　[표] 몡 송장 뜻 죽은 사람의 몸을 이르는 말.
　⑩ 사채는 어떻게 처리를 했나.

**사철낭구**(정선읍, 여량면, 신동읍, 화암면), **들축낭구**(정선읍)
　[표] 몡 사철나무(四---) 뜻 〈식물〉노박덩굴과의 상록 관목. 높이는 2~3미터이며, 잎은 마주나고 긴 타원형으로 두껍고 반들반들함. 6~7월에 백록색의 잔꽃이 잎겨드랑이에 취산(聚繖)화서로 피고 열매는 둥글둥글한 삭과(蒴果)로 10월에 엷은 붉은색으로 익음. 나무껍질은 약으로 쓰고 정원수나 울타리 따위로 재배함. 해안(海岸)의 산기슭에 나는데 한국, 일본, 중국 등지에 분포함.
　⑩ 우리집 화단에는 사철낭구가 옛날부터 있었어.

**사체놀이**(정선읍, 화암면), **이자놀이**(여량면, 신동읍)

[표] 〔명〕 돈놀이 〔뜻〕 남에게 돈을 빌려주고 이자를 받는 것을 업으로 하는 일.

〔예〕 저 사람은 이자놀이해서 먹고 살아.

**사춘성이**(정선읍, 여량면, 화암면), **사춘성**(임계면), **사춘형**(신동읍)

[표] 〔명〕 사춘형 〔뜻〕 아버지의 친형제자매에게서 태어난 형.

〔예〕 오래간만에 사춘성이가 왔다.

**사태기**(정선읍, 남면, 화암면), **사테기**(정선읍), **사타궁이**(여량면)

[표] 〔명〕 샅 〔뜻〕 1. 두 다리의 사이. 2. 두 물건의 틈. 3. 〈의학〉 앞쪽 두덩 결합, 양쪽 옆은 앉았을 때 바닥에 닿는 뼈의 부분인 궁둥뼈 결절, 뒤쪽 꼬리뼈의 끝 등 네 곳을 연결하여 이루어진 다리 사이 아래쪽의 마름모꼴 공간.

〔예〕 어제 축구하다 사탕궁이 타쳤다.

**사태빽**(여량면, 화암면), **사태배기**(신동읍)

[표] 〔명〕 사태(事態) 〔뜻〕 일이 되어 가는 형편이나 상황. 또는 벌어진 일의 상태.

〔예〕 어제 일어난 사건의 사태배기는 어때 됐어.

**사팔떼기**(정선읍, 여량면, 북평면, 화암면), **사팔이**(정선읍), **먼산백이**(임계면), **사팔띠기**(신동읍)

[표] 〔명〕 사팔뜨기 〔뜻〕 사팔눈을 한 사람을 낮잡아 이르는 말.

〔예〕 그 처녀는 인물은 고은 데 눈이 사팔띠기여서 아깝지.

**사흘걸이**(여량면, 화암면)

[표] 〔명〕 사흘돌이 〔뜻〕 사흘에 한 번씩.

〔예〕 요즘은 사흘걸이로 술을 마신다.

**산감자**(정선읍), **산감재**(여량면, 북평면)

[표] 〔명〕 마(麻) 〔뜻〕 〈식물〉 뽕나뭇과의 한해살이풀.

〔예〕 산감재는 위에 좋은 약이다.

**산고라뎅이**(정선읍, 여량면, 북평면, 화암면), **싼고랑텡이**(임계면), **산골짜구니**(신동읍), **산고라데이**(화암면)

[표] 〔명〕 산골짜기(山---) 〔뜻〕 산과 산 사이의 움푹 들어간 곳.

〔예〕 저쪽 산고라뎅이 가믄 물이 참 좋다.

**산골짝이**(정선읍, 화암면), **산골텡이**(여량면, 신동읍)

[표] 〔명〕 산골(山-) 〔뜻〕 1. 외지고 으슥한 깊은 산속. 2. 산과 산 사이의 움푹 들어간 곳.

〔예〕 이제 산골텡이 사느라 꼬라지가 이 모양이요.

**산꼬뎅이**(정선읍, 신동읍, 화암면), **산꼭데기**(여량면)

[표] 〔명〕 산꼭대기(山---) 〔뜻〕 산의 맨 위.

〔예〕 우리 산꼬뎅이에서 맨내요.

**산다래**(정선읍, 여량면, 북평면, 화암면), **산달루**(신동읍)

[표] 〔명〕 산달래(山--) 〔뜻〕 〈식물〉 백합과의 여러해살이풀. 줄기는 높이가 40~60cm이며, 잎은 줄기 밑에 2~3개가 나고 선 모양임. 5~6월에 연한 붉은 자주색 꽃이 산형(繖形) 화서로 핌. 봄에 비늘줄기와 잎은 식용함. 산과 들에 나는데 한국 중부 이남, 일본 등지에 분포함.

〔예〕 저 산에는 산달루가 얼매나 많았는지 몰라, 지금은 읎지만.

**산대추**(신동읍, 화암면)

[표] 〔명〕 멧대추 〔뜻〕 멧대추나무의 열매.

@ 산대추씨 같이 작은놈

**산돼지**(정선읍, 여량면, 신동읍, 화암면)

[표] 몡 멧돼지 뜻 〈동물〉 멧돼짓과의 포유류. 몸의 길이는 1~2m, 어깨 높이는 55~110cm이며, 몸빛은 검은색 또는 검은 갈색임. 목에서 등에 걸쳐 빳빳한 털이 나 있음. 주둥이가 매우 길고 목은 짧으며 날카로운 엄니가 있음. 잡식성이고 유라시아 대륙 중부·남부의 산림에 분포함.

@ 도시에도 산돼지가 내려왔대.

**산등강**(정선읍), **산등셍이**(여량면, 신동읍, 화암면)

[표] 몡 산등성이(山---) 뜻 산의 등줄기.

@ 산등셍이는 여름엔 시원한게 징말루 조타.

**산딸구**(정선읍, 임계면, 신동읍, 화암면)

[표] 몡 산딸기(山--) 뜻 〈식물〉 1. 장미과의 낙엽 관목. 2. '산딸기'의 열매.

@ 난 산딸구가 징말 좋아.

**산말랑**(정선읍, 여량면, 북평면, 신동읍, 화암면)

[표] 몡 산마루(山--) 뜻 산등성이의 가장 높은 곳.

@ 산말랑에 바램이 음청쩨게 부러요.

**산목련**(정선읍, 여량면, 남면)

[표] 몡 함박꽃 뜻 1. 함박꽃나무의 꽃. 2. 작약의 꽃. 3. '철쭉꽃'의 방언(강원, 함남).

@ 산목련 보니 웃음이 절루 난다.

**산버들**(정선읍, 북평면), **낭구버들**(여량면)

[표] 몡 호랑버들(虎狼--) 뜻 〈식물〉 버드나뭇과의 낙엽 활엽 소교목. 높이는 5~10미터이며, 잎은 어긋나고 타원형 또는 넓은 타원형인데 톱니와 흰털이 있음. 4월에 노란 단성화가 유한(有限)화서로 피고 열매는 삭과(蒴果)로 5월에 익음. 관상용이고 산 중턱이나 산기슭의 습지에서 자라는데 한국, 일본, 만주, 사할린, 시베리아 등지에 분포함.

@ 산버들로 호두기 불때가 좋았지.

**산봉오리**(정선읍, 화암면), **산봉구리**(여량면, 신동읍)

[표] 몡 산봉우리(山---) 뜻 산에서 뾰족하게 높이 솟은 부분.

@ 우리 두 시간 뒤에 저짜 산봉오리서 맨나자.

**산부레기**(여량면, 신동읍)

[표] 몡 산부리(山--) 뜻 산의 어느 부분이 부리같이 쑥 나온 곳.

@ 저 산부레기만 돌아가면 되는데.

**산빈달**(정선읍, 여량면), **산비알**(신동읍, 화암면)

[표] 몡 산비탈(山--) 뜻 산기슭의 비탈진 곳.

@ 산돼지를 매내서 산빈달로 냅다 뛰었다.

**산뼝창**(정선읍, 신동읍, 화암면), **산뼝때**(여량면)

[표] 몡 산벼랑(山--) 뜻 산에 있는 벼랑.

@ 산뼝때 참 기가맥히게 장관이네.

**산살겡이**(정선읍), **살겡이**(여량면)

[표] 몡 산림간수(山林看守) 뜻 〈역사〉 일제 강점기에, 산림을 지키던 하급 관리.

@ 우리 옆집 할아버이는 산살겡이

208

였지.

**산삼꾼**(여량면, 화암면), **심메마니**(남면)
　[표] 몡 심마니 뜻 산삼을 캐는 것을
　업으로 삼는 사람.
　예 옆집 아저씨는 날매다 삼을 캐러
　　산을 댕기는 심메마니다.

**산우링**(신동읍)
　[표] 몡 메아리 뜻 울려 퍼져 가던 소
　리가 산이나 절벽 같은 데에 부딪쳐 되
　울려오는 소리.
　예 절벽 앞에서 소래기치면 산우링
　　이 잘 들래요.

**산죽대**(정선읍, 남면), **조렝이대**(여량면)
　[표] 몡 조릿대 뜻 〈식물〉 볏과의 여
　러해살이 식물. 높이는 1~2m이며, 잎
　은 긴 타원형의 피침 모양임. 자주색
　의 작은 꽃이 복총상 화서로 피고 열매
　는 긴 타원형의 영과(穎果)로 가을에
　익음. 줄기는 조리를 만드는 데에 쓰
　고 잎은 약용하며, 열매는 식용함. 한
　국, 일본 등지에 분포함.
　예 예전에 조리는 산죽대로 맹글었다.

**산줄겡이**(여량면, 신동읍, 화암면)
　[표] 몡 산줄기(山--) 뜻 큰 산에서
　길게 뻗어 나간 산의 줄기.
　예 저 산줄겡이가 백두대간이다.

**산젠**(정선읍, 신동읍, 화암면), **산쥔**(여량면)
　[표] 몡 산주인(山主人) 뜻 산의 주인.
　예 돌벌하다가 산쥔한테 껄래서 뒤
　　지게 혼났다.

**산지슬카리**(정선읍, 여량면), **산지슭**(신동읍)
　[표] 몡 산기슭(山--) 뜻 산의 비탈이
　끝나는 아랫부분.
　예 산지슬카리 뱅 돌면 나물 밭이다.

**산짐성**(정선읍, 여량면, 북평면, 신동읍,
화암면)
　[표] 몡 산짐승(山--) 뜻 사람이 기르
　지 아니하는, 산에서 사는 짐승.
　예 혼자 산짐성을 만내믄 겁이 덜컥
　　나요.

**산추낭구**(정선읍, 여량면, 남면, 북평면,
화암면)
　[표] 몡 산초나무(山椒--) 뜻 〈식물〉
　운향과의 낙엽 활엽 관목. 높이는 3미
　터 정도이며, 잎은 어긋나고 우상 복
　엽임. 8~9월에 흰 꽃이 줄기 끝에 산
　방(繖房) 화서로 피고 열매는 녹갈색의
　삭과(蒴果)로 식용하거나 약용함. 산
　기슭 양지에 나는데 한국, 일본, 중국
　등지에 분포함.
　예 산추낭구 열매가꾸 산추기름 짜
　　는거지.

**산퇴끼**(정선읍, 여량면, 남면, 화암면)
　[표] 몡 산토끼(山--) 뜻 〈동물〉 토
　낏과의 포유류. 집토끼와 비슷하고 몸
　의 길이는 43~54cm, 꼬리의 길이는
　2~5.4cm이며, 등 쪽은 잿빛을 띤 갈
　색 또는 어두운 갈색이고, 배 쪽은 흰
　색 또는 엷은 노란 갈색임. 귀 끝은 항
　상 검고 겨울에는 온몸이 하얗게 변함.
　밤에 풀싹, 나무껍질, 나뭇잎 따위를
　갉아 먹고 한 해에 두세 번 한 배에
　2~6마리의 새끼를 낳음. 고기는 식용
　하고 모피는 방한용으로 쓰임. 야산에
　사는데 한국, 일본, 중국 등지의 아시
　아 북부와 유럽 등지에 분포함.
　예 산퇴끼를 잡을 때 아래쪽으로 몰
　　구가야 해.

**살고내다**(정선읍), **살레내다**(여량면, 남면, 화암면)

　[표] 통 살려내다 뜻 목숨을 계속 이어 가게 함.

　예 그 수의사는 다 죽어가는 쇠를 살고냈다.

**살등거리**(정선읍, 여량면, 북평면, 화암면), **살짜배기**(남면)

　[표] 명 살덩어리 뜻 1. 살로 이루어진 덩어리. 2. 살진 사람을 속되게 이르는 말. 3. 사람의 몸을 속되게 이르는 말.

　예 보양탕에 살등거리가 참 많다.

**살구다**(여량면, 남면)

　[표] 통 살리다 뜻 '살다'의 사동사.

　예 물에 빠진눔을 살구어 놨더니 지랄발광하데.

**살무새**(정선읍, 여량면, 남면, 북평면, 화암면)

　[표] 명 살모사(殺母蛇) 뜻 〈동물〉 살무삿과의 뱀.

　예 그래도 남자들 정력에는 살무새 술이 첫째지.

**살삐다구**(여량면, 남면)

　[표] 명 살빛 뜻 살갗의 빛깔.

　예 쟈는 살삐다구가 까무잡잡하다.

**살살이**(정선읍, 화암면)

　[표] 통 아첨하다(阿諂--) 뜻 남의 환심을 사거나 잘 보일래고 알랑거림.

　예 잘 보일려고 살살거리지 마라.

**살어생존**(여량면, 남면, 화암면)

　[표] 명 살아생전(--生前) 뜻 이 세상에 살아 있는 동안.

　예 살어생즌에 효도하는 게 젤이지.

**살짝곰보딱지**(정선읍, 화암면), **살짝꼼보**(여량면, 남면)

　[표] 명 살짝곰보 뜻 약간 얽은 얼굴. 또는 그 얼굴을 가진 사람.

　예 그 사람 인물은 잘 생겼는데 얼굴이 살짝 곰보딱지라 흠이지.

**살켕이**(정선읍, 남면, 화암면), **살겡이**(여량면, 임계면)

　[표] 명 살쾡이 뜻 〈동물〉 고양잇과의 포유류. 고양이와 비슷한데 몸의 길이는 55~90cm이며, 갈색 바탕에 검은 무늬가 있음. 꼬리는 길고 사지는 짧으며 발톱은 작고 날카로움. 밤에 활동하고 꿩, 다람쥐, 물고기, 닭 따위를 잡아먹음. 5월경 2~4마리의 새끼를 낳고 산림 지대의 계곡과 암석층 가까운 곳에 사는데 한국, 인도, 중국 등지에 분포함.

　예 그 년은 꼭 살켕이 같다.

**삼굿터**(정선읍, 화암면), **삼가매**(정선읍), **삼구뎅이**(여량면, 남면)

　[표] 명 삼굿 뜻 1. 삼의 껍질을 벗기기 위하여 삼을 찌는 구덩이나 솥. 2. 삼의 껍질을 벗기려고 삼을 찜.

　예 내일 삼굿터에서 삼을 찐다고 하데요.

**삼끄나풀**(정선읍, 화암면), **삼끄내기**(여량면), **쌈끄뎅이**(남면)

　[표] 명 삼끈 뜻 삼의 줄기를 벗겨서 꼰 끈.

　예 굴피채취하러 갈 때 삼끄내기 챙겨가야 한다.

**삼노끄내기**(정선읍, 여량면, 북평면, 남면, 화암면)

　[표] 삼노끈 뜻 삼 껍질로 꼰 노끈. 매우 질김.

ⓔ 삼노끄내기가 부드럽고 좋네.

**삼바초레기**(정선읍, 북평면), **참바초레기**
(여량면), **참바초리**(남면)

[표] ⓜ 참바 ⓟ 삼이나 칡 따위로 세
가닥을 지어 굵다랗게 드린 줄.

ⓔ 삼바초레기라야 찔기고 한참 가지.

**삼발이**(정선읍, 북평면, 화암면), **아리쇠**
(여량면)

[표] ⓜ 다리쇠 ⓟ 주전자나 냄비 따위
를 화로 위에 올려놓을 때 걸치는 기구.

ⓔ 정재가서 화리에 아리쇠 가져와라.

**삼발이**(정선읍, 여량면, 화암면), **딸딸이**
(남면, 임계면)

[표] ⓜ 삼륜차(三輪車) ⓟ 바퀴가 세
개 달린 차. 바퀴가 앞에 한 개, 뒤에
두 개 달려 있는데 주로 짐을 실어 나름.

ⓔ 어릴 때 삼발이 한 번 타부려고 일
부러 올라탔다.

**삼백팔십도변했다**(정선읍), **백팔십도벤**
**하다**(여량면, 신동읍, 화암면)

[표] 관용구 딴판이다 ⓟ 아주 다른
모양이나 반대의 상황임.

ⓔ 얼굴이 삼백팔십도변했다.

**삼시세때**(정선읍, 화암면), **삼시세끼**(여
량면, 남면)

[표] ⓜ 세끼 ⓟ 아침·점심·저녁으
로 하루에 세 번 먹는 밥이라는 뜻으
로, 하루하루의 끼니를 이르는 말.

ⓔ 요즘은 삼시세끼 챙겨먹기 심들어.

**삼신할미**(정선읍, 여량면, 북평면, 남면,
화암면), **삼진할미**(임계면)

[표] ⓜ 삼신할머니(三神---) ⓟ 〈민
속〉 가신(家神)의 하나로 '산신(産神)',
'삼신할머니' 또는 '삼승할망'이라고

부른다.

ⓔ 삼신할미가 아를 점지해 줘야 한다.

**삼십육개**(정선읍, 북평면), **삼십육개줄행**
**랑**(여량면, 신동읍, 화암면), **줄행랑치다**
(임계면)

[표] ⓜ 도망(逃亡) ⓟ 피하거나 쫓기
어 달아남.

ⓔ 잘못한 것도 읎는데 왜 삼십육개
줄행랑이냐.

**삼십육개놓다**(정선읍, 북평면), **삼십육개**
**줄행랑치다**(여량면, 신동읍, 화암면)

[표] ⓓ 도망가다(逃亡--) ⓟ 피하거
나 쫓기어 달아남.

ⓔ 쥔한테 껄래서 삼십육개줄행랑쳤다.

**삼접살**(여량면)

[표] ⓜ 삼겹살(三--) ⓟ 돼지의 갈비
에 붙어 있는 살. 비계와 살이 세 겹으
로 되어 있는 것처럼 보이는 고기임.

ⓔ 오늘 저녁으로다 쐬주에 삽접살
어떠냐.

**삼찌다**(정선읍, 남면, 화암면), **삼꿉다**(여
량면)

[표] ⓓ 삼굿하다 ⓟ 삼의 껍질을 벗
기려고 삼을 찌다.

ⓔ 삼찌고 나서 껍질 벗길테니 와서
쫌 도아주라.

**삼태미**(정선읍, 여량면, 북평면, 남면, 화
암면)

[표] ⓜ 삼태기 ⓟ 1. 흙이나 쓰레기,
거름 따위를 담아 나르는 데 쓰는 기
구. 가는 싸리나 대오리, 칡, 짚, 새끼
따위로 만드는데 앞은 벌어지고 뒤는
우굿하며 좌우 양편은 울이 지게 엮어
서 만듦. 2. 흙이나 쓰레기, 거름 따위

를 '1.'에 담아 그 분량을 세는 단위.

㉠ 삼태미에 건불을 끓어 담아라.

**삼판젱이**(정선읍, 화암면), **산판젱이**(여량면, 신동읍)

[표] 몡 벌목꾼(伐木-) 뜻 벌목을 직업으로 하는 사람.

㉠ 저 사람은 산판젱이해서 돈 마이 벌었어.

**삼팔따라지**(여량면, 북평면, 신동읍, 화암면)

[표] 몡 따라지 뜻 1. 노름판에서 세 끗과 여덟 끗을 합하여 된 한 끗. 2. 삼팔선 이북에서 월남한 사람을 속되게 이르는 말. 3. 보잘것없거나 하찮은 처지에 놓인 사람이나 물건을 속되게 이르는 말.

㉠ 내 신세가 삼팔따라지다.

**삽독 · 삽추**(정선읍), **삽초**(화암면)

[표] 몡 삽주 뜻 〈식물〉 국화과의 여러해살이풀. 높이는 50cm 정도이며, 잎은 어긋나고 달걀 모양의 타원형임. 7~10월에 연한 자주색을 띤 흰색 두상화(頭狀花)가 줄기 끝에 핌. 어린잎은 식용하고 뿌리는 약용함. 산과 들, 언덕에서 나는데 한국, 일본, 만주등지에 분포함.

㉠ 삽추밭에 게들어갔다 날아 나오고 딱주기밭에 날아들어갔다 게 나온다.

**삽짝문**(정선읍, 여량면, 신동읍)

[표] 몡 사립문(--門) 뜻 사립짝을 달아서 만든 문.

㉠ 어델 갈 때 삽짝문 단속 잘하시오.

**상각**(여량면, 남면)

[표] 몡 상객(上客) 뜻 1. 자기보다 지위가 높은 손님. 또는 상좌에 모실 만큼 중요하고 지위가 높은 손님. 2. (혼인 때에 가족 중에서 신랑이나 신부를 데리고 가는 사람.

㉠ 엣날 가매타고 장개갈 때 상각이 있었지.

**상거렁벵이**(정선읍, 남면, 화암면), **상거러지**(여량면)

[표] 몡 상거지(上--) 뜻 아주 비참할 정도로 형편없는 불쌍한 거지.

㉠ 며칠 집에 안깨들어갔나 니 상거렁벵이벵이 같다.

**상골**(정선읍, 여량면, 신동읍, 화암면)

[표] 몡 산골 뜻 〈한의학〉 이황화 철, 산화 철을 주성분으로 하는 황화 철강. 구리가 나는 곳에서 나는 푸른빛을 띤 누런색의 쇠붙이로, 접골 약으로 쓰임.

㉠ 웃동네 셈에는 상골이 나오니깐 사람들이 찾아오지.

**상구대가빠리**(정선읍, 화암면), **상구머리**(여량면, 남면)

[표] 몡 상고머리 뜻 머리 모양의 하나. 앞머리만 약간 길게 놓아두고 옆머리와 뒷머리를 짧게 치켜 올려 깎고 정수리 부분은 편평하게 다듬음.

㉠ 씨원하게 상구머리로 깍았다.

**상늘겡이**(여량면, 남면, 화암면)

[표] 몡 상늙은이(上---) 뜻 여러 노인 가운데 가장 나이가 많은 사람.

㉠ 저 늘겡가 우리 마실서 젤 상늘겡이지.

**상두꾼**(정선읍, 여량면, 남면, 화암면)

[표] 몡 상여꾼(喪輿-) 뜻 상여를 메는 사람.

⑩ 그나저나 상애를 매야 하는데 상
두꾼들은 어데 마카 있나.

**상막대기**(남면, 화암면)

[표] 몡 상장(喪章) 뜻 거상(居喪)이나
조상(弔喪)의 뜻을 나타내기 위하여 옷
깃이나 소매 따위에 다는 표. 보통 검은
헝겊이나 삼베 조각으로 만들어 붙임.

⑩ 상막대기를 찼으니 각별히 조심
해야 해.

**상모꼬랑지**(정선읍, 화암면), **상모꼬렝이**
(여량면), **상모꼬리**(남면), **벙거지**(임계면)

[표] 몡 상모(象毛) 뜻 1. 기(旗)나 창(槍)
따위의 머리에 술이나 이삭 모양으로
만들어 다는 붉은 빛깔의 가는 털. 2.
〈민속〉 풍물놀이에서, 벙거지의 꼭지
에다 참대와 구슬로 장식하고 그 끝에
해오라기의 털이나 긴 백지 오리를 붙인
것. 털상모와 열두 발 상모가 있음.

⑩ 상모꼬랑지 쓴 늠은 잘도 도는 구나.

**상보제기**(정선읍, 화암면), **상보재기**(여
량면, 남면)

[표] 몡 상보(床褓) 뜻 차려 놓은 음식
에 먼지나 파리 따위가 앉지 않도록 상
을 덮는 데에 쓰는 보자기.

⑩ 파랭이 새끼 안끼드러가게 상보
재기 잘 더푸라.

**상불**(여량면, 북평면)

[표] 몡 향불(香-) 뜻 향을 태우는 불.

⑩ 거개 상불 쫌 피워라.

**상수리낭구**(여량면, 화암면)

[표] 몡 상수리나무 뜻 〈식물〉 참나
뭇과의 낙엽 교목. 높이는 20~25m이
며, 잎은 어긋나고 긴 타원형으로 가
장자리에 톱니가 있음. 5월 무렵에 누

런 갈색 꽃이 피고 열매는 다음 해 10
월에 견과(堅果)를 맺음. 열매는 묵을
만드는 데 쓰고 목재는 가구의 재료로
쓰임. 한국, 중국, 대만, 일본, 미얀마,
네팔 등지에 분포함.

⑩ 가을이면 상수리낭구서 떨어진
상수리 주어 먹을 쑤어 먹었다.

**상수잽이**(정선읍, 여량면, 남면, 화암면)

[표] 몡 상쇠(上-) 뜻 〈민속〉 두레패
나 농악대 따위에서, 꽹과리를 치면서
전체를 지휘하는 사람.

⑩ 상수잽이가 잘도 논다.

**상애**(정선읍, 남면, 화암면), **상애틀**(여량
면), **행상**(임계면)

[표] 몡 상여(喪輿) 뜻 사람의 시체를
실어서 묘지까지 나르는 도구. 10여
명이 메며 길이가 길고 꼭지 있는 가마
와 비슷하게 생겼음.

⑩ 초상이 났으니 상애를 꾸매야 겠다

**상지펭이**(정선읍, 화암면), **상막대**(여량면)

[표] 몡 상장(喪杖) 뜻 상제가 상례나
제사 때 짚는 지팡이. 부친상에는 대막대
기, 모친상에는 오동나무 막대기를 씀.

⑩ 상주의 상지펭이가 쬐금 작은 거
같다.

**상투젱이**(정선읍, 여량면, 북평면, 남면,
화암면)

[표] 몡 상투쟁이 뜻 상투를 튼 사람
을 낮잡아 이르는 말.

⑩ 상투젱이들은 볼쌍시루운게 별루야.

**상판데기**(정선읍, 여량면, 북평면, 남면,
화암면), **얼골**(정선읍), **낮짜구리**(정선읍),
**낯빤데기**(정선읍, 임계면)

[표] 몡 얼굴 뜻 1. 눈, 코, 입이 있는

머리의 앞면. 2. 머리 앞면의 전체적 윤곽이나 생김새. 3. 주위에 잘 알려져서 얻은 평판이나 명예. 또는 체면.

[예] 1. 상판데기가 영 맴에 안들어. 2. 낯빤데기 쫌 씻지.

**상할멍이**(정선읍, 남면), **왕할멍이**(여량면), **상할머니**(화암면)

[표] [명] 증조모(曾祖母) [뜻] 아버지의 할머니.

[예] 아버이 고향에 우리 왕할멍이 살구 계시다.

**상할으벙이**(정선읍, 남면)

[표] [명] 증조부(曾祖父) [뜻] 아버지의 할아버지.

[예] 어저께 상할으벙이 우리집에 오셨다.

**새**(여량면)

[표] [명] 바람 [뜻] 무슨 일에 더불어 일어나는 기세.

[예] 그늠 새가 하여튼 대단하데.

**새**(정선읍, 여량면, 북평면), **봄바람**(임계면), **샛바람**(임계면)

[표] [명] 동풍(東風) [뜻] 1. 동쪽에서 부는 바람. 2. 봄철에 불어오는 바람.

[예] 1. 새가 오르니 춥다. 2. 새들어온다.

**새**(정선읍, 여량면, 북평면, 화암면), **새초**(남면)

[표] [명] 억새 [뜻] 볏과의 여러해살이 풀. 높이는 1~2m이며, 잎은 긴 선 모양임. 7~9월에 누런 갈색 꽃이 피는데 작은 이삭은 자주색임. 잎을 베어 지붕을 이는 데나 마소의 먹이로 씀. 여러 가지 변종이 있으며, 한국, 일본, 중국 등지에 분포함.

[예] 지붕 덮으려고 새를 한짐해 왔다.

**새가심**(정선읍, 여량면, 북평면, 남면, 화암면), **새가슴패기**(여량면)

[표] [명] 새가슴 [뜻] 1. 새의 가슴처럼 복장뼈가 불거진 사람의 가슴. 2. 겁이 많거나 도량이 좁은 사람의 마음을 비유적으로 이르는 말.

[예] 아이고 새가슴패기 같은 놈.

**새각시**(정선읍, 여량면, 북평면, 남면, 화암면), **새닥**(남면), **새새댁**(임계면)

[표] [명] 새색시 [뜻] 갓 결혼한 여자.

[예] 새각시 때는 참 이뻤는데.

**새간**(정선읍, 여량면, 임계면, 화암면), **틈새**(임계면), **생간**(신동읍)

[표] [명] 사이 [뜻] 1. 한곳에서 다른 곳까지, 또는 한 물체에서 다른 물체까지의 거리나 공간. 2. 한때로부터 다른 때까지의 동안. 3. 어떤 일에 들이는 시간적인 여유나 겨를.

[예] 남 말하는 새간에 자꾸 찡개 들지 마러.

**새간새간**(정선읍, 여량면, 북평면, 신동읍, 화암면)

[표] [명] 사이사이 [뜻] 어떤 장소나 사물, 행위, 사건 따위의 중간중간.

[예] 남자들 새간새간 여자들이 앉아봐.

**새금질**(정선읍, 북평면), **되새금**(여량면, 임계면), **되새금질**(화암면)

[표] [명] 되새김 [뜻] 〈동물〉 한번 삼킨 먹이를 다시 게워 내어 씹음.

[예] 쇠가 여물 먹구 새금질한다.

**새끼발꾸락**(정선읍, 화암면), **새끼발꼬락**(여량면, 남면)

[표] [명] 새끼발가락 [뜻] 다섯 발가락 가운데 다섯째 발가락. 가장 작고 가늚.

㉠ 새끼발꾸락을 밟혔더니 아파 죽 겄다.

**새끼베**(여랑면, 화암면), **움베**(남면)
[표] 圐 움벼 圏 가을에 베어 낸 그루에서 움이 자란 벼.
㉠ 추수 끝난 지 꽤 됐는데 새끼베가 다 있네.

**새끼손꼬락**(정선읍, 여랑면, 북평면, 남면, 화암면)
[표] 圐 애인(愛人) 圏 1. 서로 애정을 나누며 마음속 깊이 사랑하는 사람. 또는 몹시 그리며 사랑하는 사람. 2. 남을 사랑함.
㉠ 저짝에서 걸어오는 여자가 내 새끼손꼬락이다.

**새다리비행기**(남면, 화암면)
[표] 圐 관측기(觀測機) 圏 천체나 기상 따위를 관측하는 데 쓰는 비행기.
㉠ 하늘에 새다리비행기가 뱅뱅 돌고 있다.

**새따먹다**(여랑면, 화암면), **메내씨백이다**(신동읍)
[표] 圐 몡씨박이다 圏 눈병으로 말미암아 눈동자에 하얀 점이 생기어 시력을 잃음.
㉠ 눈까리 새따먹다.

**새룹다**(정선읍, 화암면), **새루**(여랑면, 남면)
[표] 圐 새로 圏 1. 지금까지 있은 적이 없이 처음으로. 2. 전과 달리 새롭게. 또는 새것으로. 3. 시각이 시작됨을 이르는 말.
㉠ 이제부터 새루 시작하자.

**새밭**(정선읍), **생밭**(여랑면), **생땅**(여랑면)
[표] 圐 화전(火田) 圏 〈농업〉 주로 산간 지대에서 풀과 나무를 불살라 버리고 그 자리를 파 일구어 농사를 짓는 밭.
㉠ 산에 불을 해놓고 생땅을 일군다.

**새밭**(정선읍, 여랑면, 북평면, 화암면), **새초밭**(남면)
[표] 圐 억새밭 圏 억새가 많이 우거진 곳.
㉠ 새밭에 갔다가 손등을 베었다.

**새벽별**(정선읍, 화암면), **복별**(여랑면), **샛벨**(남면)
[표] 圐 샛별 圏 1. '금성'(金星)을 일상적으로 이르는 말. 2. 장래에 큰 발전을 이룩할 만한 사람을 비유적으로 이르는 말.
㉠ 샛벨을 보면서 뭘 빌면 잘 이루어진다.

**새복**(정선읍, 여랑면, 화암면), **새벡**(남면), **꼴뚜새벽**(임계면)
[표] 圐 새벽 圏 1. 먼동이 트려 할 무렵. 2. '오전'의 뜻을 이르는 말.
㉠ 요즘은 새복에 일찍 잠이 깬다.

**새복같이**(정선읍, 여랑면, 북평면, 화암면), **새벡같이**(남면)
[표] 圖 새벽같이 圏 아침에 아주 일찍이.
㉠ 낼 새복같이 일하러 같이 가자.

**새복녘**(여랑면, 화암면), **새벡녘**(남면)
[표] 圐 새벽녘 圏 날이 샐 무렵.
㉠ 내일 새벽녘에 일어나야 해.

**새복달**(정선읍, 여랑면, 북평면, 화암면), **새벡달**(남면)
[표] 圐 새벽달 圏 음력 하순의 새벽에 보이는 달.
㉠ 울 아부지는 새복달을 보며 출근

하신다.

**새복잠**(정선읍, 여량면, 화암면), **새벽잠**
(남면)

　[표] 圐 새벽잠 ⑨ 날이 샐 무렵 자는 잠.

　⑩ 새복잠이 마내 큰일이야.

**새뽈**(정선읍, 여량면, 북평면, 남면)

　[표] 圐 지게뽈 ⑨ 지겟다리에서 윗세
　장을 끼운 뽀족한 윗부분.

　⑩ 나뭇짐을 메치는 바램에 지개새
　뽈이 뚝부러졌다.

**새새하다**(여량면, 남면)

　[표] 圀 세세하다(細細--) ⑨ 1. 매우
　자세함. 2. 일 따위의 내용이 너무 잘아서
　보잘것없음. 3. 사물의 굵기가 매우 가늚.

　⑩ 내 딸은 핵교 갔다오면 저구 엄마한
　테 모든 일을 새새하게 말해준다.

**새아가**(정선읍, 화암면), **새애기**(여량면,
남면), **어멈아**(임계면), **어미야**(임계면),
**애미야**(임계면)

　[표] 圐 새아기 ⑨ 시부모가 새 며느
　리를 친근하게 이르는 말.

　⑩ 우리집에 들어온 새아가땜에 웃
　음이 넘친다.

**새어머이**(정선읍, 화암면), **이붓어머니**
(정선읍), **새어멍이**(여량면, 남면)

　[표] 圐 새어머니 ⑨ 아버지가 새로이
　아내를 맞이하였을 때, 그 사람을 이
　르거나 부르는 말.

　⑩ 새어멍이가 울매나 악하게 하는지.

**새자리**(정선읍, 남면)

　[표] 圐 삿자리 ⑨ 갈대를 엮어서 만
　든 자리.

　⑩ 마당에 새자리 깔아라.

**새잡다**(정선읍, 여량면, 북평면, 남면), **쪼**

**이다**(여량면), **놀음하다**(화암면, 임계면)

　[표] 圖 화투하다(花鬪--) ⑨ 화투로
　놀이나 노름을 함.

　⑩ 날밤세면서 놀음하더니 마을회관
　에 또 새잡으러 간다.

**새집**(정선읍, 화암면)

　[표] 圐 둥지 ⑨ 1. 새가 알을 낳거나
　깃들이는 곳. 2. '둥우리'의 잘못.

　⑩ 저 미루낭구 꼭대기에 새집 좀 봐라.

**새쪽빼기**(정선읍, 신동읍, 화암면)

　[표] 圐 박주가리 ⑨ 〈식물〉 박주가
　릿과의 여러해살이 덩굴풀. 줄기는
　길이가 3미터 정도이고 땅속줄기로
　번식하며, 줄기나 잎을 꺾으면 흰 즙
　이 나옴. 잎은 마주나고 잎자루가 긴
　심장 모양으로 잎 뒷면은 분처럼 힘.
　7~8월에 엷은 자주색 꽃이 잎겨드
　랑이에서 총상(總狀) 화서로 피고 열
　매는 타원형의 골돌과(蓇葖果)를 맺
　음. 씨에는 흰 털이 있어서 바람에
　날림. 씨는 식용하고 흰 털은 솜의
　대용으로 인주를 만드는 데에 사용
　함. 들에 나는데 한국, 일본, 중국
　등지에 분포함.

　⑩ 담장을 올라가고 있는 게 새쪽빼
　기다.

**새치**(정선읍, 여량면, 북평면, 남면, 화암면)

　[표] 圐 임연수어(林延壽魚) ⑨ 쥐노
　래밋과의 바닷물고기. 쥐노래미와 비
　슷한데 몸의 길이는 45cm 정도이고,
　몸의 색깔은 누런색 또는 잿빛을 띤 누
　런색이며 줄무늬가 있음. 꼬리자루가
　가늚. 한국, 일본, 알류샨 열도 등지에
　분포함.

216

㉝ 새치 껍데기 먹느라 기와집 넘어
간다.

**새이치기**(남면)

[표] 圄 새치기 ㈜ 1. 순서를 어기고
남의 자리에 슬며시 끼어드는 행위.
또는 그런 사람. 2. 맡아서 하고 있는
일 사이에 틈틈이 다른 일을 하는 것.
3. 중간에 끼어들어 성과를 가로채거
나 일의 진행을 방해하는 행위. 또는
그런 사람.

㉝ 새이치기 하는 눔들은 나쁜눔이여.

**새침때기**(정선읍, 여량면, 남면, 화암면)

[표] 圄 새침데기 ㈜ 새침한 성격을
지닌 사람.

㉝ 저늠아는 원래부터 새침때기라서.

**새터레기**(정선읍, 여량면, 북평면, 남면,
화암면)

[표] 圄 새털 ㈜ 1. 새의 털. 2. 아주
가벼운 것을 비유적으로 이르는 말.

㉝ 여 왜서 새터레기가 빠져 있지.

**색예필**(정선읍), **생연필**(여량면, 화암면),
**색옌필**(남면)

[표] 圄 색연필(色鉛筆) ㈜ 심을 납
(蠟), 찰흙, 백악(白堊) 따위의 광물질
물감을 섞어서 여러 가지 색깔이 나게
만든 연필.

㉝ 손주눔 생일이니 색옌필 한 다스
사줘야겠다.

**샘**(여량면, 남면, 화암면)

[표] 圄 암내 ㈜ 암컷의 몸에서 나는
냄새로, 발정기에 수컷을 유혹하기 위
한 것임.

㉝ 우리집 암쇠가 샘낸다.

**샘논**(정선읍, 화암면), **샘논다렝이**(여량

면), **샘다렝이**(남면)

[표] 圄 샘받이 ㈜ 1. 샘물을 끌어 대
는 논. 2. 샘물이 나는 논.

㉝ 샘논다렝이는 농수가 마이 필요
읎어.

**샘물가세**(정선읍, 화암면, **샘물둔지**(여량
면, 남면)

[표] 圄 샘물가 ㈜ 샘물이 나는 곳의
언저리.

㉝ 샘물둔지가서 씨원할 물 한 주전
자 떠와라.

**샛질**(정선읍, 여량면, 북평면, 남면), **지름
길**(임계면)

[표] 圄 샛길 ㈜ 1. 사이에 난 길. 2.
큰길에서 갈라져 나간 작은 길. 또는
큰길로 통하는 작은 길.

㉝ 1. 샛질로 질러가면 빠르지. 2. 저
쪽 샛질로 가.

**생가루**(정선읍, 여량면, 남면, 화암면)

[표] 圄 날가루 ㈜ 익히지 아니한 곡
식을 빻은 가루.

㉝ 국시 맹글 땐 생가루가 좋다.

**생가슴패기**(정선읍, 여량면, 화암면), **생
가심팍**(여량면), **생가심**(남면)

[표] 圄 생가슴(生--) ㈜ 공연한 근심
이나 걱정으로 인하여 상하는 마음.

㉝ 생가심팍이 다 썩는다.

**생가젱이**(정선읍, 여량면, 화암면), **생가
치**(남면)

[표] 圄 생가지(生--) ㈜ 살아 있는
나무의 가지. 또는 물기가 아직 마르
지 아니한 가지.

㉝ 등산할 때는 생가치 함부러 꺾지
마라.

ㅅ

**생각컨데**(임계면)

　[표] 몡 생각건대 뜻 '생각하건대'의
　준말.

　옝 생각건데 지금 당장 결정하지 말
　구 더 고민하는 게 좋겠다.

**생각빡에**(정선읍, 화암면), **생각외로**(여
량면), **뜻빽에**(신동읍)

　[표] 뮈 뜻밖에 뜻 생각이나 기대 또
　는 예상과 달리.

　옝 생각외로 손님이 마이 왔다.

**생감**(정선읍, 여량면, 남면, 북평면, 화암면)

　[표] 몡 날감 뜻 익지 아니하였거나
　우리지 아니한 감.

　옝 어제 먹은 생감은 넘 떫버.

**생거**(정선읍, 화암면), **날거**(여량면, 북평면)

　[표] 몡 날것 뜻 말리거나 익히거나
　가공하지 아니한 먹을거리.

　옝 민물고기는 날거로 먹지 말고 끓
　여 먹어.

**생거죽떼기**(정선읍, 화암면), **생가죽**(여량
면, 남면)

　[표] 몡 날가죽 뜻 가공하지 아니한,
　벗긴 그대로의 가죽.

　옝 생가죽 구두는 관리를 잘 해야 한다.

**생고집패기**(정선읍, 여량면, 북평면, 남면)

　[표] 몡 생고집(生固執) 뜻 터무니없
　이 공연히 부리는 고집.

　옝 가는 늘 막무가네로 생고집패기
　를 부려.

**생고추**(정선읍, 여량면, 남면), **물고치**(정
선읍), **생고치**(정선읍, 화암면)

　[표] 몡 날고추 뜻 말리지 아니한 고
　추. 또는 익지 아니한 풋고추.

　옝 오늘 점심에는 생고추를 장에 찍

어 먹었다.

**생골잽이**(정선읍, 화암면), **삭갈이**(정선
읍), **생갈이**(여량면, 신동읍)

　[표] 몡 삭갈이 뜻 〈농업〉 논을 삭가
　는 일.

　옝 내일 나랑 논에 가서 삭갈이 쫌 하자.

**생과벵이**(남면)

　[표] 몡 생과부(生寡婦) 뜻 1. 남편이
　있으면서도 멀리 떨어져 있거나 소박
　을 맞아서 과부나 다름없는 여자. 2.
　약혼자나 갓 결혼한 남편이 죽어서 혼
　자 사는 여자.

　옝 이웃집 생과벵이는 대단한 여자다.

**생김치**(정선읍, 북평면), **생짐치**(여량면,
남면, 화암면)

　[표] 몡 날김치 뜻 아직 익지 아니한
　김치.

　옝 금방 담근 생짐치라 맛이 어떨지
　모르겠네.

**생낭구**(정선읍, 여량면, 남면, 화암면)

　[표] 몡 생나무(生--) 뜻 1. 살아 있
　는 나무. 2. 베어 낸 지 얼마 안 되어서
　물기가 아직 마르지 아니한 나무.

　옝 생낭구래서 연기가 마이 나네.

**생눈질**(여량면, 남면, 화암면)

　[표] 몡 생눈길(生--) 뜻 생눈판인
　길. 또는 아무도 가지 아니한 생눈판
　에 처음으로 내는 길.

　옝 눈 위에다 생눈질 내야 겄다.

**생딱젱이**(정선읍, 여량면, 남면, 화암면),
**쌩따쟁이**(여량면)

　[표] 몡 생딱지(生--) 뜻 아직 완전히
　아물지 아니한 상처의 딱지.

　옝 아직 생딱젱이도 안 떨어졌어.

**생떼같다**(정선읍, 여량면, 북평면, 남면, 화암면)

[표] 휑 생때같다(生---) 쯧 1. 아무 탈 없이 멀쩡함. 2. 공을 많이 들여 매우 소중함.

㉠ 생떼같은 내 자슥이 죽었다 말이지.

**생목심**(정선읍, 임계면), **산목숨**(여량면)

[표] 몡 생목숨(生--) 쯧 1. 살아 있는 목숨. 2. 아무런 죄가 읎는 사람의 목숨.

㉠ 생목심이 왔다갔다 할 수 있으니 조심히 운전해요.

**생소깝**(정선읍, 화암면), **생소까바리**(여량면, 남면, 화암면), **생솔깝**(여량면)

[표] 몡 생솔가지 쯧 벤 지 얼마 되지 않아 마르지 않은 소나무의 가지.

㉠ 울타리핼려고 생소까바리 한짐 찍어왔다.

**생손톱**(여량면, 남면)

[표] 몡 생손톱(生--) 쯧 손가락에 나 있는 원래 그대로의 손톱.

㉠ 생손톱 알면 진짜루 아프다.

**생야펜**(정선읍, 여량면, 화암면), **생아펜**(남면)

[표] 몡 생아편(生阿片) 쯧 말리지 아니한 아편. 덜 익은 양귀비 열매의 껍질을 칼로 베었을 때 흘러나오는 진을 이름.

㉠ 생아펜이 묻었으니 얼릉 물에 씻어라.

**생어거지**(정선읍, 여량면, 화암면), **순어거지**(신동읍)

[표] 몡 생억지(生--) 쯧 특별한 까닭도 읎이 무리하게 쓰는 억지.

㉠ 1. 되지도 않는 일을 생어거지로 할려 한다. 2. 생어거지 쓰지 마라.

**생일잔치**(정선읍, 여량면, 남면, 화암면)

[표] 몡 생일잔치(生日--) 쯧 생일에 음식을 차려 놓고 여러 사람이 모여 즐기는 일.

㉠ 어머이 팔순 생일잔치를 크게 했다.

**생즌**(여량면, 남면, 화암면)

[표] 몡 튀 생전(生前) 쯧 몡 살아 있는 동안. 튀 일전에 경험한 적이 없음을 나타내거나 자신의 표현 의도를 강조하는 말.

㉠ 어제 질바닥에서 생즌 보지도 못한 사람이 아는 체 하드라.

**생코걸다**(정선읍, 여량면, 남면)

[표] 툉 헛코골다 쯧 자는 체하느라고 일부러 코를 골음.

㉠ 일하기 싫어서 생코걸고 있네.

**생키다**(정선읍, 여량면, 화암면)

[표] 툉 삼키다 쯧 1. 무엇을 입에 넣어서 목구멍으로 넘김. 2. 남의 것을 자기 것으로 만들어 버림. 3. 웃음, 눈물, 소리 따위를 억지로 참음.

㉠ 약을 생키다가 목구녕에 걸렸다.

**서거리**(정선읍, 여량면, 북평면, 남면, 화암면)

[표] 몡 아가미 쯧 물속에서 사는 동물, 특히 어류에 발달한 호흡 기관. 붉은 참빗 모양으로 여러 갈래로 잘게 나뉘는데, 그 속의 혈관에 흐르는 피와 물이 접하여 가스 교환이 이루어짐.

㉠ 이번 김장김치에 서거리 꼭 넣어 먹자.

**서구지름**(정선읍, 화암면), **섹유지름**(여량면), **섹이지름**(남면)

[표] 명 석유(石油) 뜻 〈광업〉 땅속에서 천연으로 나는, 탄화수소를 주성분으로 하는 가연성 기름. 검은 갈색을 띤 액체인 천연 그대로의 것을 원유라 하는데 이것을 증류하여 휘발유, 등유, 경유, 중유, 석유 피치, 아스팔트 따위를 얻음. 동력의 연료와 공업용으로 널리 쓰임.

예 1. 서구지름 쫌 사와라. 2. 등잔에 섹유지름 부어서 밝혔지.

**서낭낭구**(정선읍, 화암면), **신당낭구**(여량면, 남면)

[표] 명 신나무(神--) 뜻 굿할 때나 경문을 읽을 때에 무당이 신을 내리게 하는 데 쓰는 소나무나 대나무 가지.

예 서낭낭구 가서 소원을 빌자.

**서너게**(정선읍, 화암면), **서느이**(여량면, 남면)

[표] 관 서너 뜻 그 수량이 셋이나 넷임을 나타내는 말.

예 1. 서느이 모여야 고두리치지. 2. 사깨 서너게 가져와라.

**서로고소**(신동읍)

[표] 명 맞고소(-告訴) 뜻 〈법률〉 민사 소송에서, 소송이 진행되고 있는 도중에 피고가 원고를 상대로 제기하는 소송.

예 이웃간 서로고소하믄 끝내 왠수 된다.

**서루**(정선읍, 여량면, 남면, 화암면)

[표] 명 부 서로 뜻 명 짝을 이루거나 관계를 맺고 있는 상대. 부 관계를 이루는 둘 이상의 대상 사이에서, 각각 그 상대에 대하여. 또는 쌍방이 번갈아서.

예 서루 도와가면서 삽시다.

**서룹다**(여량면, 남면, 화암면)

[표] 형 서럽다 뜻 원통하고 슬픔.

예 나이 먹은 것이 서룹다.

**서방**(정선읍, 화암면), **사나**(여량면, 남면), **냄편**(임계면)

[표] 명 남편(男便) 뜻 1. 혼인을 하여 여자의 짝이 된 남자를 그 여자에 상대하여 이르는 말. 2. '남성'의 옛말.

예 사나하나 있는 게 집구석 건사도 안하고.

**서심없다**(정선읍, 북평면), **스스룸없다**(여량면, 남면)

[표] 형 스스럼없다 뜻 조심스럽거나 부끄러운 마음이 없음.

예 1. 우리 선상님은 우리를 항상 스스룸없이 대한다. 2. 첨 맨내서 서섬없이 말도 잘한다.

**서이**(정선읍, 화암면), **스이**(여량면, 남면)

[표] 수 셋 뜻 둘에 하나를 더한 수.

예 우리 스이 가면 이길 수 있어.

**색캐**(정선읍), **씨캐**(여량면, 남면), **써개**(임계면)

[표] 명 서캐 뜻 이의 알.

예 1. 머리에 색캐가 허예. 2. 속내의에 씨캐가 바글바글 해.

**서풍짜리**(정선읍, 북평면), **스푼**(여량면, 화암면), **스푼짜리**(남면), **스푼어치**(임계면)

[표] 명 서푼 뜻 한 푼짜리 엽전 세 개라는 뜻으로, 아주 보잘것없는 값을 이르는 말.

예 비싸게 부르긴 한데 떡 보니 스푼짜리 빼께 안되겠네.

**석수쟁이**(여량면, 남면)

[표] 명 석수(石手) 뜻 돌을 다루어 물

건을 만드는 사람.

㉠ 이 돌은 석수쟁이가 다듬은게 틀림읎다.

**섞걸금**(여랑면, 남면, 화암면)

[표] 圖 살거름 ㈜ 〈농업〉 씨를 뿌릴 때에 씨와 섞어서 쓰는 거름.

㉠ 낼 배차심구기 전에 섞걸금도 미리 뿌려야 해.

**섞글리다**(여랑면, 화암면), **섞거리다**(남면)

[표] 圖 섞갈리다 ㈜ 갈피를 잡지 못하게 여러 가지가 한데 뒤섞임.

㉠ 요즘 내가 하는 일이 섞거리 같다.

**섞배기**(정선읍, 임계면), **막짐치**(여랑면, 남면)

[표] 圖 섞박지 ㈜ 배추와 무·오이를 절여 넓적하게 썬 다음, 여러 가지 고명에 젓국을 쳐서 한데 버무려 담은 뒤 조기젓 국물을 약간 부어서 익힌 김치.

㉠ 시간도 읎으니 섞배기 담가 밥이나 먹자.

**선네**(정선읍, 화암면), **선예**(여랑면, 남면)

[표] 圖 선녀(仙女) ㈜ 선경(仙境)에 산다는 여자.

㉠ 자는 선예보다 더 이뻐.

**선몽**(정선읍, 여랑면, 남면)

[표] 圖 현몽(現夢) ㈜ 죽은 사람이나 신령 따위가 꿈에 나타남. 또는 그 꿈.

㉠ 꿈에 조상이 나타나서 선몽를 했다.

**선반**(정선읍, 여랑면, 화암면) **실겅**(정선읍, 남면), **등상**(정선읍), **실광**(여랑면)

[표] 圖 시렁 ㈜ 물건을 얹어 놓기 위하여 방이나 마루 벽에 두 개의 긴 나무를 가로질러 선반처럼 만든 것.

㉠ 실광 위에 꿀단지 쫌 내려라.

**선상**(정선읍, 여랑면, 남면, 화암면)

[표] 圖 선생(先生) ㈜ 1. 학생을 가르치는 사람. 2. 학예가 뛰어난 사람을 높여 이르는 말. 3. 성(姓)이나 직함 따위에 붙여 남을 높여 이르는 말.

㉠ 저 선상은 아들을 잘 가르친다.

**선상님**(정선읍, 여랑면, 북평면, 남면, 화암면)

[표] 圖 선생님(先生-) ㈜ 1. '선생(학생을 가르치는 사람)'(先生)을 높여 이르는 말. 2. '선생(성(姓)이나 직함 따위에 붙여 남을 높여 이르는 말)'을 높여 이르는 말. 3. 남자 어른을 높여 부르는 말.

㉠ 핵교가믄 선상님 말씀 잘 듣고.

**선상질**(여랑면, 화암면), **훈장질**(남면)

[표] 圖 선생질(先生-) ㈜ 학생을 가르치는 일을 낮잡아 이르는 말.

㉠ 시골로 내려와 선상질 하고 있다.

**선천어**(여랑면, 화암면)

[표] 圖 산천어(山川魚) ㈜ 〈동물〉 연어과의 민물고기. 몸은 송어와 비슷하여 몸의 길이는 40cm 정도이며 등 쪽은 짙은 청색, 옆구리는 엷은 적갈색에 타원형의 얼룩무늬가 있음. 초복 때 강 상류에 알을 낳음. 학자에 따라 송어의 육봉형으로 보기도 하는데 한국, 일본, 알래스카 등지에 분포함.

㉠ '사람들이 쫌 잡어쳐먹었나.', 인전 그 많던 선천어새끼가 읎어.

**설거지물**(정선읍, 화암면), **설것이물**(여랑면), **자싯물**(남면)

[표] 圖 개숫물 ㈜ 음식 그릇을 씻을 때 쓰는 물.

㉠ 설것이물 쫌 바더놔라.

**설구**(여량면, 신동읍)

[표] 몡 발구 囷 마소에 메워 물건을 실어 나르는 큰 썰매. 주로 산간 지방 따위의 길이 험한 지역에서 사용함.

옌 설구로 낭구 참 마이 했다.

**설대**(남면)

[표] 몡 오죽(烏竹) 囷 볏과의 여러해살이 식물. 대의 일종으로 높이는 2~20m, 지름은 5~8cm임. 줄기는 첫해에는 녹색으로 솜대와 비슷하지만 다음 해부터 자흑색으로 변하고, 잎은 피침 모양임. 6~7월에 녹자색 꽃이 원추(圓錐) 화서로 피고, 열매는 영과(穎果)로 11월에 익음. 약 60년을 주기로 꽃이 피고, 열매를 맺은 후 말라 죽음. 성숙한 것은 죽세공(竹細工)의 재료로 쓰고 관상용으로 재배함.

옌 강릉 오죽헌에 가믄 설대가 아주 마너.

**설되다**(정선읍), **설었다**(정선읍), **들되다**(여량면, 신동읍, 화암면)

[표] 형 덜되다 囷 말이나 하는 짓이 일정한 수준에 이르지 못하거나 바르지 못함.

옌 자는 해는 짓이 들됐다.

**설매**(여량면, 화암면)

[표] 囝 설마 囷 그럴 리는 욶겠지만. 부정적인 추측을 강조할 때 쓰임.

옌 설매 안중도 나를 조아해는 건 아니제.

**설새똥**(정선읍, 신동읍, 화암면), **물똥**(정선읍), **물새똥**(여량면), **설싸똥**(화암면)

[표] 몡 물찌똥 囷 1. 설사할 때 나오는, 물기가 많은 묽은 똥. 2. 튀겨서 일어나는 크고 작은 물덩이.

옌 물개똥을 퍽 싼다.

**설설기다**(정선읍, 여량면, 남면), **찔찔매다**(임계면)

[표] 통 쩔쩔매다 囷 1. 어찌할 줄 몰라서 정신을 못 차리고 헤매다. '절절매다'보다 센 느낌을 줌. 2. 어떤 사람이나 일 따위에 눌리어 기를 펴지 못함. '절절매다'보다 센 느낌을 줌.

옌 한방 조멕이니 고만 엎드래서 설설기드라.

**설쌂다**(정선읍, 화암면), **설익었다**(정선읍), **들쌂다**(여량면, 남면)

[표] 통 설삶다 囷 충분히 삶지 아니하여 덜 익은 상태가 되게 함.

옌 감재가 설쌂아져서 설걸설렁하고 어석어석 한다.

**설잠**(정선읍, 여량면, 남면, 화암면)

[표] 몡 선잠 囷 깊이 들지 못하거나 흡족하게 이루지 못한 잠.

옌 지난 밤에는 설잠을 잤더니 잠이 모자라.

**섭쓸리다**(정선읍, 여량면, 북평면, 남면)

[표] 통 휩쓸리다 囷 '휩쓸다'의 피동사.

옌 자들하고 한군데 섭쓸리가지고 놀다가 큰 코 다친다.

**섭하다**(여량면, 남면, 화암면)

[표] 형 섭섭하다 囷 1. 서운하고 아쉬움. 2. 없어지는 것이 애틋하고 아까움. 3. 기대에 어그러져 마음이 서운하거나 불만스러움.

옌 어제 니가 맴 몰래줘서 무척 섭했어.

**성**(정선읍, 남면, 임계면), **성이**(여량면)

[표] 몡 의 형(兄) 囷 몡 1. 같은 부모에

게서 태어난 사이이거나 일가친척 가운데 항렬이 같은 남자들 사이에서 손윗사람을 이르거나 부르는 말. 주로 남자 형제 사이에 많이 쓰임. 2. 남남끼리의 사이에서 나이가 적은 남자가 나이가 많은 남자를 이르거나 부르는 말. 回 나이가 비슷한 동료나 아랫사람의 성 뒤에 붙여 상대방을 조금 높여 이르거나 부르는 말. 주로 남자들 사이에서 씀. 예 울 성은 나보다 두 살 만타.

**성**(정선읍, 여량면, 임계면, 화암면), **성이**(남면, 화암면)

[표] 명 언니 뜻 1. 같은 부모에게서 태어난 사이이거나 일가친척 가운데 항렬이 같은 동성의 손위 형제를 이르거나 부르는 말. 주로 여자 형제 사이에 많이 씀. 2. 남남끼리의 여자들 사이에서 자기보다 나이가 위인 여자를 높여 정답게 이르거나 부르는 말. 3. 오빠의 아내를 이르거나 부르는 말. 예 우리 성은 심에 쎄다.

**성거**(정선읍, 여량면, 북평면, 남면, 화암면)

[표] 명 선거(選擧) 뜻 1. 일정한 조직이나 집단이 대표자나 임원을 뽑는 일. 2. 〈정치〉 선거권을 가진 사람이 공직에 임할 사람을 투표로 뽑는 일. 예 제20대 국회의원 성거.

**성냥가젱이**(정선읍), **성냥개피**(여량면, 남면), **다황개비**(여량면)

[표] 명 성냥개비 뜻 낱개의 성냥. 예 성냥개피 갖구 장난치지마라.

**성님**(정선읍, 여량면, 북평면, 남면)

[표] 명 형님(兄-) 뜻 1. '형'의 높임말. 2. 아내의 오빠를 이르거나 부르

는 말. 3. 손위 시누이를 이르거나 부르는 말. 4. 손위 동서를 이르거나 부르는 말. 5. 나이가 든 친한 여자들 사이에서 나이가 적은 사람이 나이가 많은 사람을 이르거나 부르는 말. 예 앞으루 성님이라 불러.

**성심끈**(정선읍, 화암면), **성심껀**(여량면)

[표] 부 성심껏(誠心-) 뜻 정성스러운 마음을 다하여. 예 앞으로도 성심껀 모시겠습니다.

**세**(정선읍, 여량면, 북평면), **세바닥**(남면, 화암면)

[표] 명 혀 뜻 동물의 입 안 아래쪽에 있는 길고 둥근 살덩어리. 맛을 느끼며 소리를 내는 구실을 함. 예 하루에 다 마치느라고 세가 나올 뻔했네.

**세갈래**(정선읍, 화암면), **갈림질**(여량면), **질갈래**(남면)

[표] 명 세거리 뜻 세 갈래로 나누어진 길. 예 가다부면 갈림질 나오니 잘 찾아가세요.

**세경**(정선읍, 여량면, 북평면, 신동읍, 화암면)

[표] 명 사경(私耕) 뜻 1. 묘지기나 마름이 수고의 대가로 부쳐 먹는 논밭. 2. 머슴이 주인에게서 한 해 동안 일한 대가로 받는 돈이나 물건. 예 세빠지게 일해봐야 세경이라고 쥐꼬리 만침 받아.

**세꼬부랑소리**(정선읍), **떼떼바리**(여량면), **때드바리**(신동읍)

[표] 명 말더듬이 뜻 말을 더듬는 사람.

223

예 떼떼바리가 떼떼거린다.

**세끄테기**(정선읍, 화암면), **세끄뎅이**(여량면, 북평면), **세끄드바리**(여량면), **세끝**(남면)

[표] 몡 혀끝 뜻 혀의 끝부분.

예 단맛은 세끄테기에서 느낀다.

**세루글씨**(여량면, 남면, 화암면)

[표] 몡 세로글씨 뜻 글줄을 위에서 아래로 써 내려가는 글씨.

예 세루글씨루 된 건 읽기가 심들다.

**세루다지**(정선읍, 화암면), **세루**(여량면, 남면)

[표] 몡 뮈 세로 뜻 몡 위에서 아래로 나 있는 방향. 또는 그 길이. 뮈 위에서 아래의 방향으로. 또는 아래로 길게.

예 빨랑 갈려고 세루다지로 질러갔다.

**세멘바리**(여량면, 신동읍, 화암면)

[표] 몡 사면발니 뜻 1. 〈동물〉 사면발닛과의 이. 몸은 게 모양이며, 제5~제8 배마디 옆쪽의 돌기 끝에 많은 털이 있음. 사람 음부의 거웃 속에 기생하고 피를 빨아 먹는데 물리면 가려움 발진을 일으킴. 세계 공통종임. 2. 여러 곳으로 다니며 아첨을 잘하는 사람을 놀림조로 이르는 말.

예 내 몸에 세멘바리가 있어 심들다.

**세발자증거**(정선읍), **세발자정개**(여량면, 남면)

[표] 몡 세발자전거(--自轉車) 뜻 어린아이들이 타는, 바퀴가 세 개 달린 조그만 자전거.

예 우리 손자가 어제 처음으로 세발자증거 탔어.

**세빠질벵**(정선읍), **죽을벵**(정선읍, 남면),

**죽을병**(여량면)

[표] 몡 죽을병(--病) 뜻 살아날 가망이 없는 병.

예 저사람 오래 살지 못하고 금방죽을 세빠질벵에 걸렸대.

**세뿌레기**(정선읍, 여량면, 남면), **쎄뿌리**(임계면)

[표] 몡 혀뿌리 뜻 〈의학〉 혀의 뿌리 부분.

예 세뿌리가 짧아서 발음이 잘 안돼.

**세살배기**(정선읍, 여량면, 신동읍, 화암면)

[표] 몡 사릅 뜻 말, 소, 개 따위의 세 살을 이르는 말.

예 저 송아지는 아마 세 살배기정도 됐지.

**세쌍됭이**(정선읍), **세쌍동이**(여량면, 남면, 화암면)

[표] 몡 세쌍둥이(-雙--) 뜻 한 어머니에게서 한꺼번에 태어난 세 아이.

예 1. 누근네가 세쌍됭이 낳되. 2. 그 사람이 세쌍동이를 낳았대.

**세아레**(정선읍, 여량면, 북평면, 남면, 화암면), **설전**(임계면), **세아래**(임계면)

[표] 몡 세밑(歲-) 뜻 한 해가 끝날 무렵. 설을 앞둔 섣달그믐께를 이름.

예 세아래 가서 한 번 더 만나자.

**세알리다**(정선읍, 화암면), **세아리다**(여량면, 남면)

[표] 동 헤아리다 뜻 1. 수량을 셈. 2. 그 수 정도에 이르다. 비교적 많은 수에 이르는 경우를 말함. 3. 짐작하여 가늠하거나 미루어 생각함.

예 돈은 꼭 세아리고 넣어라.

**세절치기**(정선읍, 화암면), **삼절치기**(여

량면, 남면)

　[표] 몡 삼등분(三等分) 뜻 셋으로 똑같이 나눔. 또는 그런 것.

　예 삼절치기해서 스이서 똑같이 농궈.

**세톨배기**(정선읍, 여량면, 남면)

　[표] 몡 세톨박이 뜻 한 송이에 세 톨의 알이 들어 있는 밤송이.

　예 산에서 밤을 땄는데 세톨배기다.

**섹경**(정선읍, 여량면, 화암면), **면경**(임계면), **멘경**(남면)

　[표] 몡 거울 뜻 1. 빛의 반사를 이용하여 물체의 모양을 비추어 보는 물건. 옛날에는 구리나 돌을 매끄럽게 갈아서 만들었는데, 지금은 보통 유리 뒤쪽에 아말감을 발라 만듦. 2. 어떤 사실을 그대로 드러내거나 보여 주는 것을 비유적으로 이르는 말. 3. 모범이나 교훈이 될 만한 것.

　예 외출 전에는 섹경을 한번 더 봐라.

**센키**(여량면), **슨키**(남면)

　[표] 몡 선키 뜻 섰을 때의 키.

　예 니는 슨키가 어떻게 되냐?

**셋바눌**(정선읍, 여량면, 북평면, 남면, 화암면)

　[표] 몡 혓바늘 뜻 혓바닥에 좁쌀알같이 돋아 오르는 붉은 살. 주로 열이 심할 때에 생김.

　예 셋바늘이 나서 아무것두 먹질 못해.

**셋바닥밑**(정선읍, 여량면, 북평면), **세밑**(남면)

　[표] 몡 혓밑 뜻 '셋밑(소의 혀 밑에 붙은 살코기)'의 원말.

　예 옥춘사탕을 먹었드니 셋바닥밑이 빨개졌다.

**소갈**(정선읍, 신동읍, 화암면), **조갈**(여량면, 북평면)

　[표] 몡 당뇨(糖尿) 뜻 1. 〈의학〉 당분이 많이 섞여 나오는 오줌. 2. 소변에 당분이 많이 섞여 나오는 병.

　예 조갈병이 들면 물을 마이 마신다.

**소갈머리**(정선읍, 화암면), **소견**(여량면)

　[표] 몡 소견(所見) 뜻 어떤 일이나 사물을 살펴보고 가지게 되는 생각이나 의견.

　예 자는 자기 소갈머리를 잘 이야기 해.

**소굼**(정선읍, 여량면, 남면, 화암면)

　[표] 몡 소금 뜻 1. 짠맛이 나는 백색의 결정체. 대표적인 조미료로, 주성분은 염화나트륨임. 천연으로는 바닷물에 약 2.8% 들어 있으며, 암염으로도 산출됨. 인체의 혈액이나 세포 안에 약 0.71% 들어 있고, 어른의 하루 소요량은 10~20그램임. 양념, 식품의 저장, 화학 공업의 원료 따위로 쓰임.

　예 야, 벅에 가서 소굼 한 움쿰 가져와라.

**소굼꽃**(정선읍, 여량면, 화암면), **소금꽃**(남면)

　[표] 몡 소금쩍 뜻 어떤 물건의 거죽에 소금기가 배거나 내솟아서 허옇게 엉긴 조각.

　예 등어리에 소굼꽃이 펜네.

**소굼등거리**(정선읍, 여량면, 남면, 화암면)

　[표] 몡 소금버캐 뜻 엉기어 말라붙은 소금 덩이. 2. '소금쩍'의 북한어.

　예 땀을 울매나 흘랬는지 등때기에 소굼등거리가 붙었어.

**소굼장사**(정선읍, 여량면, 북평면, 남면, 화암면), **소금장수**(임계면)

[표] 몡 소금장사 ⑨ '소금쟁이'의 방언(강원, 경기, 경북, 충청).

㉖ 어제 우리동네로 소금장수가 소금 팔러 왔었다.

**소근닥거리다**(정선읍, 화암면), **쑤근거리다**(임계면), **쑤근대다**(임계면)

[표] 동 소곤거리다 ⑨ 남이 알아듣지 못하도록 작은 목소리로 자꾸 가만가만 이야기함.

㉖ 1. 둘만 모이면 소근닥거리고 지랄이야. 2. 친구 둘이서 소근거리다.

**소근소근**(정선읍, 여량면, 북평면, 남면, 화암면), **쑤근쑤근**(임계면)

[표] 뷔 소곤소곤 ⑨ 남이 알아듣지 못하도록 작은 목소리로 자꾸 가만가만 이야기하는 소리. 또는 그 모양.

㉖ 쑤근쑤근하지마 다 들린다.

**소금쟁이**(정선읍, 북평면), **고치잠자리**(여량면, 남면, 화암면)

[표] 몡 고추잠자리 ⑨ 〈동물〉 잠자릿과의 곤충. 수컷은 몸이 붉으며 암컷은 노르스름하여 '메밀잠자리'라고도 함. 날개는 노란색으로 후에 가장자리만 빛깔이 달라지며 초가을에 농촌이나 연못가에 떼 지어 날아다님. 한국, 일본, 중국 등지에 분포함.

㉖ 여름이 되니 고치자잠자리가 마이 날라다니네.

**소금쟁이**(정선읍, 여량면), **소굼쟁이**(남면, 화암면)

[표] 몡 잠자리 ⑨ 잠자리목의 곤충을 통틀어 이르는 말. 몸은 가늘고 길며 배에는 마디가 있고 앞머리에 한 쌍의 큰 겹눈이 있음. 두 쌍의 날개는 얇고 투명하며 그물 모양임. 입은 씹는 입이며, 머리를 회전할 수 있음. 전 세계에 널리 분포함.

㉖ 우리 아가 잠자리채로 소금쟁이를 잡았다.

**소금쟁이나래미**(정선읍, 북평면), **소금쟁이나래**(여량면), **소곰쟁이날개미**(남면)

[표] 몡 잠자리날개 ⑨ 잠자리의 날개.

㉖ 소금쟁이날개미가 떨어져 나갔다.

**소까바리**(정선읍, 여량면, 북평면, 남면), **솔가치**(남면)

[표] 몡 솔가지 ⑨ 꺾어서 말린 소나무의 가지. 주로 땔감으로 쓰임.

㉖ 소까바리 깔리로 가자.

**소깝**(여량면, 남면, 화암면)

[표] 몡 솔잎 ⑨ 소나무의 잎.

㉖ 송편떡 찔 때 쓰게 소깝 좀 꺾어 와.

**소껭이**(정선읍, 여량면, 남면, 북평면, 화암면), **소강불**(임계면)

[표] 몡 관솔 ⑨ 송진이 많이 엉긴, 소나무의 가지나 옹이. 불이 잘 붙으므로 예전에는 여기에 불을 붙여 등불 대신 이용하였음.

㉖ 아주머니 소껭이 사요, 버썩 말랐어요.

**소꿉장난**(정선읍, 화암면), **도삽놀이**(여량면, 남면)

[표] 몡 소꿉놀이 ⑨ 소꿉을 가지고 노는 아이들의 놀이.

㉖ 어릴 때 마당에서 도삽놀이 하던 친구들.

**소두벵이꼭다리**(정선읍, 여량면, 북평면), **소두벵이꼭지**(남면)

[표] 몡 소댕꼭지 ⑨ 소댕의 바깥쪽

복판에 달린 뾰족한 손잡이.

㉠ 소두뱅이꼭다리 잘 잡아라.

**소레기**(정선읍, 여량면, 남면), **쏘레기**(화암면)

[표] 몡 소리 ㉰ 1. 물체의 진동에 의하여 생긴 음파가 귓청을 울리어 귀에 들리는 것. 2. 음성 기호로 생각이나 느낌을 표현하고 전달하는 행위. 3. 사람의 목소리.

㉠ 1. 아무리 소레기를 질러도 못 들어. 2. 소레기 쫌 지르지 마라.

**소레기소레기**(정선읍, 여량면, 남면, 화암면)

[표] 몯 소리소리 ㉰ 잇따라 크게 소리를 지르는 모양.

㉠ 술먹고 소레기소레기 하네.

**소리개**(여량면, 남면, 화암면)

[표] 몡 솔개 ㉰ 〈동물〉 수릿과의 새. 편 날개의 길이는 수컷이 45~49cm, 암컷이 48~53cm, 꽁지의 길이는 27~34cm이며, 몸빛은 어두운 갈색임. 다리는 잿빛을 띤 청색이고 가슴에 검은색의 세로무늬가 있음. 꽁지에는 가로무늬가 있고 끝은 누런 백색인데 꽁지깃은 제비처럼 교차되어 있음. 다른 매보다 온순하고, 시가지·촌락·해안 등지의 공중에서 날개를 편 채로 맴도는데 들쥐·개구리·어패류 따위를 잡아먹음. 우리나라에서는 겨울에 흔한 나그네새로 유라시아, 오스트레일리아 등지에 분포함.

㉠ 소리개가 우리 위를 돌고 있다.

**소멕이**(정선읍, 여량면, 화암면), **여물**(정선읍), **쇠멕이**(남면), **소메기**(임계면)

[표] 몡 쇠먹이 ㉰ 소에게 먹이는 사료나 여물.

㉠ 저 집은 소멕이가 떨어져서 멕일 게 읎데.

**소박때기**(정선읍, 여량면, 북평면, 남면, 화암면)

[표] 몡 소박데기(疏薄--) ㉰ 남편에게 소박을 당한 여자를 낮잡아 이르는 말.

㉠ 시집가더니 소박때기 되어 다시 고향에 내려왔나보다.

**소뼘**(정선읍), **소뽐**(남면)

[표] 몡 집게뼘 ㉰ 엄지손가락과 집게손가락을 벌렸을 때에 손가락 사이의 길이.

㉠ 소뼘만한 물꾀기는 노체줘라.

**소새끼**(정선읍, 여량면, 남면), **쇠**(여량면)

[표] 몡 소 ㉰ 〈동물〉 솟과의 포유류. 몸의 높이는 1.2~1.5m이며 검은색, 흰색, 갈색 따위의 짧은 털이 나 있음. 뿔은 없거나 한 쌍이 있고 발굽은 둘로 갈라져 있음. 꼬리는 가늘고 긴데 끝에는 술 모양의 털이 있음. 풀 따위를 먹고 한 번 삼킨 것을 되새김함. 옛날부터 기른 유용한 가축으로 운반, 경작 따위에 쓰임. 고기나 젖은 식용하며 가죽, 뿔 따위도 여러 가지로 이용함. 세계 각지에서 기르는데 홀스타인, 에어셔, 한우 따위의 품종이 있음.

㉠ 마구에 쇠가 마키 멧 마리요.

**소아지**(정선읍, 여량면, 북평면)

[표] 몡 송아지 ㉰ 어린 소.

㉠ 그전에는 소아지 한 마리 팔아서 학비 보태고 그랬지.

**소청**(정선읍, 화암면), **속창**(남면, 임계면)

[표] 몡 소창 ㉰ 이불의 안감이나 기

저귓감 따위로 쓰는 피륙.
[예] 이불 소청이 얇드나, 두꿉드나?

**소캐뎅이**(정선읍, 남면), **솜뎅이**(여량면)
[표] [명] 솜덩이 [뜻] 솜이 뭉키어 이루어진 덩이.
[예] 솜뎅이 잘 풀어라.

**소캐방멩이**(정선읍, 화암면), **솜방멩이**(여량면), **소캐방치**(남면)
[표] [명] 솜방망이 [뜻] 1. 막대기나 꼬챙이의 끝에 솜뭉치를 묶어 붙여 만든 방망이. 주로 기름을 묻히고 불을 붙여 횃불로 쓰임. 2. 일정한 규칙이나 관습을 위반한 것에 대하여 너무 가볍게 또는 형식적으로 제한하거나 금지하는 것을 비유적으로 이르는 말. 3. 〈의학〉 소독한 솜, 거즈 따위를 원통(圓筒)이나 공 모양으로 만든 것. 국부(局部)에 넣어서 피를 멈추게 하거나 분비액을 흡수하는 데 쓰임.
[예] 밤에 소캐방맹이불 붙여서 까재 잡으러 가자.

**소코리**(정선읍, 남면, 화암면), **소고리**(여량면)
[표] [명] 소쿠리 [뜻] 대나 싸리로 엮어 테가 있게 만든 그릇.
[예] 1. 소코리 좀 가지고 와라. 2. 쇠꼴 한 소고리만 베어놓고 갈게.

**소태껍지**(정선읍, 남면, 화암면) **소태껍주리**(여량면)
[표] [명] 소태껍질 [뜻] 소태나무의 껍질. 약재로 쓰이는데 맛이 아주 쓰며, 매우 질겨서 미투리 따위의 뒷갱기, 또는 무엇을 동이는 데 쓰임.
[예] 1. 야야 저 소태껍지 좀 벗겨 오거라 아가 젖을 빨아서 않되겠다. 2. 소태껍주리 음청 씨구워.

**소피**(정선읍, 화암면)
[표] [명] 소변(小便) [뜻] '오줌'을 점잖게 이르는 말.
[예] 소피마려운데 어데가 화정실이냐?

**속개와**(정선읍), **속주멍이**(여량면), **안주멍이**((남면), **속주머이**(화암면)
[표] [명] 안주머니 [뜻] 옷 따위의 안쪽에 달린 주머니.
[예] 용돈을 속주멍이에 넣어뒀어요.

**속골**(여량면, 신동읍)
[표] [명] 머릿골 [뜻] 〈의학〉 중추 신경 계통 가운데 머리뼈안에 있는 부분.
[예] 속골이 터지믄 죽는다.

**속꺼푸리**(정선읍, 여량면, 남면, 화암면)
[표] [명] 속꺼풀 [뜻] 겉꺼풀 안에 있는 꺼풀.
[예] 마늘 속꺼푸리는 잘 안 까져.

**속껍대기**(정선읍, 여량면, 북평면, 남면, 화암면)
[표] [명] 속껍데기 [뜻] 속에 있는 껍데기.
[예] 강냉이 속껍대기는 까지 말고 삶어 봐.

**속껍죽이**(정선읍), **보무리**(여량면, 신동읍), **속껍데기**(화암면)
[표] [명] 보늬 [뜻] 밤이나 도토리 따위의 속껍질.
[예] 보무리가 얄브리하다.

**속꼬겡이**(정선읍, 여량면, 북평면), **꼬겡이**(남면), **꼬개이**(화암면)
[표] [명] 고갱이 [뜻] 1. 〈식물〉풀이나 나무의 줄기 한가운데에 있는 연한 심. 2. 사물의 중심이 되는 부분을 비유적

으로 이르는 말.

⑨ 배차 속꼬겡이가 벵이 들었다.

**속꿍궁이**(여량면, 남면, 화암면)

[표] 몡 속셈 ⑨ 1. 마음속으로 하는
궁리나 계획. 2. 연필이나 계산기 따
위를 쓰지 아니하고 머릿속으로 하는
계산.

⑨ 뭔 속꿍궁이가 있겠지요.

**속대궁**(정선읍, 여량면, 북평면, 화암면),
**속꼬깅이**(임계면)

[표] 몡 속대 ⑨ 1. 푸성귀의 겉대 속
에 있는 줄기나 잎. 2. 어떤 물체의 가
운데를 꿰는 대.

⑨ 수수 속대궁이 인제 나오네.

**속매미**(정선읍, 화암면), **속심**(여량면, 남
면), **속내**(임계면)

[표] 몡 속마음 ⑨ 겉으로 드러나지
아니한 실제의 마음.

⑨ 1. 그 사람은 속심이 음청 짚어.
  2. 저 사람 속내를 통 모르겠어.

**속발톱**(정선읍, 화암면)

[표] 몡 속발톱 ⑨ 1. 발톱의 뿌리 쪽
에 있는 반달 모양의 하얀 부분. 2. 발
톱의 안쪽에 붙은 굳은살.

⑨ 생손걸레서 속발톱까지 빠졌어요.

**속소리낭구**(정선읍)

[표] 몡 졸참나무 ⑨ 〈식물〉 참나뭇과
의 낙엽 활엽 교목. 높이는 25미터 정도
이며 잎은 어긋나고 거꾸로 된 달걀 모
양의 타원형 또는 달걀 모양의 타원형
임. 암수한그루로 5월에 잡성화가 피고
열매는 견과(堅果)로 9월에 익음. 열매
는 식용하고 목재는 신탄재로 쓰거나,
표고버섯을 재배하는 원목(原木)으로

쓰임. 한국, 일본, 중국 등지에 분포함.

⑨ 속소리낭구와 굴피낭구가 비슷해.

**속장**(정선읍)

[표] 몡 속표지(-表紙) ⑨ 〈출판〉 책
의 겉표지 다음에 붙이는 얇은 종이로
된 표지. 서적의 제목, 저자명, 발행소
명 따위를 적음.

⑨ 책 속장이 찢어졌네.

**손가매**(여량면, 화암면)

[표] 몡 손가마 ⑨ 두 사람이 서로 두
손을 맞걸어 잡아 만든 가마. 또는 그
렇게 해서 하는 놀이.

⑨ 시집올 때 손가매 타구 왔다.

**손꾸락**(정선읍, 남면, 화암면), **손고락**(여
량면)

[표] 몡 손가락 ⑨ 손끝의 다섯 개로
갈라진 부분. 또는 그것 하나하나.

⑨ 일하다가 가운데 손꾸락을 쫌 다
  쳤어.

**손꾸락질**(정선읍, 남면, 화암면), **손꼬락
질**(여량면)

[표] 몡 손가락질 ⑨ 1. 손가락으로
가리키는 짓. 2. 얕보거나 흉보는 짓.

⑨ 남한테 손꼬락질을 받지말고 살
  아야지.

**손끄트마리**(여량면, 화암면)

[표] 몡 손끝 ⑨ 1. 손가락의 끝. 2.
손을 대어 건드리거나 만져서 생긴 때.
3. 손을 놀려 하는 일솜씨.

⑨ 저 사람은 손끄트마리가 야물어
  서 뭐던지 잘 해.

**손님**(정선읍, 여량면, 북평면, 남면), **마마**
(여량면)

[표] 몡 천연두(天然痘) ⑨ 〈의학〉 천

연두 바이러스가 일으키는 급성의 법정 전염병. 열이 몹시 나고 온몸에 발진(發疹)이 생겨 딱지가 저절로 떨어지기 전에 긁으면 얽게 됨. 전염력이 매우 강하며 사망률도 높으나, 최근 예방 주사로 인해 연구용으로만 그 존재가 남아 있음. '마마'로 순화.

ⓔ '손님 왔다' 조심해라.

**손목젱이**(여량면, 북평면, 남면, 임계면, 화암면), **손모가지**(여량면)

[표] ⓜ 손목 ⓣ 손과 팔이 잇닿은 부분.

ⓔ 그놈의 손모가지 가만히 있지를 못하고.

**손민경**(여량면), **손멘경**(남면, 화암면)

[표] ⓜ 손거울 ⓣ 가지고 다니기 편하게 만든 작은 거울.

ⓔ 손민경을 가주 댕기미 자주 쫌 디레다 봐.

**손버르장머리**(여량면, 화암면), **손버르젱이**(남면)

[표] ⓜ 손버릇 ⓣ 1. 손에 익은 버릇. 2. 남의 물건을 훔치는 버릇. 3. 물건을 망가뜨리거나 남을 때리는 따위의 나쁜 버릇.

ⓔ 어릴 때부터 손버르장머리 읎었어.

**손부꾸룹다**(여량면, 남면, 화암면)

[표] ⓗ 손부끄럽다 ⓣ 무엇을 주거나 받으려고 손을 내밀었다가 허탕이 되어 무안하고 부끄러움.

ⓔ 내민 손부꾸룹다.

**손아리**(남면)

[표] ⓜ 손아래 ⓣ 나이나 항렬 따위가 자기보다 아래이거나 낮은 관계. 또는 그런 관계에 있는 사람.

ⓔ 나보다 손아래인거 같은데 함부로 말하지 마셔.

**손없는달**(정선읍, 여량면, 북평면, 남면), **나무달**(임계면)

[표] ⓜ 윤달(閏-) ⓣ 윤년에 드는 달. 달력의 계절과 실제 계절과의 차이를 조절하기 위하여, 1년 중의 달수가 어느 해보다 많은 달을 이름. 즉, 태양력에서는 4년마다 한 번 2월을 29일로 하고, 태음력에서는 19년에 일곱 번, 5년에 두 번의 비율로 한 달을 더하여 윤달을 만듦.

ⓔ 손없는달을 택해서 집수리해라.

**손예**(여량면, 화암면), **손에**(남면)

[표] ⓜ 손녀(孫女) ⓣ 아들의 딸. 또는 딸의 딸.

ⓔ 우리 이쁜 손예딸. 일루 와봐.

**손우엣사람**(여량면, 화암면), **손웃사람**(남면, 임계면)

[표] ⓜ 손윗사람 ⓣ 나이나 항렬 따위가 자기보다 위이거나 높은 사람.

ⓔ 나에게는 손우엣사람이요.

**손자구**(정선읍, 여량면, 북평면, 남면), **손자욱**(정선읍), **손자국**(정선읍), **손짜국**(정선읍)

[표] ⓜ 지문(指紋) ⓣ 손가락 끝마디 안쪽에 있는 살갗의 무늬. 또는 그것이 남긴 흔적. 사람마다 다르며 그 모양이 평생 변하지 아니하여 개인 식별, 범죄 수사의 단서, 인장 대용 등으로 사용.

ⓔ 손자구 안남게 잘 만재야 돼.

**손자방**(정선읍, 여량면, 화암면)

[표] ⓜ 손재봉틀(-裁縫-) ⓣ 손으로 손잡이를 돌려서 바느질하게 되어 있는 재봉틀.

**예** 1. 손자방 하나 있으면 음청 펜해.
2. 손자방, 발자방.

**손놀림**(남면)

[표] 몡 손재주 뜻 손으로 무엇을 잘 만들어 내거나 다루는 재주.

**예** 자는 손놀림 하나는 타고 났어.

**손잽이**(정선읍, 화암면)

[표] 몡 운전대(運轉-) 뜻 기계, 자동차 따위에서 운전을 하기 위한 손잡이.

**예** 사고로 손잽이 안 한지 오래다.

**손주**(정선읍, 여량면, 북평면, 남면, 임계면, 화암면), **강아지**(정선읍)

[표] 몡 손자(孫子) 뜻 아들의 아들. 또는 딸의 아들.

**예** 1. 이번에 손주 봤네요. 2. 강아지야 강아지야.

**손짜국**(정선읍, 화암면), **손자구**(여량면, 남면)

[표] 몡 손자국 뜻 손으로 만지거나 때려서 남은 흔적.

**예** 자꾸 맨지니 손자구가 나자나.

**손툽**(정선읍, 남면, 임계면, 화암면)

[표] 몡 손톱 뜻 손가락 끝에 붙어 있는 딱딱하고 얇은 조각. 손가락 끝을 보호하는 역할을 함.

**예** 손툽밑에 까시 들렀다.

**솔딱젱이**(정선읍, 여량면, 화암면), **솔딱지**(신동읍)

[표] 몡 보굿 뜻 1. 굵은 나무줄기에 비늘 모양으로 덮여 있는 겉껍질. 2. 그물이 가라앉지 않도록 벼리에 듬성 듬성 매는 가벼운 물건. 흔히 두꺼운 나무껍질로 만듦.

**예** 이 낭구는 솔딱젱이 보니 나이 마이 먹었다.

**솔방굴**(남면)

[표] 몡 솔방울 뜻 소나무 열매의 송이. 공처럼 둥그스름한 모양으로 여러 개의 잔비늘 같은 조각이 겹겹이 달려 있고 그 사이에 씨가 들어 있음.

**예** 자루에 솔방굴 담고와라.

**솔새**(신동읍)

[표] 몡 박새 뜻 〈동물〉 박샛과의 하나. 몸의 길이는 14cm 정도이며, 머리와 날개는 검은빛을 띤 흰색이고 뺨은 흰색, 등은 누런 초록색이고 아랫면은 흰색에 검은 띠가 둘려 있음. 나무 구멍, 처마 밑, 바위틈 등지에 둥지를 틀고 4~7월에 한 배에 6~12개의 알을 낳음. 해충을 잡아먹는 텃새로 보호색이다. 동부 아시아에 분포함.

**예** 솔새가 쏜살같이 날러가네.

**솜저고리**(정선읍, 여량면, 남면)

[표] 몡 핫저고리 뜻 안에 솜을 두어 만든 저고리.

**예** 겨울에 솜저고리가 있어야 해.

**솜터레기**(정선읍, 여량면, 북평면, 남면, 화암면)

[표] 몡 솜털 뜻 1. 솜에서 일어나는 잔털. 2. 매우 잘고 보드라운 털.

**예** 이불 속에 있던 솜터레기가 다 바꾸로 나왔다.

**송이찌개**(여량면, 남면, 화암면)

[표] 몡 송이찌개(松耳--) 뜻 고추장이나 간장을 풀은 물에 송이를 쇠고기, 두부, 파 따위와 함께 넣어 끓인 음식.

**예** 비가 내리니 송이찌개 생각이 막 난다.

**송장낭구**(신동읍)

　[표] 圐 누리장나무 ㉪ 〈식물〉 마편초과의 낙엽 활엽 관목. 높이는 2~3미터이며, 잎은 마주나고 달걀 모양임. 8월에 연한 붉은색 꽃이 취산(聚繖) 화서로 가지 끝에 피고 가을에 연한 푸른색 열매가 익음. 어린잎은 식용하고 가지와 뿌리는 약용함. 산기슭과 골짜기의 기름진 땅에 자라는데 한국의 황해도 이남, 일본, 중국, 대만 등지에 분포함.

　㉠ 송장낭구는 첨 본다.

**송장메뚜기**(정선읍, 여량면, 신동읍, 화암면)

　[표] 圐 두꺼비메뚜기 ㉪ 〈동물〉 메뚜깃과의 곤충. 몸의 길이는 3cm이며, 어두운 회색임. 온몸에 어두운 갈색 무늬가 많으며 앞가슴이 가늘고 혹 모양의 돌기가 많음. 앞날개는 가늘고 길며, 날개 밑부분에 흑색 무늬가 많이 있음. 한국, 일본, 인도 등지에 분포함.

　㉠ 저기 송장메뚜기가 날러 간다.

**송판떼기**(정선읍, 여량면, 북평면, 남면, 임계면, 화암면)

　[표] 圐 송판(松板) ㉪ 소나무를 켜서 만든 널빤지.

　㉠ 송판떼기 울타리.

**송애**(남면)

　[표] 圐 송화(松花) ㉪ 소나무의 꽃가루. 또는 소나무의 꽃. 빛은 노랗고 달착지근한 향내가 나며 다식과 같은 음식을 만드는 데 쓰임.

　㉠ 바람이 불어서 그러나 송애가 많네.

**솥뚜껑**(정선읍, 여량면, 남면, 화암면), **소뎅이**(여량면), **소두벵이**(정선읍, 여량면, 남면)

　[표] 圐 소댕 ㉪ 솥을 덮는 쇠뚜껑. 가운데가 볼록하게 솟고 복판에 손잡이가 붙어 있음.

　㉠ 1. 솥뚜껑 운전한 지가 삼십년이오. 2. 메밀적은 소두벵이에 꼬야 제 맛이지.

**쇠**(정선읍, 북평면), **철**(정선읍)

　[표] 圐 징 ㉪ 신의 가죽 창이나 말굽·쇠굽 따위에 박는, 대가리가 크고 넓으며 길이가 짧은 쇠못. 요즘엔 플라스틱 따위로 된 것을 사용하기도 함.

　㉠ 쇠발에 철 박아야 해.

**쇠갈구리**(정선읍, 여량면, 남면), **쇠갈쿠리**(화암면)

　[표] 圐 쇠갈고리 ㉪ 쇠로 만든 갈고리.

　㉠ 쇠갈구리가 음청 빼족하네.

**쇠경**(정선읍, 여량면, 북평면, 남면, 화암면), **까막눈**(여량면)

　[표] 圐 소경 ㉪ 1. '시각 장애인'을 낮잡아 이르는 말. 2. 세상 물정에 어둡거나 글을 모르는 사람을 비유적으로 이르는 말.

　㉠ 나는 까막눈이래서 한개도 못 봐.

**쇠고렝이**(여량면, 남면, 화암면)

　[표] 圐 쇠고리 ㉪ 쇠로 만든 고리. 주로 문을 잠그거나 물건을 끼워 두는 데 쓰임.

　㉠ 문에 달린 쇠고렝이가 떨어져나갔네.

**쇠고집**(정선읍, 북평면), **황쇠고집**(여량면, 남면), **황쇠고집패기**(여량면), **외고집통**(임계면)

　[표] 圐 황소고집(--固執) ㉪ 몹시 센 고집.

ⓔ 저놈 고집하고는 황쇠고집이지.

**쇠굽쪼가리**(정선읍, 여량면, 화암면), **쇳쪼가리**(남면)

[표] 몡 쇳조각 뜻 1. 쇠붙이의 조각.
2. 성미가 매몰차고 경망스러운 사람을 비유적으로 이르는 말.

ⓔ 쇠굽쪼가리 모았다가 고물장사 줘야지.

**쇠꼬쳉이**(정선읍, 여량면, 북평면, 화암면)

[표] 몡 쇠꼬챙이 뜻 1. 쇠로 만든 꼬챙이. 2. 몹시 여위었으면서도 옹골차며 날카로움을 비유적으로 이르는 말.

ⓔ 쇠꼬쳉이로 복령꼬쟁이를 맹글었다.

**쇠꼽**(정선읍, 여량면, 북평면, 남면, 화암면), **쇠꼬챙이**(임계면)

[표] 몡 쇠 뜻 1. '철'(鐵)을 일상적으로 이르는 말. 2. 광물에서 나는 온갖 쇠붙이를 통틀어 이르는 말. 3. 자물쇠를 잠그거나 여는 데 사용하는 물건.

ⓔ 도꾸자루를 쇠꼽으로 맹글어서 울매나 튼튼한지 몰러.

**쇠꼽뭉치**(정선읍, 여량면, 북평면, 화암면), **쇠뭉테기**(남면)

[표] 몡 쇠뭉치 뜻 뭉쳐진 쇳덩어리.

ⓔ 못쓰는 쇠꼽뭉치로 엿 바꼬 먹자.

**쇠꼽자루**(정선읍, 화암면), **쇠꼽잘그**(여량면)

[표] 몡 쇠자루 뜻 연장이나 기구 따위의 쇠로 만든 손잡이.

ⓔ 쇠시랑을 쇠꼽자루로 하니깐 음청 무겁드라.

**쇠꼽차**(정선읍, 북평면), **달구지**(여량면, 남면, 화암면)

[표] 몡 자동차(自動車) 뜻 원동기를 장치하여 그 동력으로 바퀴를 굴려서 철길이나 가설된 선에 의하지 아니하고 땅 위를 움직이도록 만든 차. 승용차, 승합자동차, 화물 자동차, 특수 자동차 및 이륜자동차가 있음.

ⓔ 어제 쇠꼽차 머신는거로 꺼냈다.

**쇠꼽덜구**(정선읍, 화암면)

[표] 몡 쇠달구 뜻 쇠로 만든, 땅을 다지는 데 쓰는 기구.

ⓔ 지경다지기 해야 하는데 쇠꼽덜구를 어데다 두었지.

**쇠끄테기**(정선읍, 화암면), **쇠꼽끄텡이**(여량면), **쇠끄텡이**(남면)

[표] 몡 쇠끝 뜻 칼, 창, 화살 따위의 날 끝.

ⓔ 쇠꼽끄텡이에 안 찔리게 조심해

**쇠다**(정선읍, 남면, 임계면, 화암면)

[표] 동 쉬다 뜻 1. 피로를 풀려고 몸을 편안히 둠. 2. 잠을 잠. 3. 잠시 머무름.

ⓔ 마이 쇠쓰니깐 인재 그만 가자.

**쇠대가리**(정선읍, 여량면, 남면, 화암면), **쇠머리·소대가리**(여량면)

[표] 몡 소머리 뜻 잡은 소의 대가리 부분.

ⓔ 장에 가믄 쇠머리국밥 한그륵 먹고 와요.

**쇠도둑**(정선읍, 여량면, 남면)

[표] 몡 소도둑 뜻 1. 소를 훔치는 짓. 또는 그런 짓을 한 도둑. 2. 능글맞고 욕심 많은 사람을 비유적으로 이르는 말.

ⓔ 1. 저런 쇠도둑 같은 놈. 2. 저 사람 쇠도둑처럼 생겼다.

**쇠똥걸금**(정선읍, 여량면, 북평면, 화암면), **쇠똥꺼름**(남면)

[표] 똉 외양간두엄(--間--) 똇 외양간에서 나오는 거름. 마소의 똥오줌과 먹이 찌꺼기 따위가 섞여 썩은 것.

똉 걸마늘 밭에는 쇠똥걸금이 젤이지.

**쇠똥따데이**(정선읍, 화암면), **쇠똥따젱이**(여량면)

[표] 똉 쇠딱지 똇 어린아이의 머리에 덕지덕지 눌어붙은 때.

똉 1. 쇠궁뎅이에 쇠똥따데이가 붙었드라. 2. 대가리 쇠똥따젱이도 안 떨어진 놈이 못하는 소리가 음써.

**쇠똥벌갱이**(정선읍), **쇠똥벌거지**(여량면, 남면), **쇠똥벌개이**(여량면), **쇠똥벌게이**(화암면)

[표] 똉 쇠똥구리 똇 〈동물〉 쇠똥구릿과의 곤충. 몸은 편편한 타원형이며, 검은색으로 광택이 있음. 머리와 머리방패는 넓적하고 마름모 모양인데 앞 가두리는 위로 휘었음. 여름철에 쇠똥이나 말똥 따위를 굴려 굴속에 저장하고 그 속에 알을 낳아 성충, 애벌레의 먹이로 씀. 한국, 유럽, 동아시아 등지에 분포함.

똉 쇠똥벌거지가 똥을 잔뜩 물고 기어가네.

**쇠뜽거리**(정선읍, 화암면), **쇠꼽뎅이**(여량면), **쇠꼽뎅이**(남면)

[표] 똉 쇳덩이 똇 1. 쇠붙이가 뭉쳐져서 된 덩이. 2. 쇠붙이로 만든 도구나 물건 따위를 비유적으로 이르는 말.

똉 저늠아는 몸이 얼매나 댄댄한지 쇠꼽뎅이 같애.

**쇠띠기**(정선읍, 여량면, 남면, 화암면)

[표] 똉 쇠뜨기 똇 〈식물〉 속샛과의 여러해살이풀. 땅속줄기가 길게 가로 뻗으며, 마디에서 해마다 땅위줄기가 곧게 남. 땅위줄기에는 홀씨를 형성하지 않는 줄기와 형성하는 줄기가 있는데 홀씨를 형성하는 어린 줄기는 '뱀밥'이라고 하여 식용하고 홀씨를 형성하지 않는 줄기는 민간에서 이뇨제로 쓰임. 북반구의 난대 이북에서 한대에 이르기까지 널리 분포함.

똉 밭에 쇠띠기가 지천에 널렸네.

**쇠미역**(정선읍, 화암면)

[표] 똉 미역 똇 〈식물〉 갈조류 미역과의 한해살이 바닷말. 잎은 넓고 편평하며, 날개 모양으로 벌어져 있고, 아랫부분은 기둥 모양의 자루로 되어 바위에 붙어 있음. 빛깔은 검은 갈색 또는 누런 갈색이고 길이는 1~2미터, 폭은 60cm 정도임. 대체로 가을에서 겨울 동안 자라고 늦봄이나 첫여름에 홀씨로 번식함. 예로부터 식용으로 널리 이용하였으며 요오드, 칼슘의 함유량이 많아 발육이 왕성한 어린이와 산부(産婦)의 영양에 매우 좋음. 간조선 이하의 바위에 떼 지어 붙어사는데 한국의 남해안, 북해도, 중국 동부 해안 등에서 많이 남.

똉 언나 노코 산후에는 쇠미역국이 젤 좋지.

**쇠방울**(정선읍, 여량면, 남면, 화암면)

[표] 똉 워낭 똇 마소의 귀에서 턱 밑으로 늘여 단 방울. 또는 마소의 턱 아래에 늘어뜨린 쇠고리.

㊀ 저 송아지 모가지에 쇠방울 달아라.

**쇠백장**(정선읍, 여량면, 북평면)

[표] 명 백장 뜻 1. 소나 개, 돼지 따위를 잡는 일을 직업으로 하는 사람. 2. '고리장이'를 낮잡아 이르는 말.

예 저런 쇠백장 같은 늠을 봤나.

**쇠부랄**(정선읍, 화암면), **쇠봉알**(남면)

[표] 명 쇠불알 뜻 소의 불알.

예 쇠부랄 한 번 크다.

**쇠비름**(정선읍, 화암면), **우슬**(여량면), **우실**(남면, 임계면)

[표] 명 쇠무릎 뜻 〈식물〉 비름과의 여러해살이풀. 높이는 50~100cm이며, 줄기는 가지가 많고 마디가 두드러짐. 잎은 마주나고 타원형임. 8~9월에 연한 녹색 꽃이 수상(穗狀) 화서로 피고 열매는 포과(胞果)로 겉에 가시가 있어서 사람의 옷에 잘 붙음. 뿌리는 임질약, 강장제, 이뇨제, 해열제 따위로 쓰고, 줄기와 잎은 독사에 물렸을 때 해독약으로 쓰임. 한국, 일본, 중국, 대만, 히말라야 등지에 분포함.

예 1. 우슬은 약재로도 좋아. 2. 봄에 쇠비름 나물 무쳐 먹으면 입맛 돈다.

**쇠삼장**(정선읍, 북평면), **삼정**(신동읍)

[표] 명 덕석 뜻 1. 추울 때에 소의 등을 덮어 주는 멍석. 2. '멍석'의 방언(경남, 전남).

예 쇠등에 쇠삼장을 쫌 덮어조라.

**쇠시랑**(정선읍, 여량면, 북평면, 남면, 화암면)

[표] 명 쇠스랑 뜻 〈농업〉 땅을 파헤쳐 고르거나 두엄, 풀 무덤 따위를 쳐내는 데 쓰는 갈퀴 모양의 농기구. 쇠로 서너 개의 발을 만들고 자루를 박아 만듦.

예 쇠시랑 들고 따라와라. 밭에 두엄이나 내게.

**쇠치랑물**(정선읍), **쇠오지랑물**(여량면)

[표] 명 쇠지랑물 뜻 외양간 뒤에 괸, 소의 오줌이 썩어서 검붉게 된 물. 거름으로 쓰임.

예 쇠치랑물에 빠질라 조심해라.

**쇠하리**(정선읍, 화암면), **쇠꼽하리**(여량면, 신동읍)

[표] 명 무쇠화로 뜻 무쇠로 만든 화로.

예 겨울에 쇠꼽하리에 감재를 구어먹다.

**쇡이다**(여량면, 남면), **쐭이다**(여량면, 화암면), **쏙이다**(임계면)

[표] 동 속이다 뜻 '속다'의 사동사.

예 이번에도 또 쐭이면 다음부턴 그 집에 안가.

**쇳대**(정선읍, 화암면), **자물통**(여량면), **쇳대통**(임계면), **자물대**(남면)

[표] 명 자물쇠 뜻 1. 여닫게 되어 있는 물건을 잠그는 장치. 2. 총 따위에서 방아쇠가 당겨지지 아니하도록 고정시키는 장치.

예 바깥에 나갈 때 자물통 잘 잠구고 나가라.

**쇳대**(정선읍, 여량면, 북평면, 남면, 화암면)

[표] 명 열쇠 뜻 1. 자물쇠를 잠그거나 여는 데 사용하는 물건. 2. 어떤 일을 해결하는 데 필요한 가장 중요한 방법이나 요소를 비유적으로 이르는 말.

예 농짝에 쇳대 쫌 채워라.

**수구래지다**(정선읍, 여량면, 북평면, 남면, 화암면)

[표] 图 수그러지다 뜻 1. 안으로 굽어 들거나 기울어짐. 2. 형세나 기세가 점점 줄어짐.

예 시간이 지나니 제절로 수구래지네.

**수구리다**(정선읍, 여량면, 북평면, 남면, 화암면)

[표] 图 엎드리다 뜻 1. 배를 바닥에 붙이거나 팔다리를 짚고 몸 전체를 길게 뻗음. 2. 상반신을 아래로 매우 굽히거나 바닥에 댐. 3. 한곳에만 오래 머묾.

예 누가 볼까봐 납짝 수구리다.

**수껌재이**(정선읍), **수껌댕이**(여량면, 화암면)

[표] 몡 숯검정 뜻 숯에서 묻은 그을음.

예 불장난을 을매나 했는지 마커 수껌댕이가 됐다.

**수꾸대**(정선읍, 화암면), **쉬끼대**(여량면)

[표] 몡 수수깡 뜻 1. 수수의 줄기. 2. 수수나 옥수수 줄기의 껍질을 벗긴 심. 미술 세공의 재료로 쓰임.

예 1. 수꾸대루 뭘 맹글어볼까? 2. 쉬끼대로 낙수줄에 동댕이 맹글믄 참 조아.

**수꾸비**(정선읍, 화암면), **쉬끼비**(정선읍), **쉬시비**(남면)

[표] 몡 수수비 뜻 이삭을 떨어낸 수수의 줄기로 맨 비.

예 수꾸비로 방을 쓸어야 깨끗해.

**수냉**(정선읍), **숭내**(여량면, 화암면), **임내**(남면)

[표] 몡 흉내 뜻 남이 하는 말이나 행동을 그대로 옮기는 짓.

예 자는 남의 숭내는 잘내드라.

**수네기**(정선읍, 남면, 화암면), **수내기**(여량면)

[표] 몡 순(筍/笋) 뜻 나무의 가지나 풀의 줄기에서 새로 돋아 나온 연한 싹.

예 하마 감재 수내기가 꽤 마이 나왔다.

**수다떤다**(정선읍, 화암면), **수다뜰다**(여량면), **약팔다**(남면)

[표] 몡 수다 뜻 쓸데없이 말수가 많음. 또는 그런 말.

예 아주머이들이 안방에 모여서 수다뜰다.

**수더부리하다**(정선읍, 화암면), **수더부레하다**(여량면, 남면)

[표] 혱 수더분하다 뜻 성질이 까다롭지 아니하여 순하고 무던함.

예 1. 그 사람 수더부리하더라. 2. 성깔도 읊고 그저 수더부레하다.

**수레기**(남면, 남면)

[표] 몡 수렁 뜻 1. 곤죽이 된 진흙과 개흙이 물과 섞여 많이 괸 웅덩이. 2. 헤어나기 힘든 곤욕을 비유적으로 이르는 말.

예 자전차 타고 댕길 때 수레기 조심해.

**수레기논**(여량면, 남면, 화암면)

[표] 몡 수렁논 뜻 수렁처럼 무른 개흙으로 된 논.

예 수레기논에 올해도 베가 잘 자랐다.

**수룩**(남면)

[표] 어 –ㄹ수록 뜻 앞 절 일의 어떤 정도가 그렇게 더하여 가는 것이, 뒤 절 일의 어떤 정도가 더하거나 덜하게 되는 조건이 됨을 나타내는 연결 어미.

예 머든지 하지 말라고 할수룩 더 하고 싶다.

**수리탄**(정선읍, 북평면, 남면, 화암면), **수**

**루탄**(여량면)

[표] 몡 수류탄(手榴彈) 뜻 〈군사〉 손으로 던져 터뜨리는 작은 폭탄. 사람을 죽이거나 다치게 하는 세열 수류탄을 비롯하여 소이 수류탄, 독가스 수류탄 따위가 있음.

예 군대 가서 츰으로 수리탄 던져봤다.

**수문제**(정선읍)

[표] 몡 수면제(睡眠劑) 뜻 〈약학〉 잠이 들게 하는 약.

예 하도 잠이 안와서 수문제를 먹었드니 잠이 잘 온다.

**수물**(정선읍, 화암면), **시물**(남면)

[표] 주 스물 뜻 열의 두 배가 되는 수.

예 가 나이가 올해루 수물이여.

**수뿍수뿍**(정선읍, 남면), **고봉고봉**(임계면, 화암면), **가뜩가뜩**(임계면)

[표] 끈 수북수북 뜻 1. 쌓이거나 담긴 물건이 여럿이 다 불룩하게 많은 모양. 2. 식물이나 털 따위가 여기저기 촘촘하고 길게 나 있는 모양. 3. 살이 찌거나 부어 여럿이 다 불룩하게 도드라져 있는 모양.

예 어제 내린 눈이 수뿍수뿍 쌓였다.

**수영딸**(정선읍, 남면, 화암면), **수영딸레미**(여량면), **시양딸**(임계면)

[표] 몡 수양딸(收養-) 뜻 남의 자식을 데려다가 제 자식처럼 기른 딸.

예 자는 저 사람의 수영딸레미야.

**수영아덜**(정선읍, 남면, 화암면), **수영아덜래미**(여량면), **시양아들**(임계면)

[표] 몡 수양아들(收養--) 뜻 남의 자식을 데려다가 제 자식처럼 기른 아들.

예 수영아덜래미가 저렇게 잘 커서

효도를 하네.

**수지**(여량면, 신동읍, 화암면)

[표] 몡 맏물 뜻 과일, 푸성귀, 해산물 따위에서 그해의 맨 처음에 나는 것.

예 수지 꼬치를 네 가마이 땄다.

**수집다**(정선읍, 여량면, 남면)

[표] 혱 수줍다 뜻 숫기가 없어 다른 사람 앞에서 말이나 행동을 하는 것이 어렵거나 부끄럽다. 또는 그런 태도가 있음.

예 자는 수집어서 말도 잘 못하고 얼굴만 빨개진다.

**수챗구녕**(정선읍, 여량면, 북평면, 남면, 화암면)

[표] 몡 수챗구멍 뜻 수채의 허드렛물이 빠져나가는 구멍.

예 수챗구녕에서 쥐새끼가 나와서 깜짝 놀랬자나.

**수통다리**(정선읍, 화암면), **봉통다리**(남면)

[표] 몡 수종다리 뜻 〈의학〉 '다리 부기'의 전 용어.

예 다리가 퉁퉁 부은 거 보니 수통다린가 보다.

**수푸렁**(정선읍, 여량면, 남면)

[표] 몡 수풀 뜻 1. 나무들이 무성하게 우거지거나 꽉 들어찬 것. 2. 풀, 나무, 덩굴 따위가 한데 엉킨 것.

예 또랑가 수푸렁에 가믄 깨구리가 엄청 많아.

**수푸렁가**(정선읍, 남면), **수푸렁가세**(여량면)

[표] 몡 수풀가 뜻 수풀의 가장자리.

예 수푸렁가는 뱀 조심해야해.

**수푸렁질**(정선읍, 남면), **숲질**(여량면)

[표] 몡 숲길 뜻 숲 속에 나 있는 길.

⑩ 숲길을 걸으면서 옛 날 생각한다.

**순데기**(정선읍, 북평면), **순뎅이**(여량면, 남면, 화암면)

[표] 몡 순둥이(順--) 뜻 순한 사람을 귀엽게 이르는 말.

⑩ 자는 언나 때부터 순뎅이 땠어.

**순사**(정선읍, 북평면), **겡찰**(여량면), **짭새**(여량면)

[표] 몡 경찰(警察) 뜻 1. 경계하여 살핌. 2. 〈법률〉국가 사회의 공공질서와 안녕을 보장하고 국민의 안전과 재산을 보호하는 일. 또는 그 일을 하는 조직. 국민의 생명·신체·재산을 보호하고 범죄의 예방과 수사, 피의자의 체포, 공안의 유지 따위를 담당함. 3. '경찰 공무원'을 일상적으로 이르는 말.

⑩ 재수 없게 짭새 새끼를 만났다.

**순죽이다**(정선읍, 여량면)

[표] 통 숨죽이다 뜻 1. 숨을 멈춤. 2. 숨소리가 들리지 않을 정도로 조용히 함.

⑩ 다들 순죽여.

**술망나니**(정선읍), **술쥐정꾼**(정선읍, 북평면), **쥐태배기**(여량면), **술쥐정뱅이**(여량면), **쥐정뱅이**(남면)

[표] 몡 주정뱅이(酒酊--) 뜻 '주정을 부리는 버릇이 있는 사람'을 낮잡아 이르는 말.

⑩ 저런 술쥐정뱅이는 난생 츰 본다.

**술새**(정선읍), **주정뱅잉**(정선읍, 임계면), **주새**(여량면, 남면)

[표] 몡 주사(酒邪) 뜻 술 마신 뒤에 버릇으로 하는 못된 언행.

⑩ 가는 술만 먹으면 주새가 쎄.

**술럭술럭**(여량면, 남면)

[표] 튐 술술 뜻 1. 물이나 가루 따위가 틈이나 구멍으로 조금씩 거볍게 새어 나오는 모양. 2. 바람이 부드럽게 부는 모양. 3. 가는 비나 눈이 잇따라 거볍게 내리는 모양.

⑩ 막걸리가 술럭술럭 잘두 넘어간다.

**술장사**(정선읍, 화암면), **들벵이**(신동읍)

[표] 몡 들병장수(-瓶--) 뜻 병에다 술을 가지고 다니면서 파는 사람.

⑩ 술장사 오랫만에 본다.

**술쥐정**(정선읍, 여량면, 북평면, 남면, 화암면), **주정뱅이**(임계면)

[표] 몡 술주정(-酒酊) 뜻 술을 마시고 취하여 정신없이 하는 말이나 행동.

⑩ 우리집 저 양반은 술만 처먹으면 술쥐정이야.

**술집갈보**(정선읍), **접대부**(여량면), **색시**(남면)

[표] 몡 접대부(接待婦) 뜻 요릿집, 술집 따위에서 손님을 접대하는 일을 직업으로 하는 여자.

⑩ 오랫동안 저 여자는 술집갈보였지.

**술찌겡이**(정선읍, 여량면, 남면)

[표] 몡 지게미 뜻 재강에 물을 타서 모주를 짜내고 남은 찌꺼기.

⑩ 술찌겡이 머꾸 술에 취해 한나절 잤네.

**숨구녕**(정선읍, 화암면), **숨구영**(여량면), **숨구멍**(남면)

[표] 몡 숫구멍 뜻 갓난아이의 정수리가 굳지 않아서 숨 쉴 때마다 발딱발딱 뛰는 곳.

⑩ 장배기 있는 숨구영 건들지 마러.

**숨박꼭질**(여량면, 북평면, 화암면), **진놀**

이(여량면), **숨바꾹질**(남면)

[표] 圐 숨바꼭질 쯧 아이들 놀이의 하나. 여럿 가운데서 한 아이가 술래가 되어 숨은 사람을 찾아내는 것인데, 술래에게 들킨 아이가 다음 술래가 됨.

㉠ 1. 우리 숨바꾹질 하자. 2. 야들아 진놀이 고만하고 들어와.

**숨이꼴까닥넘어갔다**(정선읍, 북평면, 화암면), **꽥했다**(여량면)

[표] 圐 숨넘어가다 쯧 숨이 끊어져 죽음.

㉠ 우리 집 술쥐정뱅이 어제 밤에 꽥했다.

**숨절**(정선읍), **숨질**(남면)

[표] 圐 숨결 쯧 1. 숨을 쉴 때의 상태. 또는 숨의 속도나 높낮이. 2. 사물 현상의 어떤 기운이나 느낌을 생명체에 비유하여 이르는 말.

㉠ 한참 내달리고 왔더니 숨절이 달다.

**숫눔**(정선읍, 여량면, 북평면, 남면, 임계면, 화암면)

[표] 圐 수놈 쯧 1. 짐승의 수컷. 2. 의협심이 강한 사람을 비유적으로 이르는 말.

㉠ 저눔은 누가 뭐래로 숫눔이래서 지랄하자나.

**숫매미**(정선읍, 여량면, 화암면), **벙치매미**(신동읍)

[표] 圐 벙어리매미 쯧 매미의 암컷을 이르는 말.

㉠ 불쌍하다 벙치매미 울지도 못하나.

**숫뼝아리**(정선읍, 화암면), **숫벵아리**(여량면, 남면)

[표] 圐 수평아리 쯧 병아리의 수컷.

㉠ 숫벵아리가 울매나 파뒹기는지 귀찮아 죽겠네.

**숫사둔**(정선읍, 여량면, 북평면, 남면, 화암면), **바깥사돈**(여량면)

[표] 圐 수사돈(-査頓) 쯧 사위 쪽의 사돈.

㉠ 잔차 보러 숫사둔이 왔더라.

**숫체네**(남면)

[표] 圐 숫처녀(-處女) 쯧 남자와 성적 관계가 한 번도 없는 여자.

㉠ 해는 짓이 순저이 숫체네다.

**숭내말**(정선읍, 여량면, 북평면, 남면)

[표] 圐 흉내말 쯧 〈언어〉 상징어. 소리나 모양, 동작 따위를 흉내 내는 말. 의성어와 의태어로 나뉨.

㉠ 자는 남의 숭내말을 참 잘해.

**숭내젱이**(정선읍, 여량면, 북평면, 남면)

[표] 圐 흉내쟁이 쯧 남의 말이나 행동을 그대로 잘 옮기는 사람.

㉠ 내 친구는 동네서 알아주는 숭내젱이다.

**숭년**(정선읍, 여량면)

[표] 圐 흉년(|凶年) 쯧 1. 농작물이 예년에 비하여 잘되지 아니하여 굶주리게 된 해. 2. 어떤 산물이 매우 적게 나거나 사물의 소득이 매우 보잘것없는 상태나 처지를 비유적으로 이르는 말.

㉠ 숭년에 배 터져 죽는다.

**숭애**(남면)

[표] 圐 숭어 쯧 숭엇과의 바닷물고기. 몸의 길이는 60cm 정도이고, 옆으로 납작함. 등은 잿빛을 띤 청색이고, 배는 은백색. 온몸에 빳빳한 비늘이 있고, 머리는 작은데 폭이 넓음. 담수,

기수, 해수에 사는데 온대와 열대 지방에 분포. 우리나라 전 연해와 강의 하구에서 잡힘.

㉠ 숭애는 봄에 먹어야 지대루 맛을 본다.

**숭칙하다**(정선읍, 남면, 임계면), **숭칙시룹다**(여량면)

[표] 휑 흉측하다(凶測--/兇測--) ㉠ 몹시 흉악함.

㉠ 아이고, 저 사람은 보기에 넘 숭칙시룹다.

**숭허물**(정선읍, 여량면, 남면)

[표] 몡 흉허물 ㉠ 흉이나 허물이 될 만 한 일.

㉠ 우리야 뭐 숭허물 없이 지내는 사이지.

**숯가매터**(정선읍, 여량면, 남면, 화암면)

[표] 몡 숯가마터 ㉠ 숯을 구워 내는 가마가 있는 자리.

㉠ 여가 옛날 숯가매터 자리다.

**숯검정**(정선읍, 북평면, 화암면), **숯뎅이**(남면)

[표] 몡 숯 ㉠ 나무를 숯가마에 넣어 구워 낸 검은 덩어리의 연료.

㉠ 숯뎅이 잘 꺼라, 불날 수 있으니.

**숯대레미**(정선읍, 화암면), **숯대레비**(여량면), **숯대리미**(남면)

[표] 몡 숯다리미 ㉠ 숯불로 데워서 쓰는 다리미.

㉠ 숯대레미질 하게 바짝 댕개.

**술해**(정선읍, 여량면, 남면, 화암면)

[표] 몡 숱하게 휑 ㉠ 아주 많음.

㉠ 잘난 놈이 술해 빠저서.

**쉐미**(정선읍, 남면), **쒜미**(정선읍, 화암면),

**쉠지**(여량면, 북평면), **셈**(임계면)

[표] 몡 수염(鬚髯) ㉠ 1. 성숙한 남자의 입 주변이나 턱 또는 뺨에 나는 털. 2. 동물의 입언저리에 난 뻣뻣한 긴 털. 3. 보리나 밀 따위의 낟알 끝에 가늘게 난 까끄라기. 또는 옥수수의 낟알 틈에 가늘고 길게 난 털.

㉠ 장에 갈라믄 쒜미 쫌 깎고 가그라.

**쉬끼**(정선읍, 여량면, 남면), **수꾸**(정선읍, 화암면)

[표] 몡 수수 ㉠ 〈식물〉 볏과의 한해살이풀. 줄기는 높이가 2미터 정도이며, 잎은 어긋맞게 나고 넓은 선 모양임. 7~9월에 줄기 끝에서 이삭이 나와 꽃이 원추(圓錐) 화서로 피고 열매는 흰색, 누런 갈색, 붉은 갈색, 검은색 따위로 가을에 익음. 열매는 곡식이나 엿, 과자, 술, 떡 따위의 원료로 쓰고 줄기는 비를 만들거나 건축재로 쓰임. 아프리카 또는 인도가 원산지로, 우리나라에는 중국을 거쳐 건너와 오랜 옛날부터 재배되었음.

㉠ 쉬끼 이삭으로 빗자루 맹근다.

**쉬쉬하다**(정선읍, 여량면, 남면, 화암면), **세빠지다**(정선읍), **쉰내난다**(임계면)

[표] 동 쉬다 ㉠ 음식 따위가 상하여 맛이 시금하게 변함.

㉠ 1. 엇저녁 먹던 가쉬기가 쉬쉬하다. 2. 세빠저서 못 먹겠다.

**쉰뎅이**(정선읍, 남면, 여량면, 화암면)

[표] 몡 쉰둥이 ㉠ 나이가 쉰이 넘은 부모에게서 태어난 아이.

㉠ 나이 오십에 낳은 아가 쉰뎅이래.

**스다**(여량면, 남면, 화암면)

[표] 통 서다 뜻 1. 사람이나 동물이 발을 땅에 대고 다리를 쭉 뻗으며 몸을 곧게 함. 2.처져 있던 것이 똑바로 위를 향하여 곧게 됨. 3. 계획, 결심, 자신감 따위가 마음속에 이루어짐.

예 지 혼자서 인나스다.

**슴동**(여량면, 화암면), **세필**(남면)

[표] 명 석동 뜻 〈민속〉 1. 윷놀이에서, 말이 첫 밭에서 끝 밭을 거쳐 나가는 세 번째 차례. 또는 세 번째 나는 말. 2. 윷놀이에 쓰는 세 개의 말.

예 우린 하마 슴동 났다.

**슴달**(정선읍, 여량면, 북평면, 남면, 임계면, 화암면)

[표] 명 섣달 뜻 음력으로 한 해의 맨 끝 달.

예 슴달 그믐날 잠 안자고 놀았자나.

**슬므시**(정선읍, 북평면), **슬그멍이**(여량면), **꽁무니빼다**(임계면), **실그머니**(남면, 화암면)

[표] 부 슬그머니 뜻 1. 남이 알아차리지 못하게 슬며시. 2. 혼자 마음속으로 은근히. 3. 힘을 들이지 않고 천천히.

예 1. 언제간지도 모르게 슬므시 갔다. 2. 쥐도 새도 모르게 슬그멍이 나가버렸네.

**슬밑**(정선읍, 여량면, 남면, 화암면), **세밑**(임계면)

[표] 명 섣밑 뜻 한 해가 끝날 무렵.

예 잔금은 슬밑에 가야 마주 갚을 것 같애.

**슬옷**(정선읍, 화암면), **슬베미**(남면), **설배미**(임계면)

[표] 명 설빔 뜻 설을 맞이하여 새로 장만하여 입거나 신는 옷, 신발 따위를 이르는 말.

예 자는 슬옷 잘해 입었네.

**슬음식**(정선읍, 여량면, 북평면, 남면, 화암면)

[표] 명 설음식(-飮食) 뜻 설에 먹는 색다른 음식. 떡국, 수정과, 식혜, 약식, 유밀과 따위임.

예 설이 마이 남았는데 울 어멍은 슬음식 준비를 하고 있다.

**습네다**(여량면, 북평면, 화암면)

[표] 어 -습니다 뜻 합쇼할 자리에 쓰여, 현재 계속되는 동작이나 상태를 있는 그대로 나타내는 종결 어미.

예 인제 밥을 먹고 있습네다.

**승겡이**(정선읍, 여량면, 화암면), **싱겡이**(남면), **실갱이질**(임계면)

[표] 명 승강이(昇降-) 뜻 서로 자기 주장을 고집하며 옥신각신하는 일.

예 실갱이질하다 싸움 나겄다.

**승깔머리**(정선읍, 여량면, 남면, 화암면), **승깔**(임계면)

[표] 명 성깔(性-) 뜻 거친 성질을 부리는 버릇이나 태도. 또는 그 성질.

예 승깔머리치고는 꼭 지 애비를 닮아서.

**승질**(여량면, 남면, 화암면), **찔때**(정선읍), **승질머리**(정선읍, 여량면, 화암면), **성깔**(임계면)

[표] 명 성질(性質) 뜻 1. 사람이 지닌 마음의 본바탕. 2. 사물이나 현상이 가지고 있는 고유의 특성.

예 1. 그 놈 승질머리 드럽다. 2. 저 눔아는 찔때가 안 좋아.

**승하다**(정선읍, 북평면), **장하다**(여량면, 남면, 화암면)

[표] 휑 성하다(盛--) 뜻 1. 기운이나 세력이 한창 왕성함. 2. 나무나 풀이 싱싱하게 우거져 있음.

예 1. 풀이 넘 승하다. 2. 올해는 강냉이가 음청 장하다.

**숲다**(정선읍, 남면, 화암면), **싶으다**(여량면)

[표] 보형 싶다 뜻 1. 앞말이 뜻하는 행동을 하고자 하는 마음이나 욕구를 갖고 있음을 나타내는 말. 2. 앞말이 뜻하는 내용을 생각하는 마음이 있음을 나타내는 말.

예 내 한번 먹고 숲다.

**시계불알**(정선읍, 여량면, 북평면, 남면), **시계부랄**(화암면)

[표] 명 시계추(時計錘) 뜻 괘종시계 따위에 매달린 추. 좌우로 흔들림에 따라 일정한 속도로 태엽이 풀리며 시곗바늘이 움직임.

예 쓸데음씨 시계불알처럼 왔다갔다 한다.

**시골떼기**(정선읍, 여량면, 화암면), **촌떼기**(정선읍, 임계면), **싱겡이**(남면), **시골띠기**(화암면)

[표] 명 시골뜨기 뜻 견문이 좁은 시골 사람을 낮잡아 이르는 말.

예 시골떼기는 어데가도 촌티가 나.

**시구룹다**(정선읍, 여량면, 남면, 화암면), **시굽다**(여량면, 임계면)

[표] 휑 시다 뜻 맛이 식초나 설익은 살구와 같음.

예 1. 자두가 넘 시굽다. 2. 살구가 엄청 시구룹다.

**시구통**(정선읍, 남면), **봇강구**(여량면)

[표] 명 취수구(取水口) 뜻 〈건설〉 강이나 호수 따위에서 물을 수로로 끌어들이는 입구.

예 시구통에서 올라오는 냄새가 장난 아니다.

**시굼털털하다**(정선읍, 여량면, 화암면)

[표] 휑 시금털털하다 뜻 1. 맛이나 냄새 따위가 조금 시면서도 떫음. '시금떨떨하다'보다 거센 느낌을 줌. 2. 어떤 일이나 말이 실망스럽고 못마땅함.

예 1. 맛이 시굼털털하다. 2. 시굼털털 개살구.

**시글버쩍하다**(정선읍, 화암면), **씨글씨글하다**(여량면, 북평면, 남면), **버글버글하다**(여량면)

[표] 휑 시글시글하다 뜻 사람이나 짐승 따위가 많이 모여 우글우글 들끓어 시끄러움.

예 장바닥에 사람들이 씨글씨글하다.

**시금하다**(정선읍, 화암면), **시쿰하다**(여량면, 남면)

[표] 휑 시큼하다 뜻 이나 냄새 따위가 조금 심.

예 김치국물이 시쿰하다.

**시누**(정선읍, 임계면, 화암면), **시누우**(여량면)

[표] 명 시누이(媤--) 뜻 남편의 누나나 여동생.

예 자가 우리 막내 시누우라우.

**시누올캐**(정선읍, 여량면, 북평면, 남면, 화암면)

[표] 명 시누이올케(媤----) 뜻 시누이와 올케를 아울러 이르는 말.

242

[예] 우리 둘은 시누올캐 사이다.

**시느미**(정선읍, 화암면), **시나매**(여량면), **시나미**(남면)

[표] [부] 시나브로 [뜻] 모르는 사이에 조금씩 조금씩.

[예] 1. 저사람 참 시느미 가내. 2. 넘 서두르지 말고 시나매 올라가자.

**시다**(정선읍), **싯타왜**(여량면, 화암면), **싯다**(남면)

[표] [형] 싫다 [뜻] 마음에 들지 아니함.

[예] 말투 때문인지 가는 기냥 싯다.

**시다**(정선읍, 여량면, 남면, 임계면, 화암면), **쎄다**(정선읍)

[표] [동] 세다 [뜻] 사물의 수효를 헤아리거나 꼽음.

[예] 자 참 심이 쎄다.

**실구떡**(남면)

[표] [명] 시루떡 [뜻] 떡가루에 콩이나 팥 따위를 섞어 시루에 켜를 안치고 찐 떡으로 떡가루에 섞는 재료와 만드는 방법에 따라 백설기, 콩 시루떡, 대추 시루떡, 석이 시루떡, 갖은시루떡 따위의 여러 종류가 있음.

[예] 실구떡은 맛있긴 한데 콩고물이 마이 떨어져.

**시루멍거지**(정선읍, 화암면), **실루덮개**(여량면), **실구덮개**(남면)

[표] [명] 시룻방석(--方席) [뜻] 짚으로 두껍고 둥글게 틀어 방석처럼 만든, 시루를 덮는 덮개.

[예] 떡을 찌고서 시루멍거지 덮었나 모르겠다.

**시룻분**(정선읍, 화암면), **실구땜**(남면)

[표] [명] 시룻번 [뜻] 시루를 솥에 안칠 때 그 틈에서 김이 새지 않도록 바르는 반죽.

[예] 시루 올리고 시룻분을 잘해야 떡이 잘 된다.

**시름**(정선읍, 여량면, 화암면)

[표] [명] 실념(失念) [뜻] 생각에서 없어져 사라지거나 잊음.

[예] 한 동안 그 여자를 시름했는데 또 생각나네.

**시모살이**(정선읍, 북평면, 화암면), **시뫼살이**(남면)

[표] [명] 시묘(侍墓) [뜻] 부모의 상중에 3년간 그 무덤 옆에서 움막을 짓고 삶.

[예] 시뫼살이는 쉬운 게 아니다.

**시물떡하다**(정선읍, 여량면, 북평면, 남면, 화암면), **입싹닦았다**(정선읍), **입닦다**(여량면)

[표] [관용구] 시치미떼다 [뜻] 자기가 하고도 하지 아니한 체하거나 알고 있으면서도 모르는 체함.

[예] 시물떡하고는 기냥 넘어가네.

**시상에**(정선읍, 여량면, 북평면, 남면, 임계면, 화암면)

[표] [감] 세상에(世上-) [뜻] 뜻밖의 일이 생겨서 놀랐을 때 하는 말.

[예] 으머나 시상에 이렇게 맨나다니 울매나 방갑나.

**시상읎어두**(정선읍, 화암면), **세상읎어두**(여량면)

[표] [부] 세상없어도(世上---) [뜻] 무슨 일이 있더라도 꼭.

[예] 난 세상읎어두 니하구 약속은 꼭 지킬게.

**시시텅덩하다**(정선읍, 북평면), **시시부리**

**하다**(여량면, 화암면), **째재하다**(임계면), **시시뿌시하다**(남면)

[표] 혱 시시하다 뜻 1. 신통한 데가 없고 하찮음. 2. 좀스럽고 쩨쩨함.

예 1. 말하는 게 야물지 못하고 시시 텅덩하다. 2. 계모임이 이제는 시시부리하다.

**시아부지**(정선읍, 남면), **시아버이**(정선읍, 화암면), **시애비**(여량면)

[표] 몡 시아버지(媤---) 뜻 남편의 아버지를 이르는 말.

예 시애비 모시고 사느라 스트레스 받겠다.

**시어머이**(정선읍, 화암면), **시에미**(여량면, 남면)

[표] 몡 시어머니(媤---) 뜻 남편의 어머니를 이르는 말.

예 1. 시어머이 죽으니 안방 널러 좋다. 2. 시에미 잔소리에 열 받는다.

**시우**(정선읍, 남면, 화암면), **시우야**(여량면)

[표] 에 -셔요 뜻 '-시어요'의 준말.

예 1. 밤질 조심이 살펴가시우. 2. 낼 지역에 또 놀러 오시우야.

**시셋말**(여량면, 북평면, 남면, 화암면)

[표] 몡 시쳇말(時體-) 뜻 그 시대에 유행하는 말.

예 시셋말로 그때는 다 그랬지.

**시큰**(정선읍, 여량면, 북평면, 화암면), **실큰**(남면), **심껏**(임계면)

[표] 閉 실컷 뜻 1. 마음에 하고 싶은 대로 한껏. 2. 아주 심하게.

예 할려면 니 혼자 시큰해라.

**시퍼래**(정선읍, 여량면, 북평면, 남면, 화암면), **시퍼레**(정선읍), **새파랗게**(임계면)

[표] 시퍼렇게 뜻 1. 매우 퍼런 상태. 2. 춥거나 겁에 질려 얼굴이나 입술 따위가 몹시 푸르께함. 3. 날 따위가 몹시 날카로움.

예 1. 서슬이 시퍼래 가지고. 2. 강 깊은데 가면 물이 시퍼레.

**시할미**(정선읍, 여량면, 화암면), **시할망구**(정선읍), **시할먹따구**(정선읍), **시햘미**(정선읍), **시할멍이**(남면)

[표] 몡 시할머니(媤---) 뜻 남편의 할머니.

예 우리 집에는 백살 가까이 된 시할멍이 있다.

**시할으벙이**(정선읍, 남면, 화암면, 화암면), **시할으비**(정선읍), **시할애비**(여량면)

[표] 몡 시할아버지(媤----) 뜻 남편의 할아버지.

예 시할애비와 우리 아들이 마이 닮았다.

**식충이**(정선읍, 북평면, 임계면, 화암면), **밥텡이**(여량면, 신동읍)

[표] 몡 먹보 뜻 욕심이 많고 음충맞은 사람을 이르는 말.

예 자는 우리집 밥텡이다.

**식텡이**(여량면), **밥텡이**(남면)

[표] 몡 식충이(食蟲-) 뜻 밥만 먹고 하는 일 없이 지내는 사람을 비난조로 이르는 말.

예 집에 식텡이를 키우지 니를 어태 키우나.

**신들매**(여량면, 신동읍)

[표] 몡 들메끈 뜻 신이 벗어지지 않도록 신을 발에다 동여매는 끈.

예 신들매를 꼭 조여 매다.

**신멩내기**(남면)

[표] 圄 신명 뜻 흥겨운 신이나 멋.

圎 신멩내기 나서 어깨가 절루 움직인다.

**신받았다**(정선읍), **네림굿**(여량면), **신굿**(남면)

[표] 圄 내림굿 뜻 〈민속〉 몸에 내린 신을 맞아서 무당이 되려고 신에게 비는 굿.

圎 그 사람이 네림굿 했대.

**신발주멍이**(정선읍, 여량면, 북평면, 남면, 화암면)

[표] 圄 신발주머니 뜻 신을 넣어 들고 다니는 주머니.

圎 학교 갈 때 꼭 신발주멍이 챙겨가라.

**신발창**(정선읍, 화암면), **신창**(여량면, 남면)

[표] 圄 신바닥 뜻 신발의 바닥 부분.

圎 신창이 다 딸아서 울매나 미끄러운지 몰러.

**신부짜리**(정선읍, 화암면), **심붓감**(여량면), **신부찌리**(임계면), **심빗감**(남면)

[표] 圄 신붓감(新婦-) 뜻 신부가 될 만한 인물 또는 앞으로 신부가 될 사람.

圎 신부짜리가 징말루 괜찮다.

**신사모자**(정선읍), **중절모재**(남면)

[표] 圄 중절모(中折帽) 뜻 꼭대기의 가운데를 눌러쓰는, 챙이 둥글게 달린 신사용의 모자.

圎 할아부지는 외출할 때 늘 신사모자를 쓰고 다녔다.

**신살림**(정선읍, 화암면), **첫살림**(여량면, 남면), **새살림**(임계면)

[표] 圄 신접살이(新接--) 뜻 처음으로 차린 살림살이.

圎 첫살림 날 때 징말루 좋았네.

**신짝**(정선읍, 여량면, 북평면, 화암면), **신발떼기**(남면)

[표] 圄 신 뜻 땅을 딛고 서거나 걸을 때 발에 신는 물건을 통틀어 이르는 말로 가죽·고무·비닐·헝겊·나무·짚·삼 따위로 만들며, 모양과 용도에 따라 여러 가지가 있음.

圎 신짝 하나 어데다 두엇냐?

**신칼**(남면), **구두칼**(화암면)

[표] 圄 구둣주걱 뜻 구두를 신을 때, 발이 잘 들어가도록 뒤축에 대는 도구. 작은 주걱 모양으로 생겼으며 나무나 쇠, 플라스틱 따위의 여러 재질과 크기로 만들어짐.

圎 신발을 신을 때 신칼이 있어야 한다.

**실고치**(정선읍, 여량면, 북평면, 남면, 화암면)

[표] 圄 실고추 뜻 실같이 가늘게 썬 고추.

圎 국물짐치에 실고치 쓰러 누꾸 하믄 조치.

**실구**(남면), **실기**(남면)

[표] 圄 시루 뜻 떡이나 쌀 따위를 찌는 데 쓰는 둥근 질그릇으로 모양이 자배기 같고 바닥에 구멍이 여러 개 뚫려 있음.

圎 실구에 떡을 쪄야 하는데 어데다 두었는지 모르겠다.

**실광**(여량면, 화암면)

[표] 圄 선반 뜻 물건을 얹어 두기 위하여 까치발을 받쳐서 벽에 달아 놓은 긴 널빤지.

圎 거게 실광 우에 광지리에 찾어봐.

**실금**(정선읍, 여량면, 남면, 화암면)

[표] 圄 잔금 뜻 가늘고 짧은 금.

ⓔ 차 유리에 실금이 쬐끔 갔다.

**실러덕실러덕**(정선읍, 여량면, 북평면), **느
릉느릉**(정선읍, 화암면), **실럭실럭**(남면)
　[표] ⓟ 시적시적 ⓣ 힘들이지 아니하
고 느릿느릿 행동하거나 말하는 모양.
　ⓔ 1. 서두르지 말고 실러덕실러덕 합
시다. 2. 저사람 실럭실럭 걸어가네.

**실루둑거리다**(여량면, 남면)
　[표] ⓓ 실룩거리다 ⓣ 근육의 한 부
분이 자꾸 실그러지게 움직임. 또는
그렇게 되게 함.
　ⓔ 운동을 마이 해서 그래나 심을 주
니 근육이 실루둑거리다.

**실매두**(정선읍, 여량면, 북평면, 남면, 화
암면)
　[표] ⓜ 실마디 ⓣ 실에 생긴 엉키거
나 맺힌 부분.
　ⓔ 뭐든지 실매두를 잘 풀어야 해.

**실뭉테기**(정선읍, 여량면, 남면, 화암면),
**실뭉치**(임계면)
　[표] ⓜ 실몽당이 ⓣ 실을 꾸려 감은
뭉치.
　ⓔ 실뭉테기가 저래 큰 걸 언제 다 감나.

**실배미**(정선읍, 여량면, 남면, 화암면)
　[표] ⓜ 실뱀 ⓣ 뱀과의 하나. 몸의 길이
는 8~10cm이고 실같이 가늘며, 등 쪽
은 녹색을 띤 연할 갈색, 배 쪽은 누런빛
을 띤 흰색임. 등에는 누런빛을 띤 흰색
의 세로줄이 꼬리까지 있고 머리에는
검은 얼룩점이 있다. 한국, 일본, 타이,
몽골, 중국 북부 등지에 분포함.
　ⓔ 살무새는 실배미를 낳는대.

**실소굼젱이**(정선읍, 여량면, 북평면, 남면,
화암면)

[표] ⓜ 실잠자리 ⓣ 실잠자릿과의 잠
자리를 통틀어 이르는 말. 몸의 길이
는 4cm 정도이며 배와 날개는 가늚.
앉아 있을 때는 날개를 등 위에 합침.
방울실잠자리, 아시아실잠자리, 참실
잠자리, 등검은실잠자리 따위가 있음.
　ⓔ 잠자리채로 실소굼젱이 열 마리
를 잡았다.

**실속없다**(정선읍, 여량면, 화암면)
　[표] ⓗ 실속없다(實---) ⓣ 1. 군더
더기가 없는 실지의 알맹이가 되는 내
용이 없음. 2. 겉으로 드러나지 아니
한 알짜 이익이 없음.
　ⓔ 아무리 그래도 나중에 보믄 실속
없다.

**실없다**(정선읍, 여량면, 화암면)
　[표] ⓗ 실없다(實--) ⓣ 말이나 하는
짓이 실답지 못함.
　ⓔ 그 친구는 늘 하는 말이 실없다

**실오레기**(정선읍, 여량면, 남면, 임계면,
화암면)
　[표] ⓜ 실오라기 ⓣ 한 가닥의 실.
　ⓔ 1. 몸에 실오레기 하나 걸치지 않
았다. 2. 옷에 실오레기 나왔다.

**실케다**(정선읍, 여량면, 북평면, 남면, 화
암면)
　[표] ⓓ 실켜다 ⓣ 누에고치에서 실을
뽑아냄.
　ⓔ 올 할머이는 하루죙일 실케는 일
을 했다.

**실태**(정선읍, 여량면, 북평면)
　[표] ⓜ 테실 ⓣ 사려서 테를 지은 실.
　ⓔ 하루종일 실태에 실만 감았다.

**실패**(정선읍, 화암면), **실갱이**(여량면), **심**

246

**감기**(남면)

　[표] 몡 실감개 뜻 1. 실을 감아 두는 물건. 2. 실을 감는 기계.

　예 바느질 할라는데 실패가 보이지 않네.

**심**(정선읍, 여량면, 북평면, 임계면, 신동읍, 화암면), **산심**(정선읍)

　[표] 몡 산삼(山蔘) 뜻 〈식물〉깊은 산 속에 야생하는 삼. 약효가 재배종보다 월등함.

　예 그 사람은 심을 캐 팔아 생개를 유지하면서 살지.

**심가작껀**(정선읍), **심가지껏**(여량면, 남면), **심조작껀**(여량면)

　[표] 閉 힘껏 뜻 있는 힘을 다하여. 또는 힘이 닿는 데까지.

　예 내가 할 수 있는 심조작껀 했는데 이렇네.

**심구다**(정선읍, 화암면), **싱구다**(여량면, 남면, 임계면)

　[표] 몽 심다 뜻 초목의 뿌리나 씨앗 따위를 흙 속에 묻음.

　예 밭에다가 사과 낭구를 싱군다.

**심배**(정선읍, 화암면), **신배**(여량면, 신동읍)

　[표] 몡 돌배 뜻 1. 돌배나무의 열매. 2. '똘배'의 방언(강원).

　예 신배술이 먹기는 젤 조아, 골도 안 때리고.

**심배낭구**(정선읍, 화암면), **신배낭구**(여량면, 신동읍)

　[표] 몡 돌배나무 뜻 〈식물〉장미과의 낙엽 활엽 소교목. 잎은 달걀 모양으로 가장자리에 톱니가 있음. 봄에 흰 꽃이 산방(繖房) 화서로 피고, 열매는 이과(梨果)로 가을에 누렇게 익음.

목재로 많이 쓰고 열매는 식용함. 한국, 일본, 중국 등지에 분포함.

　예 신배낭구 아래서 낮잠 자다.

**심벅심벅하다**(정선읍, 남면), **피석하다**(여량면)

　[표] 혱 허벅허벅하다 뜻 과일 따위가 너무 익었거나 딴 지 오래되어 물기가 적고 퍼석퍼석함.

　예 사과가 우째 피석한기 이렇나.

**심부룸**(정선읍, 여량면, 북평면, 남면, 화암면)

　[표] 몡 심부름 뜻 남이 시키는 일을 하여 주는 일.

　예 1. 어머이 심부룸을 간다. 2. 심부룸 갔다 와라.

**심빡세다**(정선읍, 북평면), **심빡시다**(여량면, 화암면), **심세다**(남면)

　[표] 혱 힘세다 뜻 1. 힘이 많아서 억셈. 2. 힘이 많아 뻣뻣하고 굳음.

　예 니는 안죽도 그래 심이 빡시나.

**심술굽다**(정선읍), **심술시룹다**(여량면, 남면)

　[표] 혱 심술스럽다(心術---) 뜻 1. 온당하지 않게 고집을 부리는 마음이 있음. 2. 남을 괋리거나 남이 잘못되는 것을 좋아하는 마음보가 있음.

　예 가는 참말로 심술시룹다.

**심술쟁이**(정선읍, 북평면, 화암면), **심술꾸레기**(여량면, 남면)

　[표] 몡 심술꾸러기(心術---) 뜻 심술이 매우 많은 사람을 귀엽게 이르는 말.

　예 쟈는 심술꾸레기래서 아무도 못 말래.

**심심초**(정선읍, 여량면, 남면, 북평면, 화암면), **어른과자**(임계면)

[표] 뎽 담배 뜻 1. 〈식물〉 가짓과의 담배 따위를 통틀어 이르는 말. 모두 60종 30여 변종(變種)이 알려져 있음. 2. 〈식물〉 가짓과의 한해살이 식물. 높이는 1.5~2m이며, 40여 개의 넓고 길쭉한 잎은 어긋나고 줄기에 촘촘히 남. 여름에 깔때기 모양의 연분홍 꽃이 줄기 끝에 원추(圓錐) 화서로 피고, 열매는 달걀 모양의 삭과(蒴果)로 10월에 맺음. 공예 작물로 재배하는데 잎을 건조시켜 담배를 만듦. 남아메리카가 원산지임. 3. 담뱃잎을 말려서 가공한 기호품. 살담배, 잎담배, 궐련 따위가 있음.
㉠ 니 혼자 빨지 말고 난도 심심초 한 대 조바.

**심통가지**(정선읍, 북평면, 화암면), **심통머리**(여량면, 남면)
[표] 뎽 심통(心-) 뜻 마땅치 않게 여기는 나쁜 마음.
㉠ 1. 심통가지부리다. 2. 에고 심통머리 하고는.

**십공알**(남면, 화암면), **알공알**(여량면)
[표] 뎽 공알 뜻 '음핵'(陰核)을 일상적으로 이르는 말.
㉠ 알공알맨치 생긴 바우가 있다 하드라.

**싯구다**(정선읍, 여량면, 남면, 화암면)
[표] 통 시비하다(是非--) 뜻 옳고 그름을 따지는 말다툼을 함.
㉠ 1. 어제는 뒷집 냉내하고 싯구다. 2. 느들은 맨날 보기만 하믄 그리 싯구나.

**싱거분**(정선읍, 여량면, 남면, 화암면)
[표] 싱거운 뜻 1. 음식의 간이 보통

정도에 이르지 못하고 약함. 2. 술이나 담배나 한약 따위의 맛이 약함. 3. 사람의 말이나 행동이 상황에 어울리지 않고 다소 엉뚱한 느낌을 줌.
㉠ 국밥이 쬐끔 싱거분듯하다.

**싱거분소리**(정선읍, 여량면, 북평면, 남면, 화암면), **싱구운소리**(여량면), **쉐빠진소리**(임계면)
[표] 뎽 신소리 뜻 상대편의 말을 슬쩍 받아 엉뚱한 말로 재치 있게 넘기는 말.
㉠ 거 싱거분소리 고만하고 이제 갑시다.

**싱거분놈**(임계면), **싱거바리**(남면)
[표] 뎽 싱겁이 뜻 말이나 행동이 제격에 어울리지 않고 멋쩍은 사람.
㉠ 내 친구는 참 싱거분놈이다.

**싱굽다**(정선읍, 여량면, 북평면, 남면, 화암면)
[표] 혱 싱겁다 뜻 사람의 말이나 행동이 상황에 어울리지 않고 다소 엉뚱한 느낌을 줌.
㉠ 싱굽다 그런 말 다시는 하지도 마라.

**싸가지**(정선읍, 여량면, 남면, 화암면), **싹씨**(임계면)
[표] 뎽 싹수 뜻 어떤 일이나 사람이 앞으로 잘될 것 같은 낌새나 징조.
㉠ 저런 싸가지하고는 상종을 말아야지.

**싸구리**(정선읍, 여량면, 남면, 임계면, 화암면)
[표] 뎽 싸구려 뜻 값이 싸거나 질이 낮은 물건.
㉠ 장바닥에서 싸구리 신발 한 켤레 사다.

**싸그리하다**(정선읍)

[표] 혱 싸하다 뜻 1. 혀나 목구멍 또는 코에 자극을 받아 아린 듯한 느낌이 있음. 2. 어떤 것이 아린 듯한 자극성이 있음.

예 감기 올라고 목구녕이 싸그리하다.

**싸다**(여량면, 신동읍, 화암면, 화암면)

[표] 동 사정하다(射精--) 뜻 〈의학〉 남성의 생식기에서 정액을 반사적으로 내쏘다. 생식기에 가해지는 자극에 의하여 사정 중추가 흥분하면 일어남.

예 자기도 모르게 흥분돼서 바지에 퍽 쌌다.

**싸레기**(정선읍, 여량면, 북평면, 남면, 화암면)

[표] 명 싸라기 뜻 1. 부스러진 쌀알. 2. 빗방울이 갑자기 찬바람을 만나 얼어 떨어지는 쌀알 같은 눈.

예 시름이 들 돼서 싸레기가 마이 났네.

**싸레기눈**(정선읍, 여량면, 남면, 화암면)

[표] 명 싸락눈 뜻 '싸라기눈'의 준말.

예 싸레기눈이 오면 질바닥에 쌓인다.

**싸리껭이**(정선읍, 여량면, 북평면, 남면, 화암면)

[표] 명 싸릿대 뜻 싸리의 줄기.

예 빗자루 맹글어야 하니 싸리껭이 좀 비어 와.

**싸리껭이**(정선읍, 여량면, 북평면, 화암면), **싸리낭구**(정선읍, 남면)

[표] 명 싸리나무 뜻 콩과의 낙엽 활엽 관목.

예 싸리껭이로 삼테기 맹글자나.

**싸리버섭**(남면)

[표] 명 싸리버섯 뜻 싸리버섯과의 버섯. 높이와 폭은 15cm 정도이고 3~5cm의 굵은 흰 자루 위에 싸리비 모양의 가지를 치며, 끝부분은 많은 가지가 모여 옅은 붉은색에서 옅은 자줏빛의 꽃양배추 모양이 됨. 살은 흰색으로 차 있고 육질이며 잘 부스러짐. 침엽수림, 활엽수림 내의 땅에서 나며 식용 버섯으로 널리 알려져 있는데, 전 세계에 분포함.

예 그눔어 싸리버섭이 드문드문 돋었길래 따더거 먹언네.

**싸리빗짜루**(정선읍, 화암면), **싸리빗자락**(여량면, 남면)

[표] 명 싸리비 뜻 싸리의 가지를 묶어 만든 비. 주로 마당비로 사용함.

예 1. 싸리빗짜루 가져와라. 2. 싸리빗자락으로 마당을 쓸다.

**싼까치**(정선읍, 화암면), **싼까쳉이**(여량면, 남면)

[표] 명 어치 뜻 까마귓과의 새. 몸의 길이는 34cm 정도이며, 포도색이고 이마와 머리 위는 붉은 갈색임. 다른 새들의 소리를 잘 흉내 냄. 한국, 만주, 시베리아, 북해도, 유럽 등지에 분포함.

예 산까쳉이가 콩 다 파먹는다.

**쌀가개**(정선읍, 여량면, 남면, 화암면)

[표] 명 싸전(-廛) 뜻 쌀과 그 밖의 곡식을 파는 가게.

예 쌀이 떨어졌으니 쌀가게 가서 쌀 좀 사와라.

**쌀가개쟁이**(정선읍, 여량면, 북평면, 화암면)

[표] 명 싸전쟁이(-廛--) 뜻 싸전을 차려 놓고 쌀을 파는 장수.

예 저 할망구는 시장서 쌀가개쟁이 했지.

**쌀남박**(정선읍, 여량면, 북평면), **쌀이른박**(임계면), **쌀른박**(남면)

[표] 몡 이남박 ㈜ 안쪽에 여러 줄로 고랑이 지게 돌려 파서 만든 함지박. 쌀 따위를 씻어 일 때에 돌과 모래를 가라앉게 함.

㈜ 쌀남박에 쌀 쫌 뿔고나라.

**쌀눈**(여량면), **맨눈깔이**(여량면, 신동읍, 화암면)

[표] 몡 맨눈 ㈜ 안경이나 망원경, 현미경 따위를 이용하지 아니하고 직접 보는 눈.

㈜ 맨눈깔이로 봐도 잘 안보이나.

**쌀떡**(정선읍, 화암면), **절떡**(여량면, 북평면), **이땍**(신동읍)

[표] 몡 메떡 ㈜ 멥쌀 따위의 메진 곡식으로 만든 떡.

㈜ 삼시 세 때를 절떡으로 조도 시러 하는 놈은 못 봤다.

**쌀뜸물**(정선읍, 남면, 화암면), **쌀뜬물**(여량면)

[표] 몡 쌀뜨물 ㈜ 쌀을 씻고 난 뿌연 물.

㈜ 국 끓일 때 쓰게 쌀뜬물 버리지 마.

**쌀른박**(정선읍, 여량면), **쌀남박**(여량면, 남면)

[표] 몡 이맛살 ㈜ 1. 이마에 잡힌 주름살. 2. 이마의 살.

㈜ 쌀른박에다가 돌 쫌 일어라.

**쌀른박질하다**(정선읍, 여량면, 남면)

[표] 동 일다 ㈜ 속에 넣어 조리질을 하거나 흔들어서 쓸 것과 못 쓸 것을 가려냄.

㈜ 이번에 산 쌀은 돌이 마나서 맨날 쌀른박질해야 돼.

**쌀바눌**(정선읍, 여량면, 남면, 북평면, 화암면)

[표] 몡 날바늘 ㈜ 실을 꿰지 아니한 바늘.

㈜ 쌀바눌 건사 잘해라. 차즐라믄 에룹다.

**쌀벌거지**(정선읍, 북평면), **쌀버러지**(여량면, 남면), **쌀바구미**(여량면, 임계면), **쌀벌게이**(화암면)

[표] 몡 쌀벌레 ㈜ 1. 쌀을 갉아 먹는 벌레. 2. 일하지 않고 놀고먹는 사람을 비유적으로 이르는 말.

㈜ 쌀통에 쌀바구미가 생겼어.

**쌀벌거지**(정선읍, 신동면), **밥벌거지**(여량면), **쌀벌게이**(화암면)

[표] 몡 밥벌레 ㈜ 일은 하지 아니하고 밥만 많이 먹는 사람을 낮잡아 이르는 말.

㈜ 저늠은 맨날 밥만 축내는 밥벌거지자나.

**쌀안경**(여량면), **쌀앵경**(신동읍), **쌀앤경**(화암면)

[표] 몡 무테안경(無-眼鏡) ㈜ 테가 없이 렌즈에 바로 다리가 연결된 안경.

㈜ 쌀앵경 쓰고 멋 부린다.

**쌂은호박에이두안들어가다**(정선읍, 여량면, 북평면, 화암면), **어림반푼어치두없다**(정선읍, 남면), **어림반푼어치두없다**(여량면)

[표] 혱 어림없다 ㈜ 1. 도저히 될 가망이 없음. 2. 너무 많거나 커서 대강 짐작조차 할 수 없음. 3. 분수가 없음.

㈜ 거 쌂은 호박에 이두 안 들어갈 소

리 하지도 말어.

**쌈는다**(정선읍, 여량면, 화암면), **쌤기다**
(남면)

　[표] 동 삵기다 뜻 '삶다'의 피동사.

　예 1.나물이 솥에서 쌤기키다. 2. 쌍
　　솥에 한쪽은 감재 강냉이를 쌈고
　　한쪽은 콩가수기도 쌈는다.

**쌉쓰름하다**(정선읍, 화암면), **쌉싸름하다**
(여량면, 남면), **십쓰리하다**(임계면)

　[표] 형 쌉싸래하다 뜻 조금 쓴 맛이
　　있는 듯함.

　예 수애 꼬들베기 살쿠리가 쌉쓰름
　　하다. 2. 꼬들빼기짐치가 쌉싸름
　　하다.

**쌍가다리지다**(정선읍, 여량면, 북평면, 화
암면)

　[표] 동 쌍갈지다(雙---) 뜻 두 갈래
　　로 갈라짐.

　예 낭구가 쌍가다리지다.

**쌍가매**(정선읍, 여량면, 남면, 임계면, 화
암면)

　[표] 명 쌍가마(雙--) 뜻 머리에 가마
　　가 둘이 있는 것 또는 그런 사람.

　예 머리 쌍가매 있으니 장개 두 번 가
　　겠다.

**쌍그늘**(정선읍, 남면, 화암면), **쌍그내**(여
량면)

　[표] 명 쌍그네(雙--) 뜻 두 사람이
　　마주 올라타고 뛰는 그네.

　예 우리둘이 쌍그내 한번 타자.

**쌍년**(정선읍, 남면, 화암면), **개쌍년**(정선
읍, 화암면), **개쌍년어간나**(정선읍, 여량
면), **개간난**(임계면)

　[표] 명 상년(常-) 뜻 1. 예전에, 신분

이 낮은 여자를 낮잡는 뜻으로 이르던
말. 2. 본데없이 막된 여자를 속되게
이르는 말.

　예 저 개쌍년어간나는 꼴도 보기 싫어.

**쌍눔**(정선읍, 남면, 화암면), **쌍늠**(여량면,
임계면)

　[표] 명 상놈(常-) 뜻 1. 예전에, 신분
　　이 낮은 남자를 낮잡는 뜻으로 이르던
　　말. 2. 본데없고 버릇없는 남자를 속
　　되게 이르는 말.

　예 쌍늠어 새끼 어대서 지랄이여.

**쌍뎅이**(정선읍, 여량면, 북평면)

　[표] 명 쌍둥이(雙--) 뜻 1. 한 어머
　　니에게서 한꺼번에 태어난 두 아이. 2.
　　똑같이 생겨 짝을 이루는 것을 비유적
　　으로 이르는 말.

　예 쟈들 둘은 쌍뎅이라 넘 헷갈래.

**쌍뎅이딸**(정선읍), **쌍둥이딸**(여량면, 남
면, 화암면)

　[표] 명 쌍동딸(雙童-) 뜻 한 태(胎)에
　　서 나온 두 딸.

　예 내 친구는 쌍뗑이딸이 있는데 엄
　　청나게 귀엽다.

**쌍뎅이아들**(정선읍), **쌍둥이아덜**(여량면,
화암면), **쌍둥이아들**(남면)

　[표] 명 쌍동아들(雙童--) 뜻 한 태
　　(胎)에서 나온 두 아들.

　예 저 집 쌍뎅이아덜은 둘 다 잘 컸어.

**쌍둥이밤**(여량면, 남면, 화암면)

　[표] 명 쌍동밤(雙童-) 뜻 한 껍데기
　　속에 두 쪽이 들어 있는 밤.

　예 쌍둥이밤 혼자 먹으믄 쌍둥이 났
　　는데.

**쌍앵경**(정선읍, 북평면, 임계면, 화암면),

**쌍안경**(여량면, 남면)

　[표] 명 쌍안경(雙眼鏡) 뜻 두 개의 망원경 광축을 나란히 붙여, 두 눈으로 동시에 먼 거리의 물체를 확대하여 쉽게 바라볼 수 있게 한 광학 기계. 배율은 보통 7~8배로서 입체감이나 거리감의 식별이 강함.

　예 쌍안경을 쓰고 멀리 내다보니 참 조타야.

**쌍판데기**(정선읍, 여량면, 남면)

　[표] 명 인상(印象) 뜻 어떤 대상에 대하여 마음속에 새겨지는 느낌.

　예 저늠아는 쌍판데기가 영 언나여 보통내기 넘어.

**쌔리다**(여량면, 북평면, 화암면), **조때리다**(신동읍), **조패다**(임계면), **패다**(임계면)

　[표] 동 때리다 뜻 1. 손이나 손에 든 물건 따위로 아프게 침. 2. 어떤 물체가 다른 물체에 세차게 부딪침. 3. 다른 사람의 잘못을 말이나 글로 비판함.

　예 주먹으로 대갈통을 한방 쌔리다.

**쌔빠지다**(정선읍, 여량면, 남면), **흔해빠지다**(임계면), **쌨다**(임계면)

　[표] 형 흔하다 뜻 보통보다 더 자주 있거나 일어나서 쉽게 접할 수 있음.

　예 서울가믄 질바닥에 차가 쌔빠지게 마너.

**쌔이다**(정선읍, 여량면, 남면, 화암면)

　[표] 동 싸이다 뜻 헤어나지 못할 만큼 어떤 분위기나 상황에 뒤덮임.

　예 니하고 말하다 보니 뭐가 쌔인 거 같아.

**쌔이다**(정선읍, 화암면), **싸무지키다**(여량면), **무지키다**(남면)

　[표] 동 쌓이다 뜻 '쌓다'의 피동사.

　예 1. 모래가 쌔이다. 2. 낭구가 잔뜩 싸무지킨다.

**쌕골**(여량면, 남면, 화암면)

　[표] 명 색골(色骨) 뜻 1. 색을 지나치게 좋아하는 사람을 속되게 이르는 말. 2. 색을 지나치게 좋아할 것같이 보이는 생김새.

　예 그 늙은 넘 여자를 밝히는 쌕골이다.

**쌤지**(정선읍, 여량면, 남면, 화암면)

　[표] 명 쌈지 뜻 1. 담배, 돈, 부시 따위를 싸서 가지고 다니는 작은 주머니. 가죽, 종이, 헝겊 따위로 만듦. 2. 담배나 바늘 따위를 '1.'에 담아 그 분량을 세는 단위.

　예 쌤지돈이나 주멍이돈이나.

**쌩똥싸다**(정선읍, 북평면), **심들다**(여량면, 남면, 화암면)

　[표] 형 힘들다 뜻 1. 힘이 쓰이는 면이 있음. 2. 어렵거나 곤란함. 3. 마음이 쓰이거나 수고가 되는 면이 있음.

　예 하루죙일 일만 하니 음청 심들다.

**써그래낭구**(여량면)

　[표] 명 소사나무 뜻 자작나뭇과의 낙엽 활엽 소교목. 잎은 달걀 모양이고 뒷면 잎맥 위에 잔털이 많음. 암수한그루로 5월에 단성화가 피고 열매는 견과(堅果)로 10월에 익음. 목재는 가구재나 땔감으로 쓰고 관상용으로 재배함. 산기슭에 저절로 나는데 우리나라 특산종으로 경기도 해안과 남쪽 섬 등지에 분포함.

　예 써그래낭구 분재가 멋있다.

**써다**(정선읍), **쏘키다**(여량면, 남면, 화암

면), **쐬키다**(임계면)

[표] 图 쏘이다 뜻 '쏘다'의 피동사

例 말바드레한테 낮잔배기를 쏘키다.

**썩어새**(정선읍, 여량면, 남면, 화암면)

[표] 图 썩은새 뜻 오래되어 썩은 이엉.

例 짚을 해이은지가 오래 돼서 썩어
새가 다 됐네.

**쎄다**(여량면, 남면, 화암면), **빡시다**(여량
면), **억쎄다**(임계면)

[표] 혱 세다 뜻 1. 힘이 많음. 2. 행동
하거나 밀고 나가는 기세 따위가 강함.
3. 물, 불, 바람 따위의 기세가 크거나
빠름.

例 그 사람은 심이 엄청 빡시다.

**쎄레뿌구대다**(정선읍), **뿌꾸대다**(여량면),
**빠꾸다**(여량면, 북평면), **뿌시다**(신동읍),
**빠시다**(임계면), **부꾸다**(화암면)

[표] 图 부수다 뜻 1. 단단한 물체를
여러 조각이 나게 두드려 깨뜨림. 2.
만들어진 물건을 두드리거나 깨뜨려
못 쓰게 만듦.

例 흔집을 대들어서 마커 뿌꾸대다.

**쎄멘**(정선읍, 여량면, 화암면)

[표] 图 시멘트 뜻 건축이나 토목 재
료로 쓰는 접합제. 석회석과 진흙과
적당량의 석고를 섞어 이긴 것을 구워
서 가루로 만든 것임.

例 부뚜막에 쎄멘 발렀더니 참 조타야.

**쏘낙비**(정선읍, 화암면), **쏘내기**(여량면,
남면, 임계면)

[표] 图 소나기 뜻 1. 갑자기 세차게
쏟아지다가 곧 그치는 비. 특히 여름
에 많으며 번개나 천둥, 강풍 따위를
동반함. 2. 갑자기 들이퍼붓는 것을

비유적으로 이르는 말.

例 후덥지근한 걸 보니 쏘내기가 한
줄기 올라나 보다.

**쏘내기구룸**(정선읍, 여량면, 북평면, 남면,
화암면)

[표] 图 소나기구름 뜻 〈지리〉 적운
보다 낮게 뜨는 수직운.

例 1. 쏘내기구룸이 씨커먼기 잔뜩
쩼다야. 2. 쏘내기구룸 삼형제가
온다.

**쏘다**(정선읍, 북평면), **쏠다**(여량면, 남면,
화암면)

[표] 图 썰다 뜻 어떤 물체에 칼이나
톱을 대고 아래로 누르면서 날을 앞뒤로
움직여서 잘라 내거나 토막이 나게 함.

例 볏짚을 작두에다가 잔뜩 쏠다.

**쏘키다**(여량면, 남면)

[표] 图 쏘이다 뜻 '쏘다'의 피동사.

例 땡삐한테 한 방 쏘키니 벌겋게 부
어오르네.

**쐐기**(정선읍, 여량면, 북평면, 남면, 화암면)

[표] 图 씨아 뜻 목화의 씨를 빼는 기
구. 토막나무에 두 개의 기둥을 박고
그 사이에 둥근 나무 두 개를 끼워 손
잡이를 돌리면 톱니처럼 마주 돌아가
면서 목화의 씨가 빠짐.

例 꿈적거리지 말게 쐐기를 박아라.

**쐬기다**(정선읍, 화암면), **쏙았다**(여량면),
**쏙다**(임계면)

[표] 图 속다 뜻 1. 남의 거짓이나 꾀
에 넘어감. 2. 어떤 것을 다른 것으로
잘못 앎.

例 저 놈이 쐬게 가지고 폭 쏙았다.

**쐬주**(정선읍, 여량면, 북평면, 남면, 임계

면, 화암면), **쏘주**(정선읍)

[표] 명 소주(燒酒) 뜻 1. 곡주나 고구마주 따위를 끓여서 얻는 증류식 술. 무색 투명하고 알코올 성분이 많음. 2. 알코올에 물과 향료를 섞어서 얻는 희석식 술.

예 지녁에 쐬주 한잔 합시다.

**쐬주잔**(정선읍, 여량면, 남면, 임계면, 화암면), **쏘주잔**(정선읍, 남면)

[표] 명 소주잔(燒酒盞) 뜻 소주 따위의 독한 술을 마시는 데 쓰는, 운두가 얕고 작은 술잔.

예 아주머이 여개 쐬주잔 두개 마 조요.

**쑥맥**(정선읍, 화암면), **맨제기**(정선읍), **맨지기**(여량면, 남면)

[표] 명 숙맥(菽麥) 뜻 1. 콩과 보리를 아울러 이르는 말. 2. 사리 분별을 못하고 세상 물정을 잘 모르는 사람. '숙맥불변'에서 나온 말임.

예 저런 맨지기 같은 늠 것도 모르고 사나.

**쑥버머리떡**(정선읍, 화암면), **버무레기떡**(여량면), **붕셍이**(신동읍, 임계면)

[표] 명 버무리떡 뜻 쌀가루에 콩이나 팥 따위를 한데 버무려 찐 떡.

예 내일 울 어무이가 버무레기떡 해주기로 했다.

**쑥버무레기**(정선읍, 여량면, 북평면, 남면, 화암면), **쑥부셍이**(임계면), **붕셍이**(화암면)

[표] 명 쑥버무리 뜻 쌀가루와 쑥을 한데 버무려서 시루에 찐 떡.

예 봄에 먹을 게 엄쓰니 오늘 쑥버무레기 해먹자.

**쓰개치매**(여량면, 남면, 화암면)

[표] 명 쓰개치마 뜻 예전에, 부녀자가 나들이할 때, 내외를 하기 위하여 머리와 몸 윗부분을 가리어 쓰던 치마.

예 우리 어머이는 간만에 쓰개치매 입고 박까테 갔어.

**쓰레박**(정선읍, 여량면, 북평면, 남면, 화암면)

[표] 명 쓰레받기 뜻 비로 쓴 쓰레기를 받아 내는 기구.

예 빗자루와 쓰레박 쫌 가져 오너라.

**쓰르레미**(정선읍, 여량면, 북평면, 남면, 화암면)

[표] 명 쓰르라미 뜻 매밋과의 곤충.

예 암놈 찾느라 쓰르레미 소리가 크네.

**쓰키다**(여량면, 남면, 화암면)

[표] 동 쓰이다 뜻 '쓰다'의 피동사.

예 머리에 바람 들어가니 언나한테 모자 쓰키라.

**쓸개돌**(여량면, 남면, 북평면)

[표] 명 담석(膽石) 뜻 〈의학〉 쓸개나 쓸갯길에 생긴 돌.

예 쓸개돌이 배갰다.

**쓸개빠진년**(정선읍)

[표] 명 미친년 뜻 1. 정신에 이상이 생긴 여자를 욕하여 이르는 말. 2. 말과 행동이 실없거나 도리에 벗어난 짓을 하는 여자를 욕하여 이르는 말.

예 쓸개빠진년이 히죽히죽 웃긴 왜 웃어.

**씀바구**(정선읍, 여량면, 북평면, 남면, 화암면)

[표] 명 씀바귀 뜻 국화과의 여러해살이풀. 높이는 25~50cm이며 근생엽은 거꾸로 된 심장 모양이고 경엽은 달걀 모양. 5~7월에 노란색 꽃이 피고 열매는

수과(瘦果)임. 줄기와 잎에 흰 즙이 있고 쓴맛이 나며 뿌리와 애순은 봄에 나물로 먹음. 한국, 일본, 중국 등지에 분포함.

例 봄에는 씀바구가 입맛 돋구지.

**씁쓰름하다**(정선읍, 화암면), **씹씨룸하다**
(여량면, 남면)

[표] 혱 씁쓰레하다 뜻 1. 조금 쓴 맛이 나는 듯함. 2. 달갑지 아니하여 싫거나 언짢은 기분이 조금 나는 듯함.

例 우째 맛이 씹씨룸하다.

**쏭**(정선읍, 화암면), **승멩**(남면)

[표] 몡 성명(姓名) 뜻 성과 이름을 아울러 이르는 말. 성은 가계(家系)의 이름이고, 명은 개인의 이름임.

例 니 쏭이 머나?

**쏭내다**(정선읍, 남면, 화암면)

[표] 동 성내다 뜻 1. 노여움을 나타냄. 2. 바람이 심하게 불어 파도나 불길 따위가 거칠게 읾.

例 니는 내가 말만 하면 쏭내냐.

**씨**(정선읍, 여량면, 북평면, 화암면), **썩**(임계면)

[표] 쩝 –씩 뜻 '그 수량이나 크기로 나눠거나 되풀이됨'의 뜻을 더하는 접미사.

例 한끄번에 하지 말고 한개씨 날러라.

**씨갈머리**(정선읍, **여량면**, 화암면)

[표] 몡 씨알머리 뜻 남의 혈통을 속되게 이르는 말.

例 저늠의 씨갈머리 보기도 싫어.

**씨갑씨**(여량면)

[표] 몡 씨앗 뜻 1. 곡식이나 채소 따위의 씨. 2. 앞으로 커질 수 있는 근원을 비유적으로 이르는 말. 3. 어떤 가문의 혈통이나 근원을 낮잡아 이르는 말.

例 배차 씨갑씨 간수 잘해라.

**씨갓부치다**(정선읍, 여량면, 남면, 화암면)

[표] 동 씨뿌리다 뜻 곡식이나 채소를 키우기 위하여 밭에 씨를 뿌림.

例 봄이면 텃밭에 여러 가지 씨갓부치다.

**씨내림**(여량면, 남면)

[표] 몡 유전(遺傳) 뜻 1. 물려받아 내려옴. 또는 그렇게 전해짐. 2. 어버이의 성격, 체질, 형상 따위의 형질이 자손에게 전해짐. 또는 그런 현상. 오스트리아의 식물학자 멘델에 의하여 처음으로 이에 대한 과학적 설명이 이루어졌음.

例 영락읎이 즈덜 아버이 씨내림 받았다.

**씨도독**(정선읍, 화암면), **씨도적**(남면)

[표] 몡 씨도둑 뜻 씨를 훔친다는 뜻으로, 한 집안에서 대대로 내려오는 버릇, 모습, 전통에서 벗어나게 함을 이르는 말.

例 저늠애는 얼굴이 다른 거 보니 씨도독 했구만.

**씨두룩하다**(정선읍, 남면, 화암면), **씨굽다**(여량면)

[표] 혱 쓰다 뜻 혀로 느끼는 맛이 한약이나 소태, 씀바귀의 맛과 같음.

例 술맛이 음청 씨굽다.

**씨두룩한맛**(정선읍, 여량면, 남면), **씨구운맛**(여량면, 북평면, 화암면), **씨굽다**(임계면)

[표] 몡 쓴맛 뜻 1. 소태나 씀바귀 따위의 맛처럼 느껴지는 맛. 2. 달갑지 아니하고 싫거나 언짢은 느낌.

例 약은 볼래 씨구운맛으로 먹는 거야.

**씨두룩한술**(정선읍, 여량면, 남면), **씨구**

**운술**(여량면, 북평면, 화암면)

　[표] 명 쓴술 뜻 1. '맵쌀술'을 찹쌀술에 상대하여 이르는 말. 2. 맛이 쓴 약술.

　예 씨구운술이래야 빨리 취하지.

**씨레기국**(정선읍, 남면, 화암면), **건추국**(여량면)

　[표] 명 시래깃국 뜻 시래기를 넣어 끓인 된장국.

　예 아침에 건추국 먹으니 속이 뜨뜨하다.

**씨레기통**(여량면, 남면, 화암면)

　[표] 명 쓰레기통(---桶) 뜻 쓰레기를 담거나 모아 두는 통.

　예 방바닥 종이쪼가리 씨레기통에 담아라.

**씨몰쌀**(신동읍), **씨몽쌀**(남면, 신동읍), **몰쌀**(화암면)

　[표] 명 몰살(沒殺) 뜻 모조리 다 죽거나 죽임. 또는 그런 죽음.

　예 옛날에 가끔 강에 약을 풀어 고기가 씨몽쌀이 되다시피 했다.

**씨버레하다**(정선읍), **씨벌거리다**(정선읍), **귀따굽다**(여량면, 북평면, 화암면), **귀때굽다**(남면)

　[표] 형 시끄럽다 뜻 1. 듣기 싫게 떠들썩함. 2. 말썽이 나서 어지러운 상태에 있음. 3. 마음에 들지 않아 귀찮고 성가심.

　예 야들아 인제 고만 떠들어 귀따굽다.

**씨버리**(정선읍, 여량면, 신동읍, 화암면)

　[표] 명 떠버리 뜻 자주 수다스럽게 떠드는 사람을 낮잡아 이르는 말.

　예 씨버리 하게 떠들지 말고 가망 있어라.

**씨벌거리다**(정선읍, 남면), **씨버리다**(여량면), **씨부리다**(임계면, 화암면)

　[표] 동 씨부렁거리다 뜻 주책없이 쓸데없는 말을 함부로 자꾸 지껄임. '시부렁거리다'보다 센 느낌을 줌.

　예 되지도 않는 소리를 씨버리다.

**씨알**(여량면, 화암면), **씨**(신동읍), **나팔**(임계면)

　[표] 명 말 뜻 1. 사람의 생각이나 느낌 따위를 표현하고 전달하는 데 쓰는 음성 기호. 곧 사람의 생각이나 느낌 따위를 목구멍을 통하여 조직적으로 나타내는 소리를 가리킴. 2. 음성 기호로 생각이나 느낌을 표현하고 전달하는 행위. 또는 그런 결과물. 3. 일정한 주제나 줄거리를 가진 이야기.

　예 거 씨알도 안맥키니 가나마나여.

**씨알락거리다**(정선읍, 북평면), **중중거리다**(여량면, 화암면), **종알거리다**(임계면), **염불하다**(남면)

　[표] 동 중얼거리다 뜻 몹시 원망하듯 남이 알아들을 수 없는 군소리로 자꾸 중얼거림.

　예 멀 혼자 그렇게 중중거리나.

**씨종자**(정선읍, 여량면, 남면)

　[표] 명 종자(種子) 뜻 1. 식물에서 나온 씨 또는 씨앗. 2. 동물의 혈통이나 품종. 또는 그로부터 번식된 새끼. 3. 사람의 혈통을 낮잡아 이르는 말.

　예 내년에 씸을 강냉이 씨종자를 미리 준비하다.

**씨종재돈**(정선읍), **종재돈**(남면)

　[표] 명 종잣돈(種子--) 뜻 1. 〈경제〉 부실기업을 살리기 위하여 금융 기관에서 새로이 융자하여 주는 자금. 2.

어떤 돈의 일부를 떼어 일정 기간 동안 모아 묵혀 둔 것으로, 더 나은 투자나 구매를 위해 밑천이 되는 돈.

[예] 종재돈이 필요하긴 한데.

**씩그룹게**(정선읍, 남면, 화암면), **씨버레하게**(여량면), **귀때굽다**(임계면)

[표] 시끄럽게 [뜻] 1. 듣기 싫게 떠들썩함. 2. 말썽이 나서 어지러운 상태에 있음. 3. 마음에 들지 않아 귀찮고 성가심.

[예] 뭘 그리 씨버레하게 혼자 떠드나.

**씩스바리**(정선읍, 남면, 화암면), **희덕덕이**(정선읍), **씨그바리**(여량면)

[표] [명] 시시덕이 [뜻] 시시덕거리기를 잘하는 사람을 이르는 말.

[예] 씨그바리처럼 웃기는 왜 자꾸 웃어.

**씬뺑이**(정선읍, 여량면, 북평면, 화암면), **새거**(남면), **쌤뺑이**(화암면)

[표] [명] 새것 [뜻] 1. 새로 나오거나 만든 것. 2. 아직 한 번도 쓰지 아니한 물건. 3. 낡지 아니하고 아직 성한 물건.

[예] 오늘 양복을 씬뺑이로 하나 샀어.

**씰다**(정선읍, 여량면, 북평면, 남면, 화암면), **쓸다**(정선읍)

[표] [동] 슬다 [뜻] 벌레나 물고기 따위가 알을 깔기어 놓음.

[예] 1. 개미가 알을 잔뜩 씰다. 2. 깨구리, 뜩지 알 쓸었다.

**씰대없다**(여량면, 북평면, 화암면), **객없다**(여량면)

[표] [형] 객쩍다(客--) [뜻] 행동이나 말, 생각이 쓸데없고 싱거움.

[예] 가마이 있지 못해고 씰대읍시 챙견만 한다.

**씰데없다**(정선읍, 화암면), **쓰잘데기읎다**(여량면, 남면)

[표] [형] 쓸데없다 [뜻] 아무런 쓸모나 득이 될 것이 없음.

[예] 인제는 늙어서 아무데고 쓰잘데기읎다.

**씹구영**(여량면, 화암면)

[표] [명] 씹 [뜻] 여성의 성기를 비속하게 이르는 말.

[예] 못된 짓 한년 씹구영을 확 째야 돼.

**씹두뎅이**(여량읍, 화암면), **불두뎅이**(신동읍)

[표] [명] 불두덩 [뜻] 남녀의 생식기 언저리에 있는 불룩한 부분.

[예] 어저깨 목욕탕에서 보니 그 여편네 씹두뎅이는 커도 넘 크더라.

**씹물**(정선읍, 화암면)

[표] [명] 분비액(分泌液) [뜻] 〈생물〉 분비샘에서 분비되어 나오는 액체. 동물에서는 소화액, 호르몬, 젖 따위가 있고 식물에서는 밀(蜜), 유액, 수지, 고무액 따위가 있음.

[예] 이젠 나이가 들어 씹물도 안 난다.

**씹질**(여량면, 남면, 화암면)

[표] [명] 씹 [뜻] '성교'를 비속하게 이르는 말.

[예] 둘이 들어 앉아 씹질하고 있겠지.

**씻치다**(정선읍)

[표] [동] 씻다 [뜻] 1. 물이나 휴지 따위로 때나 더러운 것을 없게 함. 2. 누명, 오해, 죄과 따위에서 벗어나 다른 사람 앞에서 떳떳한 상태가 됨. 3. 원한 따위를 풀어서 마음속에 응어리가 된 것을 없앰.

[예] 물에 가서 낯 짠배기 좀 씻치고 와라.

**아가리**(정선읍), **입버르장머리**(여량면, 화암면), **아갈머리**(남면)

[표] 똉 입버릇 뜻 1. 입에 배어 굳은 말버릇. 2. 음식을 먹는 버릇.

㉠ 저 댕내는 입버르장머리 아주 드르워.

**아가리조심**(정선읍, 여량면, 북평면, 화암면), **주뎅이조심**(신동읍, 화암면), **구뎅이조심**(임계면)

[표] 똉 말조심(-操心) 뜻 말이 잘못되지 아니하게 마음을 쓰는 일.

㉠ 앞으로는 아가리조심해라.

**아가리질**(정선읍, 여량면, 북평면, 화암면), **주뎅이질**(신동읍, 화암면)

[표] 똉 말질 뜻 이러니저러니 하고 말로 다투거나 쓸데없이 말을 옮기는 짓.

㉠ 1. 니 주뎅이질 하다가 큰 코 다친다. 2. 이 년이 어데서 함부로 아가리질이여.

**아가리질하다**(정선읍, 화암면), **징징거리다**(여량면)

[표] 똉 울다 뜻 1. 기쁨, 슬픔 따위의 감정을 억누르지 못하거나 아픔을 참지 못하여 눈물을 흘림. 또는 그렇게 눈물을 흘리면서 소리를 냄. 2. 짐승, 벌레,

바람 따위가 소리를 냄. 3. 물체가 바람 따위에 흔들리거나 움직여 소리가 남.

㉠ 허구한 날 눈맨 뜨면 징징거리다.

**아갈통**(정선읍, 화암면), **아구텡이**(여량면), **아가리**(임계면), **아구창**(남면)

[표] 똉 아귀 뜻 입아귀. 주둥이.

㉠ 1. 아갈통을 뿌새버릴까? 2. 잘못하믄 아구텡이 날아갈 뻔 했네.

**아구**(정선읍, 여량면, 북평면, 화암면)

[표] 똉 아귀 뜻 아귓과의 바닷물고기. 몸의 길이는 60cm 정도이고 넓적하며, 등은 회갈색, 배는 흰색이다. 머리 폭이 넓고 입이 큼. 비늘이 없이 피질 돌기로 덮였고 등의 앞쪽에 촉수 모양의 가시가 있어 작은 물고기를 꾀어 잡아먹음. 한국, 일본, 대만, 중국, 필리핀, 멕시코 등지의 태평양 연해에 분포함.

㉠ 오늘은 아구찜해서 술 한 잔 하자.

**아구다툼**(여량면, 남면, 화암면)

[표] 똉 아귀다툼 뜻 각자 자기의 욕심을 채우고자 서로 헐뜯고 기를 쓰며 다투는 일.

㉠ 벨걸 다 가지고 아구다툼 하고 있네.

**아구시다**(정선읍, 화암면), **아굼씨다**(정선읍), **아구빡시다**(여량면)

258

[표] 형 아귀세다 뜻 1. 마음이 굳세어 남에게 잘 꺾이지 아니함. 2. 남을 휘어잡는 힘이나 수완이 있음. 3. 손으로 잡는 힘이 셈.

예 나는 증망 아구시다.

**아그미깍두기**(정선읍), **서거리깍데기**(여량면, 남면)

[표] 명 서거리깍두기 뜻 소금에 절인 명태 아가미를 넣고 담근 깍두기.

예 입맛 읎는데 어머이가 담군 서거리깍데기 생각이 난다.

**아기잠**(정선읍, 남면), **애기잠**(정선읍, 북평면), **아이잠**(여량면)

[표] 명 첫잠 뜻 1. 곤하게 든 잠. 2. 〈농업〉 에가 뽕을 먹기 시작한 후 처음으로 자는 잠.

예 누에가 애기잠 잔다.

**아깨**(정선읍, 여량면, 북평면, 남면, 화암면), **아깨**(정선읍, 임계면)

[표] 명 부 아까 뜻 1. 명 조금 전. 2. 부 조금 전에.

예 아깨 전에 간다고 말했잖아.

**아꿉다**(정선읍, 여량면, 북평면, 화암면), **아껍다**(남면)

[표] 형 아깝다 뜻 1. 소중히 여기는 것을 잃어 섭섭하거나 서운한 느낌이 있음. 2. 어떤 대상이 가치 있는 것이어서 버리거나 내놓기가 싫음. 3. 가치 있는 대상이 제대로 쓰이거나 다루어지지 못하여 안타까움.

예 내삐리기에는 넘 아꿉다.

**아낌읎다**(정선읍, 화암면)

[표] 형 아낌없다 뜻 주거나 쓰는 데 아까워하는 마음이 없음.

예 큰집 수수준 것 아낌읎다.

**아니꿉다**(정선읍, 여량면, 북평면, 남면, 화암면)

[표] 형 아니꼽다 뜻 1. 비위가 뒤집혀 구역날 듯함. 2. 하는 말이나 행동이 눈에 거슬려 불쾌함.

예 하는걸 보면 진짜루 아니꿉다.

**아달멩이**(정선읍, 여량면, 북평면, 남면)

[표] 명 알맹이 뜻 1. 물건의 껍데기나 껍질을 벗기고 남은 속 부분. 2. 사물의 핵심이 되는 중요한 부분.

예 아달멩이만 쏙 빼먹고 내삐린다.

**아둔페기**(여량면), **둔페기**(신동읍)

[표] 명 둔패기 뜻 아둔한 사람을 낮잡아 이르는 말.

예 저런 아둔페기 같은 놈.

**아들레**(정선읍), **아들레미**(여량면, 화암면), **아덜**(남면)

[표] 명 아들 뜻 남자로 태어난 자식.

예 큰아들레 집에 갔다 왔다.

**아들자슥**(정선읍, 여량면, 화암면), **아들자석**(남면)

[표] 명 아들자식(––子息) 뜻 1. 남에게 자기 아들을 이르는 말. 2. 아들로 태어난 자식.

예 우리 둘째 아들자슥 공부 잘한다.

**아래우리**(정선읍), **아레우**(여량면, 남면, 화암면)

[표] 명 아래우 뜻 '아래위'의 잘못.

예 우리는 한 동네서 아레우로 살았다.

**아래우에칸**(정선읍, 북평면, 화암면), **아레웃간**(여량면, 남면)

[표] 명 아래윗간(–––間) 뜻 아랫간과 윗간을 아울러 이르는 말.

ⓔ 옷은 아래우에칸에 구분해 넣어라.

**아레**(정선읍, 여량면, 북평면, 남면, 화암면)

[표] 圐 아래 图 1. 어떤 기준보다 낮은 위치. 2. 신분, 연령, 지위, 정도 따위에서 어떠한 것보다 낮은 쪽. 3. 조건, 영향 따위가 미치는 범위.

ⓔ 저 아레 놀러 갔어요.

**아레웃벌**(여량면, 남면)

[표] 圐 아래윗벌 图 옷의 한 벌을 이루는 아랫벌과 윗벌을 아울러 이르는 말.

ⓔ 옷 가게 간 김에 아레웃벌 사라.

**아레짝**(정선읍, 여량면, 북평면, 화암면)

[표] 圐 아래짝 图 위아래가 한 벌을 이루는 물건의 아래쪽 짝.

ⓔ 체육복 아레짝은 어데 다 두고 그런 걸 입고 왔나.

**아레층**(정선읍, 여량면, 남면, 화암면)

[표] 圐 아래층(--層) 图 여러 층으로 된 것의 아래에 있는 층.

ⓔ 아레층 내려갔다가 올라믄 다리가 아파요.

**아레택수가리**(정선읍, 여량면, 남면, 화암면), **턱수바리**(임계면)

[표] 圐 아래턱 图 아래쪽의 턱.

ⓔ 마당 앞에 빨랫줄에 걸래서 아레택수가리 떨어질 뻔 했네.

**아렛거**(정선읍, 여량면, 북평면, 남면, 화암면)

[표] 圐 아랫것 图 지체가 낮은 사람이나 하인을 낮잡아 이르는 말.

ⓔ 아렛거들이 까불고 있어.

**아렛니빨**(정선읍, 남면, 화암면), **아렛니**(여량면)

[표] 圐 아랫니 图 아랫잇몸에 난 이.

ⓔ 아렛니빨 때문에 인물이 틀랬어.

**아렛도리**(정선읍, 여량면, 북평면, 남면, 화암면), **잠도리**(임계면)

[표] 圐 아랫도리 图 1. 허리 아래의 부분. 2. 아래에 입는 옷. 3. 지위가 낮은 계급.

ⓔ 아렛도리가 부실해서 남재 구슬지대루 하겠남.

**아렛배떼기**(정선읍, 화암면), **아렛배**(여량면, 남면)

[표] 圐 아랫배 图 배꼽 아랫부분의 배.

ⓔ 아렛배가 살살 아프다.

**아렛입술**(정선읍, 여량면, 남면, 화암면)

[표] 圐 아랫입술 图 아래쪽의 입술.

ⓔ 아렛입술이 도톰하다.

**아룻목**(정선읍, 화암면), **아렛목**(여량면), **아렛묵**(남면)

[표] 圐 아랫목 图 1. 온돌방에서 아궁이 가까운 쪽의 방바닥. 2. 아래쪽의 길목이나 물목.

ⓔ 추우니깐 아룻목으로 가자.

**아매**(정선읍, 여량면, 남면, 화암면)

[표] 閂 아마 图 단정할 수는 없지만 미루어 짐작하거나 생각하여 볼 때 그럴 가능성이 크다는 뜻을 나타내는 말. 개연성이 높을 때 쓰는 말이나, '틀림없이'보다는 확신의 정도가 낮은 말.

ⓔ 아매 천원은 조야 할 걸.

**아모**(정선읍, 남면)

[표] 떼 관 아무 图 떼 1. 어떤 사람을 특별히 정하지 않고 이르는 인칭 대명사로, 흔히 부정의 뜻을 가진 서술어와 호응하나, '나', '라도'와 같은 조사와 함께 쓰일 때는 긍정의 뜻을 가진

서술어와 호응하기도 함. 2. 성(姓) 다음에 쓰여 어떤 사람을 구체적인 이름 대신 이르는 인칭 대명사. 관 1. 어떤 사람이나 사물 따위를 특별히 정하지 않고 이를 때 쓰는 말. 2. '전혀 어떠한'의 뜻을 나타내는 말.

　예 이름이 생가 않나는데 거 아모개 오늘 만났지.

**아모개**(정선읍, 화암면), **아문개**(여량면, 남면)

　[표] 대 아무개 뜻 어떤 사람을 구체적인 이름 대신 이르는 인칭대명사.

　예 아문개한테 물어봐도 내말이 맞다.

**아무래두**(정선읍, 남면, 화암면) **아무캐두**(임계면)

　[표] 부 아무래도 뜻 아무리 생각해 보아도. 또는 아무리 이리저리 하여 보아도.

　예 오늘 아무래두 다 못하겠다.

**아무쪽**(정선읍, 여량면, 북평면, 남면, 화암면), **아문데**(여량면)

　[표] 명 아무짝 뜻 '아무 데'를 비하하여 이르는 말.

　예 1. 이건 아무쪽에도 못써. 2. 아문데도 못쓴다.

**이발젱이**(정선읍), **깎사**(여량면)

　[표] 명 이발사(理髮師) 뜻 일정한 자격을 가지고 남의 머리털을 깎아 다듬는 일을 직업으로 하는 사람.

　예 저 아저씨는 우리 마을 이발젱이야.

**아사무사**(정선읍, 여량면, 북평면, 남면, 임계면, 화암면)

　[표] 어근 어사무사(於思無思) 뜻 '어사무사하다'의 어근.

　예 그 날이 언젠지 아사무사한기 잘 모르겠네.

**아양구**(여량면, 남면)

　[표] 명 아양 뜻 귀염을 받으려고 알랑거리는 말. 또는 그런 짓.

　예 용돈을 달래구 우리 딸레미가 아양구떠네.

**아옵**(정선읍, 남면, 화암면)

　[표] 수 관 아홉 뜻 여덟에 하나를 더한 수. 또는 그런 수의.

　예 아옵 밤 자면 제사다.

**아이구**(정선읍, 남면, 화암면)

　[표] 감 아이고 뜻 아프거나 힘들거나 놀라거나 원통하거나 기막힐 때 내는 소리.

　예 아이구 살다가 벨느므소리 다 듣네.

**아이구많다**(정선읍), **허구많다**(남면)

　[표] 형 하고많다 뜻 많고 많다.

　예 니 같은 사람 허구많다.

**아이방아**(정선읍, 여량면, 남면, 화암면)

　[표] 명 애벌방아 뜻 뒤에 온전히 찧을 양으로 우선 간단히 찧는 방아질.

　예 베를 아이방아 쩨 놓고 놀다.

**아이짐**(정선읍, 여량면, 북평면, 남면)

　[표] 명 애벌김 뜻 논이나 밭을 첫 번째 매는 김.

　예 콩밭에 아이짐 매러 갔잖소.

**아장구**(정선읍, 북평면), **젙가지**(여량면, 남면, 화암면), **옆가지**(여량면)

　[표] 명 곁가지 뜻 1. 원가지에서 돋아난 작은 가지. 2. 어떤 문제나 사물에서 덜 중요하거나 본질적이지 않은 부분.

　예 이런 젙가지는 잘라내야 한다.

**아장구**(정선읍, 북평면), **젙수네기**(여량

면, 남면, 화암면)

[표] 몡 곁순(-筍) 뜻 풀이나 나무의 원줄기 곁에서 돋아나는 순.

예 곁수네기가 마이 나와서 원대궁이 약하다.

**아장구치기**(정선읍, 북평면), **아지치기**(여량면)

[표] 몡 가지치기 뜻 〈농업〉 식물의 곁모양을 고르게 하고 웃자람을 막으며, 과실나무 따위의 생산을 늘리기 위하여 곁가지 따위를 자르고 다듬는 일.

예 복상낭구 아지치기를 하다.

**아지렝이**(정선읍, 여량면, 남면, 화암면)

[표] 몡 아지랑이 뜻 주로 봄날 햇빛이 강하게 쬘 때 공기가 공중에서 아른아른 움직이는 현상.

예 보리밭에 아지렝이가 아롱거린다.

**아지머이**(정선읍, 북평면), **아주멍이**(여량면, 남면), **아지미**(임계면), **아주머이**(화암면)

[표] 몡 아주머니 뜻 1. 부모와 같은 항렬의 여자를 이르거나 부르는 말. 2. 남자가 같은 항렬의 형뻘이 되는 남자의 아내를 이르거나 부르는 말. 3. 남남끼리에서 결혼한 여자를 예사롭게 이르거나 부르는 말.

예 아주멍이 여 우리 댕내 안 왔소.

**아쭈구리**(정선읍, 여량면, 북평면, 화암면), **아쭈**(남면)

[표] 뫼 아주 뜻 1. 보통 정도보다 훨씬 더 넘어선 상태로. 2. (동사 또는 일부의 명사적인 성분 앞에 쓰여) 어떤 행동이나 작용 또는 상태가 이미 완전히 이루어져 달리 변경하거나 더 이상 어찌할

수 없는 상태에 있음을 나타내는 말.

예 아쭈구리 놀고 자빠졌네.

**아칙**(여량면, 화암면), **아척**(남면)

[표] 몡 아침 뜻 1. 날이 새면서 오전 반나절쯤까지의 동안. 2. 아침 끼니로 먹는 밥.

예 낼 아칙에 또 보세. 아척에 일찍 일어났다.

**아칙밥**(정선읍, 남면, 화암면), **아참밥**(여량면, 임계면)

[표] 몡 아침밥 뜻 아침 끼니로 먹는 밥.

예 아참밥은 꼭 챙겨 먹어라.

**아칙상**(정선읍, 남면, 화암면), **아참상**(임계면)

[표] 몡 아침상(--床) 뜻 아침밥을 차려 놓은 상.

예 아칙상 받는 늠이 최고여.

**아칙술**(정선읍, 북평면)

[표] 몡 해장술(解酲-) 뜻 전날의 술 기운으로 거북한 속을 풀기 위하여 마시는 술.

예 빈속에 아칙술 마시지 마라.

**아침나질**(정선읍, 화암면), **아척나절**(남면)

[표] 몡 아침나절 뜻 아침밥을 먹은 뒤부터 점심밥을 먹기 전까지의 한나절.

예 이제 아침나질로 찬바람 분다.

**아침노올**(정선읍, 북평면, 화암면), **아척노을**(남면)

[표] 몡 아침노을 뜻 아침 하늘이 햇살로 벌겋게 보이는 현상.

예 일찍 일어나서 아침노올 보러 가자.

**아침지녁**(정선읍, 여량면, 남면)

[표] 몡 아침저녁 뜻 1. 아침과 저녁을 아울러 이르는 말. 2. 아침밥과 저

녁밥을 아울러 이르는 말.

예 인제는 아침지녁으로 제법 쌀쌀
하다.

**아침쩔에**(정선읍, 여량면, 화암면), **아칠
절에**(정선읍), **아척때**(남면)

[표] 명 아침때 뜻 1. 아침인 때. 2.
아침밥을 먹는 때.

예 오늘 장날인데 아침쩔에 갔다 와
야지.

**악살시룹다**(남면)

[표] 형 우악스럽다(愚惡---) 뜻 1.
보기에 미련하고 험상궂은 데가 있음.
2. 보기에 무지하고 포악하며 드센 데
가 있음.

예 악살시룹게 싱겼어도 손은 진국
이지.

**안걸음**(정선읍, 남면, 화암면), **기집걸음**
(여량면)

[표] 명 안짱걸음 뜻 두 발끝을 안쪽
을 향해 들여 모아 걷는 걸음.

예 안걸음 어댕기면 넘거걸질텐데.

**안늘긍이**(정선읍, 화암면), **안늘겡이**(여
량면, 남면)

[표] 명 안늙은이 뜻 여자 늙은이.

예 우리 안늘겡이 마실가고 읍소.

**안들**(정선읍, 여량면, 북평면), **안사람**(정
선읍, 임계면), **예펜내**(정선읍, 화암면), **밥
지기**(임계면), **안덜**(남면)

[표] 명 아내 뜻 혼인하여 남자의 짝
이 된 여자.

예 1. 이느머 예펜내 어델 또 갔나.
2. 우리 안들 여개 안왔소?

**안베름빡**(정선읍, 남면, 화암면), **안베름
싹**(여량면)

[표] 명 안벽(-壁) 뜻 건물의 안쪽에
있는 벽.

예 안베름싹에 언나들이 낙서를 해
놨어.

**안쥔**(정선읍, 여량면, 남면, 화암면)

[표] 명 안주인(-主人) 뜻 집안의 여
자 주인.

예 집안일은 우리 안쥔이 알아서 한다.

**안주끈**(여량면, 화암면), **아즉껀**(남면)

[표] 부 아직껏 뜻 '아직'을 강조하여
이르는 말.

예 안주끈 밥 안 먹고 머했나.

**안즉**(정선읍, 화암면), **안죽**(정선읍), **상구**
(여량면, 남면)

[표] 부 아직 뜻 어떤 일이나 상태 또
는 어떻게 되기까지 시간이 더 지나야
함을 나타내거나, 어떤 일이나 상태가
끝나지 아니하고 지속되고 있음을 나
타내는 말.

예 1. 안죽도 안 간나. 2. 야가 상구
도 안 일어났나.

**안질**(정선읍, 남면), **속질**(여량면)

[표] 명 지름길 뜻 1. 멀리 돌지 않고
가깝게 질러 통하는 길. 2. 가장 쉽고
빠른 방법을 비유적으로 이르는 말.

예 1. 안질로 질러가라. 2. 저쪽 속질
로 질러가면 빠르다.

**안질벵이보리**(정선읍, 남면, 화암면), **밀
보리**(여량면)

[표] 명 쌀보리 뜻 볏과의 한해살이
풀. 보리의 한 품종으로서 까끄라기가
짧고, 씨방 벽으로부터 점착 물질이
분비되지 않아서 씨알이 성숙하여도
작은 껍질과 큰 껍질이 잘 떨어지는 특

성이 있음. 겉보리와 구분하여 부르는 명칭으로, 일반적으로 겉보리보다 내한성이 약하나 도정(搗精)이 쉬움. 우리나라 대전 이남의 남부 지방에서 재배됨.

㉠ 안질벵이보리는 음청 까끄랍다.

**안질벵이보리**(정선읍, 신동읍, 화암면), **봄보리**(여량면)

[표] 명 봄보리 뜻 〈농업〉 이른 봄에 씨를 뿌려 첫여름에 거두는 보리.

㉠ 열무김치에 안질벵에 봄보리밥을 하꾸박 비벼서 먹으면 둘이 먹다가 하나 죽어도 모름.

**안질벵이저울**(정선읍, 여량면, 북평면, 남면, 화암면)

[표] 명 앉은뱅이저울 뜻 바닥에 놓은 채 받침판 위에 물건을 올려놓고 위쪽에 있는 저울대에서 저울추로 무게를 다는 저울.

㉠ 요새는 안질벵이저울이 있어서 울매나 펜한지 몰러.

**안팎곱새**(정선읍, 여량면, 북평면, 화암면), **안팎곱새뎅이**(남면)

[표] 명 안팎곱사등이 뜻 1. 가슴과 등이 병적으로 튀어나온 사람. 2. 안팎으로 하는 일이 잘 안되어 답답한 경우를 비유적으로 이르는 말.

㉠ 안팎곱새라 등짐 못 진다.

**안할말루**(정선읍, 화암면), **막말로**(여량면), **안할말루**(신동읍)

[표] 부 마기말로 뜻 실제라고 가정하고 하는 말로.

㉠ 막말로 내한태 그리믄 안 돼.

**앉인키골**(정선읍, 남면)

[표] 명 앉은키 뜻 두 다리를 모아 넓적다리는 수평이 되게 하고 종아리와 상체는 수직이 되도록 걸상에 앉았을 때, 걸상면으로부터 머리끝까지의 키.

㉠ 앉인키골로서는 모자란다.

**알거렁벵이**(정선읍, 화암면), **알거러지**(여량면), **거렁배잉**(임계면), **알거저리**(남면)

[표] 명 알거지 뜻 가진 것이 아무것도 없는 거지. 또는 그런 형편이 되어 버린 사람.

㉠ 그 좋던 재산 타 털어먹고 알거렁벵이가 됐다.

**알구다**(정선읍, 여량면, 남면, 화암면)

[표] 동 알리다 뜻 1. '알다'의 사동사. 2. 다른 사람에게 어떤 것을 소개하여 알게 함. 3. 어떠한 사실이나 현상을 나타내거나 표시함.

㉠ 잔차날을 칭구에게 알구다.

**알궁뎅이**(여량면), **쌀궁뎅이**(정선읍, 여량면, 남면)

[표] 명 알궁둥이 뜻 벌거벗은 궁둥이.

㉠ 언나가 추운데 쌀궁뎅이로 나왔잖아.

**알궈내다**(정선읍, 화암면), **알고내다**(여량면)

[표] 동 알겨내다 뜻 남의 재물 따위를 좀스러운 말과 행위로 꾀어 빼앗아 냄.

㉠ 야 이늠아 니는 고거까지 알고내나.

**알궈먹다**(정선읍, 화암면), **알고먹다**(여량면, 남면)

[표] 동 알겨먹다 뜻 남의 재물 따위를 좀스러운 말과 행위로 꾀어 빼앗아 가짐.

㉠ 요리조리 남어꺼 다 알고먹다.

**알껍대기**(정선읍, 여량면, 남면, 화암면)
[표] 몡 알껍데기 뜻 동물의 알의 맨 바깥층의 단단한 막.
예 계란 알껍대기 한쪼다 내삐래라.

**알낳다**(여량면, 신동읍)
[표] 관용구 몸살앓다 뜻 어떤 일로 인하여 고통을 겪음.
예 하루 죙일 둔너서 알낳다.

**알뚜가리**(정선읍, 여량면, 남면, 화암면)
[표] 몡 알뚝배기 뜻 작은 뚝배기.
예 알뚜가리 보다 장맛이 좋다.

**알랑방구**(정선읍, 여량면, 남면)
[표] 몡 알랑방귀 뜻 교묘한 말과 그럴듯한 행동으로 남의 비위를 맞추는 짓을 속되게 이르는 말.
예 앙큼시롭게 알랑방구 뀌지 말어.

**알랑조**(여량면, 화암면), **알랑잽이**(남면)
[표] 몡 알랑수 뜻 알랑똥땅하여 교묘히 상황을 넘기거나 남을 속여 넘기는 수단.
예 니 알랑조 할라고 그리지 마러.

**알레지다**(정선읍, 여량면, 북평면, 남면, 화암면)
[표] 통 알려지다 뜻 1. 어떤 사실을 다른 사람들이 전해 듣고 알게 됨. 2. 어떤 사물 또는 사람의 이름, 특징, 업적 따위를 다른 사람들이 널리 알게 됨.
예 얼굴이 마이 알레지다.

**알밤**(정선읍, 여량면, 북평면)
[표] 몡 날밤 뜻 부질없이 새우는 밤.
예 어저깨 기냥 알밤 샜어.

**알어먹다**(정선읍, 여량면, 북평면, 화암면), **알어듣다**(남면)
[표] 통 알아듣다 뜻 1. 남의 말을 듣고 그 뜻을 앎. 2. 소리를 분간하여 들음.
예 1. 무슨 말 하는지 다 알어먹다.
  2. 뭔 말인지 알아먹었어.

**알어보다**(여량면, 남면, 화암면)
[표] 통 알아보다 뜻 1. 조사하거나 살펴봄. 2. 눈으로 보고 분간함. 3. 잊어버리지 않고 기억함.
예 장날이 운제인지 알어보다.

**알케주다**(정선읍, 화암면), **알코주다**(여량면, 남면), **알쿠주다**(임계면)
[표] 관용구 알려주다 뜻 1. (사람이 어떤 사실이나 소식 따위를)전하여 알게 함. 2. (사람이 모르던 것이나 잊었던 일을)깨닫거나 가르쳐 알게 함.
예 할 줄 모르는 걸 내가 알코주다.

**알쿠쟁이**(정선읍, 여량면, 북평면, 화암면)
[표] 몡 알구지 뜻 지겟작대기의 맨 위에 있는 아귀처럼 나뉘어진 곳.
예 거 작대기 알쿠쟁이 잘 생겼다.

**알키하다**(정선읍), **알그네하다**(여량면, 남면, 화암면), **얼크네하다**(임계면)
[표] 혱 알근하다 뜻 1. 매워서 입 안이 조금 알알함. 2. 술에 취하여 정신이 조금 아렴풋함.
예 국물맛이 우째 알그네하다.

**알통**(정선읍, 여량면, 남면, 화암면)
[표] 몡 근육통(筋肉痛) 뜻 〈의학〉 근육이 쑤시고 아픈 증상.
예 어제 운동을 마이 해서 그런지 알통이 쑤새서 못배기겠다.

**알통**(정선읍, 여량면, 북평면, 남면, 화암면)
[표] 몡 이두박근(二頭膊筋) 뜻 위팔의 앞쪽 표면 쪽에 있는 두 갈래 근육.
예 팔뚝에 알통이 꽤 큰기 나왔자나.

**알흙**(정선읍), **알토**(여량면, 남면)

[표] 명 알매 뜻 기와를 일 때에, 산자(橵子) 위에 이겨서 까는 흙.

예 기왓장 떨어지기 전에 알흙 넣어라.

**앓어둔너다**(정선읍, 화암면), **앓어든눕다**(여량면, 남면), **앞품다**(임계면)

[표] 동 앓아눕다 뜻 앓아서 자리에 누움.

예 노인네가 어제부터 앓어든눕다.

**암고넹이**(정선읍, 여량면, 남면, 화암면)

[표] 명 암고양이 뜻 고양이의 암컷.

예 조론 암고넹이 같은 년 쫌 봐라.

**암놀겡이**(정선읍, 여량면, 남면, 화암면)

[표] 명 암노루 뜻 노루의 암컷.

예 암놀겡이 궁뎅이에 흰백설기 붙었다.

**암단초**(여량면, 화암면), **오목단초**(남면)

[표] 명 암단추 뜻 수단추가 들어가 걸리는 단추.

예 구멍 있는 오목단초가 옳네.

**암벵아리**(정선읍), **암펭아리**(여량면, 남면, 화암면)

[표] 명 암평아리 뜻 병아리의 암컷.

예 암펭아리 한장우 울매나 하우.

**암으냉낭구**(정선읍, 여량면, 북평면, 화암면), **암으능낭구**(남면)

[표] 명 암은행나무(-銀杏--) 뜻 암꽃만 피고 열매가 열리는 은행나무.

예 암으냉낭구래야 으냉이 마이 달래.

**암지와**(정선읍, 여량면, 북평면, 남면, 화암면)

[표] 명 암키와 뜻 지붕의 고랑이 되도록 젖혀 놓는 기와. 바닥에 깔 수 있게 크고 넓게 만듦.

예 암지와가 마커 깨졌다.

**암지질**(정선읍, 여량면, 남면, 화암면)

[표] 명 암치질(-痔疾) 뜻 항문 속에 생긴 치질.

예 궁뎅 안쪽이 간지러우니 암지질 걸랬나.

**암퇴기**(정선읍), **암토껭이**(여량면, 남면, 임계면), **암퇴끼**(여량면, 화암면)

[표] 명 암토끼 뜻 토끼의 암컷.

예 암퇴끼가 새끼 쳤나 꼼짝 않네.

**암페**(정선읍, 남면, 화암면)

[표] 명 암표(暗票) 뜻 법을 위반하여 몰래 사고파는 각종 탑승권, 입장권 따위의 표.

예 암페가 있으니 구경가보자.

**앙가슴패기**(정선읍, 여량면, 남면, 화암면), **암가심**(임계면)

[표] 명 앙가슴 뜻 두 젖 사이의 가운데.

예 지녁을 잘못 먹었나 앙가슴패기가 아프네.

**앙깐임**(정선읍, 화암면), **안깐임**(남면)

[표] 명 안간힘 뜻 1. 어떤 일을 이루기 위해서 몹시 애쓰는 힘. 2. 고통이나 울화 따위를 참으려고 숨 쉬는 것도 참으면서 애쓰는 힘.

예 우리 언나 일어날라고 안깐임 쓰네.

**앞가름배**(정선읍, 여량면, 북평면, 화암면), **앞가르매**(남면)

[표] 명 앞가르마 뜻 앞머리 한가운데로 반듯하게 탄 가르마.

예 앞가름배를 이쁘게 탔구만.

**앞딱음**(정선읍), **앞막음**(여량면, 화암면), **앞개램**(남면)

[표] 명 앞가림 뜻 제 앞에 닥친 일을

제힘으로 해냄.

㉦ 1. 지 앞딲음도 못하는게 남의 앞딲음 걱정이야. 2. 인제는 지 앞막음은 할 나이가 됐다.

**앞스다**(정선읍, 여량면, 북평면, 남면, 화암면)

[표] 圖 앞서다 ㈜ 1. 앞에 섦. 2. 동작 따위가 먼저 이루어짐. 3. 앞에 있는 것을 지나쳐 감.

㉦ 꼬마들이 내보다 앞스다.

**앞잽이**(정선읍, 여량면, 남면, 화암면)

[표] 圆 앞잡이 ㈜ 1. 앞에서 인도하는 사람. 2. 남의 사주를 받고 끄나풀 노릇을 하는 사람.

㉦ 1. 그전에는 일본 놈 앞잽이가 많았네. 2. 일본앞잽이.

**앞짝**(여량면, 화암면)

[표] 圆 앞쪽 ㈜ 앞을 향한 쪽.

㉦ 앞짝에 잘보고 걸어가.

**애교등거리**(정선읍, 여량면, 북평면, 남면, 화암면), **애교뭉치**(임계면)

[표] 圆 애교덩어리 ㈜ 남에게 귀엽게 보이려는 태도 또는 그런 모습.

㉦ 작은 마누래는 애교등거리다.

**애교풀**(정선읍, 화암면), **애교**(여량면, 남면)

[표] 圆 아교(阿膠) ㈜ 짐승의 가죽, 힘줄, 뼈 따위를 진하게 고아서 굳힌 끈끈한 것.

㉦ 낭구부러진 데는 애교풀이 최고 좋다.

**애기손꼬락**(정선읍, 화암면), **새끼손꼬락**(여량면, 남면)

[표] 圆 새끼손가락 ㈜ 다섯 손가락 가운데 다섯째 손가락. 가장 가늚.

㉦ 1. 애기손꼬락 걸구 약속을 해야 잘 지킨데. 2. 새끼손꼬락으로 콧구멍 쑤신다.

**애기씨**(정선읍, 화암면), **아가시**(여량면), **아기씨**(남면)

[표] 圆 아가씨 ㈜ 1. 시집갈 나이의 여자를 이르거나 부르는 말. 2. 손아래 시누이를 이르거나 부르는 말. 3. 예전에, 미혼의 양반집 딸을 높여 이르거나 부르던 말.

㉦ 우리 뒷집 애기씨 시집갔단다.

**애달구다**(정선읍, 여량면, 남면, 화암면), **애말구다**(임계면)

[표] 관용구 애말리다 ㈜ 남을 안타깝고 속이 상하게 만듦.

㉦ 한나절 내내 애달구다.

**애등거리**(정선읍, 여량면), **애뎅이**(여량면)

[표] 圆 애바리 ㈜ 애바른 사람을 낮잡아 이르는 말.

㉦ 조런 애뎅이 같은 놈.

**애룹다**(정선읍, 남면, 화암면), **어룹다**(여량면)

[표] 휑 어렵다 ㈜ 1. 하기가 까다로워 힘에 겨움. 2. 겪게 되는 곤란이나 시련이 많음. 3. 말이나 글이 이해하기에 까다로움.

㉦ 1. 글공부하기 참 마이 에룹다. 2. 먹고 사는 게 어룹다.

**애리다**(정선읍, 여량면, 북평면, 남면, 화암면)

[표] 휑 아리다 ㈜ 1. 혀끝을 찌를 듯이 알알한 느낌이 있음. 2. 상처나 살갗 따위가 찌르는 듯이 아픔. 3. 마음이 몹시 고통스러움.

예 1. 입안이 애리다. 2. 감재가 애리다.

**애무하다**(정선읍, 여량면, 북평면, 화암면), **애모하다**(남면)

[표] 혱 애매하다(曖昧--) 뜻 1. 희미하여 분명하지 아니함. 2. 희미하여 확실하지 못함. 이것인지 저것인지 명확하지 못하여 한 개념이 다른 개념과 충분히 구별되지 못하는 일을 이름.

예 머라고 말해야 할지 참 애무하다.

**애물단지**(정선읍, 화암면), **애물등거리**(여량면)

[표] 몡 애물(-物) 뜻 1. 몹시 애를 태우거나 성가시게 구는 물건이나 사람. 2. 어린 나이로 부모보다 먼저 죽은 자식.

예 1. 저거 참 애물단지다. 2. 저 인간은 우리 집에 애물등거리야.

**애벌거지**(정선읍, 여량면, 북평면, 화암면), **애벌기**(남면)

[표] 몡 애벌레 뜻 알에서 나온 후 아직 다 자라지 아니한 벌레.

예 굼벵이가 매미 애벌거지잖아.

**애상**(여량면, 화암면), **애상머리**(남면)

[표] 몡 애성이 뜻 속이 상하거나 성이 나서 몹시 안달하고 애가 탐. 또는 그런 감정.

예 가뭄이 심해 애상이 타다.

**애장**(정선읍, 여량면), **애창**(남면)

[표] 몡 애총(-塚) 뜻 어린아이의 무덤.

예 여기 돌무덤은 애장이었다.

**애전하다**(정선읍, 남면, 화암면), **애쫀하다**(여량면)

[표] 혱 애잔하다 뜻 1. 몹시 가냘프고 약함. 2. 애처롭고 애틋함.

예 1. 그 여자만 보믄 내 맴이 애쫀하

다. 2. 참 애전하다.

**애처룹다**(정선읍, 여량면, 남면, 화암면)

[표] 혱 애처롭다 뜻 가엾고 불쌍하여 마음이 슬픔.

예 볼 때마다 애처룹다.

**애당초**(여량면), **애전에**(남면)

[표] 몡 애초(-初) 뜻 맨 처음.

예 애당초 약속을 하지 말던가.

**액맥이**(정선읍, 여량면, 남면, 화암면), **액땜**(여량면)

[표] 몡 액막이(厄--) 뜻 가정이나 개인에게 닥칠 액을 미리 막는 일.

예 그만하기 다행이지 액땜 핸 걸로 쳐.

**액맥이굿**(정선읍, 여량면, 북평면, 남면, 화암면)

[표] 몡 액막이굿(厄---) 뜻 그해에 닥쳐올 액운을 막기 위하여 하는 굿. 흔히 음력 정월 대보름날 전에 함.

예 액맥이굿이라도 해야지.

**액맥이연**(정선읍, 여량면, 북평면, 남면, 화암면)

[표] 몡 액막이연(厄--鳶) 뜻 그해의 액운을 멀리 날려 보낸다는 뜻으로 음력 정월 열나흘날에 띄워 보내는 연. 연에는 이름, 생년월일 따위와 송액영복(送厄迎福)과 같은 글귀를 씀.

예 정월대보름 넘기기 전에 액맥이연 날래보내야 한다.

**앨기하다**(정선읍, 남면, 화암면)

[표] 혱 아릿하다 뜻 조금 아린 느낌이 있음.

예 생감재 먹으니 앨기하다.

**앳때다**(정선읍, 화암면), **앳띠다**(여량면)

[표] 혱 앳되다 뜻 애티가 있어 어려

보임.

ⓔ 나이 봐서는 참 앳띠다.

**앵경다리**(정선읍, 여량면, 남면, 임계면, 화암면)

[표] 몡 안경다리(眼鏡--) 뜻 안경테의 좌우에 달아 귀에 거는 부분.

ⓔ 앵경다리 부러졌다.

**앵경젱이**(정선읍, 여량면, 북평면, 남면, 화암면)

[표] 몡 안경쟁이 뜻 안경을 쓴 사람을 낮잡아 이르는 말.

ⓔ 내 친구는 앵경젱이다.

**앵돌어스다**(여량면, 남면)

[표] 동 앵돌아지다 뜻 노여워서 토라짐.

ⓔ 니가 보기 싫어 앵돌어스다.

**앵앵거리다**(정선읍, 여량면, 남면, 화암면), **양양거리다**(임계면)

[표] 동 앙앙거리다 뜻 1. 어린아이가 자꾸 크게 움. 2. 앙탈을 부리며 자꾸 보챔.

ⓔ 1. 주면 줄수록에 앵앵거린다. 2. 되우도 앵앵거리네.

**야**(정선읍, 여량면, 남면, 화암면)

[표] 갑 예 뜻 1. 윗사람의 부름에 대답하거나 묻는 말에 긍정하여 대답할 때 쓰는 말. 2. 윗사람이 부탁하거나 명령하는 말에 동의하여 대답할 때 쓰는 말.

ⓔ 으른이 머라하믄 야 하고 대답을 해야지.

**야구방멩이**(정선읍, 여량면, 북평면, 남면, 화암면)

[표] 몡 야구방망이(野球---) 뜻 야구에서 공을 치는 도구.

ⓔ 야구방멩이가 음청 크네.

**야단벱섹이**(정선읍, 화암면), **지랄법석**(여량면)

[표] 몡 야단법석(惹端--) 뜻 많은 사람이 모여들어 떠들썩하고 부산스럽게 굴다.

ⓔ 심이 남어도나 지랄법석을 떠네.

**야무락지다**(정선읍, 여량면, 남면, 화암면), **양글지다**(정선읍)

[표] 혱 야무지다 뜻 사람의 성질이나 행동, 생김새 따위가 빈틈이 없이 꽤 단단하고 굳셈.

ⓔ 1. 보기보다는 하는 짓거리가 참 야무락지다. 2. 대추까시처럼 야무락지다.

**야무락지다**(정선읍, 화암면), **야물딱지다**(여량면, 남면)

[표] 혱 여물다 뜻 1. 일 처리나 언행이 옹골차고 여무짐. 2. 사람됨이나 씀씀이 따위가 매우 옹골차고 헤프지 않음.

ⓔ 생긴 거는 아주 야물딱지게 생겼네.

**야물딱거리다**(정선읍, 남면, 화암면), **야물떡거리다**(여량면)

[표] 동 야물거리다 뜻 입을 경망스럽게 잇따라 놀림.

ⓔ 주둥이를 야물떡거리다.

**야바구**(정선읍, 여량면, 북평면, 남면, 화암면)

[표] 몡 야바위 뜻 1. 속임수로 돈을 따는 중국 노름의 하나. 2. 협잡의 수단으로 그럴듯하게 꾸미는 일.

ⓔ 장보러 갔다가 야바구한테 매달래서 돈 털렸다.

ㅇ

**야수교**(여량면, 북평면), **예수교**(임계면, 화암면)

　[표] 圓 기독교(基督敎) 뜻 〈기독교〉 예수 그리스도의 인격과 교훈을 중심으로 하는 종교. 천지 만물을 창조한 유일신을 섬기고, 그 독생자 예수 그리스도를 구세주로 믿음. 팔레스타인에서 일어나 로마 제국의 국교가 되었고, 다시 페르시아·인도·중국 등지에 전해졌는데, 11세기에 그리스 정교회가 갈려 나간 후, 로마 가톨릭교회는 다시 16세기 종교 개혁에 의하여 구교, 곧 가톨릭교와 신교로 분리되어 현재 세 교회로 나뉘어 있음. 우리나라에서는 특히 신교를 기독교라고도 함.

　例 볼 적마다 따러 댕기면서 야수교를 믿으라구 성화인지.

**야양**(정선읍, 여량면, 남면, 화암면)

　[표] 圓 양양(襄陽) 뜻 강원도 중앙 동부에 있는 군. 국내 최대의 자철(磁鐵) 광산인 양양 광산이 있으며 산물로는 송이와 은어가 유명함. 명승지로 낙산사, 하조대, 의상대, 낙산 해수욕장, 수산포 해수욕장이 있음. 군청 소재지는 양양, 면적은 628.75㎢.

　例 우리 고모가 야양에 산다.

**야펜**(정선읍, 여량면, 북평면, 화암면), **애편**(임계면), **야펜**(남면)

　[표] 圓 아편(阿片) 뜻 덜 익은 양귀비 열매에 상처를 내어 흘러나온 진(津)을 굳혀 말린 고무 모양의 흑갈색 물질. 모르핀을 비롯하여 30가지 이상의 알칼로이드가 들어 있음. 진통제·진경제·마취제·지사제 따위로 쓰이는데, 습관성이 강한 중독을 일으키므로 약용 이외의 사용을 법으로 금하고 있음.

　例 그늠아 야펜쟁이 된기 맞어.

**약봉다리**(정선읍, 여량면, 남면, 화암면)

　[표] 圓 약봉지(藥封紙) 뜻 약을 담는 봉지.

　例 약봉다리에 진통제 하나 꺼내 오너라.

**약소굼**(정선읍, 여량면, 북평면, 남면, 화암면)

　[표] 圓 약소금(藥--) 뜻 1. 두더지의 내장을 빼고 그 속에 넣어 불에 구웠다가 꺼낸 소금. 2. 볶아서 곱게 빻은 소금. 눈을 씻거나 양치질하는 데 씀.

　例 배가 아프니 약소굼 쫌 꿔줘.

**약손꼬락**(정선읍, 화암면)

　[표] 圓 약손가락(藥---) 뜻 다섯 손가락 가운데 넷째 손가락.

　例 약손꼬락은 심이 읎어요.

**약탕관**(정선읍, 화암면), **약그륵**(남면)

　[표] 圓 약그릇(藥--) 뜻 약을 담아 두거나 따라 마시는 그릇.

　例 보약 다리게 약탕관 가져다 줘라.

**얄미룹다**(정선읍, 여량면, 북평면, 남면, 화암면), **옐밉다**(정선읍)

　[표] 圈 얄밉다 뜻 말이나 행동이 약빠르고 미움.

　例 저늠아는 보면 볼수록 얄미룹다.

**얄브리하다**(정선읍, 여량면, 남면, 화암면), **얄프리하다**(정선읍)

　[표] 圈 얇다 뜻 1. 두께가 두껍지 아니함. 2. 층을 이루는 사물의 높이나 집단의 규모가 보통의 정도에 미치지 못함. 3. 빛깔이 연함.

예 1. 종이가 얄브리하다. 2. 옷이 참 얄프리하다.

**얌셍이**(정선읍, 화암면), **염셍이**(여량면), **염소**(남면)

[표] 몡 골초(-草) 뜻 1. 품질이 낮은, 쓰고 독한 담배. 2. 담배를 많이 피우는 사람을 놀림조로 이르는 말.

예 저런 염셍이처럼 뎀배만 좋아한다.

**얌셍이지다**(정선읍)

[표] 통 훔치다 뜻 1. 남의 물건을 남몰래 슬쩍 가져다가 자기 것으로 함. 2. 〈운동〉 야구에서, 주자가 수비의 허점을 노려 다음 누를 차지함.

예 문방구 할머이 몰래 볼펜을 얌셍이지다.

**얌셍이해먹다**(정선읍, 북평면), **훔체먹다**(여량면, 남면)

[표] 통 훔쳐먹다 뜻 다른 사람 몰래 음식을 먹음.

예 정재가서 감재를 훔체먹다.

**얌탕머리**(정선읍, 여량면, 남면, 화암면), **얌탱이**(임계면)

[표] 몡 얌치 뜻 마음이 깨끗하여 부끄러움을 아는 태도.

예 저런 얌탕머리 읎는 늠 고걸 또 가져가.

**양그릇**(정선읍, 화암면), **양은그륵**(여량면, 남면)

[표] 몡 양은그릇(洋銀--) 뜻 양은으로 만든 그릇.

예 그때는 양은그륵을 마이 썼지.

**양끈**(정선읍, 화암면), **양껀**(여량면, 남면)

[표] 뷔 양껏(量-) 뜻 할 수 있는 양의 한도까지.

예 1. 양끈 드세요. 2. 음식은 넉넉하니 양껀 드시우.

**양날호멩이**(정선읍, 여량면, 신동읍, 북평면)

[표] 몡 두귀호미 뜻 호미 날의 두 쪽 귀를 다 세워서 벼린 호미. 밭김을 맬 때 많이 씀.

예 짐맬 때는 양날호멩이가 쓰기 편해.

**양낫**(정선읍, 여량면, 화암면)

[표] 몡 왜낫(倭-) 뜻 날이 얇고 짧으며 자루가 긴 낫.

예 양낫이 가뿐한기 풀베기는 좋아.

**양다리껭이**(정선읍, 북평면, 화암면), **양달구리**(여량면, 남면)

[표] 몡 양다리(兩--) 뜻 양쪽 다리.

예 양달구리 성할 때 마이 걸어댕개요.

**양미리**(정선읍, 여량면, 남면, 북평면), **영미리**(정선읍), **앵미리**(남면), **엥미리**(화암면)

[표] 몡 까나리 뜻 〈동물〉 까나릿과의 바닷물고기. 몸은 원통형으로 길며, 등은 녹색을 띤 갈색이고 배는 은빛 흰색임. 4~6월에 산란함. 모래 속에 숨어 사는데 한국, 일본 등지에 분포함.

예 장에 가믄 엥미리 한두루미 사와라.

**양반꽃**(여량면, 남면)

[표] 몡 능소화 뜻 1. 〈식물〉 능소화과의 낙엽 활엽 덩굴나무. 높이는 10미터 정도이며, 잎은 우상 복엽임. 여름에 깔때기 모양의 누르스름한 꽃이 피고 열매는 네모진 삭과(蒴果)로 가을에 익음. 정원수(庭園樹)로 심음. 중국이 원산지로 우리나라 중부 이남에 분포함. 2. '능소화'의 꽃.

⑩ 양반꽃이 울타리에 까뜩 피었다.

**양발**(정선읍, 화암면), **양발짝**(여량면), **양 말짝**(남면, 임계면)

[표] 阅 양말(洋襪·洋韈) ⑨ 맨발에 신도록 실이나 섬유로 짠 것.

⑩ 1. 양발 구멍 뚫어졌네. 2. 그 내 양발짝 어데 있나 차자봐라.

**양복떼기**(정선읍, 여량면, 북평면, 남면, 화암면), **양뽁떼기**(정선읍)

[표] 阅 양복(洋服) ⑨ 1. 서양식의 의 복. 2. 남성의 서양식 정장.

⑩ 1. 잔차 보러 갈라믄 양복떼기를 걸체야지. 2. 양뽁떼기 입고 참 예 쁘다.

**양손네**(정선읍, 남면, 화암면), **양손예**(여 량면)

[표] 阅 양손녀(養孫女) ⑨ 아들의 양녀.

⑩ 저 여자는 이웃집 아저씨 양손네다.

**양손잽이**(정선읍, 여량면, 남면, 화암면)

[표] 阅 양수잡이(兩手--) ⑨ 양쪽 손 을 똑같이 자유롭게 써서 일할 수 있는 사람.

⑩ 우리 아는 양손잽이야.

**양심보따리**(정선읍, 여량면, 북평면, 남면, 화암면)

[표] 阅 양심(良心) ⑨ 사물의 가치를 변별하고 자기의 행위에 대하여 옳고 그름과 선과 악의 판단을 내리는 도덕 적 의식.

⑩ 양심보따리가 틀래 처먹었다.

**양저울**(정선읍, 북평면), **평저울**(남면)

[표] 阅 천칭(天秤) ⑨ 저울의 하나.

⑩ 평저울에 달아보자.

**양지기**(정선읍, 화암면), **양제기**(여량면, 남면)

[표] 阅 양재기(洋--) ⑨ 안팎에 법랑 을 올린 그릇. 양은이나 알루미늄 따 위로 만든 그릇을 포함하기도 함.

⑩ 1. 씨근 밥을 한 양제기 퍼다가 물 에 말어먹다. 2. 감재 담게 양지기 가지고 와라.

**양지달굼**(정선읍)

[표] 阅 해바라기 ⑨ 추울 때 양지바 른 곳에 나와 햇볕을 쬐는 일.

⑩ 군대서는 봄이 되면 양지달굼을 자주 한다.

**양지짝**(정선읍, 여량면, 화암면)

[표] 阅 양지쪽(陽地-) ⑨ 볕이 잘 드 는 쪽.

⑩ 1. 강아지가 양지짝에 앉아서 졸고 있다. 2. 양지짝에 앉아노니 좋다.

**양짝**(정선읍, 여량면, 남면, 화암면)

[표] 阅 양쪽(兩-) ⑨ 두 쪽.

⑩ 이 차는 양짝에 문이 달랬다.

**양철가새**(정선읍, 여량면, 남면, 화암면)

[표] 阅 양철가위(洋鐵--) ⑨ 양철 따 위의 얇은 철판을 자르는 데에 쓰는 가위.

⑩ 양철은 양철가새가 있어야 자를 수 있다.

**양치소굼**(정선읍, 남면, 화암면)

[표] 阅 양칫소금 ⑨ 양치할 때에 쓰 는 소금.

⑩ 치약보다는 양치소굼으로 닦는 게 더 개운해.

**양터레기**(정선읍, 여량면, 남면, 화암면)

[표] 阅 양털(羊-) ⑨ 양의 털. 곱슬하 고 보온성과 흡습성이 강하며, 모사나 모직물의 원료가 됨.

예 양터레기가 따뜻하다.

**얕이**(정선읍, 여량면, 북평면, 화암면), **앞이**(남면)

　[표] 뿐 얕게 뜻 1. 겉에서 속, 또는 밑에서 위까지의 길이가 짧음. 2. 생각이 일정한 정도에 미치지 못하거나 마음 쓰는 것이 너그럽지 못함. 3. 수준이 낮거나 정도가 약함.

　예 1. 될 수 있으면 얕이 묻어야 빨리 올라온다. 2. 얕이 묻겼다.

**얕은꾀**(정선읍, 여량면), **얄팍한꾀**(남면)

　[표] 명 얕은꾀 뜻 속이 들여다보이는 꾀.

　예 얕은꾀 쓰지 말고 그만두게나.

**얘리다**(정선읍, 여량면, 남면, 화암면)

　[표] 형 야리다 뜻 의지나 감정 따위가 모질지 못하고 무름.

　예 1. 본래부터 성격이 얘리다. 2. 참 맴이 얘리다.

**어**(정선읍, 여량면, 남면)

　[표] 갑 응 뜻 1. 상대편의 물음에 긍정적으로 대답하거나 부름에 응할 때 쓰는 말. 하게할, 또는 해라할 자리에 씀. 2. 상대편의 대답을 재촉하거나 다짐을 둘 때 쓰는 말. 3. 남의 행동이 못마땅하여 질책할 때 하는 말.

　예 지역에 우리집에 올거지? 어.

**어거지**(정선읍, 여량면, 북평면, 남면, 화암면), **깡자**(임계면), **강짜**(임계면)

　[표] 명 억지 뜻 잘 안될 일을 무리하게 기어이 해내려는 고집.

　예 어거지 부리지 말고 얼른 더 내놔.

**어긋장**(여량면, 남면, 화암면)

　[표] 명 어깃장 뜻 짐짓 어기대는 행동.

예 어긋장을 놔서 점점 더하네.

**어깨쭉지**(정선읍, 화암면), **어깨바탕**(남면)

　[표] 명 어깨 뜻 1. 사람의 몸에서, 목의 아래 끝에서 팔의 위 끝에 이르는 부분. 2. 옷소매가 붙은 솔기와 깃 사이의 부분. 3. 짐승의 앞다리나 새의 날개가 붙은 윗부분.

　예 낭구를 지고 왔더니 어깨쭉지가 아프네.

**어낭**(정선읍, 여량면, 남면)

　[표] 명 낭떠러지 뜻 깎아지른 듯한 언덕.

　예 낭구하러 갔다가 어낭에 굴렀다.

**어는**(정선읍, 여량면, 북평면, 남면, 화암면)

　[표] 관 어느 뜻 1. 둘 이상의 것 가운데 대상이 되는 것이 무엇인지 물을 때 쓰는 말. 2. 둘 이상의 것 가운데 똑똑히 모르거나 꼭 집어 말할 필요가 없는 막연한 사람이나 사물을 이를 때 쓰는 말. 3. 정도나 수량을 묻거나 또는 어떤 정도나 얼마만큼의 수량을 막연하게 이를 때 쓰는 말.

　예 1. 어는 세월에 다시 만나겠소. 2. 어는 천년에 다하나.

**어는듯**(정선읍, 남면, 화암면), **어느듯**(여량면)

　[표] 뿐 어느덧 뜻 어느 사이인지도 모르는 동안에.

　예 어느듯 좋은 시절 다가고.

**어는새**(정선읍, 여량면, 화암면), **워트새**(남면)

　[표] 뿐 어느새 뜻 어느 틈에 벌써.

　예 니는 어는새 핵교 갔다 왔나.

**어더거**(정선읍, 남면)

273

[표] 어 −어다가 ㈜ 한 동작을 다음 동작과 순차적으로 이어 주는 연결 어미.
㈀ 산나물을 뜨더더거 마카 낳고 먹었다.

**어데**(정선읍, 여량면, 북평면, 남면, 임계면, 화암면)
[표] 때 깹 어디 ㈜ 때 1. 잘 모르는 어느 곳을 가리키는 지시 대명사. 2. 가리키는 곳을 굳이 밝혀서 말하지 아니할 때 쓰는 지시 대명사. 깹 1. 벼르거나 다짐할 때 쓰는 말. 2. 되물어 강조할 때 쓰는 말.
㈀ 1. 어데 가서 머하다 인제 왔나. 2. 니 어데 갔다 왔나.

**어데서**(정선읍, 여량면, 화암면)
[표] 뿐 어디서 ㈜ 잘 모르는 어떤 곳을 가리키는 말.
㈀ 어데서 왔는지 알 수가 없다.

**어두므리하다**(정선읍, 화암면), **어슴푸레하다**(여량면, 남면)
[표] 혱 아슴푸레하다 ㈜ 1. 빛이 약하거나 멀어서 조금 어둑하고 희미함. 2. 또렷하게 보이거나 들리지 아니하고 희미하고 흐릿함. 3. 기억이나 의식이 분명하지 못하고 조금 희미함.
㈀ 1. 날이 들 세서 어두므리하다. 2. 해가지니 금방 어슴푸레하다.

**어두침침하다**(정선읍, 여량면, 북평면, 남면, 화암면)
[표] 혱 어둠침침하다 ㈜ 어둡고 침침함.
㈀ 인제는 눈이 어두침침해서 잘 안비캐.

**어두하다**(정선읍, 여량면, 남면, 화암면),

**어두무리하다**(정선읍)
[표] 혱 어둑하다 ㈜ 1. 제법 어두움. 2. 되바라지지 아니하고 어수룩함.
㈀ 1. 해가 넘어가니 하마 어두하다. 2. 해가 지니깐 어두무리하다.

**어라**(정선읍, 여량면, 북평면, 남면, 화암면), **얼래**(임계면)
[표] 깹 어 ㈜ 1. 놀라거나, 당황하거나, 초조하거나, 다급할 때 나오는 소리. 2. 기쁘거나, 슬프거나, 뉘우치거나, 칭찬할 때 내는 소리. 3. 말을 하기에 앞서 상대의 주의를 끌기 위하여 내는 소리.
㈀ 어라, 이것들 봐라.

**어렙사리**(정선읍, 화암면), **어릅사리**(여량면, 임계면), **애릅사리**(남면)
[표] 뿐 어렵사리 ㈜ 매우 어렵게.
㈀ 어릅사리 성사시킨 일을 망치다.

**어리벙하다**(정선읍, 여량면, 북평면, 화암면), **어리와하다**(여량면), **어리왈하다**(남면)
[표] 혱 어리벙벙하다 ㈜ 어리둥절하여 갈피를 잡을 수 없음.
㈀ 이제는 정신이 어리와하다.

**어리하다**(정선읍, 여량면, 남면, 화암면)
[표] 혱 어리석다 ㈜ 슬기롭지 못하고 둔함.
㈀ 멀쩡하게 생긴 늠이 보기보다 어리하다.

**어리하다**(정선읍, 여량면, 북평면, 남면, 화암면)
[표] 혱 얼뜨다 ㈜ 다부지지 못하여 어수룩하고 얼빠진 데가 있음.
㈀ 아새끼가 우쩨 어리하다.

**어리해지다**(정선읍, 여량면, 북평면, 남면,

화암면)

[표] 통 어리치다 뜻 독한 냄새나 밝은 빛 따위의 심한 자극으로 정신이 흐릿해짐.

예 가스 냄새를 맡아 어리해지다.

**어린거**(정선읍, 여량면, 남면, 화암면)

[표] 명 어린것 뜻 1. 어린아이나 어린 자식을 귀엽게 이르는 말. 2. 나이가 어린 사람을 낮잡아 이르는 말.

예 어린거가 무셈도 안타고 밤질을 잘도 깨 다닌다.

**어멍이**(정선읍, 여량면, 북평면, 남면, 화암면)

[표] 명 어머니 뜻 1. 자기를 낳아 준 여자를 이르거나 부르는 말. 2. 자녀를 둔 여자를 자식에 대한 관계로 이르거나 부르는 말. 3. 자기를 낳아 준 여성처럼 삼은 이를 이르거나 부르는 말.

예 우리 어멍이가 빨리 와서 지역 먹으래.

**어상간하다**(정선읍, 여량면), **어진간하다**(임계면)

[표] 형 어중간하다(於中間--) 뜻 1. 거의 중간쯤 되는 곳에 있음. 2. 이것도 저것도 아니게 두루뭉술함. 3. 시간이나 시기가 이러기에도 덜 맞고 저러기에도 덜 맞음.

예 아무리 생각해도 갈지 말지 어상간하다.

**어시다**(여량면), **어죽빠르다**(남면)

[표] 형 어지빠르다 뜻 정도가 넘고 처져서 어느 한쪽에도 맞지 아니함.

예 가야 될지 말아야 될지 참 어시다.

**어여들**(정선읍, 여량면, 북평면, 화암면), **어스들**(남면)

[표] 뭐 어서어서 뜻 1. 일이나 행동을 지체 없이 아주 빨리하기를 재촉하는 말. 2. 매우 반갑게 맞아들이거나 매우 간절히 권하는 말.

예 1. 어여들 들어와서 앉아라. 2. 어여들 와.

**어울러**(임계면, 화암면), **아잡아**(남면)

[표] 뭐 아울러 뜻 동시에 함께.

예 우리 둘이 어울러 들고 왔어요.

**어이하다**(정선읍), **어하다**(여량면, 남면, 화암면)

[표] 통 우물쭈물하다 뜻 행동 따위를 분명하게 하지 못하고 자꾸 망설이며 몹시 흐리멍덩하게 함.

예 1. 어하다가 시간 다 간다. 2. 아 새끼가 우째 어하다.

**어자척**(정선읍, 화암면), **어자침**(여량면, 남면)

[표] 명 어제아침 뜻 작조(昨朝)

예 어자침에 우리 개가 새끼를 낳았다.

**어재께**(정선읍, 남면, 화암면), **어저깨**(정선읍, 화암면), **어재**(여량면)

[표] 명 뭐 어제 뜻 명 1. 오늘의 바로 하루 전날. 2. 지나간 때. 뭐 오늘의 바로 하루 전에.

예 어재 왔다 갔는데 또 왔나.

**어지룸벵**(정선읍, 여량면, 북평면, 남면, 화암면)

[표] 명 어질병(--病) 뜻 머리가 어지럽고 혼미하여지는 병.

예 툭하면 어지룸벵이 도지니 불안해.

**어지룹다**(정선읍, 여량면, 남면, 화암면)

[표] 혱 어지럽다 뜻 1. 몸을 제대로 가눌 수 없이 정신이 흐리고 얼떨떨함. 2. 모든 것이 뒤섞이거나 뒤얽혀 갈피를 잡을 수 없음. 3. 사회가 혼란스럽고 질서가 없음.

옌 뺑뺑이를 돌았더니 어지룹다.

**어질구다**(정선읍, 여량면, 북평면, 남면, 화암면)

[표] 图 어지르다 뜻 정돈되어 있는 일이나 물건을 뒤섞거나 뒤얽히게 함.

옌 1. 방바닥에 잔뜩 어질구다. 2. 방에 폐처 어질구지 쫌 마라.

**어째다가**(정선읍, 화암면, 임계면), **어째더거**(남면)

[표] 児 어쩌다가 뜻 1. 뜻밖에 우연히. 2. 이따금 또는 가끔가다가.

옌 어째다가 그렇게 됐는가?

**어짼**(여량면, 남면, 화암면)

[표] 관 어쩐 뜻 어찌 된.

옌 어짼지 찝찝하더라고.

**어쨈**(남면)

[표] 児 어쩜 뜻 '어쩌면'의 준말.

옌 1. 죽 그릇을 땅에 떨고트렸는데 어쨈 좃나? 2. 그 어쨈 하는 짓이 지애비랑 똑같애.

**어치기**(정선읍, 여량면, 북평면, 남면)

[표] 명 얼치기 뜻 1. 이것도 저것도 아닌 중간치. 2. 이것저것이 조금씩 섞인 것. 3. 탐탁하지 아니한 사람.

옌 그 사람은 어치기야.

**억눌루다**(정선읍, 여량면, 북평면, 남면, 화암면)

[표] 图 억누르다 뜻 1. 어떤 감정이나 심리 현상 따위가 일어나거나 나타나지 아니하도록 스스로 참음. 2. 자유롭게 행동하지 못하도록 압력을 가함.

옌 두들개 패고 싶은걸 억지로 억눌루다.

**억눌리키다**(정선읍, 여량면, 북평면, 남면, 화암면)

[표] 图 억눌리다 뜻 '억누르다'의 피동사.

옌 승질나서 지랄빼는 걸 강지로 억눌리키다.

**언나**(정선읍, 여량면, 남면, 임계면, 화암면)

[표] 명 어린아이 뜻 나이가 적은 아이.

옌 오늘은 핵교 가지 말고 언나 쫌 바라.

**언늠이**(여량면, 화암면), **햇님이**(남면)

[표] 명 남자아가 뜻 남자인 아기.

옌 언늠이 어데보자 깍꿍.

**언덕질**(정선읍, 화암면), **언들배기질**(여량면, 남면)

[표] 명 언덕길 뜻 언덕에 걸치어 난 조금 비탈진 길.

옌 언들배기질가에 들국화가 피었다.

**언들배기**(정선읍, 여량면, 화암면), **언득배기**(남면)

[표] 명 언덕배기 뜻 언덕의 꼭대기.

옌 언들배기서부터 들구 뛰어간다.

**언칸하다**(정선읍, 남면, 화암면), **언간하다**(여량면)

[표] 혱 어지간하다 뜻 1. 수준이 보통에 가깝거나 그보다 약간 더 함. 2. 정도나 형편이 기준에 크게 벗어나지 아니한 상태에 있음. 3. 생각보다 꽤 무던함.

옌 하지 말래도 왜 그러는지 니도 참 언간하다.

**얼개빗**(정선읍, 화암면), **얼개**(여량면), **얼**

**개미**(남면)

[표] 몡 얼레빗 뜻 빗살이 굵고 성긴 큰 빗.

예 웬 머리끄댕이가 이래 헝크러졌나 얼개 쫌 가져와라.

**얼것다**(정선읍, 북평면), **곰보딱지**(여량면, 신동읍, 화암면), **손님자국**(임계면)

[표] 몡 마맛자국(媽媽--) 뜻 천연두를 앓고 난 후 딱지가 떨어진 자리에 생긴 얽은 자국.

예 옆집 누는 곰보딱지라 놀림을 마이 받았다.

**얼구다**(정선읍, 여량면, 북평면, 남면, 화암면), **얼쿠다**(임계면)

[표] 동 얼리다 뜻 '얼다'의 사동사.

예 물고기를 잡아와서 얼구다.

**얼굴삐다구니**(여량면, 북평면)

[표] 몡 얼굴빛 뜻 얼굴에 나타나는 표정이나 빛깔.

예 얼굴삐다구니가 우째 누리게 하다.

**얼그니하다**(정선읍, 화암면), **얼그네하다**(여량면, 남면)

[표] 혱 얼근하다 뜻 1. 매워서 입 안이 조금 얼얼함. 2. 술에 취하여 정신이 조금 어렴풋함.

예 1. 국물이 얼그네하니 좋다. 2. 술 한 잔 하니 얼그니하다.

**얼떨절**(여량면, 화암면), **얼떨김**(남면)

[표] 몡 얼떨결 뜻 뜻밖의 일을 갑자기 당하거나, 여러 가지 일이 너무 복잡하여 정신을 가다듬지 못하는 판.

예 얼떨절에 그만 내불고 말았네.

**얼떼기**(여량면, 남면)

[표] 몡 얼뜨기 뜻 겁이 많고 어리석

으며 다부지지 못하여 어수룩하고 얼빠져 보이는 사람을 낮잡아 이르는 말.

예 그늠아는 아무 것도 몰라 얼떼기야.

**얼래**(남면)

[표] 몡 얼럭 뜻 본바탕에 다른 빛깔의 점이나 줄 따위가 섞인 모양. 또는 그런 자국.

예 먹물이 옷에 떠러져서 얼래얼래해

**얼럭**(정선읍, 화암면), **얼럭가리**(여량면, 남면)

[표] 몡 얼루기 뜻 강원도 지방에서, 곡식 단을 말리기 위하여 만들어 놓은 시렁 장치. 움막처럼 만든 것도 있음.

예 얼럭가리에 콩이 잔뜩 쌓였다.

**얼런**(정선읍, 화암면), **얼렁**(여량면), **냉큼**(임계면), **얼릉**(남면)

[표] 븻 얼른 뜻 시간을 끌지 아니하고 바로.

예 얼렁 뛰가 시간 읎어.

**얼런얼런**(정선읍, 남면, 화암면), **썩썩**(여량면), **얼릉얼릉**(여량면)

[표] 븻 얼른얼른 뜻 '얼른'을 강조하여 이르는 말.

예 마카 얼릉얼릉 댕겨오서 지녁 일찍 먹어요.

**얼렁뚱땅넹기다**(정선읍, 여량면, 남면, 화암면)

[표] 동 얼넘기다 뜻 일을 대충 얼버무려서 넘김.

예 나한테는 얼매나 중요한 일인데 그냥 얼렁뚱땅넹기다.

**얼룩쇠**(정선읍, 여량면, 북평면, 남면, 화암면)

[표] 몡 얼룩소 뜻 털빛이 얼룩얼룩

한 소.

㉠ 우리 집 쇠는 얼룩쇠야.

**얼르다**(정선읍, 남면, 화암면), **얼리다**(여
량면), **얼래다**(임계면), **열루다**(임계면)

[표] 图 어르다 ㊅ 1. 몸을 움직여 주거
나 또는 무엇을 보여 주거나 들려주어
서, 어린아이를 달래거나 기쁘게 하여
줌. 2. 사람이나 짐승을 놀리며 장난함.
3. 어떤 일을 하도록 사람을 구슬림.

㉠ 사람 얼리고 좆멕인다.

**얼른**(정선읍, 화암면), **빨랑**(여량면), **빨당**
(신동읍)

[표] 튄 빨리 ㊅ 걸리는 시간이 짧게.

㉠ 1. 얼른 이리와 봐. 2. 빨랑 따라
오지 안하구 머해.

**얼무적얼무적**(정선읍, 여량면, 북평면, 남면)

[표] 튄 얼밋얼밋 ㊅ 우물쭈물하며 미
적미적 미루는 모양.

㉠ 얼무적얼무적 하지 말고 빨리 마쳐.

**얼음과재**(정선읍, 여량면, 남면, 화암면)

[표] 图 얼음과자(--菓子) ㊅ 설탕물
에 과일즙이나 우유 또는 향료 따위를
섞어 얼려서 만든 것.

㉠ 울이 손주 줄려고 얼음과재 사왔다.

**얼음놀이**(정선읍, 여량면, 북평면, 남면,
화암면)

[표] 图 얼음지치기 ㊅ 얼음 위를 미끄
러져 달림. 또는 그런 운동이나 놀이.

㉠ 얼음놀이하다 미꾸루워 필썩 자
빠졌다.

**얼찐거리다**(정선읍, 여량면, 북평면, 화암
면), **어린거리다**(남면)

[표] 图 어른거리다 ㊅ 1. 무엇이 보
이다 말다 함. 2. 큰 무늬나 희미한 그

림자 따위가 물결 지어 자꾸 움직임.
3. 물이나 거울에 비친 그림자가 자꾸
크게 흔들림.

㉠ 1. 눈에 자꾸만 얼찐거리다. 2. 왔
다 갔다 얼찐거리지 마라.

**얼크러설크러**(정선읍, 화암면), **엉개덩개**
(여량면), **엄기설기**(임계면)

[표] 튄 얼기설기 ㊅ 1. 가는 것이 이
리저리 뒤섞이어 얽힌 모양. 2. 엉성
하고 조잡한 모양. 3. 관계나 일, 감정
따위가 복잡하게 얽힌 모양.

㉠ 사는 게 다 엉개덩개 그래 사는 거
지 뭐.

**엄살꾸레기**(여량면, 화암면), **옴살꾸레기**
(남면)

[표] 图 엄살꾸러기 ㊅ 엄살을 부리는
태도가 심한 사람을 낮잡아 이르는 말.

㉠ 조 녀석은 엄살꾸레기다.

**엄살젱이**(여량면, 화암면), **음살젱이**(남면)

[표] 图 엄살쟁이 ㊅ 엄살을 잘 부리
는 사람을 낮잡아 이르는 말.

㉠ 에라 엄살젱이 같은 늠.

**엄지발꾸락**(정선읍, 남면, 화암면), **엄지
발꼬락**(여량면)

[표] 图 엄지발가락 ㊅ 다섯 발가락
가운데 첫째 발가락. 가장 크고 굵음.

㉠ 들구 뛰다가 엄지발꾸락이 뿌러
졌다.

**엄지발톱**(정선읍, 남면, 화암면)

[표] 图 엄지발톱 ㊅ 엄지발가락의
발톱.

㉠ 볼 차다가 엄지발톱 부러졌다.

**엄지손꾸락**(정선읍, 화암면, 남면), **엄지
손꼬락**(여량면)

[표] 뗑 엄지손가락 똦 1. 다섯 손가락 가운데 첫째 손가락. 가장 짧고 굵음.

예 엄지손꾸락이 뚜꺼우면 좋다네.

**엄지손톱**(정선읍, 남면, 화암면)

[표] 뗑 엄지손톱 똦 엄지손가락의 손톱.

예 내 엄지손톱에 매니큐어 쫌 발라 주라.

**엄치다**(정선읍, 여량면, 북평면, 신동읍, 화암면)

[표] 뙴 보태다 똦 1. 모자라는 것을 더하여 채움. 2. 이미 있던 것에 더하여 많아지게 함.

예 기왕 주는 거 한개 더 엄치다.

**업뎅이**(정선읍, 여량면, 화암면), **업동이**(남면)

[표] 뗑 업둥이 똦 집 앞에 버려진 아이.

예 야가 업뎅이로 들어온 아이요.

**엇갈이무꾸**(정선읍, 북평면), **엇갈이무수**(정선읍), **엇갈이무**(여량면, 남면)

[표] 뗑 고랭지무 똦 지대가 높고 서늘한 곳에서 자란 무.

예 올해는 엇갈이무가 잘 됐다.

**엇갈이배차**(정선읍, 여량면, 북평면, 화암면), **얼갈이배추**(남면)

[표] 고랭지배추 똦 지대가 높고 서늘한 곳에서 자란 배추.

예 강원도 산간서 나는 얼갈이배차가 유명하다.

**엇갈이짐치**(여량면, 남면, 화암면), **엇갈이짠지**(여량면)

[표] 뗑 고랭지김치 똦 고랭지배추로 담은 김치.

예 여름에는 시원한 엇갈이짐치가

제격이다.

**었다**(정선읍, 남면), **옜다**(여량면, 화암면)

[표] 깜 옜다 똦 가까이 있는 사람에게 무엇을 주면서 하는 말. 해라할 자리에 씀.

예 옜다 마커 가져가거라.

**었소**(정선읍, 여량면, 북평면, 남면, 화암면)

[표] 깜 옜소 똦 가까이 있는 사람에게 무엇을 주면서 하는 말. 하오할 자리에 씀.

예 었소 빌래간 돈 여개 있소.

**엉구락**(정선읍, 남면, 화암면), **엉구럭**(여량면)

[표] 뗑 언구럭 똦 '엄살'의 경남방언.

예 1. 아프지도 않으면서 엉구럭 쓴다. 2. 니는 엉구락 쫌 쓰지마.

**엉크렇다**(남면)

[표] 혱 엉성하다 똦 1. 꽉 짜이지 아니하여 어울리는 맛이 없고 빈틈이 있음. 2. 살이 빠져서 뼈만 남을 만큼 버쩍 마른 듯함. 3. 빽빽하지 못하고 성김.

예 닭장을 엉크렇게 맹글었다.

**엊지녁**(정선읍, 화암면), **엊지역**(여량면)

[표] 뗑 엊저녁 똦 '어제저녁(어제의 저녁)'의 준말.

예 우린 엊지역에 국시 삶아 먹었다.

**에달구라지**(정선읍, 화암면), **외다리깽이**(여량면), **에달구다**(남면)

[표] 뗑 외다리 똦 1. 하나만 있는 다리. 2. 지체 장애인 중에서 한쪽 다리가 없는 사람을 낮잡아 이르는 말. 3. 다리가 하나뿐인 사람이나 물건을 비유적으로 이르는 말.

예 외다리깽이로 잘도 또 간다.

**에대**(정선읍), **외뎅이**(여량면), **에둥이**(남면)
[표] 명 외둥이 뜻 외아들이나 외딸을 귀엽게 이르는 말.
예 우리 귀여운 외뎅이 쫌 보게.

**에돌토리**(정선읍, 화암면), **에톨이**(남면)
[표] 명 외톨이 뜻 1. 매인 데도 없고 의지할 데도 없는 홀몸. 2. 다른 짝이 없이 홀로만 있는 사물. 3. '외톨박이'의 옛말.
예 어릴 때부터 에톨이였다.

**에동딸**(정선읍, 남면, 화암면), **외동딸**(여량면)
[표] 명 외딸 뜻 1. 다른 자식 없이 단 하나뿐인 딸. 2. 다른 여자 동기 없이 하나뿐인 딸.
예 우리 귀여운 에동딸.

**에라이**(정선읍, 여량면, 북평면, 화암면)
[표] 감 에라 뜻 실망의 뜻을 나타낼 때 내는 소리.
예 에라이 나쁜 놈의 새끼 그게 할 짓이냐.

**에루이**(남면, 임계면)
[표] 부 외로이 뜻 홀로 되거나 의지할 곳이 없어 쓸쓸하게.
예 나는 어릴 때부터 에루이 지냈다.

**에미**(정선읍, 여량면, 북평면, 남면, 화암면)
[표] 명 어미 뜻 1. '어머니'의 낮춤말. 2. 결혼하여 자식을 둔 딸을 이르는 말.
예 에미 애비가 있는 놈이 그럴 수 있나.

**에미딸**(정선읍, 여량면, 남면, 화암면)
[표] 명 어이딸 뜻 어미와 딸을 아울러 이르는 말.
예 두 에미딸이 온통 난리를 치는 바람에.

**에미아들**(정선읍, 여량면, 북평면, 남면, 화암면)
[표] 명 어이아들 뜻 어미와 아들을 아울러 이르는 말.
예 에미아들이 장바닥에 우두커니 앉았네.

**에미젖**(정선읍, 여량면, 남면, 화암면)
[표] 명 어미젖 뜻 제 어미의 젖.
예 새끼는 에미젖 빨 때 젤 행복하다.

**에아들레미**(정선읍, 화암면), **외다딜**(남면)
[표] 명 외아들 뜻 1. 다른 자식이 없이 단 하나뿐인 아들. 2. 다른 남자 동기가 없이 단 하나뿐인 아들.
예 자는 귀하게 큰 에아들레미야.

**에얼개**(정선읍, 화암면), **외얼개**(여량면, 남면)
[표] 명 외얽이(桅--) 뜻 나무로 만든 벽에 흙벽을 치기 위하여 가로세로 외를 얽는 일. 또는 그런 물건.
예 흙을 치기 위해 에얼개한다.

**에워쌔이다**(정선읍, 화암면), **에워쌔키다**(여량면, 남면)
[표] 동 에워싸이다 뜻 '에워싸다'의 피동사.
예 청년들한테 에워쌔키다.

**에줄거리**(정선읍, 화암면), **외줄거리**(여량면), **외줄겡이**(남면)
[표] 명 외줄기 뜻 1. 단 한 가닥으로 된 줄기. 2. 가지가 없이 뻗은 줄기.
예 우째서 외줄거리로 가느하게 크는지 모르겠다.

**에톨밤**(정선읍, 남면, 화암면)
[표] 명 외톨밤 뜻 한 송이에 한 톨만 든 밤.

⑩ 밤송이를 깠더니 에톨밤이네.

**에통배기**(정선읍, 북평면), **에통수**(남면)
　[표] 圐 외통수(-通手) ⑧ 장기에서, 외통장군이 되게 되는 수.
　⑩ 영락 업는 에통배기다.

**에통장**(남면)
　[표] 圐 외통장군(-通將軍) ⑧ 장기에서, 상대편의 궁이 피할 수 없는 수를 보고 부르는 장군.
　⑩ 야 에통장 받아라.

**엑벵**(정선읍, 화암면), **역벵**(남면)
　[표] 圐 역병(疫病) ⑧ 1. 역병균의 공기 전염으로 생기는 농작물의 유행병. 잎에 어두운 녹색 반점과 흰 곰팡이가 생기며, 마르면 갈색이 됨. 감자, 담배, 토마토 따위에서 볼 수 있음. 2. 대체로 급성이며 전신(全身) 증상을 나타내어 집단적으로 생기는 전염병.
　⑩ 무서운 역벵 왔으니 조심하거라.

**엔뺌다구**(정선읍, 남면, 화암면), **귀떼기**(정선읍), **왼빼마리**(여량면), **왼싸다구**(여량면)
　[표] 圐 왼뺨 ⑧ 왼쪽 뺨.
　⑩ 왼빼마리를 한 대 맞았드니 얼얼하다.

**엣말**(정선읍, 남면, 화암면)
　[표] 圐 옛말 ⑧ 1. 오늘날은 쓰지 아니하는 옛날의 말. 2. 옛사람의 말. 3. 지나간 일에 대하여 회상하는 말.
　⑩ 엣말 하지 마라. 알아듣지 못하겠다.

**여간내기**(정선읍, 화암면), **여간꾼**(신동읍)
　[표] 圐 보통내기(普通--) ⑧ 만만하게 여길 만큼 평범한 사람.
　⑩ 1. 저 사람 여간내기가 아니다. 2. 보기는 저래도 여간내기가 넘는 아여.

**여개저개**(정선읍, 여량면, 남면, 화암면)
　[표] 圐 여기저기 ⑧ 여러 장소를 통틀어 이르는 말.
　⑩ 여개저개 아무리 살펴봐도 없더라.

**여다**(여량면, 북평면)
　[표] 圐 열다 ⑧ 1. 닫히거나 잠긴 것을 트거나 벗김. 2. 모임이나 회의 따위를 시작함. 3. 하루의 영업을 시작함.
　⑩ 저 집은 맨날 문을 일찍 연다.

**여덟**(여량면, 화암면), **여듧**(임계면)
　[표] 㑀 쾬 여덟 ⑧ 일곱에 하나를 더한 수. 또는 그런 수의.
　⑩ 어제 소주를 둘이서 여듧 병 마셨다.

**여를**(정선읍, 여량면, 북평면, 남면, 화암면)
　[표] 圐 열흘 ⑧ 1. 열 날. 2. 매달 초하룻날부터 헤아려 열째 되는 날.
　⑩ 꼭 여를 만에 돌아왔네.

**여물구다**(정선읍, 여량면, 남면, 화암면)
　[표] 圐 여물리다 ⑧ '여물다'의 사동사.
　⑩ 보리를 베싹 여물구다.

**여물구박**(정선읍, 여량면, 북평면)
　[표] 圐 여물바가지 ⑧ 여물죽을 푸는 데에 쓰는, 자루가 달린 바가지.
　⑩ 여물구박에 깍지를 담아설라므네.

**여버리**(정선읍, 여량면, 북평면, 신동읍, 화암면), **밥통**(임계면), **머저리**(임계면)
　[표] 圐 바보 ⑧ 1. 지능이 부족하여 정상적으로 판단하지 못하는 사람을 낮잡아 이르는 말. 2. 어리석고 멍청하거나 못난 사람을 욕거나 비난하여 이르는 말.
　⑩ 저런 여버리 같은 놈.

**여버리짓**(정선읍, 여량면, 북평면, 신동읍), **밥통짓**(임계면)

[표] 몡 바보짓 뜻 어리석고 못나게 노는 짓.

옝 이젠 여버리짓 하지 말구 살어.

**여븐뎅이**(정선읍, 여량면, 남면, 화암면)

[표] 몡 옆 뜻 사물의 오른쪽이나 왼쪽의 면. 또는 그 근처.

옝 한쪽 여븐뎅이 쥐가 다 파먹었다.

**여븐뎅이걸음**(여량면, 북평면, 화암면)

[표] 몡 게걸음 뜻 1. 게처럼 옆으로 걷는 걸음. 2. 〈예술〉 봉산 탈춤 따위에서, 발을 떼지 않고 무릎을 굽혔다 폈다 하며 나가는 사위.

옝 여븐뎅이걸음으로 걸어도 서울만 가면 된다.

**여븐뎅이얼굴**(정선읍, 여량면, 북평면, 화암면), **펲뎅이얼골**(남면)

[표] 몡 옆얼굴 뜻 옆에서 본 얼굴.

옝 여븐뎅이얼굴에 점이 하나 있다.

**여븐뎅이줄**(정선읍, 여량면, 북평면, 화암면)

[표] 몡 옆줄 뜻 1. 옆에 있는 줄. 2. 옆으로 난 줄. 3. 어류, 양서류의 몸 양옆에 한 줄로 늘어서 있는 줄. 물살이나 수압을 느끼는 감각 기관의 구실을 함.

옝 여븐뎅이줄이 꼴찌를 하다.

**여븐뎅이질**(정선읍, 여량면, 북평면), **옆질**(남면)

[표] 몡 옆길 뜻 1. 큰길 옆으로 따로 난 작은 길. 2. 본래 하여야 할 일 이외의 다른 일을 하는 경우를 비유적으로 이르는 말.

옝 저 짝에 여븐뎅이질로 도망가자.

**여서**(정선읍, 여량면, 남면, 화암면)

[표] 㑀 관 여섯 뜻 다섯에 하나를 더한 수. 또는 그런 수의.

옝 우리 식구는 모두 여서 명이다.

**여선상**(정선읍, 여량면, 북평면, 화암면), **여슨상**(임계면), **여슨생**(남면)

[표] 몡 여선생(女先生) 뜻 여자 선생.

옝 울 아들 담임으로 여선상이 왔대.

**여이다**(정선읍, 여량면, 남면, 화암면)

[표] 동 여의다 뜻 부모나 사랑하는 사람이 죽어서 이별함.

옝 어릴 때 부모님을 여이다.

**여저건**(정선읍, 북평면, 화암면), **이제끈**(여량면), **여태**(여량면), **이제껀**(남면)

[표] 閉 이제껏 뜻 '여태'를 강조하여 이르는 말.

옝 1. 여저건 놀다가 갔다. 2. 니가 오나하고 여태 바랬는데 왜 인재 오나.

**여적껀**(정선읍, 화암면), **여직끈**(여량면, 남면), **아직껏**(임계면)

[표] 閉 여태껏 뜻 '여태'를 강조하여 이르는 말.

옝 여직끈 놀다가 머하로 일을 하나.

**여적지**(정선읍, 남면, 화암면), **여날여적지**(여량면)

[표] 閉 여태 뜻 지금까지. 또는 아직까지. 어떤 행동이나 일이 이미 이루어졌어야 함에도 그렇게 되지 않았음을 불만스럽게 여기거나 또는 바람직하지 않은 행동이나 일이 현재까지 계속되어 옴을 나타낼 때 쓰는 말임.

옝 나는 여날여적지 돈을 모아보지 못했소.

**여중상**(정선읍, 화암면), **예중생**(남면)

[표] 명 여중생(女中生) 뜻 여자 중학생.
예 울 딸레미가 여중상이 되었다.

**여중이**(정선읍, 남면), **보살**(정선읍, 화암면), **비구니**(정선읍, 화암면)
[표] 명 여승(女僧) 뜻 여자 승려.
예 옥갑산 절에는 여중이 있다.

**여지껀**(정선읍, 북평면), **지금껀**(여량면), **지굼껀**(남면)
[표] 부 지금껏(只今-) 뜻 말하는 바로 이때에 이르기까지 내내.
예 1. 지굼껀 열심히 해왔으니 결과를 봐야지. 2. 여지껀 뭐했나.

**여차저차하니**(여량면, 북평면, 남면, 화암면), **요러쿵조러쿵**(임계면)
[표] 명 요러니조러니 뜻 '요러하다느니 조러하다느니'가 줄어든 말.
예 여차저차해서 그렇게 된네.

**여차직하다**(남면, 화암면)
[표] 동 여차하다(如此--) 뜻 일이 뜻대로 되지 아니함.
예 조심해라 여차직하면 넘어진다.

**역부러**(정선읍, 여량면, 남면)
[표] 부 일부러 뜻 1. 어떤 목적이나 생각을 가지고. 또는 마음을 내어 굳이. 2. 알면서도 마음을 숨기고.
예 1. 내가 밉다고 역부러 저러는 걸 모를까봐. 2. 자는 역부러 저래.

**엮이키다**(여량면, 남면, 화암면)
[표] 동 엮이다 뜻 '엮다'의 피동사.
예 나도 모르게 그만 엮이키다.

**연늠**(정선읍, 여량면, 북평면, 남면, 화암면)
[표] 명 연놈 뜻 계집과 사내를 함께 낮잡아 이르는 말.
예 두 연늠이 짜고서는 밤중에 도망을 갔다.

**연애겔혼**(남면, 화암면)
[표] 명 연애결혼(戀愛結婚) 뜻 연애에서 출발하여 이루어진 결혼.
예 우리 집 마누라하고 연애겔혼 했지.

**연장**(정선읍, 여량면, 남면, 화암면)
[표] 명 쟁기 뜻 논밭을 가는 농기구. 술, 성에, 한마루를 삼각으로 맞춘 것으로, 술 끝에 보습을 끼우고, 그 위에 한마루 몸에 의지하여 볏을 덧대고, 성에 앞 끝에 줄을 매어 소에 멍에를 검. 겨리와 호리 두 가지가 있음.
예 올봄 농사지을 연장을 잘 손질해야 하지.

**연장질**(여량면, 남면)
[표] 명 쟁기질 뜻 쟁기를 부려 논밭을 가는 일.
예 올 봄에도 연장질이 중요해.

**연짱**(정선읍, 여량면, 화암면), **연신**(남면)
[표] 부 연방(連方) 뜻 연속해서 자꾸.
예 연짱으로 삼일을 마셨더니 죽겠소.

**연탄버강지**(정선읍, 여량면, 북평면, 화암면), **연탄아궁지**(정선읍, 여량면, 남면)
[표] 명 연탄아궁이(煉炭---) 뜻 연탄을 땔 수 있도록 만든 아궁이.
예 연탄버강지 청소 쫌 해라.

**연필깎개**(정선읍, 여량면, 남면, 화암면)
[표] 명 연필깎이(鉛筆--) 뜻 연필을 깎는 데에 쓰는 기구. 칼날이 통 속에 들어 있어 구멍에 연필을 끼우고 돌리면 연필이 저절로 깎임.
예 연필깎개 비싸서 못 샀다.

**열**(정선읍, 여량면, 화암면), **늘**(정선읍), **씰개**(남면)

283

[표] 명 쓸개 뜻 1. 간에서 분비되는 쓸개즙을 일시적으로 저장·농축하는 주머니. 샘창자 안에 음식물이 들어오면 쓸개즙을 내어 소화를 도움. 2. '줏대'를 비유적으로 이르는 말.

예 즈런 열 빠진 늠 봔나.

**열겡이**(여량면), **열기**(신동읍, 화암면)
[표] 명 볼락 뜻 〈동물〉 양볼락과의 바닷물고기. 몸의 길이는 20~30cm이고 방추 모양이며, 잿빛을 띤 갈색이 가장 많고, 잿빛을 띤 적색도 있는데 몸의 색깔은 생활 장소나 물의 깊이에 따라 변화가 심함. 몸 옆에 대여섯 줄의 불분명한 검은 띠가 가로로 나 있고, 주둥이는 끝이 뾰족하며 눈이 불거지고 아주 큼. 온대성 근해 어종으로 태생어이고 맛이 좋음. 한국, 일본 등지에 분포함.

예 어제 친구랑 바닷가서 열기 낚았다.

**열나게**(정선읍, 여량면, 남면, 화암면)
[표] 부 열심히(熱心-) 뜻 어떤 일에 온 정성을 다하여 골똘하게.

예 공부를 열나게 해서 대학 간다.

**열매껍주리**(정선읍, 여량면, 북평면, 남면, 화암면)
[표] 명 열매껍질 뜻 열매의 씨를 둘러싸고 있는 부분.

예 열매껍주리가 뚜꿉다.

**열묵이**(정선읍, 여량면, 남면, 화암면)
[표] 명 열목어(熱目魚) 뜻 연어과의 민물고기. 송어와 비슷한데 몸의 길이는 60~70cm이며, 은색임. 눈은 붉은색이고, 옆구리, 등지느러미, 가슴지느러미에 자홍색의 점들이 많음. 찬물을 좋아하는데 한국, 시베리아, 유럽, 북아메리카 등지에 분포함.

예 눈이 뻐얼건 고기는 열묵이야.

**열어젲키다**(정선읍, 여량면, 남면, 화암면)
[표] 동 열어젖뜨리다 뜻 문이나 창문 따위를 갑자기 활짝 엶.

예 문짝을 열어젲키다.

**열쩍다**(정선읍, 여량면, 북평면, 남면, 화암면)
[표] 형 열없다 뜻 좀 겸연쩍고 부끄러움.

예 아이고 꼬라지가 열쩍어서 못 보겠다.

**염셍이**(정선읍, 화암면), **염쇠**(여량면, 남면)
[표] 명 염소 뜻 솟과의 동물. 어깨의 높이는 60~90cm이며, 몸빛은 품종에 따라 갈색, 흰색, 검은색 따위의 여러 가지임. 뿔은 속이 비고 뒤로 굽었는데 수컷은 턱 밑에 긴 수염이 있음. 성질이 활발하고 민첩함. 중요한 가축으로 품종이 많고 유용종, 모용종, 육용종 따위로 구분함. 전 세계에 분포함.

예 염쇠가 풀밭에서 논다.

**엿가새**(정선읍, 여량면, 남면, 화암면)
[표] 명 엿가위 뜻 엿장수가 들고 다니는 큰 가위.

예 엿장수가 노래도 잘하고 엿가새도 잘 치더라.

**엿먹다**(정선읍, 여량면, 북평면, 화암면), **물먹다**(정선읍), **죽을똥싸다**(정선읍, 남면)
[표] 동 애먹다 뜻 속이 상할 정도로 어려움을 겪음.

예 1. 하루죙일 일하느라 엿먹었다.
2. 땅파느라고 죽을똥쌌다.

**엿반데기**(정선읍, 여량면, 남면, 화암면)

[표] 명 엿자박 뜻 둥글넓적하게 반대기처럼 만든 엿.

㋐ 겨울에는 엿반데기 내기를 하며 지낸다.

**엿뵈키다**(정선읍, 여량면, 북평면, 남면, 화암면)

[표] 동 엿보이다 뜻 '엿보다'의 피동사.

㋐ 낭구 뒤로 살짝 엿뵈키다.

**엿질금**(정선읍, 여량면, 북평면, 남면, 임계면, 화암면)

[표] 명 엿기름 뜻 보리에 물을 부어 싹이 트게 한 다음에 말린 것. 녹말을 당분으로 바꾸는 효소를 함유하고 있으며, 식혜나 엿을 만드는 데에 쓰임.

㋐ 엿질금을 빻아서 삭혀야 쓰지.

**영감텡이**(정선읍, 여량면, 남면, 임계면, 화암면)

[표] 명 영감(슈監) 뜻 1. 급수가 높은 공무원이나 지체가 높은 사람을 높여 이르는 말. 2. 나이 든 부부 사이에서 아내가 그 남편을 이르거나 부르는 말. 3. 나이가 많아 중년이 지난 남자를 대접하여 이르는 말.

㋐ 저 영감텡이는 맨날 돌아댕개.

**영거퍼**(정선읍, 여량면, 북평면, 화암면), **영거푸**(남면)

[표] 부 연거푸(連--) 뜻 잇따라 여러 번 되풀이하여.

㋐ 영거퍼 석잔을 마셌더니 취하네.

**영껭이비**(정선읍, 여량면, 북평면), **여깽이비**(여량면, 남면), **여께이비**(화암면)

[표] 명 여우비 뜻 볕이 나 있는 날 잠깐 오다가 그치는 비.

㋐ 날이 밝다가도 여깽이비가 온다.

**영말랑**(정선읍, 여량면, 남면)

[표] 명 영마루(嶺--) 뜻 고개의 맨 꼭대기.

㋐ 영말랑에서 쫌 쇳다가자.

**영세**(정선읍, 여량면, 북평면, 남면)

[표] 명 영서(嶺西) 뜻 강원도의 대관령 서쪽에 있는 지역.

㋐ 여개는 영세잖아.

**옆걸음**(여량면, 신동읍, 화암면), **께걸음**(임계면)

[표] 명 모걸음 뜻 옆으로 걷는 걸음.

㋐ 가는 걷는 게 께걸음 같다.

**옆구레**(정선읍, 여량면, 남면, 화암면)

[표] 명 옆구리 뜻 가슴과 등 사이의 갈빗대가 있는 부분.

㋐ 왜서 옆구레가 자꾸 절린다.

**옆모소리**(정선읍, 화암면), **옆모솔기**(여량면, 남면)

[표] 명 옆모서리 뜻 각뿔이나 각기둥의 옆면과 옆면이 서로 만나서 이루는 모서리.

㋐ 괴짝 옆모솔기에 부딪쳤다.

**옆차게칼**(정선읍), **주멍이칼**(여량면), **쌈지칼**(남면)

[표] 명 주머니칼 뜻 주머니에 넣고 다니며 쓰는 작은 칼.

㋐ 나는 산에 갈 때 옆차게칼을 가꾸 간다.

**예닐굽**(정선읍, 여량면, 북평면, 남면, 화암면)

[표] 수 관 예닐곱 뜻 여섯이나 일곱 쯤 되는 수. 또는 그런 수의.

㋐ 아매 예닐굽살 쯤 되었을 거요.

**예동상**(정선읍, 남면, 화암면), **여동상**(여량면)

[표] 몡 여동생(女--) 뜻 여자 동생.

옝 나에게는 여동상이 셋이 있소.

**예리다**(정선읍, 남면, 여량면, 화암면)

[표] 혱 여리다 뜻 의지나 감정 따위가 모질지 못하고 약간 무름.

옝 그 여자는 맴이 참 예리다.

**예수쟁이**(정선읍, 여량면, 남면, 화암면)

[표] 몡 기독교인(基督敎人) 뜻 기독교를 믿는 사람.

옝 주일날 예수쟁이들은 교회를 간다.

**예자**(정선읍, 남면, 화암면)

[표] 몡 여자(女子) 뜻 1. 여성으로 태어난 사람. 2. 여자다운 여자. 3. 한 남자의 아내나 애인을 이르는 말.

옝 저 예자는 어데서 왔냐.

**예쩍**(정선읍, 화암면), **옛저**(남면)

[표] 몡 옛적 뜻 1. 이미 많은 세월이 지난 오래전 때. 2. 세태나 물정이 아주 다른 때.

옝 예쩍에도 그랬어.

**예펜**(정선읍, 화암면), **양구비**(남면)

[표] 몡 양귀비(楊貴妃) 뜻 양귀비과의 한해살이풀. 높이는 50~150cm. 잎은 어긋나고 긴 달걀 모양이며 가장자리에 불규칙한 결각 모양의 톱니가 있고 전체적으로 회청색을 띰. 5~6월에 흰색, 홍색, 홍자색, 자색 따위의 꽃이 피고 열매는 달걀 모양의 둥근 삭과(蒴果)를 맺음. 열매가 덜 익었을 때 유액을 뽑아 건조하여 아편을 추출하고 씨는 기름으로 식용하며, 민간에서 복통·기관지염·불면증·만성 창자염의 치료에 쓰기도 함. 터키와 이란이 원산지로 관상용 또는 약용으로 재배함.

옝 배 아픈데 예펜이 최고 좋아요.

**예펜내**(정선읍, 여량면, 남면, 화암면), **예펜년**(정선읍)

[표] 몡 여편네(女便-) 뜻 1. 결혼한 여자를 낮잡아 이르는 말. 2. 자기 아내를 낮잡아 이르는 말.

옝 저 예펜내가 멀 잘했다고 지랄이여.

**예핵교**(정선읍, 임계면, 화암면), **여핵교**(남면)

[표] 몡 여학교(女學校) 뜻 여학생만을 가르치는 학교를 통틀어 이르는 말.

옝 우리 딸은 여핵교에 입학했다.

**옛질**(정선읍, 여량면, 북평면, 남면, 화암면)

[표] 몡 옛길 뜻 예전에 다니던 길.

옝 옛질로 가믄 마이 돌아가야 돼.

**오갈단지**(정선읍, 여량면, 남면)

[표] 몡 항아리(缸--) 뜻 아래위가 좁고 배가 부른 질그릇.

옝 오갈단지에 신주 모시기.

**오강**(정선읍, 여량면, 화암면)

[표] 몡 요강 뜻 방에 두고 오줌을 누는 그릇. 놋쇠나 양은, 사기 따위로 작은 단지처럼 만듦. 한자를 빌려 '溺綱/溺矼/溺江'으로 적기도 함.

옝 오강 쫌 깨끗이 쎄라.

**오골오골**(정선읍, 여량면, 북평면, 남면, 화암면), **오골뿌글**(임계면)

[표] 閉 오글오글 뜻 자신의 손과 발이 자기도 모르게 오그라든다는 표현을 쓸 때 사용함.

옝 몸이 오골오골하는 게 좋지 않다.

**오굴띠리다**(정선읍, 여량면, 북평면, 남면,

화암면), **쭈구려뜨리다**(임계면)

[표] [동] 오그라뜨리다 [뜻] 1. 물체를 안쪽으로 오목하게 휘어져 들어가게 함.2. 물체의 거죽을 오글쪼글하게 주름이 잡히며 줄어들게 함. 3. 몸을 움츠려 작아지게 함.

[예] 냄비를 밟아서 오굴띠리다.

**오굼펭이**(정선읍, 여량면, 북평면, 남면), **고베이**(화암면)

[표] [명] 오금 [뜻] 무릎의 구부러지는 오목한 안쪽 부분.

[예] 쪼글띠래 앉았더니 오굼펭이가 제리다.

**움치레들다**(여량면, 남면)

[표] [동] 움츠러들다 [뜻] 1. 몸이나 몸의 일부가 몹시 오그라져 들어가거나 작아짐. 2. 겁을 먹거나 위압감 때문에 기를 펴지 못하고 몹시 주눅이 듦.

[예] 날이 추워지니 몸이 자꾸만 움치레든다.

**오날**(정선읍, 화암면), **오눌**(여량면, 남면)

[표] [명][부] 오늘 [뜻] [명]1. 지금 지나가고 있는 이날. 2. 지금의 시대. [부] 지금 지나가고 있는 이날에.

[예] 1. 오날 기분 좋다. 2. 오눌밤에 마실가야지.

**오날내일**(정선읍, 화암면), **오눌내일**(여량면, 남면)

[표] [명] 오늘내일(--來日) [뜻] 오늘과 내일 사이. 또는 가까운 시일 안.

[예] 1. 내가 맡은 일 오날내일 다 해야 한다. 2. 오눌내일 한번 차저가리다.

**오도방정**(정선읍, 여량면, 북평면, 남면, 화암면), **깨방정**(임계면)

[표] [명] 오두방정 [뜻] 몹시 방정맞은 행동.

[예] 조도방정 떨구 있네.

**오랍뜰**(정선읍, 여량면, 화암면), **오랍드리**(남면, 임계면)

[표] [명] 오래 [뜻] 한동네의 몇 집이 한 골목이나 한 이웃으로 되어 사는 구역 안.

[예] 우린 한 오랍뜰에 사는데 다툴 일이 뭐 있소.

**오래**(정선읍, 남면, 화암면), **울개**(임계면)

[표] [명] 올해 [뜻] 지금 지나가고 있는 이 해.

[예] 오래는 더욱 뜨거웠다.

**오래두룩**(정선읍, 남면, 화암면), **마르고닳토록**(여량면)

[표] [부] 오래도록 [뜻] 시간이 많이 지나도록.

[예] 1. 오래두룩 친해 보자. 2. 마르고 닳토록 해먹을 것도 아닌데 유세떨기는.

**오래비**(정선읍, 여량면, 남면), **오라벙이**(여량면, 화암면), **오라버니**(여량면)

[표] [명] 오빠 [뜻] 1. 같은 부모에게서 태어난 사이이거나 일가친척 가운데 항렬이 같은 손위 남자 형제를 여동생이 이르거나 부르는 말. 2. 남남끼리에서 나이 어린 여자가 손위 남자를 정답게 이르거나 부르는 말.

[예] 1. 오라버니 장가갈 때 쓸 돈이다. 2. 오라벙이 장에 왔소?

**오레기**(정선읍, 여량면, 남면, 화암면)

[표] [명] 오라기 [뜻] 1. 실, 헝겊, 종이, 새끼 따위의 길고 가느다란 조각. 2.

실, 헝겊, 종이, 새끼 따위의 길고 가느다란 조각을 세는 단위.

[예] 추운데 실오레기만 거치고 왔노?

**오렝이**(정선읍, 남면, 화암면), **오리**(여량면), **오레기**(여량면)

[표] [명] 올 [뜻] 1. 실이나 줄의 가닥. 2. 실이나 줄의 가닥을 세는 단위.

[예] 실오레기가 가늘어서 잘 안보캐.

**오른펜짝**(정선읍, 남면, 화암면)

[표] [명] 오른편짝(--便-) [뜻] 두 편으로 갈랐을 때에, 오른쪽을 이르는 말.

[예] 우체국 가는 질은 오른펜짝입니다.

**오리방석**(여량면, 화암면)

[표] [명] 물 [뜻] 1. 자연계에 강, 호수, 바다, 지하수 따위의 형태로 널리 분포하는 액체. 순수한 것은 빛깔, 냄새, 맛이 없고 투명함. 산소와 수소의 화학적 결합물로, 어는점 이하에서는 얼음이 되고 끓는점 이상에서는 수증기가 됨. 공기와 더불어 생물이 살아가는 데 없어서는 안 될 중요한 물질임. 2. 못, 내, 호수, 강, 바다 따위를 두루 이르는 말. 3. '조수'(潮水)를 달리 이르는 말.

[예] 쥔양반 목마른데 오리방석 한잔 주오.

**오무러들다**(정선읍, 여량면, 남면, 화암면), **오그라들다**(임계면)

[표] [동] 오므라들다 [뜻] 1. 물건의 가장자리 끝이 한곳으로 점점 줄어지어 모임. 2. 물체의 거죽이 점점 안으로 오목하게 패어 들어감.

[예] 날이 추우니 몸이 오무러든다.

**오민가민**(정선읍, 여량면, 북평면, 남면, 화암면)

[표] [부] 오면가면 [뜻] 오면서 가면서.

[예] 오민가민 잘 있는가 들여다본다.

**오방난전이다**(정선읍, 여량면, 남면, 임계면, 화암면), **어질구나**(정선읍)

[표] [동] 늘어놓다 [뜻] 1. 줄을 지어 벌여 놓음. 2. 여기저기에 어수선하게 둠. 3. 사람을 여러 곳에 보내어 연락을 지움.

[예] 1. 어지럽히기가 오방난전이다.
2. 집구석이 오방난전이다.

**오봉**(정선읍, 여량면, 북평면, 남면)

[표] [명] 쟁반(錚盤) [뜻] 운두가 얕고 동글납작하거나 네모난, 넓고 큰 그릇. 목재, 금속, 사기 따위로 만들며 보통 그릇을 받쳐 드는 데에 씀.

[예] 감재를 오봉에 수북하게 담았다.

**오부닥지다**(정선읍, 여량면, 북평면, 남면, 화암면)

[표] [형] 오달지다 [뜻] 허술한 데가 없이 야무지고 알참.

[예] 얼매되지도 않은 게 아주 오부닥지다.

**오부뎅이**(여량면, 북평면, 남면)

[표] [명] 통것 [뜻] 자르거나 나누지 아니한 통째 그대로의 것.

[예] 농구고 자시고 하지 말고 오부뎅이를 가져가.

**오사러잡늠**(정선읍, 남면, 화암면), **오가지잡놈**(임계면)

[표] [명] 오사리잡놈(---雜-) [뜻] 온갖 못된 짓을 거침없이 하는 잡놈.

[예] 얼굴은 저렇게 순한데 하는 짐 보면 오사러잡늠이여.

**오싹조이밥되다**(정선읍, 화암면), **뿌서지다**(여량면, 신동읍)

[표] 동 부서지다 뜻 1. 단단한 물체가 깨어져 여러 조각이 남. 2. 액체나 빛 따위가 세게 부딪쳐 산산이 흩어짐. 3. 목재 따위를 짜서 만든 물건이 제대로 쓸 수 없게 헐어지거나 깨어짐.

예 바램이 씨개 불어서 집이다 뿌서지다.

**오입젱이**(여량면, 화암면), **외입젱이**(남면)

[표] 명 오입쟁이(誤入--) 뜻 오입질하는 사람을 낮잡아 이르는 말.

예 저 사람은 소문난 오입젱이다.

**오전나절**(정선읍), **한나잘**(여량면, 남면), **한나질**(임계면)

[표] 명 한나절 뜻 1. 하룻낮의 반(半). 2. 하룻낮 전체.

예 한나잘 푹 잘 잤다.

**오즘동**(정선읍, 화암면), **오짐단지**(여량면, 남면)

[표] 명 오줌독 뜻 오줌을 누거나 받아서 모아 두는 독.

예 퇴비할려고 일부러 오짐단지를 맹글었다.

**오지그륵**(정선읍, 여량면, 북평면, 남면, 화암면)

[표] 명 오지그릇 뜻 붉은 진흙으로 만들어 볕에 말리거나 약간 구운 다음, 오짓물을 입혀 다시 구운 그릇.

예 아직 오지그륵에 불과해.

**오지동우**(정선읍, 여량면, 북평면, 남면, 화암면)

[표] 명 오지동이 뜻 오짓물을 발라 만든 항아리.

예 오지동우로 오물 쫌 퍼내라.

**오지자베기**(정선읍, 화암면), **오지버레기**(여량면, 남면)

[표] 명 오지자배기 뜻 오지로 만든 그릇의 하나. 둥글넓적하고 아가리가 넓게 벌어진 독그릇임.

예 정지 옆에 놓인 오지버레기에 뭐가 들어 있는지 보고 와라.

**오짐**(정선읍, 여량면, 북평면, 남면, 화암면)

[표] 명 오줌 뜻 혈액 속의 노폐물과 수분이 신장에서 걸러져서 방광 속에 괴어 있다가 요도를 통하여 몸 밖으로 배출되는 액체. 빛깔은 누렇고 지린내가 남.

예 밤에 자다가 오짐 매루워서 깼다.

**오짐똥**(정선읍, 남면, 화암면)

[표] 명 오줌똥 뜻 오줌과 똥을 아울러 이르는 말.

예 아직 오짐똥 잘 못 가린다.

**오짐동우**(여량면, 북평면), **오줌동우**(남면, 화암면)

[표] 명 귀때동이 뜻 귀때가 달린 동이. 오줌을 거름통에서 퍼 담아 논밭의 여기저기에 옮아가며 주는 데에 씀.

예 요새는 오짐동우 보기가 어렵더래요.

**오짐발**(정선읍, 화암면), **오줌발**(여량면, 남면)

[표] 명 오줌줄기 뜻 오줌을 눌 때에 내뻗는 오줌 줄기.

예 그늠아 오줌발 참 쎄다.

**오짐보**(정선읍, 화암면), **오줌통**(여량면, 남면)

[표] 명 오줌보 뜻 '방광(膀胱)'을 일

상적으로 이르는 말.
[예] 참았더니 오짐보 터지겠다.

**오짐소태**(정선읍, 여량면, 북평면, 화암면), **오좀소태**(남면)
[표] [명] 오줌소태 [뜻] 방광염이나 요도염으로 오줌이 자주 마려운 부인병.
[예] 찔끔찔금 오짐소태가 있다.

**오짐장분**(정선읍, 화암면), **오줌장분**(남면)
[표] [명] 오줌장군 [뜻] 오줌을 담아 나르는 오지나 나무로 된 그릇.
[예] 옆집서 오짐장분 쫌 빌려와라.

**오짐찌끼**(정선읍, 남면, 화암면), **오줌찌끼**(여량면)
[표] [명] 오줌버캐 [뜻] 오줌을 담아 둔 그릇에 허옇게 엉겨 붙은 물질이나 가라앉은 찌꺼기. 한방에서는 '인중백'(人中白)이라 하여 약용함.
[예] 오줌찌끼는 찌린내가 음청나다.

**오징애**(정선읍, 남면, 화암면)
[표] [명] 오징어 [뜻] 연체동물문 두족강 갑오징어목과 살오징어목의 일부 종들을 통틀어 이르는 말. 머리 부분에 다섯 쌍의 다리가 있고, 그중 한 쌍의 촉완에 있는 빨판으로 먹이를 잡음. 몸통의 끝에 지느러미가 있으며 적을 만나면 먹물을 토하고 달아남. 참오징어, 물오징어, 쇠갑오징어, 귀꼴뚜기 따위가 있음.
[예] 맥주 안주는 오징애가 최고다.

**오징애포**(정선읍, 남면, 화암면)
[표] [명] 오징어포(---脯) [뜻] 말린 오징어를 기계에 넣어서 얇게 편 가공품.
[예] 집에 갈 때 오징애포 몇 개 사가자.

**오코루**(정선읍), **오금치**(임계면)
[표] [부] 오글오글 [뜻] 작은 벌레나 짐승, 사람 따위가 한곳에 빽빽하게 많이 모여 자꾸 움직이는 모양.
[예] 강에 물고기가 오쿠루하게 많아.

**오쿰**(정선읍, 여량면, 화암면), **한오큼**(임계면), **웅쿰**(남면)
[표] [의] 옴큼 [뜻] 한 손으로 옴켜쥘 만한 분량을 세는 단위.
[예] 나도 한 오쿰만 주세요.

**옥누**(정선읍), **옹누**(여량면, 화암면)
[표] [명] 하늘코 [뜻] 짐승이 건드리면 목이나 다리를 옭아 공중에 달아 올리게 만든 올무.
[예] 뒷산에 퇴끼 옹누를 열코 놓았다.

**옥퇴끼**(정선읍, 여량면, 북평면, 남면, 화암면)
[표] [명] 옥토끼(玉--) [뜻] 1. 달 속에 산다는 전설상의 토끼. 2. 털빛이 하얀 토끼.
[예] 달에 옥퇴끼가 보이면 날이 좋다.

**온공일**(정선읍, 여량면, 북평면, 남면)
[표] [명] 일요일(日曜日) [뜻] 월요일을 기준으로 한 주의 마지막 날.
[예] 오늘은 반공일 낼은 온공일.

**온아척**(정선읍, 남면, 화암면), **온아칙**(여량면)
[표] [명] 오늘아침 [뜻] 금조(今朝)
[예] 온아칙에 반장이 왔다갔잔소.

**온저녁**(여량면, 남면, 화암면)
[표] [명] 오늘저녁 [뜻] 금석(今夕)
[예] 온저녁에 우리 집에서 만내자.

**올가무**(정선읍, 화암면), **올개미**(여량면, 남면), **홀치기**(여량면), **옹누**(여량면)
[표] [명] 올가미 [뜻] 1. 새끼나 노 따위

로 옭아서 고를 내어 짐승을 잡는 장
치. 2. 사람이 걸려들게 만든 수단이
나 술책.
ㅇ 토끼 잡을라고 옹누를 마이 놓았다.
**올감재**(정선읍, 여량면, 북평면, 남면, 화
암면)
[표] 뎽 올감자 뜻 제철보다 일찍 되
는 감자.
ㅇ 올감재는 하지 전에 캐먹는다.
**올갱이**(정선읍, 화암면), **올미**(여량면)
[표] 뎽 올방개 뜻 사초과의 여러해살
이풀. 꽃줄기의 높이는 70cm 정도이
며, 잎은 없음. 7~10월에 꽃줄기 끝에
꽃이삭이 달리고 열매는 수과(瘦果)
임. 덩이줄기는 식용하고 논이나 연못
에서 자라는데 한국, 일본 등지에 분
포함.
ㅇ 논바닥에 올미가 마이 퍼졌다.
**올러세다**(정선읍, 화암면), **올로스다**(정
선읍), **올러스다**(여량면, 남면)
[표] 동 올라서다 뜻 1. 낮은 곳에서
높은 곳으로 옮아가 섬. 2. 무엇인가를
디디고 그 위에 섬. 3. 등급이나 지위
따위가 낮은 데서 높은 데로 옮아감.
ㅇ 계단을 한 칸 올러스다.
**올레사랑**(정선읍, 북평면), **웃사랑**(여량면)
[표] 뎽 치사랑 뜻 손아랫사람이 손윗
사람을 사랑함. 또는 그런 사랑.
ㅇ 내리사랑이지 웃사랑이 읍써.
**올베**(정선읍, 여량면, 북평면, 남면, 화암면)
[표] 뎽 올벼 뜻 제철보다 일찍 여무
는 벼.
ㅇ 추운 지방에는 올베를 싱궈야 돼.
**올창이**(정선읍, 화암면), **올쳉이**(여량면,

남면)
[표] 뎽 올챙이 뜻 1. 개구리의 유생.
몸통은 둥글며, 꼬리가 있음. 꼬리로
물속을 헤엄쳐 다니는데 자라면서 꼬
리가 없어지고 네 다리가 생겨 개구리
가 됨. 2. 초보자 또는 어떤 조직의 맨
아랫자리를 비유적으로 이르는 말. 3.
배가 몹시 나온 사람을 놀림조로 이르
는 말.
ㅇ 깨구리 올쳉이 시절 생각 못 한다.
**올쳉이배떼기**(정선읍, 여량면, 북평면, 신
동읍, 화암면)
[표] 뎽 똥배 뜻 똥똥하게 나온 배.
ㅇ 배때기가 올쳉이배떼기 같다.
**올캐**(정선읍, 여량면, 화암면), **새언니**(여
량면), **오라버택**(남면)
[표] 뎽 올케 뜻 1. 오빠의 아내를 이
르는 말. 2. 남동생의 아내를 이르거
나 부르는 말.
ㅇ 우리 올캐는 내보다 나이가 어리다.
**올팽개**(정선읍, 여량면), **가부재**(남면), **온
팽개**(화암면)
[표] 뎽 책상다리(冊床--) 뜻 1. 한쪽
다리를 오그리고 다른 쪽 다리는 그 위
에 포개어 얹고 앉은 자세. 2. 〈민속〉
줄타기 재주의 하나. 줄 위에서 책상
다리를 하고 다리를 폈다 오므렸다 함.
3. 〈불교〉 부처나 승려의 앉음새의 하
나. 두 발을 구부려 각각 양쪽 허벅다
리 위에 얹거나 한쪽 발만 얹고 앉음.
결가부좌, 반가부좌 따위가 있음.
ㅇ 나이도 어린 게 올팽개를 떡치고
앉아서.
**옴구뎅이**(남면)

[표] 몡 석회정(石灰穽) 뜻 〈지리〉 석
회암으로 이루어진 카르스트 지형에
서 관찰되는 원형 또는 타원형의 움푹
파인 땅.
예 우리 동네 뒷산에 옴구뎅이가 큰
게 있다.

**옴깨구리**(정선읍, 화암면), **옴깨구락지**
(여량면, 남면)
[표] 몡 옴개구리 뜻 개구릿과의 하
나. 몸의 길이는 4~7.5cm이며, 등은
검은 갈색에 거무스름한 무늬가 있고
도톨도톨한 돌기가 많이 돋아 있음.
배는 연한 회색에 검은색 얼룩점이 있
고, 다리에는 연한 검은색 띠 무늬가
있음. 한국, 일본 등지에 분포함.
예 옴깨구리 맨지면 큰일 난다.

**옴보가리눈**(여량면)
[표] 몡 오목눈 뜻 오목하게 들어간 눈.
예 구슬치기하다 옴보가리눈 되겠다.

**옴폭하다**(정선읍, 남면, 화암면), **옴복하
다**(여량면), **음푹하다**(임계면)
[표] 혱 오목하다 뜻 가운데가 동그스
름하게 폭 패거나 들어가 있는 상태임.
예 볼태기가 옴복하다.

**옷걸이**(여량면, 신동읍, 화암면)
[표] 몡 몸매 뜻 몸의 맵시나 모양새.
예 옷걸이가 늘씬한데 참 머싯다.

**옷맵새**(정선읍), **옷매무시**(여량면, 남면),
**옷매무새**(여량면, 북평면, 화암면)
[표] 몡 옷맵시 뜻 1. 차려입은 옷이
어울리는 모양새. 2. 옷이 보기 좋게
생긴 모양.
예 사람이 이쁘니 뭘 입어도 옷매무
새가 난다.

**옷잘기**(정선읍, 남면, 화암면)
[표] 몡 옷자락 뜻 옷의 아래로 드리
운 부분.
예 옷잘기가 땅에 질질 끌린다.

**옹고집젱이**(정선읍, 여량면, 북평면, 남면,
화암면)
[표] 몡 옹고집쟁이(壅固執--) 뜻 억
지가 매우 심하고 고집이 센 사람을 낮
잡아 이르는 말.
예 1. 우리 동에서 알아주는 옹고집
젱이. 2. 참 옹고집젱이다.

**옹고집패기**(정선읍, 여량면), **옹고집통**
(남면)
[표] 몡 옹고집(壅固執) 뜻 억지가 매
우 심하여 자기 의견만 내세워 우기는
성미. 또는 그런 사람.
예 누가 뭐래도 옹고집패기래서 말
안들어.

**옹골자다**(정선읍, 북평면), **꼬습다**(여량
면), **꼬소하다**(여량면, 남면), **옹골지다**
(화암면)
[표] 혱 고소하다 뜻 1. 볶은 깨, 참기
름 따위에서 나는 맛이나 냄새와 같다.
2. 기분이 유쾌하고 재미있다. 3. 미운
사람이 잘못되는 것을 보고 속이 시원
하고 재미있다.
예 남이 안 되는 걸 보면 꼬소하다.

**옹구**(여량면, 화암면)
[표] 몡 옹기(甕器) 뜻 질그릇과 오지
그릇을 통틀어 이르는 말.
예 옹구그륵이 정이 간다.

**옹구흙**(남면)
[표] 몡 고령토(高嶺土) 뜻 〈광업〉 바
위 속의 장석(長石)이 풍화 작용을 받

292

아 이루어진 흰색 또는 회색의 진흙. 도자기나 시멘트 따위의 원료로 씀.

ⓔ 도자기 맨드는 사람들은 좋은 옹구흙이 어데 있는지 잘 안다.

**옹동우**(정선읍, 여량면, 남면)

[표] 몡 옹동이(甕--) ⓣ 작은 질그릇의 하나. 키가 작고 배가 부르며 둥글게 생김. 양쪽에는 손잡이가 달려 있으며 아가리가 넓음. 흔히 물 긷는 데에 씀.

ⓔ 물길러 갈려며 옹동우 들고 따라와라.

**옹심이**(정선읍, 여량면, 북평면, 남면, 임계면, 화암면)

[표] 몡 새알심(--心) ⓣ 팥죽 속에 넣어 먹는 새알만 한 덩이. 보통 찹쌀가루나 수수 가루로 동글동글하게 만듦.

ⓔ 정선에 가믄 감재 옹심이를 먹어봐야지.

**옹치**(정선읍, 남면, 화암면), **공이**(임계면)

[표] 몡 옹이 ⓣ 나무의 몸에 박힌 가지의 밑부분.

ⓔ 소낭구 옹치가 불쏘씨개로 최고 좋다.

**옻낭구**(정선읍, 여량면, 남면, 화암면)

[표] 몡 옻나무 ⓣ 옻나뭇과의 낙엽 교목. 높이는 7~10m이며, 잎은 7~11개의 작은 잎으로 된 우상 복엽임. 6월에 누런 녹색 단성화가 잎겨드랑이에서 피고, 열매는 핵과(核果)로 10월에 노란색으로 익음. 나무껍질에 상처를 내어 뽑은 진은 옻칠의 원료로 쓰고, 목재는 가구재(家具材)나 부목(副木)을 만드는 데 씀. 어린잎은 식용하기

도 함.

ⓔ 산에 가서 옻낭구 만지지 마라.

**와릉기**(정선읍, 여량면, 북평면, 남면, 화암면)

[표] 몡 탈곡기(脫穀機) ⓣ 벼, 보리 따위의 이삭에서 낟알을 떨어내는 농기계.

ⓔ 농기계 발달루 와릉기는 볼 수 없다.

**왁자그레하다**(정선읍, 화암면), **지자하다**(정선읍, 남면), **지거레하다**(여량면)

[표] 동 형 왁자하다 ⓣ 동 정신이 어지러울 만큼 떠듦. 형 1. 정신이 어지러울 만큼 떠들썩함. 2. 소문이 온 동네에 널리 퍼져 요란함.

ⓔ 골목텡이가 지거레하다.

**왔다갔다**(정선읍, 북평면), **댕게가다**(여량면, 남면, 임계면, 화암면)

[표] 동 다녀가다 ⓣ 어느 곳에 왔다가 감.

ⓔ 오늘 이모가 댕게가다.

**왕개미**(정선읍, 여량면), **왕개무**(남면)

[표] 몡 여왕개미(女王--) ⓣ 알을 낳는 능력이 있는 암개미. 보통 일개미보다 크며 개미 사회의 우두머리임.

ⓔ 왕개미가 심이 젤 쎄다.

**왕거무**(정선읍, 여량면, 북평면, 화암면), **말거미**(남면)

[표] 몡 왕거미(王--) ⓣ 왕거밋과의 곤충. 몸의 길이는 수컷은 1.5cm, 암컷은 3cm 정도임. 몸은 누런 갈색이며 등에는 검은색 줄무늬가 있고 다리는 붉은 갈색임. 한국, 일본 등지에 분포함.

ⓔ 왕거무는 무섭다.

**왕게**(정선읍, 여량면, 남면, 화암면)

293

[표] 몡 왕겨(王-) 뜻 벼의 겉겨.

예 왕게 베게가 푹신하다.

**왕구렝이**(정선읍, 여량면, 남면, 화암면)

[표] 몡 왕구렁이 뜻 덩치가 큰 구렁이.

예 무서운 왕구렝이 봤다.

**왕맨두**(정선읍, 여량면, 남면, 임계면, 화암면)

[표] 몡 왕만두(王饅頭) 뜻 보통 만두보다 큰 만두.

예 왕맨두를 먹었더니 배가 부르다.

**왕모겡이**(여량면), **뱀모겡이**(남면), **깔다구**(임계면), **왕모게이**(화암면)

[표] 몡 각다귀 뜻 1. 〈동물〉 각다귓과의 곤충을 통틀어 이르는 말. 모양은 모기와 비슷하나 크기는 더 큼. 몸의 길이는 2cm 정도, 날개는 2cm 정도이고 회색이며, 다리가 긺. 꾸정모기·대문(大蚊)·알락다리모기. 2. 남의 것을 뜯어먹고 사는 사람을 비유적으로 이르는 말.

예 밤만 데면 깔다구들이 마내서 잠을 못잔다.

**왕몰개**(여량면, 남면, 화암면)

[표] 몡 왕모래(王--) 뜻 굵은 모래.

예 왕몰개 밭을 맨발로 댕겼더니 발꾸락지가 아프다.

**왕방굴이눈**(여량면, 화암면), **왕방울눈**(남면)

[표] 몡 왕눈이(王--) 뜻 1. 눈이 큰 사람을 놀림조로 이르는 말. 2. 심마니들의 은어로, '호랑이'를 이르는 말.

예 둥그런 왕방굴이눈으로 보다.

**왕소굼**(정선읍, 여량면, 북평면, 남면, 화암면), **굵은소굼**(여량면)

[표] 몡 왕소금(王--) 뜻 알이 거칠고 굵은 소금.

예 배차 짠지는 왕소굼으로 절인다.

**왕소굼젱이**(정선읍, 여량면, 남면, 화암면)

[표] 몡 왕잠자리(王---) 뜻 왕잠자릿과의 곤충. 몸의 길이는 8cm 정도임. 머리는 녹황색, 가슴은 초록색이고 수컷의 배는 청색과 검은 갈색, 암컷은 녹색과 갈색이 섞여 있음. 한국, 대만, 일본, 중국 등지에 분포함.

예 왕소굼쟁이 잡지마라 뱀 따라온다.

**왜놈**(정선읍, 여량면, 남면)

[표] 몡 일본인(日本人) 뜻 일본 국적을 가진 사람.

예 왜놈들은 쪼그마해도 달리기를 잘 해.

**왜놈말**(정선읍, 여량면, 남면)

[표] 몡 일본어(日本語) 뜻 일본 민족이 쓰는 일본의 공용어. 알타이 어족 또는 우랄 어족에 속한다는 주장이 있으나 확실하지 않음. 가나와 한자로 표기함.

예 우리 때는 왜놈말을 배웠지.

**왜무꾸**(정선읍, 여량면, 북평면, 남면, 화암면)

[표] 몡 왜무(倭-) 뜻 십자화과의 한해살이풀 또는 두해살이풀. 굵고 길쭉하며 녹말이 적고 수분이 많아 살이 연한 개량종 무임. 중앙아시아, 중국의 서남부 지방이 원산지임.

예 그 전에는 왜무꾸 참 마이 깎어 먹었잖아.

**왜서**(정선읍, 여량면, 남면, 화암면)

[표] 뷔 갑 왜 뜻 뷔 무슨 까닭으로.

294

또는 어째서. ㉦ 어떤 사실에 대하여
확인을 요구할 때 쓰는 말.
㉠ 질가는 사람을 왜서 또 불러.

**왜장물**(남면)
[표] ㉥ 왜간장(倭-醬) ㉰ 일본식으로
만든 간장. 집에서 만든 재래식 간장
에 대하여 양조장 등에서 만든 개량된
간장을 이르는 말로 흔히 씀.
㉠ 왜장물을 넣으면 마있다.

**왜장물**(정선읍, 남면, 화암면), **왜간장**(여
량면)
[표] ㉥ 양조간장(醸造-醬) ㉰ 메주
를 발효시켜 얻은 간장. 메주를 소금
물에 담가서 발효시켜 맛을 들인 다
음 된장과 간장을 분리한 후 간장만
달여서 만듦.
㉠ 국 끓일 때 왜간장을 넣어야 마있다.

**왠손잽이**(정선읍, 화암면), **외손잽이**(여
량면, 남면)
[표] ㉥ 외손잡이 ㉰ 두 손 가운데 어
느 한쪽 손만 능하게 쓰는 사람.
㉠ 내 친구는 왠손잽이다.

**외걸빵**(정선읍, 여량면, 북평면, 화암면),
**외멜빵**(임계면)
[표] ㉥ 외질빵 ㉰ 한쪽 어깨로만 메
는 질빵.
㉠ 1.어제 장터 가서 외멜빵 옷 하나
샀다. 2. 책을 외걸빵해서 메고 간다.

**외골통**(남면)
[표] ㉥ 외곬 ㉰ 1. 단 한 곳으로만 트
인 길. 2. 단 하나의 방법이나 방향.
㉠ 쟈는 두둘게 패도 안 되는 외골통
이야.

**외낭구다리**(정선읍, 여량면, 북평면, 남면,
화암면)
[표] ㉥ 외나무다리 ㉰ 한 개의 통나
무로 놓은 다리.
㉠ 웬수는 외낭구다리에서 만난다.

**외동마눌**(정선읍, 여량면, 북평면, 화암면),
**에동마날**(정선읍), **에통마눌**(남면)
[표] ㉥ 외톨마늘 ㉰ 한 통에 한 쪽만
든 마늘.
㉠ 밭에 서 캔 마늘은 외동마눌이다.

**외동밤**(정선읍, 북평면), **외톨배기**(여량면)
[표] ㉥ 회오리밤 ㉰ 1. 밤송이 속에
외톨로 들어앉아 있는, 동그랗게 생긴
밤. 2. 장난감의 하나. 동그랗게 생긴
외톨밤을 삶아서 위쪽 부리에 구멍을
뚫고 속살을 파내어 실 끝에 매달아서
휘두르면 휙휙 소리가 남.
㉠ 밤이 왜 마커 외톨배기나.

**외따르다**(정선읍, 여량면, 북평면, 남면,
화암면)
[표] ㉪ 외딸다 ㉰ 다른 곳과 동떨어
져 홀로 있음.
㉠ 같은 동네래도 여개는 외따르다.

**외따리**(정선읍, 화암면), **외따루**(여량면),
**에따루**(남면)
[표] ㉭ 외따로 ㉰ 홀로 따로.
㉠ 1. 집이 외따리 있다. 2. 나는 여
개서 외따루 살아서 물정을 몰라.

**외딴곳**(여량면, 화암면), **왼처**(남면)
[표] ㉥ 외처(外處) ㉰ 본고장이 아닌
다른 곳.
㉠ 왼처에서 일루 이사 온 사람이래.

**외딴데**(정선읍, 여량면, 북평면, 화암면),
**웨딴곳**(남면)
[표] ㉥ 외딴곳 ㉰ 홀로 따로 떨어져

있는 곳.

예 어대 멀리 외딴데로 이사를 가야지.

**외딴질**(정선읍, 여량면, 남면, 화암면)

[표] 명 외딴길 뜻 홀로 따로 나 있는 작은 길.

예 외딴질로 잘못 들어서서 개고상 했네.

**외레**(정선읍, 여량면, 남면, 화암면), **되려** (임계면)

[표] 부 오히려 뜻 1. 일반적인 기준이나 예상, 짐작, 기대와는 전혀 반대가 되거나 다르게. 2. 그럴 바에는 차라리.

예 잘못은 지가하고 외레 나더러 뭐라 그래.

**외발차기**(여량면, 화암면), **놀구차기**(신동읍)

[표] 명 맨제기 뜻 제기차기의 하나. 한 발로 한 번 차고 발을 땅에 댔다가 또 차기를 반복함.

예 외발차기 양발차기는 재미있던 놀이었다.

**외속백이**(정선읍, 남면, 화암면), **외소백이**(여량면), **오이소백이**(여량면)

[표] 명 오이소박이 뜻 오이의 허리를 서너 갈래로 갈라 속에 파, 마늘, 생강, 고춧가루를 섞은 소를 넣어 담근 김치

예 여름에는 오이소백이 짐치가 마싰다.

**외앵국**(정선읍), **왜냉국**(임계면), **외냉채국**(남면, 화암면)

[표] 명 오이냉국(--冷-) 뜻 오이를 잘게 썰어 소금이나 간장에 절인 후 냉국에 넣고 파, 초, 설탕, 고춧가루를

친 음식.

예 여름에는 그저 왜냉국이 최고야.

**외오리**(정선읍, 화암면), **에올**(남면)

[표] 명 외올 뜻 여러 겹이 아닌 단 하나의 올.

예 내 옷은 외오리라서 보기보다 시원하다.

**외재**(여량면, 남면, 화암면)

[표] 명 외자(-字) 뜻 한 글자.

예 제 이름은 외재입니다.

**외접**(정선읍, 여량면, 북평면, 남면, 화암면)

[표] 명 외겹 뜻 겹으로 되지 아니한 한 켜.

예 얇은 외접으로 되어 있다.

**외통질**(정선읍, 남면), **외질**(여량면)

[표] 명 외길 뜻 1. 단 한 군데로만 난 길. 2. 한 가지 방법이나 방향에만 전념하는 태도.

예 가는 질은 여개 외질 한 개 밖에 읎어.

**외통질목**(정선읍, 남면, 화암면), **외질목** (여량면)

[표] 명 외길목 뜻 여러 갈래의 길이 모여 외길로 접어들게 된 어귀.

예 쭉 가다보면 외통질목이 나오니 거기서 다시 오른펜짝으로 가면 보일거다.

**외풀**(정선읍, 여량면, 남면, 화암면)

[표] 명 오이풀 뜻 장미과의 여러해살이풀. 높이는 1미터 정도이며 잎은 어긋나고 우상 복엽임. 6~9월에 홍자색 꽃이 수상(穗狀) 화서로 긴 가지 끝에 피고 열매는 수과(瘦果)를 맺음. 어린 잎은 식용하고 뿌리는 지혈제로 씀.

한국, 중국, 동부 시베리아, 일본, 캄
차카 반도 등지에 분포함.

例 올해는 외풀이 잘 컸다.

**왼손잽이**(정선읍, 여량면, 북평면, 화암면),
**엔손잽이**(남면)

[표] 몡 왼손잡이 뜻 한 손으로 일을
할 때, 주로 왼손을 쓰는 사람. 또는
오른손보다 왼손을 더 잘 쓰는 사람.

例 왼손잽이는 재주가 마너.

**왼통**(정선읍, 남면, 화암면), **달부**(여량면)

[표] 몡 뮈 온통 뜻 몡 1. 있는 전부.
2. 쪼개거나 나누지 아니한 덩어리.
또는 온전한 것. 뮈 전부 다.

例 1. 왼통 뽁끼친다. 2. 사람이 그렇
게 많은데서 달부 지랄을 하네.

**윗대**(여량면, 화암면)

[표] 몡 외(椳) 뜻 흙벽을 바르기 위하
여 벽 속에 엮은 나뭇가지. 댓가지, 수수
깡, 싸리 잡목 따위를 가로세로로 얽음.

例 베름 싹을 할라고 윗대를 엮는다.

**윙기다**(여량면, 화암면)

[표] 몽 옮기다 뜻 1. '옮다'의 사동사.
2. 발걸음을 한 걸음 한 걸음 떼어 놓
음. 3. 관심이나 시선 따위를 하나의
대상에서 다른 대상으로 돌림.

例 마당에 있는 걸 뒌으로 윙기다.

**요거**(정선읍, 여량면, 남면, 화암면)

[표] 때 요것 뜻 1. '이것'을 낮잡아 이르
거나 귀엽게 이르는 말. 2. '요 사람'을
낮잡아 이르는 삼인칭 대명사. 3. '요
아이'를 귀엽게 이르는 삼인칭 대명사.

例 요거보다 더 조은 건 읎을걸.

**요거나마**(정선읍, 여량면, 남면, 화암면),
**요고래도**(임계면)

[표] 뮈 요나마 뜻 1. 좋지 아니하거나
모자라기는 하지만 요것이나마. 2. 좋
지 아니하거나 모자라는데 요것마저도.

例 요거나마 먹고 가야지 허기지겠다.

**요닥지**(정선읍, 여량면, 남면)

[표] 뮈 요다지 뜻 요런 정도로. 또는
요렇게까지.

例 요닥지 못생긴 건 첨이야.

**요떼기**(정선읍, 남면), **요대기**(여량면)

[표] 몡 요때기 뜻 '요'를 속되게 이르
는 말.

例 손님들 주무시게 요떼기 미리 펴라.

**요래**(정선읍, 남면, 임계면, 화암면)

[표] 뮈 요렇게 뜻 '요러하게'가 줄어
든 말.

例 웃을 때 요래 하면 되나요?

**요망쿰**(정선읍, 여량면, 북평면, 화암면)

[표] 뮈 몡 요만큼 뜻 뮈 요만한 정도
로. 몡 요만한 정도.

例 솔직히 말하면 요망쿰 마셨다.

**요맨하다**(정선읍, 여량면, 북평면, 화암면),
**요마하다**(남면)

[표] 형 요만하다 뜻 상태, 모양, 성질
따위의 정도가 요러함.

例 그 친구는 키가 요맨하다.

**요먼저**(정선읍, 여량면, 화암면), **접때**(정
선읍), **요맨저**(남면)

[표] 몡 요마적 뜻 지나간 얼마 동안
의 아주 가까운 때.

例 1. 요먼저 갔다 왔는데 또 가라고.
2. 접때 몇 번 봤잖아.

**요새간**(정선읍, 화암면), **오새**(여량면, 임
계면)

[표] 몡 요사이 뜻 이제까지의 매우

짧은 동안.

⑩ 1. 그이는 오새 머하는지 콧빼기
도 안보여. 2. 요새간 왜 안 왔어.

**요소비로**(정선읍, 남면, 화암면)

[표] 몡 요소비료(尿素肥料) 뜻 질소
가 46% 정도 들어 있는 중성 비료. 인
산 비료나 모래 따위와 섞어 밑거름이
나 덧거름 따위로 씀.

⑩ 농협으루 요소비로 바더러 가자.

**요저숙네**(정선읍, 남면, 화암면), **요조숙
예**(여량면)

[표] 몡 요조숙녀(窈窕淑女) 뜻 말과
행동이 품위가 있으며 얌전하고 정숙
한 여자.

⑩ 그 색시는 요새 보기 심든 요조숙
예다.

**요즌**(정선읍, 남면), **요앞전**(여량면)

[표] 몡 요전(-前) 뜻 지나간 지 얼마
안 되는 과거의 어느 시점을 막연하게
이르는 말.

⑩ 요앞전에 찾아왔다 갔어.

**요즌번**(정선읍, 남면), **이전번**(임계면)

[표] 몡 요전번(-前番) 뜻 지나간 지
얼마 안 되는 차례나 때.

⑩ 요즌번에 봤잖아.

**요지간**(정선읍, 여량면), **요새**(정선읍, 화
암면), **요줌**(임계면), **요주움**(남면)

[표] 몡 요즈음 뜻 바로 얼마 전부터
이제까지의 무렵.

⑩ 요지간 멀하는지 싹 꼬라지가 안
보이나.

**요짝**(정선읍, 화암면), **요쪼**(여량면), **요짜**
(남면)

[표] 때 요쪽 뜻 말하는 이에게 비교

적 가까운 곳이나 방향을 가리키는 지
시 대명사.

⑩ 요쪼 있는 사람이 저쪼 있는 사람
보다 크다.

**욕사발떼기**(정선읍, 여량면, 북평면, 남면,
화암면)

[표] 몡 욕사발(辱沙鉢) 뜻 한 번에 많
이 하는 욕을 속되게 이르는 말.

⑩ 뭘 그리 잘못 했다고 욕사발떼기
를 쳐붓냐.

**욕심꾸레기**(정선읍, 임계면, 남면, 화암
면), **욕심꾸럭지**(여량면)

[표] 몡 욕심꾸러기(欲心---) 뜻 욕
심이 많은 사람을 낮잡아 이르는 말.

⑩ 아이고 저런 욕심꾸럭지 같은 사람.

**욕심젱이**(정선읍, 여량면, 남면, 화암면),
**곰탱이**(여량면)

[표] 몡 욕심쟁이(欲心--) 뜻 욕심이
많은 사람을 낮잡아 이르는 말.

⑩ 즈런 곰탱이 같은 늠.

**욕욕하다**(정선읍, 여량면, 남면, 화암면)

[표] 동 욕하다(辱--) 뜻 남의 인격을
무시하는 모욕적인 말이나 남을 저주
하는 말을 함.

⑩ 잘못한 것도 읎는데 욕욕하며 지
랄빼네.

**욕지거리**(정선읍, 여량면, 남면, 임계면,
화암면)

[표] 몡 욕설(辱說) 뜻 남의 인격을 무
시하는 모욕적인 말. 또는 남을 저주
하는 말.

⑩ 저새끼는 입만 벌리면 욕지거리
가 나온다.

**욕퍼대기**(정선읍, 여량면, 남면, 화암면)

[표] 명 욕감태기(辱---) 뜻 늘 남에게 욕을 먹는 사람.

예 1. 맨날 씨팔 욕퍼대기만 쓰고.

**용고기**(정선읍, 여량면, 북평면), **살미꾸락지**(정선읍, 화암면)

[표] 명 쌀미꾸리 뜻 미꾸릿과의 민물고기. 몸의 길이는 10cm 정도이며, 머리와 옆구리에서 등 쪽에 이르는 부분에 어두운 빛깔의 잔점이 많음. 입수염은 세 쌍. 못, 논, 개울 따위에 살고 수서 곤충의 새끼, 물벼룩 따위를 잡아먹으며 우리나라 각지에 분포함.

예 논두렁서 용고기 마이 잡았다.

**용두치기**(여량면, 남면), **딸딸이치기**(정선읍, 여량면)

[표] 명 자위행위(自慰行爲) 뜻 손이나 다른 물건으로 자기의 성기를 자극하여 성적(性的) 쾌감을 얻는 행위.

예 괜히 사고치지 말고 혼재서 용두치기나 해.

**용두치다**(여량면, 남면), **딸딸이치다**(정선읍, 여량면)

[표] 동 자위하다(自慰--) 뜻 손이나 다른 물건으로 자기의 성기를 자극하여 성적(性的) 쾌감을 얻음.

예 저눔은 수시로 용두친다.

**용마룸**(여량면, 화암면), **용마람**(남면)

[표] 명 용마름(龍--) 뜻 초가의 지붕 마루에 덮는 'ㅅ' 자형으로 엮은 이엉.

예 용마룸이 썩었으니 교체를 해야겠다.

**용말기**(남면)

[표] 명 용마루(龍--) 뜻 지붕 가운데 부분에 있는 가장 높은 수평 마루.

예 집을 지을 때 용말기 마무리가 중요하다.

**용코없다**(여량면)

[표] 형 영락없다(零落--) 뜻 조금도 틀리지 아니하고 꼭 들어맞음.

예 용코없이 가가 한짓일걸.

**용코잡다**(정선읍, 여량면, 남면), **재수대가리있다**(여량면, 화암면)

[표] 관용구 재수있다 뜻 재물이 생기거나 좋은 일이 있음.

예 지낸 밤 꿈이 좋아 재수대가리 있겠네.

**용트름**(정선읍, 여량면, 북평면, 남면, 화암면)

[표] 명 용트림(龍--) 뜻 거드름을 피우며 일부러 크게 힘을 들여 하는 트림.

예 딱 보니 용트름이구만.

**우게눟다**(정선읍, 여량면, 북평면, 화암면), **우게놓다**(남면)

[표] 동 욱여넣다 뜻 주위에서 중심으로 함부로 밀어 넣음.

예 개화에다 밤을 자꾸 우게눟다.

**우겡이**(정선읍, 화암면)

[표] 명 웃기떡 뜻 흰떡에 물을 들여 여러 모양으로 만든 떡. 합이나 접시에 담은 떡 위에, 모양을 내기 위하여 얹거나 꽂음. 철에 따라 돈전병, 오입쟁이떡, 산병(散餠), 색절편, 묵전 따위가 있음.

예 절편에 우겡이 없어 먹으면 마섰다.

**우굴주굴**(정선읍, 여량면, 남면, 화암면), **우굴쭈굴**(여량면)

[표] 부 우글쭈글 뜻 '우그렁쭈그렁(여러 군데가 안쪽으로 우묵하게 들어가고 주름이 많이 지게 쭈그러진 모

ㅇ

양'의 준말.
ᅠ예 양은냄비가 우굴쭈굴해졌다.
**우기다**(정선읍, 화암면), **쎄운다**(여량면, 화암면)
ᅠ[표] 통 세우다 뜻 주장이나 고집 따위를 강하게 내세움.
ᅠ예 1. 지 말이 옳다고 쎄운다. 2. 저 늠은 말할 때마다 우긴다.
**우내**(정선읍, 남면), **앙개**(여량면, 화암면), **으내**(임계면)
ᅠ[표] 명 안개 뜻 지표면 가까이에 아주 작은 물방울이 부옇게 떠 있는 현상.
ᅠ예 1. 앙개가 자우룩하다. 2. 우내 내렸다.
**우내구룸**(정선읍, 북평면), **앙개구름**(여량면, 남면, 화암면)
ᅠ[표] 명 안개구름 뜻 하층운의 하나.
ᅠ예 오늘은 우내구룸이 자욱하네.
**우두커이**(정선읍, 여량면, 남면, 임계면, 화암면)
ᅠ[표] 부 우두커니 뜻 넋이 나간 듯이 가만히 한 자리에 서 있거나 앉아 있는 모양.
ᅠ예 강만 보고서 우두커이 서있다.
**우등치**(정선읍, 화암면), **우족**(여량면), **우죽**(여량면), **우등지**(남면)
ᅠ[표] 명 우듬지 뜻 나무의 꼭대기 줄기.
ᅠ예 1. 우등치에 새가 앉아 있다. 2. 오늘은 소까바리 우죽 한짐 해야지.
**우떠하다**(정선읍, 여량면, 북평면, 남면)
ᅠ[표] 형 어떠하다 뜻 '어떻다'의 본말.
ᅠ예 우떠하다 요 모양 요 꼴로 사는지.
**우떤**(정선읍, 여량면, 북평면, 남면, 화암면)
ᅠ[표] 관 어떤 뜻 1. 사람이나 사물의 특성, 내용, 상태, 성격이 무엇인지 물을 때 쓰는 말. 2. 주어진 여러 사물 중 대상으로 삼는 것이 무엇인지 물을 때 쓰는 말. 3. 대상을 뚜렷이 밝히지 아니하고 이를 때 쓰는 말.
ᅠ예 우떤 일이든 시켜만 주시오.
**우떻게**(정선읍, 여량면, 북평면, 남면, 화암면)
ᅠ[표] 부 어떻게 뜻 어떤 방법이나 방식으로.
ᅠ예 우떻게 알고 찾아왔는지 나 원 참.
**우떻다**(정선읍, 여량면, 남면, 화암면)
ᅠ[표] 형 어떻다 뜻 의견, 성질, 형편, 상태 따위가 어찌 되어 있음.
ᅠ예 뭐 우떻다고 말하기가 곤란해.
**우러기**(여량면, 남면)
ᅠ[표] 명 우럭바리 뜻 농엇과의 바닷물고기. 몸의 길이는 30cm 정도이며, 몸은 길고 배와 등의 양쪽이 움푹 들어갔고 몸의 색깔은 붉음. 옆구리에는 다섯 줄의 진한 붉은색 띠와 흰 얼룩무늬가 있고 등지느러미 밑부분은 진한 검은 갈색임. 한국, 일본 등지에 분포함.
ᅠ예 쐬주에는 역시 우러기 매운탕이지.
**우리아부지**(정선읍, 북평면, 화암면), **우리아버지**(여량면), **꼰데**(임계면), **아부지**(남면)
ᅠ[표] 명 아버지 뜻 1. 자기를 낳아 준 남자를 이르거나 부르는 말. 2. 자녀를 둔 남자를 자식에 대한 관계로 이르거나 부르는 말. 3. 자녀의 이름 뒤에 붙여, 자기 남편을 이르거나 부르는 말.
ᅠ예 우리아부지는 소리도 잘해요.
**우멍젖**(정선읍, 북평면), **구영젖**(여량면,

화암면)

[표] 몡 귀웅젖 뜻 젖꼭지가 옴폭 들어간 여자의 젖.

예 그 언나 어머이 젖은 구영젖이네.

**우무룩하다**(정선읍, 여량면, 북평면)

[표] 혱 의뭉하다 뜻 겉으로는 어리석은 것처럼 보이면서 속으로는 엉큼함.

예 1. 거죽으로 보기는 그래도 속이 우무룩하다. 2. 사람 속이 우무룩하다.

**우물쩡거리다**(정선읍, 화암면), **어물쩡거리다**(여량면, 남면)

[표] 동 어물쩍거리다 뜻 꾀를 부리느라고 말이나 행동을 자꾸 일부러 분명하게 하지 아니하고 적당히 살짝 넘김.

예 1. 저 건너 아저씨는 우물쩡거리며 일도 잘 안해요. 2. 멀 시키믄 얼릉하지 왜그래 어물쩡거리나.

**우뭇가셍이**(남면, 화암면)

[표] 몡 우뭇가사리 뜻 홍조류 우뭇가사릿과의 해조. 높이는 10~30cm이고 줄기에 잔가지가 많이 나 나뭇가지 모양이며 몸빛은 주로 검붉음. 긴 쇠갈퀴 따위로 따서 고아 우무를 만드는데 바닷속 모래나 돌에 붙어 삶. 한국, 일본, 인도네시아 등지에 분포함.

예 바닷가 갔더니 우뭇가셍이가 지천이더라.

**우벅하다**(정선읍, 남면), **옴복하다**(여량면), **운푹하다**(임계면, 화암면)

[표] 혱 우묵하다 뜻 가운데가 둥그스름하게 푹 패거나 들어가 있는 상태임.

예 마당 가운데가 옴복하다.

**우숩다**(정선읍, 여량면, 북평면, 남면)

[표] 혱 우습다 뜻 1. 재미가 있어 웃

을 만함. 2. 못마땅하여 보기 거북함. 3. 대단치 아니하거나 하잘것없음.

예 생긴 꼬라지가 참 우숩다.

**우시개**(정선읍, 화암면), **우수개**(여량면, 남면, 임계면)

[표] 몡 우스개 뜻 남을 웃기려고 익살을 부리면서 하는 말이나 짓.

예 우수개 소리로 한 걸 가지고 뭘 그러나.

**우악다짐**(정선읍, 여량면, 남면, 화암면)

[표] 몡 우격다짐 뜻 억지로 우겨서 남을 굴복시킴. 또는 그런 행위.

예 1. 순리대로 안하고 우악다짐으로 디리 조진다. 2. 우악다짐으로 막 대드는 거.

**우에길**(정선읍, 화암면), **웃질**(여량면, 남면)

[표] 몡 윗길 뜻 1. 위쪽에 있는 길. 2. 질적으로 훨씬 나은 수준. 또는 그런 것.

예 저쪼 웃질로 질러가믄 빨러.

**우에녁**(정선읍, 화암면), **웃녁**(여량면, 남면)

[표] 몡 윗녘 뜻 1. 위가 되는 쪽. 2. 어느 지방을 기준으로 하여 그 북쪽 지방을 이르는 말.

예 우리 집은 웃녁에 있었다.

**우엣누**(정선읍, 화암면), **우에누**(정선읍), **우엣누우**(여량면), **웃누**(남면)

[표] 몡 윗누이 뜻 나이가 더 많은 누이.

예 내 위로 우엣누우가 한분 계시지.

**우엣눈썹**(여량면, 화암면)

[표] 몡 윗눈썹 뜻 윗눈시울에 있는 속눈썹.

예 니는 왜 우엣눈썹이 끄실었나.

**우엣벌**(여량면)

301

[표] 圐 윗벌 圀 한 벌로 된 옷에서 윗도리에 입는 옷.

㉑ 나는 우엣벌이래야 딸랑 한개여.

**우엣사랑**(정선읍)

[표] 圐 윗사랑(-舍廊) 圀 위채에 있는 사랑.

㉑ 우엣사랑에 모여서 뭐하고 있나.

**우엣수**(정선읍, 여량면), **웃수**(남면)

[표] 圐 윗수(-手) 圀 남보다 뛰어난 수나 솜씨.

㉑ 니보다는 내가 한 칸 우엣수지.

**우전**(정선읍, 여량면, 남면, 화암면), **우전거리**(여량면)

[표] 圐 우시장(牛市場) 圀 소를 사고 파는 장.

㉑ 그전에는 여도 우전거리가 성했어.

**우짝**(여량면, 남면, 화암면)

[표] 圐 위짝 圀 위아래가 한 벌을 이루는 물건의 위쪽 짝.

㉑ 저 쪼 우짝에서부터 시작해.

**우짝**(정선읍, 화암면), **우쪽**(여량면, 남면)

[표] 圐 위쪽 圀 위가 되는 쪽.

㉑ 우쪽에 있는 이가 우리 올캐여.

**우째**(정선읍, 여량면, 남면, 화암면)

[표] 圕 어째 圀 '어찌하여'가 줄어든 말.

㉑ 우째 자꼬 나만 못살게 굴어.

**우째**(정선읍, 화암면), **어째**(여량면)

[표] 圕 어찌 圀 1. 어떠한 이유로. 2. 어떠한 방법으로. 3. 어떠한 관점으로.

㉑ 어째서 못 오는지 이유나 들어보자.

**우째구저째구**(정선읍, 남면, 화암면), **어째고저째고**(여량면)

[표] 圕 어쩌고저쩌고 圀 '이러쿵저러쿵'을 익살스럽게 이르는 말.

㉑ 어째고저째고 떠들어 방치지 말고 실천을 해봐.

**우째더**(정선읍, 화암면), **어째다**(여량면, 남면)

[표] 圐 어쩌다 圀 1. '어찌하다'의 준말. 2. '무슨', '웬'의 뜻을 나타냄.

㉑ 어째다 요모양 요꼴로 이렇게까지 됐는지.

**우째서**(정선읍, 여량면, 북평면, 화암면), **어때서**(임계면)

[표] 어째서 圀 '어찌하여서'가 줄어든 말.

㉑ 우째서 말 못하는지 얘기해봐.

**우째하다**(정선읍, 화암면), **어째하다**(여량면, 남면)

[표] 圐 어찌하다 圀 1. '어떠한 이유 때문에'의 뜻을 나타냄. 2. 어떠한 방법으로 함.

㉑ 나도 우째하면 좋을지 모르겠다.

**우쨌던지**(정선읍, 여량면, 남면, 화암면)

[표] 圕 어쨌든지 圀 의견이나 일의 성질, 형편, 상태 따위가 어떻게 되어 있든지.

㉑ 우쨌던지 이번에는 꼭 갚아야 돼.

**우층**(정선읍, 여량면, 남면, 화암면)

[표] 圐 위층(-層) 圀 이 층 또는 여러 층 가운데 위쪽의 층.

㉑ 우층에 누가 사는지 알지도 못해.

**우쿰**(정선읍, 화암면), **웅쿰**(여량면, 남면), **오큼**(임계면)

[표] 圕 움큼 圀 손으로 한 줌 움켜쥘 만한 분량을 세는 단위.

㉑ 어데가서 과재를 까뜩 한 웅쿰 들

고 왔다.

**우표딱지**(정선읍, 여량면, 남면, 화암면),
**우푀딱지**(정선읍), **우페딱지**(여량면)

　[표] 圐 우표(郵票) 뜻 우편 요금을 낸
표시로 우편물에 붙이는 증표.

　例 펜지 부치개 우페딱지 항개만 주
세요.

**운재**(정선읍, 남면, 화암면), **언재**(여량면)

　[표] 때 문 언제 뜻 때 1. 잘 모르는
때를 가리키는 지시 대명사. 2. 과거
의 어느 때. 문 1. 잘 모르는 때를 물을
때 쓰는 말. 2. 정해지지 않은 막연한
때를 나타내는 말.

　例 이 사람이 언재 봤다고 막말이야.

**운재나**(정선읍, 남면, 화암면), **언재나**(여
량면)

　[표] 문 언제나 뜻 1. 모든 시간 범위
에 걸쳐서. 또는 때에 따라 달라짐이
없이 항상. 2. 어느 때가 되어야.

　例 운재나 오시래나 기다래 진다.

**운재던지**(정선읍, 남면, 화암면), **언재든
지**(여량면)

　[표] 문 언제든지 뜻 어느 때든지.

　例 언재든지 놀러오시게.

**운잰가**(정선읍, 남면, 화암면), **언잰가**(여
량면)

　[표] 문 언젠가 뜻 1. 미래의 어느 때
에 가서는. 2. 이전의 어느 때에.

　例 언잰가 나도 출세할 날이 올 끄야.

**운정수**(정선읍, 남면), **달구지·운전수**
(여량면, 화암면)

　[표] 圐 운전사(運轉士) 뜻 전동차, 열
차, 자동차, 선박, 기계 따위를 직업적
으로 운전하는 사람.

　例 우리 아부지는 운정수다.

**울고먹다**(정선읍, 여량면, 북평면, 화암
면), **울궈먹다**(정선읍, 남면)

　[표] 圐 우려먹다 뜻 1. 음식 따위를
우려서 먹음. 2. 이미 썼던 내용을 다
시 써먹음.

　例 하마 세 번째 울고먹다.

**울구다**(정선읍, 여량면, 북평면, 남면, 임
계면)

　[표] 圐 우리다 뜻 어떤 물건을 액체
에 담가 맛이나 빛깔 따위의 성질이 액
체 속으로 빠져나오게 함.

　例 돼지 빽따구를 푹 울구다.

**울마**(정선읍, 화암면), **얼매**(여량면, 임계
면, 남면)

　[표] 圐 얼마 뜻 1. 잘 모르는 수량이
나 정도. 2. 정하지 아니한 수량이나
정도. 3. 뚜렷이 밝힐 필요가 없는 비
교적 적은 수량이나 값 또는 정도.

　例 1. 어거 울마요? 2. 얼매나 주면
이것을 팔겠소.

**울매껀**(정선, 화암면읍), **얼매껀**(여량면,
남면)

　[표] 圐 얼마껏 뜻 잘 모르는 수효나
분량이나 정도를 이르는 말.

　例 얼매껀 가져가든지 말 안해.

**울매나**(정선읍, 남면, 화암면), **얼매나**(여
량면)

　[표] 문 얼마나 뜻 동작의 강도나 상
태의 정도가 대단함을 나타내는 말.

　例 얼매나 니가 보고 싶었는지 알기
나 해.

**울매나**(정선읍, 북평면, 화암면), **얼매간**
(여량면), **울매간**(남면)

[표] 몡 얼마간(--間) 뜻 1. 그리 많지 아니한 수량이나 정도. 2. 그리 길지 아니한 시간 동안.

예 아이고 이게 얼매간 만이오.

**울미불미**(정선읍, 남면, 화암면), **울면불면**(여량면)

[표] 閂 울며불며 뜻 소리 내어 야단스럽게 울기도 하며 부르짖기도 하며 우는 모양.

예 울면불면 매달리는 걸 뿌리치고 나왔다.

**울움보따리**(정선읍)

[표] 몡 울음보 뜻 참다못하여 터뜨린 울음을 비유적으로 이르는 말.

예 어릴 때 동네에서 유명한 울음보따리였는데.

**울타리까리**(정선읍), **울가지**(남면)

[표] 몡 울섶 뜻 울타리를 만드는 데 쓰는 섶나무.

예 울가지 하나가 부러졌다.

**울화통**(정선읍, 여량면, 남면, 화암면), **천불**(정선읍)

[표] 몡 울화(鬱火) 뜻 마음속이 답답하여 일어나는 화.

예 1. 아이고 보고만 있자니 울화통이 터져서. 2. 천불이 난다.

**움구뎅이**(정선읍, 남면, 화암면), **움막**(여량면)

[표] 몡 움 뜻 땅을 파고 위에 거적 따위를 얹어 비바람이나 추위를 막아 겨울에 화초나 채소를 넣어 두는 곳.

예 쏘내기 올 때는 움막에 들어가서 피한다.

**움물**(정선읍, 화암면), **웅굴물**(여량면), **웅**

**굴**(남면)

[표] 몡 우물 뜻 물을 긷기 위하여 땅을 파서 지하수를 괴게 한 곳. 또는 그런 시설.

예 그전에는 뜨레박으로 웅굴물을 퍼먹었다.

**움물가**(정선읍, 화암면), **웅굴가**(여량면, 남면)

[표] 몡 우물가 뜻 우물의 가까운 둘레.

예 1. 움물가 근처 친구네 집에 가서 삽 쫌 빌려와라. 2. 앵두낭구 웅굴가에 동네처녀 바람났네.

**웁신예기다**(정선읍, 남면, 화암면), **업수이예기다**(여량면, 임계면)

[표] 동 업신여기다 뜻 교만한 마음에서 남을 낮추어 보거나 하찮게 여김.

예 내가 못산다고 웁신예기지 말어요.

**읎다**(정선읍, 남면, 화암면), **없다**(여량면)

[표] 헝 없다 뜻 1. 사람, 동물, 물체 따위가 실제로 존재하지 않는 상태임. 2. 어떤 사실이나 현상이 현실로 존재하지 않는 상태임.

예 1. 아무 것도 가진 것 읎다. 2. 인재는 재산이 한 개도 없다.

**읎어지다**(정선읍, 남면, 화암면), **읎써지다**(정선읍), **없어지다**(여량면)

[표] 동 없어지다 뜻 1. 어떤 일이나 현상이나 증상 따위가 나타나지 않게 됨. 2. 사람이나 사물 또는 어떤 사실이나 현상 따위가 어떤 곳에 자리나 공간을 차지하고 존재하지 않게 됨. 3. 성립되지 않음.

예 분명 여기에 있었는데 읎어졌다.

**웃거름**(정선읍, 여량면, 북평면, 신동읍)

[표] 명 덧거름 뜻 〈농업〉 농작물에 첫 번 거름을 준 뒤 밑거름을 보충하기 위하여 더 주는 비료.

예 마늘밭에 웃거름 준다.

**웃날**(여량면, 남면)

[표] 명 날씨 뜻 그날그날의 비, 구름, 바람, 기온 따위가 나타나는 기상 상태.

예 내일도 웃날이 좋아야 할 텐데.

**웃니**(정선읍, 여량면, 남면, 화암면)

[표] 명 윗니 뜻 윗잇몸에 난 이.

예 웃니가 한대 빠졌다.

**웃님몸**(정선읍, 남면)

[표] 명 윗잇몸 뜻 위쪽의 잇몸.

예 웃님몸이 드러나 순박해 보인다.

**웃대**(정선읍, 여량면, 북평면, 남면)

[표] 명 윗대(-代) 뜻 조상(祖上)의 대.

예 우리 웃대부텀 여서 살았소.

**웃도리**(정선읍, 여량면, 남면)

[표] 명 윗옷 뜻 위에 입는 옷.

예 웃도리는 벗어라.

**웃동내**(정선읍, 여량면, 남면)

[표] 명 윗동네(-洞-) 뜻 위쪽에 있는 동네.

예 웃동내 아랫동네 쌈이 났다.

**웃마을**(정선읍, 여량면, 북평면, 남면), **웃말**(여량면)

[표] 명 윗마을 뜻 위쪽에 있는 마을. 다른 마을의 위쪽이나 지대가 높은 곳을 이름.

예 웃말 사는 작은댁에 놀러간다.

**웃머리**(정선읍, 여량면, 북평면, 남면), **웃대가리**(화암면)

[표] 명 윗머리 뜻 1. 정수리 위쪽 부분의 머리. 2. 머리 위쪽에 난 머리털. 3. 위아래가 같은 물건의 위쪽 끝부분.

예 하얗게 된 웃머리는 절대루 뽑지 마라.

**웃목**(정선읍, 여량면, 남면)

[표] 명 윗목 뜻 1. 온돌방에서 아궁이로부터 먼 쪽의 방바닥. 불길이 잘 닿지 않아 아랫목보다 상대적으로 차가운 쪽. 2. 위쪽의 길목이나 물목.

예 웃목은 차구워서 아랫목에만 앉는다.

**웃물**(정선읍)

[표] 명 청주(淸酒) 뜻 1. 다 익은 술에 용수를 박고 떠낸 술. 2. 일본식으로 빚어 만든 맑은술.

예 바람이 건들 부는 날엔 따뜻한 웃물 한 잔 하면 살만하갠네.

**웃방**(정선읍, 여량면, 북평면, 남면), **웃바**(화암면)

[표] 명 윗방(-房) 뜻 이어져 있는 두 방 가운데 위쪽 방.

예 웃방에 문 쫌 다드라 바램 들어온다

**웃사람**(정선읍, 여량면, 남면)

[표] 명 윗사람 뜻 1. 나이나 항렬 따위가 자기보다 위이거나 높은 사람. 2. 자기보다 지위나 신분이 높은 사람.

예 웃사람이 잘해야 아랫사람이 배우지.

**웃쉐미**(정선읍, 남면), **우엣쉠지**(여량면), **쉠미**(화암면)

[표] 명 윗수염(-鬚髥) 뜻 윗입술의 가장자리 위로 난 수염.

예 웃쉐미는 기냥 내버려 두세요.

**웃움거리**(여량면, 남면, 화암면), **우슴거리**(여량면)

[표] 몡 웃음거리 뜻 남으로부터 비웃음과 놀림을 받을 만한 일. 또는 그런 사람.

예 그래봐야 남한테 우슴거리 밖에 안돼.

**웃으런**(정선읍, 여량면, 북평면, 남면, 화암면), **웃으른**(여량면)

[표] 몡 웃어른 뜻 나이나 지위, 신분, 항렬 따위가 자기보다 높아 직접 또는 간접으로 모시는 어른.

예 웃으른 먼저 드신 담에 먹어라.

**웃입술**(정선읍, 여량면, 북평면, 남면)

[표] 몡 윗입술 뜻 1. 위쪽의 입술. 2. 주머니 가장자리 위의 덧댄 부분.

예 웃입술이 부러 텄다.

**웃자리**(정선읍, 여량면, 남면)

[표] 몡 윗자리 뜻 1. 윗사람이 앉는 자리. 2. 높은 지위나 순위(順位). 3. 여러 자리 중에서 높은 곳에 위치한 자리.

예 어르신내 웃자리에 앉으시죠.

**웃집**(정선읍, 여량면, 남면)

[표] 몡 윗집 뜻 위쪽에 이웃하여 있거나 지대가 높은 곳에 있는 집.

예 1. 내 친구는 웃집에 산다. 2. 웃집 댕내가 바람이 났다네.

**웅굴물훔치기**(정선읍, 여량면, 북평면)

[표] 몡 용알뜨기(龍---) 뜻 정월의 첫 용날 첫닭이 울 때, 아낙네들이 다투어 정화수를 길어 오던 풍속. 그 전날 밤에 용이 내려와 우물 속에 알을 낳는데, 남보다 먼저 그 물을 길어서 밥을 해 먹으면 그해 농사가 잘된다고 함.

예 보름날이면 여자들이 웅굴물훔치기를 했다.

**웅뎅이**(정선읍, 여량면, 남면, 화암면), **물구뎅이**(정선읍)

[표] 몡 웅덩이 뜻 움푹 파여 물이 괴어 있는 곳. 늪보다 훨씬 작음.

예 물 웅뎅이에 깨구락지가 바글바글하다.

**웅숭짚다**(여량면, 화암면)

[표] 혱 웅숭깊다 뜻 1. 생각이나 뜻이 크고 넓음. 2. 사물이 되바라지지 아니하고 깊숙함.

예 말은 저래두 참 웅숭짚은 눔이다.

**원뿌렁지**(정선읍), **원뿌레기**(여량면, 남면, 화암면)

[표] 몡 원뿌리(元--) 뜻 식물의 최초 뿌리. 어떤 뿌리에서 직접 이어져서 주가 되는 뿌리를 이룸.

예 원뿌레기는 살래놓고 잔뿌리만 쳐.

**원산돼지다**(정선읍, 여량면, 신동읍, 화암면), **놀놀하다**(임계면)

[표] 혱 만만하다 뜻 1. 연하고 보드라움. 2. 부담스럽거나 무서울 것이 없어 쉽게 다루거나 대할 만함.

예 까불지 마라 내가 뭐 원산돼진가.

**원셍이**(정선읍, 여량면, 북평면, 남면, 화암면), **잔나부 · 잔내비**(정선읍, 화암면), **잰내비**(여량면)

[표] 몡 원숭이 뜻 구세계원숭잇과와 신세계원숭잇과의 짐승을 통틀어 이르는 말. 늘보원숭이, 개코원숭이, 대만원숭이 따위가 있음.

예 원셍이 재주 부리듯 한다.

**원캉**(정선읍, 여량면, 남면, 화암면)

[표] 뮈 워낙 뜻 1. 두드러지게 아주. 2. 본디부터.

306

[예] 1. 원칸 잘하니 당할 수가 없네.
2. 원칸 잘 생겼다.

**원칸**(정선읍, 여량면, 남면, 화암면)
[표] [부] 원체(元體) [뜻] 1. 두드러지게 아주. 2. 본디부터.
[예] 1. 원칸 꺼시니 그만큼 살아간다.
2. 저 집은 원칸 잘 살어.

**월경**(여량면, 북평면)
[표] [명] 달거리 [뜻] 1. 한 달에 한 번씩 앓는 전염성 열병. 2. 성숙한 여성의 자궁에서 주기적으로 출혈하는 생리 현상.
[예] 1. 하마 월경 할 때가 됐나. 2. 쪼마한기 하마 월경을 하나.

**월동추**(정선읍, 여량면, 북평면, 남면)
[표] [명] 유채(油菜) [뜻] 십자화과의 두해살이풀. 높이는 1미터 정도이며, 근생엽은 잎자루가 길고 갈라지는 것도 있으나 윗부분의 잎은 밑이 귀처럼 처져서 줄기를 감싸며 갈라지지 않음. 4월에 노란 꽃이 총상(總狀) 화서로 피고 열매는 원기둥 모양의 각과(角果)를 맺으며 씨는 작고 검은 갈색임. 잎과 줄기는 먹고 종자로는 기름을 짬. 한국, 중국, 일본 등지에 분포함.
[예] 1. 이른 봄에 월동추 짐치를 한다.
2. 월동추로 짐치도 해먹고 나물도 해먹고 한다.

**웨딸다**(정선읍, 화암면), **후지다**(남면)
[표] [형] 외지다 [뜻] 외따로 떨어져 있어 으슥하고 후미짐.
[예] 우리 집은 산 속 저 아래쪽에 후진 곳에 있다.

**웨사촌**(정선읍, 화암면), **외사춘**(여량면, 남면)
[표] [명] 외사촌(外四寸) [뜻] 외종사촌으로 외삼촌의 자녀.
[예] 재하구 나는 웨사촌 사이다.

**웨삼춘**(정선읍, 화암면), **외삼춘**(여량면, 남면)
[표] [명] 외삼촌(外三寸) [뜻] 어머니의 남자 형제를 이르거나 부르는 말.
[예] 저분이 내가 말했뜬 우리 외삼춘이야.

**웨손녀**(정선읍, 화암면), **웨상**(남면)
[표] [명] 외손녀(外孫女) [뜻] 딸이 낳은 딸.
[예] 저짝서 오는 아가 내가 말했뜬 웨손녀다.

**웨우다**(정선읍, 화암면), **외우다**(여량면), **에우다**(남면, 임계면)
[표] [동] 외다 [뜻] 1. 같은 말을 되풀이함. 2. 글이나 말을 기억하여 두었다가 한 자도 틀리지 않게 그대로 말함.
[예] 구구단을 열심히 에우다.

**웨택**(정선읍, 화암면), **외택**(여량면, 남면)
[표] [명] 외탁(外-) [뜻] 생김새나 체질, 성질 따위가 외가 쪽을 닮음.
[예] 니는 말할 것두 없이 웨택이여,

**웬간하다**(정선읍, 여량면, 북평면, 남면, 화암면), **웬칸하다**(임계면)
[표] [형] 웬만하다 [뜻] 1. 정도나 형편이 표준에 가깝거나 그보다 약간 나음. 2. 허용되는 범위에서 크게 벗어나지 아니한 상태에 있음.
[예] 인제 그맨하면 웬간하다.

**웬기**(정선읍, 여량면, 북평면, 화암면), **웬글**(남면)

[표] 깹 웬걸 똣 뜻밖의 일이 일어나거나 일이 기대하던 바와 다르게 전개될 때 하는 말. 해할 자리에 씀.
예 웬기 하매 나이가 그래 됐을라고.

**웬낫**(정선읍, 화암면), **엔낫**(남면)
[표] 몡 왼낫 똣 왼손잡이가 쓰기에 편하도록 만든 낫.
예 낭구하러 가게 웬낫이나 얼릉 준비해 둬.

**웬수등거리**(정선읍, 여량면), **웬수**(남면, 임계면, 화암면)
[표] 몡 원수(怨讐) 똣 원한이 맺힐 정도로 자기에게 해를 끼친 사람이나 집단.
예 1. 저 인간은 우리 집에 웬수등거리야. 2. 저거 웬수등거리다.

**웬짝**(정선읍, 화암면), **왼짝**(여량면), **엔쪽**(남면)
[표] 몡 왼쪽 똣 북쪽을 향하였을 때의 서쪽과 같은 쪽.
예 저 왼짝에 앉은 사람이 누구냐.

**위에칸**(정선읍, 화암면), **웃간**(여량면, 남면)
[표] 몡 윗간(-間) 똣 온돌방에서 아궁이로부터 먼 부분. 굴뚝에 가까움.
예 추운데 위에칸에 앉지 말구 아래루 내려와

**윗도리**(정선읍, 여량면, 화암면), **웃거리**(남면)
[표] 몡 웃옷 똣 맨 겉에 입는 옷.
예 거 방에 내 웃도리 쫌 찾아오너라.

**윗동가리**(정선읍, 남면), **우엣동가리**(여량면)
[표] 몡 윗동아리 똣 1. 긴 물체의 위쪽 부분. 2. 둘로 갈라진 토막의 위쪽 동아리.

예 우엣동가리는 내가 가져갈게.

**유성개**(정선읍, 여량면, 남면)
[표] 몡 유성기(留聲機) 똣 원통형 레코드 또는 원판형 레코드에 녹음한 음을 재생하는 장치.
예 거 뭐이 유성개서 소래기가 크게 난다.

**유성개판**(정선읍, 여량면, 북평면, 남면)
[표] 몡 유성기판(留聲機板) 똣 축음기의 회전판에 걸어 소리를 들을 수 있게 만든 동그란 판.
예 울 아부지는 아침이면 유성개판을 돌렸다.

**육모방멩이**(정선읍, 여량면, 남면, 화암면), **육두방망이**(임계면)
[표] 몡 육모방망이(六----) 똣 역졸·포졸들이 쓰던 여섯 모가 진 방망이.
예 육두방망이에 맞으면 골로 간다.

**육모초**(여량면, 남면)
[표] 몡 익모초(益母草) 똣 1. 꿀풀과의 두해살이풀. 높이는 1미터 정도이며, 잎은 마주나고 잎자루가 긺. 7~9월에 엷은 홍자색 꽃이 윤산(輪繖) 화서로 잎겨드랑이에서 피고 열매는 다섯 갈래가 지는 분과(分果)이며 약재로 쓰임. 한국, 일본, 중국에 분포함. 2. 꽃 필 때에 '1.'의 전초(全草)를 말린 것. 더위 먹은 데, 산모의 지혈, 강장제, 이뇨제 따위에 씀.
예 새아가 아 낳으니 육모초나 데려주야 겠다.

**육살나게**(정선읍, 북평면, 화암면), **육실하게**(여량면)
[표] 몡 끈덕지게 똣 꾸준하고 끈기

308

있게.

예 1. 가는 운동을 하면 아주 육실하게 해. 2. 육실하게 지독한 놈

**윤동짓달초하룻날**(정선읍, 여량면, 북평면)
[표] 몡 하룻날 뜻 매달 첫째 날.
예 윤동짓달초하룻날은 만고 읎어도 약속은 지켜라.

**윷치기**(정선읍, 북평면), **윷내기**(여량면)
[표] 몡 윷놀이 뜻 편을 갈라 윷으로 승부를 겨루는 놀이. 둘 또는 두 편 이상의 사람이 교대로 윷을 던져서 도·개·걸·윷·모의 끗수를 가리며, 그에 따라 윷판 위에 네 개의 말을 움직여 모든 말이 먼저 최종점을 통과하는 편이 이김.
예 정월대보름날 윷치기 하자.

**으드름**(정선읍), **여드렘**(여량면, 남면, 임계면), **여드레미**(여량면)
[표] 몡 여드름 뜻 주로 사춘기에, 얼굴에 도톨도톨하게 나는 검붉고 작은 종기. 털구멍이나 피지샘이 막혀서 생기며 등이나 팔에 나기도 함.
예 먼 낯짝에 여드레미가 그래 마이 났나.

**으레껀**(정선읍, 북평면), **으레히**(여량면, 남면)
[표] 閉 으레 뜻 1. 두말할 것 없이 당연히. 2. 틀림없이 언제나.
예 내 친구는 정각이 되자 으레히 나타났다.

**으르신네**(정선읍, 여량면, 남면, 화암면)
[표] 몡 어르신네 뜻 1. 남의 아버지나 어머니를 높여 이르는 말. 2. 아버지나 어머니와 벗이 되는 어른이나 그 이상 되는 어른을 높여 이르는 말.
예 으르신네 요새 건강은 어떠세요?

**으붓딸**(정선읍, 여량면, 남면), **이붓딸**(정선읍, 여량면), **이부딸**(임계면)
[표] 몡 의붓딸 뜻 개가하여 온 아내가 데리고 들어온 딸. 또는 남편의 전처가 낳은 딸.
예 으붓딸이지만 내 딸이나 다름읎다.

**으붓새끼**(정선읍, 여량면, 북평면, 남면), **이붓새끼**(여량면), **이붓자식**(임계면)
[표] 몡 의붓자식(--子息) 뜻 개가하여 온 아내나 첩이 데리고 들어온 자식. 또는 자기가 낳지 아니한 남편의 자식.
예 새 마누라는 으붓새끼가 두 명이라네.

**으붓아들**(여량면, 남면), **이붓아들**(정선읍, 여량면), **이부아들**(임계면)
[표] 몡 의붓아들 뜻 개가하여 온 아내가 데리고 들어온 아들. 또는 남편의 전처가 낳은 아들.
예 내겐 으붓아들 하나가 있다.

**으붓아버지**(정선읍, 여량면, 남면), **이붓아버지**(정선읍), **이붓아벙이**(여량면)
[표] 몡 의붓아버지 뜻 어머니가 개가함으로써 생긴 아버지.
예 우리 으붓아버지는 참 잘해주신다.

**으시대다**(정선읍, 여량면)
[표] 통 으스대다 뜻 어울리지 아니하게 우쭐거리며 뽐냄.
예 지 아부지 빽으로 저래 으시댄다.

**으여차**(정선읍, 화암면), **으라차**(남면)
[표] 깜 어여차 뜻 여럿이 힘을 합할 때 일제히 내는 소리.
예 마커 같이 들어요. "으여차"

**으웨**(정선읍, 여량면, 북평면, 남면)

　[표] 명 의외(意外) 뜻 전혀 생각이나 예상을 하지 못함.

　예 으웨로 오늘은 장사가 잘된다.

**으지가지읇 다**(정선읍, 남면), **으지가지
없다**(여량면)

　[표] 형 의지가지없다(依支----) 뜻 의지할 만한 대상이 없음. 또는 다른 방도가 없음.

　예 서울서 내려와 이곳에 으지가지었다.

**은문**(정선읍, 여량면, 북평면), **언문**(남면)

　[표] 명 한글 뜻 우리나라 고유 문자의 이름. 세종 대왕이 우리말을 표기하기 위하여 창제한 훈민정음을 20세기 이후 달리 이르는 것으로, 1446년 반포될 당시에는 28 자모(字母)였지만, 현재는 24 자모만 사용.

　예 나는 까막눈이래서 은문도 못 읽어.

**은물멕이다**(정선읍, 여량면, 북평면)

　[표] 동 은도금하다(銀鍍金--) 뜻 고체 재료의 표면에 얇은 은박을 입힘.

　예 내 수제는 은물멕인 거다.

**은조**(여량면), **빤짝조**(정선읍, 여량면, 북평면)

　[표] 명 은종이(銀--) 뜻 1. 은가루나 은박 따위의 은빛 나는 재료를 입힌 종이. 2. 납과 주석의 합금을 종이처럼 얇게 늘인 것.

　예 1. 빤짝조가 뜨러졌다. 2. 그전에는 은조가 참 귀했어.

**은행낭구**(정선읍, 여량면, 남면)

　[표] 명 은행나무(銀杏--) 뜻 은행나뭇과의 낙엽 교목. 높이는 40미터 정도이며, 잎은 부채 모양으로 한군데서 여러 개가 남. 암수딴그루로 5월에 꽃이 피는데, 암꽃은 녹색이고 수꽃은 연한 노란색임. 열매는 핵과(核果)로 10월에 노랗게 익는데 '은행'이라고 함. 목재는 조각, 가구 용재 따위에 쓰고, 관상용 또는 가로수로 재배함. 동아시아에 한 종만이 분포함.

　예 마을 앞에 은행낭구에 은행이 음청 달랬다.

**은어걸리다**(정선읍, 여량면, 남면, 화암면)

　[표] 동 얻어걸리다 뜻 (속되게) 어쩌다가 우연히 누군가의 것이 됨.

　예 한번 은어걸리믄 국물도 읋을 줄 알어.

**은어듣다**(정선읍, 여량면, 남면, 화암면), **조듣다**(여량면)

　[표] 동 얻어듣다 뜻 남에게서 우연히 들어서 앎.

　예 어데서 은어들은 거는 있어가주구.

**은어먹다**(정선읍, 여량면, 북평면, 남면, 화암면)

　[표] 동 얻어먹다 뜻 1. 남에게 음식을 빌어서 먹음. 2. 남이 거저 주는 것을 받아먹음. 3. 남에게 좋지 아니한 말을 들음.

　예 점심을 친구 집에서 은어먹다.

**은어타다**(정선읍, 여량면, 남면, 화암면)

　[표] 관용구 얻어타다 뜻 지나가는 자동차를 얻어 탐.

　예 저늠아는 맨날 남에 차를 은어탄다.

**은어터지다**(정선읍, 여량면, 남면, 화암면), **조터지다**(여량면)

　[표] 동 얻어맞다 뜻 1. 비교적 심하

게 맞음. 2. (비유적으로) 여론이나 언론 따위의 비난을 받음.

㉠ 세가 나오게 조터지다.

**을다**(정선읍, 남면, 화암면)

[표] ⑲ 얼다 ⑼ 액체나 물기가 있는 물체가 찬 기운 때문에 고체 상태로 굳어짐.

㉠ 저울에는 강물이 바짝 을다.

**을랍니다**(정선읍, 여량면, 북평면)

[표] ㉠ −으렵니다 ⑼ 합쇼할 자리에 쓰여, 장차 어떤 행위를 할 화자 자신의 의사를 표현하는 데 쓰는 종결 어미.

㉠ 통장에 있는 돈을 마커 찾을랍니다.

**을래문**(정선읍), **을라문**(남면)

[표] ㉠ −으라면 ⑼ '−으라고 하면'이 줄어든 말.

㉠ 더 있을래믄 더 있다가 와.

**을래문**(정선읍)

[표] ㉠ −으려면 ⑼ 1. '어떤 의사를 실현하려고 한다면'의 뜻을 나타내는 연결 어미. 2. '어떤 가상의 일이 사실로 실현되기 위해서는'의 뜻을 나타내는 연결 어미. 3. '미래의 어떤 일이 실현되기 시작하였거나 실현될 것이 확실하다면'의 뜻을 나타내는 연결 어미. 뒤에는 그 실현의 방식을 규정하는 말이 옴.

㉠ 나하구 살을래문 고생이 많을 거여.

**을러매다**(정선읍)

[표] ⑲ 을러방망이 ⑼ 때릴 것처럼 자세를 취하며 겁을 주려고 으르는 짓.

㉠ 종아리를 때리려고 회초리 을러매다.

**을수룩**(정선읍, 북평면), **을수룩이**(여량면)

[표] ㉠ −을수록 ⑼ 앞 절 일의 어떤 정도가 그렇게 더하여 가는 것이, 뒤 절 일의 어떤 정도가 더하거나 덜하게 되는 조건이 됨을 나타내는 연결 어미.

㉠ 나이는 먹을수룩 고뱅이 심이 읎다.

**음**(정선읍, 여량면, 북평면, 남면, 화암면)

[표] ⑲ 움 ⑼ 1. 풀이나 나무에 새로 돋아 나오는 싹. 2. 나무를 베어 낸 뿌리에서 나는 싹.

㉠ 인제 음이 살짝 트는구나.

**음살**(남면)

[표] ⑲ 엄살 ⑼ 아픔이나 괴로움 따위를 거짓으로 꾸미거나 실제보다 보태어서 나타냄. 또는 그런 태도나 말.

㉠ 음살이 음청 심해.

**음살뜰다**(남면)

[표] ⑲ 엄살떨다 ⑼ 엄살을 몹시 부림.

㉠ 조그만 건드려도 음살뜰고 있다.

**음지짝**(정선읍, 여량면, 남면, 화암면, 임계면)

[표] ⑲ 음지쪽(陰地−) ⑼ 볕이 잘 들지 않는 그늘이 진 쪽.

㉠ 1. 음지짝에는 아직 눈이 안 녹았어. 2. 저 음지짝에 가마니 앉아 있어.

**음천스럽다**(정선읍, 북평면), **새침떼기하다**(임계면), **얌즌하다**(남면)

[표] ⑲ 얌전하다 ⑼ 1. 성품이나 태도가 침착하고 단정함. 2. 모양이 단정하고 점잖음. 3. 일하는 모양이 꼼꼼하고 정성을 들인 데가 있음.

㉠ 뒷집 새각시는 얌즌하다.

**읎쎄다**(정선읍, 화암면), **없애다**(여량면), **읎애다**(남면)

[표] 图 없애다 뜻 '없다'의 사동사.
예 1. 모조리 다 읎쎄다. 2. 마커 없애다.

**응덩방아**(정선읍, 남면, 화암면), **엉뎅바아**(여량면), **궁덩방아**(임계면)
[표] 명 엉덩방아 뜻 미끄러지거나 넘어지거나 주저앉아서 엉덩이로 바닥을 쾅 구르는 짓.
예 얼음판에서 엉뎅바아를 쩧잖아.

**응뎅이**(정선읍, 남면, 화암면), **엉뎅이**(여량면), **엉덩짜바리**(여량면), **궁덩이**(임계면)
[표] 명 엉덩이 뜻 볼기의 윗부분.
예 엉덩짜바리가 큼직한기 언나를 잘 낳게 생겼다.

**응뎅이짝**(정선읍, 북평면, 남면, 화암면), **엉뎅이짝**(여량면), **빽판**(임계면)
[표] 명 엉덩판 뜻 엉덩이의 살이 두둑하고 넓적한 부분.
예 엉뎅이짝이 안반만하다.

**응뎅이춤**(정선읍, 남면, 화암면), **엉뎅이춤**(여량면), **궁덩이춤**(임계면)
[표] 명 엉덩춤 뜻 1. 매우 기쁘거나 신이 나서 엉덩이를 들썩들썩하는 짓. 2. 엉덩이를 흔들며 추는 춤.
예 아라리 노래에 응뎅이춤이 제젤루 나오네.

**응발지다**(정선읍, 북평면), **야물차다**(임계면), **암골차다**(임계면), **옹발차다**(남면)
[표] 형 옹골차다 뜻 매우 옹골짐.
예 양은 작아도 응발지다.

**응석꾸레기**(정선읍, 여량면, 북평면, 남면), **응석바지**(여량면)
[표] 명 응석꾸러기 뜻 어른들이 귀여워해 줄 것을 믿고 아주 버릇없이 구는 아이.
예 저눔이 우리 집 응석바지다.

**응질거리다**(정선읍, 여량면, 북평면, 남면, 화암면)
[표] 图 옹잘거리다 뜻 불평이나 원망, 탄식 따위를 입속말로 혼자 자꾸 재깔임.
예 그저 나를 잡아먹지 못해 응질거리다.

**응차**(정선읍, 여량면, 남면)
[표] 閏 응당(應當) 뜻 1. 행동이나 대상 따위가 일정한 조건이나 가치에 꼭 알맞게. 2. 그렇게 하거나 되는 것이 이치로 보아 옳게. '마땅히'로 순화.
예 이번에는 응차 될 줄 알았지 이럴 줄 알았나.

**이거**(정선읍, 여량면, 남면, 화암면)
[표] 때 이것 뜻 말하는 이에게 가까이 있거나 말하는 이가 생각하고 있는 사물을 가리키는 지시 대명사.
예 아주멍이 이거 울매래요.

**이거저거**(정선읍, 여량면, 남면)
[표] 명 이것저것 뜻 여러 개의 사물을 통틀어 이르는 말.
예 이거저거 멧 가지 사왔소.

**이그적거리다**(정선읍, 남면, 화암면), **어그적거리다**(여량면)
[표] 图 어기적거리다 뜻 팔다리를 부자연스럽고 크게 움직이며 천천히 걸음.
예 바지에 똥을 싸서 어그적거린다.

**이까지**(정선읍, 여량면, 남면), **이간진**(남면)
[표] 관 이까짓 뜻 겨우 이만한 정도의.
예 이까지꺼 가주고 뭘 사라고 해.

**이꾸데기**(정선읍, 여량면, 남면)

[표] 몡 이꾸러기 뜻 몸에 이가 많은 사람을 놀림조로 이르는 말.

예 1. 아이고 저 이꾸데기는 이가 버글버글해. 2. 자는 이꾸데기야.

**이니망쿰**(정선읍), **이니망큼**(여량면)

[표] 어 –으니만큼 뜻 앞말이 뒷말의 원인이나 근거가 됨을 나타내는 연결 어미.

예 니가 그렇게 했으이니망쿰 그런 거야.

**이닥지**(정선읍, 여량면, 남면)

[표] 閉 이다지 뜻 이러한 정도로. 또는 이렇게까지.

예 1. 이닥지 아픈 줄은 미처 몰랐내. 2. 이닥지 내 맘도 모르고.

**이따구**(정선읍, 여량면, 북평면), **이따우**(남면, 임계면)

[표] 떼 관 이따위 뜻 떼 이러한 부류의 대상을 낮잡아 이르는 지시 대명사. 관 (낮잡는 뜻으로) 이러한 부류의.

예 1. 이따구를 가지고 멀 해겠다는 건지. 2. 이따구가 뭐여.

**이래**(정선읍), **한치레**(여량면, 남면)

[표] 몡 이레 뜻 1. 일곱 날. 2. 매달 초하룻날부터 헤아려 일곱째 되는 날.

예 언나 난지가 오늘이 꼭 한치레 만이야.

**이래**(정선읍, 여량면, 북평면, 남면, 화암면)

[표] 閉 이렇게 뜻 1. 이러한 정도로. 2. 앞의 내용을 받거나 뒤에서 말할 내용을 지시하여 가리킬 때 쓰는 말.

예 호매이질은 이래 하는 게 맞는 거야.

**이래가주**(정선읍, 남면), **이래가지고**(여량면), **이래가꾸**(화암면)

[표] 閉 이래서 뜻 1. '이리하여서'가 줄어든 말. 2. '이러하여서'가 줄어든 말.

예 1. 이래가주 어떻게 살어. 2. 이래 가지고 이번 판에는 내가 이겠다.

**이래구저래구**(정선읍, 여량면, 남면)

[표] 몡 이러고저러고 뜻 '이러하고 저러하고'가 줄어든 말.

예 이래구저래구 벤명 하지 말고 끝내.

**이래나저래나**(정선읍, 여량면, 남면)

[표] 閉 이러나저러나 뜻 이것은 이렇다 치고. 지금까지의 화제를 다른 데로 돌릴 때 씀.

예 1. 이래나저래나 그건 우리 땅이다. 2. 이래나저래나 다 똑같아.

**이래니저래니**(여량면, 남면)

[표] 이러니저러니 뜻 '이러하다느니 저러하다느니'가 줄어든 말.

예 틀림없는 말이니 이래니저래니 하지 마라.

**이래문**(정선읍, 남면, 화암면), **이러믄**(여량면)

[표] 이러면 뜻 1. '이리하면'이 줄어든 말. 2. '이러하면'이 줄어든 말.

예 1. 이러믄 안되는걸 알민서 왜 자꾸 그래. 2. 이래문 않되.

**이롱**(정선읍, 여량면, 남면)

[표] 몡 의롱(衣籠) 뜻 옷을 넣어 두는 농.

예 이롱에다 빨래 쫌 개어 넣어둬라.

**이맘적**(정선읍, 남면), **요맘때**(임계면)

[표] 몡 이맘때 뜻 이만큼 된 때.

예 내일도 오늘 이맘적에 오너라.

**이맷돌**(정선읍, 남면), **부두맷돌**(정선읍),

**부뚜막돌**(여량면)

[표] 몡 이맛돌 뜻 아궁이 위 앞에 가
로로 걸쳐 놓은 긴 돌.

예 그거 부뚜막돌이 납작한기 잘생
겠다.

**이문**(여량면)

[표] 몡 이익(利益) 뜻 1. 물질적으로
나 정신적으로 보탬이 되는 것. 2. 일
정 기간의 총수입에서 그것을 위하여
들인 비용을 뺀 차액.

예 아무리해도 이문이 남지 안하네.

**이밥낭구**(여량면), **이밥나무**(남면)

[표] 몡 이팝나무 뜻 물푸레나뭇과의
낙엽 활엽 교목. 높이가 20m에 달하
며, 잎은 마주나고 타원형임. 4월에
흰 꽃이 취산(聚繖) 화서로 피고 열매
는 핵과(核果)로 가을에 까맣게 익으며
정원수나 풍치목으로 재배함. 민속적
으로 보면 나무의 꽃 피는 모습으로 그
해 벼농사의 풍흉을 알 수 있다고 하여
치성을 드리는 신목으로 받들어지기
도 하였음. 한국의 중부 이남, 일본,
대만, 중국 등지에 분포함.

예 이밥낭구 꽃이 하얗게 피었다.

**이보개**(정선읍, 화암면), **여보개**(여량면,
남면)

[표] 깜 여보게 뜻 1. 가까이 있는 사람
을 부를 때 쓰는 말. 하게할 자리에 씀.
2. 사위를 친근하게 부를 때 쓰는 말.

예 여보개 집에 있는가.

**이보시우**(정선읍, 남면, 화암면), **이보시
우야**(여량면), **이보세요**(임계면), **이보시
요**(임계면)

[표] 깜 여보세요 뜻 1. '여봐요'를 조

금 높여 이르는 말. 2. 전화를 할 때
상대편을 부르는 말. 상대편이 윗사람
이거나 아랫사람이거나 관계없이 씀.

예 이보시우야 거 누구음쏘?

**이복동상**(정선읍, 여량면, 남면)

[표] 몡 이복동생(異腹--) 뜻 아버지
는 같고 어머니가 다른 동생.

예 한씨에 배가 다른 이복동상이다.

**이복형재**(정선읍, 여량면, 남면), **이복성
재**(정선읍)

[표] 몡 이복형제(異腹兄弟) 뜻 아버
지는 같고 어머니는 다른 형제.

예 자하고 나는 이복성재지간이다.

**이붓어멍이**(정선읍, 여량면, 북평면, 남
면), **이붓어멍니**(정선읍)

[표] 몡 의붓어머니 뜻 아버지가 재혼
함으로써 생긴 어머니.

예 이붓어멍니에게 아직도 맘 열기
가 그래.

**이뿌다**(정선읍, 여량면, 남면, 화암면), **까
리삼삼하다**(여량면)

[표] 혱 예쁘다 뜻 1. 생긴 모양이 아
름다워 눈으로 보기에 좋음. 2. 행동
이나 동작이 보기에 사랑스럽거나 귀
여움. 3. 아이가 말을 잘 듣거나 행동
이 발라서 흐뭇함.

예 생긴 게 까리삼삼하다.

**이쁜이**(정선읍, 여량면, 남면, 화암면)

[표] 몡 예쁜이 뜻 사랑스럽거나 귀여
운 사람을 이르는 말.

예 저집 딸들은 마커 이쁜이여.

**이쁜이수술**(여량면, 남면, 화암면)

[표] 몡 예쁜이수술(---手術) 뜻 출
산 따위로 늘어난 질 구멍을 작게 하기

위하여 하는 질 봉합 수술을 속되게 이
르는 말.

㉥ 울 처는 애기 나코 이쁜이수술을
했다.

**이사**(정선읍), **으사**(여량면, 남면), **공이**
(여량면)

[표] 몡 의사(醫師) 뜻 1. 일정한 자격
을 가지고 병을 고치는 것을 직업으로
하는 사람. 2. 서양 의술과 양약으로
병을 고치는 것을 직업으로 하는 사람.

㉥ 그 으사 선상님은 꼼꼼히 잘 봐주
신다.

**이슬방굴**(정선읍, 남면), **이실방울**(여량면)

[표] 몡 이슬방울 뜻 이슬이 맺히어
생긴 방울.

㉥ 상치에 이슬방굴이 맺혔다.

**이슬치기**(정선읍, 남면), **이슬잽이**(여량
면), **이실잽이**(여량면)

[표] 몡 이슬떨이 뜻 1. 이슬이 내린
길을 갈 때에 맨 앞에 서서 가는 사람.
2. 이슬을 떠는 막대기.

㉥ 1. 앞에 가면서 이슬치기한다. 2.
이실잽이가 빨리 앞서가.

**이실**(정선읍, 여량면, 북평면, 남면)

[표] 몡 이슬 뜻 공기 중의 수증기가
기온이 내려가거나 찬 물체에 부딪힐
때 엉겨서 생기는 물방울.

㉥ 온 아척에 이실이 참 마이 내랬다야.

**이쑤셍이**(정선읍, 남면)

[표] 몡 이쑤시개 뜻 잇새에 낀 것을
쑤셔 파내는 데에 쓰는 물건. 보통 나
무의 끝을 뾰족하게 하여 만듦.

㉥ 고기가 찐겨나보다 이쑤셍이 쫌
주라.

**이씨**(정선읍, 화암면), **에이씨**(여량면, 남
면), **아이씨**(임계면)

[표] 몝 에이 뜻 1. 실망하여 단념할
때 내는 소리. 2. 속이 상하거나 마음
에 달갑지 아니할 때 내는 소리.

㉥ 에이씨 나는 인제부터 안할래.

**이애**(정선읍, 여량면), **이애실**(남면)

[표] 몡 잉아 뜻 베틀의 날실을 한 칸
씩 걸러서 끌어 올리도록 맨 굵은 실.

㉥ 이애실이 끊어졌다.

**이영**(정선읍, 여량면, 북평면, 남면)

[표] 몡 이엉 뜻 초가집의 지붕이나
담을 이기 위하여 짚이나 새 따위로 엮
은 물건.

㉥ 이영을 곱게 엮어서 지붕을 덮어
야지.

**이용군**(정선읍), **으용군**(여량면, 남면)

[표] 몡 의용군(義勇軍) 뜻 국가나 사회
의 위급을 구하기 위하여 민간인으로
조직된 군대. 또는 그런 군대의 군인.

㉥ 그전에는 으용군으로 마이 갔댔지.

**이자**(정선읍), **으자**(여량면, 남면, 임계면)

[표] 몡 의자(椅子) 뜻 사람이 걸터앉
는 데 쓰는 기구. 보통 뒤에 등받이가
있고 종류가 다양함.

㉥ 여개 으자 하나만 더 조요.

**이지난**(남면)

[표] 몡 이즈음 뜻 얼마 전부터 이제
까지의 무렵.

㉥ 강냉이따기가 이지난이 안성맞춤
이네.

**이짝**(여량면, 화암면, 임계면), **이쪼**(남면)

[표] 団 이쪽 뜻 1. 말하는 이에게 가
까운 곳이나 방향을 가리키는 지시 대

명사. 2. 말하는 이가 자기 또는 자기를 포함한 여러 사람을 가리키는 일인칭 대명사. 3. 말하는 이에게 가까이 있는 사람 또는 사람들을 가리키는 삼인칭 대명사.

㉠ 이짝으로 쫌 더 땡개봐.

**이헹재**(정선읍, 북평면), **으형재**(여량면, 화암면), **으헹제**(남면)

　[표] 몡 의형제(義兄弟) 뜻 1. 의로 맺은 형제. 2. 아버지나 어머니가 서로 다른 형제.

　㉠ 그 사람하고 나하고는 으형재 맺었어.

**이훌치 · 챔빗 · 세개빗 · 세카리빗**(정선읍), **챔빗**(여량면, 화암면), **이훌개**(남면)

　[표] 몡 참빗 뜻 빗살이 아주 가늘고 촘촘한 빗.

　㉠ 이훌치 가져 오너라 세 개까지 훑자.

**익살꾸레기**(여량면, 남면)

　[표] 몡 익살꾸러기 뜻 남을 웃기는 우스운 말이나 행동을 늘 하는 사람.

　㉠ 조 놈은 운재 봐도 익살꾸레기여.

**인나다**(정선읍, 여량면, 남면, 화암면), **이나서**(임계면)

　[표] 동 일어나다 뜻 1. 누웠다가 앉거나 앉았다가 섬. 2. 잠에서 깨어남. 3. 어떤 일이 생김.

　㉠ 둔 넛다가 누가 오길래 뻘떡 인나다.

**인나세**(정선읍, 남면), **인나서**(여량면)

　[표] 깜 몡 일어서 뜻 제식 훈련에서, 앉은 자세에서 양 무릎을 펴고 일어서 차려 자세를 취하라는 구령. 또는 그 구령에 따라 행하는 동작.

　㉠ 1. 여개 있는 아들 마커다 인나서!

　2. 이제 인나세.

**인나스다**(정선읍, 여량면, 북평면, 남면), **인나서다**(임계면)

　[표] 동 일어서다 뜻 1. 앉았다가 섬. 2. 누워 있다가 일어남. 3. 건축물이나 구조물 따위가 건설되어 땅 위에 생김.

　㉠ 내 차래가 와서 얼른 인나스다.

**인데서**(정선읍), **인테서**(여량면, 남면)

　[표] 조 한테서 뜻 (구어적으로) 어떤 행동을 일으킨 대상임을 나타내는 격조사.

　㉠ 오준이인테서 서울 간 아 장개 보낼라구.

**인두껍**(정선읍, 여량면, 북평면, 남면, 임계면)

　[표] 몡 인두겁(人--) 뜻 사람의 형상이나 탈.

　㉠ 인두껍을 쓰고 저런 일을 할 수 있을까?

**인또깨비**(여량면, 남면)

　[표] 몡 인도깨비(人---) 뜻 1. 사람 모양을 한 도깨비. 2. 도깨비 같은 사람을 낮잡아 이르는 말.

　㉠ 인또깨비처럼 지랄이다.

**인물꼬라지**(정선읍, 여량면, 남면)

　[표] 몡 인물(人物) 뜻 1. 생김새나 됨됨이로 본 사람. 2. 일정한 상황에서 어떤 역할을 하는 사람. 3. 뛰어난 사람.

　㉠ 인물꼬라지 하고는 꼭 원생새끼 같네.

**인불**(정선읍), **또깨비불**(여량면, 신동읍, 화암면)

　[표] 몡 도깨비불 뜻 1. 밤에 무덤이나 축축한 땅 또는 고목이나 낡고 오래

된 집에서 인 따위의 작용으로 저절로 번쩍이는 푸른빛의 불꽃. 2. 까닭 없이 저절로 일어나는 불.

㉠ 공동메지에 또깨비불이 번쩍인다.

**인재저재**(정선읍, 여량면, 북평면), **이재저재**(남면)

[표] 어근 이제저제 뜻 '이제저제하다(어떤 일을 곧바로 행하지 않고 뭉그적거림)'의 어근.

㉠ 쉬운일 인재저재하지말구 얼릉해라.

**인정머리없다**(정선읍, 여량면, 남면, 화암면)

[표] 관용구 인정없다 뜻 인정을 베풀거나 사정을 봐주는 데가 없음.

㉠ 자는 같은 배에서 나왔는데 왜 그래 인정머리없나.

**인제**(정선읍, 임계면, 남면), **인재**(여량면)

[표] 명 부 이제 뜻 명 바로 이때. 지나간 때와 단절된 느낌을 줌. 부 바로 이때에. 지나간 때와 단절된 느낌을 줌.

㉠ 1. 인재 부텀은 내가 할 차례다. 2. 인제 나 갈래.

**인제나저제나**(정선읍, 여량면, 남면)

[표] 부 이제나저제나 뜻 어떤 일이 일어나는 때가 언제일지 알 수 없을 때 쓰는 말. 흔히 어떤 일을 몹시 안타깝게 기다릴 때 씀.

㉠ 인제나저제나 죽을 날만 바래고 있다우.

**인제사**(정선읍), **인제야**(여량면), **이제사**(남면)

[표] 부 이제야 뜻 말하고 있는 이때에 이르러서야 비로소.

㉠ 내가 알코주니 인제야 알아채리고는 헤하네.

**인테**(정선읍, 여량면), **인데**(남면)

[표] 조 한테 뜻 1. 일정하게 제한된 범위를 나타내는 격 조사. '에게'보다 더 구어적. 2. 어떤 행동이 미치는 대상임을 나타내는 격 조사. 어떤 물건의 소속이나 위치를 나타냄. 3. 어떤 행동을 일으키는 대상임을 나타내는 격 조사.

㉠ 나인테 빚진 거 알구 있어?

**일굽**(정선읍, 남면)

[표] 수 관 일곱 뜻 여섯에 하나를 더한 수. 또는 그런 수의.

㉠ 울 친구 일굽놈이서 등산을 했다.

**일꺼덩거리다**(정선읍, 남면), **일러덩거리다**(여량면, 화암면)

[표] 동 일렁거리다 뜻 1. 크고 긴 물건 따위가 자꾸 이리저리 크게 흔들림. 2. 촛불 따위가 이리저리 자꾸 흔들림. 3. 마음에 동요가 자꾸 생김.

㉠ 1. 일꺼덩거리고 다닌다. 2. 낭구다리가 우째 일러덩거리다.

**일껀**(여량면), **일끈**(남면)

[표] 부 일껏 뜻 모처럼 애써서.

㉠ 츰으로 일끈해서 했는데 잘 안됐다.

**일끄트머리**(정선읍, 여량면, 북평면), **일끄트마리**(남면)

[표] 명 일끝 뜻 일의 실마리.

㉠ 무슨 일이든지 일끄트머리를 잘 해야 돼.

**일루**(정선읍, 여량면, 북평면, 남면), **일로**(여량면, 화암면)

[표] 부 이리 뜻 이곳으로. 또는 이쪽으로.

㉠ 그 짝으로 가지 말고 일로와.

**일루와**(정선읍), **이리루**(여량면, 남면)

　[표] 🔢 이리로 🌸 '이리'를 강조하여 이르는 말.

　🔵 1. 일루와 봐. 2. 이리루 가믄 장바닥이 나오나.

**일벌거지**(정선읍, 여량면, 남면)

　[표] 🔢 일벌레 🌸 다른 곳에 관심을 두지 아니하고 일만 열심히 하는 사람을 비유적으로 이르는 말.

　🔵 그이는 원래 일벌거지야.

**일찌가이**(정선읍, 화암면), **일찌거니**(여량면, 남면)

　[표] 🔢 일찌감치 🌸 1. 조금 이르다고 할 정도로 얼른. 2. 될 수 있는 한 얼른.

　🔵 지역을 일찌거니 해먹고 마실간다.

**일철**(정선읍, 북평면), **일줄**(정선읍), **농새철**(여량면, 화암면)

　[표] 🔢 농사철(農事-) 🌸 농사짓는 시기.

　🔵 이제부터 농새철이 다가온다.

**일쿠다**(정선읍), **인나쿠다**(여량면, 남면), **일쿼세우다**(화암면, 임계면)

　[표] 🔢 일으키다 🌸 1. 일어나게 함. 2. 무엇을 시작하거나 흥성하게 만듦. 3. 물리적이거나 자연적인 현상을 만들어 냄.

　🔵 낭구가 넘어진 걸 인나쿠다.

**임몸**(정선읍, 남면)

　[표] 🔢 잇몸 🌸 이뿌리를 둘러싸고 있는 살.

　🔵 임몸이 안 좋아 의사 선생님 보고 와야겠다.

**임물값**(정선읍, 임계면, 화암면), **꼴값**(여량면, 남면), **낯값**(임계면)

　[표] 🔢 얼굴값 🌸 생긴 얼굴에 어울리는 말과 행동을 낮잡아 이르는 말.

　🔵 1. 그 주제에 꼴값을 하고 자빠졌네. 2. 얼굴이 반반하다고 꼴값 떨고 있네.

**임시메내**(남면)

　[표] 🔢 가면허(假免許) 🌸 일정한 자격을 갖춘 사람에게 정식 면허가 나올 때까지 임시로 주는 면허.

　🔵 임시메내 나올 때까지 넌 운젠하면 안 된다.

**입대껀**(정선읍), **입때끈**(남면)

　[표] 🔢 이때껏 🌸 지금에 이르기까지.

　🔵 입대껀 뭘 하다왔어.

**입마개**(정선읍, 여량면, 남면)

　[표] 🔢 입막음 🌸 비밀이나 자기에게 불리한 사실을 말하지 못하도록 하는 일. 또는 그런 수단.

　🔵 이 거 사주니 꼭 입마개 해야 한다.

**입마구리**(정선읍, 여량면, 북평면, 화암면), **입마개**(정선읍)

　[표] 🔢 부리망(--網) 🌸 소를 부릴 때에 소가 곡식이나 풀을 뜯어먹지 못하게 하려고 소의 주둥이에 씌우는 물건. 가는 새끼로 그물같이 엮어서 만듦.

　🔵 야 이놈아 저 소쌔끼가 옆에 있는 곡식을 먹지 못하게 입마개로 막아라.

**입모숨**(정선읍, 남면), **입모양**(여량면)

　[표] 🔢 입매 🌸 입의 생긴 모양.

　🔵 입모양이 참 이쁘게 생갰네.

**입바람**(정선읍), **휘빠람**(여량면, 화암면), **횟바람**(남면)

**[표]** 🅟 휘파람 🅢 입술을 좁게 오므리고 혀끝으로 입김을 불어서 맑게 내는 소리. 또는 그런 일.

🅔 내가 휘빠람 불면 얼릉 나와.

**입빠른소리**(정선읍), **입빠른말**(여량면, 남면)

**[표]** 🅟 입찬말 🅢 자기의 지위나 능력을 믿고 지나치게 장담하는 말.

🅔 1. 입빠른소리 하지 마라. 2. 사람이 그렇게 입빠른말 하는 게 아니여.

**입삐뚤레기**(정선읍), **훌비**(여량면), **입삐두렝이**(남면)

**[표]** 🅟 입비뚤이 🅢 입이 비뚤어진 사람을 낮잡아 이르는 말.

🅔 훌비 영감텡이가 또 온다.

**입성**(정선읍, 화암면), **우티**(여량면, 화암면)

**[표]** 🅟 옷 🅢 몸을 싸서 가리거나 보호하기 위하여 피륙 따위로 만들어 입는 물건.

🅔 1. 자 입성 잘 입었네. 2. 새로 산 우티가 잘 어울린다야.

**입세**(정선읍, 남면, 임계면), **쥐뎅이**(정선읍), **입새**(여량면)

**[표]** 🅟 입구(入口) 🅢 들어가는 통로. '들목', '들어오는 곳', '어귀'로 순화.

🅔 들어가는 입새 서 있다가 꼭 붙들어.

**입시레**(정선읍, 남면)

**[표]** 🅟 입덧 🅢 1. 임신 초기에 입맛이 떨어지고 구역질이 나는 증세. 2. 심하게 싫어함을 비유적으로 이르는 말.

🅔 야 입시레 마이 하네.

**잇구녕**(정선읍, 남면), **잇구영**(여량면)

**[표]** 🅟 잇구멍(利--) 🅢 이익이 생길 만한 기회나 일.

🅔 저건 분명 잇구녕이다.

**잇그다**(정선읍, 여량면, 남면)

**[표]** 🅑 잇다 🅢 1. 두 끝을 맞대어 붙임. 2. 끊어지지 않게 계속함. 3. 많은 사람이나 물체가 줄을 이르어 섬.

🅔 끈이 떨어져서 잇그다.

**잇솔질**(여량면, 남면), **치솔질**(정선읍, 여량면, 화암면)

**[표]** 🅟 양치질 🅢 이를 닦고 물로 입 안을 가시는 일.

🅔 치솔질을 잘해야 벌갱이가 안 먹는다.

**잇어대다**(정선읍, 남면)

**[표]** 🅑 잇대다 🅢 1. 서로 이어져 맞닿게 함. 2. 끊어지지 않게 계속 이음.

🅔 벽돌을 잇어대다.

**있소**(정선읍, 여량면), **계시우**(여량면, 남면, 임계면, 화암면)

**[표]** 🅑 계세요 🅢 (윗사람이 어떠하게) 그 상태를 계속 유지함.

🅔 1. 안에 누가 있소? 쥔장 계시우? 2. 집에 있소.

**잎사구**(정선읍, 여량면, 남면, 임계면), **이파리**(여량면)

**[표]** 🅟 잎사귀 🅢 낱낱의 잎. 주로 넓적한 잎을 이름.

🅔 낭구 이파리가 누래졌다.

**자거품**(정선읍, 여량면, 북평면, 남면, 화암면)
[표] 명 자가품 뜻 손목, 발목, 손아귀 따위의 이음매가 과로로 말미암아 마비되어 시고 아픈 증상.
예 손목에 자거품이 일어서 아프다.

**자구**(정선읍, 여량면)
[표] 명 자위 뜻 눈알이나 새 따위의 알에서 빛깔에 따라 구분된 부분. 눈알의 검은자위와 흰자위, 달걀의 노른자위와 흰자위 따위를 이름.
예 자는 눈자구가 보통이 아니야.

**자구**(정선읍, 여량면, 남면)
[표] 명 자귀 뜻 나무를 깎아 다듬는 연장의 하나. 나무 줏대 아래에 넓적한 날이 있는 투겁을 박고, 줏대 중간에 구멍을 내어 자루를 가로 박아 만듦.
예 지게 맹글 때 자구로 깍아낸다.

**자구룹다**(정선읍), **자부룹다**(여량면, 화암면), **자우룹다**(남면)
[표] 동 졸리다 뜻 자고 싶은 느낌이 듦
예 대낮에도 가만히 있으니 자부룹다.

**자구망쿰**(정선읍, 북평면), **쬐만침**(여량면), **자구만치**(남면)
[표] 부 자그마치 뜻 1. 예상보다 훨씬 많이. 또는 적지 않게. 2. 조금 작게.

예 난도 쬐만침만 갈러줘 봐.

**자구질**(정선읍, 여량면, 남면, 화암면)
[표] 명 자귀질 뜻 자귀로 나무를 깎는 일.
예 대목장 아저씨는 자구질을 잘 한다.

**자뜰베기**(정선읍, 북평면), **목쟁이**(남면), **짜들베기**(화암면, 여량면)
[표] 명 고개 뜻 1. 산이나 언덕을 넘어 다니도록 길이 나 있는 비탈진 곳. 2. 일의 중요한 고비나 절정을 비유적으로 이르는 말. 3. 중년 이후 열 단위만큼의 나이를 비유적으로 이르는 말.
예 1. 남면서 정선읍으루 갈래면 목쟁이 몇 개를 넘어야 해. 2. 저 짜들베기를 언제 올라가나.

**자래눈**(정선읍, 여량면), **자래자리**(남면)
[표] 명 자라눈 뜻 젖먹이의 엉덩이 양쪽으로 오목하게 들어간 자리.
예 자래자리에 종기가 생겼네.

**자래모가지**(정선읍, 여량면, 북평면, 남면)
[표] 명 자라목 뜻 1. 보통 사람보다 짧고 밭은 목을 비유적으로 이르는 말. 2. 춥거나 주눅이 들어 잔뜩 움츠린 목을 비유적으로 이르는 말.
예 니 목이 자래모가지처럼 그리 짧니.

**자래병**(정선읍, 여량면, 북평면, 남면)
[표] 몡 자라병(--甁) 뜻 자라 모양으
로 만든 병.
예 자래병에 물 쫌 담아 주세요.

**자래자지**(여량면, 북평면), **뻔데기자지**
(남면)
[표] 몡 자라자지 뜻 1. 양기(陽氣)가
동하지 아니하였을 때에 자라목처럼
바싹 움츠러드는 자지. 2. 보통 때에
는 작아도 흥분하면 매우 커지는 자지.
예 우리 아들놈의 그거는 뻔데기자
지여.

**자리쌈박질**(정선읍, 여량면, 남면)
[표] 몡 자리다툼 뜻 좋은 지위나 자
리를 차지하려고 다투는 일.
예 1. 맨내기만 하믄 자리쌈박질이나
하고. 2. 이눔의 새끼들 자리쌈박
질이나 하고.

**자막데기**(정선읍, 여량면, 북평면, 남면)
[표] 몡 자막대기 뜻 자로 쓰는 대막
대기나 나무 막대기 따위를 이르는 말.
예 자막데기가 뚝 뿌러졌다.

**자멩고**(남면)
[표] 몡 자명고(自鳴鼓) 뜻 낙랑에 있
었다고 하는 전설적인 북. 고구려 대
무신왕의 아들 호동(好童)이 낙랑 태수
의 딸에게 외적이 침입하면 저절로 울
리는 이것을 찢게 하여 낙랑을 정복할
수 있었다고 전함.
예 책에서 자멩고 이야기 들어 본 적
있다.

**자민서**(정선읍, 여량면)
[표] 에 -자면서 뜻 해라할 자리에
쓰여, 권유받은 사실을 확인하여 물을

때 쓰는 종결 어미. 흔히 다짐을 받거
나 빈정거리는 뜻이 섞여 있음.
예 나물 틀으러 가자민서 낮반데기
는 왜사 찍어발르나.

**자배기**(여량면, 남면)
[표] 몡 자박 뜻 사금광에서 캐어 낸
생금(生金)의 큰 덩어리.
예 석탄 캐다 자배기 본 적 있다.

**자벌거지**(정선읍, 여량면, 북평면, 남면)
[표] 몡 자벌레 뜻 자벌레나방의 애벌
레. 몸은 가늘고 긴 원통형. 가슴에 세
쌍의 발이 있고 배에 한 쌍의 발이 있
음. 꽁무니를 머리 쪽에 갖다 대고 몸
을 길게 늘이기를 반복하여 움직임.
예 자벌거지 함부로 만지지 마라.

**자봉틀**(정선읍, 여량면, 남면)
[표] 몡 재봉틀(裁縫-) 뜻 바느질을
하는 기계.
예 아들 바지가 터져서 자봉틀로 꿰
맸네.

**자새간**(정선읍, 여량면), **자생간**(여량면)
[표] 몡 자간(字間) 뜻 쓰거나 인쇄한
글자와 글자 사이.
예 자생간에 머가 들어가는지 알어
야 해먹지.

**자슥새끼**(정선읍, 여량면, 북평면), **아새
끼**(정선읍), **자석**(남면)
[표] 몡 자식(子息) 뜻 1. 부모가 낳은
아이를, 그 부모에 상대하여 이르는
말. 2. 어린아이를 귀엽게 이르는 말.
예 자슥새끼들 키우느라 정신이 읎다.

**자옥하다**(정선읍), **자운둥하다**(남면)
[표] 혱 자욱하다 뜻 연기나 안개 따
위가 잔뜩 끼어 흐릿함.

321

⑩ 안개가 자욱하게 찌었다.

**자우룸**(정선읍, 북평면), **자부룸**(여량면)
[표] 몡 졸음 뜻 잠이 오는 느낌이나 상태.
⑩ 책만 볼래고 하믄 자부룸이 온다.

**자울다**(정선읍), **조을다**(정선읍, 남면), **지울다**(정선읍), **자불다**(여량면, 화암면)
[표] 동 졸다 뜻 잠을 자려고 하지 않으나 저절로 잠이 드는 상태로 자꾸 접어듦.
⑩ 저사람 밤에 먼 일하고 낮에 자울나.

**자정거**(정선읍, 여량면, 북평면, 남면), **자정가**(정선읍, 화암면), **쇠꼼말**(임계면)
[표] 몡 자전거(自轉車) 뜻 사람이 타고 앉아 두 다리의 힘으로 바퀴를 돌려서 가게 된 탈것. 안장에 올라앉아 두 손으로 핸들을 잡고 두 발로 페달을 교대로 밟아 체인으로 바퀴를 돌리게 되어 있음. 바퀴는 흔히 두 개이며 한 개짜리나 세 개짜리도 있음.
⑩ 자정거 타다가 넹게 배갰자나.

**자죽**(정선읍), **자구**(여량면)
[표] 몡 자국 뜻 1. 다른 물건이 닿거나 묻어서 생긴 자리. 또는 어떤 것에 의하여 원래의 상태가 달라진 흔적. 2. 부스럼이나 상처가 생겼다가 아문 자리. 3. 발로 밟은 자리에 남은 모양.
⑩ 1. 수술한 자구가 안죽도 남아있다. 2. 자죽이 났네.

**자죽눈**(정선읍, 남면), **자욱눈**(여량면)
[표] 몡 자국눈 뜻 겨우 발자국이 날 만큼 적게 내린 눈.
⑩ 고작 내린 게 자죽눈 정도네.

**자치동갭**(정선읍, 여량면, 남면)
[표] 몡 자치동갑(--同甲) 뜻 한 살밖에 차이가 나지 않아 동갑이나 다름없는 나이. 또는 그런 사람.
⑩ 니하고 나하고는 자치동갭이야.

**작대기**(정선읍, 임계면, 화암면), **막데기**(여량면, 북평면), **막뎅이**(신동읍), **작디기**(임계면)
[표] 몡 막대기 뜻 가늘고 기다란 물건의 토막.
⑩ 산에 갈 땐 작대기를 짚어야 해.

**작데기**(정선읍, 여량면, 남면)
[표] 몡 작대기 뜻 1. 긴 막대기. 2. 위에서 아래로 비스듬히 내리긋는 줄. 흔히 시험 답안지 따위에서 잘못된 답을 표시할 때 그음.
⑩ 말 안 들으면 작데기로 두둘긴다.

**작데기네개**(정선읍, 여량면, 북평면, 화암면), **갈매기**(신동읍)
[표] 몡 병장(兵長) 뜻 〈군사〉 사병 계급의 하나. 하사의 아래, 상등병의 위로 사병 계급에서 가장 높은 계급임.
⑩ 1. 갈매기는 달아야 고참. 2. 작대기 네 개믄 군대생활 다했다.

**작데기둘**(정선읍, 여량면, 북평면), **일등벵**(남면)
[표] 몡 일등병(一等兵) 뜻 〈군사〉 사병(士兵) 계급의 하나. 상등병의 아래, 이등병의 위임.
⑩ 작데기둘 달고 휴가나가려니 쫌 창피하긴 하다.

**작데기세개**(정선읍, 여량면, 북평면, 화암면), **상벵**(남면)
[표] 몡 상병(上兵) 뜻 〈군사〉 사병 계급의 하나.

⑩ 우리 아덜은 이번 달에 작데기세 개 되었다.

**작데기하나**(정선읍, 여량면, 북평면, 남면)
[표] ⑲ 이등병(二等兵) ⑨ 〈군사〉 사병 계급의 하나. 일등병의 아래로, 기초 군사 훈련을 받은 사병에게 주어짐.
⑩ 작데기하나 달고 군무하느라 고생이 많아.

**작두바탕**(여량면, 남면)
[표] ⑲ 작두 ⑨ 1. 마소의 먹이를 써는 연장. 대체로 기름하고 두툼한 나무토막 위에 긴 칼날을 달고 그 사이에 짚이나 풀 따위를 넣어 자루를 손으로 누르거나 발판을 발로 디뎌 가며 썰게 되어 있음. 2. 생약을 자르는 기구.
⑩ 작두바탕으로 풀을 썰다.

**작두벌기**(정선읍), **작두벌거지**(정선읍), **땅가아지**(여량면, 신동읍, 화암면)
[표] ⑲ 땅강아지 ⑨ 〈동물〉 땅강아짓과의 곤충. 몸의 길이는 2.9~3.1cm이며, 노란 갈색이나 검은 갈색이고 온몸에 짧고 연한 털이 촘촘히 나 있음. 날개는 짧으나 잘 날며 앞다리는 땅을 파기에 알맞게 되어 있음. 벌레를 잡아먹거나 농작물의 뿌리와 싹을 갉아 먹음. 한국, 일본, 아프리카, 오스트레일리아 등지에 분포함.
⑩ 땅가아지가 논두렁 다 판다.

**작은누**(정선읍, 여량면, 북평면, 남면)
[표] ⑲ 작은누이 ⑨ 둘 이상의 누이 가운데 맏누이가 아닌 누이를 이르는 말.
⑩ 저분이 우리 작은누다.

**작은대**(정선읍), **작은댁**(여량면, 남면), **즈근집**(임계면)
[표] ⑲ 작은집 ⑨ 1. 따로 살림하는 아들이나 아우, 작은아버지의 집. 2. 분가하여 나간 집을 종가(宗家)에 상대하여 이르는 말. 3. 첩(妾) 또는 첩의 집을 이르는 말.
⑩ 1. 즈근집 갈 때 빈손으로 가지마라. 2. 온 지역에 작은댁에 지역 먹으로 가자.

**작은되**(정선읍, 여량면, 북평면, 화암면), **되빡**(여량면)
[표] ⑲ 식승(食升) ⑨ 민가(民家)에서 곡물을 되던 되. 열 작(勺)을 한 홉, 열 홉을 한 되, 열 되를 한 말, 열다섯 말을 소곡(小斛) 또는 평석(平石), 스무 말을 대곡(大斛) 또는 전석(全石)이라 하였음.
⑩ 강냉이씨는 되빡으로 하나믄 돼.

**작은딸래미**(정선읍, 여량면), **즈근딸**(임계면), **작은딸레미**(남면)
[표] ⑲ 작은딸 ⑨ 둘 이상의 딸 가운데 맏딸이 아닌 딸을 이르는 말.
⑩ 1. 울 작은딸레미가 이번에 취직을 했다. 2. 작은딸래미 시집갈 때다 됐구나.

**작은메누리**(정선읍, 여량면, 북평면, 남면), **즈근매누리**(임계면)
[표] ⑲ 작은며느리 ⑨ 작은아들의 아내를 이르는 말.
⑩ 야가 우리 작은메누리요.

**작은성**(정선읍), **즉은언니**(여량면), **즈근언니**(임계면), **작은성이**(남면)
[표] ⑲ 작은언니 ⑨ 둘 이상의 언니 가운데 맏언니가 아닌 언니를 이르거나 부르는 말.

㉞ 즈근언니는 나보다 얼굴이 이뻐.

**작은성**(정선읍, 여량면, 북평면), **즈근형**
(임계면)

　[표] 몡 작은형(--兄) ㉞ 둘 이상의
　형 가운데 맏형이 아닌 형을 이르거나
　부르는 말.

　㉞ 작은성이 어제 나를 뚜둘개 팼다.

**작은손예**(정선읍, 여량면, 북평면, 남면),
**즈근손녀**(임계면)

　[표] 몡 작은손녀(--孫女) ㉞ 둘 이상
　의 손녀 가운데 맏손녀가 아닌 손녀를
　이르는 말.

　㉞ 1. 즈근손녀가 똘망해. 2. 작은손
　예가 더 이쁘다.

**작은손주**(정선읍, 여량면, 북평면, 남면,
화암면), **즈근손주**(임계면)

　[표] 몡 작은손자(--孫子) ㉞ 둘 이상
　의 손자 가운데 맏손자가 아닌 손자를
　이르는 말.

　㉞ 1. 즈근손주 녀석이 이번에 핵교
　들어갔다. 2. 이번에 작은손주 바
　짜나.

**작은싸우**(정선읍, 여량면, 남면, 임계면),
**즈근사위**(임계면)

　[표] 몡 작은사위 ㉞ 작은딸의 남편을
　이르는 말.

　㉞ 저 사람이 우리 작은싸우라오.

**작은아**(정선읍, 여량면, 북평면 남면, 임계
면), **즈근아이**(임계면)

　[표] 몡 작은아이 ㉞ 작은아들이나 작
　은딸을 정답게 이르는 말.

　㉞ 작은아가 내년에 날을 잡았다.

**작은아들레미**(정선읍, 여량면, 북평면),
**작은아들레**(정선읍), **작은아덜**(남면)

　[표] 몡 작은아들 ㉞ 맏아들이 아닌
　아들.

　㉞ 울 작은아들레미는 말을 잘 안 듣
　는다.

**작은에미**(정선읍), **작은어머이**(여량면),
**즈근어머니**(임계면)

　[표] 몡 깸 작은어머니 ㉞ 몡 1. 아버
　지 동생의 아내를 이르는 말. 여럿이
　있을 때는 그 순서에 따라 첫째 작은어
　머니, 둘째 작은어머니, 셋째 작은어
　머니 등과 같이 이름. 2. 서모(庶母)를
　자기 어머니와 구별하여 이르는 말.
　깸 1. 아버지 동생의 아내를 부르는
　말. 여럿이 있을 때는 그 순서에 따라
　첫째 작은어머니, 둘째 작은어머니,
　셋째 작은어머니 등과 같이 부름. 2.
　서모(庶母)를 자기 어머니와 구별하여
　부르는 말.

　㉞ 작은어머이 고향이 갱상도다.

**작은오래비**(정선읍, 여량면, 북평면, 남
면), **즈근오빠**(임계면)

　[표] 몡 작은오빠 ㉞ 둘 이상의 오빠
　가운데 맏이가 아닌 오빠를 이르거나
　부르는 말.

　㉞ 1. 즈근오빤 인기가 많았어. 2. 작
　은오래비가 장개간대.

**작은할멍이**(정선읍, 여량면, 남면), **즈근
할머니**(임계면)

　[표] 몡 깸 작은할머니 ㉞ 몡 아버지
　의 작은어머니를 이르는 말. 깸 아버
　지의 작은어머니를 부르는 말.

　㉞ 1. 아버지는 즈근할머니와 식사를
　하러 가셨다. 2. 작은할멍이는 맨
　날 장에 간다.

**작은할으벙이**(정선읍, 여량면, 남면), **즈근할아버지**(임계면)

　[표] 閔 [㉴] 작은할아버지 ↔ 閔 아버지의 작은아버지를 이르는 말. [㉴] 아버지의 작은아버지를 부르는 말.

　㉝ 이기 작은할으벙이 산소인데 우리가 죽구 나문 우리 집 새끼들이 벌초를 하겠나.

**작은헹수**(정선읍, 여량면, 북평면, 남면), **아지미**(정선읍), **즈근형수**(임계면)

　[표] 閔 작은형수(--兄嫂) ↔ 작은형의 아내를 이르는 말.

　㉝ 즈근형수가 큰형수보다 맘이 더 곱다.

**작패**(여량면), **잭폐**(남면)

　[표] 閔 작폐(作弊) ↔ 폐단을 일으킴.

　㉝ 또 어데 가서 작패를 하고 댕기는지.

**잔갈깡니**(여량면)

　[표] 閔 잔가랑니 ↔ 아주 가늘고 작은 가랑니.

　㉝ 잔갈깡니가 뿌러져부렸다.

**잔금**(정선읍), **잰실금**(남면)

　[표] 閔 잔손금 ↔ 손바닥의 자잘하고 가는 금.

　㉝ 손에 잔금이 많다.

**잔대가리**(정선읍, 여량면, 북평면)

　[표] 閔 잔머리 ↔ 1. '잔꾀'를 속되게 이르는 말. 2. 머리에서 몇 오라기 빠져나온 짧고 가는 머리카락.

　㉝ 잔대가리 그만 굴리고 얼른 일이나 해.

**잔뎅이**(정선읍, 여량면, 남면, 화암면)

　[표] 閔 허리 ↔ 1. 사람이나 동물의 갈빗대 아래에서부터 엉덩이까지의 잘록한 부분. 2. 사물의 가운데 부분.

　㉝ 엎드려 일했더니 잔뎅이가 아프다.

**잔돌멩이**(정선읍, 여량면, 북평면, 남면)

　[표] 閔 잔돌 ↔ 조그마한 돌.

　㉝ 밭에 잔돌멩이가 참 많다.

**잔떼밭**(정선읍, 여량면, 북평면, 남면), **짠디밭**(임계면)

　[표] 閔 잔디밭 ↔ 잔디가 많이 나 있는 곳.

　㉝ 오늘 하루죙일 잔떼밭을 깎다.

**잔벵**(정선읍), **잰병**(여량면, 남면)

　[표] 閔 잔병(-病) ↔ 흔히 앓는 자질구레한 병.

　㉝ 1. 생긴 건 멀쩡한데 잔벵이 많아. 2. 자는 어대서부터 잰병치레가 많았어.

**잔벵치래**(정선읍), **잰병치래**(여량면, 남면)

　[표] 閔 잔병치레(-病--) ↔ 잔병을 자주 앓음. 또는 그런 일.

　㉝ 저 사람 잰병치래를 마이 하네.

**잔뻬**(정선읍), **잰뼈**(여량면, 남면), **잔뻬**(임계면)

　[표] 閔 잔뼈 ↔ 1. 아직 다 자라지 않은 작고 약한 뼈. 2. 가늘고 작은 약한 뼈.

　㉝ 저 친구는 그쪽서 잔뻬가 굵어.

**잔뻬굴따**(정선읍), **자래다**(남면)

　[표] 閔 자라다 ↔ 1. 생물체가 세포의 증식으로 부분적으로 또는 전체적으로 점점 커짐. 2. 생물이 생장하거나 성숙하여짐.

　㉝ 어제보도 오늘 훨씬 더 자랬네.

**잔뿌레기**(정선읍, 여량면, 북평면), **발부리**(정선읍, 남면, 화암면)

　[표] 閔 잔뿌리 ↔ 풀이나 나무 따위

ㅈ

의 굵은 뿌리에서 돋아나는 작은 뿌리. 양분과 수분을 직접 흡수.

예 낭구에 잔뿌레기가 많아서 잘 살 겠다.

**잔솔포데기**(정선읍), **잔솔포겡이**(여량면), **잰솔포기**(남면)

[표] 명 잔솔포기 뜻 어린 소나무의 포기.

예 잔솔포겡이가 아주 실하네.

**잔신부룸**(정선읍, 여량면, 북평면, 남면, 화암면)

[표] 명 잔심부름 뜻 여러 가지 자질 구레한 심부름.

예 잔신부룸을 내가 맡아 놓고 한다.

**잔아부지**(여량면, 화암면), **즈근아버지**(임계면), **작은아부지**(남면)

[표] 명 감 작은아버지 뜻 명 아버지 의 결혼한 남동생을 이르는 말. 여럿 이 있을 때는 그 순서에 따라 첫째 작 은아버지, 둘째 작은아버지, 셋째 작 은아버지 등과 같이 이름. 감 아버지 의 결혼한 남동생을 부르는 말. 여럿 이 있을 때는 그 순서에 따라 첫째 작 은아버지, 둘째 작은아버지, 셋째 작 은아버지 등과 같이 부름.

예 1. 즈근아부지가 은퇴를 했다. 2. 잔아부지가 상세났다.

**잔재주대가리**(여량면), **잰재주**(남면)

[표] 명 잔재주 뜻 1. 얕은 재주. 2. 자질구레한 일을 잘하는 재주.

예 나는 잔재주대가리가 한 개도 읎서.

**잔전**(정선읍, 여량면, 남면, 화암면)

[표] 명 잔돈 뜻 1. 단위가 작은 돈. 2. 얼마 안 되는 돈. 3. 자질구레하게

쓰는 돈.

예 가게빵에 가서 잔전 쫌 바꿔오거라.

**잔종발**(정선읍), **잰시중**(여량면, 남면)

[표] 명 잔시중 뜻 자질구레한 시중.

예 니가 고생이 많다 잔종발하느라.

**잔지침**(정선읍, 여량면, 북평면, 남면, 임계면)

[표] 명 잔기침 뜻 작은 소리로 잇따 라 자주 하는 기침.

예 요새는 왜서 잔지침이 자꾸 난다.

**잔쭈구룸**(정선읍), **잔주룸**(여량면, 남면, 화암면)

[표] 명 잔주름 뜻 잘게 잡힌 주름.

예 나이가 들면서 잔주룸만 늘어간다.

**잔쭈구룸살**(정선읍), **잔주룸살**(여량면, 남면)

[표] 명 잔주름살 뜻 잘게 잡힌 주름살.

예 우리 부모님 잔쭈구룸살 늘어만 가네.

**잔차**(정선읍, 여량면, 남면), **잔채**(임계면)

[표] 명 잔치 뜻 1. 기쁜 일이 있을 때 에 음식을 차려 놓고 여러 사람이 모여 즐기는 일. 2. '결혼식'을 비유적으로 이르는 말.

예 친구 자녀 잔차 보러간다.

**잔찻날**(정선읍, 여량면, 북평면, 남면)

[표] 명 잔칫날 뜻 잔치를 벌이는 날.

예 아랫집처녀 잔찻날 받았네.

**잔쳉이**(정선읍, 여량면, 남면)

[표] 명 잔쳉이 뜻 1. 여럿 가운데 가 장 작고 품이 낮은 것. 2. 지지리 못난 사람을 낮잡아 이르는 말.

예 큰 거는 한 개도 옰고 잔쳉이만 남 았다.

**잔터레기**(정선읍, 여량면, 북평면, 남면)

　[표] 몡 잔털 뜻 매우 가늘고 짧은 털.

　예 1. 잠바에서 잔터레기가 빠져나왔다. 2. 자는 낯짝바리에 잔터레기가 만어.

**잘그**(정선읍)

　[표] 몡 자루 뜻 1. 손으로 다루게 되어 있는 연장이나 기구 따위의 끝에 달린 손잡이. 2. 연장이나 기구 따위의 손잡이처럼 생긴 부분을 이르는 말.

　예 잘그 가지고 오너라.

**잘못짚다**(정선읍, 북평면), **잘모짚다**(여량면), **잘무집다**(남면)

　[표] 동 잘못짚다 뜻 짐작이나 예상을 잘못함.

　예 이번 일은 니가 잘못짚었어.

**잘못하다**(정선읍, 북평면), **잘모하다**(여량면, 남면)

　[표] 동 잘못하다 뜻 1. 틀리거나 그릇되게 함. 2. 적당하지 아니하게 함. 3. 불행하거나 재수가 좋지 아니하게 함.

　예 저 사람 해는 일 잘못하고 있네.

**잠꾸레기**(정선읍, 여량면, 북평면, 남면), **잠귀신**(정선읍)

　[표] 몡 잠꾸러기 뜻 잠이 아주 많은 사람을 낮잡아 이르는 말.

　예 1. 우리 큰 아는 잠만 자는 잠꾸레기다. 2. 아유 잠귀신 흘려서 잠만 자나.

**잠버르젱이**(정선읍, 북평면, 남면), **잠버르장머리**(여량면)

　[표] 몡 잠버릇 뜻 잠잘 때에 하는 버릇이나 짓.

　예 1. 저사람 잠자는데 코고는 잠버르장머리가 있다. 2. 그 영감 잠버르젱이 아주 드르워.

**잠비**(정선읍, 남면)

　[표] 몡 여름비 뜻 여름철에 오는 비.

　예 오늘도 잠비가 오니 졸리네.

**잠자는낭구**(여량면)

　[표] 몡 자귀나무 뜻 콩과의 낙엽 활엽 소교목. 높이는 3~5미터이며 잎은 어긋나고 우상 복엽임. 6~7월에 가지 끝에 연분홍색의 꽃이 피고 열매는 협과(莢果)로 9~10월에 열림. 나무는 가구와 수공 재료로, 나무껍질은 약재로 씀. 한국의 황해도 이남과 일본, 중국, 인도, 이란, 아프리카 등지에 분포함.

　예 산에서 잠자는낭구 보면 가지 몇 개만 주서와라.

**잠지**(정선읍, 남면), **고치**(여량면)

　[표] 몡 자지 뜻 '음경'을 비속하게 이르는 말.

　예 고 녀석 고치가 참 이쁘게 생겼다.

**잠트세**(정선읍, 여량면, 화암면), **잠튀정**(남면)

　[표] 몡 잠투정 뜻 어린아이가 잠을 자려고 할 때나 잠이 깨었을 때 떼를 쓰며 우는 짓.

　예 어린 녀석이 웬 잠트세가 그리 많은지.

**잡거**(여량면, 남면)

　[표] 몡 잡것(雜-) 뜻 1. 순수하지 못하고 여러 가지가 섞여 있는 잡스러운 물건. 2. 점잖지 못하고 잡스러운 사람을 속되게 이르는 말.

　예 오늘 장터에 가보니 온갖 잡거들이 많네.

**잡늠**(정선읍, 여량면), **잡눔**(정선읍, 남면)

[표] 똉 잡놈(雜−) 뜻 1. 행실이 나쁜 남자를 욕하여 이르는 말. 2. 잡스럽고 자질구레한 것을 이르는 말.

예 1. 저 사람 점잔치 않고 나쁜짓만 하는 잡눔이네. 2. 벨 잡늠의 새끼 다 보겠네.

**잡떠나**(정선읍, 화암면), **잡데까**(남면)

[표] 에 −잡디까 뜻 '−자고 합디까' 가 줄어든 말.

예 저 쪽 동네에서 쇠 잡떠나?

**잡아겍히다**(정선읍), **따먹히다**(여량면, 신동읍)

[표] 똥 빼앗기다 뜻 '빼앗다'의 피동사.

예 땅뺏기놀이하다 음청 마이 따먹히다.

**잡어먹다**(정선읍), **따먹다**(여량면, 화암면), **훌치다**(신동읍)

[표] 똥 빼앗다 뜻 1. 남의 것을 억지로 제 것으로 만듦. 2. 남의 일이나 시간, 자격 따위를 억지로 차지함. 3. 합법적으로 남이 가지고 있는 자격이나 권리를 잃게 함.

예 1. 시간 잡어먹지 말고 빨리 일해. 2. 윗집 처녀 시집가기 전에 내가 따먹다.

**잣갈그**(정선읍, 북평면)

[표] 똉 잣가루 뜻 잣을 잘게 다지거나 찧어서 만든 가루. 고명으로 씀.

예 딴 잣은 빻아서 잣갈그 맨들어 놔야지.

**잣꼬셍이**(정선읍, 여량면, 북평면, 남면, 화암면)

[표] 똉 잣송이 뜻 잣나무의 열매 송

이. 그 눈 속마다에 잣이 들어 있음.

예 올해는 잣꼬셍이가 실하게 달렸다.

**잣낭구**(정선읍, 여량면, 남면, 화암면, 임계면)

[표] 똉 잣나무 뜻 소나뭇과의 상록 교목. 높이는 10~30m이고 나무껍질은 잿빛을 띤 갈색이며 얇은 조각이 떨어짐. 잎은 다섯 개씩 뭉쳐나고 바늘 모양임. 암수한그루로 5월에 연두색의 단성화가 피고 열매는 긴 타원형으로 10월에 열리며 씨는 '잣'이라고 하여 식용함. 재목은 건축, 가구재 따위에 쓰고 정원수로 재배함. 한국, 일본, 중국, 시베리아 등지에 분포함.

예 잣낭구에 잣이 마이 매달렸다.

**잣찍개**(정선읍, 남면, 화암면), **잣집개**(여량면)

[표] 똉 잣집게 뜻 잣을 까는 데 쓰는 작은 집게.

예 따온 잣 까는데 잣찍개가 필요하다.

**장개**(정선읍, 여량면, 북평면)

[표] 똉 장가 뜻 사내가 아내를 맞는 일. 한자를 빌려 '丈家'로 적기도 함.

예 니는 안중도 장개 안 갔나.

**장겡이**(정선읍, 화암면), **앞장겡이**(여량면, 남면)

[표] 똉 앞정강이 뜻 '정강이'를 강조하여 이르는 말.

예 넘어지는 바람에 앞장겡이가 홀랑 까졌다.

**장고지**(여량면), **줄창**(정선읍, 여량면, 남면), **만날**(정선읍), **맨날**(정선읍)

[표] 뷔 줄곧 뜻 끊임없이 잇따라.

예 1. 날이면 날마다 술만 줄창 먹어

대니 사람이 배기나. 2. 저 영감탱이는 우리집에 장고지 드나들어.

**장구다**(정선읍, 남면, 임계면), **창구다**(여량면)

[표] 동 잠그다 뜻 1. 여닫는 물건을 열지 못하도록 자물쇠를 채우거나 빗장을 걸거나 함. 2. 물, 가스 따위가 흘러나오지 않도록 차단함. 3. 옷을 입고 단추를 끼움.

예 1. 쇠통으로 장구다. 2. 대문을 자물쇠로 창구다.

**장구뎅이**(정선읍), **짱구뎅이**(여량면)

[표] 명 허방다리 뜻 짐승 따위를 잡기 위하여 땅바닥에 구덩이를 파고 그 위에 약한 너스레를 쳐서 위장한 구덩이.

예 땅바닥에 짱구뎅이 있는 줄 모르고 빠졌다.

**장군**(여량면, 북평면)

[표] 명 의 지경(地境) 뜻 명 1. 나라나 지역 따위의 구간을 가르는 경계. 2. 일정한 테두리 안의 땅. 의 '경우'나 '형편', '정도'의 뜻을 나타내는 말.

예 여개까지가 우리 장군이다.

**장기알**(여량면), **장기쪽**(남면)

[표] 명 장기짝(將棋-) 뜻 장기를 두는 데 말로 쓰는 나뭇조각. 붉은 글자와 푸른 글자 각 16짝씩 32짝이 한 벌.

예 장기알 하나가 없어졌다.

**장꽁**(정선읍, 여량면, 북평면), **쟁끼**(정선읍, 여량면, 남면)

[표] 명 장끼 뜻 꿩의 수컷.

예 장꽁이 풀숲에서 푸드득 날아간다.

**장난꾸레기**(정선읍, 여량면, 북평면, 남면)

[표] 명 장난꾸러기 뜻 장난이 심한

아이. 또는 그런 사람.

예 나는 어릴 때 알아주는 장난꾸레기였다.

**장단찌뚜까리**(정선읍, 여량면), **장딴지뚜껑**(정선읍, 남면)

[표] 명 장독소래기(醬----) 뜻 장독을 덮는, 오지나 질 따위로 만든 뚜껑.

예 비가 올려나보다 장단찌뚜까리 덮어라.

**장닭**(정선읍, 여량면, 북평면, 남면, 화암면)

[표] 명 수탉 뜻 닭의 수컷.

예 그 집 장닭이 시벅에 운다.

**장대**(정선읍, 임계면), **스발장대**(남면)

[표] 명 장신(長身) 뜻 키가 큰 몸.

예 저 사람 키가 스발장대처럼 크네.

**장딴지**(정선읍, 여량면, 남면, 화암면)

[표] 명 종아리 뜻 무릎과 발목 사이의 뒤쪽 근육 부분.

예 장딴지가 실헌 걸 보니 심께나 쓰겠다.

**장똑대**(정선읍), **장뚝대**(여량면, 남면)

[표] 명 장독대(醬-臺) 뜻 장독 따위를 놓아두려고 뜰 안에 좀 높직하게 만들어 놓은 곳.

예 1. 오늘 아침에 장뚝대에 허연 눈이 내렸네. 2. 짱뚝대 뚜껑 잘 덮어라.

**장롱메내**(정선읍, 여량면, 북평면, 남면), **장롱면허**(화암면)

[표] 명 휴면면허(休眠免許) 뜻 운전면허를 딴 후 오랫동안 운전을 하지 아니한 사람의 면허증을 속되게 이르는 말.

예 장롱메내는 있으나 마나.

**장목쉬끼**(정선읍, 여량면, 화암면), **장목**

**쉬시**(남면)

　[표] 🅜 장목수수 🅢 〈식물〉 수수의 하나. 이삭의 줄기가 길며 알이 잘고 껍질이 두꺼움.

　🅮 장목쉬끼 대궁으로 빗짜루 맹근다.

**장물**(정선읍, 여량면, 남면, 북평면, 화암면)

　[표] 🅜 간장(-醬) 🅢 음식의 간을 맞추는 데 쓰는 짠맛이 나는 흑갈색 액체. 메주를 소금물에 30~40일 정도 담가 우려낸 뒤 그 국물을 떠내어 솥에 붓고 달여서 만듦.

　🅮 1. 그 집은 장물 맛이 참 좋더라.
　　2. 장물 담구다.

**장바구미**(정선읍, 여량면, 남면, 화암면)

　[표] 🅜 시장바구니(市場---) 🅢 장 보러 갈 때 들고 가는 바구니.

　🅮 장바구미에 물건이 그득하다.

**장베기**(정선읍), **장배기**(여량면, 남면, 화암면)

　[표] 🅜 정수리(頂--) 🅢 1. 머리 위의 숫구멍이 있는 자리. 2. 사물의 제일 꼭대기 부분을 비유적으로 이르는 말.

　🅮 장배기 쇠똥따댕이도 안 떨어진 놈이 까불어.

**장부통**(정선읍, 북평면), **족자리**(남면)

　[표] 🅜 조자리 🅢 대문 위의 장부.

　🅮 장부통에 제비집이 있네.

**장뻠**(정선읍, 여량면, 남면)

　[표] 🅜 장뼘(長-) 🅢 엄지손가락과 가운뎃손가락을 힘껏 벌린 길이.

　🅮 오늘 구슬치기거리를 장뼘으로 재다.

**장사치기**(정선읍, 여량면, 북평면, 남면)

　[표] 🅜 장사꾼 🅢 장사하는 사람을 낮잡아 이르는 말.

　🅮 5일장터에 나가보니 장사치기가 수굶이 많네.

**장수개미**(정선읍, 화암면), **쌈개미**(여량면), **병정개무**(신동읍)

　[표] 🅜 병정개미(兵丁--) 🅢 〈동물〉 개미나 흰개미 따위의 사회생활을 하는 집단에서 적과 싸우는 임무를 맡은 일개미. 머리가 특별히 크고 양턱이 잘 발달하였으며, 머리 앞쪽에 방어용 분비액의 사출구가 있음.

　🅮 동물의 세계를 보믄 장수개미가 무시무시하데.

**장작개피**(정선읍, 여량면, 북평면, 남면, 화암면), **쟁작개피**(임계면)

　[표] 🅜 장작개비(長斫--) 🅢 1. 쪼갠 장작의 낱개. 2. 은어로, '담배'를 이르는 말.

　🅮 장작개피가 떨어졌으니 낭구하러 산에 가자.

**장작데미**(정선읍, 남면), **장제기데미**(정선읍), **장직가리**(여량면), **쟁작가리**(임계면)

　[표] 🅜 장작가리(長斫--) 🅢 장작을 쌓아 올린 무더기.

　🅮 그 집은 장직가리가 산떼미 같애.

**장제기**(정선읍, 여량면, 남면), **쟁작**(임계면)

　[표] 🅜 장작(長斫) 🅢 통나무를 길쭉하게 잘라서 쪼갠 땔나무.

　🅮 소낭구 장제기를 음청 마이 해 났네.

**장제기불**(여량면)

　[표] 🅜 장작불(長斫-) 🅢 장작으로 피운 불.

　🅮 오늘밤이 추워서 장제기불 피윗네.

**장제기윷**(여량면, 북평면)

[표] 명 장작윷(長斫-) 뜻 길고 굵게 만든 윷.

예 장제기윷이 놀기 좋아.

**장첩**(여량면, 화암면), **문첩**(임계면), **정첩**(남면)

[표] 명 경첩 뜻 〈건설〉 여닫이문을 달 때 한쪽은 문틀에, 다른 한쪽은 문짝에 고정하여 문짝이나 창문을 다는 데 쓰는 철물.

예 읍네 가는 질에 장첩하나 사와라.

**장흥정하다**(정선읍)

[표] 동 장보다 뜻 (사람이) 시장에 가서 물건을 사거나 팜.

예 오늘 5일장에 가서 장흥정했어.

**잦추다**(정선읍, 여량면, 남면)

[표] 동 잦히다 뜻 밥물이 끓으면 불의 세기를 잠깐 줄였다가 다시 조금 세게 해서 물이 잦아지게 함.

예 강에서 고기잡을라고 물을 바짝 잦추다.

**재간뎅이**(정선읍, 여량면, 남면), **재간동이**(여량면)

[표] 명 재간둥이(才幹--) 뜻 여러 가지 재간을 지닌 사람을 귀엽게 이르는 말.

예 그 사람은 머던지 잘하는 걸 보면 재간뎅이야.

**재갈**(정선읍, 남면)

[표] 명 자갈 뜻 1. 강이나 바다의 바닥에서 오랫동안 갈리고 물에 씻겨 반질반질하게 된 잔돌. 2. 자질구레하고 아무렇게나 생긴 돌멩이.

예 자동차가 재갈 밭에 빠졌네.

**재갈논**(정선읍, 여량면, 남면)

[표] 명 자갈논 뜻 자갈이 많아서 농

사짓기에 좋지 않은 논.

예 재갈논에 모 심굴라믄 손꾸락 다 까져.

**재갈돌**(정선읍, 여량면, 북평면, 남면)

[표] 명 자갈돌 뜻 1. 지표나 물 바닥에 쌓인 자갈이 진흙, 모래 따위와 뭉쳐 이루어진 바윗돌. 2. 자질구레하고 아무렇게나 생긴 돌멩이.

예 재갈돌로 공기받기 하세.

**재갈밭**(정선읍, 여량면), **돌장광**(여량면)

[표] 명 자갈밭 뜻 1. 자갈이 많이 깔려 있는 땅. 2. 자갈이 많은 밭.

예 밭이래야 재갈이 울매나 많은지 맨 돌장광이다.

**재갈질**(여량면, 신동읍, 화암면)

[표] 명 돌길 뜻 돌이 많은 길.

예 질바닥이 재갈질이다.

**재갈질**(정선읍, 남면), **자갈질**(여량면, 화암면)

[표] 명 자갈길 뜻 자갈이 깔려 있는 길.

예 맨 자갈질이래서 가기가 나뿌다.

**재네**(정선읍), **즈네**(여량면, 남면), **지까짓**(임계면)

[표] 대 저네 뜻 말하는 이나 듣는 이로부터 멀리 있는 사람들을 가리키는 삼인칭 대명사.

예 즈네끼리 다 먹어치우고 우리는 뭘 먹나.

**재리다**(정선읍, 여량면, 북평면, 남면)

[표] 동 자라다 뜻 힘이나 능력이 일정한 정도에 이르다.

예 그 정도 실력이믄 충분히 재리다.

**재물내**(정선읍, 여량면), **새갓내**(남면)

[표] 명 새물내 뜻 빨래하여 이제 막 입은 옷에서 나는 냄새.

예 니 옷에서 새갓내 난다.

**재미대가리**(정선읍, 여량면, 남면)

[표] 명 재미 뜻 1. 아기자기하게 즐거운 기분이나 느낌. 2. 안부를 묻는 인사말에서, 어떤 일이나 생활의 형편을 이르는 말. 3. 좋은 성과나 보람.

예 우리 집 양반은 일만 하고 재미대가리가 읎서.

**재미때가리**(정선읍), **잔재미대가리**(여량면), **잰재미**(남면)

[표] 명 잔재미 뜻 소소한 재미.

예 1. 사람이 뭐가 잔재미대가리가 있어야 살지. 2. 재미때가리가 없다.

**재색**(여량면, 남면)

[표] 명 회색(灰色) 뜻 재의 빛깔과 같이 흰빛을 띤 검정.

예 쥐색이나 재색이나.

**재수바리**(정선읍, 여량면, 남면), **재수떼기**(정선읍)

[표] 명 재수(財數) 뜻 재물이 생기거나 좋은 일이 있을 운수.

예 오늘은 진짜 재수바리 없는 날이다.

**재수옴붙다**(정선읍, 화암면), **재수바리읎다**(여량면, 남면, 임계면)

[표] 형 재수없다 뜻 1. (사람이) 운수 따위가 순탄하지 못하고 나쁨. 2. (무엇이) 마음에 들지 않고 기분이 나쁨.

예 오늘 해는 일 넘 심들어 재수옴붙었다.

**재약돌**(여량면)

[표] 명 조약돌 뜻 작고 동글동글한 돌.

예 둥근 재약돌로 물수제비를 뜨다.

**재없다**(여량면)

[표] 형 틀림없다 뜻 조금도 어긋나는 일이 없음.

예 그 올무에 걸릴 것이 재없다.

**재재부리하다**(정선읍), **재조하다 · 재롬하다 · 재지부레하다**(여량면), **재재하다**(남면)

[표] 형 자잘하다 뜻 1. 여럿이 다 가늘거나 작음. 2. 여러 가지 물건이나 일, 또는 여러 생각이나 행동 따위가 다 작고 소소함.

예 올해는 감재가 마커 재롬하다.

**재주끈**(정선읍, 북평면), **재주껀**(여량면, 남면, 화암면)

[표] 부 재주껏 뜻 있는 재주를 다하여.

예 누구든지 재주껀 가져가도 돼.

**잰모래**(정선읍, 여량면, 북평면, 남면), **잔모래**(정선읍)

[표] 명 잔모래 뜻 잘고 고운 모래.

예 저 짝엔 잰모래가 많으니 거기루 가자.

**잰별**(정선읍, 여량면, 남면)

[표] 명 잔별 뜻 작은 별.

예 밤하늘에 잰별이 수없이 반짝이네.

**잴달다**(정선읍, 여량면), **간에기별안가다**(정선읍), **잗다다**(남면)

[표] 형 잗달다 뜻 하는 짓이 잘고 인색함.

예 먹고 살만 해면서 남에게 주는 건 넘 잴달다.

**잿가루**(임계면)

[표] 명 기왓장가루 뜻 기와의 낱장에서 나온 가루.

예 잿가루가 끼어 손톱이 지저부레

하다.

**잿테미**(정선읍, 여량면, 남면), **잿떠미**(정선읍)

　[표] 몡 잿간(-間) 뚱 거름으로 쓸 재를 모아 두는 헛간.

　예 내년에 농사 밑거름할 잿떠미가 아주 크네.

**쟁기다**(정선읍, 여량면, 남면)

　[표] 동 잠기다 뚱 '잠그다'의 피동사.

　예 사무실 문이 쟁기다.

**쟁이**(정선읍, 여량면, 북평면), **젱이**(남면)

　[표] 접 -장이 뚱 '그것과 관련된 기술을 가진 사람'의 뜻을 더하는 접미사.

　예 1. 대장건에서 쟁기를 만드는 대장젱이네. 2. 내 칭구는 뺑게쟁이다.

**쟁쟁거리다**(정선읍, 여량면, 북평면, 남면), **깽갱거리다**(정선읍)

　[표] 동 잔소리하다 뚱 1. 쓸데없이 자질구레한 말을 늘어놓음. 2. 필요 이상으로 듣기 싫게 꾸짖거나 참견함.

　예 볼 때마다 쟁쟁거리다.

**저개**(정선읍, 여량면), **저게**(남면)

　[표] 대 저기 뚱 말하는 이나 듣는 이로부터 멀리 있는 곳을 가리키는 지시 대명사.

　예 저개까정 하면 오늘 일은 끝이다.

**저거**(정선읍, 여량면, 북평면, 남면, 화암면)

　[표] 대 저것 뚱 1. 말하는 이나 듣는 이로부터 멀리 있는 사물을 가리키는 지시 대명사. 2. '저 사람'을 낮잡아 이르는 삼인칭 대명사. 3. '저 아이'를 귀엽게 이르는 삼인칭 대명사.

　예 1. 저거 예전에는 우리 땅이 땠어. 2. 저거 쫌 가져와.

**저구리**(정선읍, 여량면, 남면)

　[표] 몡 저고리 뚱 1. 한복 윗옷의 하나. 길, 소매, 섶, 깃, 동정, 고름, 끝동, 회장 따위가 갖추어져 있음. 겹저고리와 핫저고리가 있음. 2. '재킷(jacket)'을 달리 이르는 말.

　예 이왕이면 노란 저구리에 분홍치마.

**저녁지사**(정선읍, 화암면), **드장**(여량면), **입제**(남면)

　[표] 몡 입재(入齋) 뚱 1. 제사 전날에 음식과 행동을 조심하며 재계(齋戒)하는 일. 2. 재(齋)를 시작하는 일. 또는 그 의식.

　예 1. 내일 지사니 꼭 저녁지사 해야 한다. 2. 그 영감 어제 죽었으니 오늘 드장이지.

**저눔**(정선읍, 여량면, 북평면), **지놈**(임계면), **지늠**(남면)

　[표] 대 저놈 뚱 1. 말하는 이나 듣는 이로부터 멀리 있는 남자를 비속하게 이르는 삼인칭 대명사. 2. '저 아이'를 비속하게 이르는 삼인칭 대명사. 3. '저것'을 속되게 이르는 말.

　예 저눔이 이 동네에서 젤 악한 눔이오.

**저대두룩**(정선읍, 남면)

　[표] 円 저다지 뚱 저러한 정도로. 또는 저렇게까지.

　예 저대두룩 나뒀나.

**저드랑내**(정선읍, 여량면, 남면, 화암면)

　[표] 몡 암내 뚱 체질적으로 겨드랑이에서 나는 고약한 냄새.

　예 자는 저드랑내가 마이 나.

**저드랑이땀**(정선읍, 남면, 화암면), **저드렝이땀**(여량면)

[표] 몡 곁땀 ㉮ 겨드랑이에서 나는 땀.
㉲ 저드렝이땀 때문에 옷이 젖는다.

**저따구**(정선읍, 여량면, 남면, 화암면, 임계면), **지따위**(임계면)

[표] 뗴 뙌 저따위 ㉮ 뙴 저러한 부류의 대상을 낮잡아 이르는 지시 대명사. 뙌 (낮잡는 뜻으로) 저러한 부류의.
㉲ 내가 아무리 못나도 저따구 같은 인간은 우습게 안다.

**저래**(정선읍, 남면), **저러**(여량면)

[표] 뿐 저렇게 ㉮ '저러하게'가 줄어든 말.
㉲ 1. 저 사람처럼 저러하면 안돼. 2. 저래면 안되지.

**저래문**(정선읍, 여량면, 북평면)

[표] 저러면 ㉮ 1. '저리하면'이 줄어든 말. 2. '저러하면'이 줄어든 말.
㉲ 저래문 안되는데 왜 자꾸만 그럴까.

**저래하다**(정선읍, 여량면, 남면)

[표] 혱 저러하다 ㉮ '저렇다(성질, 모양, 상태 따위가 저와 같음)'의 본말.
㉲ 저 사람 저래하다 큰일나지.

**저름**(여량면)

[표] 몡 의 점(點) ㉮ 몡 1. 작고 둥글게 찍은 표. 2. 문장 부호로 쓰는 표. 마침표, 쉼표, 가운뎃점 따위를 이름.
의 1. 성적을 나타내는 단위. 2. 그림, 옷 따위를 세는 단위.
㉲ 글 쓰구 나서 꼭 저름 찍어야 한다.

**저릅땡이**(정선읍, 북평면), **말라껭이**(여량면, 신동읍, 화암면)

[표] 몡 말라깽이 ㉮ 몸이 몹시 여윈 사람을 속되게 이르는 말.
㉲ 1. 저릅땡이 같은 친구. 2. 자는

바짝 마른기 저릅땡이 같애.

**저맨치**(정선읍, 여량면), **저망큼**(남면, 임계면)

[표] 뿐 몡 저만큼 ㉮ 뿐 1. 저만한 정도로. 2. 저쯤 떨어진 곳으로. 몡 1. 저만한 정도. 2. 저쯤 떨어진 곳.
㉲ 니는 저맨치 떨어져서 따라와.

**저불뜨리다**(정선읍), **자불띠리다**(여량면), **잡질리다**(임계면), **자불뜨리다**(남면)

[표] 됭 접질리다 ㉮ 1. 심한 충격으로 지나치게 접혀서 삔 지경에 이름. 2. (비유적으로) 기가 꺾임.
㉲ 1. 다리를 저불뜨리다. 2. 언덕을 내려가다 발목을 자불띠리다.

**저승새**(정선읍)

[표] 몡 호랑지빠귀(虎狼---) ㉮ 〈동물〉 딱샛과의 새. 몸의 길이는 30cm 정도이며, 등은 누런 갈색, 배는 누런색이고 아래위 날개에 초승달 모양의 검은 무늬가 있음. 여름새로 한국, 시베리아 동부, 몽골, 일본 홋카이도(北海道) 등지에서 번식하고 아시아 남부, 유럽 등지에서 겨울을 보냄.
㉲ 저 작은 새가 저승새 맞지?

**저우살이**(여량면, 남면, 화암면)

[표] 몡 겨우살이 ㉮ 1. 겨울 동안 먹고 입고 지낼 옷가지나 양식 따위를 통틀어 이르는 말. 2. 겨울을 남.
㉲ 날이 추어지면 저우살이가 걱정이다.

**저울**(여량면, 남면), **게울**(임계면)

[표] 몡 겨울 ㉮ 한 해의 네 철 가운데 넷째 철. 가을과 봄 사이이며, 낮이 짧고 추운 계절로, 달로는 12~2월, 절기(節

334

氣)로는 입동부터 입춘 전까지를 이름.
예 저울 날씨가 추부니 이불을 꼭 덮으고 자라.

**저지난**(정선읍, 북평면, 남면), **지지낸**(여량면), **어제그제날**(임계면)
[표] 관 지지난 뜻 지난번의 바로 그 전
예 지지낸 주에 만났다.

**저지낸달**(정선읍, 남면), **지지낸달**(여량면)
[표] 명 지지난달 뜻 지난달의 바로 전달.
예 저지낸달엔 증말 좋았는데.

**저지낸밤**(정선읍, 남면), **지지낸밤**(여량면), **어제그젓게밤**(임계면)
[표] 명 지지난밤 뜻 그저께의 밤.
예 1. 저지낸밤에 증말 즐거웠지. 2. 지지낸밤 그이와 헤어졌다.

**저지낸번**(정선읍, 남면), **지지낸번**(여량면), **어그제번**(임계면)
[표] 명 지지난번(---番) 뜻 지난번의 바로 전번.
예 저지낸번에 약속했잖아.

**저지낸해**(정선읍), **지지낸해**(여량면, 남면)
[표] 명 지지난해 뜻 지난해의 바로 전 해.
예 저지낸해 큰 풍년이었지.

**저지래치다**(정선읍, 여량면, 남면, 임계면)
[표] 동 저지레하다 뜻 일이나 물건에 문제가 생기게 만들어 그르침.
예 이번에도 또 한 번 저지래치다.

**저짝**(정선읍, 북평면), **고쪼**(여량면), **그쪽**(임계면), **고짝**(남면, 화암면)
[표] 대 고쪽 뜻 1. 듣는 이에게 가까운 곳이나 방향을 가리키는 지시 대명사. '그쪽'보다 가리키는 범위가 좁은

느낌을 줌. 2. 말하는 이와 듣는 이가 이미 알고 있는 곳이나 방향을 가리키는 지시 대명사. '그쪽'보다 가리키는 범위가 좁은 느낌을 줌.
예 1. 고쪼로 쪽 가면 큰길이 나온다.
2. 저짝으로 가라.

**저짝**(정선읍, 여량면, 북평면, 남면, 화암면), **저쪼**(여량면), **지쪽**(임계면)
[표] 대 저쪽 뜻 1. 말하는 이와 듣는 이로부터 멀리 있는 곳이나 방향을 가리키는 지시 대명사. 2. 말하는 이와 듣는 이로부터 멀리 있는 사람 또는 사람들을 가리키는 삼인칭 대명사. 3. 말하는 이와 듣는 이로부터 멀리 있는 사람과 그 사람을 포함한 집단을 가리키는 삼인칭 대명사.
예 저쪼 맨가에 있는 사람 이쪼로 와.

**저짝 · 이짝**(정선읍, 여량면, 남면)
[표] 의 쪽 뜻 1. 방향을 가리키는 말. 2. 서로 갈라지거나 맞서는 것 하나를 가리키는 말.
예 저짝으로 가라 이짝으로 와라.

**저통**(정선읍), **젖텡이**(여량면, 남면)
[표] 명 젖퉁이 뜻 '젖무덤'을 낮잡아 이르는 말.
예 그 여자는 젖텡이가 음청 크다.

**적목**(정선읍, 여량면), **귀신낭구**(남면)
[표] 명 주목(朱木) 뜻 〈식물〉 주목과의 상록 침엽 교목. 높이는 15~20미터이며, 잎은 피침 모양임. 4월에 단성화가 피고, 열매는 핵과(核果)로 9월에 익음. 기구, 조각, 건축재 또는 붉은빛의 염료로 쓰고, 정원수로 재배함. 고산 지대에서 자라는데 한국,

일본, 사할린, 대만, 중국 등지에 분포함.

㉓ 태백산에 마이 서식하는 살아 천년 죽어 천년이라는 귀신낭구.

**적쇠**(정선읍, 여량면, 남면, 화암면), **모태**(여량면, 임계면)

[표] 몡 석쇠 뜻 고기나 굳은 떡 조각 따위를 굽는 기구. 네모지거나 둥근 쇠 테두리에 철사나 구리 선 따위로 잘게 그물처럼 엮어 만듦.

㉓ 1. 고기 모태에다 고등애를 굽는다. 2. 적쇠에 떡도 꼬먹고 누치도 꼬먹고.

**적지**(정선읍, 여량면, 남면), **재조가리**(여량면)

[표] 몡 적 뜻 나무나 돌 따위가 결을 따라 일어나는 조각.

㉓ 이놈의 돌은 자꾸만 재조가리가 일어나서 못 쓰겠다.

**젂다**(정선읍, 여량면, 남면, 화암면)

[표] 통 겪다 뜻 1. 어렵거나 경험될 만한 일을 당하여 치름. 2. 여러 사람을 청하여 음식을 차려 대접함. 3. 사람을 사귀어 지냄.

㉓ 벨느므 일을 다 젂는다.

**전디다**(여량면, 남면, 화암면)

[표] 통 견디다 뜻 1. 사람이나 생물이 일정한 기간 동안 어려운 환경에 굴복하거나 죽지 않고 계속해서 버티면서 살아 나가는 상태가 됨. 2. 물건이 열이나 압력 따위와 같은 외부의 작용을 받으면서도 일정 기간 동안 원래의 상태나 형태를 유지함.

㉓ 아무리 괴롭혀도 끝까지 전딘다.

**전번가실**(정선읍, 북평면), **저번가실**(정선읍), **지낸가실**(정선읍, 남면)

[표] 몡 지난가을 뜻 바로 전에 지나간 가을.

㉓ 전번가실에도 풍년인데 금년가실에도 풍년일세.

**전봇대**(정선읍), **해다리**(여량면, 북평면), **꺽다리**(임계면), **멀대**(임계면), **장다리**(남면)

[표] 몡 키다리 뜻 키가 큰 사람을 놀림조로 이르는 말.

㉓ 키가 해다리 장대처럼 생겼다.

**전붓대**(정선읍, 여량면, 북평면, 남면)

[표] 몡 전봇대(電報-) 뜻 1. 전선이나 통신선을 늘여 매기 위하여 세운 기둥. 2. 키가 큰 사람을 비유적으로 이르는 말.

㉓ 전붓대 우에 연이 걸렸다.

**전상**(남면)

[표] 몡 전생(前生) 뜻 온 생애.

㉓ 전상에 착하게 사는 게 중요해.

**전서방**(정선읍, 여량면, 남면), **전사나**(정선읍, 화암면)

[표] 몡 전남편(前男便) 뜻 이혼이나 재혼을 하였을 때, 전에 혼인했던 남자를 이르는 말.

㉓ 괜히 오해사지말구 전서방 맨내지마.

**전페딱지**(정선읍, 남면), **전페**(여량면)

[표] 몡 전표(傳票) 뜻 은행, 회사, 상점 따위에서 금전의 출납이나 거래 내용 따위를 간단히 적은 쪽지.

㉓ 전페딱지에 기입 잘해.

**절**(정선읍, 정선읍, 북평면), **절가지**(여량면, 남면, 임계면), **절가락**(여량면)

[표] 명 젓가락 뜻 1. 음식을 집어 먹거나, 물건을 집는 데 쓰는 기구. 한 쌍의 가늘고 짤막한 나무나 쇠붙이 따위로 만듦. 2. (수량을 나타내는 말 뒤에 쓰여) 음식을 집어 그 분량을 세는 단위.

예 1. 요새는 낭구 절가지가 많아서 펜하다. 2. 절 쫌 가지고 와라.

**절구다**(정선읍, 여량면, 남면, 화암면), **쩌리다**(임계면)

[표] 동 절이다 뜻 '절다'의 사동사.

예 배차를 소금에 절구다.

**절구방아**(정선읍, 여량면, 남면)

[표] 명 절구 뜻 곡식을 빻거나 찧으며 떡을 치기도 하는 기구. 통나무나 돌, 쇠 따위를 속이 우묵하게 만들어 곡식 따위를 넣고 절굿공이로 빻거나 찧음.

예 그전에는 절구방아에다 깨보셍이를 빠쌌다.

**절까락질**(정선읍), **젓가지**(여량면), **절가질**(여량면, 임계면), **절가락질**(남면, 화암면)

[표] 명 젓가락질 뜻 젓가락으로 음식을 집어 먹거나, 물건 따위를 집는 일.

예 나는 안즉도 절가질이 스툴다.

**절다**(여량면, 남면, 화암면)

[표] 동 엮다 뜻 1. 노끈이나 새끼 따위의 여러 가닥을 얽거나 이리저리 어긋매어 어떤 물건을 만듦. 2. 여러 개의 물건을 끈이나 줄로 어긋매어 묶음. 3. 글이나 이야기 따위를 구성하기 위하여 여러 가지 소재를 일정한 순서와 체계에 맞추어 짬.

예 지역마다 뒷방에서 왕골자리를 절다.

**점**(여량면, 신동읍, 화암면)

[표] 명 마침표(--標) 뜻 〈언어〉 1. 문장 부호의 하나. '.'의 이름임. 서술·명령·청유 따위를 나타내는 문장의 끝에 쓰거나, 아라비아 숫자로 특정한 의미가 있는 날을 표시할 때, 장, 절, 항 등을 표시하는 문자나 숫자 다음에 씀. 2. 문장 부호의 하나. 주로 문장을 끝맺을 때 쓰는 것으로 온점(.), 고리점(。), 물음표(?), 느낌표(!)가 있음.

예 그 처녀는 내가 점찍어 놨어.

**점백이**(정선읍, 여량면, 남면, 화암면)

[표] 명 점박이(點--) 뜻 1. 얼굴이나 몸에 큰 점이 있는 사람이나 짐승. 2. 남에게 손가락질을 받아 어떤 점이 박히다시피 된 사람.

예 그 사람은 태어날 때부터 점백이라 했다.

**점상**(여량면, 남면), **겸상**(화암면)

[표] 명 겸상(兼床) 뜻 둘 또는 그 이상의 사람이 함께 음식을 먹을 수 있도록 차린 상. 또는 그렇게 차려 먹음.

예 아버지와 점상을 마주하다.

**점재이**(정선읍, 여량면, 북평면, 남면)

[표] 명 점쟁이(占--) 뜻 점치는 일을 직업으로 하는 사람.

예 집안의 운세를 점처볼려고 점재이를 찾아보았네.

**접동새**(정선읍, 남면)

[표] 명 소쩍새 뜻 〈동물〉 올빼밋과의 여름새. 등은 어두운 회색이고 온몸에 갈색 줄무늬가 있으며 귓깃을 가졌음. 낮에는 나뭇가지가 무성한 곳에

ㅈ

서 자고 밤에 활동하여 벌레를 잡아먹음. '소쩍소쩍' 또는 '소쩍다 소쩍다' 하고 우는데, 민간에서는 이 울음소리로 그해의 흉년과 풍년을 점치기도 함. 조금 높은 산지의 침엽수림에 사는데 한국, 일본, 아프리카, 동남아시아에 분포함. 천연기념물 제324-6호임.
例 밤에 접동새가 우니 맴이 더 슬프다.

**접바지**(여량면, 남면, 화암면), **접중애**(여량면)
[표] 명 겹바지 뜻 솜을 두지 않고 거죽과 안을 맞추어 겹으로 지은 바지.
例 핵교 다닐 때 접바지 마이 입구 댕겼다.

**접사둔**(정선읍, 여량면, 남면, 북평면), **겹사둔**(화암면)
[표] 명 겹사돈(-査頓) 뜻 이미 사돈 관계에 있는 사람끼리 또 사돈 관계를 맺은 사이. 또는 그런 사람.
例 자고로 접사둔은 좋지 않아.

**접세기**(정선읍, 여량면, 북평면, 남면, 화암면)
[표] 명 접시 뜻 1. 운두가 낮고 납작한 그릇. 반찬이나 과일, 떡 따위를 담는 데 씀. 2. 음식이나 요리를 '1.'에 담아 그 분량을 세는 단위. 3. 접시저울에서 무게를 달 물건을 올려놓는 판.
例 아주머이, 여개 배차 짠지 한 접세기 더 주세요.

**접시감 · 대접감**(임계면)
[표] 명 납작감 뜻 모양이 동글납작한 감.
例 접시감이 더 마싰다.

**접주멍이**(여량면), **귀주머이**(화암면)
[표] 명 귀주머니 뜻 네모지게 지어 아가리께로 절반을 세 골로 접어 아래의 양쪽에 귀가 나오게 만든 주머니.
例 바지 수선할 때 접주멍이도 달아 주세요.

**접치매**(여량면, 남면, 화암면), **접초마**(여량면)
[표] 명 겹치마 뜻 1. 거죽과 안을 맞추어 지은 치마. 2. 폭을 넓게 하여 겹쳐 입을 수 있게 지은 치마.
例 접초마 입으면 걸어댕기기가 편했다.

**접치키다**(정선읍, 여량면, 남면)
[표] 동 접히다 뜻 '접다'의 피동사.
例 볼 차다 다리가 접치키다.

**젓가심패기**(정선읍), **젖가슴패기**(여량면), **젖가심**(남면, 임계면)
[표] 명 젖가슴 뜻 젖이 있는 가슴 부위.
例 젖가슴패기가 도도룸 하게 나왔다.

**정구지짐치**(정선읍, 화암면), **분추짐치**(여량면, 신동읍, 임계면)
[표] 명 부추김치 뜻 부추 잎을 끓는 물에 살짝 데쳐서 숨을 죽이거나 소금에 절였다가 담근 김치.
例 분추짐치가 매콤하다.

**정신줄**(정선읍, 여량면), **등신**(임계면)
[표] 명 정신(精神) 뜻 1. 육체나 물질에 대립되는 영혼이나 마음. 2. 사물을 느끼고 생각하며 판단하는 능력. 또는 그런 작용. 3. 마음의 자세나 태도.
例 저 사람은 정신줄이 마시 갔다.

**정지**(정선읍, 여량면, 북평면, 화암면), **벅**(정선읍, 화암면), **버강지**(신동읍)
[표] 명 부엌 뜻 일정한 시설을 갖추

어 놓고 음식을 만들고 설거지를 하는 등 식사에 관련된 일을 하는 곳.
[예] 야 거 정지에 가서 불 쫌 때라.

**정지문**(정선읍, 임계면, 화암면), **벅문**(정선읍, 화암면), **정지대문**(여량면, 신동읍)
[표] [명] 부엌문(--門) [뜻] 부엌으로 출입하는 문.
[예] 정지대문에 낙서하지 말 것.

**정지바닥**(정선읍, 여량면, 북평면, 신동읍, 화암면)
[표] [명] 부엌바닥 [뜻] 부엌 안의 바닥.
[예] 1. 정지바닥을 쓸다. 2. 정지바닥에 자빠저서 머하나.

**젖띠기**(정선읍, 여량면, 남면, 화암면)
[표] [명] 젖떼기 [뜻] 1. 젖을 뗄 때가 되게 자란 어린아이나 어린 짐승. 2. 아이의 젖을 떼는 방법.
[예] 우리 언나 이제 밥을 먹을 줄 아니 젖띠기 해도 되겠네.

**젖멕이**(정선읍, 여량면, 남면, 임계면)
[표] [명] 젖먹이 [뜻] 젖을 먹는 어린아이.
[예] 젖멕이 언나를 해업고 장에 나간다.

**젖몽구리**(정선읍, 여량면), **젖몽올**(남면)
[표] [명] 젖멍울 [뜻] 젖이 제대로 분비되지 않아 생기는 멍울.
[예] 우리 이쁘니 가슴에 젖몽구리가 생겼네.

**젖쇠**(여량면), **얼룩쇠**(남면)
[표] [명] 젖소 [뜻] 젖을 짜기 위하여 기르는 소. 홀스타인, 에어셔, 저지 따위의 품종이 있음.
[예] 젖쇠서 우유 나온다.

**젖탈밑**(정선읍, 남면, 화암면), **저드렝이**(여량면), **저드랑이**(임계면), **겨드랭이**(임계면)
[표] [명] 겨드랑이 [뜻] 1. 양편 팔 밑의 오목한 곳. 2. 겨드랑이에 닿는 옷의 부분을 이르는 말.
[예] 1. 긴장하면 저드렝이에서 땀이 난다. 2. 저드랑이가 간지럽다.

**젖터레기**(여량면, 북평면, 남면)
[표] [명] 젖털 [뜻] 남자의 젖꽃판 둘레에 난 털.
[예] 그 놈은 가슴에 젖터레기가 마이 났어.

**젙뿌레기**(정선읍, 여량면, 남면, 화암면)
[표] [명] 곁뿌리 [뜻] 〈식물〉 고등 식물의 원뿌리에서 갈라져 나간 작은 뿌리.
[예] 금방 밭에서 딴 파는 젙뿌레기가 마이 달렸다.

**제**(정선읍, 여량면, 북평면, 남면), **지**(임계면)
[표] [대] 저 [뜻] 1. 말하는 이가 윗사람이나 그다지 가깝지 아니한 사람을 상대하여 자기를 낮추어 가리키는 일인칭 대명사. 주격 조사 '가'나 보격 조사 '가'가 붙으면 '제'가 됨. 2. 앞에서 이미 말하였거나 나온 바 있는 사람을 도로 가리키는 삼인칭 대명사. '자기(自己)'보다 낮잡는 느낌을 줌. 주격 조사 '가'나 보격 조사 '가'가 붙으면 '제'가 됨.
[예] 1. 그 심든 일 지가 도와드리겠습니다. 2. 이번에도 제가 잘못했어요.

**제가진**(정선읍, 북평면), **지가진**(정선읍), **지까짓**(여량면, 남면)
[표] [관] 제까짓 [뜻] (낮잡는 뜻으로) 겨우 저따위 정도의.
[예] 지까짓게 뭘 안다고 난리야.

**제가짓**(정선읍), **저까진**(여량면, 남면)

[표] 팬 저까짓 뜻 겨우 저만한 정도의.
예 저까진 거는 열이 와도 겁이 안나.

**제꺼덕**(여량면, 신동읍)

[표] 팀 데꺽 뜻 일 따위를 자꾸 서슴지 않고 하거나 쉽게 하는 모양.
예 시키면 제꺼덕 해치운다.

**제리다**(정선읍, 여량면, 남면), **찌리다**(화암면)

[표] 동 지리다 뜻 똥이나 오줌을 참지 못하고 조금 쌈.
예 오줌을 제리다.

**제리다**(정선읍, 여량면, 북평면, 남면, 화암면), **재리다**(정선읍)

[표] 형 동 저리다 뜻 형 1. 뼈마디나 몸의 일부가 오래 눌려서 피가 잘 통하지 못하여 감각이 둔하고 아림. 2. 뼈마디나 몸의 일부가 쑥쑥 쑤시듯이 아픔. 동 1. 뼈마디나 몸의 일부가 오래 눌려서 피가 잘 통하지 못함. 2. 뼈마디나 몸의 일부가 쑥쑥 쑤심.
예 1. 요새는 팔다리가 자꾸 제리다. 2. 아이고 다리가 재리다.

**제리제리하다**(정선읍, 여량면, 남면, 화암면)

[표] 형 저릿저릿하다 뜻 1. 매우 또는 자꾸 저린 듯함. 2. 심리적 자극을 받아 마음이 순간적으로 매우 흥분되고 떨리는 듯함.
예 비가 올라나 허리가 제리제리하다.

**제리하다**(정선읍, 남면), **지리리하다**(여량면)

[표] 동 짓하다 뜻 '행동하다'를 낮잡는 뜻으로 이르는 말.

예 손이 지리리하다.

**제만큼**(정선읍), **저마둥**(여량면), **저마두**(남면), **지마다**(임계면)

[표] 팀 명 저마다 뜻 팀 각각의 사람이나 사물마다. 명 각각의 사람이나 사물.
예 1. 제만큼 알아서 해. 2. 저마둥 잘났다고 난리를 치니 으트게 하나.

**제물땜빵**(여량면, 북평면)

[표] 명 제물땜 뜻 깨어진 쇠붙이 그릇에 덧조각을 대지 않고 같은 쇠붙이를 녹여서 붙이는 땜.
예 이근 여개 맞는 쇠꼽으루 제물땜빵해야 되는 기야.

**제방뚝**(임계면)

[표] 명 방죽 뜻 1. 물이 밀려들어 오는 것을 막기 위하여 쌓은 둑. 2. 파거나, 둑으로 둘러막은 못. 3. [방언] '웅덩이(움푹 파여 물이 괴어 있는 곳)'의 방언(강원, 전북, 충청).
예 비가 음청 마이 와서 제방뚝이 무너졌다.

**제비공데기**(정선읍), **제비꽁뎅이**(여량면), **제비꽁지**(남면)

[표] 명 제비초리 뜻 뒤통수나 앞이마의 한가운데에 골을 따라 아래로 뾰족하게 내민 머리털.
예 가는 제비꽁뎅이가 있다.

**제와제와**(정선읍, 여량면, 남면, 북평면, 화암면)

[표] 팀 겨우겨우 뜻 정도가 지나친 데가 있을 정도로 어렵게 힘들여.
예 아이가 우는 걸 제와제와 재웠다.

**제작간**(정선읍, 남면)

[표] 똉 제재소(製材所) 뜻 베어 낸 나무로 재목을 만드는 곳.

예 집수리 하려고 제작간에 가서 송판을 사오다.

**제적잖다**(정선읍, 여량면, 남면)

[표] 휑 잦다 뜻 1. 여러 차례로 거듭되는 간격이 매우 짧음. 2. 잇따라 자주 있음.

예 우리 가게에 오는 회수가 제적잖다.

**제적잖다**(정선읍, 여량면, 북평면), **즉잖다**(남면)

[표] 휑 적잖다 뜻 1. 적은 수나 양이 아님. 2. 소홀히 여기거나 대수롭지 않게 여길 수 없음.

예 사람이 제적잖게 놀지 말고 점잖아봐.

**제절루**(정선읍, 여량면, 남면)

[표] 뮈 저절로 뜻 다른 힘을 빌리지 아니하고 제 스스로. 또는 인공의 힘을 더하지 아니하고 자연적으로.

예 나도 모르게 제절루 따라가게 되었다.

**제지름**(여량면, 북평면), **둥게기름**(임계면), **겨지름**(화암면)

[표] 똉 겨기름 뜻 쌀겨에서 짜낸 기름. 공업용, 식용, 약용으로 씀.

예 방앗간에 가서 제지름 쫌 짜와라.

**젠노리**(정선읍, **여량면**, 화암면), **전노리**(여량면)

[표] 똉 곁두리 뜻 농사꾼이나 일꾼들이 끼니 외에 참참이 먹는 음식.

예 오늘은 젠노리를 못 먹었더니 배가 고퍼서 억지로 참았네.

**젤**(여량면, 북평면, 신동읍, 화암면)

[표] 젭 맨 뜻 '다른 것이 없는'의 뜻을 더하는 접두사.

예 여서 젤 좋은 걸로 가져가시오.

**젯불**(남면), **제불**(화암면)

[표] 똉 겻불 뜻 겨를 태우는 불. 불기운이 미미함.

예 젯불은 불이 쎄지 않지만 오래 타지.

**젯체지다**(정선읍, 북평면), **젖게지다**(여량면), **제켜지다**(임계면), **젯헤지다**(남면)

[표] 똉 젖혀지다 뜻 1. 뒤로 기울어짐. 2. 안쪽이 겉으로 드러남.

예 박아 놓은 말뚝이 옆으로 젖게지다.

**젯히다**(정선읍, 여량면, 남면), **제키다**(임계면)

[표] 똉 젖히다 뜻 1. '젖다'의 사동사. 2. 안쪽이 겉으로 나오게 함.

예 고개를 제키다.

**조가불기다**(여량면), **새려대다**(임계면), **조갈기다**(남면), **조때리다**(화암면)

[표] 똉 갈기다 뜻 1. 힘차게 때리거나 침. 2. 날카로운 연장으로 곁가지나 줄기 따위를 단번에 베어 떨어뜨림. 3. 글씨를 아무렇게나 급하게 마구 씀.

예 성질이 나서 한방 조가불기다.

**조갈낭구**(정선읍, 북평면)

[표] 똉 쥐똥나무 뜻 〈식물〉 물푸레나뭇과의 낙엽 활엽 관목. 높이는 2미터 정도이며, 잎은 마주나고 긴 타원형임. 5~6월에 흰색 꽃이 복총상(複總狀) 화서로 피고 열매는 핵과(核果)로 10월에 검게 익음. 나무껍질은 약용 또는 공업용으로 쓰임. 산과 들, 골짜기에서 자라는데 한국, 일본, 중국 남부 등지에 분포함.

예 산골짜구에 조갈낭구가 마이 있다.

**조갑지**(정선읍, 남면), **조개껍데기**(여량면), **조개껍지**(임계면)

[표] 명 조가비 뜻 조개의 껍데기.

예 바닷가에 가서 크고 작은 조갑지를 주어왔네.

**조갑지나물**(정선읍, 북평면), **조개나물**(여량면)

[표] 명 콩제비꽃 뜻 〈식물〉 제비꽃과의 여러해살이풀. 높이는 5~20cm이며 잎은 어긋나고 콩팥 모양인데 턱잎이 있음. 4~5월에 잎겨드랑이에서 긴 꽃줄기가 나와 자주색 줄이 있는 희고 작은 꽃이 피고 열매는 삭과(蒴果)를 맺음. 어린잎은 식용함. 들에서 자라는데 한국, 일본, 중국 등지에 분포함.

예 어린 조갑지나물로 한 끼 잘 때웠다.

**조갑지무지**(정선읍, 북평면)

[표] 명 조개더미 뜻 〈고적〉 원시인이 먹고 버린 조개껍데기가 쌓여 이루어진 무더기. 주로 석기 시대의 것으로 바닷가나 호반 근처에 널리 분포하며, 그 속에 토기나 석기·뼈 따위의 유물이 있어 고고학상의 귀중한 연구 자료가 됨.

예 바닷가에 가보니 굴 조갑지무지가 있더라.

**조곳**(정선읍), **조고**(여량면, 남면, 화암면)

[표] 대 조것 뜻 '저것'을 낮잡아 이르거나 귀엽게 이르는 말.

예 1. 조고 쫌 봐라 해는 짓이 귀엽다.
2. 조곳 쫌 봐라.

**조근조근**(여량면), **조군조군**(남면)

[표] 부 조곤조곤 뜻 성질이나 태도가 조금 은근하고 끈덕진 모양.

예 친구에게 조근조근 설명을 해줬다.

**조까지**(정선읍, 여량면, 남면)

[표] 관 조까짓 뜻 겨우 조만한 정도의.

예 그 동네는 조까지만 하다.

**조눔**(정선읍, 남면), **조늠**(여량면)

[표] 명 조놈 뜻 '저놈'을 낮잡아 이르거나 귀엽게 이르는 말.

예 조늠이 맨날 속을 썩이든 늠이다.

**조듣다**(여량면, 남면, 화암면), **줏어듣다**(정선읍, 여량면)

[표] 동 주워듣다 뜻 귓결에 한마디씩 얻어들음.

예 어데서 조듣고 그런 말을 함부로 하나.

**조떼기**(정선읍, 남면), **조때기**(여량면, 화암면)

[표] 명 종잇장 (--張) 뜻 1. 종이의 낱장. 2. 핏기가 없이 창백한 얼굴빛을 비유적으로 이르는 말.

예 그까짓 조때기 요새는 값도 음써.

**조떼기**(정선읍, 남면), **종우떼기**(정선읍), **조**(여량면)

[표] 명 종이 뜻 식물성 섬유를 원료로 하여 만든 얇은 물건. 주로 글을 쓰거나 그림을 그리거나 인쇄를 하는 데 쓰임.

예 글씨 쓸려고 문방구서 종우떼기 사오다.

**조만때**(정선읍, 남면)

[표] 명 조맘때 뜻 조만큼 된 때.

예 오늘 간식은 10시 조만때 먹자.

**조망쿰**(정선읍, 남면), **조만치**(정선읍), **조망큼**(여량면), **조맨치**(정선읍, 여량면)

[표] 閉 조만큼 圏 조그만 정도로.

例 조망큼만 더 가면 산 말랑이다.

**조물딱거리다**(정선읍, 여량면), **쪼물락거리다**(정선읍, 남면, 화암면, 임계면)

[표] 閉 조물락거리다 圏 '조몰락거리다'의 잘못.

例 그게 맘에 드는지 자꾸만 조물딱거린다.

**조밥낭구**(정선읍, 남면), **조팝낭구**(여량면)

[표] 閉 조팝나무 圏 〈식물〉 장미과의 낙엽 활엽 교목. 높이는 1.5~2미터이며 잎은 어긋나고 타원형으로 가장자리에 잔톱니가 있으며, 줄기는 밤색으로 능선이 있고 윤기가 남. 4~5월에 흰 꽃이 산형(繖形) 화서로 피고 열매는 골돌과임. 뿌리와 줄기는 약용하고 어린잎은 식용함. 한국, 중국, 대만 등지에 분포함.

例 조팝낭구 열매는 함부로 먹으면 안돼.

**조선장물**(정선읍, 여량면, 남면), **조선지렁**(정선읍)

[표] 閉 조선간장(朝鮮-醬) 圏 우리나라에서 전통적인 방법으로 만든 간장. 흔히 우리의 재래식 간장을, 공장에서 대량으로 만든 일본식 간장에 상대하여 이르는 말.

例 간장은 우리 할머이가 맹근게 조선장물이 최고야.

**조이**(정선읍, 여량면, 북평면, 남면)

[표] 閉 조 圏 〈식물〉 볏과의 한해살이풀. 줄기는 높이가 1~1.5m이며, 잎은 어긋나고 좁고 길음. 9월에 줄기 끝에 이삭이 나와 원통 모양의 가는 꽃이 피고 열매는 노란색의 작은 구형(球形)임. 오곡의 하나로 밥을 짓기도 하고 떡, 과자, 엿, 술 따위의 원료로 쓰임. 동아시아가 원산지로 유럽, 아시아 각지에 분포함.

例 가실 달밤 조이밭에 부는 바람소리.

**조이쌀**(정선읍, 여량면, 남면), **스삭**(정선읍)

[표] 閉 좁쌀 圏 1. 조의 열매를 찧은 쌀. 2. 작고 좀스러운 사람이나 물건을 비유적으로 이르는 말.

例 우리 성은 맘이 조이쌀이야.

**조이인절미**(정선읍, 여량면), **차조이떡**(정선읍, 남면)

[표] 閉 조차떡 圏 차조의 가루로 만든 떡.

例 울 할머이는 차조로 만든 차조이떡을 좋아하신다.

**조자리나다**(정선읍, 북평면), **작살나다**(여량면), **절딴나다**(남면, 임계면, 화암면)

[표] 閉 결딴나다 圏 1. 어떤 일이나 물건 따위가 아주 망가져서 도무지 손을 쓸 수 없는 상태가 됨. 2. 살림이 망하여 거딜 남.

例 오늘 내 손에 작살난다.

**조잡떨다**(임계면), **주럽뜰다**(남면), **추접떨다**(화암면)

[표] 閉 주접떨다 圏 매매 따위에서 중간에 흥정을 붙여 줌.

例 중간에서 조잡떨었더니 돈이 쫌 생겼다.

**조준구멍**(여량면), **조준구녕**(남면, 화암면)

[표] 閉 가늠구멍 圏 사수의 눈 가까이에 있는 소총의 사격 조준 장치. 가늠쇠와 함께 목표물을 조준하는 데 씀.

예 조준구녕을 견줘라.

**조지다**(정선읍, 여량면, 남면, 임계면), **조패다**(임계면), **조짜다**(화암면)
[표] 통 조기다 뜻 마구 두들기거나 팸.
예 인정사정 볼 거 읎이 들고 조지다.

**조지다**(정선읍, 여량면, 북평면, 남면, 화암면)
[표] 관형구 엉망되다 뜻 일이나 물건이 헝클어지고 뒤섞여 갈피를 잡을 수 없을 만큼 어수선하거나 결딴난 상태를 말함.
예 잘 할려고 해다가 싹 조지다.

**조지다**(정선읍, 여량면, 신동읍)
[표] 통 망치다 뜻 1. 집안, 나라 따위를 망하게 함. 2. 잘못하여 그르치거나 아주 못 쓰게 만듦.
예 그 사람 잘나가다가 사기에 걸려 한방에 조졌다.

**조쪼가리**(남면)
[표] 명 종이호랑이(--虎狼-) 뜻 1. 나무틀이나 대오리를 결어 만든 틀에 종이를 여러 겹 발라 만든 호랑이의 형상. 2. 종이로 만든 호랑이라는 뜻으로, 겉보기에는 힘이 셀 것 같으나 사실은 아주 약한 것을 이르는 말.
예 마을 무당집에 가믄 조쪼가리가 있었다.

**조쪼가리**(정선읍, 여량면, 남면)
[표] 명 종잇조각 뜻 종이의 작은 조각.
예 전에는 봉초담배를 조쪼가리로 말아 피웠다.

**조치우다**(정선읍, 여량면, 남면)
[표] 통 치우다 뜻 1. 물건을 다른 데로 옮김. 2. 청소하거나 정리함.

예 아들이 넘 어질구니 조치우는 것도 심들다.

**조캐딸**(정선읍, 남면), **조카딸래미**(정선읍), **조캐딸래미**(여량면)
[표] 명 조카딸 뜻 형제자매의 딸.
예 조캐딸래미가 벌써 시집을 간다니 세월이 참 빠르다.

**조캐메누리**(정선읍, 남면), **조카메누리**(여량면)
[표] 명 조카며느리 뜻 조카의 아내를 이르는 말.
예 조캐메누리야 시어머이에게 잘 해줘라. 그래야 복받는다.

**조캐싸우**(정선읍, 남면), **조카싸우**(여량면)
[표] 명 조카사위 뜻 조카딸의 남편을 이르는 말.
예 내 조캐싸우라서 그런 게 아니라 참 좋은 사람이야.

**조캐자슥**(정선읍), **조캐새끼**(정선읍), **조카자슥**(여량면), **조캐자석**(남면)
[표] 명 조카자식(--子息) 뜻 1. 조카와 조카딸을 통틀어 이르는 말. 2. 다른 사람에게 자기 조카를 낮추어 이르는 말.
예 큰집 조캐자슥들은 핸결같이 공부를 잘한다.

**조패다**(정선읍, 여량면, 북평면, 남면, 임계면), **조쌔레패다**(여량면), **조지다**(임계면)
[표] 통 패다 뜻 사정없이 마구 때림.
예 옛날 담임선생님은 잘못하면 인정사정 볼 거 없이 조쌔레패서 무서웠어.

**졸락**(정선읍, 여량면), **폭**(정선읍), **줄럭**(여량면)

[표] 🔤 흠뻑 🔅 1. 분량이 차고도 남
도록 아주 넉넉하게. 2. 물이 쭉 내배
도록 몹시 젖은 모양.
예 갑자기 소나기가 와서 옷이 폭 젖
어 생쥐같이 되었다.
**졸루루**(정선읍), **조리루**(여량면, 남면), **저
리로**(화암면)
[표] 🔤 조리로 🔅 '조리'를 강조하여
이르는 말.
예 아까 개똥이 아버지가 조리루 가
던데요.
**좀도둑**(정선읍, 남면), **좁쌀도독**(여량면)
[표] 🄼 좀도둑 🔅 자질구레한 물건을
훔치는 도둑.
예 옛날에는 못살으니 강냉이통을
훔쳐가는 좁쌀도둑이 많았다.
**좀해서**(정선읍, 여량면), **좀체**(정선읍, 임
계면), **생전**(여량면, 남면)
[표] 🔤 좀처럼 🔅 여간하여서는.
예 자가 미쳤나 생전 안하든 짓을 해
고 지랄이여.
**좁쌀**(정선읍, 여량면, 북평면), **쪼다**(정선
읍), **좀펭이**(남면)
[표] 🄼 좀팽이 🔅 1. 몸피가 작고 좀
스러운 사람을 낮잡아 이르는 말. 2.
자질구레하여 보잘것없는 물건.
예 에라 좁쌀 같은 늠. 맨날 언어처먹
기만 하나?
**좁쌀영껭이**(정선읍, 여량면)
[표] 🄼 좁쌀여우 🔅 성격이 좀스럽고
요변을 잘 부리는 아이를 비유적으로
이르는 말.
예 저 계집은 딱 좁쌀영껭이다.
**종갱이**(정선읍), **장겡이**(여량면, 남면)

[표] 🄼 정강이 🔅 무릎 아래에서 앞
뼈가 있는 부분.
예 장겡이가 뼈만 앙크런기 먼 심을
쓰겠나.
**종갱이뼈**(정선읍, 화암면), **장겡이뼈**(여
량면, 남면)
[표] 🄼 정강이뼈 🔅 종아리 안쪽에
있는 뼈.
예 화가 나서 워카발로 쫄병 종갱이
뼈를 걷어찼더니 폭 꼬꾸라 지더
구만.
**종눔**(정선읍), **사나종**(여량면), **종놈**(신동읍)
[표] 🄼 사내종 🔅 종살이를 하는 남자.
예 옛날에 남의 집 종눔으로 살던 사
람은 거지 같았어.
**종다리**(정선읍, 여량면, 북평면, 남면), **쫑
다리**(정선읍)
[표] 🄼 장다리 🔅 무, 배추 따위의 꽃
줄기.
예 무꾸나 배차는 쫑다리가 올라오
면 못써.
**종다리끼**(정선읍, 북평면), **종다레끼**(여
량면, 남면, 화암면)
[표] 🄼 종다래끼 🔅 작은 바구니. 다
래끼보다 작으며 양쪽에 끈을 달아 허
리에 차거나 멜빵을 달아 어깨에 메기
도 함.
예 종다레끼에 콩 씨를 담아서 밭으
로 간다.
**종다리무꾸**(정선읍), **장다리무꾸**(여량면,
남면)
[표] 🄼 장다리무 🔅 씨를 받기 위하
여, 장다리꽃이 피게 가꾼 무.
예 봄 일찍히 종다리무꾸를 심어 씨

를 받는다.

**종자**(정선읍, 여량면, 북평면, 화암면), **종재**(남면)

[표] 몡 씨 ㉦ 1. 식물의 열매 쏙에 있는, 장차 싹이 터서 새로운 개체가 될 단단한 물질. 2. 새로운 동물을 낳아 번식시키는 근원이 되는 것. 3. 앞으로 커질 수 있는 근원을 비유적으로 이르는 말.

㉠ 사업을 해재면 종재 돈이 있어야지.

**좆대가리**(정선읍, 여량면, 남면, 화암면)

[표] 몡 귀두(龜頭) ㉦ 1. 〈고적〉 거북 모양으로 만든 비석(碑石)의 받침돌. 2. 〈의학〉 남자 생식 기관인 음경 끝의 커진 부분.

㉠ 좆대가리 함부로 해다간 큰 코 다친다.

**좆물**(여량면, 북평면, 남면)

[표] 몡 정액(精液) ㉦ 1. 순수한 진액으로 된 액체. 2. 수컷의 생식관에서 방출되는 액체.

㉠ 좆물 아무데나 흘리고 댕기지마라.

**좆벵**(남면)

[표] 몡 성병(性病) ㉦ 〈의학〉 주로 불결한 성행위(性行爲)에 의하여 전염되는 병. 매독, 임질, 무른궤양, 클라미디아(chlamydia) 따위가 있음.

㉠ 넘 여자들 좋아하지마, 잘못허다 좆벵걸릴 수 있어.

**죄기**(정선읍, 여량면, 남면)

[표] 몡 쾌기 ㉦ 데친 나물이나 반죽한 가루를 둥글넓적하고 조그마하게 만든 덩이.

㉠ 나물 한 죄기 가져와라. 나물 한재

기 짜오너라.

**죄미**(정선읍, 여량면, 남면)

[표] 몡 좀 ㉦ 1. 〈동물〉 좀목의 빈대좀, 나무좀, 서양좀, 작은좀, 돌벼룩좀, 수시렁좀 따위를 통틀어 이르는 말. 2. 〈동물〉 좀과의 곤충. 몸의 길이는 11~13mm이며, 흑갈색인데 비늘로 덮여 있음. 가슴은 크고 머리에 3~4개의 강모가 나 있음. 날개는 퇴화하여 없고 촉각과 꼬리는 각각 한 쌍이 있으며 꼬리 중앙에 긴 강모가 하나 있음. 의류와 종이의 해충이며 우리나라에만 분포함. 3. 사물을 눈에 띄지 않게 조금씩 해치는 사람이나 물건을 비유적으로 이르는 말.

㉠ 아껴뒀던 명주옷이 죄미가 다 먹었네.

**죄우키다**(정선읍, 여량면, 북평면, 임계면), **제우키다**(정선읍, 남면)

[표] 됭 죄이다 ㉦ '죄다'의 피동사.

㉠ 낭구단이 끈으로 댄댄이 죄우키다.

**죄이다**(정선읍, 북평면), **제우다**(여량면), **쪼이다**(임계면), **죄우다**(남면)

[표] 됭 조이다 ㉦ 1. 느슨하거나 헐거운 것이 단단하거나 팽팽하게 됨. 또는 그렇게 되게 함. 2. 차지하고 있는 자리나 공간이 좁아짐. 또는 그렇게 되게 함. 3. 마음이 긴장됨. 또는 그렇게 되게 함.

㉠ 느슨해진 나사를 바싹 제우다.

**죈**(정선읍, 여량면), **쥄**(정선읍, 남면, 임계면)

[표] 몡 주인(主人) ㉦ 1. 대상이나 물건 따위를 소유한 사람. '임자'로 순화. 2. 집안이나 단체 따위를 책임감을 가

지고 이끌어 가는 사람. 3. '남편'을 간접적으로 이르는 말.

⑩ 이집 죈이 누구요.

**죈댁**(정선읍, 여량면), **줸댁**(정선읍, 남면, 임계면)

　[표] 몡 주인댁(主人宅) 뜻 1. '주인집(주인이 살고 있는 집)'의 높임말. 2. 안주인(집안의 여자 주인).

　⑩ 그 집에 갔더니 죈댁내가 얼매나 지랄하는지.

**죈으런**(정선읍, 여량면, 북평면), **줸으런**(정선읍, 남면)

　[표] 몡 주인어른(主人--) 뜻 '주인'의 높임말.

　⑩ 줸으런은 몇 년 전에 퇴직을 했다.

**주벅상**(남면)

　[표] 몡 주걱상(--相) 뜻 주걱처럼 넓적하고 우묵하게 생긴 얼굴.

　⑩ 저 사람 얼굴이 주걱상이네.

**주뎅이**(여량면, 남면), **아가리**(정선읍, 여량면), **아갈통**(여량면), **아구통**(임계면)

　[표] 몡 입 뜻 입술에서 후두(喉頭)까지의 부분. 음식이나 먹이를 섭취하며, 소리를 내는 기관.

　⑩ 야 이새끼야 아갈통 잘못 놀리면 죽는 줄 알어.

**주뎅이**(정선읍, 화암면), **주댕이**(여량면, 신동읍, 임계면)

　[표] 몡 부리 뜻 1. 새나 일부 짐승의 주둥이. 길고 뾰족하며 보통 뿔의 재질과 같은 딱딱한 물질로 되어 있음. 2. 어떤 물건의 끝이 뾰족한 부분. 3. 병과 같이 속이 비고 한끝이 막혀 있는 물건에서 가느다라며 터진 다른 한끝

부분을 이르는 말.

　⑩ 새들은 주뎅이가 중요해.

**주뎅이조심**(정선읍, 여량면, 북평면, 임계면), **쥐뎅이조심**(정선읍), **아가리조심**(여량면, 남면), **주둥아리조심**(임계면)

　[표] 몡 입조심(-操心) 뜻 소문이 나거나, 일이 잘못되지 아니하게 입을 조심하는 일.

　⑩ 어데 가서 함부로 나발거리지 말고 주뎅이조심해.

**주래**(정선읍)

　[표] 몡 주리 뜻 〈역사〉 죄인의 두 다리를 한데 묶고 다리 사이에 두 개의 주릿대를 끼워 비트는 형벌.

　⑩ 옛날에는 죄인을 잡아다가 주래를 틀었다.

**주루룩주루룩**(정선읍, 여량면, 남면)

　[표] 閉 철럭철럭 뜻 1. 많은 양의 물 따위가 자꾸 흘러넘치거나 가볍게 부딪치는 소리. 또는 그 모양. 2. 큰 쇠붙이 따위가 자꾸 가볍게 서로 부딪치는 소리. 또는 그 모양.

　⑩ 왠늠의 비가 왼종일 주루룩 주루룩 오네.

**주릅**(여량면), **주럽**(남면), **추접**(화암면)

　[표] 몡 주접 뜻 1. 여러 가지 이유로 생물체가 제대로 자라지 못하고 쇠하여지는 일. 또는 그런 상태. 2. 옷차림이나 몸치레가 초라하고 너절한 것.

　⑩ 개코도 없는 늠이 주럽을 떨고 있네.

**주먹뎅이**(정선읍, 여량면, 북평면), **주먹손**(여량면)

　[표] 몡 주먹 뜻 1. 손가락을 모두 오

ㅈ

347

므려 쥔 손. 2. 물리적인 심이나 폭력, 폭력배를 비유적으로 이르는 말. 3. 한 손에 쥘 만한 분량을 세는 단위.
[예] 주먹뎅이만한 밥숟가락이 입으로 막 들어간다.

**주목다짐**(정선읍, 화암면), **주먹다지**(여량면, 남면)
[표] [명] 주먹다짐 [뜻] 1. 주먹으로 때리는 짓. 2. 함부로 윽박지르는 짓.
[예] 저 두 사람 화가 나서 서로 주목다짐하네.

**주목코**(정선읍)
[표] [명] 주먹코 [뜻] 뭉뚝하고 크게 생긴 코. 또는 그런 코를 가진 사람.
[예] 주목코는 돈 복이 많다네.

**주발대즙**(정선읍, 여량면, 남면)
[표] [명] 주발대접(周鉢--) [뜻] 주발과 대접이라는 뜻으로, '식기'를 이르는 말.
[예] 막걸리를 주발대즙으로 마시다.

**주벤머리**(정선읍, 여량면, 남면)
[표] [명] 주변 [뜻] 일을 주선하거나 변통함. 또는 그런 재주.
[예] 내 딸래미는 평소에도 주벤머리가 읎다.

**주야장창**(정선읍, 여량면, 남면)
[표] 잇달아 [뜻] 이어지는 상태가 되도록 함.
[예] 당신은 주야장창 술로 사는구려.

**주전재**(여량면, 북평면, 임계면, 남면)
[표] [명] 주전자(酒煎子) [뜻] 물이나 술 따위를 데우거나 담아서 따르게 만든 그릇. 귀때와 손잡이가 달려 있으며, 쇠붙이나 사기로 만듦.
[예] 이왕이면 술을 한 주전재 채워주시오.

**주접시룹다**(여량면, 북평면), **조잡스럽다**(임계면), **주럽시럽다**(남면)
[표] [형] 주접스럽다 [뜻] 1. 음식 따위에 대하여 지나치게 욕심을 부리는 태도가 있음. 2. 모습이 몹시 볼품이 없거나 어수선한 데가 있음.
[예] 평소에는 안 그랬는데 오늘은 주접시룹더라고.

**주제늠다**(정선읍, 여량면, 남면, 화암면), **주제밤똥싸다**(여량면)
[표] [형] 주제넘다 [뜻] 말이나 행동이 건방져 분수에 지나친 데가 있음.
[예] 지 꼬라지 파악도 못하고 주제밤똥을 싸다.

**주줄**(여량면)
[표] [의] 줄 [뜻] 어떤 방법, 셈속 따위를 나타내는 말.
[예] 어떤 주줄을 잡아야 출세를 하지.

**주책바가찌**(정선읍, 여량면, 남면, 화암면)
[표] [명] 주책바가지 [뜻] 주책없는 사람을 놀림조로 이르는 말.
[예] 여보 나이값도 못하고 주책바가찌 떨지 말아.

**주태백이**(정선읍, 여량면, 북평면, 남면, 화암면)
[표] [명] 술꾼 [뜻] 술을 좋아하며 많이 먹는 사람을 낮잡아 이르는 말.
[예] 저 사람은 낮이나 밤이나 술만 처먹는 주태백이야.

**죽살치다**(정선읍, 남면)
[표] [동] 죽살이치다 [뜻] 어떤 일에 모질게 힘을 쓰임.
[예] 죽살이쳤는데 남는 게 하나두 읎다.

**죽은아자지까기다**(여량면, 남면, 화암면),
**소잃구외양간곤치기**(정선읍, 여량면), **소용**
**읎다**(여량면), **지나간버스손들기다**(남면)

　[표] 혱 소용없다(所用--) 뜻 아무런
　쓸모나 득이 될 것이 없음.

　예 지난일을 생각해 봤자 죽은아자
　　지까기다.

**죽은피**(여량면, 신동읍, 화암면)

　[표] 몡 먹피 뜻 멍이 들거나 굳어 검
　게 죽은 피.

　예 팔뚝에 침을 놓으니 죽은피가 줄
　　줄 나오다라고.

**죽을똥**(정선읍, 여량면, 북평면), **죽을심**
(여량면, 남면, 화암면)

　[표] 몡 죽을힘 뜻 죽기를 각오하고
　쓰는 힘.

　예 이번에는 죽을심을 다해서 해봐
　　야지.

**줄거리**(정선읍, 여량면, 북평면, 남면, 화
암면), **줄겡이**(임계면)

　[표] 몡 줄기 뜻 〈식물〉 잎자루, 잎줄
　기, 잎맥을 통틀어 이르는 말.

　예 무 줄거리 함부루 먹지마라 시래
　　기로 먹을 것이니.

**줄과부**(정선읍, 여량면, 신동읍, 화암면)

　[표] 몡 떼과부(-寡婦) 뜻 전쟁이나
　재난으로 한 집안이나 한 마을에서 한
　꺼번에 생긴 과부들.

　예 바닷가 어촌에는 줄과부가 마이
　　난다.

**줄낚수**(여량면), **만낭**(여량면), **마낭**(화암면)

　[표] 몡 주낙 뜻 〈수산〉 물고기를 잡
　는 기구의 하나. 긴 낚싯줄에 여러 개
　의 낚시를 달아 물속에 늘어뜨려 고기

를 잡음.

　예 큰 바우밑에 만낭을 놓으면 뱀장
　　어가 마이 문다.

**줄딸구**(남면)

　[표] 몡 줄딸기 뜻 〈식물〉 장미과의
　낙엽 활엽 관목. 높이는 2m 정도이며
　잎은 우상 복엽임. 5월에 연한 붉은색
　의 꽃이 가지 끝에 한 개씩 피고 열매
　는 붉은색으로 7~8월에 익음. 열매는
　식용하고 한국, 일본, 중국 등지에 분
　포함.

　예 줄딸구가 맛나긴 해.

**줄방구**(정선읍), **똥방구**(여량면, 남면)

　[표] 몡 잦은방귀 뜻 잇따라 자주 뀌
　는 방귀.

　예 저 사람 무슨 음식 먹고 줄방구뀌냐.

**줄벙개**(정선읍, 남면), **줄벙캐**(여량면)

　[표] 몡 줄번개 뜻 잇따라 계속되는
　번개.

　예 줄벙캐가 치는 걸 보니 쏘내기가
　　올라나 보다.

**줏어담다**(정선읍, 북평면), **조담다**(여량
면, 남면, 임계면)

　[표] 관용구 주워담다 뜻 주워서 담음.

　예 땅에 떨어진 걸 그륵에 조담다.

**줏어먹다**(정선읍, 북평면), **조먹다**(여량
면, 남면)

　[표] 동 주워먹다 뜻 주워서 먹음.

　예 땅에 떨어진거 조먹지 마라. 디
　　럽다.

**줏어셍기다**(정선읍, 여량면, 북평면), **조**
**셍기다**(남면)

　[표] 동 주워섬기다 뜻 들은 대로 본
　대로 이러저러한 말을 아무렇게나 늘

어놓음.

㉠ 말도 안 되는 소리를 줏어셍기다 가 숨 넘어가겠다. 이놈아.

**중늘긍이**(정선읍, 남면, 화암면), **중늘겡이**(여량면)

[표] 명 중늙은이 (中---) 뜻 젊지도 아니하고 아주 늙지도 아니한 사람. 또는 조금 늙은 사람.

㉠ 이제는 대가리 허연기 중늘겡이 티가 난다.

**중두멩이**(정선읍, 여량면, 북평면), **줄뎅이**(남면)

[표] 명 중동(中-) 뜻 1. 사물의 중간이 되는 부분이나 가운데 부분. 2. 하던 일이나 말 따위의 중간이 되는 부분. 3. 중동끈(치마 따위가 거치적거리지 아니하도록 그 위에 눌러 띠는 끈).

㉠ 일해다가 비가 와서 중두멩이하고 왔다.

**중살이**(여량면, 남면)

[표] 명 중노릇 뜻 1. 승려의 생활을 낮추어 이르는 말. 2. 승려가 아닌 사람이 승려 행세를 하는 것을 이르는 말.

㉠ 내가 아는 사람은 중살이를 오래 했지만 땡땡이 중이었다.

**중신결혼**(정선읍), **중매겔혼**(여량면, 남면)

[표] 명 중매결혼(仲媒結婚) 뜻 중매로 이루어진 혼인.

㉠ 예전엔 중신결혼 마이들 했지. 연애결혼은 별루 읎었어.

**중우**(정선읍, 여량면, 신동읍), **쓰봉**(여량면, 화암면)

[표] 명 바지 뜻 아랫도리에 입는 옷의 하나. 위는 통으로 되고 아래에는 두 다리를 꿰는 가랑이가 있음.

㉠ 여름에는 베 중우가 시원하다.

**중우가랭이**(정선읍, 북평면), **바지가렝이**(여량면, 신동읍, 화암면)

[표] 명 바짓가랑이 뜻 바지에서 다리를 꿰는 부분.

㉠ 바지가렝이가 넘 길어 땅에 질질 끌린다.

**중우적삼**(정선읍), **중우저구리**(여량면), **바지저구리**(신동읍, 화암면)

[표] 명 바지저고리 뜻 1. 바지와 저고리를 아울러 이르는 말. 2. 주견이나 능력이 전혀 없는 사람을 놀림조로 이르는 말. 3. '촌사람'을 속되게 이르는 말.

㉠ 누굴 바지저구리로 아나?

**중턱거리**(정선읍, 북평면), **중태**(남면)

[표] 명 중턱(中-) 뜻 1. 산이나 고개, 바위 따위의 중간쯤 되는 곳. 2. 시간이나 일의 중간쯤 되는 곳.

㉠ 올라가다 중턱거리서 쉬어가자.

**중학교**(정선읍, 여량면, 북평면, 남면, 임계면)

[표] 명 중학교(中學校) 뜻 1. 〈교육〉 초등학교와 고등학교 사이에 중등 보통 교육을 실시하기 위한 학교. 수업 연한은 3년으로, 의무 교육으로 실시함. 2. 예전에, 고등 보통 교육과 전문 교육을 실시하던 중등학교. 수업 연한은 5~6년임.

㉠ 내야 중핵교 마당에도 못가 봤지 뭐.

**줴박다**(정선읍, 여량면, 북평면, 남면)

[표] 동 쥐어박다 뜻 1. 주먹으로 함

부로 내지르듯 때림. 2. 면박 따위를 주어 상대를 주눅 들게 함.
- ㉠ 성은 툭하면 동생들을 줴박았다.

**줴질르다**(정선읍, 여량면, 남면)
- [표] ⑧ 쥐어지르다 ⑨ 주먹으로 힘껏 내지름.
- ㉠ 깡패가 사정없이 주먹으로 내 가슴을 줴질렀다.

**줴짜다**(정선읍, 여량면, 북평면, 남면, 화암면)
- [표] ⑧ 쥐어짜다 ⑨ 1. 억지로 쥐어서 비틀거나 눌러 액체 따위를 꼭 짜냄. 2. 눈물을 찔끔찔끔 흘림. 3. 어떤 행동을 하도록 오기 있게 떼를 쓰며 조르거나 괴롭힘.
- ㉠ 저 사람 돈 많은 부자면서 없다고 줴짜는 자린고비 같은 놈이다.

**줴뜯다**(정선읍, 여량면, 북평면), **쥐뜯다**(임계면), **조뜯다**(남면)
- [표] ⑧ 쥐어뜯다 ⑨ 1. 단단히 쥐고 뜯어냄 2. 마음이 답답하거나 괴로울 때에 자기의 가슴을 함부로 꼬집거나 잡아당김.
- ㉠ 가슴팩을 줴뜯고 지랄이네. 그런다고 일이 풀리나.

**줴흔들다**(정선읍, 여량면, 남면)
- [표] ⑧ 쥐어흔들다 ⑨ 1. (무엇을)손으로 잡고 흔듦. 2. (무엇을)자기의 세력 아래 두고 마음대로 다루거나 부림.
- ㉠ 잘못한 것 두 읎는데 무작정 와서 줴흔들다.

**쥔마누래**(정선읍, 남면), **쥔마누래**(여량면)
- [표] ⑲ 주인마누라(主人---) ⑨ 나이가 든 여자 주인이나 주인의 아내를

낮잡아 이르는 말.
- ㉠ 여관집 쥔마누래는 욕심이 많아 욕을 마이 먹는다.

**쥔마님**(정선읍, 남면), **쥔마님**(여량면)
- [표] ⑲ 주인마님(主人--) ⑨ 예전에, 나이가 든 여자 주인이나 주인의 아내를 높여 이르던 말.
- ㉠ 우리 동내 이장님 쥔마님은 맴씨가 참 착하다.

**쥔아저씨**(정선읍, 남면)
- [표] ⑲ 주인아저씨(主人---) ⑨ 젊은 남자 주인을 친근하게 이르는 말.
- ㉠ 옆집 쥔아저씨는 직업없이 논 지가 오래됐다.

**쥔장**(정선읍, 남면), **쥔장**(여량면)
- [표] ⑲ 주인장(主人丈) ⑨ '주인'의 높임말.
- ㉠ 쥔장 계신가요?

**쥔집**(정선읍, 남면), **쥔집**(여량면)
- [표] ⑲ 주인집(主人-) ⑨ 주인이 살고 있는 집. 비유적으로 집의 주인을 이르기도 함.
- ㉠ 우리 쥔집 식구들은 참 깔끔하다.

**쥔일**(정선읍), **쥔일**(여량면, 남면, 화암면)
- [표] ⑲ 종일(終日) ⑨ 아침부터 저녁까지의 동안.
- ㉠ 진 쥔일 일 만하냐 쐈다하지.

**쥔일투룩**(정선읍, 남면), **쥔일토록**(여량면)
- [표] ⑭ 종일토록(終日--) ⑨ 아침부터 저녁까지 내내.
- ㉠ 하루 쥔일토록 밭에서 일을 해도 끝이 없네.

**쥐고기**(여량면, 남면)
- [표] ⑲ 쥐치 ⑨ 〈동물〉 쥐칫과의 바

351

닷물고기. 몸의 길이는 25cm 정도이고 마름모 모양이며, 옆으로 납작함. 푸른 갈색 또는 분홍색이고 옆구리에 어두운 갈색 무늬가 흩어져 있음. 눈 위에 한 개의 가시가 있고 배지느러미가 없음. 한국, 일본, 대만 등지에 분포함.

㉦ 쥐고기로 맹근 쥐포가 진짜 쥐포다.

**쥐구녕**(정선읍, 남면, 임계면), **쥐구영**(여량면, 화암면)

[표] 몡 쥐구멍 뜻 쥐가 드나드는 구멍.

㉦ 쥐구녕에도 볕들날 있다는데.

**쥐꼬랑뎅이**(정선읍, 여량면, 북평면), **쥐꼬레기**(남면)

[표] 몡 쥐꼬리 뜻 매우 적은 것을 비유적으로 이르는 말.

㉦ 쥐잡기 운동으로 쥐꼬레기 짤라서 핵교로 마이들 가져갔지.

**쥐똥**(정선읍, 여량면), **쥐불알**(여량면, 남면)

[표] 몡 쥐뿔 뜻 아주 보잘것없거나 규모가 작은 것을 비유적으로 이르는 말.

㉦ 니가 알기는 쥐똥을 알어. 쑥맥같은 늠아.

**쥐똥구멍같다**(정선읍, 여량면), **쥐동구녕같다**(정선읍)

[표] 혱 쥐좇같다 뜻 아주 보잘것없음.

㉦ 이 년아 쥐똥구녕같은 소리 하지 마라.

**쥐메누리**(정선읍, 여량면, 북평면, 남면)

[표] 몡 쥐며느리 뜻 〈동물〉 쥐며느릿과의 절지동물. 몸의 길이는 1cm 정도이고 타원형이며, 어두운 갈색임. 가슴마디는 7개, 배마디는 6개임. 썩

은 나무나 마루 밑 따위의 습한 곳에 사는데 자극을 받으면 몸을 둥글게 움츠리고 죽은 시늉을 함.

㉦ 뒷간에 쥐메누리가 버글버글하네.

**쥐방구리마하다**(정선읍, 여량면, 남면, 화암면)

[표] 혱 쥐방울만하다 뜻 (속되게) 몸이 작고 앙증스러움.

㉦ 쥐방구리마한게 쫌 까불지 마라.

**쥐베레기**(정선읍, 여량면, 북평면, 남면)

[표] 몡 쥐벼룩 뜻 〈동물〉 쥐벼룩과의 곤충. 몸의 길이는 2~2.5mm로 가늘며, 붉은 갈색임. 쥐, 고양이, 사람 따위에 기생하고 페스트균을 옮김. 한국, 일본, 중국, 미국 등지에 분포함.

㉦ 천다락에 쥐베레기가 씨글씨글하다.

**쥐새끼**(정선읍, 여량면, 남면)

[표] 몡 쥐 뜻 아주 교활하고 잔일에 약삭빠른 사람을 속되게 이르는 말.

㉦ 그새끼 꼭 쥐새끼 같이 넘 얄밉다.

**쥐약**(정선읍, 화암면)

[표] 몡 술 뜻 알코올 성분이 들어 있어 마시면 취하는 음료. 적당히 마시면 물질대사를 높이는 효과가 있음. 맥주, 청주, 막걸리 따위의 발효주와 소주, 고량주, 위스키 따위의 증류주가 있으며, 과실이나 약제를 알코올과 혼합하여 만드는 혼성주도 있음.

㉦ 쥐약 넘 처먹어서 꼬라지도 보기 싫다.

**쥐전부리**(정선읍, 여량면, 남면, 화암면)

[표] 몡 주전부리 뜻 1. 때를 가리지 아니하고 군음식을 자꾸 먹음. 또는

그런 입버릇. 2. 맛이나 재미, 심심풀이로 먹는 음식. 3. 남의 사람과 관계하여 성욕을 채우는 일을 속되게 이르는 말.
- ㉙ 입을 잠시도 안 놀리고 쥐전부리할 걸 찾는다.

**쥐창애**(정선읍, 여량면, 북평면, 남면), **쥐짜개**(화암면)
- [표] ㈜ 쥐덫 ㈛ 쥐를 잡는 데 쓰는 덫.
- ㉙ 곳간에 쥐가 하도 많아 잡으려고 쥐창애를 났다.

**쥐포**(여량면, 남면)
- [표] ㈜ 쥐치포(--脯) ㈛ 쥐포 말린 쥐치를 기계로 납작하게 눌러 만든 어포(魚脯).
- ㉙ 맥주 안주루 쥐포만한 게 읎다.

**즈느러미**(남면)
- [표] ㈜ 지느러미 ㈛ 〈동물〉 물고기 또는 물에 사는 포유류가 몸의 균형을 유지하거나 헤엄치는 데 쓰는 기관. 등, 배, 가슴, 꼬리 따위에 붙어 있음.
- ㉙ 매운탕 끓일 때 즈느러미는 읎애.

**즉어두**(여량면, 남면), **잗달어두**(정선읍, 여량면), **잿달어두**(여량면)
- [표] ㈜ 적어도 ㈛ 1. 아무리 적게 잡아도. 2. 아무리 낮게 평가하여도. 3. 마음에 차지 아니하여도 그런대로.
- ㉙ 아무리 잗달어두 값을 빚은 갚아야지.

**즉은매부**(여량면, 남면), **즈근매부**(임계면)
- [표] ㈜ 작은매부(--妹夫) ㈛ 작은 누이의 남편.
- ㉙ 즉은매부는 등치가 커.

**즉은처남**(정선읍, 여량면, 북평면, 남면),

**즈근처남**(임계면)
- [표] ㈜ 작은처남(--妻男) ㈛ 둘 이상의 처남 가운데 맨 위의 처남이 아닌 처남.
- ㉙ 그래도 즈근처남이 잘 해.

**즌쟁놀이**(정선읍, 여량면, 북평면, 남면), **전장놀이**(화암면)
- [표] ㈜ 전쟁놀이(戰爭--) ㈛ 아이들이 전쟁하는 흉내를 내어 노는 일.
- ㉙ 동내아이들이 낭구총 들고 즌쟁놀이를 하네.

**증내미**(정선읍, 북평면, 남면), **정네미**(여량면)
- [표] ㈜ 정나미(情--) ㈛ 어떤 대상에 대하여 애착을 느끼는 마음.
- ㉙ 나는 그 사람만 보믄 정네미가 뚝 떨어져서.

**증말**(정선읍, 여량면, 남면)
- [표] ㈜ 정말(正-) ㈛ 1. 거짓이 없이 말 그대로임. 또는 그런 말. 2. 겉으로 드러나지 아니한 사실을 말할 때 쓰는 말.
- ㉙ 1. 니가 한 말이 증말이지? 2. 니 증말로 이럴래.

**증말루**(정선읍, 여량면, 북평면, 남면)
- [표] ㈜ 정말로 (正--) ㈛ 거짓이 없이 말 그대로.
- ㉙ 증말루 가라면 간다.

**증손예**(정선읍, 여량면, 화암면), **징손녀**(남면)
- [표] ㈜ 증손녀(曾孫女) ㈛ 손자의 딸. 또는 아들의 손녀.
- ㉙ 증손예 보니 더 없이 좋네.

**증손주**(정선읍, 여량면), **징손주**(남면)

[표] 명 증손자(曾孫子) 뜻 손자의 아들. 또는 아들의 손자.

예 야가 우리 증손주라오.

**증심**(정선읍, 북평면), **정심**(여량면, 남면)

[표] 명 점심(點心) 뜻 낮에 끼니로 먹는 음식.

예 오늘은 정심에 씩은 밥을 먹었다.

**증심나절**(정선읍, 북평면), **정심나절**(여량면, 남면)

[표] 명 점심나절(點心--) 뜻 점심때를 앞뒤로 한 반나절.

예 이제 해가 증심나절 되었으니 점심 식사 하세.

**증어리**(정선읍, 북평면, 남면)

[표] 명 정어리 뜻 〈동물〉 청어과의 바닷물고기. 몸의 길이는 20~25cm이며, 등은 어두운 파란색이고, 옆구리와 배는 은빛을 띤 백색임. 가슴지느러미 아래에 일곱 개의 검은 점이 한 줄로 있고 떨어지기 쉬운 둥근비늘이 있음. 산란기는 12~7월이고 한국의 동해와 일본의 태평양 연해에 분포함.

예 옛날 증어리 비누가 있었는데 냄새가 비리했다.

**증어리지름**(정선읍), **정어리지름**(여량면, 남면, 화암면)

[표] 명 정어리기름 뜻 정어리에서 나온 기름.

예 예전엔 증어리지름으로 불 땠어.

**지가꿈**(정선읍, 북평면), **지가끔**(정선읍, 남면), **제가끔**(정선읍), **쩨끔**(여량면), **저가끔**(임계면)

[표] 부 제가끔 뜻 제각기(저마다 따로따로).

예 이번에는 쩨끔 한 가지씩 가지고 올 것.

**지개꼬레기**(정선읍, 여량면, 북평면), **지게꼬렝이**(남면)

[표] 명 지게꼬리 뜻 지게에 짐을 얹고 잡아매는 줄.

예 지개꼬레기가 넘 짧다.

**지개눈깔이**(여량면), **지게눈**(남면)

[표] 명 윗세장 뜻 지게나 걸채 따위에서 윗부분에 가로질러 박은 나무.

예 마이 올려서 그러나 지개눈깔이 뿌러졌다.

**지개목발**(정선읍), **지개목동발**(여량면, 남면), **지개목댕이**(여량면)

[표] 명 지겟다리 뜻 지게 몸체의 맨 아랫부분에 있는 양쪽 다리.

예 지개목발 두드리며 아라리를 부르지.

**지개작데기**(정선읍, 여량면, 북평면, 남면, 화암면), **지개막대기**(임계면)

[표] 명 지겟작대기 뜻 지게를 버티어 세우는 작대기. 지게를 세울 때는 두 갈래로 갈라져 있는 윗부분을 세장에 걸어 놓으며, 지게를 질 때는 보통 한쪽 어깨에 가로 끼움.

예 지개작데기 줄꺼니 가서 지게 쫌 세워놔라.

**지개짐**(정선읍, 북평면, 화암면), **등떼기짐**(여량면), **등나래미**(신동읍)

[표] 명 등짐 뜻 등에 진 짐.

예 등떼기짐이 무겁다.

**지갯가지**(정선읍, 남면), **지갯가젱이**(여량면)

[표] 명 지겟가지 뜻 지게 몸에서 뒤

쪽으로 갈라져 뻗어 나간 가지. 그 위에 짐을 얹음.

예 지갯가젱이 안 뿌러지게 쪼금만 가져가.

**지갯등태**(정선읍, 여량면, 남면)

[표] 몡 지겟등태 뜻 지게에 붙인 등태. 짐을 질 때에 등이 배기지 않도록 짚으로 엮어 지게에 댐.

예 짐질을 넘 쉬장쿠 해대니 그늙어 지갯등태가 다 떨어져.

**지게꼬리**(정선읍, 화암면), **지게고빼이**(여량면), **지게바초래기**(여량면)

[표] 몡 동바 뜻 지게에 짐을 얹고 눌러 동여매는 데 쓰는 줄.

예 낭구하러 갔다가 지게고빼이가 툭 터졌다.

**지굼**(정선읍, 남면), **지끔**(여량면), **현에**(여량면)

[표] 몡 閉 지금(只今) 뜻 몡 말하는 바로 이때. 閉 말하는 바로 이때에.

예 지끔 나한테 그렇게 큰돈은 없다.

**지기랄**(정선읍, 남면)

[표] 𢹂 제기랄 뜻 언짢을 때에 불평스러워 욕으로 하는 말.

예 지기랄, 저 사람 참 돼지게 말을 안듣네.

**지내다**(여량면, 임계면, 화암면)

[표] 동 지나다 뜻 1. 시간이 흘러 그 시기에서 벗어남. 2. 어떤 한도나 정도가 벗어나거나 넘음. 3. 어디를 거치어 가거나 오거나 함. 4. 어떤 일을 그냥 넘겨 버리다. 5. 어떠한 상태나 정도를 넘어섬.

예 시간 맞춰 나오라능데 고만 시간

이 지내버렸네.

**지낸**(정선읍, 남면)

[표] 𬇌 지난 뜻 시간이 흘러가서 그 시기에 벗어 남.

예 지낸 일은 모두 잊어부린게 속 편하다.

**지낸날**(정선읍, 여량면, 남면, 임계면)

[표] 몡 지난날 뜻 1. 지나온 과거의 날. 또는 그런 날의 행적. 2. 역사상의 한 시대.

예 지낸날 나도 꽤 날랬던 적이 있었다.

**지낸달**(정선읍, 여량면, 북평면, 남면), **전번달**(여량면)

[표] 몡 지난달 뜻 이달의 바로 앞의 달.

예 이번달엔 전번달 보다 바쁘다.

**지낸저울**(정선읍, 여량면, 북평면, 남면), **저번저울**(정선읍), **지난저울**(여량면)

[표] 몡 지난겨울 뜻 바로 전에 지나간 겨울.

예 지낸저울에는 날이 음청 추웠다.

**지낸주**(정선읍, 남면), **저번주**(여량면)

[표] 몡 지난주(--週) 뜻 이 주의 바로 앞의 주.

예 지낸주에 보고 또 봐도 좋다.

**지네발**(여량면, 남면, 화암면)

[표] 몡 고미서까래 뜻 〈건설〉 고미받이와 월간보나 도리 사이에 걸쳐 놓는 평고대나 서까래.

예 방에 누워서 천정의 지네발을 쳐다본다.

**지녁거리**(정선읍, 북평면), **지역거리**(여량면)

[표] 몡 저녁거리 뜻 저녁 끼니를 만들 거리. 또는 저녁 끼니로 먹을 음식.

⑩ 오늘은 지역거리가 옰어서 굶어
야 한다.

**지녁나절**(정선읍, 여량면, 북평면)
　[표] 명 저녁나절 뜻 저녁때를 전후한
어느 무렵이나 동안.
　⑩ 인제 지녁나절이 되었으니 오늘
일 끝내세.

**지녁노울**(정선읍), **저녁놀**(여량면), **지역
노을**(여량면), **저녁노올**(남면)
　[표] 명 저녁노을 뜻 해가 질 때의
노을.
　⑩ 지녁노울이 서산에 붉게 물들다.

**지녁대**(정선읍), **지녁때**(여량면, 남면), **지
역때**(여량면)
　[표] 명 저녁때 뜻 1. 저녁인 때. 2.
저녁밥을 먹는 때.
　⑩ 지역때쯤 돼서 찾아갈게.

**지녁밥**(정선읍, 남면), **지역밥**(여량면)
　[표] 명 저녁밥 뜻 저녁에 끼니로 먹
는 밥.
　⑩ 지녁밥 먹구 차 한잔 하자.

**지녁상**(정선읍, 남면), **지역상**(여량면)
　[표] 명 저녁상(--床) 뜻 저녁밥을 차
려 놓은 상.
　⑩ 지역상 차려 놓고 어데로 나가버
렸다.

**지다랗다**(정선읍, 남면, 화암면), **찌당하
다**(여량면)
　[표] 형 기다랗다 뜻 매우 길거나 생
각보다 깊.
　⑩ 아들이 한 줄로 찌당하게 걸어간다.

**지대다**(정선읍, 여량면, 남면, 화암면)
　[표] 동 기대다 뜻 1. 몸이나 물건을
무엇에 의지하면서 비스듬히 댐. 2.

남의 힘에 의지함.
　⑩ 심이 들면 내한테 지대고 있어.

**지대루**(정선읍, 여량면), **제대루**(남면, 화
암면)
　[표] 부 제대로 뜻 1. 제 격식이나 규
격대로. 2. 마음먹은 대로. 3. 알맞은
정도로.
　⑩ 한 가지를 해도 지대루 쫌 잘해 봐.

**지덜**(정선읍, 남면), **즈덜**(여량면)
　[표] 대 저들 뜻 '저 사람들'을 조금 높
여 이르는 말.
　⑩ 이번에는 즈덜 집에서 모이기로
했어요.

**지둥뿌리**(정선읍, 여량면, 남면, 화암면)
　[표] 명 기둥뿌리 뜻 1. 〈건설〉기둥의
맨 밑부분. 2. 사물을 지탱하는 기반
을 비유적으로 이르는 말.
　⑩ 남의 집 지둥뿌리 뺄 일 있나. 맨
날 와서 술타령이야.

**지둥서방**(여량면, 남면, 북평면, 화암면)
　[표] 명 기둥서방(--書房) 뜻 기생이
나 몸 파는 여자들의 영업을 돌보아 주
면서 얻어먹고 지내는 사내.
　⑩ 저눔 하는 짓은 지둥서방이나 별
다를 바 옰어.

**지랄백이**(정선읍, 여량면, 북평면, 남면),
**지랄젱이**(여량면)
　[표] 명 지랄쟁이 뜻 1. 지랄병이 있
는 사람을 낮잡아 이르는 말. 2. 지랄
버릇이 있는 사람을 낮잡아 이르는 말.
3. 마구 법석을 떨며 분별없이 행동하
는 사람을 낮잡아 이르는 말.
　⑩ 저 인간은 어델 가나 지랄백이야.

**지랄병**(정선읍, 여량면, 남면), **간질병**(화

암면)

[표] 명 간질(癎疾) 뜻 〈의학〉'뇌전증(腦電症)'의 전 용어.

예 지랄병이 또 도졌나 보다.

**지러기**(정선읍, 여량면, 북평면, 화암면), **기럭지**(남면)

[표] 명 길이 뜻 1. 한끝에서 다른 한끝까지의 거리. 2. 어느 때로부터 다른 때까지의 동안. 3. 논문, 소설 따위의 분량.

예 누가 맨든 게 지러기가 진지 재보다.

**지레이**(정선읍, 화암면), **찔꿍이**(정선읍), **지렝이**(여량면, 남면)

[표] 명 지렁이 뜻 〈동물〉빈모강의 환형동물을 통틀어 이르는 말. 몸의 길이는 작은 종류가 2~3mm, 큰 종류는 2미터 정도이고 긴 원통형으로 가늘며, 많은 마디로 이루어져 있음. 암수한몸으로 재생력이 강하고 흙 속이나 부식토에서 삶.

예 비가 오고 나니 안 보이던 지렝이들이 뭉태기로 보이네.

**지름**(여량면, 북평면), **떡값**(신동읍, 임계면)

[표] 명 뇌물(賂物) 뜻 어떤 직위에 있는 사람을 매수하여 사사로운 일에 이용하기 위하여 넌지시 건네는 부정한 돈이나 물건.

예 지름을 쫌 발라야 일이 잘 풀리지.

**지름**(정선읍, 여량면, 남면, 북평면, 임계면, 화암면)

[표] 명 기름 뜻 1. 물보다 가볍고 불을 붙이면 잘 타는 액체. 약간 끈기가 있고 미끈미끈하며 물에 잘 풀리지 않음. 동물의 살, 뼈, 가죽에 엉기어 있

기도 하고 식물의 씨앗에서 짜내기도 하는데, 원료에 따라서 빛깔과 성질이 다르고 쓰임새가 매우 다양함. 2. '석유(石油)'를 달리 이르는 말. 3. 기계나 도구의 움직임이 부드럽게 되도록 마찰 부분에 치는 미끈미끈한 액체.

예 기계도 지름칠을 해야 오래 간다.

**지름걸레**(정선읍, 여량면, 남면, 북평면, 화암면)

[표] 명 기름걸레 뜻 기름기를 닦는 걸레. 또는 기름을 묻혀서 물건을 닦는 걸레.

예 삼겹살을 먹고 나서 보니 지름이 많아 지름걸레로 잘 닦았다.

**지름매미**(정선읍), **기름매미**(여량면), **기름매무**(남면)

[표] 명 유지매미(油脂--) 뜻 매밋과의 곤충. 몸의 길이는 3.1cm 정도이며, 검은색임. 날개는 불투명하고 어두운 갈색이며 앞날개에는 구름 모양의 짙고 엷은 무늬가 있음. 한국, 일본 등지에 분포함.

예 여름에 지름매미가 음청 울어 된다.

**지름젱이**(정선읍, 화암면), **지름종아리**(여량면, 남면, 화암면)

[표] 명 기름종개 뜻 〈동물〉미꾸릿과의 민물고기. 미꾸리와 비슷하나, 몸은 엷은 누런 갈색에 어두운 갈색의 세로띠 혹은 무늬가 있음. 얕고 맑은 하천이나 시냇물의 모래 속에 사는데 한국, 일본, 중국 등지에 분포함.

예 1. 맑은 저 강에 지름종아리가 몇 마리나 살까? 2. 그렇게 많던 지름젱이가 강이 오염되어 씨가 말랐다.

**지름종아리**(정선읍, 여량면, 신동읍, 화암면)
  [표] 똉 뺀질이 뜻 몸을 요리조리 빼면서 일을 열심히 하지 아니하는 사람을 낮잡아 이르는 말.
  옌 저눔은 지름종아리처럼 뺀지롭다.
**지름질**(정선읍, 여량면, 남면, 화암면), **소뎅이질**(정선읍)
  [표] 똉 지짐질 뜻 1. 불에 달군 물건 따위를 다른 물체에 대어 약간 태우거나 눋게 하는 일. 2. 부침개를 부치는 일.
  옌 1. 감재적을 해 먹을라고 지름질을 한다. 2. 소뎅이질 하자.
**지만서두**(정선읍, 여량면, 남면)
  [표] 에 -지만 뜻 '어떤 사실이나 내용을 시인하면서 그에 반대되는 내용을 말하거나 조건을 붙여 말할 때에 쓰는 연결 어미.'의 준말.
  옌 많기야 많지만서두 니 줄건 음써.
**지멋대루**(정선읍, 남면), **좆꼴리는대로**(정선읍), **지꼴리는대루**(여량면)
  [표] 뮌 제멋대로 뜻 아무렇게나 마구. 또는 제가 하고 싶은 대로.
  옌 저 새끼는 지꼴리는대루 지랄이여.
**지목시리**(여량면, 북평면, 남면)
  [표] 뮌 꾸준히 뜻 한결같이 부지런하고 끈기가 있는 태도로.
  옌 먼 일을 시키면 지목시리 하지 못한다.
**지미랄**(정선읍), **지미**(여량면), **지기미**(여량면), **제미랄**(남면)
  [표] 캄 제미 뜻 몹시 못마땅할 때 욕으로 하는 말.
  옌 이런 지기미 넣을 수 있는 골을 못 넣잖아.

**지밑에동상**(정선읍, 북평면), **제바루밑동상**(여량면, 남면)
  [표] 똉 제밑동생 뜻 성별이 같은, 자기 바로 밑의 동생.
  옌 야가 제바루밑동상이요.
**지바닥**(정선읍, 여량면, 남면, 화암면)
  [표] 똉 제바닥 뜻 1. 물건 자체의 본바닥. 2. 자기가 태어나면서부터 살고 있는 고장.
  옌 나는 여태 지바닥에서 사는 토백이요.
**지벌나다**(정선읍, 여량면, 남면)
  [표] 혱 짐벙지다 뜻 신명지고 푸짐.
  옌 그 집에는 모여 노는 게 지벌나다.
**지비**(정선읍), **강남제비**(남면)
  [표] 똉 제비 뜻 〈동물〉 제빗과의 새. 몸의 길이는 18cm 정도이며 등은 윤기가 있는 푸른빛을 띤 검은색이고 배는 흰색임. 이마에서 위쪽 가슴에 걸쳐 검은 테로 둘러싸인 밤색의 큰 반점이 있음. 꽁지가 가위 모양으로 갈라져 있고 날개가 발달하여 빨리 낢. 열대 또는 아열대인 인도, 태국, 캄보디아, 베트남, 오스트레일리아 등지에서 겨울을 보내고 봄에 우리나라에서 처마 밑에 집을 짓고 살다가 가을에 날아감. 한국, 일본, 중국 등지에서 번식함.
  옌 삼월삼짇날 강남갔던 지비가 날아 왔네.
**지성껀**(정선읍, 남면)
  [표] 뮌 지성껏(至誠-) 뜻 온갖 정성을 다하여.
  옌 지성껀 시부모 봉양했는데 괄시냐.
**지수**(정선읍, 남면), **동상댁**(정선읍), **동상**

**어댁**(여량면, 북평면)

　[표] 몡 제수(弟嫂) 뜻 1. 남자 형제 사이에서 동생의 아내를 이르는 말. 2. 남남의 남자끼리 동생뻘이 되는 남자의 아내를 이르는 말.

　예 오늘 동상 집 갔다가 지수씨한테 지녁 밥 잘 으더먹었네.

**지스락**(정선읍, 화암면), **지시락**(남면)

　[표] 몡 기스락 뜻 1. 기슭의 가장자리. 2. 초가의 처마 끝.

　예 지붕 지스락이 쫌 깨졌다.

**지슬카리**(정선읍, 여량면, 북평면), **지슬**(남면, 화암면)

　[표] 몡 기슭 뜻 1. 산이나 처마 따위에서 비탈진 곳의 아랫부분. 2. 바다나 강 따위의 물과 닿아 있는 땅.

　예 봄이 언제 왔는지 지슬카리에 참꽃이 마이 피었다.

**지시랑물**(정선읍, 여량면, 남면)

　[표] 몡 낙숫물(落水-) 뜻 처마 끝에서 떨어지는 물.

　예 처마 끝에 지시랑물이 떨어진다.

**지시매털**(정선읍, 화암면)

　[표] 몡 산거울(山--) 뜻 〈식물〉 사초과의 여러해살이풀. 꽃줄기는 높이가 3~6cm이고 둔한 세모기둥 모양이며, 잎 틈에 끼어 잘 보이지 않고 그 끝에 약간의 수상화가 핌. 그늘진 바위틈이나 건조한 숲 속에서 자람.

　예 산에 올라가다 바위에 있는 지시매털을 보았다.

**지신거리다**(정선읍, 화암면), **개신거리다**(남면)

　[표] 통 기신거리다 뜻 1. 게으르거나 기운이 없어 자꾸 느릿느릿 힘없이 행동함. 2. 굼뜨게 눈치를 보며 반기지 않는 데를 자꾸 찾아다님.

　예 갤갤하며 지신거리능그보문 애거 말러 죽겠어.

**지심**(정선읍, 여량면, 북평면), **제심**(남면)

　[표] 몡 제힘 뜻 자신의 힘.

　예 개코도 아닌기 지심만 믿고 아무 대고 대든다.

**지아무리**(정선읍, 여량면, 남면, 화암면), **지암만**(정선읍)

　[표] 뷔 제아무리 뜻 제 딴에는 세상없이. 남을 낮잡아 보는 뜻으로 쓰는 말.

　예 1. 지아무리 잘난 체 해봐야 별 볼 일 읎어. 2. 지암만 해도 안돼.

**지와**(정선읍, 여량면, 남면, 화암면)

　[표] 몡 기와 뜻 지붕을 이는 데에 쓰기 위하여 흙을 굽거나 시멘트 따위를 굳혀서 만든 건축 자재. 우리나라에는 수키와와 암키와의 구별이 있음.

　예 옛날 촌동네는 지와집도 벨루 읎었어.

**지와젱이**(정선읍, 여량면, 남면, 북평면, 화암면)

　[표] 몡 기와장이 뜻 지붕에 기와를 이는 일을 업으로 삼는 사람.

　예 옆집 아저씨는 지와젱이다.

**지왓가매**(정선읍, 여량면, 북평면, 남면, 화암면)

　[표] 몡 기왓가마 뜻 기와를 구워 내는 가마.

　예 마을에 지왓가매가 두 개 있었다.

**지왕이문**(정선읍), **이왕이면**(여량면, 화암면)

[표] [부] 기왕이면(既往--) [뜻] 어차피 그렇게 된 바에는.
[예] 이왕이면 다홍치마라고 색시있는 데 가서 술 먹자.

**지우다**(정선읍, 여량면, 남면, 북평면, 화암면), **떼다**(임계면)
[표] [동] 낙태시키다 [뜻] (의사가 태아를)인공적으로 자궁에서 없애 버림.
[예] 산아제한으로 아이를 벌써 두 번째 지웠어.

ㅈ

**지웃거리다**(여량면, 남면, 북평면, 화암면), **끼웃거리다**(임계면)
[표] [동] 기웃거리다 [뜻] 1. 무엇을 보려고 고개나 몸 따위를 이쪽저쪽으로 자꾸 기울임. 2. 남의 것을 탐내는 마음으로 자꾸 슬금슬금 넘겨다봄.
[예] 도둑같이 생긴놈이 뭘 찾는지 이 집 저집 지웃거리다.

**지음**(정선읍, 여량면, 북평면, 남면)
[표] [의] 즈음 [뜻] 일이 어찌 될 무렵.
[예] 인제 영화가 끝날지음 안됐나.

**지일루**(정선읍), **제일루**(여량면, 남면)
[표] [부] 제일(第一) [뜻] 여럿 가운데 가장.
[예] 우리 동내 반장이 지일루 일을 잘해.

**지장**(여량면, 화암면)
[표] [명] 기장 [뜻] 볏과의 한해살이풀. 높이는 50~120cm이며, 잎은 어긋나고 이삭은 가을에 익는데 아래로 늘어짐. 여름에 작은 수상화가 원추(圓錐) 화서로 피고 이삭은 9~10월에 익음. 열매는 '황실(黃實)'이라고도 하는데 엷은 누런색으로 떡, 술, 엿, 빵 따위의 원료나 가축의 사료로 쓰임. 선사 시대부터 이집트, 아시아 등지에서 재배했으며 강원, 경북 등지에 분포함.
[예] 지장떡이 차진 게 마싰다.

**지저구**(정선읍, 여량면, 북평면), **귀저기**(임계면), **기저구**(남면, 화암면)
[표] [명] 기저귀 [뜻] 어린아이의 똥오줌을 받아 내기 위하여 다리 사이에 채우는 물건. 천이나 종이로 만듦.
[예] 아 지저구 쫌 갈아 주세요.

**지저부레하다**(정선읍, 여량면, 남면)
[표] [형] 지저분하다 [뜻] 1. 정돈이 되어 있지 아니하고 어수선함. 2. 보기 싫게 더러움. 3. 말이나 행동이 추잡하고 더러움.
[예] 청소 쫌 해라. 왜 방안이 이렇게 지저부레하냐.

**지정거리다**(정선읍, 여량면, 화암면), **찔끔거리다**(남면)
[표] [동] 지짐거리다 [뜻] 조금씩 내리는 비가 자꾸 오다 말다 하며 자주 내림.
[예] 1. 장마철이라 날씨가 지정거리다.
2. 날이 되게 지정거리네.

**지좀부리**(여량면, 북평면), **주점부리**(화암면)
[표] [명] 군것질 [뜻] 끼니 외에 과일이나 과자 따위의 군음식을 먹는 일.
[예] 잠자기 전에 지좀부리하고 자자.

**지진맥진하다**(정선읍), **맥빠지다**(여량면, 화암면)
[표] [동] 기진맥진하다(氣盡脈盡--) [뜻] 기운이 다하고 맥이 다 빠져 스스로 가누지 못할 지경이 됨.
[예] 그 사고 소식을 들으니 지진맥진해서 내가 죽겠다.

**지집아**(정선읍, 여량면, 남면, 화암면), **지**

**저바**(임계면)

　[표] 몡 계집아이 뜻 1. '여자아이(여자인 아이)'를 낮잡아 이르는 말. 2. 남에게 자기 딸을 이르는 말.

　예 지집아들이 어데론지 한떼가리 간다.

**지짝**(정선읍, 남면), **제치**(여량면)

　[표] 몡 제짝 뜻 한 쌍이나 벌을 이루는 그 짝.

　예 신발도 제치가 젤 편하지.

**지펜**(정선읍), **지편**(여량면, 남면)

　[표] 몡 자기편(自己便) 뜻 자기와 같은 입장에 선 쪽. 또는 그쪽의 사람.

　예 1. 지편인지 남의 편인지 알 수가 없다. 2. 뭐든지 지펜이여.

**지펭이**(정선읍, 여량면, 북평면, 남면)

　[표] 몡 지팡이 뜻 걸을 때에 도움을 얻기 위하여 짚는 막대기.

　예 지펭이라도 짚고 일어서게.

**지푸래기**(정선읍, 여량면, 북평면), **짚오레기**(정선읍)

　[표] 몡 지푸라기 뜻 낱낱의 짚. 또는 부서진 짚의 부스러기.

　예 바람이 마이 불어서 지푸래기가 자꾸 날러온다.

**지풀루**(정선읍), **지나불루**(여량면)

　[표] 뷔 제풀로 뜻 저 혼자 저절로.

　예 저 사람 심도 한번 못 써보고 지풀루 넘어지네.

**지풀에**(정선읍, 남면, 화암면), **지나불에**(여량면)

　[표] 뷔 제풀에 뜻 1. 내버려 두어도 저 혼자 저절로. 2. 제 행동에 의하여

생긴 영향에. 3. 의도하지 않은 상태로 자기도 모르게.

　예 1. 가만 놔둬도 지나불에 나가떨어진다. 2. 지풀에 나가 떨어졌다.

**직**(정선읍, 화암면), **저**(여량면, 남면)

　[표] 의 적 뜻 그 동작이 진행되거나 그 상태가 나타나 있는 때, 또는 지나간 어떤 때.

　예 음식 할 직에 간도 안보고 하냐.

**진갈비**(정선읍, 남면, 화암면), **징갈매**(여량면)

　[표] 몡 진눈깨비 뜻 비가 섞여 내리는 눈.

　예 비가 오다가 추워서 징갈매가 온다.

**진곤이**(정선읍), **기여이**(남면, 화암면)

　[표] 뷔 기어코(期於-) 뜻 1. 어떠한 일이 있더라도 반드시 2. 결국에 가서는.

　예 1. 그렇게 하지 말래두 기여이 내 말을 안 들어. 2. 진곤이 하더니.

**진데기**(정선읍, 여량면, 남면, 임계면)

　[표] 몡 진드기 뜻 〈동물〉 진드깃과의 절지동물을 통틀어 이르는 말.

　예 진데기처럼 딱 달라붙어. 몸서리가 난다.

**진땅**(정선읍, 여량면, 북평면), **진창**(남면)

　[표] 뷔 진탕(-宕) 뜻 싫증이 날 만큼 아주 많이.

　예 진땅 먹었더니 이제 더는 못 먹겠다.

**진셍이**(정선읍, 여량면, 북평면, 남면, 화암면), **천치밥통**(임계면)

　[표] 몡 천치(天痴) 뜻 선천적으로 정신 작용이 완전하지 못하여 어리석고 못난 사람.

例 저런 진셍이 같은 놈 줘도 못 먹나.

**진절머리치다**(정선읍, 여량면, 남면), **으슬뜨리다**(정선읍)

[표] 图 진저리치다 뜻 1. 차가운 것이 몸에 닿거나 무서움을 느낄 때에, 또는 오줌을 눈 뒤에 으스스 떠는 몸짓을 함. 2. 몹시 싫증이 나거나 귀찮아 떨쳐지는 몸짓을 함.

例 그 때 그 일을 생각하믄서 진절머리치다.

**진죙일**(정선읍, 여량면, 북평면, 남면, 화암면), **한종일**(임계면)

[표] 图 囝 온종일(-終日) 뜻 图 아침부터 저녁까지의 동안. 囝 아침부터 저녁까지 내내.

例 농빈기라 진죙일 밭에서 일만 했다.

**진진날**(여량면, 화암면)

[표] 图 긴긴날 뜻 1. 길고 긴 날. 2. 낮이 밤보다 썩 긴 여름날을 이르는 말.

例 오뉴월 진진날에 뭐하며 지내지?

**진창만창**(정선읍, 남면), **진땅만땅**(여량면)

[표] 囝 진탕만탕(-宕-宕) 뜻 양에다 차고도 남을 만큼 매우 많고 만족스럽게.

例 진땅만땅 나 만족하네.

**진치매**(정선읍, 남면, 화암면), **진초마**(여량면)

[표] 图 긴치마 뜻 1. 발목까지 가리도록 길게 만든 치마. 2. 예전에, 한복 차림에서 맨 겉에 입던 치마.

例 여자들은 진치매를 입는 게 훨씬 단정해 보인다.

**진탕**(정선읍, 여량면, 남면, 화암면)

[표] 图 진창 뜻 땅이 질어서 질퍽질퍽하게 된 곳.

例 비가 오니 질바닥이 온통 진탕이다.

**진탕질**(정선읍, 여량면)

[표] 图 진창길 뜻 땅이 질어서 질퍽질퍽한 길.

例 진탕질 건너라 고생 많았다.

**진팔**(정선읍, 북평면), **진소매**(여량면, 남면, 화암면)

[표] 图 긴소매 뜻 손목까지 내려오는 소매. 또는 그런 옷.

例 가실바람이 차서 진소매를 입어야겠다.

**진퍼리**(정선읍, 남면), **진컬**(여량면)

[표] 图 진펄 뜻 땅이 질어 질퍽한 벌.

例 밭이 진컬이래서 김매기가 나쁘다.

**진풀**(정선읍, 남면), **짐풀**(화암면)

[표] 图 여름풀 뜻 여름철에 무성하게 자라는 여러 가지 풀.

例 옛날에는 집집마다 돌아가면서 진풀을 비었다.

**질가**(정선읍, 여량면, 남면, 북평면, 화암면), **길까**(임계면)

[표] 图 길가 뜻 길의 양쪽 가장자리.

例 가을이 오니 질가에 코스모스가 잔뜩 폈다.

**질갓집**(여량면, 남면), **길까집**(임계면, 화암면)

[표] 图 길갓집 뜻 길의 가장자리에 있는 집.

例 질갓집에서 물 한 모금 얻어 마시다.

**질거리**(여량면, 남면, 북평면, 화암면), **갱변**(남면)

[표] 图 길거리 뜻 사람이나 차가 많이 다니는 길.

예 1. 질거리에 개미 새끼 한 마리 없다. 2. 갱변에서 니 뭐했나?

**질겁다**(정선읍, 남면, 화암면, 임계면)

[표] 형 즐겁다 뜻 마음에 거슬림이 없이 흐뭇하고 기쁨.

예 오늘 소풍가는데 날씨가 좋아 기분이 증말 질겁다.

**질금**(정선읍, 여량면), **콩질금**(정선읍, 남면, 화암면)

[표] 명 콩나물 뜻 콩을 물이 잘 빠지는 그릇 따위에 담아 그늘에 두고 물을 주어 자라게 한 것. 또는 그것으로 만든 나물.

예 콩질금은 재래식으로 키워야 향과 맛이 제격이다.

**질금국**(정선읍, 여량면, 화암면), **콩질금국**(정선읍, 남면)

[표] 명 콩나물국 뜻 콩나물을 넣고 끓인 국.

예 고뿔 걸린 데는 질금국에 고치가루 타서 먹으면 찍방이다.

**질금령하다**(정선읍, 여량면, 남면), **절금령하다**(정선읍)

[표] 동 질겁하다(窒怯--) 뜻 뜻밖의 일에 자지러질 정도로 깜짝 놀람.

예 질바닥에 있는 뱀을 보더니 질금령하다.

**질금콩**(정선읍, 북평면), **논슴콩**(여량면, 신동읍)

[표] 명 논두렁콩 뜻 논두렁에 심은 콩.

예 옛날에는 논슴콩을 꼭 심었었다.

**질금콩**(정선읍, 여량면, 남면, 북평면, 화암면)

[표] 명 기름콩 뜻 콩나물로 기르는

잘고 흰 콩.

예 콩나물은 질금콩으로 맨든 게 마싰다.

**질다**(정선읍, 임계면), **지다라하다**(여량면), **찔다**(남면), **찌다랗다**(화암면)

[표] 동 길다 뜻 1. 잇닿아 있는 물체의 두 끝이 서로 멺. 2. 이어지는 시간상의 한 때에서 다른 때까지의 동안이 오램. 3. 글이나 말 따위의 분량이 많음.

예 새끼줄이 지다라하다.

**질딱이**(여량면, 화암면), **질딲개**(남면)

[표] 명 길닦이 뜻 길을 고쳐 닦는 일.

예 옛날엔 봄가을로 질딱이를 했다.

**질모텡이**(여량면, 화암면), **질모렝이**(남면)

[표] 명 길모퉁이 뜻 길이 구부러지거나 꺾여 돌아가는 자리.

예 질모텡이를 돌아서면 우리 집이다.

**질바닥**(정선읍, 여량면, 북평면, 남면, 화암면)

[표] 명 길바닥 뜻 1. 길의 바닥 표면. 2. 길거리나 길의 위.

예 비가 오면 질바닥에 물이 고여 댕기기가 어려웠다.

**질베는날**(여량면, 북평면)

[표] 명 호미씻이 뜻 〈민속〉 농가에서 농사일, 특히 논매기의 만물을 끝낸 음력 7월쯤에 날을 받아 하루를 즐겨 노는 일.

예 여는 칠월 보름날이 질베는날이여.

**질색팔색하다**(남면, 임계면)

[표] 동 질색하다(窒塞--) 뜻 1. 숨이 통하지 못하여 기운이 막힘. 2. 몹시 싫어하거나 꺼림.

예 딸년이 개똥이한테 시집가라니 질

색팔색하네.

**질쌈**(정선읍, 여량면, 남면, 화암면)
[표] 몡 길쌈 뜻 실을 내어 옷감을 짜는 모든 일을 통틀어 이르는 말.
예 할머이는 어린 시절 질쌈을 마이 하셨다.

**질짐성**(정선읍, 남면, 화암면), **질짐승**(여량면)
[표] 몡 길짐승 뜻 기어 다니는 짐승을 통틀어 이르는 말.
예 밤에 질짐승 조심해야 해.

**질쭉하다**(정선읍, 여량면, 남면, 북평면, 화암면)
[표] 혱 길쭉하다 뜻 조금 깊.
예 빨래 장대가 질쭉하다.

**질탕**(정선읍), **진탕**(여량면, 북평면)
[표] 몡 진흙탕 뜻 흙이 질척질척하게 된 땅.
예 비가 넘 와서 진탕길이 되어 다닐 수가 없다.

**질탕질**(정선읍, 북평면), **진탕질**(여량면)
[표] 몡 진흙탕길 뜻 흙탕물이 질펀하게 깔린 길.
예 진탕질에 장화가 읎시는 댕기기 어렵다.

**질펀데기**(정선읍, 북평면), **질뻔데기**(여량면), **진창**(임계면), **질뻔대기**(남면)
[표] 몡 진흙땅 뜻 진흙으로 된 땅.
예 비가 오니 온통 진창이네.

**질하리**(정선읍, 여량면, 북평면, 남면), **질화리**(여량면)
[표] 몡 질화로(-火爐) 뜻 질흙으로 구워 만든 화로.
예 질화리에 밤 구어 먹던 때가 그립다.

**짐**(정선읍, 남면, 임계면, 화암면)
[표] 몡 김 뜻 1. 액체가 열을 받아서 기체로 변한 것. 2. 수증기가 찬 기운을 받아서 엉긴 아주 작은 물방울의 집합체. 3. 입에서 나오는 더운 기운.
예 솥에서 햐얀 짐이 솔솔 나온다.

**짐매기**(정선읍, 여량면, 남면, 화암면)
[표] 몡 김매기 뜻 논밭의 잡초를 뽑는 일.
예 아주머이들이 콩밭에서 짐매기를 하고 있다.

**짐성**(정선읍, 여량면, 남면, 화암면)
[표] 몡 짐승 뜻 1. 〈동물〉포유류를 통틀어 이르는 말. 몸에 털이 나고 네 발을 가졌으며 정온 동물. 2. 사람이 아닌 동물을 이르는 말. 3. 매우 잔인하거나 야만적인 사람을 비유적으로 이르는 말.
예 1. 사람이고 짐성이고 함부로 대하면 안된다. 2. 짐성도 잡으멘 죄된다.

**짐장**(정선읍, 여량면, 남면, 북평면, 화암면), **짠지**(임계면)
[표] 몡 김장 뜻 1. 겨우내 먹기 위하여 김치를 한꺼번에 많이 담그는 일. 또는 그렇게 담근 김치. 2. 김장거리로 무, 배추 따위를 심음. 또는 그 배추나 무.
예 올해도 짐장을 어울러서 셋집이 하기로 했다.

**짐장값**(정선읍, 여량면, 남면, 화암면)
[표] 몡 김장값 뜻 김장하는 데 드는 비용.
예 배차값이 넘 비싸서 짐장값이 만만치 않다.

**짐장단지**(정선읍, 화암면), **김치단지**(정
선읍), **짐칫단지**(여량면, 북평면), **짐장독**
(남면, 화암면)

  [표] 몡 김장독 뜻 김장을 담아 두는 독

  예 짐칫단지를 묻으려고 구덩이를
    판다.

**짐치**(정선읍, 여량면, 남면, 북평면, 화암
면), **짠지**(여량면)

  [표] 몡 김치 뜻 소금에 절인 배추나
  무 따위를 고춧가루, 파, 마늘 따위의
  양념에 버무린 뒤 발효를 시킨 음식.
  재료와 조리 방법에 따라 많은 종류가
  있음.

  예 올해는 짐치가 넘 싱겁다.

**집더미**(정선읍), **집뎅이**(여량면), **집데미**
(여량면, 남면)

  [표] 몡 집채 뜻 집의 한 덩이.

  예 거름더미가 집데미만하다.

**집쥔**(정선읍, 남면), **집죈**(여량면, 화암면)

  [표] 몡 집주인(-主人) 뜻 1. 한 집안의
  으뜸이 되는 사람. 2. 그 집의 소유자.

  예 집죈한테 허락받고 집을 마구 뜯
    어 고치는 거요.

**집지킴이**(정선읍, 여량면, 남면, 화암면),
**집구렝이**(정선읍)

  [표] 몡 업구렁이 뜻 집안의 재산을
  늘려 준다는 구렁이.

  예 저 집구렝이는 우리 집 지킴이야.

**집짐성**(정선읍, 여량면, 남면)

  [표] 몡 집짐승 뜻 집에서 기르는 짐승.

  예 소나 개나 집짐성은 같은 식구다.

**집퇴끼**(정선읍, 여량면, 북평면, 남면)

  [표] 몡 집토끼 뜻 〈동물〉 토끼과의
  하나.

  예 산퇴끼 잡으려다 집퇴끼 놓친다.

**짓눌루다**(정선읍, 여량면, 남면), **지지눌
루다**(여량면, 화암면)

  [표] 동 짓누르다 뜻 1. 함부로 마구
  누름. 2. 심리적으로 심하게 억압함.

  예 한 사람을 둘이서 지지눌루다.

**짓눌리키다**(정선읍, 남면), **짓눌래키다**
(여량면)

  [표] 동 짓눌리다 뜻 '짓누르다'의 피
  동사

  예 머를 잘못했기에 짓눌리키냐?

**짓는다**(정선읍), **꼬매다**(여량면, 화암면),
**집다**(남면)

  [표] 동 깁다 뜻 1. 떨어지거나 해어
  진 곳에 다른 조각을 대거나 또는 그대
  로 꿰맴. 2. 글이나 책에서 내용의 부
  족한 점을 보충함.

  예 헌 양말 뒤꿈치를 꼬매 신는다.

**짓따구리**(정선읍, 남면), **짓따구**(여량면)

  [표] 몡 짓 뜻 몸을 놀려 움직이는 동작.
  주로 좋지 않은 행위나 행동을 이름.

  예 1. 처먹고 하는 짓따구가 꼭 못된
    것만 한다. 2. 무슨 짓따구리 하냐?

**짓자들다**(정선읍, 여량면, 북평면), **짓띠
딜기다**(정선읍)

  [표] 동 짓두들기다 뜻 함부로 마구
  두들김.

  예 여럿이 한 사람을 짓자들다.

**짓졸르다**(정선읍, 여량면), **짓졸구다**(남면)

  [표] 동 짓조르다 뜻 몹시 차지고 끈
  덕지게 무엇을 자꾸 요구함.

  예 머를 얻으려고 끝없이 짓졸르다.

**짓털**(여량면, 남면), **깃터레기**(화암면)

  [표] 몡 깃 뜻 1. 조류의 몸 표면을 덮

고 있는 털. 2. 새의 날개. 3. 화살에
세 갈래로 붙인 새 날개의 털.
- 예 질바닥에 짓털이 마이 떨어졌구
나. 새매가 새를 잡아 먹었네.

**징구다**(정선읍, 남면)
- [표] 동 지니다 뜻 몸에 간직하여 가짐.
- 예 항상 지갑을 징구고 댕겨야 마음
이 놓인다.

**징역**(정선읍, 북평면, 화암면)
- [표] 명 교도소(矯導所) 뜻 〈법률〉 행
형(行刑) 사무를 맡아보는 기관. 징역
형이나 금고형, 노역장 유치나 구류
처분을 받은 사람, 재판 중에 있는 사
람 등을 수용하는 시설임.
- 예 나쁜 짓을 하면 징역을 살아야 한다.

**징잽이**(정선읍, 여량면, 남면)
- [표] 명 징재비 뜻 두레패 따위에서
징을 치는 사람.
- 예 그래도 징잽이가 젤 편하고 낫다.

**징증**(정선읍, 여량면), **증**(남면)
- [표] 명 징 뜻 〈음악〉 민속 음악에 쓰
는 타악기의 하나. 놋쇠로 전이 없는
대야같이 만들어, 울의 한쪽에 두 개
의 구멍을 내어 끈을 꿰고 채로 쳐서
소리를 냄. 음색이 부드럽고 장중함.
- 예 증소리가 젤 크다.

**징징대는소리**(정선읍, 여량면, 북평면, 남
면, 화암면), **질질짜다**(정선읍)
- [표] 명 우는소리 뜻 엄살을 부리며
곤란한 사정을 늘어놓는 말.
- 예 1. 징징대는소리 그만해 그런다고
누가 알아주나. 2. 니 왜 질질짜나?

**짚다**(정선읍, 남면, 화암면), **지푸다**(여량
면, 임계면)

[표] 형 깊다 뜻 1. 겉에서 속까지의
거리가 멂. 2. 생각이 듬쑥하고 신중
함. 3. 수준이 높거나 정도가 심함.
- 예 1. 강물이 참 짚다. 2. 아우라지는
물이 넘 지푸다.

**짚북대기**(정선읍, 여량면, 남면)
- [표] 명 짚북데기 뜻 짚이 아무렇게나
엉킨 북데기.
- 예 큰애야 짚북대기 끊어내라.

**짚세기**(정선읍, 여량면, 북평면, 남면, 화
암면)
- [표] 명 짚신 뜻 볏짚으로 삼아 만든
신. 가는 새끼를 꼬아 날을 삼고 총과
돌기총으로 울을 삼아 만듦.
- 예 옛날에 먼길 갈때는 짚세기를 더
가지고 다녔다.

**짚토막**(정선읍, 북평면), **짚토맥이**(여량
면), **짚토매**(남면)
- [표] 명 짚단 뜻 볏짚을 묶은 단.
- 예 탈곡하면 짚토맥이를 쌓아야 한다.

**짜가리**(정선읍, 여량면, 북평면, 남면, 화
암면)
- [표] 명 짜개 뜻 콩이나 팥 따위를 둘
로 쪼갠 것의 한쪽.
- 예 콩이 마커 짜가리가 나서 틀렸다.

**짜구**(정선읍, 남면)
- [표] 명 자귀 뜻 개나 돼지에 생기는
병의 하나. 흔히 너무 많이 먹어서 생
기는 병으로, 배가 붓고 발목이 굽으
면서 일어서지 못함.
- 예 저 돼야지가 넘 처먹어 짜구가 난
게로구나.

**짜들박**(여량면)
- [표] 명 오르막 뜻 1. 낮은 곳에서 높

은 곳으로 이어지는 비탈진 곳. 2. 기운이나 기세가 올라가는 상황.

⑩ 지게를 지고 짜들박에 올라갈 때 넘 심이 든다.

**짜들배기**(정선읍, 남면, 화암면), **짜드락**(정선읍), **짜드렁**(여량면), **언덕빼기**(임계면)

[표] 몡 급경사(急傾斜) 뜻 몹시 가파른 경사.

⑩ 짜드렁 오르기 심들다.

**짜르다**(정선읍, 남면), **짱크다**(여량면)

[표] 동 자르다 뜻 동강을 내거나 끊어 냄.

⑩ 전지 까새로 낭구를 짱크다.

**짜르다**(정선읍, 여량면, 북평면), **짤따**(정선읍, 남면)

[표] 혱 짧다 뜻 1. 잇닿아 있는 공간이나 물체의 두 끝의 사이가 가까움. 2. 이어지는 시간상의 한 때에서 다른 때까지의 동안이 오래지 않음. 3. 글이나 말 따위의 길이가 얼마 안 됨. 또는 행동을 빠르게 함.

⑩ 여학상 치마길이가 쫌 짤때해서 물고뱅이가 나올라 한다.

**짜르다**(정선읍, 여량면, 북평면, 남면, 임계면), **짤르다**(정선읍)

[표] 동 해고하다(解雇--) 뜻 〈사회〉「…을」 고용주가 고용 계약을 해제하여 피고용인을 내보냄.

⑩ 회사 구조조정으로 인원을 마이 짜르기로 했다.

**짜리몽탕하다**(정선읍, 화암면), **짜리몽탁하다**(여량면), **몽탁하다**(신동읍)

[표] 혱 몽땅하다 뜻 끊어서 몽쳐 놓은 것처럼 짤막함.

⑩ 키가 짜리몽탁해서 난쟁이 같다.

**짜리하다**(정선읍, 여량면), **짜리리하다**(남면)

[표] 동 짜릿하다 뜻 1. 조금 자린 듯함. '자릿하다'보다 센 느낌을 줌. 2. 심리적 자극을 받아 마음이 순간적으로 조금 흥분되고 떨리는 듯함. '자릿하다'보다 센 느낌을 줌.

⑩ 여자 손을 첨 만지니 온몸이 짜리하다.

**짜매다**(정선읍, 여량면, 북평면, 남면, 임계면)

[표] 동 잡아매다 뜻 1. 흩어지지 않게 한데 맴. 2. 달아나지 못하도록 묶음. 3. (비유적으로) 꼼짝 못 하게 함.

⑩ 허리띠를 풀어지지 않게 댄댄이 짜매거라.

**짜부러지다**(정선읍, 여량면, 북평면)

[표] 동 짜부라지다 뜻 1. 물체가 눌리거나 부딪혀서 오그라짐. 2. 기운이나 형세 따위가 꺾이어 약해짐. 3. 망하거나 허물어짐.

⑩ 넘 무거운 짐을 지려고 하니 짜부러질 것 같다.

**짜우뚱거리다**(여량면, 북평면), **기우뚱거리다**(임계면), **찌우뚱거리다**(화암면)

[표] 동 갸우뚱거리다 뜻 물체가 자꾸 이쪽저쪽으로 갸울어지며 흔들림. 또는 그렇게 함.

⑩ 머리를 짜우뚱거리며 한참을 생각했다.

**짜울떵하다**(정선읍, 북평면), **찌우뚱하다**(여량면, 남면), **찌불퉁하다**(화암면)

[표] 동 혱 기우뚱하다 뜻 동 물체가

한쪽으로 약간 기울어짐. 또는 그렇게
함. 匷 물체가 한쪽으로 약간 기울어
져 있음.

例 저 사람 짐이 찌우뚱하니 곧 넘어
질 것 같다.

**짜징**(정선읍, 남면), **부셍이**(여량면, 화암
면), **째징**(임계면)

[표] 名 짜증 뜻 마음에 꼭 맞지 아니
하여 발칵 역정을 내는 짓. 또는 그런
성미.

例 니는 왜 때만되면 그래 부셍이를
치나.

**짝궁**(정선읍, 북평면), **아삼육**(여량면, 남
면, 임계면, 화암면)

[표] 名 단짝(單-) 뜻 서로 뜻이 맞거
나 매우 친하여 늘 함께 어울리는 사
이. 또는 그러한 친구.

例 영희와 천수는 아삼육이다.

**짝눈깔이**(정선읍, 여량면, 북평면, 남면),
**짝짜기눈**(정선읍), **짝짜구눈**(여량면)

[표] 名 짝눈 뜻 1. 양쪽의 크기나 모
양이 다르게 생긴 눈. 또는 그 눈을 가
진 사람. 2. 양쪽 눈의 시력의 차이가
심한 눈.

例 니는 왜서 눈이 짝짜구눈이나?

**짝다**(정선읍, 여량면), **좇만하다**(정선읍),
**즉다**(남면)

[표] 形 작다 뜻 1. 길이, 넓이, 부피
따위가 비교 대상이나 보통보다 덜함.
2. 정하여진 크기에 모자라서 맞지 아
니함. 3. 일의 규모, 범위, 정도, 중요
성 따위가 비교 대상이나 보통 수준에
미치지 못함.

例 이건 생각하기보다 넘 짝다.

**짝다리**(정선읍, 여량면, 북평면, 신동읍,
화암면), **쩔룩발이**(정선읍)

[표] 名 봉충다리 뜻 사람이나 물건의
한쪽이 짧은 다리.

例 뒷집에 사는 쩔룩발이는 마음씨
는 보기보다 곱더라.

**짝보선**(정선읍, 남면), **짝짜구버선**(여량면)

[표] 名 짝버선 뜻 양쪽이 서로 제짝
이 아닌 버선.

例 얼마나 급했나 짝보선을 신었네.

**짠디**(정선읍, 화암면), **질잔떼**(여량면)

[표] 名 암크령 뜻 볏과의 여러해살
이풀.

例 한식때는 산소에 짠띠 입히기로
했다.

**짠순이**(여량면), **짠돌이**(정선읍, 여량면,
남면)

[표] 名 자린고비 뜻 다라울 정도로
인색한 사람을 낮잡아 이르는 말.

例 1. 그 예펜네는 올매나 짠순인지
몰러. 2. 아유 짠돌이 같이.

**짤러매다**(정선읍, 북평면), **잡어매다**(정
선읍), **쫄러매다**(여량면), **조매다**(남면)

[표] 動 졸라매다 뜻 느슨하지 않도록
단단히 동여맴.

例 배는 고프고 허리띠를 바짝 쫄러
매고 일했다.

**짭짤하다**(정선읍), **찝찌름하다**(여량면, 남
면, 화암면)

[표] 形 찝찔하다 뜻 1. 맛이 없이 조
금 짬. 2. 일이 되어 가는 꼴이 마음에
들지 않음.

例 간이 쫌 찝찌름하다.

**짭짜룸하다**(정선읍, 북평면, 남면, 임계

면), **짭짜롬하다**(여량면), **짜굽다**(화암면, 임계면)

　[표] 휑 짭짤하다 뜻 1. 감칠맛이 있게 조금 짬. 2. 이나 행동이 규모 있고 야무짐. 3. 일이 잘되어 실속이 있음.
　예 생선조림이 짭짜롬하다.

**짱**(정선읍, 여량면, 북평면, 남면)

　[표] 몡 최고(最高) 뜻 1. 가장 높음. 2. 으뜸인 것. 또는 으뜸이 될 만한 것.
　예 니가 우리 반에서 짱이다.

**짱방울**(여량면, 남면)

　[표] 몡 장치기공 뜻 장치기를 하는 데 쓰는 공. 나무를 둥글게 깎고 다듬어 만듦.
　예 짱치기 하다 짱방울이 날아가버렸다.

**짱치기**(여량면, 남면)

　[표] 몡 장치기 뜻 겨울철에 어린이들이 하는 공치기 놀이의 하나. 두 편이 각각 막대를 가지고 나무 공을 쳐서 상대편 골문 안으로 밀어 넣기를 함.
　예 어릴 때 친구랑 산에서 짱치기 놀이 마이 했다.

**짱키다**(정선읍, 북평면), **짤리키다**(정선읍), **짤리다**(여량면, 남면, 화암면)

　[표] 동 잘리다 뜻 '자르다'의 피동사.
　예 회사가 어려워서 짤렸다.

**째개다**(정선읍, 여량면, 남면), **짜가르다**(여량면, 화암면), **뽀개다**(임계면)

　[표] 동 짜개다 뜻 나무 따위의 단단한 물건을 연장으로 베거나 찍어서 갈라지게 함.
　예 1. 닭을 잡아서 배를 짜가르다. 2. 낭구토막을 째개서 말려라.

**째개지다**(정선읍, 여량면, 남면), **또개지다**(정선읍), **뽀개지다**(임계면)

　[표] 동 짜개지다 뜻 주로 나무와 같은 단단한 물건이 저절로 또는 연장으로 베이거나 찍혀서 갈라짐.
　예 눈이 넘 내려 솔가지가 째개지다.

**째깝시룹다**(정선읍, 여량면, 남면, 화암면)

　[표] 휑 자깝스럽다 뜻 1. 어린아이가 마치 어른처럼 행동하거나, 젊은 사람이 지나치게 늙은이의 흉내를 내어 깜찍한 데가 있음. 2. '잡상스럽다'의 잘못.
　예 아이고 하는 꼬라지가 참으로 째깝시룹다.

**째레보다**(정선읍, 여량면, 남면, 화암면), **째려보다**(임계면)

　[표] 동 노려보다 뜻 1. 미운 감정으로 어떠한 대상을 매섭게 계속 바라봄. 2. 탐이 나서 눈독 들여 겨누어 봄.
　예 1. 자는 맨날 째레본다. 2. 타인을 째려보면 안 돼.

**째지발거리다**(정선읍, 여량면, 북평면 남면)
　[표] 동 재재거리다 뜻 조금 수다스럽게 자꾸 재잘거림.
　예 조것들은 셋만 모이면 뭐라고 째지발거린다.

**짹깍소리**(정선읍, 북평면), **짹깍소레기**(정선읍), **짹소레기**(여량면), **찍소래기**(여량면)

　[표] 몡 짹소리 뜻 조금이라도 반대하거나 항의하려는 말이나 태도.
　예 누가 뭐라하믄 찍소래기 해지 말고 잠자코 있어.

**쩐맨두**(정선읍, 여량면, 북평면, 남면)
　[표] 몡 찐만두(-饅頭) 뜻 쪄서 익힌

만두.

- 예 나는 군맨두보다 쩐맨두를 좋아
한다.

**쩐지가새**(정선읍, 남면), **전지까새**(여량면)

[표] 명 전지가위(剪枝--) 뜻 가지치
기할 때 사용하는 가위.

- 예 정원수를 쩐지가새로 해마다 등
쳐준다.

**쩔다**(정선읍, 여량면, 남면)

[표] 통 절다 뜻 푸성귀나 생선 따위에
소금기나 식초, 설탕 따위가 배어듦.

- 예 고등애가 소금에 푹 쩔다.

**쩔둑거리다**(정선읍, 북평면), **찔루덕거리
다**(여량면, 남면), **찔뚝거리다**(임계면)

[표] 통 절룩거리다 뜻 걸을 때에 자
꾸 다리를 몹시 젊.

- 예 그 사람은 다리를 다쳐서 걸을 때
찔루덕거린다.

**쩔둑발이**(정선읍), **찔뚝벵이**(여량면, 화
암면), **찐따**(여량면), **질뚝발이**(임계면),
**절뚝벵이**(남면)

[표] 명 절뚝발이 뜻 한쪽 다리가 짧
거나 탈이 나서 뒤뚝뒤뚝 저는 사람을
낮잡아 이르는 말.

- 예 공차기하다 넘어져서 찔뚝벵이가
됐다.

**쩔둑발이**(정선읍, 북평면), **찔룩발이**(여
량면, 남면, 화암면)

[표] 명 절름발이 뜻 1. 한쪽 다리가
짧거나 다치거나 하여 걷거나 뛸 때에
몸이 한쪽으로 자꾸 거볍게 기우뚱거
리는 사람을 낮잡아 이르는 말. 2. 발
달린 물건의 한쪽 발이 온전하지 못한
것. 3. 사물을 구성하는 요소들이 균

형을 이루지 못하고 조화가 되지 아니
한 상태를 비유적으로 이르는 말.

- 예 저 사람 한쪽다리가 다친 찔룩발
이여.

**쩔벵이**(정선읍, 여량면, 북평면, 화암면),
**찔찔이**(정선읍), **울벵이**(여량면, 남면, 화
암면)

[표] 명 울보 뜻 걸핏하면 우는 아이.

- 예 저런 쩔벵이 같은 이라고.

**쩌들다**(정선읍, 남면), **찡게들다**(여량면,
화암면)

[표] 통 껴들다 뜻 1. 팔로 끼어서 듦.
2. '끼어들다(자기 순서나 자리가 아닌
틈 사이를 비집고 들어서다)'의 준말.
3. 함께 끌려듦.

- 예 남이 먼 말을 하면 꼭 찡게든다.

**쩌입다**(정선읍, 여량면, 남면, 북평면, 화
암면)

[표] 통 껴입다 뜻 1. 옷을 입은 위에
겹쳐서 또 입음. 2. 몸에 맞지 않는 옷
을 억지로 입음.

- 예 1. 옷을 쩌입다. 2. 넘 추워서 옷
을 세 개나 쩌입었다.

**쪼가리**(정선읍, 여량면), **짜가리**(남면, 화
암면)

[표] 명 쪽 뜻 쪼개진 물건의 한 부분.

- 예 콩 한쪼가리래도 농고먹는다.

**쪼가리보제기**(정선읍, 여량면, 북평면),
**쪼가리보**(남면)

[표] 명 조각보 (--褓) 뜻 여러 조각
의 헝겊을 대어서 만든 보자기.

- 예 쪼가리보제기 줄 테니 잘 싸라.

**쪼각**(정선읍)

[표] 명 조각 뜻 한 물건에서 따로 떼

어 내거나 떨어져 나온 작은 부분.

㉠ 낭구쪼각 잘 모아둬라.

**쪼글뜨리다**(정선읍, 남면), **쪼글띠리다**
(여량면, 북평면), **쭈쿠리다**(임계면)

[표] 툉 쪼그리다 뜻 1. 누르거나 옥여서 부피를 작게 만듦. 2. 팔다리를 오그려 몸을 작게 옴츠림.

㉠ 냄비를 쪼글띠리다.

**쪼롱박**(정선읍)

[표] 명 호리병박(--甁-) 뜻 〈식물〉 박과의 한해살이 덩굴풀. 줄기는 덩굴지고 덩굴손에 의해서 다른 물체에 감아 붙으며, 잎은 어긋나고 심장 모양인데 털이 있음. 암수한그루로 7월에 깔때기 모양의 흰 꽃이 잎겨드랑이에 피고 열매는 장과로 길쭉하며 가운데가 잘록한 모양임. 열매의 껍질이 단단하여 말려서 그릇으로 씀. 인가 근처에서 자람.

㉠ 쪼롱박 따다 바가지 맹글자.

**쪼자리**(정선읍, 북평면), **쪼다리**(여량면, 남면)

[표] 명 족자리 뜻 옹기 따위의 배 부분 양쪽에 달린 손잡이.

㉠ 1. 옹카지 쪼다리가 뚝 떨어졌다.
　　2. 단지 쪼자리 깨졌다.

**쪽대**(정선읍, 여량면, 남면), **반도**(화암면)

[표] 명 족대 뜻 물고기를 잡는 기구의 하나. 작은 반두와 비슷하나 그물의 가운데가 처져 있음.

㉠ 쪽대 가꾸 강에 고기잡으러간다.

**쪽도리풀**(정선읍, 여량면, 북평면)

[표] 명 족두리풀 뜻 〈식물〉 쥐방울덩굴과의 여러해살이풀. 마디가 많은

뿌리줄기는 옆으로 비스듬히 기며, 잎은 삼장 모양이고 끝이 뾰족함. 4~5월에 연한 홍자색 꽃이 잎 사이에서 나온 꽃대 끝에 한 개씩 피고 열매는 장과(漿果)를 맺음. 뿌리는 거담제, 진통제, 이뇨제로 쓰임.

㉠ 쪽도리풀은 감기, 두통에 약으로 쓴다.

**쪽재비**(정선읍, 여량면, 북평면, 남면, 화암면), **쪽지비**(정선읍)

[표] 명 족제비 뜻 〈동물〉 족제빗과의 동물. 수컷은 28~40cm, 암컷은 16~32cm임. 몸은 누런 갈색이며 입술과 턱은 흰색, 주둥이 끝은 검은 갈색임. 네 다리는 짧고 꼬리는 굵으며 김. 적에게 공격을 받으면 항문샘에서 악취를 냄. 털가죽은 방한용 옷에 쓰고 꼬리털로는 붓을 만듦. 한국, 일본, 대만 등지에 분포함.

㉠ 생긴 꼬라지가 꼭 쪽재비새끼 같이 생겼다.

**쪽재비사리껭이**(정선읍, 북평면), **쪽지비사리껭이**(정선읍), **족재비싸리**(여량면, 남면)

[표] 명 족제비싸리 뜻 〈식물〉 콩과의 낙엽 관목. 줄기는 높이가 1~4m이며 잎은 우상 복엽으로 어긋나고 잔잎은 알 모양 또는 타원형임. 5~6월에 줄기나 가지 끝에 자줏빛 꽃이 이삭 화서로 피며 열매는 협과임. 줄기와 가지는 광주리 따위를 만드는 데 쓰며 어린잎은 가축의 먹이로 쓰임. 북미 등지에 분포함.

㉠ 바구니 맨들게 쪽재비사리껭이

비어와.

**쪽지깨**(정선읍, 여량면, 북평면, 남면)

[표] 몡 족집게 뜻 1. 주로 잔털이나 가시 따위를 뽑는 데 쓰는, 쇠로 만든 조그마한 기구. 2. 어떤 사실을 정확하게 지적하여 내거나 잘 알아맞히는 능력을 가진 사람.

예 그 사람은 쪽지깨처럼 잘 알아맞힌다.

**쪽지깨쇠경**(정선읍, 여량면)

[표] 몡 족집게장님 뜻 〈민속〉 길흉을 점칠 때 남의 지낸 일을 잘 알아맞히는 영험한 맹인(盲人).

예 마을에 쪽지깨쇠경이 영험했지.

**쫀데기**(정선읍, 여량면, 남면), **까시젱이덩쿨 · 칡매개덤불**(정선읍)

[표] 몡 청가시덩굴(靑----) 뜻 〈식물〉 백합과의 낙엽 활엽 덩굴성 식물. 길이는 5~10m이며, 잎은 어긋나고 달걀 모양인데 턱잎은 덩굴손으로 변함. 6월에 노란색을 띤 녹색의 단성화가 산형(繖形) 화서로 피고 열매는 둥근 장과(漿果)로 9~10월에 검게 익음. 어린잎은 식용하고 산림에서 자라는데 한국, 일본, 중국 등지에 분포함.

예 1. 수에진과 쫀데기로 껌 만든다. 2. 쫀데기를 손등에 붙쳐 마가지고 송진을 썩꺼서 씨브면 아주 쫄깃쫄깃해.

**쫄구다**(정선읍, 여량면, 북평면, 남면), **째지다**(여량면)

[표] 몡 조리다 뜻 양념을 한 고기나 생선, 채소 따위를 국물에 넣고 바짝 끓여서 양념이 배어들게 함.

예 냄비에다 고등애를 쩨지다.

**쫄따구**(정선읍, 여량면, 북평면, 남면)

[표] 몡 졸때기 뜻 1. 보잘것없을 정도로 분량이나 규모가 작은 일을 속되게 이르는 말. 2. 지위가 변변하지 못하거나 규모가 크지 못하여 자질구레한 사람을 속되게 이르는 말. 3. 〈운동〉'졸'(卒)을 속되게 이르는 말.

예 쫄다구 새끼가 어델 감히 대들어.

**쫄르다**(정선읍, 여량면, 화암면), **쫄구다**(남면)

[표] 몡 조르다 뜻 1. 다른 사람에게 차지고 끈덕지게 무엇을 자꾸 요구함. 2. 동이거나 감은 것을 단단히 죔.

예 나만 보면 돈 빌려달라고 쫄르다.

**쫄무래이**(정선읍, 북평면), **졸무래기**(여량면), **조무래기**(남면, 임계면)

[표] 몡 조무래기 뜻 1. 자질구레한 물건. 2. 어린아이들을 낮잡아 이르는 말.

예 거개 졸무래기들은 다 빠지고 큰 것들만 묘여.

**쫄어들다**(정선읍, 여량면, 남면, 화암면), **째져들다**(정선읍), **짜자들다**(임계면)

[표] 몡 졸아들다 뜻 액체가 증발하여 그 분량이 적어짐.

예 냄비에 국을 올려놓고 한눈파는 사이에 물이 쫄어들었다.

**쫄어붙다**(정선읍, 여량면, 남면), **째져붙다**(정선읍)

[표] 몡 졸아붙다 뜻 바짝 졸아들어 물기가 거의 없어짐.

예 가스 불에 올려놓은 게 잠깐 사이에 쫄어붙었다.

**쫄어지다**(정선읍, 여량면, 북평면, 남면),

**째져지다**(정선읍)

　[표] 툉 졸아지다 뜻 액체가 증발하여 그 분량이 적어짐.

　예 찌개 궁물이 쫄어지다.

**쫄짝망하다**(정선읍), **쪽락놀아빠지다**(여량면)

　[표] 툉 망하다(ㄷ--) 뜻 1. 개인, 가정, 단체 따위가 제 구실을 하지 못하고 끝장이 남. 2. 못마땅한 사람이나 대상에 대하여 저주의 뜻으로 이르는 말.

　예 1. 그 좋던 재산이 놀음질로 쪽락놀아빠지다. 2. 쫄짝망했다.

**쫌셍이**(정선읍, 여량면), **좀생원**(남면)

　[표] 뎽 좀생이 뜻 좀스러운 사람. 또는 자질구레한 물건.

　예 생긴 건 멀쩡한 놈이 노는 건 쫌셍이다.

**쫑마눌**(정선읍, 여량면), **새끼마늘**(남면, 임계면)

　[표] 뎽 아들마늘 뜻 마늘종 끝에 생기는 작은 마늘.

　예 새끼마늘이 많아서 까자면 심들다.

**쫓예댕기다**(정선읍, 북평면, 남면), **쫓아댕기다**(여량면)

　[표] 툉 쫓아다니다 뜻 1. 남의 뒤를 졸졸 따라다님. 2. 부지런히 찾아다님.

　예 자는 맨날 여자 꽁무니만 쫓아 댕긴다.

**째기**(정선읍, 화암면), **쬐기**(여량면), **베락틀**(여량면, 신동읍)

　[표] 뎽 벼락틀 뜻 산짐승을 잡으려고 설치하는 덫의 하나. 짐승이 걸리면 활대 위에 쌓아 둔 돌 더미가 갑자기 한꺼번에 무너지게 되어 있음.

　예 쬐기를 놓아야 산짐승을 잡지.

**쬐그만큼**(정선읍), **조그망쿰**(여량면, 남면), **쪼만쿰**(여량면), **쥐뿔만큼**(임계면)

　[표] 믠 조그만큼 뜻 매우 적은 정도로.

　예 이번에는 쪼만쿰씩 나누어 드리겠어요.

**쬐끔**(정선읍, 여량면, 북평면), **쪼금**(정선읍), **죄꿈**(남면)

　[표] 뎽믠 조금 뜻 뎽 적은 정도나 분량. 믠 1. 정도나 분량이 적게 2. 시간적으로 짧게.

　예 이렇게 쬐끔 주면 어떻게 먹고 살어.

**쬐끔치**(정선읍, 여량면, 북평면), **쪼금씩**(정선읍), **죄꿈치**(남면)

　[표] 뎽 조금치 뜻 매우 작은 정도.

　예 밥은 작고 사람이 많으니 쪼금씩 농궈 먹어라.

**쬐기**(정선읍, 여량면, 남면)

　[표] 뎽 찰코 뜻 사냥 기구의 하나. 타원형으로 된 철제로, 중앙부를 밟으면 틀 좌우 양쪽에 팽팽하게 걸려 있던 편자 모양의 쇠가 튕겨 나와서 짐승의 발목을 잡도록 되어 있음.

　예 놀갱이를 잡을라고 쬐기를 났더니 안 걸린다.

**쭈거렁밤셍이**(정선읍, 북평면, 남면), **쭈구렁밤쇵이**(여량면)

　[표] 뎽 쭈그렁밤송이 뜻 1. 알이 제대로 들지 아니하여 쭈그러진 밤송이. 2. 시원찮거나 보잘것없는 사람을 비유적으로 이르는 말.

　예 쭈구렁밤셍이도 석삼년 산다.

**쭈구렁밤**(정선읍, 남면), **쭈구렝이밤**(여량면)

[표] 명 쭈그렁밤 뜻 알이 제대로 들지 아니하여서 껍질이 쭈글쭈글하게 된 밤.

예 쭈구렁밤은 맛이 별루다.

**쭈구렁쭈구렁**(정선읍, 여량면, 남면)

[표] 부 쭈글쭈글 뜻 쭈그러지거나 구겨져서 고르지 않게 주름이 많이 잡힌 모양.

예 나이드니 할멈도 얼굴이 쭈구렁쭈구렁 해진다.

**쭈구렁텡이**(정선읍, 여량면, 북평면), **쭈그렁방텡이**(여량면, 화암면), **쭈구렝이**(남면)

[표] 명 쭈그렁이 뜻 1. 쭈그러져 볼품없이 된 사물. 2. 살이 빠져서 쭈글쭈글한 늙은이를 낮잡아 이르는 말 3. 제대로 여물지 아니한 낟알.

예 어데가서 조터지고 얼굴이 쭈그렁방텡이가 됐다.

**쭈구룸**(정선읍, 여량면, 북평면)

[표] 명 주름 뜻 1. 피부가 쇠하여 생긴 잔줄. 2. 옷의 가닥을 접어서 줄이 지게 한 것. 3. 종이나 옷감 따위의 구김살.

예 옷에 쭈구룸이 마이 생겼다.

**쭈구룸살**(정선읍, 여량면), **주룸살**(남면, 화암면)

[표] 명 주름살 뜻 1. 얼굴 피부가 노화하여 생긴 잔줄. 2. 옷이나 종이 따위에 주름이 잡힌 금.

예 얼굴에 쭈구룸살이 자꾸 늘어간다.

**쭈물렝이**(정선읍, 남면, 화암면)

[표] 명 안마(按摩) 뜻 손으로 몸을 두드리거나 주물러서 피의 순환을 도와주는 일.

예 어깨가 아파서 쭈물렝이 했다.

**쭉대기**(정선읍, 여량면, 남면), **피쭉**(여량면), **쭉정이**(화암면, 임계면)

[표] 명 죽데기 뜻 통나무의 표면에서 잘라 낸 널조각. 주로 땔감으로 쓰임.

예 제재소 가서 쭉대기 한차 사오시오.

**쭉쏘개주다**(정선읍, 남면, 화암면), **말짱도루먹이다**(여량면), **허당**(여량면), **허다바리**(여량면)

[표] 동 헛일하다 뜻 보람을 얻지 못하고 쓸데없이 노력함.

예 기껀 맹글어났더니 다 허다바리네.

**쭉재이**(정선읍, 여량면, 남면)

[표] 명 쭉정이 뜻 1. 껍질만 있고 속에 알맹이가 들지 아니한 곡식이나 과일 따위의 열매. 2. 쓸모없게 되어 사람 구실을 제대로 하지 못하는 사람을 비유적으로 이르는 말.

예 올해는 시름이 안돼서 쭉재이가 마너.

**쭉젱이밤**(정선읍, 여량면, 남면)

[표] 명 쭉정밤 뜻 속에 알이 들지 아니하고 껍질뿐인 밤.

예 밤송이를 땄더니 쭉젱이밤이네.

**찌겡이술**(정선읍, 여량면, 남면)

[표] 명 지게미술 뜻 재강에 물을 타서 모주를 짜내고 남은 찌꺼기로 만들 술.

예 찌겡이술을 마셨는데도 금방 취하네.

**찌끄레기**(정선읍, 여량면, 남면), **무거리**(임계면)

[표] 명 찌꺼기 뜻 1. 액체가 다 빠진 뒤에 바닥에 남은 물건. 2. 쓸 만하거나 값어치가 있는 것을 골라낸 나머지.

374

3. 깊이 새겨지거나 배어 있어 청산되지 않고 남아 있는 생각이나 감정 따위를 비유적으로 이르는 말.

例 1. 남 먹다 남은 찌끄레기를 다 먹어 치우다. 2. 저 무거리 내버려라.

**찌끼**(정선읍, 화암면)

[표] 圐 노깨 뜻 체로 쳐서 밀가루를 뇌고 남은 찌꺼기.

例 살기 넘 어려워서 찌끼만 먹고 살았어.

**찌리하다**(정선읍), **찌리리하다**(여량면, 남면)

[표] 혱 찌릿하다 뜻 1. 뼈마디나 몸의 일부가 꽤 저린 느낌이 듦. 2. 가슴이나 마음이 꽤 저린 느낌이 듦.

例 전기 통하는 거 맨치로 손이 찌리리하다.

**찌불러지다**(정선읍, 남면), **찌불레지다**(여량면)

[표] 圐 찌부러지다 뜻 물체가 눌리거나 부딪혀서 우그러짐.

例 물체가 한쪽으로 찌불러지다.

**찌뿌등하다**(정선읍, 여량면, 북평면, 남면, 화암면)

[표] 혱 찌뿌드드하다 뜻 1. 몸살이나 감기 따위로 몸이 무겁고 거북함. 2. 표정이나 기분이 밝지 못하고 매우 언짢음. 3. 비나 눈이 올 것같이 날씨가 매우 흐림.

例 비가 올라 그리나 온몸이 찌뿌등하다.

**찌울다**(정선읍, 여량면, 남면, 북평면, 화암면)

[표] 圐 기울다 뜻 1. 비스듬하게 한쪽이 낮아지거나 비뚤어짐. 2. 마음이

나 생각 따위가 어느 한쪽으로 쏠림.
3. 해나 달 따위가 짐.

例 아무리 봐도 이 결혼은 신부 쪽이 찌울어.

**찌저깨피**(정선읍, 남면), **찌지개피**(여량면, 화암면)

[표] 圐 지저깨비 뜻 1. 나무를 깎거나 다듬을 때에 생기는 잔조각. 2. 떨어져 나오는 부스러기나 잔조각.

例 낭구때는데 가면 찌지개피가 많다.

**찌져눌루다**(정선읍, 여량면, 남면)

[표] 圐 지지누르다 뜻 지지르듯이 내리누름.

例 내용을 확인 안하고 찌져눌루다.

**찌져눌리키다**(정선읍, 여량면, 남면)

[표] 圐 지지눌리다 뜻 '지지누르다'의 피동사.

例 큰 통낭구에 찌져눌리키다.

**찌지개**(정선읍, 여량면, 남면), **찌게**(정선읍)

[표] 圐 찌개 뜻 뚝배기나 작은 냄비에 국물을 바특하게 잡아 고기·채소·두부 따위를 넣고, 간장·된장·고추장·젓국 따위를 쳐서 갖은 양념을 하여 끓인 반찬.

例 1. 두부찌개 하나해서 막걸리 한사발 하자. 2. 찌게는 부뚜매같이 뜨굽게 데페야해.

**찌찌펀펀하다**(정선읍), **펀펀하다**(여량면), **치치펀펀하다**(남면)

[표] 혱 지질펀펀하다 뜻 1. 울퉁불퉁하지 아니하고 고르게 펀펀함. 2. 땅이 약간 진 듯하고 펀펀함.

例 물이 질펀하여 찌찌펀펀하다.

**찍살나게**(정선읍, 여량면), **포쌕**(정선읍),

**찍사게**(남면)

[표] [부] 흠씬 [뜻] 1. 아주 꽉 차고도 남을 만큼 넉넉한 상태. 2. 물에 푹 젖은 모양. 3. 매 따위를 심하게 맞는 모양.

[예] 1. 깡패한테 걸래서 찍살나게 조터진다. 2. 비를 포싹 맞다.

**찍소레기**(여량면, 남면), **짹소리**(임계면)

[표] [명] 찍소리 [뜻] 아주 조금이라도 반대하거나 항의하려는 말이나 태도.

[예] 떠들다가 담임선상님이 오니 찍소레기도 못한다.

**찍소리**(정선읍, 북평면, 임계면, 화암면), **끽소레기**(여량면, 북평면)

[표] [명] 끽소리 [뜻] 아주 조금이라도 떠들거나 반항하려는 말이나 태도.

[예] 1. 찍소리 하지말고 굿이나 보고 떡먹자. 2. 어제는 끽소레기도 못하더니 오늘은 뭐야.

**찍접거리다**(정선읍, 여량면, 남면)

[표] [동] 집적거리다 [뜻] 1. 아무 일에나 함부로 자꾸 손대거나 참견함. 2. 말이나 행동으로 자꾸 남을 건드려 성가시게 함.

[예] 1. 괜히 질가는 사람을 찍접거린다. 2. 괜히 찍접거리다가 망신만 당했다.

**찔그덩하다**(정선읍, 북평면), **찔기하다**(여량면, 남면)

[표] [형] 질깃하다 [뜻] 1. 질긴 듯한 느낌이 있음. 2. 성질이나 행동이 좀 검질김.

[예] 늙은 쇠고기는 찔기하다.

**찔기다**(정선읍, 여량면, 남면), **쇠심줄이다**(정선읍)

[표] [형] 질기다 [뜻] 1. 물건이 쉽게 해지거나 끊어지지 아니하고 견디는 힘이 셈. 2. 목숨이 끊어지지 아니하고 끈덕지게 붙어 있음. 3. 행동이나 일의 상태가 오래 끌거나 잘 견디는 성질이 있음.

[예] 사람 목숨이 참 찔기다.

**찔끈**(정선읍, 여량면, 남면), **질끈**(정선읍)

[표] [부] 질끈 [뜻] 1. 단단히 졸라매거나 동이는 모양. '질근'보다 센 느낌을 줌. 2. 바짝 힘을 주어 사이를 눌러 붙이는 모양.

[예] 허리띠를 찔끈 동여매고 나간다.

**찔뚝거리다**(정선읍), **잘숙거리다**(여량면, 남면), **별진잘숙하다**(임계면)

[표] [동] 잘름거리다 [뜻] 한쪽 다리가 짧거나 다치거나 하여 걷거나 뛸 때 몸이 한쪽으로 자꾸 가볍게 기우뚱함.

[예] 교통사고로 다쳐서 걸음걸이가 잘숙거리다.

**찔뚝바리**(정선읍), **잘숨발이**(여량면, 남면), **찔름발이**(임계면)

[표] [명] 잘름발이 [뜻] 한쪽 다리가 짧거나 다치거나 하여 걷거나 뛸 때 몸이 한쪽으로 자꾸 가볍게 기우뚱거리는 사람을 낮잡아 이르는 말.

[예] 웃집아저씨 걸음걸이가 찔뚝바리네.

**찔루**(정선읍, 여량면, 남면)

[표] [명] 찔레 [뜻] 〈식물〉 장미과의 낙엽 활엽 관목.

[예] 봄에 찔루 마이 꺽거 먹구 놀았다.

**찔루꽃**(여량면, 남면)

[표] [명] 찔레꽃 [뜻] 찔레나무의 꽃.

예 찔루꽃이 하얗게 되었다.

**찝개**(정선읍, 여량면, 남면, 화암면)
[표] 명 집게 뜻 물건을 집는 데 쓰는, 끝이 두 가닥으로 갈라진 도구.
예 찝개로 꼭 찝고 있어라.

**찝개발**(정선읍, 여량면, 남면), **찝게발이**(정선읍)
[표] 명 집게발 뜻 〈동물〉 게, 가재 따위의 발끝이 집게처럼 생긴 발.
예 게 잡을 때 찝개발 조심해라.

**찝개벌거지**(정선읍, 여량면, 남면, 화암면)
[표] 명 집게벌레 뜻 〈동물〉 집게벌레목의 곤충을 통틀어 이르는 말. 몸의 길이는 2.2~2.4cm이고 가늘며, 검은 갈색이고 더듬이는 누런 갈색임. 배는 꽁지 쪽이 통통하고 배 끝에는 각질의 집게가 달려 있음. 벌레를 잡아먹는데 전 세계에 널리 분포함.
예 저기 찝개벌거지 잡아라.

**찡고팔기**(정선읍, 화암면), **찌워팔기**(여량면, 남면)
[표] 명 끼워팔기 뜻 〈경제〉 수요자가 어떤 물건을 사고자 하는 마음이 강

해서 공급자의 힘이 더 세질 때, 공급자가 수요자가 사고자 하는 물건 외에 다른 물건을 더하여 파는 것.
예 요새 장에 가믄 찡고팔기를 마이한다.

**찡구다**(정선읍, 여량면, 남면, 임계면, 화암면)
[표] 동 끼우다 뜻 1. 벌어진 사이에 무엇을 넣고 죄어서 빠지지 않게 함. 2. 무엇에 걸려 있도록 꿰거나 꽂음. 3. 한 무리에 섞거나 덧붙여 들게 함.
예 쥐구멍에 돌맹이를 찡궈라.

**찡통**(정선읍), **찡콩**(여량면)
[표] 명 정통(正統) 뜻 1. 바른 계통. 2. 적장(嫡長)의 혈통. 3. 사물의 중심이 되는 요긴한 부분.
예 니 이번에 찡콩으로 껄래들었다.

**차굽다**(정선읍, 여량면, 남면)
[표] 톙 차갑다 뚱 1. 촉감이 서늘하고 썩 찬 느낌이 있음. 2. 인정이 없이 매정하거나 쌀쌀함.
예 방바닥이 넘 차굽다.

**차띠기**(정선읍, 여량면, 북평면, 남면), **차때기**(화암면)
[표] 몡 차떼기(車--) 뚱 화물차 한 대분의 상품을 한꺼번에 사들이는 일. 또는 그렇게 하기 위한 흥정.
예 배차밭을 차띠기로 팔았다.

**차사**(정선읍, 남면)
[표] 몡 차례(茶禮) 뚱 음력 매달 초하룻날과 보름날, 명절날, 조상 생일 등의 낮에 지내는 제사.
예 조상 차사를 잘 지내야 해.

**차츰**(정선읍, 여량면, 남면, 화암면)
[표] 뮈 차츰 뚱 어떤 사물의 상태가 시간의 흐름에 따라 일정한 방향으로 조금씩 진행하는 모양.
예 이제 앞으로 차츰 나아질 거야.

**참가재미**(정선읍, 여량면, 남면, 화암면)
[표] 몡 참가자미 뚱 〈동물〉 가자밋과의 바닷물고기. 몸은 40cm 정도이고 긴 달걀 모양. 입이 작고 몸의 오른쪽에 두 눈이 있는데 눈이 있는 쪽은 잿빛 갈색, 다른 쪽은 흰색임. 한국, 일본, 중국 등지의 연해에 분포함.
예 회맛은 참가재미가 최고다.

**참깨꽃**(정선읍)
[표] 몡 달맞이꽃 뚱 〈식물〉 바늘꽃과의 두해살이풀. 높이는 60~100cm이며, 잎은 어긋나고 길쭉한 피침 모양인데 가장자리에 톱니가 있음. 7월에 크고 노란 꽃이 잎겨드랑이에서 밤에만 피고, 달걀 모양의 삭과(朔果)는 네모지고 익은 후에 네 갈래로 갈라짐. 칠레가 원산지로 각지에 분포함.
예 참깨꽃은 밤에만 핀다.

**참꽃**(정선읍, 여량면, 남면, 임계면)
[표] 몡 진달래 뚱 〈식물〉 진달랫과의 낙엽 활엽 관목. 높이는 2~3미터이며 잎은 어긋나고 긴 타원형 또는 거꾸로 된 피침 모양. 4월에 분홍색 꽃이 잎보다 먼저 가지 끝에 피고 열매는 삭과(蒴果)로 10월에 익음. 정원수·관상용으로 재배하기도 함. 산간 양지에서 자라는데 한국, 일본, 중국, 몽골 등지에 분포함.
예 참꽃따다 술 담구어 천석에 쓰자.

**참꽃술**(정선읍, 신동읍), **창꽃술**(여량면)
　[표] 몡 두견주(杜鵑酒) 뜻 진달래꽃
　을 넣어 빚은 술.
　예 참꽃술 한잔 하자. 신경통, 두통,
　천식에 좋단다.

**참낭구**(정선읍, 여량면, 남면, 화암면), **꿀**
**밤나무**(임계면)
　[표] 몡 참나무 뜻 〈식물〉 참나뭇과
　의 낙엽 교목.
　예 땔감은 참낭구가 젤이야.

**참내원**(정선읍, 화암면), **아이고참내원**
(여량면)
　[표] 캄 아이참 뜻 못마땅하거나 초조
　하거나 수줍을 때 하는 말.
　예 1. 아이고참내원 이렇게 될 줄이
　야. 2. 참내원 같잖네.

**참능이**(남면)
　[표] 몡 능이버섯(能耳--) 뜻 〈식물〉
　굴뚝버섯과의 버섯.
　예 참능이 있소?

**참드릅낭구**(정선읍, 화암면), **드릅낭구**
(여량면, 신동읍), **엄나무**(임계면)
　[표] 몡 두릅나무 뜻 〈식물〉 두릅나
　뭇과의 낙엽 활엽 관목. 높이는 5m 정
　도이고 줄기에 가시가 있으며, 잎은
　어긋나고 우상 복엽임. 여름에 누르스
　름한 잔꽃이 복총상(複總狀) 화서로 피
　고 꽃이 진 다음에 열매가 검은 자주색
　으로 익음. 어린잎은 식용하고 나무껍
　질과 뿌리는 약용함. 산기슭이나 골짜
　기에 나는데 한국, 일본, 중국, 아무
　르, 사할린 등지에 분포함.
　예 밭에 드릅낭구 심었더니 넘 마이
　퍼진다.

**참물고지**(정선읍, 화암면)
　[표] 몡 얼레지 뜻 백합과의 여러해살
　이풀. 높이는 20~40cm이며, 잎은 하
　나씩 마주나고 달걀 모양 또는 타원형
　임. 4~5월에 자주색 꽃이 피고 열매는
　삭과(蒴果)임. 어린잎은 식용하고 비
　늘줄기는 약용함. 관상용이고 산의 기
　름진 땅에 절로 나는데 한국, 일본 등
　지에 분포함.
　예 배고플 때 참물고지 캐먹으면 배
　부르다.

**참신**(정선읍, 신동읍, 화암면), **삼신**(여량면)
　[표] 몡 미투리 뜻 삼이나 노 따위로
　짚신처럼 삼은 신. 흔히 날을 여섯 개
　로 함.
　예 설날 참신 삼아주던 할아부지 넘
　그립다.

**참장기**(여량면)
　[표] 몡 장기(將棋) 뜻 나무로 만든 32
　짝의 말을 붉은 글자와 푸른 글자의 두
　종류로 나누어 판 위에 벌여 놓고 서로
　번갈아 가며 공격과 수비를 교대로 하
　여 승부를 가리는 놀이. 또는 그런 놀
　이를 하는 데 쓰는 기구.
　예 할아부지 두 분이 낭구 밑에서 참
　장기를 두고 있다.

**창구녕**(정선읍, 여량면, 북평면, 남면, 임
계면), **창구영**(여량면)
　[표] 몡 창구멍(窓--) 뜻 〈건설〉 창
　을 설치하기 위하여 낸 구멍.
　예 누가 오나 하고 창구녕으로 빤히
　내다본다.

**창구키다**(정선읍, 여량면), **잠구다**(임계
면), **장구키다**(남면, 임계면)

[표] 图 잠기다 图 '잠그다'의 피동사.
예 1. 우리 집 모든 문 잠구다. 2. 문
이 창구키는지 잘 보고와.

**창끄트마리**(정선읍, 북평면), **창끄트머리**
(여량면), **창크텡이**(남면)

[표] 图 창끝(槍-) 图 창의 뾰족하고
날카로운 끝 부분.
예 돼지를 찌르려면 창끄트마리를
잘 갈아야 해.

**창오지**(정선읍, 여량면, 남면), **문조**(정선
읍, 여량면), **문종이**(여량면)

[표] 图 창호지(窓戶紙) 图 1. 주로 문
을 바르는 데 쓰는 얇은 종이. 2. 빛깔
이 조금 누르스름하고 줄 진 결이 또렷
한 재래식 종이. 대호지와 비슷함.
예 겨울되기 전에 문조를 사다 발라
야겠다.

**창자머리**(여량면, 북평면), **창지머리**(신
동읍)

[표] 图 마음씨 图 마음을 쓰는 태도.
예 창지머리 잘 써야지 사람들이 좋
아하지.

**창지**(여량면, 북평면), **창지머리**(여량면, 남면)
[표] 图 창자 图 〈의학〉 큰창자와 작
은창자를 통틀어 이르는 말.
예 뭘 잘못 먹었나 창지가 비틀린 거
같아.

**채**(정선읍, 여량면, 북평면), **챗바쿠**(여량
면, 남면, 화암면)

[표] 图 체 图 가루를 곱게 치거나 액
체를 받거나 거르는 데 쓰는 기구. 얇
은 나무로 챗바퀴를 만들고 말총, 형
겊, 철사 따위로 쳇불을 씌워 만듦.
예 쌀가루를 챗바쿠에서 더 거르다.

**채일**(정선읍, 여량면, 북평면, 남면)
[표] 图 차일(遮日) 图 햇볕을 가리기
위하여 치는 포장.
예 잔치집에는 채일을 치고 손님을
맞는다.

**채질**(정선읍, 여량면, 남면)
[표] 图 체질 图 체로 가루를 치거나
액체를 거르거나 받는 일.
예 할머이는 채칠을 하고 있다.

**채치기**(정선읍, 북평면), **채쭉**(여량면, 남면)
[표] 图 채찍 图 말이나 소 따위를 때
려 모는 데에 쓰기 위하여, 가는 나무
막대나 댓가지 끝에 노끈이나 가죽 오
리 따위를 달아 만든 물건
예 1. 팽이 채치기. 2. 소새끼가 말
안들으면 채쭉으로 때레야 해.

**채키다**(정선읍, 여량면, 남면)
[표] 图 차이다 图 1. '차다'의 피동사.
2. 발을 힘껏 뻗어 사람을 침.
예 까불다가 똥방셍이를 한방 걷어
채켔다.

**책벌거지**(정선읍, 여량면, 북평면)
[표] 图 책벌레(冊--) 图 지나치게 책
을 읽거나 공부하는 데만 열중하는 사
람을 놀림조로 이르는 말.
예 저 사람은 책상을 떠나지 않는 책
벌거지다.

**책보재기**(정선읍, 여량면, 남면, 임계면)
[표] 图 책보(冊褓) 图 책을 싸는 보자기.
예 1. 책보재기는 꼭 필요해. 2. 책보
재기를 어깨에 메고 핵교에 간다.

**책상시계**(정선읍, 여량면, 남면)
[표] 图 탁상시계(卓上時計) 图 상, 선

반 따위에 놓고 보는 시계. 세울 수 있
도록 밑이 넓거나 발이 달려 있음.

例 독서실에 책상시계가 필요하다.

**챔빗**(정선읍, 화암면), **씨캐빗**(여량면, 남면)

[표] 名 서캐훑이 뜻 살이 가늘고 촘촘
하여 서캐를 훑어 내는 데 쓰는 참빗.

例 어머이는 여동생을 챔빗으로 맨
날 머리를 빗겨 주셨다.

**챗다리**(정선읍, 북평면), **죽대**(정선읍), **죽
대낭구**(여량면)

[표] 名 쳇다리 뜻 체로 받거나 거를
때에, 그릇 따위에 걸쳐 그 위에 체를
올려놓는 데 쓰는 기구. 'Y' 자 모양이
나 사다리꼴로 된 나무를 씀.

例 죽대낭구도 구하려면 넘 어렵다.

**챙기름**(정선읍, 여량면, 남면), **참지름**(임
계면)

[표] 名 참기름 뜻 참깨로 짠 기름.

例 나물에는 챙기름을 넣으면 더 맛
이 좋다.

**챙일**(임계면, 화암면), **백지알**(신동읍)

[표] 名 백차일(白遮日) 뜻 햇볕을 가
리려고 치는 하얀 빛깔의 포장.

例 잔치나 상가에서 반드시 챙일을
쳤었다.

**처네꽃**(정선읍, 화암면)

[표] 名 산당화(山棠花) 뜻 〈식물〉 장
미과의 낙엽 활엽 관목.

例 저 집 화단에 핀 처네꽃이 참 이쁘다.

**처녀과부**(정선읍, 여량면, 북평면, 신동읍,
화암면)

[표] 名 망문과부(望門寡婦) 뜻 정혼
한 남자가 죽어서 시집도 가 보지 못하
고 과부가 되었거나, 혼례는 하였으나

첫날밤을 치르지 못하여 처녀로 있는
여자.

例 처녀과부는 옛날에만 있었다.

**처름·만큼**(정선읍), **만치·맹키루**(여량
면), **맨치**(남면)

[표] 助 처럼 뜻 모양이 서로 비슷하
거나 같음을 나타내는 격 조사

例 1. 잔내비맨치, 까불새맹키루 2.
자는 공부를 잘하는데 니는 왜 자
만큼 공부를 못하나.

**척하문삼천리다**(정선읍, 여량면, 남면, 화
암면)

[표] 動 알아차리다 뜻 1. 알고 정신
을 차려 깨달음. 2. 낌새를 미리 앎.

例 척하문삼천리지 멀 그리 치다보나.

**천광구뎅이**(정선읍, 여량면, 북평면, 남면)

[표] 名 천광(穿壙) 뜻 시체를 묻을 구
덩이를 팜. 또는 그 구덩이.

例 천광구뎅이는 땅이 풀려야 헤치지.

**천다락**(정선읍, 여량면, 북평면, 남면), **촌
장**(정선읍), **천정**(여량면, 화암면)

[표] 名 천장(天障) 뜻 1. 지붕의 안쪽.
2. 반자의 겉면.

例 천다락에 쥐새끼 소리에 잠을 잘
수 없네.

**천덕꾸레기**(정선읍, 여량면, 남면)

[표] 名 천더기(賤--) 뜻 남에게 천대
를 받는 사람이나 물건.

例 이제는 어델 가도 천덕꾸레기 신
세다.

**천둥벌거뎅이**(정선읍, 여량면, 남면)

[표] 名 천둥벌거숭이 뜻 철없이 두려
운 줄 모르고 함부로 덤벙거리거나 날
뛰는 사람을 비유적으로 이르는 말.

⑩ 하늘 무서운 줄 모르고 천둥벌거
  뎅이처럼 하지마라.

**천상배필**(여량면, 남면, 화암면)**, 보리배
필**(정선읍, 여량면)

[표] 명 천생배필(天生配匹) 뜻 하늘
에서 미리 정하여 준 배필이라는 뜻으
로, 나무랄 데 없이 신통히 꼭 알맞은
한 쌍의 부부를 이르는 말.
⑩ 둘은 보리배필이야.

**천성머리**(정선읍, 여량면, 남면, 화암면)**,
천생머리**(임계면)

[표] 명 천성(天性) 뜻 본래 타고난 성
격이나 성품.
⑩ 천성머리가 어델 가서 싫은 소리
  를 못해.

**천하읎어두**(정선읍, 남면)**, 천하없어두**
(여량면)

[표] 閉 천하없어도(天下---) 뜻 무
슨 일이 있더라도 꼭.
⑩ 천하읎어두 그 일은 끝내야 해.

**천하잡늠**(정선읍, 여량면, 북평면, 남면)

[표] 명 천하잡놈(天下雜-) 뜻 아주
행실이 나쁜 남자를 욕하여 이르는 말.
⑩ 저런 천하잡늠을 보았나.

**철돈**(정선읍)**, 철전**(여량면, 신동읍, 화암면)

[표] 명 동전(銅錢) 뜻 1. 구리로 만든
돈. 실제로는 구리와 주석의 합금으로
되어 있음. 2. 구리·은·니켈 또는
이들의 합금 따위로 만든, 동그랗게
생긴 모든 돈을 통틀어 이르는 말.
⑩ 옛날 철전으로 엿사먹던 생각이
  난다.

**철두꽃**(정선읍)**, 개꽃**(남면)

[표] 명 철쭉 뜻 〈식물〉 진달랫과의

낙엽 활엽 관목. 높이는 2~5m이며 잎
은 어긋나고 거꾸로 된 달걀 모양. 5월
에 분홍색 꽃이 산형(繖形) 화서로 피
고 열매는 삭과(蒴果)로 10월에 익는
다. 관상용이고 한국, 일본, 만주 등지
에 분포함.
⑩ 철두꽃 필 때 꺽데기 잘 문다.

**철떼기**(정선읍)**, 철딱서니**(여량면, 화암면)**,
철띠기**(남면)

[표] 명 철 뜻 사리를 분별할 수 있
는 힘.
⑩ 니는 언제 철딱서니가 들라나.

**철바가지**(정선읍)**, 바가지**(여량면, 남면)

[표] 명 철모(鐵帽) 뜻 〈군사〉 전투할
때 탄알이나 포탄의 파편으로부터 머
리를 보호하기 위하여 쇠나 파이버 섬
유로 만든 모자.
⑩ 사격할 때 철바가지는 필수다.

**철새다리**(정선읍, 남면, 화암면)**, 쇠곱새
다리**(여량면)

[표] 명 쇠사다리 뜻 쇠로 만든 사다리.
⑩ 쇠곱새다리가 튼튼한기 조아.

**철질**(정선읍, 여량면, 북평면, 남면)

[표] 명 철길(鐵-) 뜻 침목 위에 철제의
궤도를 설치하고, 그 위로 차량을 운전
하여 여객과 화물을 운송하는 시설.
⑩ 얘들아 철질로는 다니지 말아라.

**철판**(정선읍, 여량면)**, 철멘피**(남면)

[표] 명 철면피(鐵面皮) 뜻 쇠로 만든
낯가죽이라는 뜻으로, 염치가 없고 뻔
뻔스러운 사람을 낮잡아 이르는 말.
⑩ 1. 낯판대기에 철판을 깔았지 그럴
  수 있나. 2. 얼굴에 철판 깔았나.

**첨지할미**(정선읍)**, 두내우분**(여량면, 남

면), **내우분**(임계면), **첩지할머이**(화암면)

[표] 명 내외분(內外-) 뜻 '부부'를 높여 이르는 말.

예 두내우분 오랫만입니다.

**첩데기살림**(정선읍, 여량면, 북평면, 화암면), **새치기살림**(임계면)

[표] 명 첩살림(妾--) 뜻 첩을 두고 하는 살림.

예 그 눔이 첩데기살림 한 지 꽤 됐다.

**첩데기살이**(정선읍, 여량면, 북평면), **새치기살이**(임계면)

[표] 명 첩살이(妾--) 뜻 남의 첩이 되어 사는 생활.

예 첩데기살이 하려니 아양도 보통이라.

**첩디기**(정선읍, 여량면), **새치기**(임계면), **작은마누라**(남면, 화암면)

[표] 명 대 첩(妾) 뜻 1. 명 정식 아내 외에 데리고 사는 여자. 2. 대 예전에, 결혼한 여자가 윗사람을 상대하여 자기를 낮추어 이르던 일인칭 대명사.

예 오죽 못났으면 첩디기 노릇하나.

**첩생이**(정선읍, 화암면), **시앗떼기**(남면)

[표] 명 시앗 뜻 남편의 첩.

예 첩생이한테 빠져서 지랄하네.

**첫길**(정선읍), **철질**(여량면, 북평면, 화암면)

[표] 명 기찻길(汽車-) 뜻 기차가 다니는 길.

예 철질을 건널 때는 조심해야 한다.

**첫달기**(정선읍, 여량면, 북평면, 북평면)

[표] 명 첫닭 뜻 새벽에 맨 처음 우는 닭.

예 첫달기 우는 걸 보니 날이 곧 새나 보네.

**첫더우**(정선읍, 여량면, 남면, 화암면)

[표] 명 첫더위 뜻 해 여름에 처음으로 맞는 더위.

예 1. 올개는 첫더우가 빨리왔다. 2. 아유 이제 첫더우 시작이다.

**첫딸래미**(정선읍, 여량면, 북평면, 남면)

[표] 명 첫딸 뜻 첫아이로 낳은 딸.

예 저 집은 첫딸래미 낳데.

**첫아**(정선읍, 남면), **첫해던나**(여량면)

[표] 명 첫아기 뜻 음으로 낳은 아기.

예 우리 마누라는 첫아 나코 병 얻었다.

**첫아덜**(정선읍, 남면, 임계면), **첫아들레미**(여량면)

[표] 명 첫아들 뜻 첫아이로 낳은 아들.

예 첫아덜 낳은 사람이 함지고 간다.

**첫질**(정선읍, 여량면, 북평면, 남면, 임계면)

[표] 명 첫길 뜻 1. 음으로 가 보는 길. 또는 막 나서는 길. 2. 시집가거나 장가들러 가는 길.

예 첫질 갈 때 큰떡코리는 누가 지고 가나.

**첫추우**(정선읍, 여량면, 남면, 화암면)

[표] 명 첫추위 뜻 그해 겨울 처음으로 닥친 추위.

예 첫추우에 얼면 상동내내 춥다.

**청깨구리**(정선읍, 북평면, 남면, 화암면), **창깨구리**(여량면)

[표] 명 청개구리(靑---) 뜻 1. 모든 일에 엇나가고 엇먹는 짓을 하는 사람을 비유적으로 이르는 말. 2. 〈동물〉 청개구릿과의 하나. 몸의 길이는 2.5~4cm로 작으며, 등은 회색 또는 녹색 바탕에 검은 무늬가 흩어져 있고 배는 흰색 또는 연한 황색인데 주위 환경에 따라 몸

의 색깔이 변함. 발가락 끝에 빨판이 있고 수컷은 턱 밑에 울음주머니가 있으며 산란기나 습도가 높은 날이면 울음. 한국, 일본, 아시아 중부, 유럽, 북아프리카 등지에 널리 분포함.

例 저눔 청깨구리가 확실해 꼭 반대로 해.

**청나부**(여량면, 신동읍, 화암면)

[표] 몡 무동(舞童) 뜻 〈민속〉 1. 조선 시대에, 궁중의 잔치 때 춤을 추고 노래를 부르던 아이. 2. 농악대·걸립패 따위에서, 상쇠의 목말을 타고 춤추고 재주 부리던 아이. 3. 북청 사자놀음에 등장하는 인물의 하나. 둘째 마당인 사자놀이의 첫째 거리에 나오며 탈은 쓰지 않음.

例 농악을 할 때는 청나부가 꼭 있었다.

**청너구리**(정선읍, 북평면), **능청꾸레기**(여량면, 남면)

[표] 몡 능청꾸러기 뜻 능청을 잘 부리는 사람.

例 저런 능청꾸레기 하고는.

**청너구리다**(정선읍)

[표] 혱 능청맞다 뜻 속으로는 엉큼한 마음을 숨기고 겉으로는 천연스럽게 행동하는 태도가 있음.

例 어째 저래 청너구리나.

**청멀구**(정선읍, 여량면, 북평면, 화암면)

[표] 몡 청머루(靑--) 뜻 푸른 빛깔의 머루.

例 배고프니 청멀구라도 따먹어야지.

**청미래덤부사리 · 청미래덤불**(정선읍)

[표] 몡 청미래덩굴 뜻 〈식물〉 백합과의 낙엽 활엽 덩굴성 관목. 줄기는 마디마디 굽으면서 2~3m 자라고 가시가 있음. 잎은 어긋나고 원형 또는 넓은 타원형으로 덩굴손이 있음. 5월에 노란색을 띤 녹색의 단성화가 산형(繖形) 화서로 피고 열매는 둥근 장과(漿果)로 9~10월에 빨갛게 익음. 애순과 잎은 식용하고 뿌리는 약용하며 잔뿌리는 한 줌씩 묶어 솔을 만드는 데 쓰임. 산기슭에서 자라는데 한국, 일본, 중국, 필리핀 등지에 분포함.

例 청미래덤부사리가 낭구를 휘감았다.

**청밀**(정선읍, 여량면, 남면), **청보리**(여량면, 화암면)

[표] 몡 호밀(胡-) 뜻 〈식물〉 볏과의 한해살이풀 또는 두해살이풀. 높이는 1~2m이며, 잎은 밀보다 작고 짙은 녹색임. 5~6월에 원기둥 모양의 꽃이삭이 달리고 열매는 영과(穎果)로 7월에 녹색을 띤 갈색으로 익음. 열매의 가루는 식용, 양조용, 사료용으로 쓰이고 줄기는 모자의 재료로 쓰임. 유럽 각지와 시베리아, 미국, 아르헨티나, 아시아 등지에 널리 분포함.

例 배고프면 청보리 범벅도 꿀맛이지.

**청밀짚**(정선읍, 여량면, 남면)

[표] 몡 호밀짚(胡--) 뜻 호밀의 대. 밀짚모자 따위의 재료로 쓰임.

例 청밀짚줄기로 밀짚모자 맹글자.

**청살모**(정선읍, 남면, 화암면, 임계면), **청살무**(여량면)

[표] 몡 청설모(靑鼠毛) 뜻 1. 〈동물〉 다람쥣과의 하나. 몸빛은 잿빛 갈색이며 네 다리와 귀의 긴 털은 검은색. 종

자, 과실, 나뭇잎 따위를 먹고 가을에는 땅속에 먹이를 저장함. 임신 기간은 35일이며 한 배에 5마리의 새끼를 낳음. 한국, 시베리아, 유럽, 일본 등지에 분포함. 2. 다람쥐 따위의 털. 붓을 만드는 데 많이 쓰임.

예 청살모라는 놈이 잣, 호두 다 따먹었네.

**청소금쟁이**(여량면, 화암면)

[표] 몡 밀잠자리 뜻 〈동물〉 1. 잠자릿과 밀잠자릿속의 밀잠자리, 중간밀잠자리, 큰밀잠자리, 홀쭉밀잠자리 따위를 통틀어 이르는 말. 2. 잠자릿과의 곤충. 몸의 길이는 5cm 정도이며, 수컷은 회색 바탕에 등에 흰 가루가 덮이고 배의 끝마디는 검음. 암컷은 누런색이고 배의 등 쪽에 두 개의 검은 줄무늬가 있음. 4~5월에 나타나서 물가, 풀밭 따위를 날아다니는데 한국, 중국, 일본 등지에 분포함.

예 우리집 앞 도랑가에 청소금쟁이가 날아다니는 것 생각난다.

**청지와**(정선읍, 여량면, 북평면, 남면, 화암면)

[표] 몡 청기와(靑--) 뜻 푸른 빛깔의 매우 단단한 기와.

예 청지와 솟을 대문집은 부잣집이다.

**청춘사업**(정선읍, 여량면, 북평면, 화암면)

[표] 몡 연애(戀愛) 뜻 남녀가 서로 그리워하고 사랑함.

예 청춘사업이 잘돼가나?

**체신머리**(정선읍, 여량면, 북평면, 남면, 화암면), **치신머리**(임계면)

[표] 몡 처신(處身) 뜻 세상을 살아가는 데 가져야 할 몸가짐이나 행동.

예 거 체신머리 읎이 까불지 말고 점잖어봐.

**체신머리뜰다**(정선읍), **채신머리싸무룹다**(여량면), **치신머리사납다**(임계면), **채신뜰다**(남면)

[표] 혱 처신사납다(處身---) 뜻 몸가짐을 잘못하여 꼴이 몹시 언짢다.

예 저 사람은 채신머리싸무룹다.

**체통머리**(정선읍, 여량면, 남면, 화암면, 임계면), **쌍통머리**(임계면)

[표] 몡 체통(體統) 뜻 1. 지체나 신분에 알맞은 체면. 2. 관리로서의 체면.

예 어른이 체통머리 읎이 왜이러십니까.

**체피낭구**(남면)

[표] 몡 초피나무 뜻 〈식물〉 운향과의 낙엽 활엽 관목. 높이는 3m 정도이며, 잎은 마주나고 우상 복엽임. 5~6월에 연한 노란색을 띤 녹색 단성화가 복총상 화서로 피고, 열매는 삭과(蒴果)로 9월에 붉은 갈색으로 익음. 열매의 껍질은 약용하거나 향미료로 쓰고 씨는 이뇨제로 쓰임. 한국, 일본, 중국 등지에 분포함.

예 체피낭구는 향이 좋다.

**첸신**(남면)

[표] 몡 천신(薦新) 뜻 1. 〈민속〉 철 따라 새로 난 과실이나 농산물을 먼저 신위(神位)에 올리는 일. 2. 〈민속〉 무당이 가을이나 봄에 몸주에게 올리는 굿. 3. 처음으로 또는 오랜만에 차례가 돌아와 얻을 수 있게 됨.

예 첫 수확 곡식으로 조상께 첸신하

385

는게 사례였다.

**쳐무지다**(정선읍, 화암면), **싸무지다**(여 량면, 남면)

[표] 圄 쌓다 뜻 1. 여러 개의 물건 을 겹겹이 포개어 얹어 놓음. 2. 물 건을 차곡차곡 포개어 얹어서 구조 물을 이룸.

예 1. 그륵을 쳐무져났다. 2. 돈을 자 꾸만 싸무지기만 했지 쓰는 걸 못 봤다.

**초가실**(정선읍, 여량면, 남면)

[표] 圐 초가을(初--) 뜻 이른 가을. 주로 음력 7월을 이름.

예 초가실이 오니 들판에 곡식이 익 어간다.

**초개집**(정선읍)

[표] 圐 초가집(草家-) 뜻 짚이나 갈 대 따위로 지붕을 인 집.

예 새마을 운동하던 때만 해두 초개 집이 있었다.

**초년고상**(정선읍, 여량면, 북평면, 남면), **쥚어고상**(정선읍), **젊어고상**(여량면, 화 암면)

[표] 圐 초년고생(初年苦生) 뜻 젊었 을 때 겪는 고생.

예 1. 젊어고상은 사서도 한다. 2. 쥚 어고상은 서서도 한다.

**초다지**(정선읍, 여량면, 남면)

[표] 圐 초다짐(初--) 뜻 1. 정식으로 식사를 하기 전에 요기나 입가심으로 음식을 조금 먹음. 또는 그 음식. 2. 초벌로 미리 하는 다짐.

예 초다지를 했으니 급할 것 읎다.

**초두부**(정선읍, 여량면, 북평면, 남면, 화 암면)

[표] 圐 순두부(-豆腐) 뜻 눌러서 굳 히지 아니한 두부.

예 초두부 한 그륵이면 배가 부르다.

**초등핵교**(정선읍, 여량면, 남면, 화암면)

[표] 圐 초등학교(初等學校) 뜻 〈교 육〉 아동들에게 기본적인 교육을 실시 하기 위한 학교. 현재 우리나라에서는 만 6세의 어린이를 입학시켜서 6년 동 안 의무적으로 교육함. 1995년부터 '국민학교' 대신 쓰이게 되었음.

예 우리 아는 초등핵교 댕개요.

**초떼기**(정선읍, 여량면, 북평면, 남면, 임 계면)

[표] 圐 초보자(初步者) 뜻 초보의 단 계에 있는 사람.

예 아직 운전이 초떼기라서 서툴다.

**초롱**(여량면, 화암면)

[표] 圐 물동이 뜻 물을 긷거나 담아 두는 데 쓰는 동이.

예 지녁에 물 한 초롱 지고 와라.

**초마**(정선읍, 여량면, 남면) **처매**(여량면)

[표] 圐 처마 뜻 〈건설〉 지붕이 도리 밖으로 내민 부분.

예 인제는 처매 밑에 고드름 달랜 걸 못 보겠어.

**초마고리**(정선읍, 북평면), **치매꼬렝이**(여 량면), **치매꼬리**(임계면), **치마고리**(남면)

[표] 圐 치마꼬리 뜻 풀치마 자락의 끝.

예 1. 치매꼬렝이가 땅에 끌린다. 2. 치매꼬리 너줄하게 하지 말고 거 더올려.

**초막**(여량면, 남면, 임계면, 화암면)

[표] 圐 움막(-幕) 뜻 땅을 파고 위에

거적 따위를 얹고 흙을 덮어 추위나 비바람만 가릴 정도로 임시로 지은 집.

例 초막집서 살기는 심들다.

**초매근**(정선읍), **치매끄뎅이**(여량면), **치매끈**(임계면), **지매끈**(남면)

[표] 명 치마끈 뜻 치마허리에 달린, 가슴에 둘러매는 끈.

例 치매끈 꽉 졸라매고 일을 했다.

**초매폭**(정선읍, 북평면), **치매폭**(여량면, 남면, 화암면, 임계면)

[표] 명 치마폭(--幅) 뜻 1. 피륙을 잇대어 만든 치마의 너비. 2. 치마의 천.

例 사나새끼가 지집년 치매폭에 싸캐서 사는 모양이네.

**초생달**(정선읍, 여량면, 남면, 화암면)

[표] 명 초승달(初生-) 뜻 초승에 뜨는 달.

例 초생달이 가느한 게 떴다.

**초승**(정선읍, 여량면, 남면, 화암면)

[표] 명 초순(初旬) 뜻 한 달 가운데 1일에서 10일까지의 동안.

例 담달 초승 경에 한 번 봅시다.

**초저울**(여량면, 북평면), **초게울**(남면)

[표] 명 초겨울(初--) 뜻 이른 겨울. 주로 음력 10월을 이름.

例 올개는 초저울에 눈이 마이 왔다.

**초지녁**(정선읍, 북평면), **초지역**(여량면, 화암면)

[표] 명 초저녁(初--) 뜻 1. 날이 어두워진 지 얼마 되지 않은 때. 2. 일의 시초를 속되게 이르는 말.

例 아직 초지역인데 하마 자나.

**초지녁달**(정선읍)

[표] 명 초저녁달(初---) 뜻 초저녁에 뜨는 달.

例 초지녁달 뜨거든 오시게.

**초친눔**(정선읍, 북평면, 남면)

[표] 명 초친놈 (醋--) 뜻 푸성귀에 초를 쳐서 생생한 기운이 없는 것과 같이, 난봉이나 부려서 사람답게 될 희망이 없는 사람을 비난조로 이르는 말.

例 저 눔은 꼭 초친눔이여.

**촌구석키**(정선읍, 남면, 화암면)

[표] 명 촌(村) 뜻 1. 도시에서 떨어져 있는 지역. 2. 도시로 떠나온 사람이 고향을 이르는 말. 3. 주로 시골에서, 여러 집이 모여 사는 곳.

例 촌구석키에 산다고 넘 무시하지 마세요.

**촌눔**(정선읍, 북평면, 화암면), **촌늠**(여량면), **감재바우**(남면)

[표] 명 촌놈(村-) 뜻 1. 시골 남자를 낮잡아 이르는 말. 2. 행동이나 외모가 촌스러운 남자를 낮잡아 이르는 말.

例 그 사람 어델 가나 촌늠 표가 난다.

**촌떼기**(정선읍, 여량면, 북평면, 남면)

[표] 명 촌뜨기(村--) 뜻 '촌사람'을 낮잡아 이르는 말.

例 촌떼기 소리 안 들을라고 서울로 도망갔다.

**출딱거린다**(정선읍, 북평면), **할복시룹다**(여량면, 남면), **출싹거린다**(화암면)

[표] 형 경망스럽다(輕妄---) 뜻 행동이나 말이 가볍고 조심성 없는 데가 있음.

例 그 사람은 말이 언제나 할복시룹다.

**촛똥**(정선읍, 북평면), **촛물**(여량면)

[표] 명 촛농(-膿) 뜻 초가 탈 때에 녹

아서 흐르는 기름.

㉠ 촛물이 만이 녹아내린다.

**총구녕**(정선읍, 남면)

[표] 몡 총구멍(銃--) 뜻 1. 총알이 나가는 총의 앞쪽 끝부분. 2. 총알에 맞아 생긴 자리.

㉠ 육이오 때 낭구마다 총구녕이 났다.

**총뿌리**(정선읍, 여량면, 남면)

[표] 몡 총부리(銃--) 뜻 총에서 총구 멍이 있는 부분.

㉠ 총뿌리를 바싹 들이대니 벌벌 떨 더라.

**총잽이**(정선읍, 남면)

[표] 몡 총잡이(銃--) 뜻 총을 잘 쏘 는 사람. 특히 권총을 잘 쏘는 사람을 이름.

㉠ 나는 군대가서 우리 부대 총잽이 였어.

**창왜**(정선읍, 남면), **쫴개**(화암면)

[표] 몡 창애 뜻 짐승을 꾀어서 잡는 틀의 하나.

㉠ 창왜에 꿩 찌었나 가봐라.

**최지녁잠**(정선읍), **초지역잠**(여량면)

[표] 몡 초저녁잠(初---) 뜻 초저녁 에 일찍이 드는 잠.

㉠ 술을 먹고 초지역잠을 잤다.

**추네**(정선읍, 남면), **충애**(여량면)

[표] 몡 추녀 뜻 〈건설〉 네모지고 끝 이 번쩍 들린, 처마의 네 귀에 있는 큰 서까래. 또는 그 부분의 처마.

㉠ 절간에 가문 짚은 밤이 흘러두 추 네 끄뎅이서는 풍겡소리가 뎅그 러뎅그렁.

**추실구다**(정선읍, 여량면, 남면), **추실르**

다(정선읍)

[표] 동 추스르다 뜻 1. 추어올려 다 룸. 2. 몸을 가누어 움직임. 3. 일이나 생각 따위를 수습하여 처리함.

㉠ 아파 누웠다가 인나서 몸을 추실 구다.

**추우**(정선읍, 여량면, 북평면, 남면)

[표] 몡 추위 뜻 추운 정도.

㉠ 올 겨울에는 추우가 대단하다.

**추지**(정선읍), **치주**(여량면), **치자**(화암면)

[표] 몡 호두 뜻 호두나무의 열매. 속 살은 지방이 많고 맛이 고소하여 식용 하며, 한방에서 변비나 기침의 치료, 동독(銅毒)의 해독 따위의 약재로 씀.

㉠ 1. 치주낭구 아래 치주 쭈로 가자. 2. 추지는 청설모가 다 따먹고 큰 일이네.

**축축거리다**(정선읍, 여량면 북평면 화암면), **부추키다**(신동읍), **들축거리다**(임계면)

[표] 동 부추기다 뜻 1. 남을 이리저 리 들쑤셔서 어떤 일을 하게 만듦. 2. 감정이나 상황 따위가 더 심해지도록 영향을 미침.

㉠ 자꾸만 술을 더 먹자고 축축거린다.

**춤**(정선읍, 여량면, 화암면)

[표] 몡 침 뜻 〈생물〉 입 속의 침샘에 서 분비되는 무색의 끈기 있는 소화액. 녹말을 맥아당으로, 맥아당을 포도당 으로 만드는 작용을 함.

㉠ 아무대고 함부로 춤 뱉지마라.

**층개**(정선읍, 북평면), **칭개**(여량면, 남면)

[표] 몡 층계(層階) 뜻 걸어서 층 사이 를 오르내릴 수 있도록 턱이 지게 만들어 놓은 설비.

⑩ 그 건물은 층개가 많다.

**층개다리**(여량면), **칭칭다리**(임계면), **칭개다리**(남면)

[표] ⑲ 층층다리(層層--) ⑧ 돌이나 나무 따위로 여러 층이 지게 단을 만들어서 높은 곳을 오르내릴 수 있게 만든 설비.

⑩ 그 산에는 칭칭다리가 두 개다.

**층발이지다**(정선읍, 여량면, 남면), **층이나다**(임계면)

[표] ⑧ 차이나다 ⑧ 성질이나 종류에 따라 차이가 남.

⑩ 한날 같이 심었는데 층발이진다.

**치**(정선읍, 여량면, 남면, 임계면), **치짝**(여량면)

[표] ⑲ 키 ⑧ 곡식 따위를 까불러 쭉정이나 티끌을 골라내는 도구.

⑩ 1. 곡석을 치로 까불다. 2. 알뜰이 까불라면 치로 까불어야 한다.

**치게올르다**(정선읍, 여량면, 북평면, 남면), **치기다**(여량면)

[표] ⑧ 치오르다 ⑧ 1. 아래에서 위로 향하여 오름. 2. 경사진 길이나 산 따위를 오르거나 북쪽 지방으로 올라감.

⑩ 높은 언덕을 막 치기다.

**치고받다**(정선읍, 화암면), **지지고뽂다**(여량면), **치구받다**(남면)

[표] ⑧ 싸우다 ⑧ 1. 말, 힘, 무기 따위를 가지고 서로 이기려고 다툼. 2. 경기 따위에서 우열을 가림. 3. 시련, 어려움 따위를 이겨 내려고 애씀.

⑩ 1. 우리 치고받아 볼까. 2. 느들은 맨날 지지고뽂기만 하나.

**치다보다**(정선읍, 화암면), **울러보다**(남면)

[표] ⑧ 우러러보다 ⑧ 1. 위를 향하여 쳐다봄. 2. 마음속으로 공경하여 떠받듦.

⑩ 1.지가 선상님을 얼마나 울러보는 줄 아시죠. 2. 멀 그래 빤히 치다보나.

**치덕거리다**(정선읍, 여량면, 남면), **치대다**(화암면, 임계면)

[표] ⑧ 처덕이다 ⑧ 1. 빨랫방망이로 빨래를 세게 두드려 소리를 냄. 2. 물기가 많거나 차진 물건을 심 있게 두드림. 3. 종이 따위를 마구 바르거나 덧붙임.

⑩ 1. 잔칫날 떡을 치대다. 2. 잔차날에 안반에 쌀찐걸 놓고 치대다.

**치루다**(정선읍, 여량면, 남면)

[표] ⑧ 치르다 ⑧ 1. 주어야 할 돈을 내줌. 2. 무슨 일을 겪어 냄. 3. 아침, 점심 따위를 먹음.

⑩ 신랑 신부는 첫날밤을 잘 치뤘다.

**치매**(정선읍, 여량면, 남면), **초매**(정선읍, 여량면), **초마**(정선읍)

[표] ⑲ 치마 ⑧ 1. 여자의 아랫도리 겉옷. 2. 조복, 제복 따위의 아래에 덧두르는 옷. 3. 위 절반은 흰 종이로, 아래의 절반은 빛깔이 다른 종이로 만든 연의 아래쪽.

⑩ 치매 입으니 더 여성스룹다.

**치매자락**(정선읍, 여량면, 남면, 화암면, 임계면)

[표] ⑲ 치맛자락 ⑧ 마폭의 늘어지거나 드리워진 부분.

⑩ 치매자락이 살랑 살랑.

**치맷바람**(정선읍, 여량면, 북평면, 남면)

[표] 몡 치맛바람 蜀 1. 치맛자락이 야단스럽게 움직이는 서슬. 2. 여자의 극성스러운 활동을 비유적으로 이르는 말. 3. '새색시'를 놀림조로 이르는 말.
예 치맷바람이 쎄면 집안이 망한다네.

**처신대가리**(여량면, 남면), **처신머리**(임계면)

[표] 몡 처신(置身) 蜀 어디에다 몸을 둠.
예 어른이 되었으면 처신머리를 잘해야 존경을 받지.

**치질**(정선읍, 여량면, 남면)

[표] 몡 나비질 蜀 〈농업〉 곡식의 검부러기, 먼지 따위를 날리려고 키 따위로 부쳐 바람을 일으키는 일.
예 어머이는 치질을 참 잘하신다.

**치키다**(정선읍, 여량면, 남면)

[표] 동 치이다 蜀 1. 무거운 물건에 부딪히거나 깔림. 2. 덫 따위에 걸림. 3. 어떤 힘에 구속을 받거나 방해를 당함.
예 무단횡단 해다간 잘못하면 차에 치킨다.

**칙은하다**(정선읍, 여량면, 남면, 화암면)

[표] 혱 측은하다(惻隱--) 蜀 가엾고 불쌍함.
예 어린 것들 놔두고 가니 애들이 칙은하다.

**칙칙하다**(정선읍, 여량면), **눅눅하다**(정선읍, 여량면), **축지근하다**(남면)

[표] 혱 축축하다 蜀 물기가 있어 젖은 듯함.
예 1. 오줌을 쌌나 왜 이래 칙칙하나.
2. 방바닥이 눅눅하다.

**친누**(정선읍, 여량면, 남면, 임계면), **친누우**(정선읍, 여량면)

[표] 몡 친누이(親--) 蜀 같은 부모에게서 난 누이.
예 나한테 친누우는 하나 뿐이야.

**친딸래미**(정선읍, 여량면, 화암면), **친딸리미**(남면)

[표] 몡 친딸(親-) 蜀 자기가 낳은 딸.
예 나는 친딸래미가 일곱이다.

**친손예**(정선읍, 남면), **친손네딸**(여량면)

[표] 몡 친손녀(親孫女) 蜀 자기 아들의 딸.
예 우리 친손네딸은 넘 귀엽다.

**친손주**(정선읍, 여량면, 남면)

[표] 몡 친손자(親孫子) 蜀 자기 아들의 아들.
예 친손주를 봤으니 여한이 읎다.

**친아덜**(정선읍, 여량면, 북평면, 남면)

[표] 몡 친아들(親--) 蜀 자기가 낳은 아들.
예 친아덜들은 마커 도회지에 나가 산다.

**친아부지**(정선읍, 남면), **친애비**(정선읍), **친아버이**(여량면)

[표] 몡 친아버지(親---) 蜀 자기를 낳은 아버지.
예 니 친애비 따라 가라.

**친어멍이**(정선읍, 여량면, 남면)

[표] 몡 친어머니(親---) 蜀 자기를 낳은 어머니.
예 친어멍이는 시방 시골에 사신다.

**친자슥**(정선읍, 여량면, 북평면, 남면), **친자석**(여량면)

[표] 몡 친자식(親子息) 蜀 자기가 낳은 자식.
예 친자슥도 내 맘대로 못한다.

**친정어멍이**(정선읍, 여량면, 북평면, 남면, 화암면)

　[표] 몡 친정어머니(親庭---) 뜻 결혼한 여자의 어머니를 이르는 말.

　예 결혼식 날 친정어멍이 생각에 눈물을 마이 흘렸다.

**친친하다**(정선읍, 북평면), **찌찌하다**(여량면, 북평면), **지지하다**(남면, 화암면)

　[표] 혱 지질지질하다 뜻 1. 물기가 많아서 조금 진 듯함. 2. 보잘것없고 몹시 변변하지 못함.

　예 비가 온 뒤라 질바닥이 찌찌하다.

**친할멍이**(정선읍, 여량면, 남면)

　[표] 몡 친할머니(親---) 뜻 아버지의 어머니를 이르는 말.

　예 친할멍이가 옆짝에 따로 사신다.

**친할으벙이**(정선읍, 여량면, 북평면, 남면, 화암면)

　[표] 몡 친할아버지(親----) 뜻 아버지의 아버지를 이르는 말.

　예 집에 오는 길에 친할으벙이를 만났다.

**친헝이**(정선읍), **친성이**(여량면), **친헝**(남면)

　[표] 몡 친언니(親--) 뜻 같은 부모에게서 난 언니.

　예 친성이는 나랑은 성격이 다르다.

**친헝이**(정선읍), **친성이**(여량면, 북평면)

　[표] 몡 친형(親兄) 뜻 같은 부모에게서 난 형.

　예 친헝이가 아부지를 대신한다.

**친헝재**(정선읍, 북평면, 남면), **친성제**(여량면), **친헹제**(여량면)

　[표] 몡 친형제(親兄弟) 뜻 같은 부모에게서 난 형제.

　예 친헹제는 수족과 같은 것이다.

**칠겡이**(정선읍, 여량면, 남면), **칠구랭이**(정선읍), **칠구렝이**(여량면)

　[표] 몡 칡 뜻 〈식물〉 콩과의 낙엽 활엽 덩굴성 식물. 잎은 어긋나고 세 쪽 겹잎임. 8월에 붉은 자주색 꽃이 총상(總狀) 화서로 피고 열매는 협과(莢果)로 9~10월에 익음. 뿌리의 녹말은 식용하고 뿌리는 약용함. 산기슭 양지에서 자라는데 한국, 일본, 대만, 중국 등지에 분포함.

　예 칠구렝이 뿌래기가 약이라네.

**칠겡이갈그**(정선읍, 북평면), **칠겡이갈기**(여량면)

　[표] 몡 칡가루 뜻 칡뿌리를 찧어 앙금을 앉혀 말린 가루. 갈증이나 술독을 푸는 데에 쓰거나 이뇨제로 쓰임.

　예 칡을 캐서 칠겡이갈그 맨들어라.

**칠겡이덤불**(정선읍, 여량면, 남면), **칠겡이덤부사리**(정선읍), **칠기덤불**(임계면)

　[표] 몡 칡덤불 뜻 칡, 덩굴풀, 나무의 가시 따위가 서로 엉클어져 우거진 덤불.

　예 칠겡이덤불이 가로 맥캐 댕길 수가 읎다

**칠겡이뿌리**(정선읍, 여량면, 북평면)

　[표] 몡 칡뿌리 뜻 칡의 뿌리. 한방에서 약재로 쓰임.

　예 칠겡이뿌리가 고혈압, 협심증, 황달 등에 좋다.

**칠겡이줄**(정선읍, 북평면), **칠겡이넝쿨**(여량면, 남면), **칡넝쿨**(화암면)

　[표] 몡 칡덩굴 뜻 칡의 벋은 덩굴.

　예 칠겡이줄 끊어다 콩단 묶자.

**칠삭동이**(정선읍), **칠삭됭이**(여량면), **칠뗑이**(남면)

[표] 몡 칠삭둥이(七朔--) 똣 1. 제달을 다 채우지 못하고 일곱 달 만에 태어난 아이. 2. 조금 모자라는 사람을 놀림조로 이르는 말.

예 칠삭동이는 키워도 팔삭동이는 못 키운다.

**칠칠맞다**(정선읍, 여량면, 남면)

[표] 혱 칠칠찮다 똣 야무지거나 반듯하지 못함.

예 사람이 왜 그래 칠칠맞나.

**칡범**(남면)

[표] 몡 표범(豹-) 똣 〈동물〉 고양잇과의 하나. 몸의 길이는 1.2~1.5m로 호랑이와 비슷하나 몸집이 조금 작고 온몸에 검고 둥근 무늬가 있는데, 민첩하고 사나움. 삼림이나 바위가 많은 곳에 살며 사슴, 영양 따위를 잡아먹는데, 동남아시아·시베리아·아프리카·인도·중국·중앙아시아 등지에 분포함.

예 칡범은 맹수다.

**칭구**(정선읍, 여량면, 북평면, 남면, 화암면), **니나돌이**(여량면), **친우**(임계면)

[표] 몡 친구(親舊) 똣 1. 가깝게 오래 사귄 사람. 2. 나이가 비슷하거나 아래인 사람을 낮추거나 친근하게 이르는 말.

예 그 머슴아는 내하고 이웃에 사는 친한 칭구다.

**칭기다**(정선읍, 여량면, 남면), **깔리다**(정선읍), **찡기다**(여량면, 화암면), **차이다**(임계면)

[표] 동 치이다 똣 1. 무거운 물건에 부딪히거나 깔림. 2. 덫 따위에 걸림. 3. 어떤 힘에 구속을 받거나 방해를 받음.

예 강아지가 차바꾸에 찡기다.

**칭칭대**(정선읍, 여량면, 남면)

[표] 몡 층층대(層層臺) 똣 돌이나 나무 따위로 여러 층이 지게 단을 만들어서 높은 곳을 오르내릴 수 있게 만든 설비.

예 칭칭대 오를 땐 조심해야 한다.

# ㅋ

**칼그트머리**(정선읍, 북평면), **칼끄탱이**(여량면, 남면, 화암면)

[표] 똉 칼끝 ㈜ 칼날의 맨 끝.

㈅ 칼그트머리가 예리해야 일이 쉽다.

**칼도매**(정선읍, 여량면, 북평면, 화암면), **도매**(정선읍, 신동읍)

[표] 똉 도마 ㈜ 칼로 음식의 재료를 썰거나 다질 때에 밑에 받치는 것. 두꺼운 나무토막이나 널조각, 플라스틱 따위로 만듦.

㈅ 칼도매는 음식 맹그는데 필수품이다.

**칼자기**(정선읍)

[표] 똉 칼자루 ㈜ 칼을 안전하게 쥐게 만든 부분.

㈅ 칼자기 빠졌잖아 댄댄이 박아야지.

**칼자욱**(정선읍, 여량면, 북평면, 남면), **칼자구**(여량면, 화암면)

[표] 똉 칼자국 ㈜ 칼로 베거나 찌른 흔적.

㈅ 팔뚝에 칼자구가 왜 그리 많나.

**칼치**(정선읍, 여량면, 남면, 북평면, 임계면, 화암면)

[표] 똉 갈치 ㈜〈동물〉갈칫과의 바닷물고기. 몸의 길이는 1.5m 정도이며, 띠처럼 길고 얄팍함. 비늘이 전혀 없고 은빛을 띤 흰색의 가루 같은 것이 덮여 있으며, 지느러미는 등지느러미와 뒷지느러미뿐임. 식용하며 한국, 일본, 대서양 등지에 분포함.

㈅ 여기 칼치조림 행개 조요.

**커리**(정선읍, 여량면, 북평면, 남면, 화암면)

[표] 똉 켤레 ㈜ 신, 양말, 버선, 방망이 따위의 짝이 되는 두 개를 한 벌로 세는 단위.

㈅ 그댁 신발이 몇커리야. 식구가 많으니 엄청나드라.

**커영**(정선읍, 여량면, 남면)

[표] 죠 커녕 ㈜ 1. 어떤 사실을 부정하는 것은 물론 그보다 덜하거나 못한 것까지 부정하는 뜻을 나타내는 보조사. 2. '말할 것도 없거니와 도리어'의 뜻을 나타내는 보조사.

㈅ 맨내기는 커영 그림자도 못 봤다.

**케다**(정선읍, 북평면), **케대다**(여량면), **키다**(남면)

[표] 똥 켜다 ㈜ 1. 나무를 세로로 톱질하여 쪼갬. 2. 현악기의 줄을 활 따위로 문질러 소리를 냄. 3. 누에고치에서 실을 뽑음.

例 가야금 케는 솜씨가 보통이 아니다.

**케케이**(정선읍), **적지적지**(여량면, 남면)

[표] 🔳 켜켜이 🔳 여러 켜마다.

例 1. 팥고물을 적지적지 깔고 시루 떡을 맹근다. 2. 시루떡 할 때 팥 고물을 케케이 놓는다.

**켈렐레하다**(정선읍, 여량면), **헐레하다**(남면)

[표] 🔳🔳 헬렐레하다 🔳 🔳 술이 몹 시 취하거나 얼이 빠져 있거나 하여 몸 을 가누지 못함. 🔳 정신이 온전치 못 하거나 맹함.

例 어데서 술을 잔뜩 먹고 켈렐레해 가지구.

**코납죽이**(정선읍, 북평면), **코납제기**(여 량면, 남면)

[표] 🔳 코납작이 🔳 1. 코가 납작한 사람을 놀림조로 이르는 말. 2. 핀잔 이나 무안을 당하여 기가 꺾인 사람을 비유적으로 이르는 말.

例 저 사람은 몸은 좋은 데 코납죽이야.

**코딱젱이**(여량면, 남면, 임계면), **코따뎅이**(정선읍, 여량면), **코따데이**(화암면)

[표] 🔳 코딱지 🔳 1. 콧구멍에 콧물 과 먼지가 섞여 말라붙은 것. 2. 아주 작고 보잘것없는 것을 비유적으로 이 르는 말.

例 손으로 코따뎅이 패내지 말어라. 드럽다.

**코리버들**(남면)

[표] 🔳 고리버들 🔳 〈식물〉 버드나 뭇과의 낙엽 관목.

例 봄에는 코리버들이 울창하다.

**코리젱이**(남면), **고리젱이**(화암면)

[표] 🔳 고리장이 🔳 키버들로 고리짝 이나 키 따위를 만들어 파는 일을 직업 으로 하는 사람.

例 예전에는 마을에 코리젱이들이 마이 댕겼지.

**코빨겡이**(정선읍, 북평면, 신동읍), **딸구 코**(여량면, 화암면)

[표] 🔳 딸기코 🔳 코끝이 빨갛게 된 코.

例 저 사람은 술을 넘 먹어 항상 딸구 코여.

**코빼기**(정선읍, 북평면, 남면), **코잔등**(정선 읍), **콧잔배기**(여량면), **콧잔뱅이**(여량면)

[표] 🔳 코 🔳 1. 포유루의 얼굴 중앙 에 튀어나온 부분, 호흡을 하며 냄새 를 맡는 구실을 하고, 발성(發聲)을 도 움. 2. 콧구멍에서 흘러나오는 액체. 3. 버선이나 신 따위의 앞 끝이 오뚝하 게 내민 부분.

例 왼종일 어데 갔는지 콧잔뱅이도 안 보인다.

**코아레**(여량면, 남면)

[표] 🔳 코밑 🔳 1. 코의 아랫부분이 라는 뜻으로, 아주 가까운 곳을 이르 는 말. 2. 곧 닥칠 미래를 비유적으로 이르는 말.

例 잔찻날이 코아레로 다가왔다.

**콩이니팥이니**(정선읍, 북평면), **콩칠팔새 삼육**(여량면, 남면)

[표] 🔳 콩팔칠팔 🔳 1. 갈피를 잡을 수 없도록 마구 지껄이는 모양. 2. 하 찮은 일을 가지고 시비조로 캐묻고 따 지는 모양.

例 콩칠팔새삼육 떠들지 말고 해던 거나 마주해.

**코젱이**(정선읍, 화암면), **양놈**(여량면, 남면)
　[표] 몡 서양인(西洋人) 뜻 서양 여러 나라의 사람.
　예 개코도 모르면서 코젱이만 오면 오케이 오케이 한다.

**코주먹이되다**(정선읍, 북평면), **코이뭉툭해지다**(여량면, 신동읍)
　[표] 혱 머쓱하다 뜻 1. 어울리지 않게 키가 큼. 2. 무안을 당하거나 흥이 꺾여 어색하고 열없음.
　예 자는 그리 잘난 체 하더니 만 코이 뭉툭해졌네.

**코찡찡이**(정선읍), **코망넹이**(여량면), **큼큼이**(남면)
　[표] 몡 코머거리 뜻 코가 막히는 증세가 있는 사람을 낮잡아 이르는 말.
　예 쟈는 코망넹이다.

**코터레기**(정선읍, 여량면, 북평면, 남면)
　[표] 몡 코털 뜻 콧구멍 속에 난 털.
　예 코터레기가 삐쭉나와 넘 지저분하다.

**코풀레기**(정선읍, 여량면), **코찔찔이**(정선읍, 남면), **코풀떼기**(여량면)
　[표] 몡 코흘리개 뜻 1. 늘 콧물을 흘리는 아이를 놀림조로 이르는 말. 2. 철없는 어린아이를 비유적으로 이르는 말.
　예 저 늠아는 어릴 때 코풀떼기였다.

**콜로덕거리다**(정선읍, 여량면), **캘럭거리다**(남면)
　[표] 동 콜록거리다 뜻 감기나 천식 따위로 가슴 속에서 울려 나오는 기침 소리를 잇따라 냄.
　예 기침을 콜로덕거리다.

**콧구녕**(정선읍, 여량면, 북평면, 남면, 임계면)
　[표] 몡 콧구멍 뜻 1. 코에 뚫린 두 구멍. 2. 공간 따위가 아주 좁은 것을 비유적으로 이르는 말.
　예 콧구녕이 굴구녕처럼 시커먼기. 벌름거린다.

**콧두벵이**(정선읍, 남면)
　[표] 몡 콧등 뜻 코의 등성이.
　예 쌈 잘하는 저놈 개는 콧두벵이 아물 날이 없다.

**콧말기**(정선읍, 여량면, 북평면)
　[표] 몡 콧마루 뜻 콧등의 마루가 진 부분.
　예 저 사람 콧말기 우뚝하게 잘 섰네.

**콧방구리**(정선읍, 여량면, 남면), **콧방굴**(임계면)
　[표] 몡 콧방울 뜻 코끝 양쪽으로 둥글게 방울처럼 내민 부분.
　예 콧방구리가 벌렁벌렁하네.

**콧쉐미**(정선읍, 여량면, 남면, 임계면)
　[표] 몡 콧수염(-鬚髥) 뜻 코 아래에 난 수염.
　예 콧쉐미는 양쪽으로 제쳐야 멋있다.

**콧잔뎅이**(정선읍, 여량면, 북평면, 남면, 임계면)
　[표] 몡 코허리 뜻 콧등의 잘록한 부분. 또는 콧방울 위의 잘록하게 들어간 곳.
　예 한 대 맞았더니 콧잔뎅이가 얼얼하다.

**콧주룸**(정선읍), **콧쭈그룸살**(여량면), **콧주룸살**(남면)
　[표] 몡 콧살 뜻 기분이 나쁘거나 아파

ㅋ

서 코를 찡그릴 때 주름이 생기는 부분.

(예) 니 왜 얼굴 찌뿌려 콧주름 잡냐.

**콧줄기**(정선읍, 북평면)

[표] 몡 콧대 뜻 1. 콧등의 우뚝한 줄기. 2. 우쭐하고 거만한 태도를 비유적으로 이르는 말.

(예) 저눔은 콧줄기가 쎄다.

**콩나물대가리**(여량면, 남면, 화암면)

[표] 몡 음표(音標) 뜻 악보에서, 음의 장단과 고저를 나타내는 기호.

(예) 콩나물대가리는 암만 봐도 모르겠다.

**콩나물실기**(정선읍, 북평면), **질금실기**(정선읍), **콩질금실구**(여량면, 남면)

[표] 몡 콩나물시루 뜻 1. 콩나물을 빽빽이 넣어서 키우는 둥근 질그릇. 2. 사람이 몹시 많아서 빽빽함을 비유적으로 이르는 말.

(예) 우리 집 건네방에 콩질금실구가 있어서 떡도 찌고 콩나물도 기른다.

**콩물**(정선읍, 여량면, 남면, 화암면)

[표] 몡 콩국 뜻 콩을 약간 삶아서 맷돌에 갈아 짜낸 물. 여름철에 국수 따위를 말아서 먹음.

(예) 여름에 냉장콩물국수가 제격이다.

**콩볶개**(정선읍), **콩뽁이**(여량면, 남면)

[표] 몡 콩볶은이 뜻 불에 볶은 콩.

(예) 콩볶개는 꼬세서 주전부리로 마이 먹었다.

**콩질금밥**(정선읍), **질금밥**(정선읍, 남면), **콩나물밥**(여량면)

[표] 몡 콩나물밥 뜻 콩나물을 넣고 지은 밥. 밥을 지을 때 소금이나 간장으로 간을 맞추기도 하고, 퍼서 먹을

때 양념장을 치기도 함.

(예) 콩질금밥은 속을 편하게 한다. 비 베 먹으면 넘 맛있다.

**꽹새눈깔이**(정선읍, 북평면, 화암면), **꽹새눈**(여량면), **우먹눈**(남면)

[표] 몡 움펑눈 뜻 1. 움푹 들어간 눈. 2. 눈이 크게 움푹 들어간 사람.

(예) 요새 어데 아팠나 왜 꽹새눈이 됐나.

**쿤내**(여량면, 화암면)

[표] 몡 구린내 뜻 똥이나 방귀 냄새와 같이 고약한 냄새.

(예) 니 방구는 왜서 쿤내가 그리 만이 나나.

**쿤눔**(정선읍, 여량면, 남면)

[표] 몡 큰놈 뜻 '큰아들'을 속되게 이르는 말.

(예) 우리 쿤눔은 지 아부지를 마이 닮았다.

**쿨러덕거리다**(정선읍, 여량면, 남면, 화암면)

[표] 동 쿨룩거리다 뜻 감기나 천식 따위로 가슴 속에서 깊이 울려 나오는 기침 소리를 잇따라 냄.

(예) 골병이 들었나 계속 쿨러덕거리네.

**뀌다**(정선읍, 여량면, 화암면)

[표] 동 뀌다 뜻 방귀 따위를 몸 밖으로 내어보냄.

(예) 쫌 전에 방귀 뀐 눔은 뉘기냐?

**크다하다**(정선읍), **큼직하다**(정선읍), **크다마하다**(여량면, 남면, 화암면)

[표] 형 크다 뜻 사람이나 사물의 외형적 길이, 넓이, 높이, 부피 따위가 보통 정도를 넘음.

(예) 운동장이 음청 크다마하다.

**큰고다치다**(정선읍, 화암면), **코다치다**

(여량면, 신동읍, 임계면)

[표] 屠 봉변하다(逢變--) 뜻 뜻밖의 변이나 망신스러운 일을 당함.

例 잘못하믄 코다친다. 조심하거라.

**큰누**(정선읍, 북평면, 임계면), **큰누우**(여량면)

[표] 名 큰누나 뜻 둘 이상의 누나 가운데 맏이인 누나를 이르거나 부르는 말.

例 우리 큰누우가 서울로 시집갔다.

**큰되**(남면, 화암면)

[표] 名 관승(官升) 뜻 〈역사〉 관가에서 곡식을 되는 데에 쓰던 기구. 보통 집에서 쓰는 식승(食升)과 달라 열닷 말을 한 섬으로 하고, 한 되는 오늘날의 서 홉 여섯 작과 같음.

例 밥을 해야 하니 곳간 가서 큰되에 쌀 쫌 담아 와라.

**큰딸레미**(정선읍, 남면), **큰딸아**(정선읍), **큰딸래미**(여량면)

[표] 名 큰딸 뜻 둘 이상의 딸 가운데 맏이가 되는 딸을 이르는 말.

例 작은딸보다 큰딸레미가 더 예뻐.

**큰방꿍이**(정선읍, 여량면), **큰손주**(남면)

[표] 名 큰손자(-孫子) 뜻 둘 이상의 손자 가운데 맏이인 손자를 이르는 말.

例 큰방꿍이는 그래두 말을 잘 듣는다.

**큰별**(정선읍), **북별**(신동읍)

[표] 名 북극성(北極星) 뜻 〈천문〉 작은곰자리에서 가장 밝은 별. 세페이드형(Cepheid型) 변광성(變光星)으로, 밝기는 실시 등급(實視等級) 2.5등급에서 2.64등급까지 변함. 천구(天球)의 북극 가까이에 있고 위치가 거의 변하지 않아, 방위나 위도의 지침이 됨.

例 오늘은 큰별이 잘 보이네.

**큰성이**(정선읍, 여량면, 남면)

[표] 名 큰언니 뜻 둘 이상의 언니 가운데 맏이인 언니를 이르는 말.

例 큰성이는 서울서 산다.

**큰손예**(정선읍, 여량면, 남면)

[표] 名 큰손녀(-孫女) 뜻 둘 이상의 손녀 가운데 맏이인 손녀를 이르는 말.

例 큰손예는 올해 대학생이다.

**큰싸우**(정선읍, 여량면, 북평면, 임계면)

[표] 名 큰사위 뜻 맏딸의 남편을 이르는 말.

例 큰싸우가 그래도 처갓집 일 마이 도운다.

**큰아덜**(정선읍, 남면), **큰아들레미**(정선읍), **큰아덜리미**(여량면)

[표] 名 큰아들 뜻 둘 이상의 아들 가운데 맏이가 되는 아들.

例 그래도 집안에서 큰아덜이 최고다.

**큰아부지**(정선읍, 북평면), **큰아버이**(여량면, 남면, 화암면)

[표] 名 큰아버지 뜻 1. 둘 이상의 아버지의 형 가운데 맏이가 되는 형을 이르는 말. 2. 아버지의 형을 이르는 말. 여럿이 있을 때에는 그 순서에 따라 첫째 큰아버지, 둘째 큰아버지, 셋째 큰아버지 등과 같이 이름.

例 큰아부지는 어제 정년퇴임을 했다.

**큰어멍이**(정선읍, 여량면, 북평면, 남면)

[표] 名 큰어머니 뜻 1. 아버지 맏형의 아내를 이르는 말. 2. 아버지 형의 아내를 이르는 말. 여럿이 있을 때는 그 순서에 따라 첫째 큰어머니, 둘째 큰어머니,

셋째 큰어머니 등과 같이 이룸.
[예] 큰어멍이는 임계서 여기루 시집을 오셨다.

**큰오라벙이**(정선읍, 여량면, 북평면, 남면, 화암면)
[표] [명] 큰오빠 [뜻] 둘 이상의 오빠 가운데 맏이인 오빠를 이르는 말.
[예] 큰오라벙이는 무섭다. 동생들을 쥐잡듯 한다.

**큰조캐**(정선읍, 여량면, 북평면, 남면)
[표] [명] 큰조카 [뜻] 맏형의 맏아들을 이르는 말.
[예] 큰조캐가 벌써 서른이다.

**큰질가**(정선읍, 여량면, 남면, 화암면), **큰질거리**(여량면)
[표] [명] 큰길가 [뜻] 큰길의 양쪽 옆.
[예] 얼른 밥 먹고 큰질거리 나가보자. 구경거리 온단다.

**큰할멍이**(정선읍, 여량면, 남면), **큰할머이**(화암면)
[표] [명] 큰할머니 [뜻] 아버지의 큰어머니를 이르는 말.
[예] 큰할멍이는 이미 돌아가셨다.

**큰할으벙이**(정선읍, 여량면, 남면)
[표] [명] 큰할아버지 [뜻] 아버지의 큰아버지를 이르는 말.
[예] 큰할으벙이는 아직 정정하고 건강하시다.

**큰헝이**(정선읍, 북평면), **큰성이**(여량면, 남면)
[표] [명] 큰형(-兄) [뜻] 둘 이상의 형 가운데 맏이인 형을 이르는 말.
[예] 큰성이 집안일을 모두 주선한다.

**키다**(정선읍, 남면, 화암면), **케대**(여량면)
[표] [동] 켜다 [뜻] 1. 등잔이나 양초 따위에 불을 붙이거나 성냥이나 라이터 따위에 불을 일으킴. 2. 전기나 동력이 통하게 하여, 전기 제품 따위를 작동하게 만듦.
[예] 똥간에도 이젠 전기를 키는 세상이다.

**키다**(정선읍, 여량면, 북평면, 남면)
[표] [동] 켜다 [뜻] 1. 물이나 술 따위를 단숨에 들이마심 2. 갈증이 나서 물을 자꾸 마심.
[예] 막걸리 한 사발을 대뜨방에 들이키다.

**키빼기**(정선읍), **키꼬라지**(여량면, 남면)
[표] [명] 키 [뜻] 사람이나 동물이 똑바로 섰을 때에 발바닥에서 머리 끝에 이르는 몸의 길이.
[예] 키꼬라지가 미끈한 게 잘생겼다.

**키태나**(여량면, 북평면), **구태나**(남면)
[표] [부] 구태여 [뜻] 일부러 애써.
[예] 키태나 할 필요는 없어.

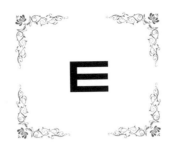

**탈개버선**(정선읍, 화암면)

　[표] 명 뚜께버선 뜻 바닥이 다 해어
져 발등만 덮게 된 버선.

　예 탈개버선은 신으나 마나다.

**탈바가찌**(정선읍, 여량면, 북평면, 남면,
화암면)

　[표] 명 탈 뜻 1. 얼굴을 감추거나 달
리 꾸미기 위하여 나무, 종이, 흙 따위
로 만들어 얼굴에 쓰는 물건. 2. 속뜻
을 감추고 겉으로 거짓을 꾸미는 의뭉
스러운 얼굴. 또는 그런 태도나 모습.

　예 어제 공연장서 탈바가찌 쓰고 춤
추는 거 봤다.

**탕개줄**(정선읍, 북평면), **탱개끈**(여량면)

　[표] 명 탕갯줄 뜻 물건의 동인 줄을
죄는 물건. 동인 줄의 중간에 비녀장을
질러서 틀어 넘기면 줄이 졸아들게 됨.

　예 지게 탱개끈 댄댄히 틀어라.

**탕떼기**(정선읍, 여량면)

　[표] 의 탕 뜻 무엇을 실어 나르거나 일정
한 곳까지 다녀오는 횟수를 세는 단위.

　예 탕떼기로 돈을 주니 트럭들이 넘
과속한다.

**태기치다**(정선읍, 신동읍, 화암면), **메꼰
지다**(여량면)

　[표] 동 메어치다 뜻 어깨 너머로 둘
러메어 힘껏 내리침.

　예 심이 얼마나 쎈지 씨름판에서 상
대를 한 번에 들어 메꼰졌다.

**택개**(여량면, 남면)

　[표] 명 태가(駄價) 뜻 짐을 실어 날라
준 삯.

　예 나도 모곡 택개로 용돈벌이 했다.

**택두읇다**(정선읍), **택없다**(여량면), **택도
없다**(여량면, 임계면), **택없다**(임계면), **택
읇다**(남면)

　[표] 형 턱없다 뜻 1. 이치에 닿지 아
니하거나, 그럴 만한 근거가 전혀 없
음. 2. 수준이나 분수에 맞지 아니함.

　예 나한테는 아무리 졸라도 택도없다.

**택받이**(정선읍, 여량면, 남면), **택걸이**(정
선읍), **춤받이**(임계면)

　[표] 명 턱받이 뜻 흘리는 침이나 음
식물이 옷에 떨어져 묻지 아니하도록
어린아이의 턱 아래에 대어 주는, 헝
겊으로 만든 물건.

　예 언나 택걸이 쫌 해줘라. 먹는거 다
흘린다.

**택수가리**(정선읍, 여량면), **택나가리**(정선
읍, 여량면), **턱두가리**(정선읍), **턱수바리**(임

계면), **택자바리**(남면), **턱수가리**(화암면)

　[표] 몡 턱 똣 사람의 입 아래에 있는 뾰족하게 나온 부분.

　예 누구든지 택나가리 잘 놀래야지 욕 안 먹어.

**택쉐미**(정선읍, 여량면, 북평면, 남면)

　[표] 몡 턱수염(-鬚髥) 똣 아래턱에 난 수염.

　예 저 노인 택쉐미 멋있다. 도사같이 생겼다.

**택지다**(임계면)

　[표] 동 턱지다 똣 한턱내야 할 부담을 가짐.

　예 내가 너에게 턱졌으니 나중에 쏠게.

**탯끈**(정선읍, 여량면)

　[표] 몡 탯자리개 똣 〈농업〉 타작할 때에 벼, 보리 따위의 단을 둘러 묶는 데 쓰는 굵은 새끼.

　예 보리단 짜매게 탯끈 가져와라.

**탱주**(정선읍, 여량면, 남면)

　[표] 몡 탱자 똣 탱자나무의 열매. 향기가 좋으며 약용하기도 함.

　예 탱주는 정선서 보기가 힘들다.

**터레기**(정선읍, 여량면, 북평면, 남면, 화암면)

　[표] 몡 털 똣 1. 사람이나 동물의 피부에 나는 가느다란 실 모양의 것. 2. 물건의 거죽에 부풀어 일어난 가는 실 모양의 것. 3. 짐승의 털이나 인조털로 만든 실.

　예 그 사람은 개처럼 터레기가 많다.

**터무니없다**(정선읍, 여량면, 북평면, 화암면), **새빨갛다**(남면)

　[표] 형 터무니없다 똣 허황하여 전혀 근거가 없음.

　예 터무니 없는 생각 하지마.

**터우리**(정선읍, 여량면, 북평면, 남면)

　[표] 몡 터울 똣 1. 한 어머니의 먼저 낳은 아이와 다음에 낳은 아이와의 나이 차이.

　예 우리 형제는 터우리가 진다.

**터치다**(정선읍, 북평면), **터추다**(남면)

　[표] 동 터뜨리다 똣 터지게 함.

　예 사람 승질 터추지마.

**털개**(정선읍, 여량면, 화암면)

　[표] 몡 삽사리 똣 〈동물〉 개 품종의 하나.

　예 털개는 토종개인데 잘 보이지 않는다.

**털끄트마리**(정선읍), **털그트머리**(정선읍), **털끄트바리**(여량면), **털끄뎅이**(남면)

　[표] 몡 털끝 똣 1. 털의 끝. 2. 아주 적거나 사소한 것을 비유적으로 이르는 말.

　예 털끄트마리 만큼 거짓이 없어야 해.

**털럭거리다**(정선읍)

　[표] 동 터덜거리다 똣 1. 지치거나 느른하여 무거운 발걸음으로 힘없이 계속 걸음. 2. 빈 수레 따위가 험한 길 위를 요란하게 자꾸 지나가는 소리가 잇따라 남. 3. 깨어진 질그릇 따위가 둔탁하게 부딪치는 소리가 잇따라 냄. 또는 그런 소리를 잇따라 냄.

　예 그렇게 털럭거리다가는 해지기 전에 못가겠다.

**털버덩**(정선읍, 남면), **털부렁**(여량면), **텀붕**(임계면)

　[표] 甼 텀벙 똣 크고 무거운 물건이 물에 떨어져 잠기는 소리. '덤벙'보다 거센 느낌을 줌.

　예 목욕탕 탕속으로 털부렁 들어가지 마라.

**털모재**(여량면)

　[표] 몡 털벙거지 똣 털로 만든 벙거지.

ⓔ 겨울에는 털모재가 최고다.

**털북젱이**(정선읍, 남면), **털북쉥이**(정선읍), **털북셍이**(여량면, 북평면)

[표] 몡 털북숭이 ⓒ 털이 많이 난 것.

ⓔ 그 사람은 온몸이 털북셍이야.

**털서덕**(정선읍, 여량면, 북평면)

[표] 閉 털썩 ⓒ 1. 갑자기 힘없이 주저앉거나 쓰러지는 소리. 또는 그 모양. 2. 크고 두툼한 물건이 갑자기 바닥에 떨어지는 소리. 또는 그 모양. 3. 갑자기 심리적인 충격을 받아 놀라는 모양.

ⓔ 아들 사고 소식에 털서덕 주저앉자 뻐렸다.

**털석앉다**(정선읍)

[표] 图 주저앉다 ⓒ 1. 서 있던 자리에 그대로 힘없이 앉음. 2. 일정한 곳에 그대로 자리 잡고 삶. 3. 물건의 밑이 뭉그러지거나 무너져 내려앉음.

ⓔ 아부지가 다쳤다는 말에 가는 털석앉았다.

**털썩앉히다**(정선읍, 북평면)

[표] 图 주저앉히다 ⓒ '주저앉다'의 사동사.

ⓔ 급하게 갈래는 친구를 털썩앉히다.

**털터룸하다**(정선읍, 여량면, 북평면, 화암면), **털터루하다**(남면)

[표] 혱 털털하다 ⓒ 1. 사람의 성격이나 하는 짓 따위가 까다롭지 아니하고 소탈함. 2. 품질 따위가 그리 좋지도 아니하고 나쁘지도 아니함.

ⓔ 그자식 늘 해는 짓이 털터룸하다.

**털투셍이**(여량면, 북평면), **털투개비**(임계면), **털투루바리**(남면)

[표] 몡 털투성이 ⓒ 털이 넘 많은 상태.

ⓔ 털투셍이는 이발사가 싫어한다.

**테두리**(정선읍, 화암면), **은저리**(여량면), **여가리**(남면, 임계면)

[표] 몡 언저리 ⓒ 1. 둘레의 가 부분. 2. 어떤 나이나 시간의 전후. 3. 어떤 수준이나 정도의 위아래.

ⓔ 소두뱅이 은저리가 뜨굽다.

**텡수**(정선읍, 여량면, 남면, 화암면), **땡수 · 땡구**(정선읍), **튕수**(임계면)

[표] 몡 퉁가리 ⓒ 〈동물〉 퉁가릿과의 민물고기. 몸의 길이는 5~13cm이고 가늘고 길며, 몸빛은 누런 붉은 갈색이고 등은 더 짙은 색. 입가에 네 쌍의 수염이 뚜렷하며 머리는 메기처럼 납작하며. 맑은 시내의 자갈 밑에 무리 지어 사는데, 우리나라 특산종이며 중부 지방의 하천에 분포함.

ⓔ 민물 매운탕 중에서는 텡수가 최고지.

**토**(정선읍, 여량면, 남면)

[표] 몡 이유(理由) ⓒ 1. 어떠한 결론이나 결과에 이른 까닭이나 근거. 2. 구실이나 변명. 3. 존재의 기초가 되거나 어떤 사상이 진리라고 할 수 있는 조건. 좁은 의미로는 결론에 대한 전제나 결과에 대한 원인을 이름.

ⓔ 1. 니는 누가 머라 하믄 말끝마다 토를 다나야. 2. 말 토 달지 마라.

**토껭이**(여량면, 남면), **퇴끼**(정선읍, 여량면, 화암면)

[표] 몡 토끼 ⓒ 1. 〈동물〉 토낏과의 포유류를 통틀어 이르는 말. 귀가 길고 뒷다리가 앞다리보다 발달하였으며 꼬리는 짧음. 초식성으로 번식력이 강함. 여러 종류가 있으며 아프리카, 아메리

카, 아시아, 유럽 등지에 분포함. 2. 〈동물〉 토끼과의 하나. 몸은 대개 흰색이며, 앞다리가 산토끼보다 짧음. 약 2300년 전에 유럽산 굴토끼를 길들여 기른 것으로 여러 품종이 있음. 고기는 식용하고, 털가죽은 방한용으로 쓰임.
예 요새 고냉이가 토껭이 씨를 말린다.

**토껭이질**(정선읍), **퇴끼질**(여량면, 남면)
[표] 명 소로(小路) 뜻 작고 매우 좁다란 길.
예 1. 길이 토껭이질 갔더라. 2. 길이라고 퇴끼질만 한 게.

**토껭이질**(정선읍, 화암면), **오솔질**(여량면), **퇴끼질**(여량면, 남면)
[표] 명 오솔길 뜻 폭이 좁은 호젓한 길.
예 길이래야 꼭 퇴끼질만한기 아주 좁아.

**토껭이질나다**(정선읍, 화암면)
[표] 동 버릇되다 뜻 버릇으로 굳어짐.
예 토껭이질나기 전에 나쁜 버르장머리 고쳐라.

**토맥이**(정선읍, 북평면, 남면, 임계면), **톰배기**(여량면)
[표] 명 토막 뜻 1. 크고 덩어리가 진 도막. 2. 다른 것에 비하여 아주 짤막한 내용이나 물건. 3. 말, 글, 생각, 기간 따위에서 잘려지거나 떼어 낸 한 부분.
예 낭구 톰배기를 길게 자르다.

**토사뺑**(정선읍), **토사광란**(임계면), **토새**(남면)
[표] 명 토사곽란(吐瀉癨亂) 뜻 〈한의학〉 위로는 토하고 아래로는 설사하면서 배가 질리고 아픈 병.
예 1. 증상이 영락없는 토사광란이다. 2. 여름에 음식 잘못 먹으면

토사뺑 걸린다.

**토종말**(정선읍, 여량면, 북평면, 신동읍, 화암면)
[표] 명 사투리 뜻 〈언어〉 어느 한 지방에서만 쓰는, 표준어가 아닌 말.
예 토종말 중에는 제주도 말이 젤 모르겠다.

**토종비결**(여량면, 남면)
[표] 명 토정비결(土亭祕訣) 뜻 〈책명〉 조선 명종 때에 토정 이지함이 지었다고 하는 일종의 도참서. 태세·월건·일진 따위를 숫자로 따지고, ≪주역≫의 음양설에 기초하여 일 년의 길흉화복을 점치는 데에 쓰임.
예 예전에는 아부지가 가족들 토정비결을 꼭 바주었다.

**톱젱이**(여량면, 남면, 화암면), **거두쟁이**(임계면)
[표] 명 톱장이 뜻 톱질하는 일을 직업으로 하는 사람. 오림장이와 큰톱장이가 있음.
예 톱젱이가 큰 톱으로 송판을 커다.

**통고치**(정선읍, 북평면)
[표] 명 통고추 뜻 썰지 아니한 통째 그대로의 고추.
예 짱아찌는 통고치로 맹글어야 해.

**통구영**(여량면, 북평면), **통구녕**(남면)
[표] 명 통구멍 뜻 〈건설〉 목재의 옆면에, 다른 재목의 머리 부분을 끼우려고 파낸 구멍.
예 기둥 통구녕에 방을 끼워라.

**통낭구**(정선읍, 여량면, 남면, 임계면)
[표] 명 통나무 뜻 켜거나 짜개지 아니한 통째로의 나무.

예 예전에 시골집은 거의 통낭구로 지었다.

**통낭구집**(정선읍, 여량면), **통나그집**(남면)
[표] 명 통나무집 뜻 통나무로 지은 집.
예 통낭구집은 여름에 참 시원두하다.

**통마눌**(정선읍, 여량면, 남면), **통마날**(임계면)
[표] 명 통마늘 뜻 쪼개지 아니한 통째로의 마늘.
예 삼접쌀 먹을 때 통마눌이 좋다.

**통빡굴리다**(여량면, 남면, 화암면)
[표] 동 생각하다 뜻 1. 사람이 머리를 써서 사물을 헤아리고 판단함. 2. 어떤 사람이나 일 따위에 대하여 기억함. 3. 어떤 일을 하고 싶어 하거나 관심을 가짐.
예 통빡굴리지말고 일 핼래믄 얼릉 해봐.

**통승명**(여량면, 북평면, 남면)
[표] 명 통성명(通姓名) 뜻 처음으로 인사 할 때 서로 성과 이름을 알려 줌.
예 우리 통승명이나 하고 지냅시다.

**통장제기**(여량면, 북평면, 남면)
[표] 명 통장작(-長斫) 뜻 1. 쪼개지 않은 통짜의 장작. 2. 썩 굵게 팬 장작.
예 나뭇가지는 통장제기로 잘라만 놔라.

**통심**(여량면), **통다지**(여량면), **통심이**(임계면)
[표] 명 통째 뜻 나누지 아니한 덩어리 전부.
예 이거 통다지로 내가 가꾸갈께.

**통치매**(정선읍, 여량면, 북평면, 남면)
[표] 명 통치마 뜻 양쪽 선단이 없이 통으로 지은 치마. 생활한복 치마나 양장 치마의 대부분이 이것에 해당함.
예 통치매가 치마냐.

**통칠겡이**(여량면, 북평면)
[표] 명 통칡 뜻 쪼개지 아니한 통짜의 칡덩굴.
예 콩단 다 묶으려면 통칠겡이 쓰지 말고 다른 쪼개미 거 써라.

**통털어**(여량면, 남면, 화암면)
[표] 부 통틀어 뜻 있는 대로 모두 합하여.
예 통털어 다해도 이것 가지고는 모자란다.

**톺다**(여량면, 북평면), **가리다**(남면, 화암면)
[표] 동 갚다 뜻 1. 남에게 빌리거나 꾼 것을 도로 돌려줌. 2. 남에게 진 신세나 품게 된 원한 따위에 대하여 그에 상당하게 돌려줌.
예 지난번 빚진 거 다 톺았다.

**퇴고**(정선읍, 여량면, 남면), **내꼬**(정선읍, 화암면)
[표] 명 우리구멍 뜻 논물이 빠져나가도록 논두렁에 뚫어 놓은 작은 구멍.
예 비가 올 줄 모르니 내꼬 잘 손보거라.

**퇴끼잠**(정선읍, 여량면, 북평면, 남면)
[표] 명 토끼잠 뜻 깊이 들지 못하고 자주 깨는 잠.
예 어제 바빠서 퇴끼잠 잤다.

**퇴끼장**(정선읍, 여량면, 남면)
[표] 명 토끼장(--欌) 뜻 토끼를 넣어 기르는 장.
예 퇴끼장에 먹을 풀 쫌 넣어줘라.

**퇴끼풀**(정선읍, 여량면, 북평면, 남면)
[표] 명 토끼풀 뜻 〈식물〉 콩과의 여러해살이풀. 가지는 땅으로 길게 뻗으며, 잎은 드문드문 나고 세 쪽 겹잎인데 톱니가 있음. 나비 모양의 흰 꽃은

E

6~7월에 꽃대 끝에 머리 모양으로 피고 시든 다음에도 떨어지지 않고 열매를 둘러쌈. 목초, 거름으로 쓰임. 유럽이 원산지로, 들에서 자람.

[예] 퇴끼풀 중 네잎은 행운이 온대요.

**퇴주그륵**(여량면, 북평면), **퇴주잔**(남면, 화암면, 임계면)

[표] [명] 퇴줏그릇(退酒--) [뜻] 퇴주를 담는 그릇.

[예] 지사상을 다 차려놨는데 퇴주그륵이 없다.

**퇴침이**(정선읍, 남면)

[표] [명] 퇴침(退枕) [뜻] 서랍이 있는 목침. 속에는 빗과 같은 화장 도구를 넣으며 거울을 붙여 만들기도 함.

[예] 할아부지는 꼭 퇴침이를 베고 주무셨다.

**툇마룽**(여량면, 남면)

[표] [명] 툇마루(退--) [뜻] 〈건설〉 툇간에 놓은 마루.

[예] 툇마룽에 누웠으니 바람이 시원하다.

**투렝이**(정선읍, 북평면)

[표] [명] 투레질 [뜻] 젖먹이가 두 입술을 떨며 투루루 소리를 내는 짓.

[예] 1. 아들이 투렝이한다. 2. 사나아가 투렝이 하면 비오고, 여자아가 투렝이하면 바람이 불고한다.

**투셍이**(정선읍, 여량면), **투루바리**(남면)

[표] [접] 투성이 [뜻] '그것이 너무 많은 상태' 또는 '그런 상태의 사물, 사람'의 뜻을 더하는 접미사.

[예] 농사일하다 보면 날매다 흙투셍이다.

**투적지근하다**(정선읍, 북평면), **트적지그네하다**(여량면), **트직하다**(남면)

[표] [형] 트적지근하다 [뜻] 거북하고 불쾌함.

[예] 그 사람이 말이 투적지근하다.

**툭탁하문**(정선읍, 여량면, 남면)

[표] [부] 툭하면 [뜻] 조금이라도 일이 있기만 하면 버릇처럼 곧.

[예] 마누라가 이근 머 툭탁하문 못 살갰다느니 골치 아파 죽겠다.

**퉁수바리**(여량면, 남면)

[표] [명] 퉁바리 [뜻] 품질이 낮은 놋쇠로 만든 그릇.

[예] 이제 퉁수바리는 버릴 때가 됐다.

**퉁방구리눈**(여량면, 화암면), **퉁방울눈**(신동읍)

[표] [명] 방울눈 [뜻] 방울처럼 둥글고 부리부리하게 큰 눈.

[예] 가는 눈이 퉁방울눈같이 생겠다.

**퉁방굴**(여량면), **찡가리눈**(임계면), **킹쇠눈**(임계면), **퉁방굴눈**(남면)

[표] [명] 퉁방울 [뜻] 품질이 낮은 놋쇠로 만든 방울.

[예] 저 사람 누까리 퉁방굴이야.

**퉁방울눈깔이**(정선읍)

[표] [명] 퉁방울눈 [뜻] 퉁방울처럼 불거진 둥그런 눈.

[예] 무섭게 퉁방울눈깔이야.

**퉁사발**(정선읍, 남면), **퉁수바리**(여량면)

[표] [명] 핀잔 [뜻] 맞대어 놓고 언짢게 꾸짖거나 비꼬아 꾸짖는 일.

[예] 멀 잘모한 것도 읎는데 휘딱하믄 퉁수바리주고 그래요.

**퉁수바리맞다**(정선읍, 여량면, 북평면, 남면), **퉁사바리맞다**(정선읍, 화암면)

[표] [동] 퉁바리맞다 [뜻] 무엇을 말하다

가 매몰스럽게 핀잔당함.

㉠ 잘못해서 퉁수바리맞았다.

**퉁자**(여량면, 남면)

[표] 명 통자 뜻 무엇을 담기 위하여 나무나 쇠, 플라스틱 따위로 깊게 만든 그릇.

㉠ 막걸리 퉁자 큰 거 하나에 두말 들어간다.

**튀김갈그**(여량면)

[표] 명 튀김가루 뜻 생선이나 고기, 야채 따위를 튀기기 위해 묻히는 가루.

㉠ 생선국은 튀김갈그가 들어가야 제맛이다.

**튀전**(정선읍, 북평면, 임계면, 화암면), **노룸**(여량면), **마른벌이**(여량면, 남면)

[표] 명 노름 뜻 돈이나 재물 따위를 걸고 주사위, 골패, 마작, 화투, 트럼프 따위를 써서 서로 내기를 하는 일.

㉠ 오늘 마른벌이 쫌 해볼까.

**튀전꾼**(정선읍, 임계면, 화암면), **노룸꾼**(여량면, 남면)

[표] 명 노름꾼 뜻 노름을 일삼는 사람.

㉠ 저 사람은 본래 노룸꾼이다.

**튀전판**(정선읍, 북평면, 임계면, 화암면), **노룸판**(여량면, 남면)

[표] 명 노름판 뜻 노름을 벌이는 자리. 또는 노름을 하는 판.

㉠ 노룸판 벌리다간 집안 쫄딱 망한다.

**튕게지다**(정선읍, 남면), **튕귀키다**(여량면)

[표] 동 퉁겨지다 뜻 1. 버티어 놓은 물건이나 잘 짜인 물건이 크게 어긋나서 틀어지거나 빠져나옴. 2. 숨겨졌던 일이나 물건이 뜻하지 아니하게 쑥 나타남. 3. 노리던 기회가 뜻밖에 어그러짐.

㉠ 빡시게 부닺헨지, 뼉다구가 튕게져 나갔대.

**트름**(정선읍, 여량면, 남면, 화암면), **뜨림**(임계면), **트렘**(임계면)

[표] 명 트림 뜻 먹은 음식이 위에서 잘 소화되지 아니하여서 생긴 가스가 입으로 복받쳐 나옴. 또는 그 가스.

㉠ 무꾸먹고 트름 안하든 인삼 먹은 거 보다 낫다.

**트름하다**(정선읍, 여량면 북평면 남면, 화암면), **뜨림하다**(임계면), **트렘하다**(임계면)

[표] 동 트림하다 뜻 먹은 음식이 위에서 잘 소화되지 아니하여서 생긴 가스가 입으로 복받쳐 나옴.

㉠ 트름하니 속이 다 시원하다.

**특벨나다**(정선읍, 여량면), **벨난스룹다**(정선읍), **툴벨나다**(남면)

[표] 형 특별하다(特別--) 뜻 보통과 구별되게 다름.

㉠ 그 사람 행동이 아주 특벨나요.

**틀**(여량면, 남면)

[표] 명 조(組) 뜻 1. 일정한 목적을 위하여 조직된, 적은 사람들의 집단. 2. 〈음악〉 음을 정리하고 질서 있게 하는 근본이 되는 조직. 조성(調性)이 구체적, 실제적으로 나타나는 상태를 이르는 것.

㉠ 아주머이, 베짜는 거 한 틀 가져 왔소.

**틀**(여량면, 북평면), **덕**(신동읍)

[표] 명 덫 뜻 1. 짐승을 꾀어 잡는 기구. 2. 남을 헐뜯고 모함하기 위한 교활한 꾀를 비유적으로 이르는 말.

㉠ 자칫하면 그놈 틀에 갇친다.

**틀구앉다**(정선읍, 남면), **치구앉다**(여량면)

[표] 동 틀고앉다 뜻 1. 든든히 자리를 잡고 앉음. 2. 잔뜩 도사리고 앉음.

⑩ 담 베락 옷쪽에 고냉이가 틀구앉
아 있다.

**틀국시**(정선읍, 남면, 북평면, 화암면), **기
계국시**(여량면)

[표] 몡 기계국수(機械--) 뜻 기계를
사용하여 뽑은 국수.

⑩ 틀국시는 손국시에 비해 손맛이
덜하다.

**틀림없다**(정선읍, 화암면), **여불없다**(남면)

[표] 혱 위불없다(爲不--) 뜻 틀림이
나 의심이 없음.

⑩ 야 니말 여불없다.

**틀펭이**(정선읍, 여량면, 북평면, 화암면),
**틀핑이**(신동읍)

[표] 몡 민달팽이 뜻 〈동물〉 민달팽
잇과의 하나. 몸의 길이는 6~7cm이
며, 껍데기가 없고 밤색의 가로줄이
있음. 머리에는 뿔 모양의 더듬이가
있고 발에는 점액샘이 있어 건조할 때
점액을 분비함. 밤에 식물의 잎을 갉
아 먹고 암수한몸으로 여름에 50여
개의 알을 낳음.

⑩ 하는 행동이 틀펭이 같이 느리다.

**틈새이**(여량면), **틈사리**(남면)

[표] 몡 틈새 뜻 1. 벌어져 난 틈의 사
이. 2. 틈.

⑩ 문 틈새이로 바람이 마이 들어온다.

**티각태각하다**(정선읍, 남면), **티격태격
하다**(여량면)

[표] 뙹 티격태격하다 뜻 서로 뜻이
맞지 아니하여 이러니저러니 시비를
따지며 가림.

⑩ 니가 잘했느니 내가 잘했느니 티
격태격한다.

**티게비**(정선읍, 여량면, 북평면, 남면, 화
암면)

[표] 몡 티 뜻 1. 먼지처럼 아주 잔 부
스러기 2. 조그마한 흠.

⑩ 옥에 티게비가 있다.

**티끄레기**(남면)

[표] 몡 티끄럭지 뜻 '티끌'의 방언.

⑩ 티끄레기 모아서 태산이다.

**티눈깔이**(정선읍, 여량면, 북평면, 남면),
**티눈백이**(여량면)

[표] 몡 티눈 뜻 손이나 발에 생기는
사마귀 비슷한 굳은살. 누르면 속의
신경이 자극되어 아픔.

⑩ 발가락에 티눈깔이 박혀서 넘 아
프다.

**티미하다**(정선읍, 여량면, 북평면, 남면)

[표] 혱 투미하다 뜻 어리석고 둔함.

⑩ 하는 짓이 우째 티미하니 믿을 수
가 있어야지.

**팅팅하다**(여량면, 북평면, 남면)

[표] 뙹 퉁퉁하다 뜻 1. 큰북이나 속
이 빈 나무통 따위를 잇따라 두드려
울리는 소리가 남. 또는 그런 소리를
냄. 2. 발로 탄탄한 곳을 자꾸 세게
굴러 울리는 소리가 남. 또는 그런
소리를 냄. 3. 대포 따위를 잇따라
쏘아 울리는 소리가 남. 또는 그런
소리를 냄.

⑩ 연달아 팅팅 울려라.

**파댓줄**(여량면, 남면)

[표] 🅜 파대(破帶) 🅣 가을철에 논밭의 새를 쫓기 위한 매끼. 짚을 꼬아 만든 줄 끝에 삼, 말총, 짐승 가죽 따위를 매어 만드는데 이것을 둘러서 치면 그 끝이 휘감기게 되어 총소리와 같은 소리가 남.

🅔 저게 조밭에 파댓줄이나 쳐놔라.

**파뒤지다**(여량면, 화암면), **파뒹기다**(정선읍, 여량면)

[표] 🅓 파헤치다 🅣 1. 속에 있는 것이 드러나도록 파서 젖힘. 2. 겉으로 드러나지 아니하게 감추어진 사실이나 실체 따위를 드러내어 밝힘. 3. 살림 따위의 하던 일을 그만둠.

🅔 마당에 널어놓은 강냉이를 달개 새끼가 파뒤지다.

**파뒹기다**(정선읍, 여량면, 북평면), **흘뜯다**(남면)

[표] 🅓 헐뜯다 🅣 남을 해치려고 헐거나 해쳐서 말함.

🅔 남의 과거를 다 파뒹기미 지랄이여 시팔놈.

**파뿌레기**(정선읍, 여량면, 북평면, 남면), **파뿌럭지**(여량면)

[표] 🅜 파뿌리 🅣 '백발'(白髮)을 비유적으로 이르는 말.

🅔 검은 머리 파뿌레기 되도록 살아라.

**파삭하다**(정선읍, 남면, 임계면), **폭신하다**(여량면), **푹신하다**(화암면)

[표] 🅗 팍신하다 🅣 보드랍고 탄력이 있으며 포근함.

🅔 자부동을 깔고 앉으니 넘 폭신하네.

**파지와**(여량면, 남면)

[표] 🅜 파기와(破--) 🅣 깨어지거나 흠집이 난 기와.

🅔 파지와 버리듯 하다.

**파짐치되다**(정선읍, 여량면, 남면)

[표] 🅓 지치다 🅣 1. 힘든 일을 하거나 어떤 일에 시달려서 기운이 빠짐. 2. 어떤 일이나 사람에 대하여서, 원하던 결과나 만족, 의의 따위를 얻지 못하여 더 이상 그 상태를 지속하고 싶지 아니한 상태가 됨.

🅔 일을 넘 마이 했더니 파짐치가 됐네.

**판무식쟁이**(여량면, 남면), **일자무식**(여량면)

[표] 🅜 판무식쟁이(判無識--) 🅣 아주 무식한 사람을 낮잡아 이르는 말.

**예** 나야 본래 배운 게 옰어 일자무식이다.

**판박이다**(정선읍, 여량면, 남면, 북평면), **판백이다**(화암면)

[표] 톰 닮다 뜻 1. 사람 또는 사물이 서로 비슷한 생김새나 성질을 지님. 2. 어떠한 것을 본떠 그와 같아짐.

**예** 지애비랑 판박이다.

**판심**(여량면, 북평면)

[표] 명 판셈 뜻 빚진 사람이 돈을 빌려 준 사람들에게 자기 재산의 전부를 내놓아 나누어 가지도록 함. 또는 그런 일.

**예** 결국 도박에 빠지더니 판심을 했어.

**판자떼기**(정선읍, 여량면), **판데기**(정선읍, 남면, 임계면), **널빤지**(여량면, 임계면)

[표] 명 판자(板子) 뜻 판판하고 넓게 켠 나뭇조각.

**예** 우선 바람 못 들어오게 널빤지로 막아놔. 판자떼기가 몇 장 부족하네.

**판자떼기집**(정선읍, 여량면, 북평면), **판데기집**(남면)

[표] 명 판잣집(板子--) 뜻 판자로 사방을 이어 둘러서 벽을 만들고 허술하게 지은 집.

**예** 가난해서 어릴 때 판자떼기집에서 살았다.

**판하다**(정선읍, 여량면, 북평면), **팬하다**(신동읍)

[표] 형 빤하다 뜻 1. 어두운 가운데 밝은 빛이 비치어 조금 환하다. '반하다'보다 센 느낌을 줌. 2. 어떤 일의 결과나 상태 따위가 환하게 들여다보이듯이 분명함. '반하다'보다 센 느낌

을 줌. 3. 잠깐 짬이 나서 조금 한가하다. '반하다'보다 센 느낌을 줌.

**예** 보나마나 내가 이길 것은 판하다.

**판히**(정선읍, 화암면), **물끄르미**(여량면, 신동읍)

[표] 문 물끄러미 뜻 우두커니 한곳만 바라보는 모양.

**예** 1. 저놈으시끼 판히 쳐다보고 있어.
2. 멀 그리 물끄르미 치다보나.

**팔꿈머리**(정선읍, 남면), **팔꼬벵이**(임계면)

[표] 명 팔꿈치 뜻 팔의 위아래 마디가 붙은 관절의 바깥쪽.

**예** 팔꿈머리로 치면 갈빗대 나간다.

**팔달구락지**(정선읍, 북평면), **팔다리꼬뱅이**(여량면), **네달구리**(남면)

[표] 명 팔다리 뜻 1. 팔과 다리를 아울러 이르는 말. 2. 어떤 일이나 활동을 하는 데에 있어서 상급 기관이나 윗사람 또는 그 밖의 다른 집단이나 사람의 뜻에 따라 그를 대신하여 활동하는 존재를 비유적으로 이르는 말. 3. 어떤 일을 하는 데에 있어 그 일을 직접 담당하고 가장 적극적인 역할을 하는 존재를 비유적으로 이르는 말. 4. 남이 의도하고 조종하는 대로 움직이는 앞잡이 노릇을 비유적으로 이르는 말.

**예** 요새는 팔다리꼬뱅이가 울매나 쑤시는지.

**팔대장승**(정선읍, 북평면), **팔척장승**(여량면, 남면), **꺾다리**(임계면)

[표] 명 팔척장신(八尺長身) 뜻 키가 매우 큰 사람이나 그 사람의 몸을 과장하여 이르는 말.

**예** 키꼴은 팔척장승 해가주고는.

**팔떼기**(남면)

[표] 몡 팔뚝 뜻 1. '아래팔'을 일상적으로 이르는 말. 2. '위팔'을 일상적으로 이르는 말.

예 인삼이 팔떼기만 하더라.

**팔뚝시개**(여량면, 화암면), **팔목시개**(여량면)

[표] 몡 손목시계(--時計) 뜻 손목에 차는 작은 시계.

예 니가 차구 있는 팔뚝시개 음청 비싸 보인다.

**팔부**(정선읍, 북평면, 화암면), **반펭이**(여량면), **반핑이**(신동읍)

[표] 몡 반편이(半偏-) 뜻 지능이 보통 사람보다 모자라는 사람을 낮잡아 이르는 말.

예 팔부라고 놀려댄다.

**팔비개**(정선읍, 여량면, 북평면)

[표] 몡 팔베개 뜻 팔을 베개 삼아 벰. 또는 베개 삼아 벤 팔.

예 그전에는 아부지 팔비개 비고 낮잠 잤는데.

**팔삭뎅이**(정선읍, 여량면, 북평면), **팔삭동이**(남면, 화암면)

[표] 몡 팔삭동이(八朔--) 뜻 1. 제달을 다 채우지 못하고 여덟 달 만에 태어난 아이. 2. 똑똑하지 못한 사람을 놀림조로 이르는 말.

예 팔삭뎅이는 못키운다.

**팔어먹다**(여량면, 남면, 화암면)

[표] 동 팔다 뜻 1. 값을 받고 물건이나 권리 따위를 남에게 넘기거나 노력 따위를 제공함. 2. 주로 여성을 대상으로 하여 돈을 받고 윤락가나 윤락업

을 하는 사람에게 넘김. 또는 사람을 돈을 받고 물건처럼 거래함. 3. ('눈', '정신' 따위와 함께 쓰여) 주의를 집중하여야 할 곳에 두지 아니하고 다른 데로 돌림.

예 정신 어데 팔어먹고 사람 오는 줄 모르나.

**팔오굼지**(정선읍), **팔오굼펭이**(여량면)

[표] 몡 팔오금 뜻 아래팔과 위팔을 이어 주는 뼈마디의 안쪽 부분.

예 일을 넘 했더니 팔오굼지가 뻐그네하다.

**팔재걸음**(여량면, 남면)

[표] 몡 팔자걸음(八字--) 뜻 발끝을 바깥쪽으로 벌려, 거드름을 피우며 느리게 걷는 걸음.

예 넘 없이 키우면 팔재걸음한다.

**팔재쉐미**(여량면, 남면), **팔짜쉐미**(화암면)

[표] 몡 팔자수염(八字鬚髥) 뜻 코 밑에 '八' 자 모양으로 난 수염.

예 팔재쉐미 났다고 거만뜰지마라.

**팔짜타령**(여량면, 북평면), **신세타령**(임계면), **팔재타령**(남면)

[표] 몡 팔자타령(八字--) 뜻 불행한 자신의 운명을 한탄하거나 원망하는 일.

예 허구한 날 팔짜타령이나 하나.

**팟**(정선읍), **팟밑**(여량면, 북평면), **뱃밑**(남면)

[표] 몡 팥 뜻 〈식물〉 콩과의 한해살이풀. 높이는 30~60cm이며, 잎은 어긋나고 세 쪽 겹잎인데 잔잎은 달걀 모양으로 뾰족함. 여름에 노란 꽃이 잎겨드랑이에서 피고 가늘고 둥근 통 모양의 긴 꼬투리에 4~15개의 씨가 들

П

어 있음. 씨는 유용한 잡곡임. 인도가 원산지로 한국, 일본, 중국 등지에서 널리 분포함.

㉠ 팻밑 깔고 밥지어라. 그러면 밥이 부드럽고 맛있다.

**팥고타리**(정선읍, 여량면, 북평면)

[표] 몡 팥꼬투리 뜻 알맹이가 들어 있는 팥의 열매.

㉠ 팥고타리 항개라도 버리지 말거라.

**팥꽃낭구**(정선읍, 여량면, 북평면, 화암면)

[표] 몡 병꽃나무(瓶---) 뜻 〈식물〉 1. 인동과의 붉은병꽃나무, 통영병꽃나무 따위를 통틀어 이르는 말. 2. 인동과의 낙엽 활엽 관목. 높이는 2~3미터임. 잎은 마주나고 잎자루가 짧으며 거꾸로 된 달걀 모양 또는 거꾸로 된 달걀 모양의 타원형으로 가에 톱니가 있고, 뒷면에는 성상모(星狀毛)가 있음. 이른 여름에 병 모양의 누런 녹색 오판화(五瓣花)가 가지 끝 잎겨드랑이에서 뭉쳐 피는데 후에 붉은색으로 변함. 열매는 삭과(蒴果)로 9월에 익음. 관상용이고 우리나라 특산종으로 산기슭 양지에 나는데 평안남도를 제외한 전국 각지에 분포함.

㉠ 팥꽃낭구는 산후통에 약이다.

**팥뚝질**(정선읍, 여량면, 북평면)

[표] 몡 주먹쑥떡 뜻 주먹 쥔 손을 다른 손으로 감쌌다가 내어 밀며 욕으로 하는 짓.

㉠ 격한 나머지 그 사람에 팥뚝질을 했다.

**팥알겡이**(정선읍, 여량면, 북평면, 남면, 화암면)

[표] 몡 팥알 뜻 팥의 낱알.

㉠ 올개는 팥알겡이가 굴찍한기 잘 됐네.

**팥죽할미**(정선읍, 여량면)

[표] 몡 팥죽할멈(-粥--) 뜻 팥죽과 같은 묽게 만든 음식이나 먹을 수 있을 만큼 이가 다 빠진 할머니를 익살스럽게 이르는 말.

㉠ 우리 할망구는 팥죽할미가 되었다.

**패래다**(정선읍, 여량면, 남면, 화암면)

[표] 통 야위다 뜻 몸의 살이 빠져 조금 파리하게 됨.

㉠ 요새 몸이 마이 패래다.

**패랫다**(여량면, 화암면), **둘펭이지다**(신동읍)

[표] 통 들피지다 뜻 굶주려서 몸이 여위고 쇠약해짐.

㉠ 여물을 쫌 주어 송아지가 마이 패랫다.

**패렝이**(여량면, 남면)

[표] 몡 패랭이 뜻 댓개비로 엮어 만든 갓. 조선 시대에는 역졸, 보부상 같은 신분이 낮은 사람이나 상제(喪制)가 썼음.

㉠ 패렝이 쓰고 장보러 가자.

**패렝이꽃**(여량면, 북평면, 남면)

[표] 몡 패랭이꽃 뜻 〈식물〉 석죽과의 여러해살이풀. 높이는 30cm 정도이며, 잎은 마주나고 선 모양 또는 피침 모양임. 6~8월에 진분홍색 꽃이 가지 끝에 하나씩 피고 열매는 삭과(蒴果)를 맺음. 관상용이고 꽃은 전초와 함께 약용함.

㉠ 패렝이꽃을 약으로 쓴다.

**패키다**(정선읍, 임계면), **파키다**(여량면)
[표] 동 파이다 뜻 '파다'의 피동사
예 비가 마이 와서 땅이 파키다.

**퍼데기**(정선읍, 여량면, 북평면, 남면)
[표] 명 포대기 뜻 어린아이의 작은
이불. 덮고 깔거나 어린아이를 업을
때 쓰임.
예 언나 퍼데기 잘 덮어라 감기 걸린다.

**퍼데기**(정선읍, 여량면, 화암면)
[표] 명 덤터기 뜻 1. 남에게 넘겨씌
우거나 남에게서 넘겨받은 허물이나
걱정거리. 2. 억울한 누명이나 오명.
예 1. 고스톱에서 퍼데기 썼다. 2. 자기
잘못을 남에게 왜 덤터기 씌우나?

**퍼데기쓰다**(정선읍, 북평면, 화암면), **넹
게씨다**(여량면), **넴게씨다**(남면)
[표] 동 넘겨쓰다 뜻 남의 허물이나
책임을 자기가 뒤집어씀.
예 1. 억울하게 퍼데기썼다. 2. 누명
을 넹게씨다.

**퍼데기씨다**(정선읍, 북평면, 화암면), **뒤잡
어씨다**(여량면, 신동읍), **둘러업다**(임계면)
[표] 동 뒤집어쓰다 뜻 1. 모자, 수건
따위를 머리에 씀. 2. 가면, 탈 따위를
얼굴에 씀. 3. 가루나 액체 따위를 온
몸 또는 신체 일부에 덮어씀.
예 보리타작 했더니 먼지를 뒤집어
씨다.

**퍼드득거리다**(정선읍, 여량면, 남면)
[표] 동 퍼드덕거리다 뜻 1. 큰 새가
잇따라 매우 힘차게 날개를 침. 2. 큰
물고기가 자꾸 잇따라 매우 힘차게 꼬
리를 침.
예 닭 잡으러니 넘 퍼드득거리다.

**퍼떡**(여량면, 남면), **뻐뜩**(여량면)
[표] 부 퍼뜩 뜻 어떤 생각이 아주 순
간적으로 떠오르는 모양.
예 가마이 누웠다가 뻐뜩 생각이 나
서 말야.

**퍼석돌**(여량면, 남면, 화암면), **퍼석돌멩
이**(여량면)
[표] 명 푸석돌 뜻 1. 화강암이나 화강
편마암 따위가 풍화 작용을 받아 푸석푸
석하여진 돌. 2. 〈건설〉 강도가 낮아서
콘크리트용 골재로 쓸 수 없는 돌.
예 퍼석돌은 맥없이 부서진다.

**퍼석하다**(정선읍, 여량면, 북평면, 남면,
화암면), **피석하다**(정선읍, 여량면)
[표] 동 형 푸석하다 뜻 동 부피만 크
고 바탕이 거친 물건 따위가 쉽게 부스
러지는 소리가 남. 형 부피만 크고 바
탕이 거칠어서 부스러지기가 쉬움.
예 강냉이 밥은 퍼석해서 맛이 없다.

**퍼치다**(정선읍), **퍼추다**(여량면, 남면)
[표] 동 퍼뜨리다 뜻 널리 퍼지게 함.
예 소문이라는 게 참 요상시루와 한
번 퍼추문 눈뎅이 굴리는거나 한
가지야.

**퍽이나**(여량면, 남면)
[표] 부 퍽 뜻 보통 정도를 훨씬 넘게.
예 보게는 퍽이나 건장하구 댄댄한
것 같은데 맥대가리가 없네.

**펄러덕거리다**(정선읍, 여량면, 북평면, 남
면, 화암면)
[표] 동 펄럭거리다 뜻 바람에 빠르고
힘차게 잇따라 나부낌. 또는 그렇게
되게 함.
예 포장을 처놓은기 바람에 펄러덕

거리다.

**펄럭거기다**(정선읍, 신동읍, 화암면), **펄러덕거리다**(여량면)

[표] 图 드나들다 뜻 1. 어떤 곳에 많은 것들이 들어가고 나오고 함. 2. 일정한 곳에 자주 왔다 갔다 함. 3. 여러 곳에 자주 들어가고 나가고 함.

예 애야 어지간히 펄러덕거래라.

**펑퍼줌하다**(정선읍, 여량면, 남면, 화암면)

[표] 阌 펑퍼짐하다 뜻 둥그스름하고 펀펀하게 옆으로 퍼져 있음.

예 그 여자 똥방셍이가 펑퍼줌하다.

**페데기치다**(정선읍, 남면), **패댕가리치다**(여량면), **내동갱이치다**(화암면, 임계면)

[표] 图 팽개치다 뜻 1. 짜증이 나거나 못마땅하여 물건 따위를 내던지거나 내버림. 2. 하던 일 따위를 중도에서 그만두거나 무엇에 대한 책임을 다하지 아니함.

예 일이 하기 싫어서 삽을 냅다 패댕가리치다.

**페양냉멘**(남면)

[표] 명 평양냉면(平壤冷麵) 뜻 메밀국수에 찬 장국을 부어 만든 평양의 향토 음식.

예 페양냉멘 질기고 마싰더러.

**페치다**(정선읍, 북평면), **피다**(여량면), **페다**(여량면, 화암면), **페실구다**(남면)

[표] 图 펴다 뜻 1. 접히거나 개킨 것을 젖히어 벌림. 2. 구김이나 주름 따위를 없애어 반반하게 함. 3. 굽은 것을 곧게 함. 또는 움츠리거나 구부리거나 오므라든 것을 벌림.

예 우구레진걸 똑바로 펜다.

**펜**(정선읍, 여량면, 북평면)

[표] 의 편 뜻 1. 방향을 가리킴. 2. 서로 갈라지거나 맞서는 것 하나를 가르침.

예 이펜 저펜 갈라 싸우지 말고 잘 지내거라.

**펜**(정선읍, 여량면, 북평면, 남면)

[표] 명 편(便) 뜻 여러 패로 나누었을 때 그 하나하나의 쪽.

예 아덜이, 국군, 인민군 이러 펜으 갈라서.

**펜가르다**(정선읍, 여량면, 남면)

[표] 图 편가르다(便---) 뜻 여러 패를 하나하나의 쪽으로 가름.

예 청군 백군 펜가르어 경기하자.

**펜싸움**(정선읍, 여량면, 남면)

[표] 명 편싸움(便--) 뜻 1. 편을 갈라서 하는 싸움. 2. 〈민속〉음력 정월에 마을과 마을이 편을 갈라서 돌을 던지고 방망이를 휘둘러 승부를 겨루는 놀이.

예 정월이면 마을끼리 펜싸움을 하였다.

**펜지봉토**(정선읍), **펜지봉투**(여량면, 남면, 임계면), **핀지봉투**(임계면)

[표] 명 편지봉투(便紙封套) 뜻 안부, 소식, 용무 따위를 적어 보내는 글이나 서류 따위를 넣기 위하여 종이로 만든 주머니.

예 펜지봉토에 돈을 넣었다.

**펜짝**(여량면, 남면)

[표] 의 편짝(便-) 뜻 상대하는 두 편 가운데, 어느 한 편을 이르는 말.

예 나는 저쪽 펜짝이다.

**펭군치**(남면)

[표] 몡 평균치(平均値) 뜻 〈수학〉 여러 수나 같은 종류의 양의 중간값을 갖는 수.

㉠ 더도 말구 펭균치만 해.

**펭년작**(남면, 화암면)

[표] 몡 평년작(平年作) 뜻 〈농업〉 풍작도 흉작도 아닌 보통 정도로 된 농사. 지난 5년 가운데 수확량이 가장 높았던 해와 가장 낮았던 해를 뺀, 나머지 3년간의 평균 수확량.

㉠ 올해도 펭년작은 했다.

**펭발**(정선읍, 여량면, 북평면, 남면), **마당발**(정선읍)

[표] 몡 평발(平-) 뜻 발바닥에 오목 들어간 데가 없이 평평하게 된 발. 걷는 데 불편함.

㉠ 펭발로는 멀리 못 걷는다.

**펭상토록**(정선읍, 북평면), **평상토록**(여량면, 남면)

[표] 閏 평생토록(平生--) 뜻 살아서 목숨이 다할 때까지.

㉠ 펭상토록 부지런해야 잘 산다.

**펭안도**(정선읍, 여량면)

[표] 몡 평안도(平安道) 뜻 1. 〈역사〉 조선 시대에, 행정 구역인 8도 가운데 지금의 평안남도와 평안북도에 해당하는 지역. 평양과 안주의 머리글자를 합하여 만든 지명. 2. 〈지명〉 평안남도와 평안북도를 통틀어 이르는 말.

㉠ 맹호 출점 펭안도 악발이.

**펭양**(정선읍, 여량면, 남면)

[표] 몡 평양(平壤) 뜻 〈지명〉 평안남도 서남쪽에 있는 도시. 우리나라에서 가장 오랜 역사를 지닌 도시로 관서 지방의 경제, 문화, 교통 중심지. 고무·담배·방직 따위의 공업이 발달하였으며, 명승지로 부벽루, 을밀대, 모란대 따위가 있음. 평안남도의 도청 소재지. 면적은 2,800㎢. 북한에서는 1946년 9월에 특별시로 지정되었다가 1952년에 직할시로 개편되었음. 평안남도에서 분리되어 현재 18구역과 4개의 군으로 현존함.

㉠ 고구려 서울이 펭양이였지.

**펭지풍파**(정선읍, 여량면, 북평면, 남면), **핑지풍파**(임계면)

[표] 몡 평지풍파(平地風波) 뜻 평온한 자리에서 일어나는 풍파라는 뜻으로, 뜻밖에 분쟁이 일어남을 비유적으로 이르는 말. 당나라의 시인 유우석(劉禹錫)의 〈죽지사(竹枝詞)〉에 나오는 말.

㉠ 펭지풍파 일으키지 말고 조앵이 있어라.

**펭펭하다**(정선읍, 북평면), **펜펜하다**(여량면, 화암면), **팬팬하다**(남면)

[표] 혱 편평하다(扁平--) 뜻 넓고 평평함.

㉠ 방바닥이 펜펜하다.

**편역**(정선읍, 여량면, 북평면, 화암면)

[표] 몡 역성 뜻 옳고 그름에는 관계 없이 무조건 한쪽 편을 들어 주는 일.

㉠ 내가 혼낼 때 당신은 자꾸 아들 편역 들지 말어.

**편지아저씨**(정선읍), **체부**(여량면, 화암면)

[표] 몡 우체부(郵遞夫) 뜻 '우편집배원'을 일상적으로 이르는 말.

㉠ 왜 체부가 안깨오지. 군대간 아들

펜지가 올텐데.

**편지통**(정선읍, 여량면, 북평면, 화암면),
**펜지통**(정선읍, 임계면)

　[표] 囤 우체통(郵遞筒) 뜻 우편물을
넣기 위하여 여러 곳에 설치한 통.

　예 펜지를 학교 앞 펜지통에 넣어주라.

**평상가두**(정선읍), **펭상**(여량면)

　[표] 囤 평생(平生) 뜻 세상에 태어나
서 죽을 때까지의 동안.

　예 내 펭상 이런 꼴은 첨보네.

**평상소원**(정선읍, 남면), **펭생소원**(여량면)

　[표] 囤 평생소원(平生所願) 뜻 일생
에 걸쳐 이루고자 하는 소원.

　예 내 평상소원은 우리 마커 잘 사는
거여.

**포겡**(남면)

　[표] 囤 우멍거지 뜻 '포경'을 일상적
으로 이르는 말.

　예 우리 아들은 어제 포겡수술을 했다.

**포겡수술**(여량면, 북평면, 남면)

　[표] 囤 포경수술(包莖手術) 뜻 〈의
학〉 음경 꺼풀을 잘라 덮여 있는 음경
의 귀두부를 드러내는 외과 수술.

　예 아들놈 오늘 포겡수술 하러 갔다.

**포기배차**(정선읍, 여량면, 북평면, 화암면),
**포기배추**(남면)

　[표] 囤 결구배추(結球――) 뜻 〈식물〉
배추 품종의 하나. 쉽게 자라며 포탄
형(砲彈型)으로 결구를 이루는데 저장
하거나 다루기에 좋고 수확이 많음.
북유럽과 동남아시아가 원산지로 지
부배추와 포두련배추 따위가 유명함.

　예 포기배차 음청 크다.

**포시롭다**(정선읍, 여량면, 북평면), **꽃방**

**석앉다**(남면)

　[표] 통 호강하다 뜻 호화롭고 편안한
삶을 누림.

　예 그 집 작은마누래야 사는 게 포시
롭지 뭐.

**폭**(여량면, 남면)

　[표] 囝 푹 뜻 1. 잠이 푸근하게 깊이
들거나 곤한 몸을 매우 흡족하게 쉬는
모양. 2. 힘 있게 깊이 찌르거나 쑤시
는 모양. 3. 안의 것이 드러나지 아니
하도록 빈틈없이 아주 잘 덮거나 싸는
모양.

　예 돼지 대가리를 폭 삶다.

**폭**(정선읍, 여량면, 북평면, 화암면), **택**(정
선읍), **슴**(남면)

　[표] 의 셈 뜻 1. 어떤 형편이나 결과
를 나타내는 말. 2. 어떻게 하겠다는
생각을 나타내는 말.

　예 1. 내가 먹은 폭 치자. 2. 먹은 택
할게. 3. 받은 폭 할깨.

**폭널브다**(정선읍, 여량면), **폭늘따**(남면)

　[표] 혱 폭넓다(幅――) 뜻 1. 어떤 일
의 범위나 영역이 크고 넓음. 2. 어떤
문제를 고찰하는 것이 다각적이고 다
면적임. 3. 사람들을 대할 때 아량을
베푸는 마음이 큼.

　예 그 사람의 지식은 폭널브다.

**폴더깨**(신동읍)

　[표] 囤 더껑이 뜻 1. 걸쭉한 액체의
거죽에 엉겨 굳거나 말라서 생긴 꺼풀.
2. '더께'의 잘못.

　예 저기에 묻은 폴더깨나 때라.

**푀시**(여량면)

　[표] 囤 표시(表示) 뜻 겉으로 드러내

보임.

㉘ 푀시는 똑바로 해놔야지.

**푀지판**(여량면, 북평면, 남면), **페지판**(임계면)

[표] ㈎ 표지판(標識板) ㈜ 어떠한 사실을 알리기 위하여 일정한 표시를 해 놓은 판.

㉘ 푀지판을 잘 보구 가라.

**푀토**(여량면), **페시**(남면, 임계면)

[표] ㈎ 표시(標示) ㈜ 표를 하여 외부에 드러내 보임.

㉘ 1. 얼룰 푀토 내지 마라. 2. 조용히 할 일을 넘 페시내지 마라.

**표딱지**(여량면, 북평면, 남면)

[표] ㈎ 표(表) ㈜ 1. 어떤 내용을 일정한 형식과 순서에 따라 보기 쉽게 나타낸 것. 2. 마음에 품은 생각을 적어서 임금에게 올리는 글. 3. 겉으로 드러난 자취.

㉘ 표딱지 보여주세요.

**푸낭구**(정선읍, 여량면, 남면)

[표] ㈎ 풋나무 ㈜ 갈잎나무, 새나무, 풋장 따위의 나무를 통틀어 이르는 말.

㉘ 1. 삼복이 지내믄 그때 푸낭구 치러가지. 2. 푸낭구 쳐났다가 난중에 쓴다.

**푸대**(정선읍, 여량면, 북평면, 신동읍, 화암면)

[표] ㈎ 부대(負袋) ㈜ 종이, 피륙, 가죽 따위로 만든 큰 자루.

㉘ 감재 담을 푸대 쫌 찾어와.

**푸루시룸하다**(여량면, 남면)

[표] ㈎ 푸르스름하다 ㈜ 조금 푸름.

㉘ 봄에 낭구 이파리가 피니 산이 푸루시룸하다.

**푸성구**(여량면, 남면), **푸새**(임계면)

[표] ㈎ 푸성귀 ㈜ 사람이 가꾼 채소나 저절로 난 나물 따위를 통틀어 이르는 말.

㉘ 여름엔 푸성구가 반 양식이다.

**푸쇠**(여량면)

[표] ㈎ 풋소 ㈜ 여름에 생풀만 먹고 사는 소.

㉘ 푸쇠 똥으로 벌통을 발라라.

**푸장치다**(여량면, 북평면)

[표] ㈍ 발기하다(勃起--) ㈜ 1. 갑자기 불끈 일어남. 2. 〈의학〉 음경(陰莖) 또는 음핵(陰核) 내부의 모세 혈관이 팽창하여 크게 부풀거나 꼿꼿해짐. 성욕이나 말초 신경의 자극으로 일어남.

㉘ 새복에 푸장 안치는 놈은 돈 꿔주지 마라.

**풀**(정선읍, 여량면, 임계면), **짐**(남면, 화암면)

[표] ㈎ 김 ㈜ 논밭에 난 잡풀.

㉘ 논두렁으로 풀 비러 갑시다.

**풀덤부사리**(여량면, 남면)

[표] ㈎ 풀덤불 ㈜ 풀이 많이 우거진 덤불.

㉘ 풀덤부사리 모조리 걷어 퇴비로 쓰자.

**풀때죽**(정선읍, 여량면, 남면)

[표] ㈎ 떼기 ㈜ 잡곡 가루로 풀처럼 쑨 죽.

㉘ 오뉴월에 풀때죽 먹은 놈맹치로 왜그래 심이 웂나.

ㅍ

**풀미뚜기**(정선읍, 북평면), **풀메떼기**(여량면, 남면)

[표] 명 풀무치 뜻 〈동물〉 메뚜깃과의 곤충. 몸의 길이는 4.8~6.5cm이며, 누런 갈색 또는 초록색이고 앞날개에 불규칙한 검은 갈색 무늬가 있음. 잡초를 먹고 살며, 때로는 농작물에 큰 해를 끼치기도 하는데 전 세계에 분포함.

예 풀미뚜기 구워 먹으면 마싯다.

**풀벌거지**(정선읍, 남면), **풀벌겡이**(여량면, 화암면)

[표] 명 풀벌레 뜻 풀숲에서 사는 벌레를 통틀어 이르는 말.

예 여름에는 풀숲에 풀벌겡이가 버글버글해.

**풀수푸렁**(정선읍, 여량면, 북평면, 남면), **풀섶**(정선읍)

[표] 명 풀숲 뜻 풀이 무성한 수풀.

예 1. 풀수푸렁이 울매나 성한지 뱀 나올까봐 무섭다. 2. 풀수푸렁은 뭐가 깨물가방 무습다.

**풀이없다**(정선읍, 북평면, 화암면)

[표] 동 기죽다(氣--) 뜻 기세가 꺾여 약해짐.

예 동생은 공부를 잘하는 형 때문에 늘상 풀이없다.

**품값**(정선읍, 여량면, 임계면), **일품**(남면)

[표] 명 품삯 뜻 품을 판 대가로 받거나, 품을 산 대가로 주는 돈이나 물건.

예 품값 받지 말고 거들어 드려.

**품는다**(정선읍, 화암면), **품다**(여량면, 신동읍)

[표] 동 뿜다 뜻 1. 속에 있는 것을 밖으로 세게 밀어 냄. 2. 빛이나 냄새 소리 따위를 공중으로 세게 내어보냄. 3. 기운이나 감정 따위를 표정에 잔뜩 드러내 보임.

예 얼굴에 물을 품다.

**풋고치**(정선읍, 여량면, 북평면, 남면, 임계면)

[표] 명 풋고추 뜻 아직 익지 아니한 푸른 고추.

예 식은 밥에 풋고치가 제격이지.

**풋기**(정선읍), **풋거**(여량면, 남면)

[표] 명 풋것 뜻 1. 그해에 새로 익은 곡식, 과실, 나물 따위를 통틀어 이르는 말. 2. 아직 덜 익은 곡식, 과실, 나물 따위를 통틀어 이르는 말.

예 풋기강넹이 올창먹.

**풋사괘**(정선읍, 여량면, 남면)

[표] 명 풋사과(-沙果) 뜻 아직 덜 익은 사과.

예 풋사괘도 먹을 만은 하다.

**풍**(정선읍, 남면), **후라이**(정선읍, 화암면), **뻥쟁이**(여량면)

[표] 명 허풍(虛風) 뜻 실제보다 지나치게 과장하여 믿음성이 없는 말이나 행동.

예 저 새끼는 뻥쟁이여 속지말어.

**풍구**(정선읍, 여량면, 남면, 화암면)

[표] 명 풀무 뜻 불을 피울 때에 바람을 일으키는 기구. 골풀무와 손풀무 두 가지가 있음.

예 호맹이 멩글라믄 풍구질 열심히 해.

**풍덩하다**(정선읍, 남면), **헐렁하다**(정선읍), **푸시롭다**(여량면)

[표] 형 푼더분하다 뜻 1. 생김새가 두툼하고 탐스러움. 2. 여유가 있고 넉넉함. 3. 사람의 성품 따위가 옹졸하지 아니하고 활달함.

예 잔뜩 갔다 논걸 보니 푸시롭네.

**풍수젱이**(정선읍, 남면), **지관젱이**(여량면, 화암면), **지가성**(임계면)

[표] 명 지관(地官) 뜻 1. 〈민속〉 풍수설에 따라 집터나 묏자리 따위의 좋고 나쁨을 가려내는 사람. 2. 〈역사〉 '호조'(戶曹)를 달리 이르던 말. 3. 〈역사〉 중국 주나라 때에, 육관의 하나. 나라의 교육과 조세 및 지방 행정을 맡아보던 관아.

예 우리 동네 풍수젱이는 모르는 게 읎다.

**풍지박산**(정선읍, 여량면, 북평면, 남면, 화암면), **풍지백산**(임계면)

[표] 명 풍비박산(風飛雹散) 뜻 사방으로 날아 흩어짐.

예 집안이 싹 풍지박산이 났다네.

**피금사**(정선읍, 여량면, 남면)

[표] 명 피검사 뜻 〈의학〉 혈액형이나 병의 유무 따위를 알기 위하여 피를 뽑아 행하는 검사.

예 환자분 피금사를 먼저 해야 합니다.

**피다**(정선읍, 북평면), **케대다**(여량면)

[표] 동 켜다 뜻 팔다리나 네 다리를 쭉 뻗으며 몸을 펴다.

예 피곤할 때 나도 모루게 기지개를 피다.

**피딱젱이**(정선읍, 남면), **피따데기**(정선읍), **피따젱이**(여량면)

[표] 명 피딱지 뜻 피가 굳어서 된 딱지.

예 거 달구락지에 피딱젱이 쫌 떼라.

**피레미**(정선읍, 여량면, 북평면, 남면, 임계면)

[표] 명 피라미 뜻 1. 〈동물〉 잉엇과의 민물고기. 몸의 길이는 10~16cm이고 길고 납작하며 등 쪽은 푸른 갈색, 배 쪽은 은빛 흰색이고 옆구리에는 어두운 파란색의 가로띠가 있음. 산란기에 수컷은 뚜렷한 혼인색을 띰. 한국, 일본, 중국, 대만 등지의 강에 분포함. 2. 하찮은 존재를 비유적으로 이르는 말.

예 피레미 같은 늠이 건방을 떨고 있네.

**피매주**(정선읍, 여량면, 북평면, 남면)

[표] 명 피마자(蓖麻子) 뜻 1. 〈식물〉 대극과의 한해살이풀. 높이는 2m 정도이며 잎은 어긋나고 손바닥 모양으로 갈라짐. 8~9월에 엷은 붉은색의 단성화(單性花)가 총상(總狀) 화서로 피고 열매는 삭과(蒴果)로 세 개의 씨가 들어 있음. 씨는 타원형으로 새알 모양인데 리시닌이 들어 있으며 설사약, 포마드, 도장밥 및 공업용 윤활유로 사용함. 열대 아프리카가 원산지로 세계 각지에 분포함. 2. '1.'의 열매의 씨.

예 피매주 지름을 인재는 구하기가 심들어.

**피바초레기**(정선읍, 여량면, 북평면, 남면)

[표] 명 피바 뜻 피나무 껍질로 만든 밧줄.

예 굴피낭구 하러 갈 때 피바초레기 가져가야 해.

**피보다**(여량면, 남면, 화암면)

417

[표] 图 손해보다 ⑧ 손해를 입음.
⑩ 괜히 모르는 일에 손댔다가 피보
았네.

**피양감사**(정선읍, 여량면, 북평면, 남면)
[표] 몡 평안감사(平安監司) ⑧ 〈역
사〉 조선 시대에, 행정 구역인 8도 가
운데 지금의 평안남도와 평안북도에
해당하는 지역을 맡아 다스리던 으뜸
벼슬. 경찰권, 사법권, 징세권 따위의
행정상의 절대적인 권한을 가진 종이
품 벼슬.
⑩ 피양감사도 내 실으면 그만여.

**피투셍이**(정선읍, 여량면, 남면), **피철갑**
(여량면)
[표] 몡 피투성이 ⑧ 피가 온 군데에
낭자하게 묻은 모양.
⑩ 1. 어데가서 은어터지고 낮짠바리
에 피철갑을 했나. 2. 어데가서 피
투셍이 해가지고 왔나.

**핏등거리**(정선읍, 여량면), **핏댕이**(임계
면), **핏뎅이**(남면)
[표] 몡 핏덩어리 ⑧ 1. 피가 엉겨 이
루어진 덩어리. 2. '갓난아이'나 갓 낳
은 짐승의 새끼 따위를 비유적으로 이
르는 말.
⑩ 저런 핏등거리를 내삐리고 달아
났잖아.

**핏삐다구니**(정선읍, 여량면)
[표] 몡 핏빛 ⑧ 피의 빛깔과 같이 새
빨간 빛.
⑩ 저녁누울이 핏삐다구니 같이 붉다.

**핏자구**(정선읍, 여량면, 남면)
[표] 몡 핏자국 ⑧ 물건이나 장소에
피가 묻어서 난 흔적.
⑩ 안죽도 핏자구가 남았어.

**핏제**(정선읍, 여량면, 북평면)
[표] 몡 핏겨 ⑧ 피의 껍질.
⑩ 굶주리면 핏제도 먹을판.

# ㅎ

**하누바람**(여량면, 북평면)

　[표] 몡 하늬바람 뜻 서쪽에서 부는 바람. 주로 농촌이나 어촌에서 이르는 말.

　예 이맘때면 하누바람이 마이 불지.

**하눌**(여량면, 남면)

　[표] 몡 하늘 뜻 지평선이나 수평선 위로 보이는 무한대의 넓은 공간.

　예 하눌에 구름이 많네.

**하눌**(정선읍), **하늘**(남면)

　[표] 몡 임 뜻 사모하는 사람.

　예 하눌 같은 우리 남편 잘 모셔야지.

**하눌논**(정선읍), **천수답**(정선읍, 북평면), **하늘논**(여량면), **천둥논**(남면)

　[표] 몡 천둥지기 뜻 〈농업〉 빗물에 의하여서만 벼를 심어 재배할 수 있는 논.

　예 우리 집 논은 하늘논이다.

**하눌님**(정선읍, 남면), **하난님**(정선읍)

　[표] 몡 하느님 뜻 〈종교〉 우주를 창조하고 주재한다고 믿어지는 초자연적인 절대자. 종교적 신앙의 대상으로서 각각의 종교에 따라 여러 가지 고유한 이름으로 불리는데, 불가사의한 능력으로써 선악을 판단하고 길흉화복을 인간에게 내리는 것으로 알려져 있음.

　예 하난님은 모든 걸 알고 있을 거야.

**하늘만침**(정선읍, 화암면)

　[표] 뷘 아득히 뜻 1. 보이는 것이나 들리는 것이 희미하고 매우 멀게. 2. 까마득히 오래된 상태로. 3. 정신이 흐려진 상태로.

　예 하늘만침 멀리 보인다.

**하대하다**(정선읍, 여량면, 북평면, 남면, 화암면)

　[표] 동 하게하다 뜻 〈언어〉 하게체의 말씨를 씀. '어서 오게', '이리 앉게' 따위.

　예 자식 친구니 하대하겠네.

**하루강아지**(정선읍, 여량면, 남면, 화암면)

　[표] 몡 하룻강아지 뜻 1. 난 지 얼마 안 되는 어린 강아지. 2. 사회적 경험이 적고 얕은 지식만을 가진 어린 사람을 놀림조로 이르는 말.

　예 하루강아지가 범 무서운 줄 알겠냐.

**하루거리**(정선읍), **초짐**(여량면), **날거리**(남면)

　[표] 몡 학질(瘧疾) 뜻 〈의학〉 말라리아 병원충을 가진 학질모기에게 물려서 감염되는 법정 전염병.

　예 여름에 초짐이 걸래서 죽다 살았어.

**하루아칙**(정선읍, 여량면), **하루아척**(남면)

　[표] 몡 하루아침 뜻 갑작스러울 정도

의 짧은 시간.

[예] 하루아칙에 다 해치우기는 넘 버거워.

**하릿가**(정선읍), **화릿가**(여량면, 화암면)

[표] [명] 화롯가(火爐-) [뜻] 1. 화로의 옆. 2. 화로의 변두리.

[예] 겨울에는 화릿가에 모예서 밤 구워먹고.

**하마**(정선읍, 여량면, 임계면, 화암면), **하머**(신동읍)

[표] [부] 벌써 [뜻] 1. 예상보다 빠르게. 2. 이미 오래전에.

[예] 하마 집에 갈 시간이 됐나.

**하므타믄**(정선읍, 북평면)

[표] [부] 하마터면 [뜻] 조금만 잘못하였더라면. 위험한 상황을 겨우 벗어났을 때에 쓰는 말.

[예] 하므타믄 어제 큰 사고 날 뻔 했다.

**하쇠**(정선읍, 남면), **화쇠**(여량면, 화암면)

[표] [명] 황소 [뜻] 1. 큰 수소. 2. 미련하거나 기운이 세거나 많이 먹는 사람을 비유적으로 이르는 말.

[예] 화쇠가 얼매는 뜨는지 질을 디딜 수가 읍서요. 하쇠같이 미련한놈

**하쇠걸음**(정선읍, 북평면), **화쇠걸음**(여량면), **황쇠걸음**(남면)

[표] [명] 황소걸음 [뜻] 1. 황소처럼 느릿느릿 걷는 걸음. 2. 비록 느리기는 하나 착실하게 해 나가는 행동을 비유적으로 이르는 말.

[예] 황쇠걸음 같이 뚜벅뚜벅 걷는다.

**하염읎다**(정선읍, 북평면), **하염없다**(여량면, 남면)

[표] [형] 하염없다 [뜻] 1. 시름에 싸여 멍하니 이렇다 할 만한 아무 생각이 없음. 2. 어떤 행동이나 심리 상태 따위가 자신의 의지와는 상관없이 계속되는 상태.

[예] 얼매나 서러운지 하염읎이 울더라.

**하이튼**(정선읍, 남면, 화암면), **할튼**(정선읍), **하이탄**(여량면)

[표] [부] 하여튼(何如-) [뜻] 의견이나 일의 성질, 형편, 상태 따위가 어떻게 되어 있든.

[예] 저늠아는 하이탄 멀 우기는 데는 일등이여.

**하이튼지**(정선읍, 남면), **아무턴지**(여량면)

[표] [부] 하여튼지(何如--) [뜻] 의견이나 일의 성질, 형편, 상태 따위가 어떻게 되어 있든지.

[예] 아무턴지 얼릉 장가를 가야지.

**하잘그읎다**(정선읍, 북평면), **하잘거없다**(여량면, 남면)

[표] [형] 하잘것없다 [뜻] 시시하여 해 볼 만한 것이 없음. 또는 대수롭지 아니함.

[예] 그 영화는 생각보다 하잘그읎다.

**학떼다**(정선읍, 남면), **학띠다**(여량면), **학발띠다**(여량면)

[표] [동] 질리다 [뜻] 1. 놀라거나 두려워서 기가 막히거나 풀이 꺾이거나 함. 2. 어떤 일이나 음식 따위에 싫증이 남. 3. 짙은 빛깔이 한데로 몰려서 고르게 퍼지지 못함.

[예] 그 사람한테는 학발띤다.

**학질모겡이**(정선읍, 여량면)

[표] [명] 학질모기(瘧疾--) [뜻] 〈동물〉 모깃과의 중국얼룩날개모기, 잿빛얼

룩날개모기, 한국얼룩날개모기 따위를 통틀어 이르는 말. 날개에 검은색과 흰색의 얼룩무늬가 있으며, 앉을 때 뒷다리와 몸의 뒷부분을 들어 올림.

[예] 학질모겡이 특별히 조심해.

**한가우**(정선읍, 여량면, 임계면), **팔월추석**(정선읍), **팔월대보름**(남면)

[표] [명] 한가위 [뜻] 우리나라 명절의 하나.

[예] 더도들도 한가우만 같아라.

**한게울**(정선읍, 남면), **한저울**(여량면, 북평면)

[표] [명] 한겨울 [뜻] 1. 추위가 한창인 겨울. 2. 겨울 내내.

[예] 한게울에 무슨 고기잡이냐.

**한글기**(정선읍), **한포기**(여량면), **한글구**(남면)

[표] [명] 한그루 [뜻] 1. 〈농업〉 한 해에 그 땅에서 농사를 한 번 짓는 일. 2. 한 농경지에 한 종류의 농작물만을 심어 가꾸는 일.

[예] 곡식은 한글기라도 잘 가꾸어야 해.

**한끄뎅이**(정선읍, 여량면, 남면)

[표] [명] 한끝 [뜻] 한쪽의 맨 끝.

[예] 한끄뎅이를 꼭 찾아야 풀리지.

**한끼에우자**(임계면, 화암면), **아시다**(여량면)

[표] [동] 때우다 [뜻] 1. 뚫리거나 깨진 곳을 다른 조각으로 대어 막음. 2. 간단한 음식으로 끼니를 대신함. 3. 다른 수단을 써서 어떤 일을 보충하거나 대충 해결함.

[예] 배가 고프니 여개서 한끼에우자.

**한나**(정선읍, 여량면, 남면)

[표] [수] 하나 [뜻] 수효를 세는 맨 처음 수.

[예] 다 필요읎고 한나면 돼.

**한녘**(정선읍), **한펜**(남면)

[표] [명] [부] 한편(−便) [뜻] [명] 1. 같은 편 2. 어느 하나의 편이나 방향. [부] 1. 어떤 일에 대하여, 앞에서 말한 측면과 다른 측면을 말할 때 쓰는 말.

[예] 한녘 말만 듣고 판단하지 마셔.

**한량읎다**(정선읍, 남면), **한량없다**(여량면, 북평면)

[표] [형] 한량없다(限量−−) [뜻] 끝이나 한이 없음. '그지없다'로 순화.

[예] 해는 일이 한량읎다.

**한물에**(정선읍), **한끄번에**(여량면, 남면, 화암면)

[표] [부] 한꺼번에 [뜻] 몰아서 한 차례에. 또는 죄다 동시에.

[예] 한끄번에 다 해치우고 가자.

**한수**(정선읍, 여량면, 북평면, 남면), **한가닥**(여량면, 화암면)

[표] [명] 한가락 [뜻] 어떤 방면에서 썩 훌륭한 재주나 솜씨.

[예] 1. 이 사람도 그쪽에서 한가닥 하는 사람이오. 2. 저 사람 한수 하네.

**한읎다**(정선읍), **한없다**(여량면)

[표] [형] 한없다(限−−) [뜻] 끝이 없음.

[예] 그 것은 한읎는 일이다.

**한이사**(정선읍, 여량면, 남면)

[표] [명] 한의사(韓醫師) [뜻] 한의술과 한약으로 병을 고치는 것을 직업으로 하는 사람.

[예] 그분은 유명한 한이사야.

**한이원**(정선읍, 여량면, 북평면, 남면, 화

ㅎ

암면)

　[표] 몡 한의원(韓醫院) 뜻 〈한의학〉 한의로 치료하는 의원.

　옝 침 마지러 한이원 갔다 올게.

**한잔뎅이**(정선읍, 여량면, 북평면, 남면)

　[표] 몡 한허리 뜻 길이의 한가운데.

　옝 생선 한잔뎅이 가져가라.

**한절**(정선읍, 남면)

　[표] 閉 한결 뜻 전에 비하여서 한층 더.

　옝 산에 오니 몸이 한절 났네.

**한지녁**(정선읍), **한지녁**(정선읍), **한저역** (여량면)

　[표] 몡 한저녁 뜻 끼니때가 지난 뒤에 간단하게 차리는 저녁.

　옝 한지녁이라도 드시고 가세요.

**한질금**(정선읍, 여량면), **한줄금**(정선읍)

　[표] 몡 한줄기 뜻 한 번 세게 쏟아지는 소나기 따위의 빗줄기.

　옝 아이고 이번에는 한질금 된통 쎄리네.

**한철**(정선읍, 여량면, 남면)

　[표] 몡 한때 뜻 1. 어느 한 시기. 2. 같은 때.

　옝 이만하면 어데가서 한철 잘살아 나겠다.

**한택**(정선읍, 여량면, 남면)

　[표] 몡 한턱 뜻 한바탕 남에게 음식을 대접하는 일.

　옝 한택 거하게 썄다.

**한테루**(정선읍, 남면), **인데루**(여량면)

　[표] 조 한테로 뜻 (구어적으로) 어떤 행동이 미치는 대상임을 나타내는 격 조사. 격 조사 '한테'와 '로'가 결합한 말.

　옝 그놈 개새끼가 내한테루 대들어

넘 겁이 났다.

**한팔이**(정선읍), **에팔이**(남면)

　[표] 몡 외팔이 뜻 지체 장애인 중에서 한쪽 팔이 없는 사람을 낮잡아 이르는 말.

　옝 전쟁 가서 한 손을 잃어 에팔이 신세가 되었지.

**한펭상**(정선읍, 여량면, 북평면), **한평상** (남면)

　[표] 몡 한평생(-平生) 뜻 살아 있는 동안.

　옝 우리 한펭상 잘 살아보자.

**할루갈이**(정선읍, 여량면, 북평면, 남면)

　[표] 몡 하루갈이 뜻 소를 데리고 하룻낮 동안에 갈 수 있는 밭의 넓이.

　옝 저 밭은 할루갈이 정도 돼.

**할먹따구**(정선읍), **할멍이**(여량면, 북평면, 남면), **할망구**(임계면), **할머이**(화암면)

　[표] 몡 할머니 뜻 1. 부모의 어머니를 이르는 말. 2. 며느리가 시부모의 어머니를 이르는 말.

　옝 할멍이 망녕들었는지 엉뚱한 소리만 한다.

**할미씹개비**(정선읍, 북평면), **핼미꽃**(남면)

　[표] 몡 할미꽃 뜻 〈식물〉 미나리아재빗과의 여러해살이풀. 높이는 30~40cm이며, 몸 전체에 긴 털이 촘촘히 나 있음. 잎은 뿌리에서 뭉쳐나고 5개의 작은 잎으로 된 우상 복엽. 4~5월에 자주색 꽃이 줄기 끝에서 밑을 향하여 피고, 열매는 긴 달걀 모양의 수과(瘦果)로 5~6월에 익음. 독성이 있으며 뿌리는 약용함. 산이나 들의 양지에 저절로 나는데 한국, 만주, 우수리

강, 아무르 등지에 분포함.

㉠ 들에 햄미꽃이 만개했다.

**할으벙이**(정선읍, 여량면), **할아버이**(남면)

[표] 囘 할아버지 ㉦ 1. 부모의 아버지를 이르는 말. 2. 부모의 아버지와 한 항렬에 있는 남자를 통틀어 이르는 말.

㉠ 우리 할으벙이 칠순을 맞았다.

**할일욶다**(정선읍), **할일없다**(여량면)

[표] 囫 하릴없다 ㉦ 1. 달리 어떻게 할 도리가 없음. 2. 조금도 틀림이 없음.

㉠ 퇴직을 하고 나니 별루 할일욶다.

**함박꽃**(정선읍, 화암면)

[표] 囘 수국(水菊) ㉦ 〈식물〉 1. 범의귓과 수국속의 식물을 통틀어 이르는 말. 수국, 등수국, 산수국, 바위수국 따위가 있음. 2. 범의귓과의 낙엽 활엽 관목. 높이는 1m 정도이며, 잎은 넓은 타원형이고 톱니가 있음. 가을에 보라색 또는 흰색 꽃이 취산(聚繖) 화서로 피고 열매는 맺지 못함. 말린꽃은 해열제로 쓰고, 관상용으로 재배함. 일본에서 개발되었음.

㉠ 담장밑에 함박꽃이 활짝 피었네.

**함진애비**(정선읍, 여량면, 남면), **함재비**(화암면, 임계면)

[표] 囘 함진아비(函---) ㉦ 〈민속〉 혼인 때에, 신랑 집에서 신부 집에 보내는 함을 지고 가는 사람.

㉠ 함진애비가 넘 장난이 심하네.

**함텡이**(정선읍, 여량면, 북평면), **함텡이**(정선읍), **구박**(남면)

[표] 囘 함지박 ㉦ 1. 통나무의 속을 파서 큰 바가지같이 만든 그릇. 전이 없음.

㉠ 함텡이에 넣어 둬라.

**합죽띠기**(정선읍, 북평면), **합죽떼기**(남면)

[표] 囘 합죽이 ㉦ 이가 빠져서 입과 볼이 움푹 들어간 사람을 낮잡아 이르는 말.

㉠ 나이도 많지 않은 데 벌써 합죽떼기가 되었네.

**합지사**(정선읍), **합제사**(여량면, 남면)

[표] 囘 합제 ㉦ 1. 여러 사람의 제사를 함께 지냄. 또는 그 제사. 2. 한데 모아 놓고 일정한 날에 두루 어울려 제사를 지냄.

㉠ 삼면상이 끝나 합지사 지냈다.

**핫바지**(정선읍, 남면), **충청도인**(여량면)

[표] 囘 충청도민(忠淸道民) ㉦ 전국 8도 가운데 충청도에 사는 사람을 이르는 말.

㉠ 우리 사우는 핫바지다.

**핫바지**(정선읍, 화암면), **어리배기**(여량면, 남면), **팔푼이**(임계면)

[표] 囘 어리보기 ㉦ 말이나 행동이 다부지지 못하고 어리석은 사람을 낮잡아 이르는 말.

㉠ 저런 어리배기 같은 놈이 서울을 간다고.

**항갑늘겡이**(정선읍, 북평면)

[표] 囘 환갑노인(還甲老人) ㉦ 나이가 예순한 살에 이른 노인.

㉠ 벌써 항갑늘겡이네.

**해가미**(정선읍, 여량면, 화암면), **해가민서**(여량면), **해가며**(신동읍)

[표] 囧 랑 ㉦ 1. 어떤 행동을 함께 하거나 상대로 하는 대상임을 나타내는 격 조사. 2. 비교의 기준이 되는 대상임을

나타내는 격 조사. 3. 둘 이상의 사물을 같은 자격으로 이어 주는 접속 조사.

㉠ 1. 친구라 해가민서. 2. 곰추해가미, 개두릅해가미.

**해골바가지**(정선읍, 남면), **해골빠가찌**(정선읍), **해골바가찌**(여량면)

[표] 몡 해골(骸骨) 뜻 1. 죽은 사람의 살이 썩고 남은 앙상한 뼈. 2. 살이 전부 썩은 죽은 사람의 머리뼈. 3. 생각하는 머리를 속되게 이르는 말. 4. 몹시 여위어 살이 빠진 사람을 비유적으로 이르는 말.

㉠ 얼굴이 쭈굴쭈굴한게 해골바가지 같다.

**해꼬지**(정선읍, 여량면, 북평면, 남면, 임계면)

[표] 몡 해코지(害——) 뜻 남을 해치고자 하는 짓.

㉠ 꼭 그래 남을 해꼬지해야만 직성이 풀리나?

**해꼼하다**(정선읍, 여량면, 남면)

[표] 혱 해끔하다 뜻 조금 하얗고 깨끗함.

㉠ 돈푼이나 있어서 그런지 해꼼하다.

**해마두**(정선읍, 남면), **해마둥**(여량면)

[표] 뷘 해마다 뜻 그 해 그 해.

㉠ 해마둥 한 번씩 모여서 하는 행사다.

**해바레기**(정선읍, 여량면, 북평면, 남면)

[표] 몡 해바라기 뜻 〈식물〉국화과의 한해살이풀. 높이는 2미터 정도이며, 잎은 어긋나고 넓은 달걀 모양인데 가장자리에 굵은 톱니가 있음. 8~9월에 노란색의 큰 두상화(頭狀花)가 줄기 끝이나 가지 끝에 피고 열매는 수과

(瘦果)를 맺음. 씨는 기름을 짜서 등유로 쓰거나 식용하고 줄기 속은 이뇨, 진해, 지혈에 약재로 쓰임. 관상용이고 중앙아메리카가 원산지로 세계 각지에 분포함.

㉠ 해바레기 씨로 기름을 짠다.

**해벌럭이**(정선읍, 북평면), **해벌럭**(여량면, 남면), **헤벌떵**(여량면)

[표] 뷘 헤벌쭉 뜻 입이나 구멍 따위가 속이 들여다보일 정도로 넓게 벌어진 모양.

㉠ 뭐가 좋아서 아가리를 헤벌떵 해가지구.

**해질머리**(정선읍, 여량면, 북평면), **해구멍**(남면)

[표] 몡 해질녘 뜻 해가 질 즈음.

㉠ 해질머리가 되었으니 일 끝내고 얼릉 가자.

**해쭉거리다**(정선읍, 여량면, 남면)

[표] 동 해죽거리다 뜻 만족스러운 듯이 귀엽게 살짝 자꾸 웃음.

㉠ 언나가 해쭉거리미 잘 웃는다.

**해필**(정선읍, 여량면, 남면, 임계면)

[표] 뷘 하필(何必) 뜻 다른 방도를 취하지 아니하고 어찌하여 꼭.

㉠ 해필 오늘 같은 날 오라고 지랄이여.

**해해닥거리다**(정선읍, 여량면, 남면)

[표] 동 해해거리다 뜻 1. 입을 조금 벌리고 힘없이 싱겁게 자꾸 웃음. 2. 입을 조금 벌리고 경망스럽게 자꾸 웃음.

㉠ 여편네가 조신하지 못하고 해해닥거리면 마카 깔봐요.

**할미새**(남면)

[표] 몡 할미새 뜻 〈동물〉할미샛과

의 검은등할미새, 긴발톱할미새, 노랑할미새, 알락할미새 따위를 통틀어 이르는 말.

[예] 핼미새 한 마리가 가지 우에 앉았다.

**핼쑥하다**(정선읍, 여량면, 남면), **헐걸다**(여량면), **힐쭉하다**(임계면), **핼쭉하다**(화암면, 임계면)

[표] [형] 헐쑥하다 [뜻] 얼굴이 여위고 핏기가 없음.

[예] 1. 낯짠바리가 왜그래 헐겋나. 2. 넘 아파 핼쭉해졌다.

**햄경두**(정선읍, 북평면), **햄경도**(정선읍)

[표] [명] 함경도(咸鏡道) [뜻] 〈지명〉함경남도와 함경북도를 통틀어 이르는 말.

[예] 햄경도 사람들은 생활력이 강해.

**햇고개**(여량면, 남면, 화암면)

[표] [명] 서녘(西-) [뜻] 네 방위의 하나.

[예] 여개서 평창은 햇고개 쪽에 있지.

**햇구멍맥히다**(정선읍, 여량면), **햇구멍빠지다**(남면)

[표] [관용구] 해지다 [뜻] 해가 짐.

[예] 안죽 햇구멍도 안맥했는데 하마 집에 갈 생각만 하나.

**햇그**(정선읍, 여량면), **햇거**(여량면), **핵거**(남면)

[표] [명] 햇것 [뜻] 해마다 나는 물건으로서 당해에 처음 난 물건.

[예] 올해 처음 난 핵거다.

**햇닢나무**(정선읍), **참빗낭구**(여량면)

[표] [명] 화살나무 [뜻] 〈식물〉 노박덩굴과의 낙엽 활엽 관목. 높이는 1~3미터이며, 잎은 마주나고 타원형 또는 도란형. 6월에 노란색을 띤 녹색 꽃이 취산(聚繖) 화서로 피고 열매는 삭과(蒴果)로 10월에 익음. 줄기는 지팡이·화살을 만들며, 잔가지에 난 코르크질의 날개 같은 것은 약용하고 어린잎은 식용함. 산기슭이나 산 중턱의 암석지에서 자라는데 한국, 일본, 사할린 등지에 분포함.

[예] 햇닢낭구 잰 가지는 약으로 쓰면 좋다.

**햇머리**(정선읍), **햄물**(남면)

[표] [명] 햇무리 [뜻] 햇빛이 대기 속의 수증기에 비치어 해의 둘레에 둥글게 나타나는 빛깔이 있는 테두리.

[예] 햇머리가 멀리 보이면 비가 온다.

**햇벵아리**(정선읍, 여량면, 남면), **헷병아리**(임계면)

[표] [명] 햇병아리 [뜻] 1. 새로 부화된 병아리. 2. '풋내기'를 비유적으로 이르는 말.

[예] 아직은 햇벵아리니까 이해해야지.

**햇병아리**(정선읍, 여량면, 북평면, 남면, 화암면), **헷벵아리**(임계면)

[표] [명] 신참(新參) [뜻] 1. 단체나 부류에 새로 참가하거나 들어옴. 또는 그런 사람. 2. 새로 벼슬한 사람이 처음으로 관청에 들어감.

[예] 나에게도 햇병아리 시절이 있었지.

**햇사괘**(정선읍, 여량면, 북평면, 남면), **풋사과**(화암면)

[표] [명] 햇사과(-沙果) [뜻] 당해에 새로 난 사과.

[예] 햇사괘 수확했으니 부모님께 한 상재 보내드려라.

**행긎잖다**(정선읍, 여량면, 북평면, 신동읍, 화암면), **헹긎잖다**(정선읍)

ㅎ

[표] 혱 만만찮다 뜻 1. 보통이 아니어서 손쉽게 다룰 수 없음. 2. 그렇게 쉽지 아니함. 3. 양(量)이 적지 아니함.
예 행동거지가 행궂잖다.

**행굿하다**(정선읍, 여량면, 남면)
[표] 혱 향긋하다 뜻 은근히 향기로운 느낌이 있음.
예 취나물이 행긋하다.

**행기롭다**(정선읍, 남면), **향기롭다**(여량면)
[표] 혱 향기롭다(香氣--) 뜻 향기가 있음.
예 장미꽃이 행기롭다.

**행낭구**(정선읍, 남면), **향낭구**(여량면)
[표] 몡 향나무(香--) 뜻 〈식물〉 측백나뭇과의 상록 침엽 교목. 높이는 20미터 정도이며, 잎은 마주나거나 돌려나고 비늘 조각 또는 바늘 모양. 4월에 단성화가 가지 끝에 피고 열매는 구과(毬果)로 다음 해 10월에 익음. 재목은 조각재, 가구재, 향료로 쓰며 약용함. 산기슭이나 평지에서 자라는데 한국, 일본, 만주 등지에 분포함.
예 행낭구 뿌리로 제사 때 쓰는 향 맨든다.

**행동머리**(정선읍, 여량면), **행동가지**(남면)
[표] 몡 행동거지(行動舉止) 뜻 몸을 움직여 하는 모든 짓.
예 항상 행동머리 조심해라.

**행상소리**(정선읍, 여량면, 북평면, 화암면), **상앳소리**(남면)
[표] 몡 상엿소리(喪輿--) 뜻 상여꾼들이 상여를 메고 가면서 부르는 구슬픈 소리.
예 행상소리가 넘 슬프다.

**행세깨나하다**(정선읍, 여량면, 북평면)
[표] 동 행세하다(行世--) 뜻 1. 세상에서 사람의 도리를 행함. 2. 처세하여 행동함. 3. 해당되지 아니하는 사람이 어떤 당사자인 것처럼 처신하여 행동함.
예 돈 쫌 있다고 행세깨나한다.

**행우보따리**(정선읍, 여량면, 북평면, 남면)
[표] 몡 행위(行爲) 뜻 1. 사람이 의지를 가지고 하는 짓. 2. 〈법률〉법률상의 효과 발생의 원인이 되는 의사(意思) 활동. 3. 〈심리〉환경에서 유발되는 자극에 대하여 반응하는 유기체의 행동.
예 1. 니가 하는 행우보따리가 틀래 먹었어. 2. 행우보따리 드룹다.

**행주짝**(여량면, 남면)
[표] 몡 행주 뜻 그릇, 밥상 따위를 닦거나 씻는 데 쓰는 헝겊.
예 어머이께서는 행주짝으로 그륵을 닦으셨다.

**행주초매**(정선읍, 여량면, 북평면), **앞치마**(정선읍), **행주치매**(남면)
[표] 몡 행주치마 뜻 부엌일을 할 때 옷을 더럽히지 아니하려고 덧입는 작은 치마.
예 행주치매 입으니 영락없는 주부다.

**행질**(정선읍, 여량면, 남면)
[표] 몡 한길 뜻 사람이나 차가 많이 다니는 넓은 길.
예 행질가 나가면 차조심해라.

**허개비**(정선읍), **허재비**(여량면, 남면, 화암면)
[표] 몡 허수아비 뜻 1. 곡식을 해치

는 새, 짐승 따위를 막기 위하여 막대
기와 짚 따위로 만들어 논밭에 세우는
사람 모양의 물건. 2. 제구실을 하지
못하고 자리만 차지하고 있는 사람을
비유적으로 이르는 말. 3. 주관 없이
남이 시키는 대로 행동하는 사람을 비
유적으로 이르는 말.
例 논에 허재비 두 개가 세워져 있다.

**허기지다**(정선읍, 화암면)
[표] 名 배고픔 뜻 배가 고픈 상태. 또
는 그런 느낌.
例 허기져 기운을 못 차린다.

**허깨낭기**(정선읍, 북평면), **허깨낭구**(여
량면), **호깨낭구**(남면)
[표] 名 헛개나무 뜻 〈식물〉 갈매나뭇
과의 낙엽 활엽 교목. 높이는 10~17m
이며, 잎은 어긋나며 넓은 달걀 모양이
고 톱니가 있음. 7월에 흰 꽃이 취산(聚
繖) 화서로 피고 열매는 갈색의 둥근
핵과(核果)로 9~10월에 익음. 줄기는
가구, 악기 따위를 만드는 데 쓰고 열매
는 식용함. 산 중턱 아래의 숲 속에서
자라는데 한국의 중부 이남, 일본, 중국
등지에 분포함.
例 허깨낭구가 술독 푸는데는 그만
이지.

**허끄러지다**(정선읍, 여량면, 남면), **허끌
리다**(여량면)
[표] 動 헝클어지다 뜻 1. 실이나 줄
따위의 가늘고 긴 물건이 풀기 힘들 정
도로 몹시 얽힘. 2. 어떤 물건 따위가
한데 뒤섞여 몹시 어지럽게 됨. 3. 일이
몹시 뒤섞여 갈피를 잡을 수 없게 됨.
例 차례대로 잘해놨는데 누가 이렇

게 허끌어놨다.

**허당이다**(정선읍, 여량면, 북평면), **헷탕
이다**(정선읍), **꽝이다**(남면)
[표] 形 허탕하다 뜻 어떤 일을 시도
하였다가 아무 소득이 없이 일을 끝냄.
例 시험을 봤는데 또 허당이다.

**허랑망탕하다**(정선읍, 북평면)
[표] 形 허랑방탕하다(虛浪放蕩--)
뜻 언행이 허황하고 착실하지 못하며
주색에 빠져 행실이 추저분함.
例 허랑망탕하게 돌아뎅긴다.

**허릿바**(정선읍, 여량면, 남면, 임계면), **허
릿대**(여량면)
[표] 名 허리띠 뜻 1. 바지 따위가 흘
러내리지 아니하게 옷의 허리 부분에
둘러매는 띠. 2. 예전에, 젖가슴을 가
리기 위하여 여자의 가슴에 둘러 띠던,
끈이 달린 옷의 하나.
例 1. 춘궁기에 허릿바를 졸라매고
일했다. 2. 허릿대는 쇠가죽이 최
고야

**허무리**(정선읍, 북평면)
[표] 名 허물 뜻 잘못 저지른 실수.
例 가족끼리 허무리 있어도 서로 이
해 해야지.

**허물고띠리다**(정선읍, 남면), **허물구다**
(여량면)
[표] 動 허물어뜨리다 뜻 1. 쌓이거나
짜이거나 지어져 있는 것을 헐어서 무
너뜨림. 2. 꼿꼿하고 방정한 표정, 자
세, 태도 따위를 그대로 유지하지 아
니하고 구부리거나 느른하게 풀어 버
림. 3. 사회적으로 이미 주어져 있는
규율, 관습 따위를 없애 버림. 4. 심리

427

적으로 이미 주어져 있는 생각이나 믿음 따위를 없애 버림. 5. 육체적 또는 정신적으로 건강한 상태를 유지하지 못하게 함. 6. 재물이나 사회적인 지위, 명성 따위를 잃어버림. 7. 힘의 균형을 잃게 하거나 정적인 상태를 흐트러지게 함.

예 돌탑을 잘 쌓다가 되레 허물구다.

**허물고지다**(정선읍, 여량면, 북평면, 남면)

[표] 동 허물어지다 뜻 1. 쌓이거나 짜이거나 지어져 있는 것이 흐려서 무너짐. 2. 꼿꼿하고 방정한 표정, 자세, 태도 따위가 그대로 유지되지 아니하고 구부러지거나 느른하여짐. 3. 사회적으로 이미 주어져 있는 규율, 관습 따위가 없어짐. 4. 심리적으로 이미 주어져 있는 생각이나 믿음 따위가 없어짐. 5. 육체적 또는 정신적으로 건강한 상태를 유지하지 못하게 됨. 6. 재물이나 사회적인 지위, 명성 따위가 없어짐. 7. 힘의 균형을 잃거나 정적인 상태가 흐트러짐.

예 장마에 담장이 허물고지다.

**허벅다리**(정선읍), **넙떡다리**(정선읍)

[표] 명 넓적다리 뜻 다리에서 무릎 관절 위의 부분.

예 천하장사 씨름꾼들 허벅다리가 음청나게 크더라.

**허벅지살**(여량면, 북평면)

[표] 명 허벅살 뜻 허벅지의 살.

예 그 여자 허벅지살이 뽀얬네.

**허벌창**(정선읍, 여량면, 신동읍, 화암면)

[표] 명 벌창 뜻 1. 물이 넘쳐흐름. 2. 가게나 시장에 물건이 매우 많이 나와

있음을 비유적으로 이르는 말.

예 강바닥에 물고기가 허벌창 났어.

**허부레기**(정선읍, 여량면, 남면)

[표] 명 허섭스레기 뜻 좋은 것이 빠지고 난 뒤에 남은 허름한 물건.

예 다 쓰고 허부레기만 남았다.

**허얘멀겋다**(정선읍, 남면), **히멀겋다**(여량면)

[표] 형 허여멀겋다 뜻 1. 살빛이 탐스럽게 희고 맑음. 2. 허연빛을 띠며 멀거움.

예 해 못 본 놈처럼 얼굴이 히멀겋다.

**허출하다**(여량면, 북평면)

[표] 형 시장하다 뜻 배가 고픔.

예 일을 했드니 허출하다.

**허풍셍이**(정선읍, 여량면, 북평면, 남면)

[표] 명 허풍선이(虛風扇-) 뜻 허풍을 잘 떠는 사람.

예 저눔은 동네서 알아주는 허풍셍이지.

**헌물키다**(정선읍), **헷물키다**(여량면), **말짱도루묵이다**(여량면), **헐개지다**(남면)

[표] 동 헛물켜다 뜻 애쓴 보람 없이 헛일로 됨.

예 하루죙일 했는데 말짱도루묵이다.

**헐럭거리다**(정선읍, 북평면), **헐러적거리다**(여량면), **헐껑거리다**(남면, 화암면)

[표] 동 헐렁거리다 뜻 1. 헐거워서 이리저리 자꾸 움직임. 2. 조심스럽지 아니하고 미덥지 못한 행동을 자꾸 함.

예 아버이 옷을 입었드니 커서 헐러적거리다.

**헐럭궁이**(정선읍, 여량면, 북평면), **도깨비**(임계면)

[표] 몡 헐렁이 뜻 행동이 실답지 못하고 들떠서 진중하지 못한 사람을 낮잡아 이르는 말.

예 저개 헐럭궁이새끼 또 온다.

**헐럭적하다**(정선읍, 북평면), **헐겅하다**(여량면), **헐럭하다**(남면)

[표] 혱 헐렁하다 뜻 1. 헐거운 듯한 느낌이 있음. 2. 행동이 조심스럽지 아니하고 미덥지 못함.

예 왜이래 옷이 헐겅하나.

**헐렝이**(정선읍), **도깨비**(남면, 여량면)

[표] 몡 헐렁이 뜻 동물이나 사람의 형상을 한 잡된 귀신의 하나. 비상한 힘과 재주를 가지고 있어 사람을 홀리기도 하고 짓궂은 장난이나 심술궂은 짓을 많이 한다고 함. 주책없이 망나니짓을 하는 사람을 비유적으로 이르는 말.

예 저눔은 하는 짓 보니 헐렝이가 틀림읎다.

**헐쭘하다**(정선읍, 여량면, 남면, 임계면, 화암면)

[표] 혱 허름하다 뜻 1. 좀 헌 듯함. 2. 이 좀 싼 듯함. 3. 사람이나 물건이 표준에 약간 미치지 못한 듯함.

예 입성이 우째 헐쭘하게 보인다.

**험하게**(정선읍, 남면), **흠하게**(여량면), **헤실피**(여량면), **희푸다**(임계면), **희프게**(임계면), **희피**(임계면)

[표] 튄 헤피 뜻 1. 쓰는 물건이 쉽게 닳거나 빨리 없어지는 듯하게. 2. 물건이나 돈 따위를 아끼지 아니하고 함부로. 3. 말이나 행동 따위를 아끼는 데가 없이 마구.

예 1. 니 몸땡이 아무데나 헤실피 돌리지 말고 건사 잘해. 2. 저거 험하게 쓴다.

**헛개눈**(정선읍), **퍽개눈**(남면)

[표] 몡 함박눈 뜻 굵고 탐스럽게 내리는 눈.

예 밤새 헛개눈이 마이 내렸다.

**헛똑똑이**(정선읍), **헷똑똑이**(여량면)

[표] 몡 윤똑똑이 뜻 자기만 혼자 잘나고 영악한 체하는 사람을 낮잡아 이르는 말.

예 저런 헷똑똑이 같은 기 또 속았나.

**헛뿌이**(남면)

[표] 몡 노가리 뜻 〈농업〉 경지(耕地) 전면에 여기저기 흩어지게 씨를 뿌리는 일.

예 밭에 가서 헛뿌이 했다.

**헤또깨비**(정선읍, 여량면)

[표] 몡 허깨비 뜻 1. 기(氣)가 허하여 착각이 일어나, 없는데 있는 것처럼, 또는 다른 것처럼 보이는 물체. 2. 생각한 것보다 무게가 아주 가벼운 물건. 3. 겉보기와는 달리 신체적으로나 정신적으로 몹시 허약한 사람을 비유적으로 이르는 말.

예 어데서 헤또깨비를 보고 여서 이러나.

**헤미**(정선읍, 여량면), **미역**(임계면), **헤염**(남면, 임계면)

[표] 몡 헤엄 뜻 사람이나 물고기 따위가 물속에서 나아가기 위하여 팔다리나 지느러미를 움직이는 일.

예 첨에는 개헤미 배우고 마지막엔 송장헤미 배운디, 미역감으러 가자.

**헤벌죽하다**(정선읍, 북평면), **헤하다**(여

량면, 남면)

[표] 동 좋아하다 뜻 1. 어떤 일이나 사물 따위에 대하여 좋은 느낌을 가짐. 2. 특정한 음식 따위를 특별히 잘 먹거나 마심. 3. 특정한 운동이나 놀이, 행동 따위를 즐겁게 하거나 하고 싶어 함.

예 옷 한 벌 사 줬더니 으런들두 아덜 매루 헤하잖소.

**헤쳉이**(정선읍, 남면), **언쳉이**(여량면, 화암면)

[표] 명 언청이 뜻 입술갈림증이 있어서 윗입술이 세로로 찢어진 사람을 낮잡아 이르는 말.

예 1. 아랫집 순덕이는 헤쳉이가 됐다. 2. 뛰어가다 넘어져서 언쳉이가 됐다.

**헤트리다**(정선읍, 북평면), **흐트레띠리다**(여량면, 남면, 화암면)

[표] 동 흐트러뜨리다 뜻 1. 여러 가닥으로 흩어져 이리저리 얽히게 함. 2. 옷차림이나 자세 따위를 단정하지 아니하게 함. 3. 정신을 산만하게 하여 집중하지 못하게 함.

예 공부하는데 정신을 흐트레띠리다.

**헤푼기집**(정선읍, 남면), **씹간나**(정선읍), **개보지**(여량면), **똥간나**(여량면)

[표] 명 허튼계집 뜻 정조가 없이 몸가짐이 헤픈 여자.

예 저 여자는 헤푼기집이라고 소문이 자자하다.

**헷구역질**(정선읍, 여량면, 남면)

[표] 명 헛구역질(-嘔逆-) 뜻 게우는 것이 없이 욕지기를 하는 일.

예 개코도 나올 거도 없는데 헷구역

질만 해대나.

**헷들리다**(정선읍, 여량면, 북평면), **헷듣기다**(정선읍, 남면)

[표] 동 헛들리다 뜻 '헛듣다'의 피동사.

예 사람들이 하는 이야기가 헷들리다.

**헷발**(정선읍, 여량면, 남면), **깨발질**(임계면)

[표] 명 헛발 뜻 1. 잘못 디디거나 내찬 발. 2. 공연히 구르는 발. 3. 〈생물〉세포 표면에서 형성되는 가지 돌기.

예 밤에 가다가 헷발을 디대서 자빠졌다.

**헷발질하다**(여량면, 남면), **깨발질하다**(임계면)

[표] 동 헛발질하다 뜻 겨냥이 맞지 아니하여 빗나간 발길질을 함.

예 공차다가 헷발질을 냅다 해댔다.

**헷소리**(정선읍, 여량면, 남면)

[표] 명 헛소리 뜻 1. 실속이 없고 미덥지 아니한 말. 2. 잠결이나 술김에 하는 말. 3. 앓는 사람이 정신을 잃고 중얼거리는 말.

예 거 헷소리 그만하고 아가리 닥채.

**헷일**(정선읍, 북평면), **헷거**(여량면)

[표] 명 헛것 뜻 1. 보람을 얻지 못하고 쓸데없이 한 노력. 2. 기(氣)가 허하여 착각이 일어나, 없는데 있는 것처럼, 또는 다른 것처럼 보이는 물체.

예 헷일 했다.

**헷탕**(정선읍), **허당**(남면, 임계면)

[표] 명 허탕 뜻 떤 일을 시도하였다가 아무 소득이 없이 일을 끝냄. 또는 그렇게 끝낸 일.

예 돈버리 해러 갔다가 헷탕쳤다.

**현찰박치기**(여량면, 신동읍, 화암면)

[표] 명 맞돈거래(--去來) 뜻 물건을 사고팔 때 그 자리에서 물건과 물건값을 주고받는 일.

예 노름판은 항상 현찰박치기다.

**형재**(정선읍, 여량면, 남면), **성재**(여량면)

[표] 명 형제(兄弟) 뜻 1. 형과 아우를 아울러 이르는 말. 2. 형제와 자매, 남매를 통틀어 이르는 말.

예 그집 형재는 의가 조터라.

**형재간**(정선읍, 여량면, 남면), **성제간**(여량면)

[표] 명 형제간(兄弟間) 뜻 형과 아우 사이.

예 형재간에는 우애가 있어야 한다.

**형재자매**(정선읍, 여량면, 남면), **성제자매**(여량면)

[표] 명 형제자매(兄弟姉妹) 뜻 남자 형제와 여자 형제를 아울러 이르는 말.

예 형재자매는 동수부모지기.

**호고치**(정선읍, 여량면, 북평면)

[표] 명 호고추(胡--) 뜻 〈식물〉 중국 동북 지방에서 나는 고추.

예 호고치는 맵지 않어.

**호구**(여량면, 화암면)

[표] 명 괴통 뜻 괭이, 삽, 쇠스랑, 창 따위의 쇠 부분에 자루를 박도록 만든 통.

예 자루에 호구를 까울 땐 잘 끼워야 해.

**호꾸**(정선읍, 화암면), **똑딱단추**(여량면, 신동읍)

[표] 명 맞단추 뜻 암단추와 수단추를 서로 맞추어 쓰는 단추.

예 호꾸가 덜어지면 고치기 어렵다.

**호랑말코같다**(정선읍, 화암면), **보기싯타**(여량면, 신동읍)

[표] 관용구 보기싫다 뜻 보기를 싫어함.

예 그자식과 싸우고 나니 두번 다시 보기싯타.

**호랑새벽**(정선읍), **꼴두새벡**(여량면, 남면, 화암면)

[표] 명 꼭두새벽 뜻 아주 이른 새벽.

예 그 사람은 꼴두새벡부터 밭에 나간다.

**호렝이**(정선읍, 여량면, 북평면, 남면, 화암면, 임계면), **큰짐성**(여량면)

[표] 명 호랑이(虎狼-) 뜻 1. 〈동물〉 고양잇과의 포유류. 몸의 길이는 2미터 정도이며, 등은 누런 갈색이고 검은 가로무늬가 있으며 배는 흰색. 꼬리는 길고 검은 줄무늬가 있음. 삼림이나 대숲에 혼자 또는 암수 한 쌍이 같이 사는데 시베리아 남부에서 인도, 자바 등지에 분포함. 2. 몹시 사납고 무서운 사람을 비유적으로 이르는 말.

예 저런 호렝이가 물어갈 늠.

**호렝이담배피우던시절**(정선읍, 화암면), **간날**(정선읍)

[표] 명 옛날 뜻 1. 지난 지 꽤 오래된 시기를 막연히 이르는 말. 2. 이미 지나간 어떤 날.

예 말도 잘하네. 호렝이담배피우던 시절부터.

**호메이자루**(정선읍, 북평면, 화암면), **호맹이자루**(여량면), **호무자락**(남면)

[표] 명 호미자락 뜻 1. 호미의 끝부분. 또는 그 길이. 2. 호미 끝이 잘 들어갈 만큼 비가 옴. 가뭄에 약간 비가

ㅎ

431

올 때 쓰는 말.

[예] 밭에 돌이 많아서 호맹이자루가 자꾸 빠진다.

**호멩이**(정선읍, 여량면, 남면), **호무**(임계면)

[표] [명] 호미 [뜻] 김을 매거나 감자나 고구마 따위를 캘 때 쓰는 쇠로 만든 농기구. 끝은 뾰족하고 위는 대개 넓적한 삼각형으로 되어 있는데 목을 가늘게 휘어 구부린 뒤 둥근 나무 자루에 박음.

[예] 호멩이 가지고 짐매러 가자.

**호물떼기**(정선읍, 여량면, 남면)

[표] [명] 오무래미 [뜻] 이가 다 빠진 입으로 늘 오물거리는 늙은이를 낮잡아 이르는 말.

[예] 이빨 다 빠진 호물떼기가 고기를 어떻게 먹나.

**호박뎅이**(여량면, 남면), **호박등거리**(정선읍, 여량면)

[표] [명] 호박 [뜻] 〈식물〉 박과의 한해살이 덩굴풀. 덩굴은 단면이 오각형이며 덩굴손으로 감으면서 자람. 암수한 그루로 6월부터 서리가 내릴 때까지 종 모양의 노란 꽃이 피고 열매는 장과(漿果)로 크고 둥글며 연한 노란색. 잎과 순, 열매는 식용하며 아메리카 대륙이 원산지로 세계 각지에 분포함.

[예] 된장 끓일 땐 호박뎅이 넣으면 좋지.

**호박씨까다**(정선읍, 남면, 북평면, 화암면), **내숭떤다**(여량면)

[표] [형] 내숭떨다 [뜻] 1. 마음속이 음흉하다를 의미하는 우리말. 2. 마음속으로는 다른 생각을 갖고 있으면서 겉으로는 그렇지 않은척 거짓으로 꾸미는것을 의미함.

[예] 안했다고 내숭떠는 꼬라지 쫌 봐.

**호역**(정선읍, 여량면, 남면, 화암면), **구술**(정선읍)

[표] [명] 홍역(紅疫) [뜻] 〈의학〉 홍역 바이러스가 비말 감염에 의하여 일으키는 급성 전염병. 1~6세의 어린이에게 많고 봄철에 많음. 잠복기는 약 10일로, 감기와 비슷한 증상으로 시작하여 입안 점막에 작은 흰 반점이 생기고 나중에는 온몸에 좁쌀 같은 붉은 발진이 돋음. 한 번 앓으면 다시 걸리지 않음.

[예] 호역하기 전에 구술하고 쓰러진다.

**호통**(정선읍), **호통나불**(여량면)

[표] [명] 호통바라 [뜻] 몹시 화가 나서 크게 소리 지르거나 꾸짖음. 또는 그 소리.

[예] 아부지가 화가 나서 호통을 쳤다.

**혼세감**(정선읍, 여량면, 남면)

[표] [명] 혼숫감(婚需-) [뜻] 혼수로 쓸 물건.

[예] 이건 돗다가 큰 애기 혼세감으로 쓰자.

**혼저**(정선읍, 남면), **혼처**(정선읍), **독판**(여량면)

[표] [명][부] 혼자 [뜻] [명] 다른 사람과 어울리거나 함께 있지 아니하고 그 사람 한 명만 있는 상태. [부] 다른 사람과 어울리거나 함께 있지 아니하고 동떨어져서.

[예] 지가 독판 다 처먹고는 빼는 거 봐.

**혼저되다**(정선읍, 여량면, 북평면, 남면), **혼차되다**(임계면)

[표] [동] 홀로되다 [뜻] 부부 가운데 한 쪽이 죽어 홀로 남음.

⑩ 혼차된지 삼년이 된 거 같네.

**홀라당**(정선읍, 여량면, 북평면, 남면, 화암면), **마커**(정선읍), **홀락**(여량면), **홀딱**(임계면)

[표] 🖫 홀랑 🗟 1. 속의 것이 한꺼번에 드러나도록 완전히 벗어지거나 뒤집히는 모양. 2. 조금 가지고 있던 돈이나 재산 따위가 완전히 다 없어지는 모양. 3. 구멍이 넓어서 헐겁게 빠지거나 들어가는 모양.

⑩ 옷을 홀라당 벗고 강물에 뛰어든다.

**홀럭**(정선읍), **홀랑**(여량면, 북평면), **필떡**(남면)

[표] 🖫 홀떡 🗟 1. 아주 남김없이 벗거나 벗어진 모양. 2. 빠르게 뒤집거나 뒤집히는 모양. 3. 힘차게 뛰거나 뛰어넘는 모양.

⑩ 왜 옷을 홀랑 벗고 지랄이여.

**홀시아벙이**(정선읍, 여량면, 북평면, 남면), **홀시아비**(정선읍, 화암면)

[표] 🖲 홀시아버지(-媤---) 🗟 혼자된 시아버지.

⑩ 홀시아비 모시는 게 쉽지 않을 거다.

**홀시어멍이**(정선읍, 여량면, 북평면, 남면), **홀시어미**(정선읍)

[표] 🖲 홀시어머니(-媤---) 🗟 혼자된 시어머니.

⑩ 홀시어멍이 메칠째 곡기를 거의 안하신다.

**홀애비좆**(여량면, 화암면), **해오라비좆**(남면)

[표] 🖲 천마(天麻) 🗟 〈식물〉 난초과의 여러해살이풀. 높이는 1m 정도이

며, 잎이 없고 긴 타원형의 덩이줄기가 있음. 6~7월에 엷은 황갈색 꽃이 줄기 끝에 총상(總狀) 화서로 피고 열매는 삭과(蒴果)를 맺음. 전초를 강장제, 신경 쇠약, 현기증 및 두통에 사용하며, 한국·일본·대만·중국 등지에 분포함.

⑩ 홀애비좆이 참 귀한 약잰데.

**홀어멍이**(정선읍, 북평면), **홀에미**(여량면), **홀어멈**(남면)

[표] 🖲 홀어미 🗟 남편을 잃고 혼자 자식을 키우며 사는 여자.

⑩ 홀어멍이 서러움 누가 알래나.

**홍구녕나다**(정선읍, 북평면), **홍구멍나다**(정선읍, 남면, 화암면), **정신깸하다**(여량면)

[표] 🖲 혼나다(魂--) 🗟 1. 매우 놀라거나 힘들거나 시련을 당하거나 하여서 정신이 빠질 지경에 이름. 2. 호되게 꾸지람을 듣거나 벌을 받음.

⑩ 야가 아무래도 한번 조터져야 신깸을 할라나.

**홍구멍내다**(정선읍, 남면), **딱어세우다**(여량면, 북평면), **혼내쿤다**(여량면)

[표] 🖲 혼내다(魂--) 🗟 호되게 꾸지람을 하거나 벌을 줌.

⑩ 사람들이 있는 앞에서 혼내쿤다.

**홍두껑이**(정선읍, 여량면, 북평면, 남면), **진조지**(정선읍)

[표] 🖲 홍두깨 🗟 1. 다듬잇감을 감아서 다듬이질할 때에 쓰는, 단단한 나무로 만든 도구. 2. 소의 볼기에 붙은 살코기. 산적 따위에 쓰임. 3. 서투른 일꾼이 논밭을 갈 때에 거웃 사이에 갈리지 아니하는 부분의 흙.

예 아닌 밤중에 홍두깽이냐.

**홍수**(여량면, 북평면, 남면)

[표] 똉 횡수(橫手) 뜻 〈운동〉 장기나 바둑 따위에서, 잘못 보고 둔 수.

예 실력이 모자라는데 홍수로 이겼다.

**홍재**(정선읍, 여량면, 남면, 화암면), **노다지**(여량면)

[표] 똉 횡재(橫材) 뜻 뜻밖에 재물을 얻음. 또는 그 재물.

예 복권 당첨으로 홍재했다네.

**홀게매다**(정선읍), **홀케매다**(여량면), **홀체매다**(남면)

[표] 동 홀쳐매다 뜻 풀리지 아니하도록 단단히 잡아맴.

예 먼 곳에 보낼 거니 단단히 홀케매라.

**홑껍더기**(정선읍, 북평면, 남면), **홑껍디기**(여량면)

[표] 똉 홑껍데기 뜻 1. 한 겹으로 된 껍데기. 2. 겹으로 지을 옷감에서 안감을 끼지 아니한 겉감. 3. 속에 솜을 두지 아니하고 천만으로 된 것.

예 홑껍더기도 안 입고 댕기나?

**홑껍더기이불**(정선읍, 남면), **홑껍디기이불**(여량면), **혼이불**(화암면, 임계면)

[표] 똉 홑이불 뜻 1. 안을 두지 아니한, 홑겹으로 된 이불. 주로 여름에 덮음. 2. 이불이나 요 위에 덧씌우는 넓은 천.

예 여름엔 홑껍디기이불만 덮어두 돼.

**홑단초매**(정선읍, 북평면), **홑단치매**(여량면, 남면)

[표] 똉 홑단치마 뜻 한 겹의 옷단으로 지은 치마.

예 날씨두 추운데 홑단치매를 입었냐.

**홑베름빡**(정선읍, 여량면, 남면)

[표] 똉 홑벽(-壁) 뜻 한쪽만 흙을 바른 얇은 벽.

예 내방은 홑베름빡이라 겨울에 넘 춥다.

**홑접**(정선읍, 여량면, 북평면, 남면), **홑바지**(임계면)

[표] 똉 홑겹 뜻 여러 겹이 아닌 한 겹.

예 옛날에 어른들은 빤스도 없이 홑바지만 입었데.

**홑치매**(정선읍, 여량면, 남면, 임계면)

[표] 똉 홑치마 뜻 1. 한 겹으로 된 치마. 2. 속에 아무것도 입지 않고 입은 치마.

예 옛날 가시나는 홑치매만 입었더라.

**화딱지나다**(여량면, 남면, 임계면), **뿔딱지나다**(정선읍, 여량면), **열딱지나다**(정선읍), **뚜껑열리다**(정선읍), **뚜껑이열리다**(여량면)

[표] 동 화나다(火--) 뜻 성이 나서 화기(火氣)가 생김.

예 아무리 화딱지나도 꾹 참아라.

**화리**(정선읍, 여량면, 북평면, 남면)

[표] 똉 화로(火爐) 뜻 숯불을 담아 놓는 그릇. 주로 불씨를 보존하거나 난방을 위하여 쓰임.

예 화리가에 모여 앉아 할머이 옛날 얘기 듣던 시절이 그립다.

**화토**(정선읍, 여량면, 북평면), **족보**(임계면), **동양화**(남면, 화암면)

[표] 똉 화투(花鬪) 뜻 〈운동〉 48장으로 된 놀이용 딱지. 또는 그것으로 행하는 오락이나 노름. 계절에 따른 솔, 매화, 벚꽃, 난초, 모란, 국화, 오동 따

위 열두 가지의 그림이 각각 네 장씩 모두 48장이며, 짓고땡·육백·고스톱 따위의 노는 방법이 있음.

㉑ 경루당으로 와 화토치게.

**황**(정선읍), **좇두황**(여량면), **개황**(여량면), **헷일**(남면)

[표] ⑲ 헛일 ㉸ 보람을 얻지 못하고 쓸데없이 한 노력.

㉑ 그쪽에는 아무리 파봐야 개황이다.

**황덕불**(정선읍, 남면), **황데기**(여량면)

[표] ⑲ 화톳불 ㉸ 장작 따위를 한곳에 쌓아 놓고 질러 놓은 불.

㉑ 어려서 강가에 황데기를 해놓고 둘러서서 놀았다.

**황쇠바람**(정선읍, 여량면, 남면, 화암면)

[표] ⑲ 황소바람 ㉸ 좁은 틈으로 세게 불어 드는 바람.

㉑ 바늘구멍으로 황쇠바람 불어온다.

**황조렝이**(여량면, 북평면), **바람불이**(남면)

[표] ⑲ 황조롱이(黃---) ㉸ 〈동물〉 맷과의 새. 몸의 길이는 33~35cm이며, 수컷은 등 쪽에 적갈색에 검은 얼룩점이 있고 배 쪽은 담갈색에 검은 세로무늬가 있음. 암컷은 등에 진한 회갈색에 암갈색 세로무늬가 있고, 꽁지는 갈색에 암색 띠가 있음. 둥지는 높은 절벽의 틈, 버려진 까치집, 아파트의 베란다 등에 틀며 한국, 일본, 중국, 러시아, 필리핀, 타이 등지에 분포함.

㉑ 바람불이 까불대듯.

**황천질**(여량면, 북평면, 남면)

[표] ⑲ 황천길(黃泉-) ㉸ 저승길.

㉑ 황천질 갈래면 노잣돈두 가져가야지.

**황토베름빡**(정선읍, 여량면, 북평면), **황토베름싹**(여량면), **황토벡**(남면)

[표] ⑲ 황토벽(黃土壁) ㉸ 누렇고 거무스름한 흙으로 된 벽.

㉑ 황토벡이 건강에 좋다.

**횃대기**(정선읍, 여량면, 북평면)

[표] ⑲ 횃대 ㉸ 〈동물〉 둑중갯과의 실횃대, 알롱횃대, 빨간횃대, 동갈횃대, 눈퉁횃대 따위의 어류를 통틀어 이르는 말. 몸의 길이는 20~30cm이고 원통 모양이며 갈색. 머리에 가시가 있고 입이 큼.

㉑ 온 아칙에 어물전에 가니 횃대기가 넘쳐나데야.

**회각**(여량면), **호루레기**(정선읍, 여량면, 남면, 화암면), **호각**(남면)

[표] ⑲ 호루라기 ㉸ 1. 살구씨의 양쪽에 구멍을 뚫고 속을 파내어 만든 호각 모양의 부는 물건. 2. 호각이나 우레 따위를 통틀어 이르는 말.

㉑ 호루레기 소리 나면 얼릉 출발해.

**회추리**(정선읍, 여량면, 북평면, 남면), **호초리**(화암면, 임계면)

[표] ⑲ 회초리 ㉸ 때릴 때에 쓰는 가는 나뭇가지. 어린아이를 벌줄 때나 마소를 부릴 때 쓴다.

㉑ 잘못하면 회추리로 종아리를 때린다.

**회치다**(여량면, 신동읍, 화암면)

[표] ⑧ 밝히다 ㉸ 1. '밝다'의 사동사. 2. 빛을 내는 물건에 불을 켬. 3. 자지 않고 지냄.

㉑ 어젯밤에 회쳤어.

**횟거리**(정선읍, 여량면, 북평면, 남면, 임

ㅎ

435

계면)

　[표] 명 횟감(膾-) 뜻 회를 만드는 데
에 쓰는 고기나 생선.
　예 포구가면 횟거리 쫌 사다주라.
**횟대기**(정선읍, 여량면, 북평면, 화암면),
**호떼기**(신동읍)
　[표] 명 버들피리 뜻 1. 버들가지의
껍질로 만든 피리. 2. 버들잎을 접어
물고 피리 소리처럼 내어 부는 것.
　예 옛날 봄이 오면 횟대기를 불었었다.
**횟잎**(정선읍, 북평면)
　[표] 명 회잎나무 뜻 〈식물〉 노박덩
굴과의 낙엽 활엽 관목. 높이는 3미터
정도이며, 잎은 마주나며 타원형 또는
도란형이고 가지에 날개가 없음. 6월
에 노란빛을 띤 녹색의 작은 꽃이 취산
(聚繖) 화서로 잎겨드랑이에 피고 열매
는 삭과(蒴果)로 10월에 붉게 익음. 잎
은 식용하며 산기슭이나 산 중턱의 바
위가 많은 곳에서 자라는데 한국, 일
본, 사할린, 중국 등지에 분포함.
　예 횟잎이 크기도 크다.
**효자손**(정선읍, 여량면, 화암면), **등끌개**
(정선읍, 신동읍)
　[표] 명 등긁이 뜻 등을 긁기 위하여
만든 물건. 나무나 대나무, 뿔 따위로
만들며 긴 자루의 끝이 갈퀴 모양으로
휘어져 있음.
　예 예전에 수학여행 가서 효자손을
　　사다 주데요.
**후덥지그네하다**(정선읍, 북평면), **후덥지
근하다**(여량면, 남면)
　[표] 형 후텁지근하다 뜻 조금 불쾌할
정도로 끈끈하고 무더운 기운이 있음.

　예 요새는 날씨가 후덥지근하다.
**후래자석**(정선읍, 여량면, 북평면, 남면),
**후래자슥**(정선읍), **호래자슥**(정선읍), **후
래들놈**(여량면), **후래자식**(임계면), **호래
새끼**(남면, 임계면)
　[표] 명 호래자식(--子息) 뜻 운 데
없이 막되게 자라 교양이나 버릇이 없
는 사람을 낮잡아 이르는 말.
　예 에라 후래들놈 같으니라고, 부모
　　한테 그래 데드나?
**후루레기**(여량면, 신동읍, 화암면)
　[표] 명 목이버섯(木耳--) 뜻 〈식물〉
목이과의 버섯.
　예 창낭구에 후루레기 달리다.
**후줄그리하다**(정선읍), **후줄그레하다**(여
량면, 남면), **매가리없다**(여량면)
　[표] 형 후줄근하다 뜻 1. 옷이나 종
이 따위가 약간 젖거나 풀기가 빠져 아
주 보기 흉하게 축 늘어져 있음. 2. 몹
시 지치고 고단하여 몸이 축 늘어질 정
도로 아주 힘이 없음.
　예 여보 왜그리 매가리없이 늘어졌
　　나요.
**훈끼주다**(정선읍, 화암면), **훈끼멕이다**
(여량면, 남면)
　[표] 동 겁주다(怯--) 뜻 상대편에게
겁을 집어먹도록 함.
　예 촌놈이라고 훈끼멕였다.
**훌케보다**(정선읍, 북평면), **흘케보다**(정
선읍), **훌게보다**(여량면, 남면)
　[표] 동 흘겨보다 뜻 흘기는 눈으로 봄.
　예 화떼기가 났는지 내 눈을 훌케보다.
**훌키다**(정선읍, 임계면), **홀키다**(정선읍),
**훌기다**(여량면), **홀기다**(남면)

[표] 동 흘기다 뜻 눈동자를 옆으로 굴리어 못마땅하게 노려봄.

예 어대서 눈까리를 홀기고 지랄이여.

**휠썩**(정선읍, 여량면, 남면)

[표] 부 훨씬 뜻 1. 정도 이상으로 차이가 나게. 2. 정도 이상으로 넓게 벌어지거나 열린 모양.

예 세있는 체내거 휠썩 이뿌장하다.

**훼비다**(정선읍, 여량면, 남면)

[표] 동 호비다 뜻 1. 좁은 틈이나 구멍 속을 갉거나 돌려 파냄. 2. 일의 내막이나 비밀이 드러나도록 캐냄.

예 콧구녕을 훼비다.

**훼비칼**(여량면, 북평면, 남면)

[표] 명 호비칼 뜻 나무 따위의 속을 호벼 파내는 데 쓰는 칼. 몸이 바짝 굽고 칼날이 양쪽으로 나 있으며 주로 나막신 코의 속을 파낼 때 쓰임.

예 낭구 구멍 팔 때는 훼비칼 읎으면 안 돼.

**휘가증**(정선읍, 남면)

[표] 명 휴가증(休暇證) 뜻 〈군사〉 휴가를 허가하는 사실이 적혀 있는 증명서.

예 첫 휘가증 보다 더 반가운 거 있으랴.

**휩새이다**(정선읍, 북평면), **업쌔이다**(여량면)

[표] 동 휩싸이다 뜻 '휩싸다'의 피동사.

예 돌개바람에 휩새이다.

**흐드나**(정선읍, 여량면, 북평면, 신동읍, 화암면)

[표] 라느냐 뜻 1. '-라고 하느냐'가 줄어든 말. 2. '-라고 하느냐'가 줄어든 말.

예 이짝으로 가라나 저짝으로 가라

나 뭐라고 흐드나.

**흑데기**(정선읍, 여량면, 북평면)

[표] 명 흐느낌 뜻 몹시 서러워 흑흑 느끼며 욺.

예 그 여자는 몰래 흑데기 해고 있었다.

**흑젱이**(여량면, 남면, 화암면)

[표] 명 극젱이 뜻 〈농업〉 땅을 가는 데 쓰는 농기구. 쟁기와 비슷하나 쟁깃술이 곧게 내려가고 보습 끝이 무디다. 보통 소 한 마리로 끄는데, 소가 들어가기 힘든 곳에서는 사람이 끌기도 함. 쟁기로 갈아 놓은 논밭에 골을 타거나, 흙이 얕은 논밭을 가는 데 씀.

예 오늘은 흑젱이로 강냉이밭 쫌 탑시다.

**흔거**(정선읍, 여량면, 남면)

[표] 명 헌것 뜻 낡고 성하지 아니한 물건. 또는 오래되어 허술한 물.

예 아무리 흔거라도 고체쓰고 애깨 쓰야지.

**흔기집**(여량면), **흔지집**(정선읍, 여량면)

[표] 명 헌계집 뜻 1. 이미 시집갔다가 혼자가 된 여자를 낮잡아 이르는 말. 2. 행실이 부정한 여자를 낮잡아 이르는 말.

예 흔지집이 어데가도 그렇지 뭐.

**흔디**(정선읍, 임계면), **흔데**(여량면, 남면)

[표] 명 헌데 뜻 살갗이 헐어서 상한 자리.

예 팔뚝에 흔데 난기 인재 다 아물었다.

**흔병**(정선읍), **현병**(여량면, 남면, 화암면)

[표] 명 헌병(憲兵) 뜻 〈군사〉 군사 경찰의 구실을 하는 병과. 또는 그런 군인.

ㅎ

예 흔병만 보면 괜히 주눅이 들더라.

**흔병대**(정선읍), **헌벵대**(여량면), **헌병대**
(여량면, 남면)

　[표] 명 헌병대(憲兵隊) 뜻 〈군사〉 헌
　병으로 이루어진 부대.

　예 흔병대에 걸리면 영창간다.

**흔쇠꼽**(정선읍, 여량면, 북평면), **흔쇠꼽
등거리**(여량면), **흔쇠**(남면)

　[표] 명 헌쇠 뜻 녹이 슬거나 깨어져
　못 쓰게 된 쇠붙이.

　예 흔쇠꼽등거리 있으면 고물장사 줘.

**흘다**(남면)

　[표] 동 헐다 뜻 몸에 부스럼이나 상
　처 따위가 나서 짓무름.

　예 며칠 산을 탔더니 다리가 흘다.

**흘다**(정선읍, 남면), **헐어치우다**(여량면)

　[표] 동 헐다 뜻 집 따위의 축조물이
　나 쌓아 놓은 물건을 무너뜨림.

　예 흔담을 헐어치우고 벽돌로 새로
　쌓았다.

**흘미하다**(정선읍, 여량면, 북평면, 남면)

　[표] 형 흐릿하다 뜻 조금 흐린 듯함.

　예 언제쩍 얘긴지 인재는 흘미해서
　기억이 안나.

**흙감투**(정선읍, 북평면), **흙감텡이**(여량면)

　[표] 명 흙감태기 뜻 온통 흙을 뒤집
　어쓴 사람이나 물건.

　예 흙감투 쓴 거 보니 농부가 틀림없다.

**흙무데기**(정선읍, 여량면, 남면, 화암면)

　[표] 명 흙무더기 뜻 모여서 쌓인 흙.

　예 흙무데기 우에 올라가지 말어라.

**흙뭉치미**(정선읍, 여량면, 북평면), **흙뭉
테기**(정선읍)

　[표] 명 흙뭉치 뜻 흙이 뭉쳐 굳은 덩이.

예 그 집에 가믄 흙뭉테기 매느니 몇
　개만 빌래와라.

**흙베람빡**(정선읍, 여량면, 남면)

　[표] 명 흙벽(-壁) 뜻 1. 종이를 바르
　지 아니하여 흙이 드러나 있는 벽. 2.
　흙을 재료로 하여 만든 벽.

　예 흙베람빡 집은 여름에 확실히 시
　원해.

**흙칼**(정선읍, 여량면, 남면, 화암면)

　[표] 명 흙손 뜻 흙일을 할 때에, 이긴
　흙이나 시멘트 따위를 떠서 바르고 그
　걸 표면을 반반하게 하는 연장. 2. 흙
　투성이가 된 손.

　예 흙칼루 발라야 곱지 손보다.

**흙투셍이**(정선읍, 여량면, 남면), **흙투배
기**(임계면)

　[표] 명 흙투성이 뜻 흙이 잔뜩 묻은 것.

　예 1. 어데가서 굴렀는데 옷에 흙투
　셍이가 됐나. 2. 온몸이 다 흙투배
　기가 되버렸네.

**흠덕흠덕하다**(정선읍, 북평면), **흠하다**
(여량면)

　[표] 형 험하다(險--) 뜻 1. 땅의 형
　세가 발을 디디기 어려울 만큼 사납고
　가파름. 2.. 생김새나 나타난 모양이
　보기 싫게 험상스러움. 3. 어떠한 상
　태나 움직이는 형세가 위태로움.

　예 여개는 산이 생개먹은기 흠하게
　생겄다.

**흠상궂다**(정선읍, 여량면, 북평면, 남면),
**흠살궂다**(정선읍), **숭칙스룹다**(여량면)

　[표] 형 험상궂다(險狀--) 뜻 모양이
　나 상태가 매우 거칠고 험함.

　예 저 사람은 우터캐 볼 때마다 숭칙

스루워.

**흠악하다**(정선읍, 여랑면, 남면, 화암면)
[표] 혱 험악하다(險惡--) 뜻 1. 지세, 기후, 도로 따위가 험하고 나쁨. 2. 사물의 형세가 매우 나쁨. 3. 인심, 성질, 태도, 생김새 따위가 흉악함.
예 쌍판떼기 참 흠악하다.

**흥겁**(정선읍, **여랑면**, 북평면, 남면)
[표] 몡 헝겊 뜻 피륙의 조각.
예 피가나믄 우선 못 쓰는 흥겁쪼가리래도 싸매야지.

**희안노골노골하다**(정선읍, 남면), **얄굽시룹다**(여랑면)
[표] 혱 희한하다(稀罕--) 뜻 매우 드물거나 신기함.
예 이건 머가 요러케 생겼는지 얄굽시룹다.

**희안하다**(여랑면, 남면)
[표] 혱 이상하다(異常--) 뜻 1. 정상적인 상태와 다름. 2. 지금까지의 경험이나 지식과는 달리 별나거나 색다름. 3. 의심스럽거나 알 수 없는 데가 있음.
예 자는 생개 먹은 게 희안하게 생겼다.

**흰개**(정선읍, 여랑면, 북평면)
[표] 몡 센개 뜻 털빛이 흰 개.
예 진돗개는 아닌데 저 집에 흰개 한 마리 있어.

**흰뎅이**(정선읍, 여랑면, 북평면, 남면)
[표] 몡 흰둥이 뜻 1. 살빛이 흰 사람. 2. '백인'(白人)을 낮잡아 이르는 말. 3. 털빛이 흰 동물을 이르는 말.
예 흰뎅이인지 검뎅이인지 보구도 모르나.

**흰자구**(정선읍, 남면), **흰자우**(여랑면, 임계면)
[표] 몡 흰자위 뜻 1. 새알이나 달걀 따위의 속에 노른자위를 둘러싼 빛이 흰 부분. 2. 눈알의 흰 부분.
예 바람을 맞았나 흰자우뿐이야.

**히떡**(정선읍, 여랑면, 북평면, 남면)
[표] 閏 히뜩 뜻 1. 언뜻 휘돌아보는 모양. 2. 맥없이 넘어지거나 동그라지는 모양.
예 히떡 잡빠지다.

**히띠기**(정선읍, 여랑면, 북평면), **어루레기**(여랑면)
[표] 몡 어루러기 뜻 곰팡이의 기생으로 생기는 피부병. 처음에는 원형 또는 타원형의 작은 점으로 시작하여 차차 퍼지면 황갈색이나 검은색으로 변함.
예 니 히띠기 병이 왔구나.

**히번덕거리다**(여랑면)
[표] 동 두리번거리다 뜻 눈을 크게 뜨고 여기저기를 자꾸 휘둘러 살펴봄.
예 머이 있다고 그래 히번덕거리냐.

# 찾아보기(표준어)

색인

441

색인

색인

색인

색인

색인

색인

색인

459

색인

461

색인

462

색인

464

색인

색인

470

색인

471